출제 비중에 따른 전략적 분권 구성
기출 유형으로 완벽하게 대비하기!

- ✓ 영역별 핵심 이론
- ✓ 출제 경향 확인 문제
- ✓ 30분 만에 정리하는 어휘·어법 소책자

노수경 편저

STRONG

빛나는 당신의 내일을 위해 ────── 시대에듀가 함께합니다.

2025
KBS 한국어능력시험
기출 분석 한 권 합격

| 1권 어휘, 어문규정, 어법, 국어문화 |

시대에듀

[1권] 시험 대비 30일 학습 플랜(1~20일)

DAY	페이지	공부할 내용	학습 시간	날짜
1	4~26쪽	제1편 어휘 제1장 언어의 의미 제2장 고유어 ①	___시간 ___분	___월 ___일
2	27~51쪽	제2장 고유어 ②	___시간 ___분	___월 ___일
3	52~71쪽	제2장 고유어 ③ 제3장 한자어와 한자성어 ①	___시간 ___분	___월 ___일
4	72~96쪽	제3장 한자어와 한자성어 ②	___시간 ___분	___월 ___일
5	97~113쪽	제3장 한자어와 한자성어 ③	___시간 ___분	___월 ___일
6	114~134쪽	제3장 한자어와 한자성어 ④ 제4장 속담과 관용어 ①	___시간 ___분	___월 ___일
7	135~160쪽	제4장 속담과 관용어 ② 제5장 순화어 제2편 어문규정 제1장 한글 맞춤법 ①	___시간 ___분	___월 ___일
8	161~184쪽	제1장 한글 맞춤법 ②	___시간 ___분	___월 ___일
9	185~205쪽	제2장 표준어 규정 ①	___시간 ___분	___월 ___일
10	206~226쪽	제2장 표준어 규정 ②	___시간 ___분	___월 ___일
11	227~245쪽	제3장 외래어·로마자 표기법	___시간 ___분	___월 ___일
12	246~267쪽	제3편 어법 제1장 언어의 이해 제2장 음운론 ①	___시간 ___분	___월 ___일
13	268~282쪽	제2장 음운론 ②	___시간 ___분	___월 ___일
14	283~306쪽	제3장 단어 ①	___시간 ___분	___월 ___일
15	307~327쪽	제3장 단어 ② 제4장 문장	___시간 ___분	___월 ___일
16	328~349쪽	제5장 문법요소	___시간 ___분	___월 ___일
17	350~367쪽	제6장 어법에 맞는 말	___시간 ___분	___월 ___일
18	368~388쪽	제4편 국어문화 제1장 한글의 역사와 이론 제2장 남북한 언어 비교 제3장 필수 작가와 작품 ①	___시간 ___분	___월 ___일
19	389~403쪽	제3장 필수 작가와 작품 ②	___시간 ___분	___월 ___일
20	404~419쪽	제3장 필수 작가와 작품 ③ 제4장 방송 언어	___시간 ___분	___월 ___일

끝까지 책임진다! 시대에듀!

QR코드를 통해 도서 출간 이후 발견된 오류나 개정법령, 변경된 시험 정보, 최신기출문제, 도서 업데이트 자료 등이 있는지 확인해 보세요! **시대에듀 합격 스마트 앱**을 통해서도 알려 드리고 있으니 구글 플레이나 앱 스토어에서 다운받아 사용하세요.
또한, 파본 도서인 경우에는 구입하신 곳에서 교환해 드립니다.

편집진행 구설희·김지수 | **표지디자인** 박종우 | **본문디자인** 채현주·홍영란

시험 안내

출제 기준

❶ 출제 방식: 객관식 5지 선다형, 100문항
❷ 출제 배점: 문항당 균일 배점이 원칙이나 필요시 차등 배점
❸ 출제 수준: 고등학교 수준의 국어 교육을 정상적으로 받은 사람이 풀 수 있는 수준

시험 시간

시험 당일 09:30까지 입실, 시험 시간 10:00~12:00(쉬는 시간 없음)

듣기 · 말하기	읽기 외
10:00~10:25(총 25분)	10:25~12:00(총 95분)

시험 일정

구분	시험일	접수 기간	성적 발표일
82회	2024.12.15.(일)	2024.11.04.(월)~2024.11.29.(금)	2024.12.26.(목)
83회	2025년 2월경	2025년 1월경	시험일 기준 약 열흘 뒤
84회	2025년 4월경	2025년 3월경	
85회	2025년 6월경	2025년 5월경	
86회	2025년 8월경	2025년 7월경	
87회	2025년 10월경	2025년 9월경	

※ 시험 일정은 변경될 수 있으니 반드시 시행처 홈페이지(www.klt.or.kr)를 확인하시기 바랍니다.

성적 및 등급

❶ KBS 한국어능력시험의 성적은 절대평가가 아닌 KBS의 등급부여시스템으로 산정합니다.
❷ 성적은 성적 조회 개시일로부터 2년간 유효합니다.
❸ 총점은 990점이며, 국가공인자격증은 1급에서 4+급까지 발급합니다.

등급	점수	내용
1급	830~990점	전문가 수준의 뛰어난 한국어 사용 능력을 가지고 있음.
2+급	785~845점	일반인으로서 매우 뛰어난 수준의 한국어 사용 능력을 가지고 있음.
2-급	735~800점	일반인으로서 뛰어난 수준의 한국어 사용 능력을 가지고 있음.
3+급	675~750점	일반인으로서 보통 수준 이상의 한국어 사용 능력을 가지고 있음.
3-급	625~690점	국어 교육을 정상적으로 이수한 일정 수준 이상의 한국어 사용 능력을 가지고 있음.
4+급	535~640점	국어 교육을 정상적으로 이수한 수준의 한국어 사용 능력을 가지고 있음.
4-급	465~550점	고등학교 교육을 이수한 수준의 한국어 사용 능력을 가지고 있음.
무급	10~480점	한국어 사용 능력을 위해 노력해야 함.

※ KBS 한국어능력시험은 시행처 자체 등급부여시스템으로 점수와 등급을 산정하므로 위의 점수는 참고용입니다.

시험 안내

KBS 한국어능력시험은
문화체육관광부 공인번호 제2022-02호로 국가공인자격을 취득하였습니다.

🔵 자격증 활용

KBS 한국어능력시험은 2004년부터 지금까지 KBS 공채시험의 주요 자료로 반영되고 있습니다. 또한, 고등학교, 대학교 신입생 모집 시는 물론 국방부 부사관 모집 시, 각종 기관·단체에서의 채용 시 가산점을 부여하는 등 많은 분야에서 적극 활용되고 있습니다.

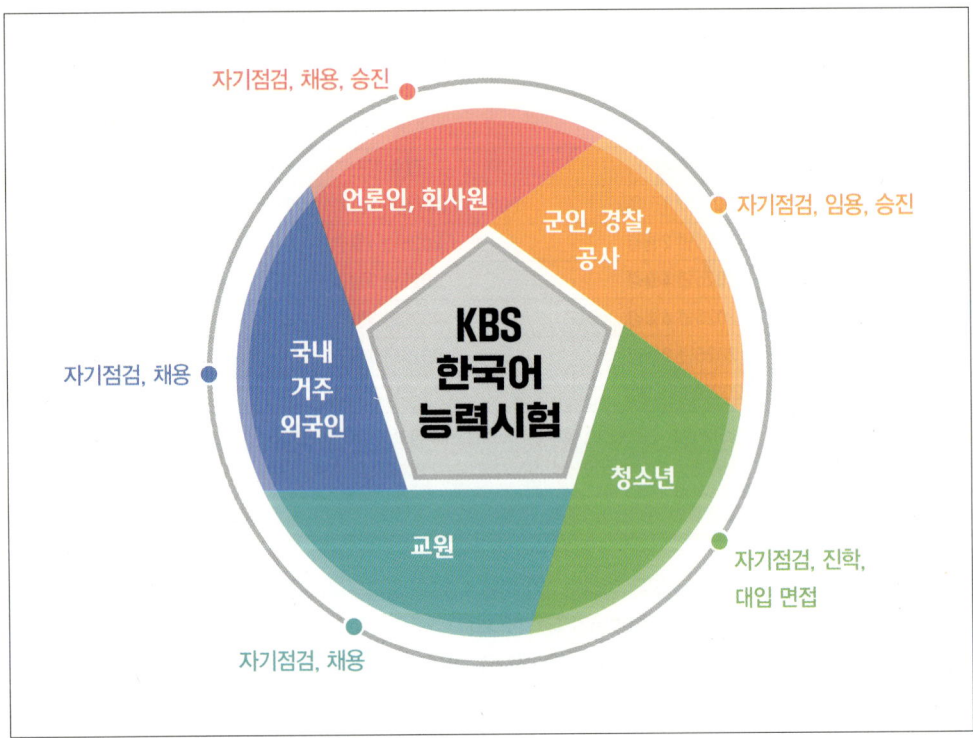

🔵 국가공인자격으로서 학점은행제 인정 확정

자격 학점 인정 기준이란 학점 인정 등에 관한 법률 제7조 제2항 제4호에 의거하여 자격 취득 및 자격 취득에 필요한 교육 과정 이수에 대하여 대학 및 전문대학에서 부여하는 학점에 상응하는 학점을 인정해 주기 위한 기준을 의미합니다. 자격별 학점 인정의 세부 기준은 교육부 장관의 승인을 받아 평생교육원의 장이 정합니다.

1급	2+급	2-급	3+급
10점	8점	5점	3점

머리글

KBS 한국어능력시험은 한국어를 모국어로 하는 학생 및 일반인을 대상으로 다양한 국어 사용 능력을 총체적으로 평가하는 시험이자, 실제 언어 사용 환경을 적극적으로 반영한 시험입니다.

KBS 한국어능력시험에서 측정하고자 하는 국어 사용 능력 영역은 크게 다섯 가지로 나눌 수 있습니다. 첫째, '문법 영역'은 '어휘'와 '어법'으로 구성되어 있습니다. 둘째, '이해 영역'은 '듣기'와 '읽기'로 구성되어 있습니다. 셋째, '표현 영역'은 '쓰기'와 '말하기'로 구성되어 있습니다. 넷째, '창안 영역'은 '창의적 언어 사용 능력'으로 구성되어 있습니다. 다섯째, '국어문화 영역'은 '국어 교과의 교양적 지식'으로 구성되어 있습니다. 이러한 다섯 가지 국어 사용 능력을 평가하기 위해서 각 영역이 독립적으로 출제되기도 하고, 함께 출제되기도 합니다.

이 책은 KBS 한국어능력시험을 대비하기 위한 기본 이론서입니다. KBS 한국어능력시험 기출문제 해설 수업을 하면서 시험에서 요구하는 범위를 다룬 이론서가 없었던 것에 늘 아쉬웠습니다. 국어는 영역이 넓고 방대하기 때문에 처음 시험을 준비하는 사람들은 어느 범위까지 학습해야 할지 막막하게 느낄 수밖에 없습니다. 그래서 시험을 준비하는 분들에게 조금이라도 도움이 되기를 바라며, 이 책에서는 각 영역별 기출문제를 바탕으로 중요하고 기본적인 이론들만 모아 놓았습니다.

시험을 준비할 때에는 꼭 필요한 이론을 바탕으로 다양한 문제를 푸는 것이 가장 효율적입니다. KBS 한국어능력시험은 영역이 구분되어 있는 만큼 각 영역의 특성에 맞는 학습 방법이 필요합니다. 〈KBS 한국어능력시험 기출 분석 한 권 합격〉의 가이드 8~11쪽에 있는 영역별 공략법을 읽고 학습하시기 바랍니다.

무엇보다도 이 책을 쓰면서 늘 생각했던 부분은 '어떻게 하면 수험자들에게 빠른 시간 안에 중요한 내용을 효율적으로 전달할 것인가?'와 '어떤 내용을 넣어야 수험자들이 각 영역의 특성에 맞게 내용을 쉽게 이해할 것인가?'였습니다. 그리고 정말 중요한 내용, 꼭 필요한 내용을 담는 것에 정성을 기울였습니다. 잊지 마세요! KBS 한국어능력시험은 각 영역의 특성에 따른 '~답게'의 공부 방법이 필요합니다. 이 책이 여러분들이 원하는 미래를 향해 가는 데 길잡이가 될 수 있기를 바랍니다.

저자 노수경 드림

자격증·공무원·금융/보험·면허증·언어/외국어·검정고시/독학사·기업체/취업

이 시대의 모든 합격! 시대에듀에서 합격하세요!

YouTube 접속 ➡ 시대에듀 구독 ➡ [KBS 한국어능력시험] 재생 목록 click!

2025
KBS 한국어능력시험
기출 분석 한 권 합격

시대에듀

출제 영역

KBS 한국어능력시험은 이해 능력, 문법 능력, 창안 능력, 국어문화 능력, 표현 능력과 같이 5가지 국어 능력을 측정하는 시험입니다.

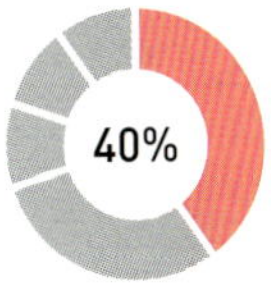

	영역	세부 내용
40%	**이해 능력** (듣기, 읽기)	**듣기 능력** 강의·강연·뉴스·토론·대화·인터뷰 자료 등 다양한 구어 담화를 듣고 문제를 해결할 수 있는지를 측정한다. **읽기 능력** 문예·학술·실용 텍스트 등 다양한 텍스트를 주고 글에 대한 사실적·추론적·비판적 이해 능력을 측정한다.
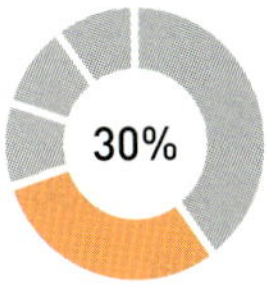 30%	**문법 능력** (어휘, 어법)	**어휘력과 문법(어법) 능력** 언어의 4대 기능(말하기, 듣기, 읽기, 쓰기)의 기초가 되는 능력으로, 어휘를 풍부하고 적절하게 사용하는 능력과 문법을 정확하게 구사하는 능력을 측정한다. **어휘력** 고유어·한자어·외래어에 대한 이해 및 표현 능력과 4대 어문규정(한글 맞춤법, 표준어 규정, 외래어 표기법, 로마자 표기법)에 대한 이해 능력, 순화어와 한자(漢字)에 대한 이해 및 사용 능력을 측정한다.
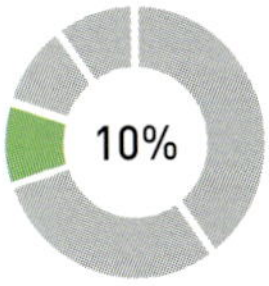 10%	**창안 능력** (창의적 언어 능력)	**창안 능력** 표어 제작, 제목 도출, 아이디어 창안, 창의적 수사, 한자성어(漢字成語)·속담(俗談) 활용 등의 능력을 측정한다.
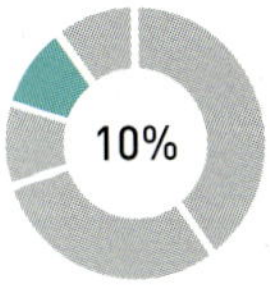 10%	**국어문화 능력** (국어 교과의 교양적 지식)	**국어문화 능력** 국어와 관련된 교양 상식에 대한 이해 능력으로, 국어학이나 국문학에 대한 지식을 측정한다.
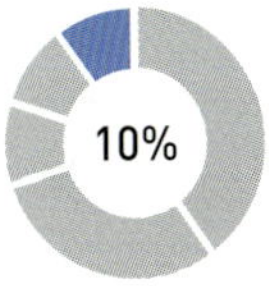 10%	**표현 능력** (쓰기, 말하기)	**쓰기 능력** 글을 쓸 때 거치는 '주제 선정 ➡ 자료 수집 ➡ 개요(outline) 작성 ➡ 집필 ➡ 퇴고'의 과정을 잘 이해하고 수행할 수 있는지를 측정한다. **말하기 능력** 표준 발음법 관련 문항을 포함하여 발표·토론·협상·설득·논증·표준 화법(언어 예절, 호칭어와 지칭어 사용 등)과 같은 다양한 말하기 상황과 관련된 능력을 측정한다.

출제 유형 분석

시행처에서는 국어 능력을 보다 변별력 있게 평가하기 위하여, 2019년 55회부터 문제 유형에 크고 작은 변화를 주었습니다. 하지만 이제 문제 유형이 비교적 안정화되었으므로, 2025년 시험을 대비하려면 최신 기출문제 유형을 잘 파악하는 것이 중요합니다. 또, 일부 문제 유형에 변화가 있더라도 그 문제가 궁극적으로 요구하는 핵심 내용은 다르지 않으므로, 고득점을 위해서는 핵심 이론을 잘 숙지하고 관련 문제를 반복하여 학습하는 것이 좋습니다.

KBS 한국어능력시험은 크게 읽기, 듣기·말하기, 어휘, 어법, 창안, 국어문화, 쓰기의 총 7개 영역으로 나누어집니다.

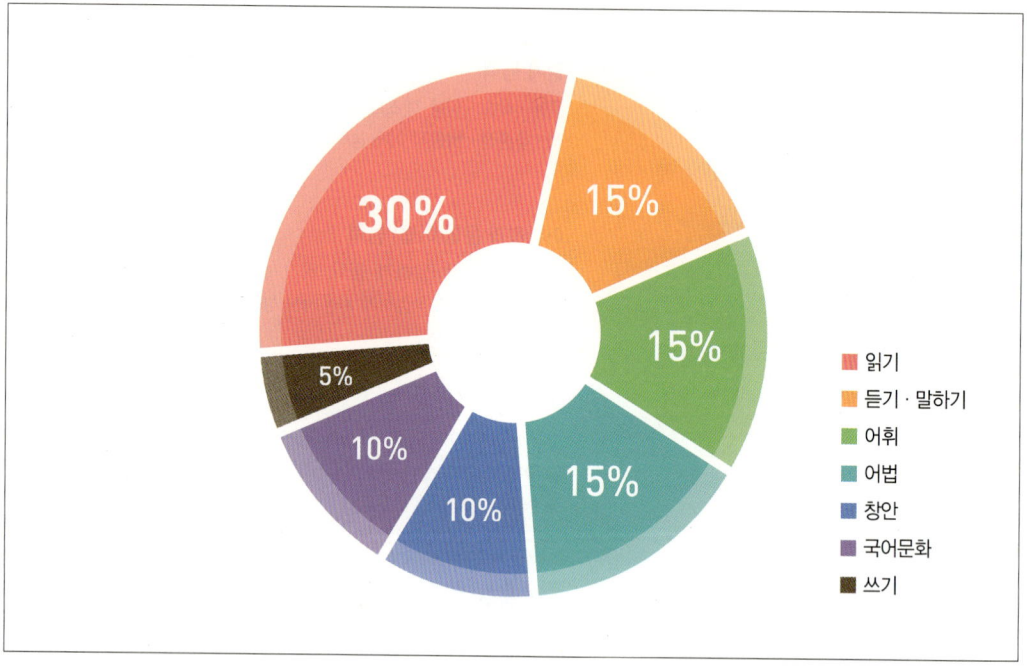

읽기(30문항)

구분	내용
문학 텍스트	문학 텍스트(시·소설) 이해하기
	문학 텍스트(시·소설) 추론하기
	문학 텍스트(시·소설) 비판하기
학술 텍스트	학술 텍스트(인문·사회·과학·예술 등) 이해하기
	학술 텍스트(인문·사회·과학·예술 등) 추론하기
	학술 텍스트(인문·사회·과학·예술 등) 비판하기
실용 텍스트	실용 텍스트(공문·보도 자료·설명서·시각 자료 등) 이해하기
	실용 텍스트(공문·보도 자료·설명서·시각 자료 등) 추론하기
	실용 텍스트(공문·보도 자료·설명서·시각 자료 등) 비판하기

듣기·말하기(15문항)

구분	내용
담화 유형 및 상황별 전략	공적·사적 대화
	설명·강연·발표·논평·뉴스
	설득·협상·대담·토론
공감적 소통	스토리텔링·낭독

어휘(15문항)

구분	내용
사전적 의미	고유어의 사전적 의미
	한자어의 사전적 의미
문맥적 의미	고유어의 문맥적 의미
	한자어의 문맥적 의미
	혼동하기 쉬운 어휘
의미 관계	어휘의 관계
	문맥 속 의미 관계
	고유어와 한자어의 의미 관계
	다의어·동음이의어
속담, 관용 표현, 한자성어	속담·관용 표현
	한자·한자성어
국어 순화	한자어 순화
	외래어 순화

어법(15문항)

구분	내용
한글 맞춤법	소리에 관한 것
	형태에 관한 것
	띄어쓰기
	그 밖의 것
	문장 부호
표준어 규정	표준어 사정 원칙
	표준 발음법
외래어 표기법	
로마자 표기법	
문장 다듬기	어법에 맞게 다듬기·중복 표현·번역 투 표현

창안(10문항)

구분	내용
텍스트 창안	조건에 맞는 내용 생성
	유비추론을 활용한 내용 생성
이미지 창안	추상적 그림을 활용한 내용 생성
	구체적 그림을 활용한 내용 생성
	시각 리터러시

국어문화(10문항)

구분	내용
국어학	국어사
	국어 문법론
국문학	한국 고전문학
	한국 현대문학
	국문학 이론 및 국문학사
미디어와 국어 생활	남북한 언어 비교
	방송 언어
	근대 광고의 문법 및 리터러시

쓰기(5문항)

구분	내용
글쓰기 계획	계획하기
	자료 활용 방안
	개요 작성
고쳐쓰기	미시적·거시적 점검

저자가 알려 주는 공략법

어휘, 어법, 국어문화

'고득점 삼총사'를 잡아라!

'어휘, 어법, 국어문화'는 서로 톱니바퀴처럼 맞물려 있어요.
'국어문화'의 문제를 해결하기 위해서는 '어휘'와 '어법'에서 다룬 어휘나 개념이 기초가 되어야 해요.

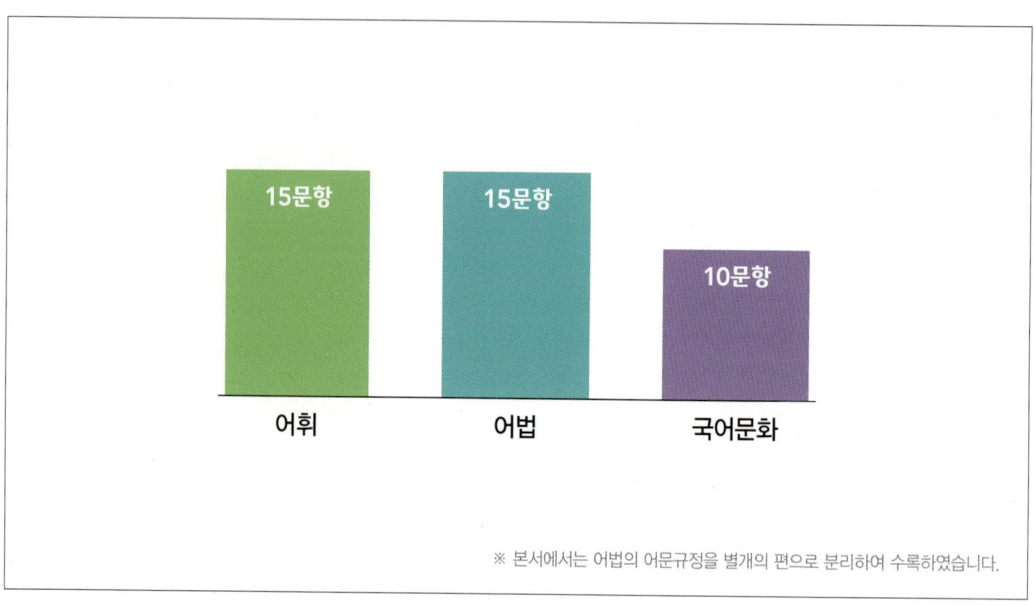

※ 본서에서는 어법의 어문규정을 별개의 편으로 분리하여 수록하였습니다.

어휘	❶ 출제된 어휘는 또 나온다. 예문을 통해 기출 어휘를 반복 학습하자. ❷ 하나의 단어가 여러 의미로 쓰일 경우, 문맥에 따른 적절한 의미를 찾을 수 있어야 한다. ❸ 말 다듬기가 가능한 외래어나 한자어의 순화어에 대한 문제가 출제되는 만큼 출제된 단어를 잘 살펴보자.
어법	❶ 무조건 암기하지 말고 이해하자. ❷ 어문규정(① 한글 맞춤법, ② 표준어 규정, ③ 외래어 표기법, ④ 로마자 표기법)에 해당하는 문법 개념과 예시를 잘 연결하여 알아 두자. ❸ 번역 투와 중복 표현, 문장 성분의 호응, 바른 문장 쓰기에서는 제시된 문장이 자연스럽지 않은 이유와 바르게 고쳐 쓰는 방법을 이해하고 연습해 두자.
국어문화	❶ 문학사의 주요 작가와 작품, 작품의 특징을 연결해서 학습하자. ❷ 어법 영역에서 다루었던 문법 개념을 적용하는 문제가 나오므로, 문법 개념을 정확하게 이해하며 학습하자. ❸ 국어사는 중세 국어와 근대 국어 문법의 특징에서 변화된 내용을 중심으로 학습하자.

첫 번째

어휘, 어법, 국어문화 학습법

1. 문제의 패턴이 있음을 기억하자.

'어휘'는 나왔던 단어가, '어법'은 나왔던 문법 개념이 반복적으로 출제된다. 기출문제의 패턴을 보면 출제자가 수험자의 오답을 유발하기 위해 쓰는 방법이 분명히 존재한다. 선지에서 오답을 유발하는 패턴을 파악해 두고, 기출 어휘와 어법을 반복적으로 학습해야 한다.

2. 자신의 강점과 약점을 파악하자.

KBS 한국어능력시험은 상대평가이기 때문에 자신의 강점을 유지하고, 약점을 보완하는 전략적인 학습을 해야 한다. 따라서 자신의 강점과 약점을 파악한 후, 기본기가 부족한 영역 중 자주 출제되는 유형을 위주로 학습하거나 '어휘'와 '어법', '국어문화'와 같이 고득점을 노릴 수 있는 영역을 우선적으로 학습하는 등의 전략이 필요하다.

3. '어휘'와 '어법', '국어문화' 영역에서 단기간에 고득점을 올릴 수 있는 사람이 있다.

단기간에 고득점을 올릴 수 있는 사람은 국어에 대한 배경지식이 풍부하거나, 이해 능력에 해당하는 '읽기'와 '자료 해석'이 준비된 사람이다. 그러나 배경지식과 이해 능력이 부족하다면 전략적인 학습법이 필요하다. 바로 '어휘'와 '어법', '국어문화'에 시간을 더 투자하는 것이다. '어휘'와 '어법'은 같은 내용이 반복적으로 출제될 뿐만 아니라, '국어문화'와도 긴밀히 연결되어 있기 때문에 보다 효율적으로 학습할 수 있다. 또한, 타 영역과 비교하여 상대적으로 배점이 높은 편이므로, 세 영역을 집중적으로 학습 시 단기간 고득점을 노려 볼 수 있다.

4. 시험 준비는 언제나, 가까운 곳에서부터 시작하자.

외래어·로마자 표기법, 순화어, 표준어 등은 매체나 일상생활의 지하철역 이름, 도로 표지판 등을 통해서도 학습할 수 있다. 시험을 보겠다고 마음을 먹었다면 일상생활에서 보이는 것을 주의 깊게 관찰하여 익혀 두는 것도 학습의 효율성을 높이는 하나의 방법이 될 수 있다.

5. 기본에 충실하자.

'어휘'와 '어법', '국어문화'는 무엇보다도 기본기가 중요한 영역들이다. '어휘'와 '어법'의 경우, 기본 개념을 묻거나 기본 개념을 적용하여 푸는 형태로 출제되고 있으며, 같은 개념이 반복적으로 출제되는 경향이 있으므로, 기본기를 다져 두면 어떤 문제가 나와도 수월하게 풀 수 있다. 또한, '국어문화'의 큰 비중을 차지하는 것이 '어법'과 '국어사', '작가와 작품'인 만큼, 시대별 국어 문법 중에서도 '중세 국어'와 '근대 국어'의 특징을 명확하게 구분하고, 주요 작가와 작품을 연결 지어 학습해 두어야 한다.

저자가 알려 주는 공략법

읽기, 듣기·말하기, 창안, 쓰기

'영역별 전략 학습'으로 합격에 가까이!

'읽기, 듣기·말하기, 창안, 쓰기'는 무엇보다도 각 영역에 대한 전략을 잘 세워 학습하는 것이 중요해요.

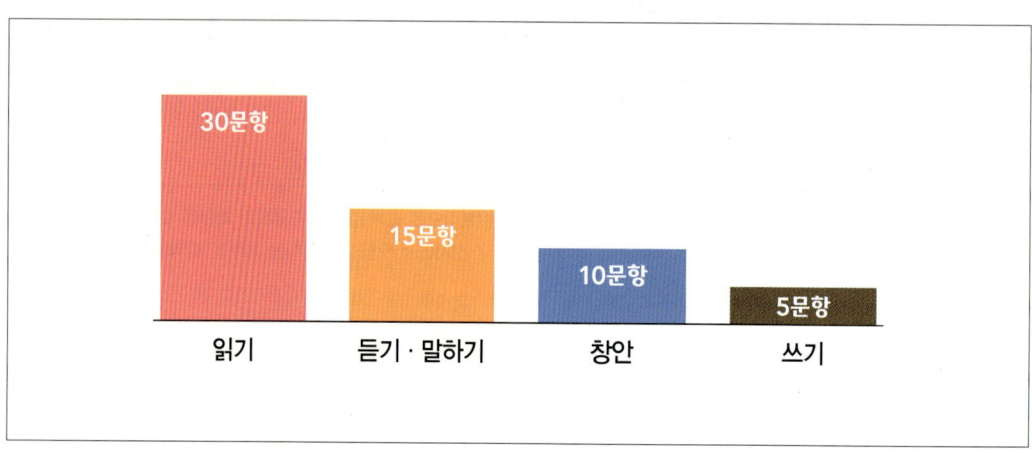

읽기	① **문학**: 처음 보는 작품이라도 '시' 또는 '소설'의 이론에 대한 이해를 바탕으로 분석할 수 있어야 한다. 특히, '소설'의 경우, 이해 능력, 추론 능력, 비판 능력을 문제를 통해 순차적으로 평가하므로, 자주 출제되는 대표 유형들을 분석하는 연습이 필요하다. ② **비문학**: 문제를 먼저 읽고, 문제에서 요구하는 답을 찾아야 한다. 중심 내용을 바탕으로 세부 내용까지 파악할 수 있도록 지문을 분석하는 연습이 필요하다. ③ **실용문**: 자료에 대한 정확한 해석이 필요하다. 특히, 자료를 활용해 계산을 하거나, 다른 사례에 적용하는 문제 유형에 주의하자.
듣기·말하기	① 문제를 이해해야 내용을 놓치지 않고 문제의 핵심을 파악할 수 있으므로, 먼저 문제를 빠르게 읽고 메모하며 듣자. ② 내용의 세부적인 사실 확인뿐만 아니라, 내용의 전반적인 맥락 파악 및 앞으로 일어날 일 예측, 내용 구성 전략 등을 묻는 문제가 항상 출제되므로, 전체적인 내용을 파악하자.
창안	① 〈조건〉에 제시된 표현 방법을 이해하고, '유비' 유형의 여러 문제를 학습해 두자. ② 문제에 제시된 〈보기〉와 〈조건〉을 꼼꼼하게 파악한 후 문제를 풀자.
쓰기	① 쓰기 영역의 5문제는 '계획하기-내용 생성하기-내용 조직하기-표현하기-고쳐쓰기'의 과정을 바탕으로 제시된다. 각 단계에 따른 문제의 유형을 반복 학습하면 속도감 있게 풀 수 있다. ② 고쳐쓰기는 어휘 능력과 어법 능력이 필요하다. '어휘'와 '어법'을 반복 학습하자.

두 번째

읽기, 듣기·말하기, 창안, 쓰기 학습법

1. '문학 독해'는 각 장르에 맞는 '~답게'의 공부법을 지향한다.

KBS 한국어능력시험의 문학에서는 시와 소설이 한 지문씩 등장한다. 하지만 같은 작품이 반복해서 출제되는 것이 아니라 새로운 작품이 출제된다. 그렇다면 필요한 것은 무엇일까? 바로 분석 능력이다. 교재에 단계별로 작품을 분석할 수 있도록 안내하였다. 작품 분석에 필요한 용어를 익히고, 각 작품을 스스로 분석해 보며, 이를 확인하는 과정을 반복하여 분석 능력을 키워 보자.

2. '비문학 독해'는 중심 내용을 찾고 자료의 유의미한 변화에 초점을 두어 자료를 해석한다.

비문학은 3~5개의 문단으로 구성된 글이 제시된다. 시간 내에 문제를 해결해야 하므로, 빠른 해석 능력이 필요하다. 이를 위해서 꾸준히 해야 할 것은 바로 각 문단의 중심 문장 찾기, 글 전체의 중심 문단 찾기, 요약하기 연습이다. 교재에 제시된 지문 분석 방법을 확인하고, 기출 텍스트로 연습을 꾸준히 해 보자.

실용문은 일상생활에서 접할 수 있는 자료에 대한 일치와 불일치 문제가 주를 이룬다. 또한, 자료 해석은 제시된 자료의 추이를 분석하는 데 초점이 맞춰져 있다. 통계의 수치가 급작스럽게 올라가거나 내려가는 등의 유의미한 변화가 있었다면 그 부분을 중심으로 분석하자. 특히 계산이 필요한 자료 해석 문제는 문제의 패턴을 기억하자.

3. '듣기·말하기'에는 순간 집중력과 메모가 필요하다.

'듣기·말하기'는 음성 언어의 특성상 순식간에 사라져 버린다. 그럼에도 불구하고 문항 수가 많은 영역에 속하므로, 학습자 간 편차가 큰 영역이기도 하다. 음성 언어로 제시되는 영역이지만, '읽기'와 마찬가지로 중심 내용을 파악하고 자신에게 맞는 메모 방법을 선택해야 한다. 또한, 기출문제로 연습을 하는 것도 좋지만, 일상생활에서 뉴스나 강연 등을 메모하며 듣는 연습을 해 보자.

4. '쓰기'는 일정한 틀이 있다.

'쓰기'는 '계획하기-내용 생성하기-내용 조직하기-표현하기-고쳐쓰기'의 일정한 과정이 있다. 먼저, 전체적인 내용을 파악하기 위해서는 주제를 중심으로 상위·하위 범주의 관련성을 파악해야 한다. 특히 '고쳐쓰기' 단계에서는 '어휘'와 '어법' 지식과 글의 전체적인 흐름에 따른 중심 내용 파악 및 올바른 문장쓰기에 대해 준비해야 한다.

5. '창안'은 사고의 유연성이 필요하다.

'창안'은 유연한 사고로 문제를 바라보면 쉽게 답이 보인다. 특히, 특정한 원리를 인간 사회 또는 특정한 방법이나 정책에 비유하는 '유비' 유형의 비중이 높은데, 대상 간의 공통점을 파악하면 쉽게 풀린다. 또한, 〈보기〉와 〈조건〉이 있는 문제는 그 속에 답이 있으므로 꼼꼼히 살펴보자.

이 책의 구성과 특징

영역별로 차별화된 구성

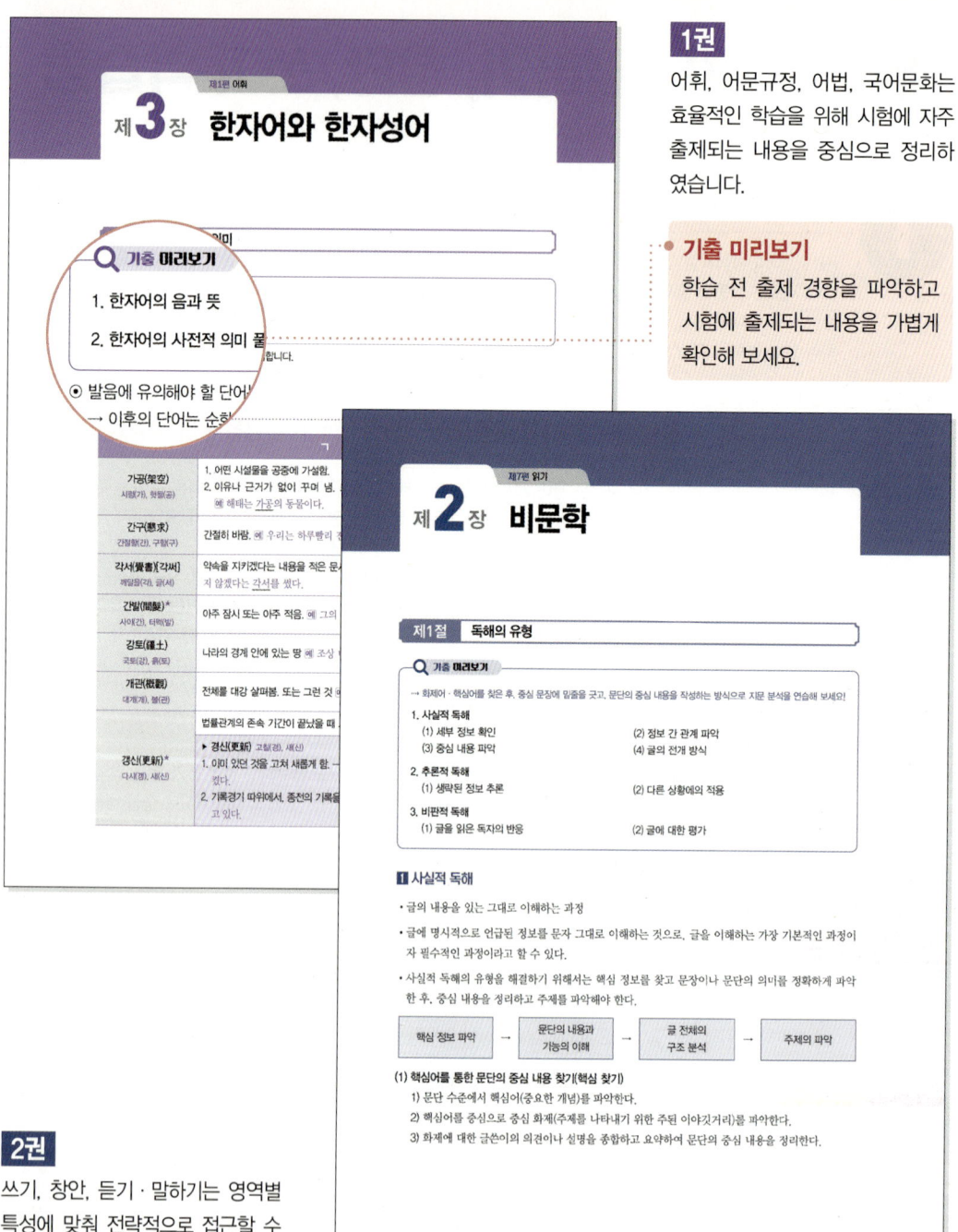

1권
어휘, 어문규정, 어법, 국어문화는 효율적인 학습을 위해 시험에 자주 출제되는 내용을 중심으로 정리하였습니다.

기출 미리보기
학습 전 출제 경향을 파악하고 시험에 출제되는 내용을 가볍게 확인해 보세요.

2권
쓰기, 창안, 듣기·말하기는 영역별 특성에 맞춰 전략적으로 접근할 수 있도록 정리하였습니다.

한눈에 확인하는 문제와 해설

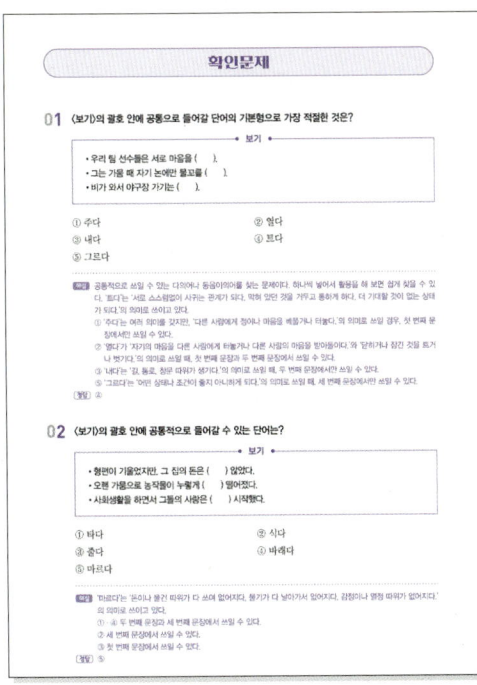
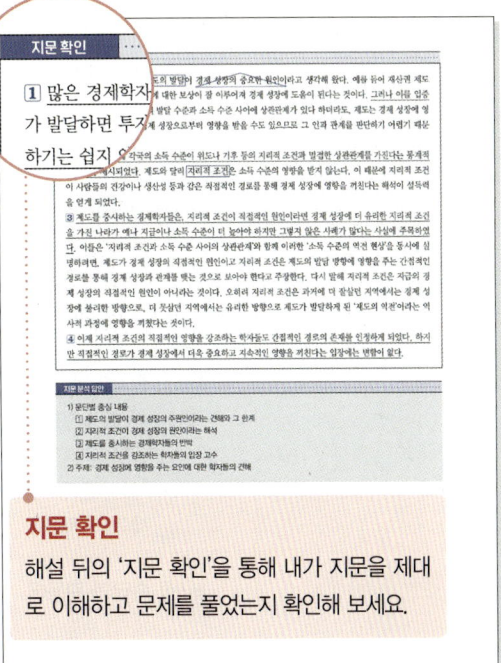

지문 확인
해설 뒤의 '지문 확인'을 통해 내가 지문을 제대로 이해하고 문제를 풀었는지 확인해 보세요.

빈출되는 유형으로 기본을 쌓고 낯선 유형의 문제에는 쉽게 적응할 수 있도록 구성하였습니다. 상세한 해설과 함께 실전에 완벽히 대비해 보세요.

특별 제공

휴대용 소책자
1. 어문 규정 베스트 7
2. 어법 베스트 10
3. 빈출 어휘 문제

소책자 무료 특강

수강 경로
유튜브 시대에듀 채널 ➡ 재생목록
➡ KBS한국어능력시험 click!

이 책의 차례

1권 | 어휘, 어문규정, 어법, 국어문화

제1편 어휘

제1장 언어의 의미
- 제1절 의미의 종류 · · · · · · 4
- 제2절 의미의 변화 · · · · · · 5

제2장 고유어
- 제1절 사전적 의미 · · · · · · 7
- 제2절 문맥적 의미 · · · · · · 27
- 제3절 단어 간의 의미 관계 · · · · · · 41

제3장 한자어와 한자성어
- 제1절 사전적 의미 · · · · · · 67
- 제2절 문맥적 의미 · · · · · · 83
- 제3절 한자의 병기 · · · · · · 97
- 제4절 한자성어 · · · · · · 114

제4장 속담과 관용어
- 제1절 속담 · · · · · · 126
- 제2절 관용어 · · · · · · 135

제5장 순화어
- 제1절 일본어 순화어 · · · · · · 142
- 제2절 한자어 순화어 · · · · · · 143
- 제3절 외래어 순화어 · · · · · · 144

제2편 어문규정

제1장 한글 맞춤법
- 제1절 구별해서 적어야 할 단어 · · · · · · 152
- 제2절 띄어쓰기 · · · · · · 161
- 제3절 문장부호 · · · · · · 172

제2장 표준어 규정
- 제1절 단수 표준어 · · · · · · 191
- 제2절 복수 표준어 · · · · · · 215

제3장 외래어 · 로마자 표기법
- 제1절 외래어 표기법 · · · · · · 227
- 제2절 로마자 표기법 · · · · · · 234

제3편 어법

제1장 언어의 이해
- 제1절 언어의 특성 ··· 246
- 제2절 언어의 기능 ··· 249

제2장 음운론
- 제1절 음운과 음운 체계 ··· 250
- 제2절 음운의 변동 ··· 257

제3장 단어
- 제1절 형태소 ··· 283
- 제2절 단어 ··· 284

제4장 문장
- 제1절 문장의 성분 ··· 320
- 제2절 문장의 짜임 ··· 324

제5장 문법 요소
- 제1절 문장의 종결 ··· 328
- 제2절 높임 표현 ··· 332
- 제3절 시간 표현 ··· 337
- 제4절 피동 표현 ··· 341
- 제5절 사동 표현 ··· 342
- 제6절 부정 표현 ··· 344

제6장 어법에 맞는 말
- 제1절 의미의 중복 ··· 350
- 제2절 바른 문장 쓰기 ··· 358

제4편 국어문화

제1장 한글의 역사와 이론
- 제1절 문자와 말소리 ··· 368

제2장 남북한 언어 비교
- 제1절 남북한 언어 ··· 377

제3장 필수 작가와 작품
- 제1절 현대시 ··· 385
- 제2절 현대소설 ··· 392
- 제3절 고전시가 ··· 401
- 제4절 고전산문 ··· 407

제4장 방송 언어
- 제1절 방송 언어의 개념과 조건 ··· 415

이 책의 차례

2권 | 쓰기, 창안, 읽기, 듣기 · 말하기

제5편 쓰기

제1장 글쓰기의 단계
- 제1절 단계별 글쓰기 과정 · · · · · 4

제6편 창안

제1장 창의적 수용 및 생성
- 제1절 내용 · 구조 · 표현의 창의적 수용 및 생성 · · · · · 24

제7편 읽기

제1장 문학
- 제1절 시 · · · · · 50
- 제2절 소설 · · · · · 73
- 제3절 수필 · · · · · 99

제2장 비문학
- 제1절 독해의 유형 · · · · · 114

제3장 실용문
- 제1절 실용문의 종류 · · · · · 155

제4장 자료의 해석
- 제1절 통계 자료와 보도 자료 · · · · · 173

제8편 듣기 · 말하기

제1장 듣기의 유형
- 제1절 사실적 이해 · · · · · 202
- 제2절 추론적 이해 · · · · · 207
- 제3절 비판적 이해 · · · · · 210

제2장 듣기 · 말하기 혼합 유형
- 제1절 종합적 표현과 이해 · · · · · 213

부록

듣기 대본 · · · · · 219

빅데이터 어휘

★ 기출문제에서 2회 이상 출제된 빈출 어휘를 모았습니다. ★

01 고유어

가탈 동 까탈, 방해, 트집
1. 일이 순조롭게 나아가는 것을 방해하는 조건
   예 처음 하는 일이라 여기저기서 가탈이 많이 생긴다.
2. 이리저리 트집을 잡아 까다롭게 구는 일
   예 가탈을 부리다. / 가탈을 잡다.

결딴
1. 어떤 일이나 물건 따위가 아주 망가져서 도무지 손을 쓸 수 없게 된 상태
   예 동생이 새로 산 라디오를 결딴내 버렸다.
2. 살림이 망하여 거덜 난 상태
   예 이젠 집안을 아주 결딴을 내려고 하는군.

깜냥
스스로 일을 헤아림. 또는 헤아릴 수 있는 능력
예 그는 자기의 깜냥을 잘 알고 있었다.

내처
1. 어떤 일 끝에 더 나아가
   예 가는 김에 내처 집까지 바래다주었다.
2. 줄곧 한결같이
   예 같은 증세가 내처 계속되다.

노량으로 동 노량
어정어정 놀면서 느릿느릿
예 일훈은 금남이와 대화를 하면서 노량으로 길을 걸었다.

달포
한 달이 조금 넘는 기간
예 그가 떠난 지 달포가량 지났다.

들마
가게 문을 닫을 무렵
예 들마에 손님들이 몰려왔다.

맨드리
1. 옷을 입고 매만진 맵시
   예 그는 인물보다 맨드리가 더 훌륭하다.
2. 물건이 만들어진 모양새
   예 지그시 힘을 주었더니 맨드리가 곱던 바리가 쭈그러졌다.

바투
1. 두 대상이나 물체의 사이가 썩 가깝게
   예 그에게 바투 다가갔다.
2. 시간이나 길이가 아주 짧게
   예 약속 날짜를 너무 바투 잡았다.

사달
사고나 탈
예 일이 꺼림칙하게 되어 가더니만 결국 사달이 났다.

숫제
1. 순박하고 진실하게
   예 그도 이제는 숫제 착실한 생활을 한다.
2. 처음부터 차라리 또는 아예 전적으로
   예 하다가 말 것이라면 숫제 안 하는 것이 낫다.

시나브로
모르는 사이에 조금씩 조금씩
예 낙엽이 시나브로 날려 발밑에 쌓이고 있다.

우수리
1. 물건값을 제하고 거슬러 받는 잔돈
   예 만 원을 내고 우수리로 2,100원을 거슬러 받았다.
2. 일정한 수나 수량에 차고 남는 수나 수량
   예 한 사람 앞에 5개씩 주었는데도 우수리가 7개나 된다.

울력다짐
여러 사람이 힘을 합하여 일을 빠르고 시원스럽게 끝냄. 또는 그런 기세
예 울력다짐으로 하는 바람에 능률이 올랐다.

재우
매우 재게(빠르게)
예 발걸음을 재우 놀리다.

짬짜미
남모르게 자기들끼리만 짜고 하는 약속이나 수작
예 아내가 밤늦게 돌아오는 데는 분명 노파의 짬짜미가 있다.

추렴
모임이나 놀이 또는 잔치 따위의 비용으로 여럿이 각각 얼마씩의 돈을 내어 거둠.
예 우리는 조금씩 추렴을 해서 불우이웃돕기를 했다.

어휘 영역은 어법과 함께 많은 비중을 차지하는 영역입니다. 또한 공부를 하는 입장에서 '이걸 모두 외워야 하나? 아니면 무언가 다른 방법이 있나?'라는 의문이 들 수 있는 영역이기도 합니다. 최근에는 단순하게 단어를 외워서 푸는 문제보다는 단어의 의미를 문맥적으로 추론하여 해결하는 문제들이 출제됩니다. 어휘 영역에서는 한국인이 갖춰야 할 어휘 능력을 평가하므로, 일상생활에 많이 쓰이는 어휘뿐 아니라 문학 작품에 등장하는 어휘도 알아 두어야 합니다. 특히 문학 작품의 고유어는 현대에 와서 잘 쓰이지 않는 어휘가 많기 때문에 어렵게 느껴지는 것은 당연합니다. 고유어를 제대로 학습하기 위해서는 문학 작품을 읽으면서 문맥적으로 고유어가 갖는 감각을 이해하는 것이 중요합니다.

　　잠시 생각해 보세요. 우리가 사용하는 언어는 어디서부터 시작을 하는지……. 아이들이 언어를 배울 때도 어휘부터 시작을 해서 유창하게 우리말을 사용하게 되잖아요. 문학이라는 글도 작가가 자신의 정서를 표현하기 위해서 어휘를 수없이 바꾸는 과정을 거치게 됩니다. 국어의 꽃은 바로 '어휘'입니다.

제1편

어휘

제1장 언어의 의미

제2장 고유어

제3장 한자어와 한자성어

제4장 속담과 관용어

제5장 순화어

제1장 언어의 의미

제1절 의미의 종류

> **기출 미리보기**
>
> ⋯▶ 외워야 할 개념이 아닌, 어휘 문제 풀이에 활용되는 개념이니 잘 이해해 두세요!

1 중심적 의미와 주변적 의미

(1) **중심적 의미**: 다의어의 의미들 중 가장 기본적이며 핵심적인 의미로 사용되는 것

(2) **주변적 의미**: 다의어의 중심적 의미가 상황에 따라 다양하게 확장되어 사용되는 것

　예 손 ─ 중심적 의미: 귀여운 손 → 사람의 팔목 끝에 달린 부분
　　　└ 주변적 의미: 손이 모자라다 → 노동력
　　　　　　　　　　그 사람과 손을 끊겠다 → 관계
　　　　　　　　　　장사꾼의 손에 놀아나다 → 수완, 꾀

2 사전적 의미와 문맥적 의미

(1) **사전적 의미**: 단어가 가지고 있는 가장 기본적인 의미이자, 객관적인 의미로 설명문이나 논설문처럼 객관적 정보를 다루는 글에서 쓰이는 의미
　예 이 길로 가면 신촌이 나옵니다. → 도로(道路)

(2) **문맥적 의미**: 사전적 의미와 연관성을 갖는 것으로, 문맥의 흐름을 통해 알 수 있는 의미
　예 대통령은 국가적 어려움을 극복할 길을 찾고 있다. → 방법, 수단

3 지시적 의미와 함축적 의미

(1) **지시적 의미**: 단어가 가진 기본적 의미 → 사전적 의미, 문맥적 의미

(2) 함축적 의미: 지시적 의미에서 연상되는 내포적 의미로 주로 문학적인 글에 쓰임.

예) 그립고 아쉬운 / 머언 젊음의 <u>뒤안길</u>에서 → 젊은 시절 방황했던 시간

제2절 의미의 변화

> **기출 미리보기**
>
> ⋯ 최근 시험에 직접적으로 출제되지는 않지만, 알아 두면 좋은 기본 이론입니다. 어렵지 않으니 잘 이해해 두세요.

1 의미 변화의 원인

(1) 언어적 원인: 한 단어가 다른 단어와 자주 인접하여 나타남으로써 그 의미까지 변화된 경우

주책없다 동 주책이다, 주책맞다	원래의 의미인 '일정하게 자리 잡은 주장이나 판단력'과는 달리, '주책'이 주로 '없다'와 어울리면서 '일정한 줏대가 없이 이랬다저랬다 하여 몹시 실없다.'의 부정적 의미가 됨.
우연찮다	원래는 '어떤 일이 뜻하지 아니하게 저절로 이루어져 공교롭다.'의 의미인 '우연하다'가 옳으나, 부정 표현과 인접되면서 비슷한 의미로 바뀜.

(2) 역사적 원인: 단어가 가리키는 대상은 변했지만, 단어는 그대로 남아 있는 경우

지갑(紙匣)	종이로 만든 것 → 가죽이나 천으로 만든 것
바가지	박으로 만든 것 → 플라스틱으로 만든 것

(3) 사회적 원인: 일반적인 단어가 특수 집단에서 사용되거나, 반대로 특수 집단에서 사용되던 단어가 일반 사회에 사용됨으로써 의미에 변화가 일어난 것

공양(供養)	불교 용어가 '부모님을 공양하다.'의 의미가 되어 일반화됨.
대장(大將)	군대에서 계급을 나타내는 말이 '최고인'의 의미가 되어 일반화됨.
안타(安打)	야구 용어가 긍정적인 의미로 일반화됨.

(4) 심리적 원인: 완곡어나 비유적 표현 등에 자주 사용되는 동안 해당 단어의 의미에 대한 인식이 변화하면서 단어의 의미까지 변화하게 된 것

곰, 형광등	비유적으로 사용되면서 '우둔하다.'는 의미로 변화됨.
컴퓨터	비유적으로 사용되면서 '똑똑하다.'는 의미가 첨가됨.

2 의미 변화의 유형

(1) 의미 확대: 단어의 의미 영역이 넓어져 의미가 확대되는 것

지갑(紙匣)	종이로 만든 것 → 가죽, 비닐, 옷감 등으로 만든 것
영감(令監)	조선 시대 당상관(정3품 이상 종2품 이하) → 남자 노인 모두
세수(洗手)	손을 씻는 행위 → 얼굴까지 씻는 행위

(2) 의미 축소: 단어의 의미 영역이 좁아져 의미가 특수해지는 것

계집	여성을 가리키는 일반적인 말 → 여성을 낮추는 말
얼굴	신체 전부 → 신체 일부(안면)
짐승	유정물 전체 → 동물

(3) 의미 이동: 어떤 대상에 대한 가치관의 변화로 인해 한 단어의 의미가 달라지는 것

어리다	어리석다 → 나이가 적다
어엿브다 (어여쁘다)	불쌍하다 → 예쁘다
방송	석방 → 방송 예 라디오 방송

… 제1편 어휘

제2장 고유어

제1절 사전적 의미

기출 미리보기

1. 단어의 기본형
2. 고유어의 사전적 의미 풀이

✅ 필수 고유어

	ㄱ
가녘	가장자리(둘레나 끝에 해당되는 부분) 예 겨울 안개가 바다 가녘에까지 자욱하게 끼어 있다.
가늠	1. 목표나 기준에 맞고 안 맞음을 헤아려 봄. 또는 헤아려 보는 목표나 기준 예 떡 반죽은 가늠을 알맞게 해야 송편을 빚기가 좋다. 2. 사물을 어림잡아 헤아림. 예 그 건물의 높이가 가늠이 안 된다.
가뭇없다	1. 보이던 것이 전혀 보이지 않아 찾을 곳이 감감하다. 예 고향으로 돌아온 그는 가뭇없는 집터에서 눈물을 흘렸다. 2. 눈에 띄지 않게 감쪽같다. 예 마술사의 손놀림에 따라 보자기에 있던 비둘기가 가뭇없게 사라져 버렸다.
가탈* 통 까탈, 방해, 트집	1. 일이 순조롭게 나아가는 것을 방해하는 조건 예 처음 하는 일이라 가탈이 많이 생긴다. 2. 이리저리 트집을 잡아 까다롭게 구는 일 예 가탈을 부리다. / 가탈을 잡다.
갈무리*	1. 물건 따위를 잘 정리하거나 간수함. 예 겨울이 오기 전에 곡식을 잘 갈무리를 해야 한다. 2. 일을 처리하여 마무리함. 예 옆 사람에게 일의 갈무리를 부탁했다.
객쩍다	행동이나 말, 생각이 쓸데없고 싱겁다. 예 그녀는 객쩍게 지껄이는 남편에게 핀잔을 주었다.

거스러미	1. 손발톱 뒤의 살 껍질이나 나무의 결 따위가 가시처럼 얇게 터져 일어나는 부분 예 판자의 거스러미 / 날씨가 건조해지자 손톱 주위에 거스러미가 일기 시작했다. 2. 기계의 부품을 자르거나 깎은 뒤에 제품에 아직 그대로 붙어 남아 있는 쇳밥 예 잘려 나온 쇠파이프의 거스러미를 밀고 있다.
건듯	1. 일 따위를 빠르게 대강 하는 모양 예 산을 오르며 건듯 보았던 꽃을 내려오는 길에 자세히 보았다. 2. 행동이나 상황 따위가 갑작스럽게 일어나거나 바뀌는 모양 예 억수같이 내리던 비가 거짓말처럼 건듯 개었다.
걸터들이다	이것저것 가리지 않고 휘몰아 들이다. 예 엄마는 갑자기 집안에 물건을 걸터들이기 시작하셨다.
게두덜거리다	굵고 거친 목소리로 자꾸 불평을 늘어놓다. 예 그는 문을 열고 들어서면서 춥다고 계속 게두덜거렸다.
결딴*	1. 어떤 일이나 물건 따위가 아주 망가져서 도무지 손을 쓸 수 없게 된 상태 예 동생이 새로 산 라디오를 결딴내 버렸다. 2. 살림이 망하여 거덜 난 상태 예 이젠 집안을 아주 결딴을 내려고 하는군. ▶ 결단(決斷)[결딴] 결정적인 판단을 하거나 단정을 내림. 또는 그런 판단이나 단정 예 그는 한번 결단을 내린 일은 절대로 바꾸지 않는다.
곰살궂다	1. 태도나 성질이 부드럽고 친절하다. 예 그는 덩치에 맞지 않게 곰살궂게 굴었다. 2. 꼼꼼하고 자세하다. 예 그는 곰살궂게 할머니의 팔다리를 주물렀다.
굴레	(비유적으로) 부자연스럽게 얽매이는 일 예 그는 가난이라는 삶의 굴레에서 벗어나지 못했다.
귓전	귓바퀴의 가장자리 예 귓전을 스치는 바람
길섶	길의 가장자리. 흔히 풀이 나 있는 곳 예 길섶에 핀 코스모스
길처	가는 길의 근처 예 내 고향은 남도 가는 길처에 있다.
까닥	1. 고개 따위를 아래위로 가볍게 한 번 움직이는 모양 예 턱을 까닥 처들다. 2. 움직이거나 변동되어서는 안 될 것이 조금이라도 움직이거나 잘못 변동되는 모양 예 까닥 잘못하면 큰일이다.
깜냥*	스스로 일을 헤아림. 또는 헤아릴 수 있는 능력 예 그는 자기의 깜냥을 잘 알고 있었다.
깨단하다	오랫동안 생각해 내지 못하던 일 따위를 어떠한 실마리로 말미암아 깨닫거나 분명히 알다. 예 사업에 실패했던 원인을 이제야 깨단하게 되다니.
깨지락거리다	1. 조금 달갑지 않은 음식을 자꾸 억지로 굼뜨게 먹다. 예 밥을 앞에 놓고 깨지락거리기만 하다가 일어섰다. 2. 조금 달갑지 않은 듯이 자꾸 게으르고 굼뜨게 행동하다. 예 일단 의문을 품으면 깨지락거리지 않고 끝장을 봐야만 직성이 풀리는 성미
꼭뒤	뒤통수의 한가운데 예 분노가 꼭뒤까지 치밀어 올랐다.

ㄴ	
너나들이	서로 너니 나니 하고 부르며 허물없이 말을 건넴. 또는 그런 사이 예 그는 박 선생과 너나들이하는 가까운 사이임을 과시했다.
넌출지다	식물의 덩굴 따위가 길게 치렁치렁 늘어지다. 예 칡덩굴이 산을 넌출지게 덮었다.
노량으로★ 동 노량	어정어정 놀면서 느릿느릿 예 일훈은 금남이와 대화를 하면서 노량으로 길을 걸었다.
늘비하다	질서 없이 여기저기 많이 늘어서 있거나 놓여 있다. 예 마당에는 낯선 사람들이 늘비하게 서 있었다.

ㄷ	
다락같이	1. 물건 값이 매우 비싸게 예 지금 다락같이 물가 뛰는 거 봐라. 2. 덩치나 규모 정도가 매우 크고 심하게 예 마님들은 입맛이 다락같이 까다롭다.
단출하다	1. 식구나 구성원이 많지 않아서 홀가분하다. 예 살림이 단출하다. 2. 일이나 차림차림이 간편하다. 예 며칠 안 걸리는 출장이라 단출하게 떠나기로 했다.
달포★	한 달이 조금 넘는 기간 예 그가 떠난 지 달포가량 지났다.
덥썩	1. 깊은 생각이 없이 무턱대고 행동하는 모양 예 그는 생각 없이 덥썩 일을 저질렀다. 2. 서슴지 않고 단숨에 하는 모양 예 그는 물건을 덥썩 들어 올렸다.
덩둘하다	1. 매우 둔하고 어리석다. 예 그는 꾀도 없고 눈치도 없는 덩둘한 사람이다. 2. 어리둥절하여 멍하다. 예 영문도 모르는 일에 놀라 눈만 덩둘하게 뜨고 서 있다.
도탑다	서로의 관계에 사랑이나 인정이 많고 깊다. 예 형제간에 도타운 정을 나누었다.
되퉁스럽다	찬찬하지 못하거나 미련하여 일을 잘 저지를 듯하다. 예 모두가 모인 자리에서 되퉁스러운 친구의 질문을 받아 무척 곤혹스러웠다.
둔덕★	가운데가 솟아서 불룩하게 언덕이 진 곳 예 그는 완만한 경사로 이어진 둔덕 쪽으로 갔다.
득달같이★	잠시도 늦추지 아니하게 예 맡은 일을 득달같이 해치웠다.
들마★	가게 문을 닫을 무렵 예 들마에 손님들이 몰려왔다.
들입다	세차게 마구 예 이번 일은 들입다 고생만 했지 보람이 없다.
들척지근하다 [준말] 들치근하다	약간 들큼한(맛깔스럽지 아니하게 조금 단) 맛이 있다. 예 장식된 꽃을 먹어 보았더니 비릿하고 들치근했다.
딴죽	(비유적으로) 이미 동의하거나 약속한 일에 대하여 딴전을 부림. 예 약속해 놓고 이제 와서 딴죽을 치면 어떻게 하니?
딴통같이	전혀 엉뚱하게 예 중요한 일에 관하여는 일절 말이 없고 딴통같이 다른 이야기만 했다.

	ㅁ
마뜩하다	(주로 '않다', '못하다'와 함께 쓰여) 제법 마음에 들 만하다. 예 나는 그의 행동이 마뜩하지 않다.
말미*	일정한 직업이나 일 따위에 매인 사람이 다른 일로 말미암아 얻는 겨를 예 일간 말미를 내어 찾아뵙겠습니다.
맞잡이 동 맞들이	1. 서로 대등한 정도나 분량 예 그때 돈 만 원은 지금 돈 십만 원 맞잡이이다. 2. 서로 힘이 비슷한 두 사람 예 결승에서는 맞잡이끼리 붙어서 승부가 잘 나지 않았다.
맨드리	1. 옷을 입고 매만진 맵시 예 그는 인물보다 맨드리가 더 훌륭하다. 2. 물건이 만들어진 모양새 예 지그시 힘을 주었더니 맨드리가 곱던 바리가 쭈그러졌다.
모지락스럽다	보기에 억세고 모질다. 예 그는 동생의 손을 모지락스럽게 뿌리쳤다.
몽니	받고자 하는 대우를 받지 못할 때 내는 심술 예 동생의 사탕까지 먹겠다며 몽니를 부리다가 아빠한테 혼이 났다.
무릎맞춤	두 사람의 말이 서로 어긋날 때, 제3자를 앞에 두고 전에 한 말을 되풀이하여 옳고 그름을 따짐. 예 이 일은 무릎맞춤을 해 보아야 진상이 밝혀지겠다.
무지근하다 [준말] 무직하다	1. 뒤가 잘 안 나와서 기분이 무겁다. 예 아랫배가 무지근하다. 2. 머리가 띵하고 무겁거나 가슴, 팔다리 따위가 무엇에 눌리는 듯이 무겁다. 예 어제 온 종일 혼자 둑에서 돌을 들어 올렸더니 팔다리가 무지근하다.
묵새기다	1. 별로 하는 일 없이 한곳에서 오래 묵으며 날을 보내다. 예 그는 고향에서 묵새기며 요양하고 있다. 2. 마음의 고충이나 흥분 따위를 애써 참으며 넘겨 버리다. 예 슬픔을 묵새기다. / 북받치는 감정을 묵새기다.
물색없다	말이나 행동이 형편이나 조리에 맞는 데가 없다. 예 그는 가뜩이나 마음이 복잡한 내게 물색없는 소리만 하고 있었다.
물큰	냄새 따위가 한꺼번에 확 풍기는 모양 예 뚜껑을 여는 순간 고약한 냄새가 물큰 코를 찔렀다.

	ㅂ
바람서리	폭풍우로 말미암아 농업이나 어업 따위가 받는 피해 예 바람서리를 입다.
바장이다	1. 부질없이 짧은 거리를 오락가락 거닐다. 예 마음이 복잡해 공연히 이리저리 바장이다가 집으로 들어갔다. 2. 마음에 걸리는 것이 있어서 머뭇머뭇하다. 예 말을 꺼낼까 했지만 바장이다가 기회를 놓쳐 버렸다.
박작거리다	많은 사람이 좁은 곳에 모여 매우 어수선하게 자꾸 움직이다. 예 좁은 마당 안이 박작거리는 사람들로 발 디딜 틈이 없다.

발끈하다	1. 사소한 일에 걸핏하면 왈칵 성을 내다. 예 그가 절충안을 내놓자 상대방이 발끈하고 나섰다. 2. 뒤집어엎을 듯이 시끄러워지다. 예 그 소문에 온 동네는 발끈하여 분위기가 어수선하였다.
벼르다¹	어떤 일을 이루려고 마음속으로 준비를 단단히 하고 기회를 엿보다. 예 그들은 이번에 한 밑천 잡겠다고 벼르고 있다. ▶ 벼르다² 일정한 비례에 맞추어서 여러 몫으로 나누다. 예 적은 돈이지만 잘 별러 쓰기로 했다.
부산하다	급하게 서두르거나 시끄럽게 떠들어 어수선하다. 예 교실은 아이들로 부산하다.
부아*	노엽거나 분한 마음 예 나는 끓어오르는 부아를 꾹 참았다.
빌미	재앙이나 탈 따위가 생기는 원인 예 독재자는 이 사건을 탄압의 빌미로 삼았다. ▶ 볼모 통 인질 1. 약속 이행의 담보로 상대편에 잡혀 두는 사람이나 물건 예 볼모로 잡히다. 2. 예전에, 나라 사이에 조약 이행을 담보로 상대국에 억류하여 두던 왕자나 그 밖의 유력한 사람 예 왕자를 볼모로 보내다.
뻐기다	얄미울 정도로 매우 우쭐거리며 자랑하다. 예 그는 상을 탔다고 무척 뻐기고 다닌다.

ㅅ

사달	사고나 탈 예 일이 꺼림칙하게 되어 가더니만 결국 사달이 났다. ▶ 사단(事端)[사ː단] 사건의 단서 또는 일의 실마리 예 모든 일의 사단이 그에게서 시작되었다.
살뜰하다	1. 일이나 살림을 매우 정성스럽고 규모 있게 하여 빈틈이 없다. 예 아내는 규모 있고 살뜰하게 살림을 꾸려 나간다. 2. 사랑하고 위하는 마음이 자상하고 지극하다. 예 어머니의 자상한 마음에서 그 살뜰함을 느낄 수 있다.
설명하다	1. 아랫도리가 가늘고 어울리지 아니하게 길다. 예 군수는 키가 설명하게 크다. 2. 옷이 몸에 맞지 않고 짧다. 예 설명한 바지를 입고 나타난 그의 모습이 너무나 우스꽝스러웠다.
섬뜩하다*	갑자기 소름이 끼치도록 무섭고 끔찍하다. 예 찬 손이 이마에 닿자 섬뜩해서 실눈을 떴다.
손방	아주 할 줄 모르는 솜씨 예 세상 이치는 모를 것이 없지만 실제에 있어서는 매사에 아주 손방이다.
손사래[손싸래]	어떤 말이나 사실을 부인하거나 남에게 조용히 하라고 할 때 손을 펴서 휘젓는 일 예 어머니는 딸의 이야기가 나올 때마다 손사래를 치곤 하셨다.
솔다	(귀와 함께 쓰여) 시끄러운 소리나 귀찮은 말을 자꾸 들어서 귀가 아프다. 예 그 말은 귀가 솔도록 들었다.

송아리	꽃이나 열매 따위가 잘게 모여 달려 있는 덩어리(를 세는 단위) 예 과수원에는 포도 송아리가 영글어가고 있다.	
수더분하다	성질이 까다롭지 아니하여 순하고 무던하다. 예 그는 수더분하게 생겼다.	
숫제*	1. 순박하고 진실하게 예 그도 이제는 숫제 착실한 생활을 한다. 2. 처음부터 차라리 또는 아예 전적으로 예 하다가 말 것이라면 숫제 안 하는 것이 낫다.	
스산하다	1. 몹시 어수선하고 쓸쓸하다. 예 비가 오고 바람도 불어 스산하였다. 2. 날씨가 흐리고 으스스하다. 예 날씨가 스산하다. / 바람이 스산하게 분다. 3. 마음이 가라앉지 아니하고 뒤숭숭하다.	
시나브로	모르는 사이에 조금씩 조금씩 예 낙엽이 시나브로 날려 발밑에 쌓이고 있다.	
시울	약간 굽거나 휜 부분의 가장자리. 흔히 눈이나 입의 언저리를 이를 때에 쓴다. 예 그는 울어서 시울이 팅팅 부었다.	
실없다	말이나 하는 짓이 실답지 못하다. 예 자신의 실없는 생각에 피식 웃었다.	
싹수*[싹쑤] 통 싹, 가망, 조짐	어떤 일이나 사람이 앞으로 잘될 것 같은 낌새나 징조 예 그는 사업으로 성공할 싹수가 보인다.	

ㅇ

아귀	사물의 갈라진 부분 예 문짝이 아귀가 잘 맞질 않아 여닫을 때마다 덜컹거린다.
앙짜	앳되게 점잔을 빼는 짓 예 아이가 평소와 달리 앙짜를 부린다.
애오라지	1. '겨우'를 강조하여 이름. 예 주머니엔 애오라지 동전 두 닢뿐이다. 2. '오로지'를 강조하여 이름. 예 애오라지 자식을 위하는 부모 마음
어스름	조금 어둑한 상태 또는 그런 때 예 사방은 어느새 저녁 어스름이 깔려 오고 있었다.
어안¹	어이없어 말을 못하고 있는 혀 안 예 어안이 벙벙하다. ▶ 어안²(魚眼) 물고기의 눈
연신	잇따라 자꾸 예 봉순이는 연신 옷고름으로 눈물을 닦아 낸다.
우수리*	1. 물건값을 제하고 거슬러 받는 잔돈 예 천 원을 내고 우수리로 백 원을 거슬러 받았다. 2. 일정한 수나 수량에 차고 남는 수나 수량 예 한 사람 앞에 5개씩 주었는데도 우수리가 7개나 된다.
울력	여러 사람이 힘을 합하여 일함. 또는 그런 힘 예 저 길도 마을 사람들이 울력을 해서 낸 것이다.
울컥하다 ('울걱하다'보다 거센 느낌)	격한 감정이 갑자기 일어나다. 예 그 소식을 듣고 울컥한 기분에 그에게로 달려갔다.

웃음가마리 圖 웃음거리	남의 웃음거리가 되는 사람 예 실없는 짓을 하면 항상 <u>웃음가마리</u>가 되기 마련이다.	
의뭉하다 圖 음흉하다	겉으로는 어리석은 것처럼 보이면서 속으로는 엉큼하다. 예 여태 꿀 장수로 보였던 놈이 갑자기 소도둑놈같이 <u>의뭉하게</u> 보였다.	
이드거니*	충분한 분량으로 만족스러운 모양 예 바쁜 일정 때문에 부족했던 저녁 식사를 모처럼 <u>이드거니</u> 먹었다.	
이랑지다	호수나 바다의 수면이 밭이랑처럼 물결이 지다. 예 밝은 햇살이 <u>이랑지는</u> 파도 위에 가득 쏟아졌다.	

ㅈ

작히	(주로 의문문에 쓰여) '어찌 조금만큼만, 얼마나'의 뜻으로 희망이나 추측을 나타내는 말 예 그렇게 해 주시면 <u>작히</u> 좋겠습니까?
재겹다	몹시 지겹다. 예 아내는 남편의 입에서 얼음이 깨물리는 소리가 참으로 <u>재겹게</u> 들리었다.
적이*	꽤 어지간한 정도로 예 해가 막 떨어진 뒤라 그런지 그녀의 웃음이 <u>적이</u> 붉게 보였다.
제치다	거치적거리지 않게 처리하다. 예 그 선수는 상대 선수들을 <u>제치고</u> 골을 넣었다.
종요롭다	없어서는 안 될 정도로 매우 긴요하다. 예 이번 계약은 우리 회사를 키우는 데 매우 <u>종요로운</u> 일입니다.
주눅*	1. 기운을 제대로 펴지 못하고 움츠러드는 태도나 성질 예 <u>주눅</u>이 들다. 2. (주로 '좋다'와 함께 쓰여) 부끄러움이 없이 언죽번죽한 태도나 성질 예 저 녀석은 남들이 욕을 하거나 말거나 <u>주눅</u>이 좋게 얼렁뚱땅 넘긴다.
주뼛하다	1. 무섭거나 놀라서 머리카락이 꼿꼿하게 일어서는 듯한 느낌이 들다. 예 공포 영화를 봤더니 머리가 <u>주뼛하게</u> 서는 느낌이다. 2. 어줍거나 부끄러워서 머뭇거리거나 주저하다. 예 소녀는 어색한 자리에 와서인지 <u>주뼛한</u> 자세로 어쩔 줄을 몰라 했다.
지지재재하다	이러니저러니 하고 자꾸 지껄이다. 예 더 이상 <u>지지재재할</u> 것도 없이 두 놈이 몽둥이를 휘두르고 달려들었다.
지청구	1. 아랫사람의 잘못을 꾸짖는 말 圖 꾸지람 예 그는 무슨 <u>지청구</u>를 들을지 몰라 고개를 들지 못했다. 2. 까닭 없이 남을 탓하고 원망함. 예 그는 일이 잘 풀리지 않을 때면 애꿎은 주변 사람들에게 <u>지청구</u>를 늘어놓았다.
징건하다	먹은 것이 잘 소화되지 아니하여 더부룩하고 그득한 느낌이 있다. 예 그는 속이 <u>징건하</u>여 아무것도 먹고 싶지 않았다.
짜장	과연 정말로 예 그는 <u>짜장</u> 사실인 것처럼 이야기를 한다.

제2장 고유어

짬짜미	남모르게 자기들끼리만 짜고 하는 약속이나 수작 예 아내가 밤늦게 돌아오는 데는 분명 노파의 짬짜미가 있다.
	▶ 짬짬이 짬이 나는 대로 그때그때 예 나는 직장에 다니면서 짬짬이 엄마의 일을 도왔다.

ㅊ

차렵이불	솜을 얇게 두어 지은 이불 예 봄이 오자, 그는 차렵이불로 이부자리를 단장했다.
차지다 동 찰지다	1. 반죽이나 밥, 떡 따위가 끈기가 많다. 예 반죽이 차져서 떡 빚기가 힘들다. 2. 성질이 야무지고 까다로우며 빈틈이 없다. 예 그는 큰 키에 차지고 단단한 사람이었다.
체머리	머리가 저절로 계속하여 흔들리는 병적 현상 또는 그런 현상을 보이는 머리 예 체머리를 앓다.
추레하다	1. 겉모양이 깨끗하지 못하고 생기가 없다. 예 옷차림도 영 추레한 것이 부잣집 아들처럼 보이지는 않는다. 2. 태도 따위가 너절하고 고상하지 못하다. 예 달수의 추레한 꼴을 본 사람들은 동정을 보냈다.
추렴*	모임이나 놀이 또는 잔치 따위의 비용으로 여럿이 각각 얼마씩의 돈을 내어 거둠. 예 우리는 조금씩 추렴을 해서 불우이웃돕기를 했다.

ㅌ

톺다*	1. 가파른 곳을 오르려고 매우 힘들여 더듬다. 예 숨이 막히도록 산을 톺아 올라갔다. 2. 틈이 있는 곳마다 모조리 더듬어 뒤지면서 찾다. 예 며칠을 두고 톺아도 오리무중이다.

ㅍ

푸네기	가까운 제살붙이를 낮잡아 이름. 예 그녀는 벌써 친정 동생에 조카에 일가 푸네기가 네댓 명이나 되었다.
	▶ 풋내기 경험이 없어서 일에 서투른 사람 예 너무 신경을 쓴다는 건 자네들이 풋내기가 돼 그래.
푸지다	▶ 푸지다 매우 많아서 넉넉하다. 예 잔칫상에 음식이 푸지다.
푼푼하다	1. 모자람이 없이 넉넉하다. 예 약간의 돈을 손에 쥔 그는 마음이 푼푼해졌다. 2. 옹졸하지 아니하고 시원스러우며 너그럽다. 예 그는 반반한 생김새만큼 성품도 푼푼하다.

ㅎ		
하릴없이	달리 어떻게 할 도리가 없이 예 사업이 망해서 그는 하릴없이 쪽박을 찰 수밖에 없었다.	
하오 통 오후	정오(正午)부터 밤 열두 시까지의 시간 예 그는 하오 4시 비행기로 출국한다.	
한물지다	채소, 과일, 어물 따위가 한창 나오는 때가 되다. 예 이제 포도가 한물질 때가 왔다.	
한밥	마음껏 배부르게 먹는 밥이나 음식 예 금점판에서는 금이 잘 나면 일꾼들에게 한밥을 먹인다.	
함초롬하다	젖거나 서려 있는 모습이 가지런하고 차분하다. 예 풀잎이 이슬에 함초롬하게 젖어 있다.	
해읍스름하다	산뜻하지 못하게 조금 하얗다. 예 식혜가 맑지 않고 해읍스름하다.	
해찰	일에는 마음을 두지 아니하고 쓸데없이 다른 짓을 함. 예 아이들이 공부 시간에 해찰을 부린다.	
해포	한 해가 조금 넘는 동안 예 여러 해포 만에 가슴이 탁 트이는 통쾌감을 맛보았다.	
헤살	일을 짓궂게 훼방함. 또는 그런 짓 예 헤살을 부리다.	
호젓이	1. 후미져서 무서움을 느낄 만큼 고요하게 예 깊은 산속에 호젓이 자리 잡은 산 2. 매우 홀가분하여 쓸쓸하고 외롭게 예 노인은 자식도 없이 호젓이 지낸다.	
홀몸	배우자나 형제가 없는 사람 예 그는 사고로 아내를 잃고 홀몸이 되었다. ▶ 홑몸 1. 딸린 사람이 없는 혼자의 몸 예 나도 처자식이 없는 홑몸이면 그 일에 당장 뛰어들 겠다. 2. 아이를 배지 아니한 몸 예 출산을 앞둔 그녀는 홑몸이 아니어서 장시간의 여행은 무리다.	
회목	1. 손목이나 발목의 잘록한 부분 예 그는 갑자기 나타나서 그녀의 회목을 잡아끌었다. 2. 강이나 길 따위에서 꺾이어 방향이 바뀌는 곳 예 거의 다 왔다고 생각한 길의 회목으로 또 다른 갈래의 길이 나타났다.	
후미지다	1. 물가나 산길이 휘어서 굽어 들어간 곳이 매우 깊다. 예 심마니는 오른쪽 후미진 바위 벼랑에서 산삼을 발견했다. 2. 아주 구석지고 으슥하다. 예 후미진 골목	
흐벅지다	1. 탐스럽게 두툼하고 부드럽다. 예 토마토는 아침저녁으로 가꿨더니 흐벅지게 열매가 굵어졌다. 2. 푸지거나 만족스럽다. 예 오랜만에 친구들과 술을 흐벅지게 마셨다.	
희나리	채 마르지 아니한 장작 예 희나리에 불을 당기면 매운 연기가 난다.	

확인문제

01 밑줄 친 단어의 뜻풀이로 적절하지 <u>않은</u> 것은?

① 그는 잘되어 가는 일에 <u>헤살</u>을 놓았다. → 엄포
② 이제 우리가 할 수 있는 일은 <u>애오라지</u> 하나뿐이다. → 오로지
③ 실없는 짓을 해서 <u>웃음가마리</u>가 되었다. → 남의 웃음거리가 되는 사람
④ 하루 종일 손님이 없더니, <u>들마</u>에 손님이 몰려왔다. → 가게 문을 닫을 무렵
⑤ 범인을 잡기 어려운 이유는 내부 사람들의 <u>짬짜미</u>가 있기 때문이다. → 남모르게 자기들끼리만 짜고 하는 약속이나 수작

해설 고유어의 사전적 의미를 정확하게 파악하는 문제이다. 중요한 어휘들 중에 문맥적으로 해결할 수 없거나, 어감과 뜻이 완전히 달라지는 단어들은 주의를 해야 한다. '헤살'은 '일을 짓궂게 훼방하는 짓'을 의미한다. '엄포'는 '실속 없이 호령이나 위협으로 으르는 짓'을 의미하므로 뜻풀이가 맞지 않다.

정답 ①

02 밑줄 친 단어의 뜻풀이로 적절하지 <u>않은</u> 것은?

① 내 고향은 상주로 가는 <u>길처</u>에 있다. → 가는 길의 근처
② <u>우수리</u>를 받는 대신 좋은 물건을 샀다. → 물건값을 제하고 거슬러 받는 잔돈
③ 결승에서 <u>맞잡이</u>끼리 붙어서 승부가 잘 나지 않았다. → 서로 힘이 비슷한 두 사람
④ 동생은 일찍 장가를 가서 <u>풋내기</u>가 네댓 명이나 되었다. → 가까운 제살붙이를 낮잡아 이르는 말
⑤ 일이 끝나고 <u>추렴</u>하여 잔치를 했다. → 모임이나 놀이 또는 잔치 따위의 비용으로 여럿이 각각 얼마씩의 돈을 내어 거둠.

해설 '풋내기'는 '경험이 없어서 일에 서투른 사람', '차분하지 못하여 객기를 잘 부리는 사람', '새로운 사람'을 의미한다. '가까운 제살붙이를 낮잡아 이르는 말'은 '푸네기'이다.

정답 ④

03 밑줄 친 단어의 뜻풀이로 적절하지 않은 것은?

① 날씨가 추워져 <u>차렵이불</u>을 꺼내어 덮었다. → 솜을 두껍게 지은 이불
② 민율이는 아궁이에 연신 <u>풀무질</u>을 했다. → 풀무로 바람을 일으키는 일
③ 그는 알거지가 되어 <u>하릴없이</u> 거리로 나앉게 되었다. → 달리 어떻게 할 도리가 없이
④ 그녀는 <u>체머리</u>를 앓듯이 계속 머리를 흔들었다. → 머리가 저절로 계속하여 흔들리는 병적 현상
⑤ 그는 결정적인 순간이 되자 <u>의뭉한</u> 속셈을 드러냈다. → 겉으로는 어리석은 것처럼 보이면서 속으로는 엉큼하다.

[해설] '차렵이불'은 '솜을 얇게 두어 지은 이불'의 의미로, 뜻풀이도 맞지 않고 문맥에도 맞지 않는다. 문맥에 맞으려면 '안에 솜을 두어 만든 이불'의 의미인 '솜이불'이 적절하다.

[정답] ①

04 밑줄 친 단어의 뜻풀이로 적절하지 않은 것은?

① 인영이는 <u>딴통같이</u> 앨범을 꺼냈다. → 전혀 엉뚱하게
② 날씨가 <u>다락같이</u> 추우니 밖으로 나갈 수가 없다. → 덩치나 규모 정도가 매우 크고 심하게
③ 그녀는 두 눈이 물기를 머금어 <u>함초롬했다</u>. → 젖거나 서려 있는 모습이 가지런하고 차분하다.
④ 그 집 아이는 평소에는 그렇지 않더니 <u>앙짜</u>를 부린다. → 이리저리 트집을 잡아 까다롭게 구는 일
⑤ 동생이 만지는 물건은 모두 <u>결딴</u>이 나고 만다. → 물건 따위가 아주 망가져서 도무지 손을 쓸 수 없게 된 상태

[해설] '앙짜'는 '앳되게 점잔을 빼는 짓'을 의미한다. '이리저리 트집을 잡아 까다롭게 구는 일'을 의미하는 단어는 '가탈'과 '까탈'이다.

[정답] ④

05 "별로 하는 일 없이 한곳에서 오래 묵으며 날을 보내다." 또는 "마음의 고충이나 흥분 따위를 애써 참으며 넘겨 버리다."를 의미하는 고유어는?

① 막놓다　　② 묵새기다　　③ 늘비하다　　④ 모지락스럽다　　⑤ 사그라뜨리다

해설　'묵새기다'는 '별로 하는 일 없이 한곳에서 묵으며 날을 보내다.', '마음의 고충이나 흥분 따위를 애써 참으며 넘겨 버리다.'의 의미이다.
　① 막놓다: 노름에서, 몇 판에 걸쳐서 잃은 돈의 액수를 합쳐서 한 번에 걸고 다시 내기를 하다.
　③ 늘비하다: 질서 없이 여기저기 많이 늘어서 있거나 놓여 있다. 예 마당에 늘비하게 서 있는 사람들
　④ 모지락스럽다: 보기에 억세고 모질다. 예 그는 마음이 모지락스럽지만 고향에 대한 그리움이 컸다.
　⑤ 사그라뜨리다(유 사그라트리다): 삭아서 없어지게 하다. 예 불길이 무쇠라도 사그라뜨릴 듯이 세차게 타오른다.

정답 ②

---

06 "이것저것 가리지 않고 휩쓸아 들이다."를 의미하는 고유어는?

① 갈마들다　　② 깨단하다　　③ 깨끔하다　　④ 걸터들이다　　⑤ 무지근하다

해설　'걸터들이다'는 '이것저것 가리지 않고 휩쓸아 들이다.'의 의미이다.
　① 갈마들다: 서로 번갈아들다. 예 그녀는 희비가 갈마드는 인생을 살았다.
　② 깨단하다: 오랫동안 생각해 내지 못하던 일 따위를 어떠한 실마리로 말미암아 분명히 알다. 예 사업에 실패했던 원인을 이제야 깨단하게 되다니.
　③ 깨끔하다: 깨끗하고 아담하다. 예 옷맵시가 깨끔하다.
　⑤ 무지근하다: [준말] 무직하다 1. 뒤가 잘 안 나와서 기분이 무겁다. 예 아랫배가 무지근하다. 2. 머리가 띵하고 무겁거나 가슴, 팔다리 따위가 무엇에 눌리는 듯이 무겁다. 예 어제 온종일 혼자 둑에서 돌을 들어 올렸더니 팔다리가 무지근하다.

정답 ④

---

07 "가파른 곳을 오르려고 매우 힘들여 더듬다."를 의미하는 고유어는?

① 솔다　　② 톺다　　③ 무람없다　　④ 투미하다　　⑤ 허룩하다

해설　'톺다'는 '가파른 곳을 오르려고 매우 힘들여 더듬다.', '틈이 있는 곳마다 모조리 더듬어 뒤지면서 찾다.'의 의미이다.
　① 솔다: 시끄러운 소리나 귀찮은 말을 자주 들어서 귀가 아프다. 예 그 말은 귀가 솔도록 들었다.
　③ 무람없다: 예의를 지키지 않으며 삼가고 조심하는 것이 없다. 예 제 행동이 다소 버릇없고 무람없더라도 용서하십시오.
　④ 투미하다: 어리석고 둔하다. 예 그는 남들이 말을 붙여 보아도 돌미륵같이 투미해서 답답하기 짝이 없다.
　⑤ 허룩하다: 줄거나 없어져 적다. 예 쌀자루가 허룩하다.

정답 ②

✅필수 주제별 고유어

1 날짜*

그끄저께 → 그저께(그제) → 어제 → 오늘 → 내일 → 모레(내일모레) → 글피

2 바람

(1) **바람의 세기에 따른 단어**: 남실바람 〈 산들바람 〈 건들바람 〈 흔들바람 〈 싹쓸바람

(2) **바람의 방향에 따른 우리말 표현**

방향	우리말 표현
동풍	샛바람
서풍	갈바람, 하늬바람, 가수알바람
남풍	마파람, 앞바람
북풍	된바람, 덴바람
동남풍	된마파람
남서풍	늦하늬바람
북동풍	높새바람
북서풍	높하늬바람

(3) **바람을 나타내는 고유어**

가을바람 [준말] 갈바람*	가을에 서쪽에서 부는 바람
고추바람 동 찬바람	살을 에는 듯 매섭게 부는 차가운 바람
골바람	골짜기에서부터 산꼭대기로 부는 바람
꽃바람 동 꽃샘바람	봄의 꽃필 무렵에 부는 바람
높바람 동 된바람	매섭게 부는 바람
댑바람	북쪽에서 불어오는 큰 바람
된바람*	1. 매섭게 부는 바람 2. 뱃사람들의 말로, '풍'(北風)

마파람★ 동 앞바람	(뱃사람들의 은어) 남풍(南風)
뭍바람	밤에 육지에서 바다로 향하여 부는 바람
살바람	1. 좁은 틈으로 새어 들어오는 찬바람 2. 초봄에 부는 찬바람
샛바람★	(뱃사람들의 은어) 동풍(東風)
소슬바람 동 솔바람	가을에, 외롭고 쓸쓸한 느낌을 주며 부는 으스스한 바람
칼바람	몹시 매섭고 독한 바람
하늬바람	(주로 농촌이나 어촌에서) 서쪽에서 부는 바람

3 잠

갈치잠★	비좁은 방에서 여럿이 모로 끼어 자는 잠
괭이잠	깊이 들지 못하고 자주 깨는 잠
나비잠★	갓난아이가 두 팔을 위로 들고 자는 잠
노루잠★ 동 토끼잠, 벼룩잠, 괭이잠	깊이 들지 못하고 자꾸 놀라 깨는 잠
등걸잠	옷을 입은 채 아무것도 덮지 아니하고 아무 데나 쓰러져 자는 잠
멍석잠	너무 피곤하여 아무 데서나 쓰러져 자는 잠
발칫잠	남의 발이 닿는 쪽에서 불편하게 자는 잠
벼룩잠	깊이 잠들지 못하고 자꾸 자다가 깨는 잠
사로잠	생각이 많아 들지 못하는 잠
새우잠★	새우처럼 등을 구부리고 자는 잠(주로 모로 누워 불편하게 자는 잠)
여윈잠 동 겉잠	깊이 들지 않은 잠
토끼잠★	깊이 들지 못하고 자주 깨는 잠
한뎃잠	한데에서 자는 잠
헛잠	1. 거짓으로 자는 체하는 잠 2. 잔 둥 만 둥 한 잠

4 웃음

겉웃음	마음에도 없이 겉으로만 웃는 웃음
너스레웃음	너스레를 떨면서 웃는 웃음
너털웃음 동 가가대소(呵呵大笑), 홍소(哄笑)	크게 소리를 내어 시원하고 당당하게 웃는 웃음
뭇웃음★	1. 여러 사람이 함께 웃는 웃음 2. 여러 사람에게 덧없이 짓는 웃음
비웃음 동 조소(嘲笑)	흉을 보듯이 빈정거리거나 업신여기는 일 또는 그렇게 웃는 웃음
선웃음★	우습지도 않은데 꾸며서 웃는 웃음
쓴웃음 동 고소(苦笑)	어이가 없거나 마지못하여 짓는 웃음
염소웃음	염소처럼 채신없이 웃는 웃음
찬웃음★ 동 냉소(冷笑)	쌀쌀한 태도로 비웃음.
호걸웃음	호탕한 웃음

▣ 웃음과 관련된 한자어 ※ 고유어 학습 시 참고

고소(苦笑)★	쓴웃음
냉소(冷笑)★	쌀쌀한 태도로 비웃음. 또는 그런 웃음
미소(微笑)	소리를 내지 않고 빙긋이 웃는 웃음
실소(失笑)	알지 못하는 사이에 툭 터져 나오거나 참아야 하는 자리에서 터져 나오는 웃음
조소(嘲笑)★ 동 비소(誹笑)	비웃음(흉을 보듯이 빈정거리거나 업신여기는 일)
폭소(爆笑)	여럿이 폭발하는 갑자기 웃는 웃음
홍소(哄笑)	입을 크게 벌리고 웃거나 떠들썩하게 웃음. 또는 그 웃음
가가대소(呵呵大笑)	소리를 내어 크게 웃음.
간간대소(衎衎大笑)	얼굴에 기쁜 표정을 지으며 크게 소리 내어 웃음.
박장대소(拍掌大笑)★	손뼉을 치며 크게 웃음.
앙천대소(仰天大笑)	터져 나오는 웃음을 참을 수 없거나 어이가 없어서 하늘을 쳐다보고 크게 웃음.
파안대소(破顔大笑)	얼굴 표정을 한껏 지으며 크게 웃는 웃음
포복절도(抱腹絕倒)★	배를 그러안고 넘어질 정도로 몹시 웃음.

5 단위어

단위어	뜻(한 단위를 기준으로 제시)	예
갓	굴비·비웃 따위 10마리, 고비·고사리 따위 10모숨을 한 줄로 엮은 것	굴비 열 갓, 고사리 두 갓
거리	오이나 가지 50개	가지 두 거리, 오이 세 거리
담불	벼 100섬	벼 한 담불
두름	1. 물고기를 한 줄에 10마리씩 두 줄(20마리)로 엮은 것	청어 한 두름
	2. 산나물을 10모숨 정도로 엮은 것	고사리 한 두름
말	곡식, 액체, 가루 따위의 부피 단위. 한 되의 10배(18리터)	쌀 두 말
모숨	길고 가느다란 물건이 한 줌 안에 들어올 만한 분량	담배 한 모숨, 푸성귀 두 모숨
뭇	1. 짚, 장작, 채소 따위의 작은 묶음	시금치 한 뭇
	2. 생선 10마리	조기 한 뭇
	3. 미역 10장	미역 한 뭇
섬	곡식, 가루, 액체 따위의 부피 단위로, 한 말의 10배(약 180리터)	벼 한 섬
손	1. 조기, 고등어, 배추 따위 한 손은 큰 것과 작은 것을 합한 것(생선은 2마리)	고등어 한 손
	2. 미나리나 파 따위 한 줌 분량	미나리 한 손
아름	두 팔을 둥글게 모아 만든 둘레 안에 들 만한 분량	꽃 한 아름
움큼	손으로 한 줌 움켜쥘 만한 분량	사탕 한 움큼
접	채소나 과일 100개	마늘 한 접
제(劑)	탕약(湯藥) 20첩 또는 그만한 분량으로 지은 환약(丸藥)	보약 한 제
축	오징어 20마리	오징어 한 축
톳	김 100장	김 한 톳

6 사람의 말

한자어	고유어
눌언(訥言)★	더듬거리는 말
독언(獨言)	혼잣말
망언(妄言)	헛소리
세담(細談), 세설(細說)	잔말
췌언(贅言), 췌변(贅辯), 췌설(贅說)	군말, 군소리
허언(虛言)★, 허설(虛說), 공말(空−)	빈말★

확인문제

01 〈보기〉의 밑줄 친 단어와 의미상 관련이 있는 단어는?

───────────── ● 보기 ● ─────────────
그는 평소에 <u>호언(豪言)</u>을 해 놓고 정작 큰일이 생기면 도망가기에 급급했다.
─────────────────────────────────

① 군소리   ② 신소리
③ 흰소리   ④ 궂은소리
⑤ 볼멘소리

┄┄┄

해설 주어진 문장에서 사용된 단어를 대체할 수 있는 단어를 찾는 문제이다. 특히 한자어를 대체할 수 있는 고유어를 찾는 것으로, 한자어와 고유어는 의미나 어감에서 미묘한 차이가 있다. '호언(豪言)'은 '의기양양하여 호기롭게 말한다.'의 의미로 '터무니없이 자랑으로 떠벌리거나 거드럭거리며 허풍을 떠는 말'인 '흰소리'와 유사한 의미를 갖고 있다.
① 군소리: 하지 아니하여도 좋을 쓸데없는 말
② 신소리: 상대편의 말을 슬쩍 받아 엉뚱한 말로 재치 있게 넘기는 말
④ 궂은소리: 사람이 죽었다는 소리
⑤ 볼멘소리: 서운하거나 성이 나서 퉁명스럽게 하는 말

정답 ③

02 밑줄 친 단어 중 '가장자리'의 의미가 담겨 있지 <u>않은</u> 것은?

① 사람들이 <u>길가</u>에 서 있다.
② 욱이의 푹 꺼진 <u>눈시울</u>이 눈물에 젖었다.
③ 쇠파이프의 <u>거스러미</u>를 열심히 밀고 있었다.
④ 짙은 안개가 호수 <u>가녘</u>에까지 자욱하게 끼어 있다.
⑤ 그의 머리는 자랄 대로 자라서 <u>귓바퀴</u>를 반쯤이나 가리고 있다.

┄┄┄

해설 어휘의 사전적 의미에 특정한 의미가 포함이 되어 있는지 파악하는 문제이다. 익숙한 단어라 할지라도 의미가 비슷한 단어들은 유의어 사전을 통해 의미를 파악해 두어야 한다. 또한 제시된 단어들의 사전적 의미를 모를 때는 문맥적 의미를 활용하면 된다. '가장자리'는 '둘레나 끝에 해당되는 부분'을 의미하는 단어이다. '거스러미'는 '손발톱 뒤의 살 껍질이나 나무의 결 따위가 가시처럼 얇게 터져 일어나는 부분', '기계의 부품을 자르거나 깎은 뒤에 제품에 아직 그대로 붙어 남아 있는 쇳밥'을 의미하므로 가장자리의 의미가 없다.
① '길가'는 '길의 양쪽 가장자리'를 의미하므로 가장자리의 의미가 있다. 비슷한 단어로 '길의 가장자리. 흔히 풀이 나 있는 곳'을 가리키는 '길섶'이 있다.
② '눈시울'은 '눈언저리의 속눈썹이 난 곳'이므로 가장자리의 의미가 있다.
④ '가녘'은 '둘레나 끝에 해당되는 부분'으로 가장자리와 같은 말이다.
⑤ '귓바퀴'는 '겉귀의 드러난 가장자리 부분'으로 가장자리의 의미가 있다.

정답 ③

03 밑줄 친 단위 명사의 풀이로 적절하지 않은 것은?

① 함지박에다 소금을 <u>한 섬</u> 쏟았다. → 열 말
② 가게에 가서 김 <u>한 톳</u>을 사오너라. → 백 장
③ 속초에 갔다 오면서 오징어 <u>한 축</u>을 샀다. → 열 마리
④ 몸이 허해서 보약 <u>한 제</u>를 지어 먹어야겠다. → 스무 첩
⑤ 아버지는 고등어 <u>한 손</u>을 사 들고 집에 오셨다. → 두 마리

해설 일상생활에서 쓰이는 단위 명사의 단위를 정확하게 알고 있는지 확인하는 문제이다. 포장의 단위가 바뀌면서 고유어 단위 명사가 많이 사라지고 있지만, 기본적인 고유어 단위 명사는 기억해 두고 활용해야 한다. '축'은 오징어를 묶어 세는 단위이며 한 축은 오징어 '스무 마리'를 이르므로 잘못된 풀이이다.
① '섬'은 한 섬이 한 말의 열 배로 약 180리터에 해당하므로, '열 말'이 맞는 풀이가 된다. 단위를 계산하는 과정이 문제에 포함된 형태이다.

정답 ③

04 다음에 들어갈 고유어를 바르게 제시한 것은?

5월 10일	5월 11일	5월 12일	5월 13일	5월 14일	5월 15일	5월 16일
㉠	㉡	어제	오늘	내일	모레	㉢

	㉠	㉡	㉢
①	그끄저께	그제	글피
②	그끄저께	그제	내일모레
③	그저께	그제	내일모레
④	그제	그끄저께	글피
⑤	그제	그끄저께	내일모레

해설 날짜와 관련된 고유어의 정확한 의미 관계를 묻는 문제로 준말로 쓰이는 날짜 어휘를 알아 두어야 한다. 날짜 어휘의 관계는 '그끄저께 → 그저께(그제) → 어제 → 오늘 → 내일 → 모레(내일모레) → 글피' 순으로 배열해야 한다.

정답 ①

05 〈보기〉의 밑줄 친 단어가 뜻하는 바람의 방향과 같은 것으로 짝 지어진 것은?

● 보기 ●

㉠ <u>마파람</u>에 곡식이 혀를 빼물고 자란다.
㉡ 그는 동해의 파도 소리와 <u>샛바람</u> 소리를 들으며 어린 시절을 보냈다.

	㉠	㉡
①	동풍	서풍
②	서풍	동풍
③	남풍	북풍
④	남풍	동풍
⑤	북풍	남풍

[해설] 고유어에는 바람의 방향이나 세기에 따른 표현이 다양하다. 바람과 관련된 고유어는 속담에 함께 제시되는 경우가 많으므로, 속담의 의미와 함께 학습하면 쉽게 익힐 수 있다. '마파람'은 남풍을, '샛바람'은 동풍을 표현하는 고유어로 ④가 바르게 짝 지어진 것이다. ㉠은 속담으로, '남풍이 불기 시작하면 모든 곡식은 놀랄 만큼 무럭무럭 빨리 자란다'는 의미이다.

[정답] ④

06 〈보기〉의 괄호 안에 들어갈 말로 적절하게 짝 지어진 것은?

● 보기 ●

웃음에는 여러 가지가 있다. 배를 그러안고 넘어질 정도로 몹시 웃는 (㉠), 크게 소리를 내어 시원하고 당당하게 웃는 (㉡), 쌀쌀한 태도로 비웃는 (㉢)가 있다.

	㉠	㉡	㉢
①	박장대소(拍掌大笑)	선웃음	고소(苦笑)
②	박장대소(拍掌大笑)	뭇웃음	고소(苦笑)
③	간간대소(衎衎大笑)	너털웃음	냉소(冷笑)
④	포복절도(抱腹絕倒)	선웃음	고소(苦笑)
⑤	포복절도(抱腹絕倒)	너털웃음	냉소(冷笑)

[해설] 웃음과 관련된 고유어와 한자어의 유의어를 정확하게 파악하는 문제이다. 바르게 짝 지어진 것은 ⑤이다.
- 박장대소(拍掌大笑): 손뼉을 치며 크게 웃음.
- 간간대소(衎衎大笑): 얼굴에 기쁜 표정을 지으며 크게 소리 내어 웃음.
- 선웃음: 우습지도 않은데 꾸며서 웃는 웃음 예 이제는 <u>선웃음</u>까지 지어 가며 부지런히 월남에서 벌어졌던 해괴한 일화들을 되새김질했다.
- 뭇웃음: 1. 여러 사람이 함께 웃는 웃음 예 볼기짝에 구멍이 뚫린 새신랑의 옷을 보고 <u>뭇웃음</u>이 터져 오른다.
  2. ('팔다'와 함께 쓰여) 여러 사람에게 덧없이 짓는 웃음 예 <u>뭇웃음</u>을 파는 여자
- 고소(苦笑): 쓴웃음(어이가 없거나 마지못하여 짓는 웃음) 예 <u>고소</u>를 금치 못하다.

[정답] ⑤

제2절 문맥적 의미

> **기출 미리보기**
> 1. 고유어의 뜻과 문맥적 쓰임
> 2. 음성 상징어의 구별

필수 고유어

ㄱ	
가년스럽다	보기에 가난하고 어려운 데가 있다. 예 그 가난한 고학생의 옷차림새는 늘 가년스러웠다.
가리사니	1. 사물을 판단할 만한 지각(知覺) 예 어린아이만도 못하게 가리사니 없는 사람이었다. 2. 사물을 분간하여 판단할 수 있는 실마리 예 일이 복잡하게 얽히고설키어 가리사니를 잡을 수 없다.
가붓하다	조금 가벼운 듯하다. 예 복잡한 일이 끝나고 나니 마음이 가붓하다.
가스러지다	1. 잔털 따위가 좀 거칠게 일어나다. 예 당나귀의 목뒤털이 가스러졌다. 2. 성질이 온순하지 못하고 좀 거칠어지다. 예 며느리는 가스러진 시어머니의 비위를 맞추느라 고생이 많다.
갈마들다	서로 번갈아들다. 예 낮과 밤이 갈마들다.
거나하다	술 따위에 어지간히 취한 상태에 있다. 예 술기운이 거나하게 돌다.
겉말하다	마음으로는 그렇지 않으면서 겉으로만 꾸며 말하다. 예 그는 나에게 아직도 젊다고 싱겁게 겉말하곤 한다.
고깝다*	섭섭하고 야속하여 마음이 언짢다. 예 그가 나를 모르는 체하는 것이 고까웠다.
고샅 통 고샅길	시골 마을의 좁은 골목길 또는 골목 사이 예 마을 고샅으로 접어드는 길
곰살갑다	성질이 보기보다 상냥하고 부드럽다. 예 어찌나 곰살갑게 구는지 미워할 수가 없다.
괄괄하다*	1. 성질이 세고 급하다. 예 내 자식이지만 누굴 닮아 성격이 저리도 괄괄한지 모르겠다. 2. 목소리 따위가 굵고 거세다. 예 괄괄한 목소리
괴괴하다*	쓸쓸한 느낌이 들 정도로 아주 고요하다. 예 사방은 쥐죽은 듯 괴괴하다.

ㄴ	
남우세스럽다 통 남사스럽다, 남세스럽다	남에게 놀림과 비웃음을 받을 듯하다. 예 그녀는 소문이 남우세스러워 바깥출입을 할 수 없었다.

낫잡다	금액, 나이, 수량, 수효 따위를 계산할 때에 조금 넉넉하게 치다. 예 손님이 더 올지 모르니 음식을 낫잡아 준비해라.	
내숭하다	겉으로는 순해 보이나 속으로는 엉큼하다. 예 그녀는 그 사람 앞에만 가면 내숭합니다.	
내처★	1. 어떤 일 끝에 더 나아가 예 가는 김에 내처 집까지 바래다주었다. 2. 줄곧 한결같이 예 같은 증세가 내처 계속되다.	
너스레 등 넉살	수다스럽게 떠벌려 늘어놓는 말이나 짓 예 그의 걸쭉한 너스레에 우리 모두 크게 웃었다.	
너울가지	남과 잘 사귀는 솜씨. 붙임성이나 포용성 예 그는 너울가지가 좋다.	
널브러지다	너저분하게 흐트러지거나 흩어지다. 예 방에는 잡동사니들이 널브러져 있다.	
뇌까리다	아무렇게나 되는대로 마구 지껄이다. 예 그는 뚱딴지같은 소리를 뇌까렸다.	
뇌꼴스럽다	보기에 아니꼽고 얄미우며 못마땅한 데가 있다. 예 함부로 나대는 그가 몹시 뇌꼴스럽다.	
눙치다	1. 마음 따위를 풀어 누그러지게 하다. 예 그는 상대를 눙치는 솜씨가 대단하다. 2. 어떤 행동이나 말 따위를 문제 삼지 않고 넘기다. 예 그는 지금까지 한 말을 그냥 없었던 것으로 눙치려고 했다.	

ㄷ

닦달하다	1. 남을 단단히 윽박질러서 혼을 내다. 예 아내는 돈을 어디에 썼느냐고 남편을 닦달했다. 2. 물건을 손질하고 매만지다. 예 그는 나뭇가지를 닦달하던 손을 멈추고 하늘을 쳐다보았다.
되바라지다	1. 사람됨이 남을 너그럽게 감싸 주지 아니하고 적대적으로 대하다. 예 그는 실수로 당황해하는 부하 직원을 되바라지게 비웃었다. 2. 어린 나이에 어수룩한 데가 없고 얄밉도록 지나치게 똑똑하다. 예 아직 삼십도 안 됐을 텐데? 젊은 놈이 어지간히 되바라졌군.

ㅁ

맞갖잖다	마음이나 입맛에 맞지 아니하다. 예 외출복이 마음에 맞갖잖아서 옷장 앞에서 한참 망설였다.
머쓱하다★	1. 어울리지 않게 키가 크다. 예 키만 머쓱하게 큰 사람 2. 무안을 당하거나 흥이 꺾여 어색하고 열없다. 예 그는 자신의 마음을 들킨 것이 머쓱해서 웃고 말았다.
멀거니	정신없이 물끄러미 보고 있는 모양 예 그녀는 내 이야기를 멀거니 듣고만 있었다.
뭉뚱그리다	1. 되는대로 대강 뭉쳐 싸다. 예 그는 외투를 뭉뚱그려 든 채 급히 뛰었다. 2. 여러 사실을 하나로 포괄하다. 예 회장이 나의 의견을 뭉뚱그리려고 해서 화가 났다.
미쁘다	믿음성이 있다. 예 여기저기 눈치를 살피는 모습이 도무지 미쁘게 보이지 않는다.

밉살스럽다	보기에 말이나 행동이 남에게 몹시 미움을 받을 만한 데가 있다. 예 나는 그가 젠체하며 거드름 피우는 꼴이 밉살스러웠다.

ㅂ

바투*	1. 두 대상이나 물체의 사이가 썩 가깝게 예 바투 다가앉다. 2. 시간이나 길이가 아주 짧게 예 날짜를 바투 잡다.
벼리다	1. 무디어진 연장의 날을 불에 달구어 두드려서 날카롭게 만들다. 예 대장간에서 낫과 호미를 벼리다. 2. 마음이나 의지를 가다듬고 단련하여 강하게 하다. 예 투지를 벼리다.
볼맞다	함께 일할 때에 생각, 방법 따위가 서로 잘 맞다. 예 복잡한 일도 서로 볼맞으면 빨리 끝낼 수 있다.
불잉걸	불이 이글이글하게 핀 숯덩이 예 아궁이에서 불잉걸을 하나 집어 들었다.

ㅅ

사뭇*	1. 거리낌 없이 마구 예 그는 선생님 앞에서 사뭇 술을 마셨다. 2. 내내 끝까지 예 이번 겨울 방학은 사뭇 바빴다. 3. 아주 딴판으로 예 그들은 쌍둥이지만 성격은 사뭇 다르다.
삼삼하다*	1. 음식 맛이 조금 싱거운 듯하면서 맛이 있다. 예 국물이 삼삼하다. 2. 사물이나 사람의 생김새나 됨됨이가 마음이 끌리게 그럴듯하다. 예 얼굴이 삼삼하게 생기다.
설핏하다	해의 밝은 빛이 약하다. 예 해가 설핏할 무렵에야 겨우 그곳에 도착할 수 있었다.
성기다* 동 성글다	1. 물건의 사이가 뜨다. 예 그물을 성기게 짜다. 2. 반복되는 횟수나 도수(度數)가 뜨다. 예 매일같이 만나던 두 사람이 요즘 들어서는 만남이 성기다. 3. 관계가 깊지 않고 서먹하다. 예 이사 온 지 얼마 안 돼 앞집과는 아직 성긴 사이다.
실팍하다* 동 실하다	사람이나 물건 따위가 보기에 매우 실하다. 예 그는 실팍한 몸집인데도 쌀 한 가마를 제대로 못 옮겼다.

ㅇ

알싸하다	매운맛이나 독한 냄새 따위로 콧속이나 혀끝이 알알하다. 예 고추가 매워 혀끝이 알싸하다.
야물다*	1. 일 처리나 언행이 옹골차고 야무지다. 예 일을 야물게 처리하다. 2. 사람됨이나 씀씀이 따위가 퍽 옹골차고 헤프지 않다. 예 어린 것이 손끝이 야물다.
얄망궂다	성질이나 태도가 괴상하고 까다로워 얄미운 데가 있다. 예 그 사람 때문에 심사가 얄망궂게 뒤틀렸다.

얍삽하다★	(속되게) 사람이 얕은꾀를 쓰면서 자신의 이익만을 챙기려는 태도가 있다. 예 사건에서 자신만 얍삽하게 빠져나오다.	
얼맞다	일정한 기준, 조건 정도 따위에 지나치게 넘치거나 모자라지 아니한 데가 있다. 예 그 사람이 너에게 얼맞으니까 권하는 것 아니냐.	
옴팡지다	아주 심하거나 지독한 데가 있다. 예 옴팡지게 술값을 뒤집어쓰다.	
옹골차다★	매우 옹골지다. 예 연안에서 잡히는 고기가 훨씬 두껍고 옹골찼다.	
	▶ 옹골지다 실속이 있게 속이 꽉 차 있다. 예 돈 버는 재미가 옹골지다.	
울력다짐	여러 사람이 힘을 합하여 일을 빠르고 시원스럽게 끝냄. 또는 그런 기세 예 울력다짐으로 하는 바람에 능률이 올랐다.	
	▶ 우격다짐 억지로 우겨서 남을 굴복시킴. 또는 그런 행위 예 그는 자기주장을 상대방에게 조리 있게 전달할 재간이 없어 우격다짐을 벌였다.	
을러대다★ 통 을러메다	위협적인 언동으로 을러서 남을 억누르다. 예 그녀는 너무 앙칼지고 영악해서 공갈을 치거나 을러대도 아무 소용이 없었다.	
을씨년스럽다★	1. 보기에 날씨나 분위기 따위가 몹시 스산하고 쓸쓸한 데가 있다. 예 새벽 가을바람은 한층 을씨년스럽다. 2. 보기에 살림이 매우 가난한 데가 있다. 예 을씨년스럽던 살림살이가 나아졌다.	
음전하다	말이나 행동이 곱고 우아하다. 또는 얌전하고 점잖다. 예 그의 말하는 태도는 음전하고 순박했다.	
이루	여간하여서는 도저히 예 새소리는 이루 말할 수 없이 아주 맑았다.	
일껏	모처럼 애써서 예 그는 일껏 마련한 좋은 기회를 놓쳤다.	

ㅈ

자못	생각보다 매우 예 여러분에 대한 기대가 자못 큽니다.
잔밉다	몹시 얄밉다. 예 영수의 입가에는 잔미운 미소가 떠올랐다.
재우★	매우 재게(빠르게) 예 발걸음을 재우 놀리다.
지레★	어떤 일이 일어나기 전 또는 어떤 기회나 때가 무르익기 전에 미리 예 지레 겁을 먹다.
짐짓★	1. 마음으로는 그렇지 않으나 일부러 그렇게 예 짐짓 모른 체하다. 2. 과연(아닌 게 아니라 정말로) 예 먹어 보니, 짐짓 기가 막힌 음식이더라.

ㅊ

천연덕스럽다	시치미를 뚝 떼어 겉으로는 아무렇지 않은 체하는 태도가 있다. 예 아이는 천연덕스럽게 거짓말을 했다.

	ㅍ
푼수	1. 상태나 형편 예 그녀의 세간 푼수를 보니 그렇게 못사는 것 같지도 않다. 2. 생각이 모자라고 어리석은 사람을 놀림조로 이름. 예 야, 이 푼수야. 그렇게 아무 말이나 하고 다니면 어떡해.

	ㅎ
한걱정	큰 걱정 예 아들이 제대하자 어머니는 한걱정 덜었다고 마음을 놓았다.
한참	시간이 상당히 지나는 동안 예 담장을 따라 한참을 걸어가니 기와집이 나왔다. ▶ 한창 어떤 일이 가장 활기 있고 왕성하게 일어나는 때 또는 어떤 상태가 가장 무르익은 때 예 요즘 앞산에는 진달래가 한창이다.
해사하다★	1. 얼굴이 희고 곱다랗다. 예 그 여자는 눈이 크고 얼굴이 해사한 것이 귀염성 있고 순진하게 생겼다. 2. 표정, 웃음소리 따위가 맑고 깨끗하다. 예 신바람이 난 현아는 해사하게 웃었다. 3. 차림, 자태 따위가 말끔하고 깨끗하다. 예 나이는 어린 듯하나 맵시가 해사하다.
허섭스레기 유 허접쓰레기	좋은 것이 빠지고 난 뒤에 남은 허름한 물건 예 이삿짐을 싸고 나니 허섭스레기만 남았다.
후줄근하다	1. 옷이나 종이 따위가 약간 젖거나 풀기가 빠져 아주 보기 흉하게 축 늘어져 있다. 예 옷이 비에 젖어 후줄근하다. 2. 몹시 지치고 고단하여 몸이 축 늘어질 정도로 아주 힘이 없다. 예 온몸이 물에 젖은 듯 후줄근하다.

✅ 필수 의성어·의태어

	ㄱ
가닥가닥¹★	여러 가닥으로 갈라진 모양 예 가닥가닥 꼰 새끼줄 ▶ 가닥가닥² 물기나 풀기가 있는 물체의 거죽이 거의 말라서 빳빳한 상태 예 비가 내리지 않아서 논바닥이 가닥가닥 말라붙었다.
가드락가드락	조금 거만스럽게 잘난 체하며 버릇없이 자꾸 구는 모양 예 그는 자기 집이 부자라고 하도 가드락가드락 친구를 대하여 모두가 그를 꺼린다.
가랑가랑	숨이 거의 끊어질 듯하면서 가늘게 남아 있는 소리 또는 그 모양 예 가랑가랑 앓는 숨결
갈그락갈그락	붙어 있는 찌꺼기 따위를 자꾸 긁어내는 소리 예 갈그락갈그락 귀지를 파내다.

갉작갉작	1. 날카롭고 뾰족한 끝으로 자꾸 바닥이나 거죽을 문지르는 모양 예 눈가를 새끼손가락으로 갉작갉작 긁는다. 2. 되는대로 자꾸 글이나 그림 따위를 쓰거나 그리는 모양 예 소년은 틈만 나면 그림을 갉작갉작 그렸다.
감실감실★	사람이나 물체, 빛 따위가 먼 곳에서 자꾸 아렴풋이 움직이는 모양 예 푸른 연기가 감실감실 피어오른다.
겅중겅중	긴 다리를 모으고 계속 힘 있게 솟구쳐 뛰는 모양 예 성재는 반환점을 향해 겅중겅중 뛰었다.
고시랑고시랑	1. 못마땅하여 군소리를 자꾸 좀스럽게 하는 모양 예 그날의 놀던 이야기며 본 이야기를 고시랑고시랑 물어보기도 한다. 2. 여러 사람이 자꾸 작은 소리로 말을 하는 모양 예 아이들은 선생님의 눈치를 보며 고시랑고시랑 떠들었다.
곰실곰실	작은 벌레 따위가 한데 어우러져 조금씩 자꾸 굼뜨게 움직이는 모양 예 벌레가 곰실곰실 움직인다.
깔짝깔짝	1. 자꾸 갉아서 뜯거나 계속 진집을 내는 모양 2. 자꾸 작은 물건이나 일을 가지고 만지작거리기만 하고 좀처럼 진전을 이루지 못하는 모양 예 밥을 깔짝깔짝 먹다.

ㄴ

너붓너붓	엷은 천이나 종이 따위가 나부끼어 자꾸 흔들리는 모양 예 바람에 커다란 나뭇잎이 너붓너붓 춤을 춘다.
넘성넘성	1. 계속 넘어다보는 모양 예 담 너머로 넘성넘성 남의 집을 엿보다. 2. 남의 것을 탐내어 가지려고 계속 기회를 엿보는 모양 예 고양이는 넘성넘성 강아지의 밥그릇을 엿보고 있다.

ㄷ

담상담상★	드물고 성긴 모양 예 언덕에 담상담상 푸른 풀이 돋았다.
데면데면★	1. 사람을 대하는 태도가 친밀감이 없이 예사로운 모양 예 그는 누구를 만나도 데면데면 대한다. 2. 성질이 꼼꼼하지 않아 행동이 신중하거나 조심스럽지 않은 모양 예 그는 책장을 데면데면 넘긴다.
두런두런	여럿이 나지막한 목소리로 서로 조용히 이야기하는 소리 또는 그 모양 예 모닥불에 앉아 두런두런 이야기를 나눴다.
둘레둘레★	1. 사방을 이리저리 살피는 모양 예 이 집 저 집 둘레둘레 돌아다닌다. 2. 여러 사람이나 물건이 주위에 둥그렇게 둘러있는 모양 예 무슨 일이 일어났는지 사람들이 둘레둘레 모여 있다.
딸깍딸깍★	'딸까닥딸까닥(작고 단단한 물건이 자꾸 맞부딪치는 소리)'의 준말 예 굽 높은 구두를 신은 여자가 딸깍딸깍 계단을 내려왔다.

ㅁ	
모짝모짝	한쪽에서부터 차례로 모조리 예 모내기를 하려고 못자리에서 모를 모짝모짝 뽑았다.
몽글몽글	덩이진 물건이 말랑말랑하고 몹시 매끄러운 느낌 예 몽글몽글 덩이진 떡
문실문실	나무 따위가 거침없이 잘 자라는 모양 예 하늘을 향해 나무들이 문실문실 자라고 있다.

ㅂ	
바락바락	성이 나서 잇따라 기를 쓰거나 소리를 지르는 모양 예 아이는 화를 참지 못하고 사람들에게 바락바락 대들었다.
바작바작*	1. 물기가 적은 물건을 잇따라 씹거나 빠는 소리 또는 그 모양 예 과자 부스러기를 바작바작 소리를 내며 먹다. 2. 물기가 적은 물건이 타들어 가는 소리 또는 그 모양 예 볏짚이 바작바작 탄다. 3. 진땀이 나는 모양 예 땀을 바작바작 흘리다. 4. 마음이 매우 안타깝게 죄어드는 모양 예 바작바작 마음을 졸이며 전화를 기다렸다. 5. 열이 심하거나 몹시 초조하여 입안이나 입술이 자꾸 마르는 모양 예 심한 고열 증세로 입술이 바작바작 말라 들어간다.
발맘발맘	1. 한 발씩 또는 한 걸음씩 길이나 거리를 가늠하며 걷는 모양 예 아까 발맘발맘 간 감으로는 조금 걸으면 호텔로 돌아올 수도 있었을 텐데. 2. 자국을 살펴 가며 천천히 쫓아가는 모양 예 우리는 골짜기를 내려와 목탁 소리를 따라 발맘발맘 걸었다.

ㅅ	
상글상글*	눈과 입을 귀엽게 움직이며 소리 없이 정답게 자꾸 웃는 모양 예 상글상글 웃는 눈매가 참 예쁘다.
상동상동	작고 연한 물건을 단번에 잇따라 가볍게 베거나 자르는 모양 예 파를 상동상동 썰다.
새근새근 [센말] 쌔근쌔근	1. 고르지 아니하고 가쁘게 자꾸 숨 쉬는 소리 또는 그 모양 예 그는 대꾸도 않고 새근새근 어깨로 숨을 쉬었다. 2. 어린아이가 곤히 잠들어 조용하게 자꾸 숨 쉬는 소리 예 아기가 새근새근 잠이 들다.
새록새록*	1. 새로운 물건이나 일이 잇따라 생기는 모양 예 봄이 되자 새순이 새록새록 돋아난다. 2. 어떤 생각이나 느낌이 거듭하여 새롭게 생기는 모양 예 다시 이곳에 오니 옛 생각이 새록새록 떠오른다. 3. 잠든 어린아이가 숨 쉴 때 나는 소리 예 아이가 새록새록 잠이 들다.
선득선득	1. 갑자기 서늘한 느낌이 자꾸 드는 모양 예 추위를 모르는 꺽정이는 선득선득 시원하게끔 여기었다. 2. 갑자기 놀라서 마음에 서늘한 느낌이 자꾸 드는 모양 예 벌써 저승사자들이 와 있는 분위기가 선득선득 감돌거든.
섬벅섬벅 [센말] 섬뻑섬뻑	크고 연한 물건이 잘 드는 칼에 쉽게 자꾸 베어지는 소리 또는 그 모양 예 무를 섬벅섬벅 썰다.

쓰렁쓰렁	일을 건성으로 하는 모양 예 청소를 시키면 늘 쓰렁쓰렁 눈에 보이는 곳만 치우고 만다.	
씀벅씀벅	눈꺼풀을 움직이며 눈을 자꾸 감았다 떴다 하는 모양 예 눈이 부셔서 눈을 씀벅씀벅 감았다 떴다 했다.	

ㅇ

아귀아귀★	음식을 욕심껏 입안에 넣고 마구 씹어 먹는 모양 예 그는 밥을 아귀아귀 먹어 대며 화를 삭이고 있었다.
아롱다롱★	여러 가지 빛깔의 작은 점이나 줄 따위가 고르지 아니하고 촘촘하게 무늬를 이룬 모양 예 꽃들이 아롱다롱 울긋불긋 곱고 다채롭다.
알근알근	1. 매워서 입안이 매우 알알한 느낌 예 고추 때문에 입안이 알근알근하다. 2. 술이 취하여 정신이 매우 아렴풋한 느낌 예 술이 알근알근 달아오른다.
암니옴니 동 옴니암니	자질구레한 일에 대하여까지 좀스럽게 셈하거나 따지는 모양 예 암니옴니 생각해 봐도 땅문서보다는 종 문서를 받아야겠다.
어슷어슷¹	힘없이 천천히 거니는 모양 예 그는 아파서 어슷어슷 걷고 있다. ▶ 어슷어슷² 여럿이 다 한쪽으로 조금 비뚤어진 모양 예 어슷어슷 썬 풋고추
얼키설키★ ('얼기설기'보다 거센 느낌)	1. 가는 것이 이리저리 뒤섞이어 얽힌 모양 예 칡덩굴이 얼키설키 뒤얽혀 있다. 2. 엉성하고 조잡한 모양 예 그 집의 지붕은 양철과 루핑으로 얼키설키 얹혀 있었다. 3. 관계나 일, 감정 따위가 복잡하게 얽힌 모양 예 세상만사가 재미로 얼키설키 엉기었지.
얼핏얼핏★ 동 언뜻언뜻	1. 지나는 결에 잇따라 잠깐씩 나타나는 모양 예 불꽃이 피어오르면서 부근의 사물들이 얼핏얼핏 드러났다. 2. 생각이나 기억 따위가 잇따라 문득문득 떠오르는 모양 예 옛생각이 얼핏얼핏 든다.
엉기정기★	질서 없이 여기저기 벌여 놓은 모양 예 아이가 장난감을 방 안에 엉기정기 흐트려 놓았다.
우럭우럭★	1. 불기운이 세차게 일어나는 모양 예 모닥불이 우럭우럭 피어오르다. 2. 술기운이 얼굴에 나타나는 모양 예 워낙 술을 못하는지라 그는 술이 한 잔만 들어가도 술기운이 얼굴에 우럭우럭 나타난다. 3. 병세가 점점 더하여 가는 모양 예 방치하는 사이에 그녀의 병세가 우럭우럭 더해졌다. 4. 심술이나 화가 점점 치밀어 오르는 모양 예 정신없이 뛰어왔던 일을 생각하니 우럭우럭 화가 뻗친다.
을밋을밋	1. 기한이나 일 따위를 우물쩍거리며 잇따라 미루는 모양 예 원고 마감이 다가왔지만, 을밋을밋 미루고 있다. 2. 자기의 책임이나 잘못을 우물우물하며 넘기려고 하는 모양 예 그 사람은 남의 발을 밟고도 을밋을밋 넘기려 했다.
일렁일렁	1. 크고 긴 물건 따위가 자꾸 이리저리로 크게 흔들리는 모양 예 그는 배가 아래위로 일렁일렁 움직이자 몹시 어지럽고 멀미가 났다. 2. 자꾸 마음에 동요가 생기는 모양 예 봄이 와서인지 마음이 일렁일렁한다.

ㅈ	
자근자근	1. 조금 성가실 정도로 자꾸 은근히 귀찮게 구는 모양 예 외판원은 <u>자근자근</u> 나를 따라다니며 책을 권했다. 2. 자꾸 가볍게 누르거나 밟는 모양 예 나는 아버지의 다리를 <u>자근자근</u> 주물러 드렸다. 3. 자꾸 가볍게 씹는 모양 예 몇 시간째 말없이 <u>자근자근</u> 입술만 깨물고 있다. ▶ **차근차근**('자근자근'보다 거센 느낌) 예 술집 골목에 들어서니 호객꾼들이 <u>차근차근</u> 사람들을 붙잡는다.
자작자작	액체가 점점 잦아들어 적은 모양 예 냄비에 건더기가 <u>자작자작</u> 잠길 만큼 물을 부었다.
잘파닥잘파닥	1. 얕은 물이나 진창을 자꾸 거칠게 밟거나 치는 소리 또는 그 모양 예 아이가 도랑물에서 <u>잘파닥잘파닥</u> 뛰어다닌다. 2. 진흙이나 반죽 따위가 물기가 많아 매우 보드랍게 진 느낌 예 비가 와서 논두렁이 <u>잘파닥잘파닥</u> 질어졌다.
재자재자	자꾸 가볍게 지저귀는 소리 또는 그 모양 예 <u>재자재자</u> 울어 대는 새소리를 들으며 우리는 녹음이 짙은 숲길을 걸었다.
조록조록	가는 물줄기나 빗물 따위가 빠르게 자꾸 흐르거나 내리는 소리 또는 그 모양 예 <u>조록조록</u> 소리가 나서 창밖을 내다보니 봄비가 내리고 있었다.
조롱조롱 통 조랑조랑	1. 작은 열매 따위가 많이 매달려 있는 모양 예 푸른 줄기에 <u>조롱조롱</u> 매달린 흰 꽃송이는 놀랍도록 싱싱했다. 2. 아이가 많이 딸려 있는 모양 예 그는 아이 다섯을 <u>조롱조롱</u> 데리고 나타났다.
줄레줄레	1. 꺼불거리며 경망스럽게 행동하는 모양 예 그녀의 뒤를 <u>줄레줄레</u> 따라나선 그는 자신의 행동이 부끄러워졌다. 2. 여럿이 무질서하게 줄줄 뒤따르는 모양 예 자식을 <u>줄레줄레</u> 낳아서 어찌 키우려는지 모르겠다.
즈런즈런	살림살이가 넉넉하여 풍족한 모양 예 열심히 살아온 부부는 이제 <u>즈런즈런</u> 살림이 나아졌다.
질겅질겅	질긴 물건을 거칠게 자꾸 씹는 모양 예 그는 손톱을 <u>질겅질겅</u> 씹으며 몇 걸음 물러났다.
질근질근	1. 단단히 자꾸 졸라매거나 동이는 모양 예 허리를 <u>질근질근</u> 동여매다. 2. 질깃한 물건을 자꾸 씹는 모양 예 그녀는 스트레스를 받으면 오징어를 <u>질근질근</u> 씹는다. 3. 물기가 많은 흙이 잘 이겨지는 모양 예 비가 와서 흙이 <u>질근질근</u> 잘 이겨진다.
찌릿찌릿	뼈마디나 몸의 일부가 매우 또는 자꾸 저린 느낌 예 다친 곳이 <u>찌릿찌릿</u> 아파서 못 견디겠다.

ㅊ	
추적추적	1. 비나 진눈깨비가 자꾸 축축하게 내리는 모양 예 창밖에는 가을비가 <u>추적추적</u> 내렸다. 2. 자꾸 물기가 축축하게 젖어 드는 모양 예 눈물은 <u>추적추적</u> 끝없이 베갯잇을 적셨다.

	E	
타박타박	조금 느릿느릿 힘없는 걸음으로 걸어가는 모양 예 제정신이 돌아온 그는 눈물을 훔치며 타박타박 걸어 나갔다.	
터덕터덕	1. 몹시 지치거나 느른하여 힘없이 발을 떼어 놓으며 매우 느리게 계속 걷는 모양 예 그들은 땅거미가 질 무렵에야 들일을 끝내고 터덕터덕 집으로 돌아왔다. 2. 가난하여 겨우겨우 어렵게 살아가는 모양 예 그는 하루하루를 닥치는 대로 일하며 터덕터덕 살아간다. 3. 일이 힘에 벅차 애처롭게 겨우겨우 몸을 움직이는 모양 예 아내가 병약한 몸으로 터덕터덕 일하는 모습이 보기에 안쓰럽다.	
티적티적★	남의 흠이나 트집을 잡으면서 자꾸 비위를 거스르는 모양 예 철호는 괜한 트집을 티적티적 잡으며 내 성질을 건드렸다.	

	ㅍ	
포슬포슬 ('보슬보슬'보다 거센 느낌)	덩이진 가루 따위가 물기가 적어 엉기지 못하고 바스러지기 쉬운 모양 예 밀가루가 물이 적어서 포슬포슬 바스러진다.	

	ㅎ	
할금할금★	곁눈으로 살그머니 계속 할겨 보는 모양 예 강아지가 할금할금 내 눈치를 살핀다.	
헤실헤실	1. 어떤 물체가 단단하지 못하여 부스러지거나 헤지기 쉬운 모양 예 얼음장이 둥둥 떠서 헤실헤실 녹으며 흘러간다. 2. 사람이 맺고 끊는 것이 확실하지 않아 싱겁고 실속이 없는 모양 예 성격이 무른 사람은 일을 할 때 헤실헤실 실속이 없다. 3. 싱겁고 어설프게 웃는 모양 예 아씨는 긴장했던 마음이 풀어지면서 뜻 모를 웃음을 헤실헤실 흘렸다.	
후드득후드득	1. 깨나 콩 따위를 볶을 때 크게 잇따라 튀는 소리 예 냄비 속에서 후드득후드득 옥수수 알갱이 튀는 소리 2. 멀리서 총포나 딱총 따위가 매우 부산하게 잇따라 터지는 소리 예 후드득후드득 딱총 터지는 소리 3. 나뭇가지나 검불 따위가 불똥을 튀기며 기세 좋게 잇따라 타들어가는 소리 예 후드득후드득 소리를 내며 타오르는 모닥불 4. 굵은 빗방울 따위가 성기게 잇따라 떨어지는 소리 예 먹구름이 후드득후드득 굵은 빗방울을 뿌린다. 5. 몹시 경망스럽게 계속 방정을 떠는 모양 예 촐랑거리며 후드득후드득 뛰어가는 소녀	
흐슬부슬★	차진 기가 없고 부스러져 헤어질 듯한 모양 예 마른 흙벽에서 모래가 흐슬부슬 흘러내렸다.	

확인문제

01 밑줄 친 말의 쓰임이 적절하지 <u>않은</u> 것은?

① <u>막막한</u> 도시의 밤은 나를 슬프게 한다.
② 자신의 것만 챙기는 <u>잔미운</u> 새댁이 이사를 왔다.
③ <u>설핏한</u> 햇빛이 동쪽 들창으로 환히 들고 있었다.
④ 그 여자는 눈이 크고 <u>해사한</u> 것이 귀염성 있게 생겼다.
⑤ 손님은 종업원에게 당장 주인을 불러오라고 <u>닦달하였다</u>.

> **해설** '설핏하다'는 '해의 밝은 빛이 약하다.'의 의미로 '환히 들고 있다.'와 모순이 되는 표현이므로 쓰임이 적절하지 않다.
> ① 막막하다: 쓸쓸하고 고요하다.
> ② 잔밉다: 말이나 행동이 몹시 얄밉다.
> ④ 해사하다: 얼굴이 희고 곱다랗다.
> ⑤ 닦달하다: 남을 단단히 윽박질러서 혼을 내다.
>
> **정답** ③

02 〈보기〉의 빈칸에 들어갈 말로 적절한 것은?

> ● 보기 ●
> 그는 합격 통지를 기다리면서 마음을 (　　　) 졸이고 있다.

① 티적티적　　　　　　② 그럭저럭
③ 술렁술렁　　　　　　④ 바작바작
⑤ 담상담상

> **해설** 문맥에 맞는 의성어나 의태어를 넣는 문제 유형으로 시험에 자주 출제된다. 필수 의성어와 의태어는 문장을 통해서 의미를 파악해야 한다. 예문에서는 마음을 졸이는 모습을 표현하고 있다. 문맥에 맞는 의태어는 '매우 안타깝게 죄어드는 모양'의 의미를 가진 '바작바작'이 어울린다.
> ① 티적티적: 남의 흠이나 트집을 잡으면서 자꾸 비위를 거스르는 모양
> ② 그럭저럭: 충분하지는 않지만 어느 정도로, 그렇게 저렇게 하는 사이에 어느덧
> ③ 술렁술렁: 자꾸 어수선하게 소란이 이는 모양
> ⑤ 담상담상: 드물고 성긴 모양
>
> **정답** ④

03 밑줄 친 말의 쓰임이 적절하지 않은 것은?

① 모닥불이 <u>우럭우럭</u> 피어오르고 있다.
② 팥죽 안에 들어 있는 새알심이 <u>몽글몽글</u>하다.
③ 아이들은 쉬는 시간에 <u>즈런즈런</u> 이야기를 하고 있다.
④ 몰래 장난을 친 아이는 <u>할금할금</u> 엄마의 눈치를 본다.
⑤ 그는 책상 위에 책들을 <u>엉기정기</u> 벌여 놓고 나가 버렸다.

해설 '여럿이 나지막한 목소리로 서로 조용히 이야기하는 소리나 모양'의 의미인 '두런두런'이 적절하다. '즈런즈런'은 '살림살이가 넉넉하여 풍족한 모양'의 의미를 가진다.
① 우럭우럭: 불기운이 세차게 일어나는 모양
② 몽글몽글: 덩이진 물건이 말랑말랑하고 몹시 매끄러운 느낌
④ 할금할금: 곁눈으로 살그머니 계속 할겨 보는 모양
⑤ 엉기정기: 질서 없이 여기저기 벌여 놓은 모양

정답 ③

04 밑줄 친 말의 쓰임이 적절하지 않은 것은?

① 운동회가 끝난 운동장에 쓰레기가 <u>널브러져</u> 있었다.
② 주인 아주머니의 <u>상글상글</u> 웃는 모습이 기억에 남는다.
③ 그는 시험이 다가오자 방 안에 <u>꼭</u> 틀어박혀 공부만 했다.
④ 그는 그녀에게 자신의 마음을 들킨 것이 <u>머쓱해서</u> 웃고 말았다.
⑤ 회의의 결론을 <u>뭉뚱그려</u> 말하면 작업 환경을 개선하자는 것이다.

해설 문맥상 '그가 틀어박혀서' 공부만 한 것이므로, '드러나지 않게 아주 단단히 숨거나 들어박히는 모양'의 의미인 '꼭꼭'이 적절한 표현이다. '꼭'은 '어떤 일이 있어도 틀림없이, 조금도 어김없이'의 의미를 가진다.
① '널브러지다'의 의미는 '너저분하게 흐트러지거나 흩어지다.'이다. 운동회가 끝났기 때문에 운동장이 어지럽게 흐트러져 있는 상황에 적절한 표현이다.
② '상글상글'의 의미는 '눈과 입을 귀엽게 움직이며 소리 없이 정답게 자꾸 웃는 모양'이다. 주로 '웃다'와 호응한다.
④ '머쓱하다'의 의미는 '무안을 당하거나 흥이 꺾여 어색하고 열없다.(좀 겸연쩍고 부끄럽다.)'이다. 자신의 마음을 들킨 상황이므로, 문맥에 적절한 표현이다.
⑤ '뭉뚱그리다'의 의미는 '여러 사실을 하나로 포괄하다.'이므로, 여러 가지의 의미를 하나로 대표할 때 쓸 수 있다.

정답 ③

05 밑줄 친 고유어의 의미를 바르게 풀이하지 못한 것은?

① 할아버지 앞에서는 말을 한마디도 <u>허투루</u> 할 수가 없었다. → 아무렇게나 되는대로
② 거리의 사람들은 목을 움츠리고 <u>종종걸음</u>을 치고 있다. → 추워서 목과 몸을 잔뜩 움츠리며 걷는 걸음
③ 장마가 개고 하늘이 걷혔지만, 마음들은 아직도 눅눅했고 <u>스산했다</u>. → 마음이 가라앉지 아니하고 뒤숭숭하다.
④ 나는 해마다 결혼기념일을 기억하지 못해 아내에게 <u>지청구</u>를 듣기 일쑤였다. → 까닭 없이 남을 탓하고 원망함.
⑤ 그녀는 <u>고즈넉한</u> 표정에 말이 없을 뿐, 주변 사람을 경계하는 눈치는 아니었다. → 말없이 다소곳하거나 잠잠하다.

> **해설** '종종걸음'은 '발을 가까이 자주 떼며 급히 걷는 걸음'을 의미한다.
> ③ 스산하다: [ⅰ] 1. 몹시 어수선하고 쓸쓸하다. 예 가랑비가 뿌리고 산바람도 불어와 <u>스산하였다</u>. 2. 날씨가 흐리고 으스스하다. 예 바람이 <u>스산하게</u> 분다. [ⅱ] 마음이 가라앉지 아니하고 뒤숭숭하다.
> ④ 지청구: 1. 아랫사람의 잘못을 꾸짖는 말 图 꾸지람 예 그는 말을 꺼냈다가는 또 무슨 <u>지청구</u>를 들을지 몰라 걱정됐다. 2. 까닭 없이 남을 탓하고 원망함. 예 상전들의 타박과 지청구를 다 받아 삭였다.
> ⑤ 고즈넉하다: 1. 고요하고 아늑하다. 예 언제가도 산사는 한결같이 <u>고즈넉하기만</u> 했다. 2. 말없이 다소곳하거나 잠잠하다. 예 그 사람은 <u>고즈넉한</u> 표정에 말이 없었다.
>
> **정답** ②

06 밑줄 친 고유어의 의미를 바르게 풀이하지 못한 것은?

① 그녀가 나이는 어려도 누이 노릇은 <u>옹글게</u> 한다. → 실속이 있게 속이 꽉 차 있다.
② 이삿짐을 싸고 나니 <u>허섭스레기</u>만 남았다. → 좋은 것이 빠지고 난 뒤에 남은 허름한 물건
③ 옷차림도 영 <u>추레한</u> 것이 부잣집 아들처럼 보이지는 않는다. → 겉모양이 깨끗하지 못하고 생기가 없다.
④ 바쁜 일정 때문에 부족했던 저녁 식사를 모처럼 <u>이드거니</u> 먹었다. → 충분한 분량으로 만족스러운 모양
⑤ 그는 회장님과 <u>너나들이</u>로 지내는 처지임을 은근히 과시했다. → 서로 너니 나니 하고 부르며 허물없이 말을 건넴. 또는 그런 사이

> **해설** '옹글다'는 '매우 실속 있고 다부지다.'의 의미가 있다. '실속이 있게 속이 꽉 차 있다.'의 의미를 가진 단어는 '옹골지다'이다. '옹글다'의 의미는 '물건 따위가 조각나거나 손상되지 아니하고 본디대로 있다.', '조금도 축가거나 모자라지 아니하다.', '매우 실속 있고 다부지다.'이다.
> ③ 추레하다: 1. 겉모양이 깨끗하지 못하고 생기가 없다. 예 그는 <u>추레하게</u> 차려입은 사내와 함께 마당으로 들어섰다. 2. 태도 따위가 너절하고 고상하지 못하다. 예 힘없이 웃음을 흘리는 달수의 <u>추레한</u> 꼴을 본 사람들은 동정을 보냈다.
>
> **정답** ①

07 밑줄 친 고유어의 의미를 바르게 풀이하지 못한 것은?

① 그곳에 모인 사람만 얼추 100명은 되는 듯하다. → 어지간한 정도로 대충
② 그냥 국으로 있었으면 그 꼴은 면했을 것이다. → 제 생긴 그대로 또는 자기 주제에 맞게
③ 그녀는 가납사니처럼 제멋대로 지껄이는 것을 좋아한다. → 쓸데없는 말을 지껄이기 좋아하는 수다스러운 사람
④ 그는 베푸는 것에 무척이나 인색해 마을 사람들은 그를 '노랑이'라 불렀다. → 속이 좁고 마음 씀씀이가 아주 인색한 사람을 낮잡아 이르는 말
⑤ 복잡한 일도 서로 볼맞으면 빨리 끝낼 수 있다. → 두 사람의 말이 서로 어긋날 때, 제삼자를 앞에 두고 전에 한 말을 되풀이하여 옳고 그름을 따짐.

해설 '볼맞다'는 '함께 일할 때에 생각, 방법 따위가 서로 잘 맞다.'의 의미가 있다. '두 사람의 말이 서로 어긋날 때, 제삼자를 앞에 두고 전에 한 말을 되풀이하여 옳고 그름을 따짐.'의 의미를 가진 단어는 '무릎맞춤'이다.
① 얼추: 1. 어지간한 정도로 대충 예 얼추 짐작하다. 2. 어떤 기준에 거의 가깝게 예 도착할 시간이 얼추 다 되었다.
③ 가납사니: 1. 쓸데없는 말을 지껄이기 좋아하는 수다스러운 사람 예 가납사니 같은 사람들은 제멋대로 그럴싸한 소문을 퍼뜨렸다. 2. 말다툼을 잘하는 사람

정답 ⑤

제3절　단어 간의 의미 관계

> **기출 미리보기**
> 1. 유의 관계
> 2. 반의 관계
> 3. 상하 관계
> 4. 부분 관계

1 유의 관계

말소리는 다르지만, 의미가 서로 비슷한 단어의 관계
예 밥/진지/맘마, 죽다/사망하다/돌아가시다, 가난하다/빈곤하다/빈궁하다/궁핍하다/어렵다

2 반의 관계

서로 반대되는 의미를 가진 한 쌍의 단어 관계로 한 개의 의미 요소만 다르고 나머지 의미 요소들은 모두 같음.

(1) 반의 관계의 유형

상보 반의 관계	• 중간 개념이 존재하지 않는 반의어 • 두 항목을 동시에 부정할 수 없는 경우에 모순이 일어남.	예 삶:죽음, 남자:여자, 참:거짓, 출석:결석★
정도 반의 관계	• 중간 개념이 존재하는 반의어 • 두 항목을 동시에 부정해도 모순이 일어나지 않음.	예 낮:밤, 시작:끝, 위:아래, 어른:아이, 길다:짧다, 덥다:춥다★
방향 반의 관계	• 방향상의 대립을 나타내는 반의어 • 맞선 방향으로의 이동이나 변화를 나타내는 단어쌍	예 가다:오다, 전진하다:후퇴하다

(2) 다의어의 반의어: 다의어의 반의어는 한 쌍으로 존재하는 것이 아니라, 한 단어에 여러 개의 단어가 대립함.

　예 뛰다 ↔ 걷다, 내리다, 떨어지다
　　① 중심적 의미: 영희가 뛰다. ↔ 걷다
　　② 주변적 의미: 물가가 뛰다.(오르다) ↔ 내리다, 떨어지다

3 상하 관계

한 단어의 의미가 다른 쪽을 포함하거나 다른 쪽에 포함되는 단어 관계

(1) 상의어(일반어): 의미 범위가 넓은 단어이자, 포함하는 단어로 일반적이고 포괄적인 의미를 지님.

(2) **하의어(특수어):** 의미 범위가 좁은 단어이자, 포함되는 단어로 개별적이고 한정적인 의미를 지님.

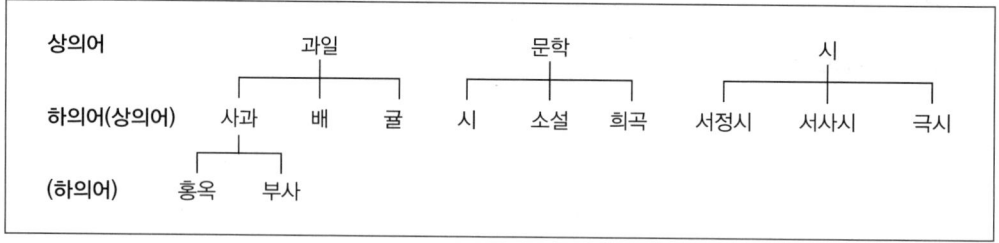

4 부분 관계

한 단어가 다른 단어의 부분이 되는 관계로 전체를 나타내는 전체어와 부분을 나타내는 부분어가 있음.
예 몸(전체어) - 머리, 팔, 몸통, 다리(부분어)

확인문제

01 단어 간의 의미 관계가 〈보기〉의 밑줄 친 부분과 유사한 것은?

● 보기 ●
예술 중에서 언어를 도구로 표현한 것이 문학이다.

① 솜 : 핫옷
② 밀물 : 썰물
③ 한밥 : 쌈밥
④ 형제 : 자매
⑤ 곡식 : 보리

해설 단어 간의 의미 관계를 묻는 문제로, 매회 출제되는 유형이다. 기본적인 개념과 함께 제시되는 예를 잘 알아 두어야 한다. '문학'은 '예술'의 한 분야이므로, 상하 관계의 의미가 있다. ⑤의 '보리'는 '곡식'의 한 종류이므로, 상하 관계이다.
① 재료인 '솜'과 완성품인 '핫옷(솜옷)'의 관계이다.
② · ④ 반의 관계이다.
③ '한밥[한:밥]'이 '끼니때가 지난 뒤에 차리는 밥'이고, '쌈밥'은 '채소에 싸먹는 밥'이므로 의미적 관련성이 없다.

정답 ⑤

02 단어 간의 의미 관계가 〈보기〉와 유사한 것은?

● 보기 ●
남자 : 여자

① 낮 : 밤
② 삶 : 죽음
③ 시작 : 끝
④ 위 : 아래
⑤ 아이 : 어른

해설 반의 관계와 관련된 문제로 반의 관계의 유형이 세분화되어 있음을 알아야 하는 문제이다. 특히 반의 관계에서는 단순한 반의 관계 문제가 아니라 세분화된 내용을 묻는 문제가 자주 출제된다. 상보 반의어, 정도 반의어, 방향 반의어에 대한 개념과 예를 정확하게 알아 두어야 한다. '삶'과 '죽음'은 상보 반의어로 중간 개념이 존재하지 않는 반의어이다.
① '낮'과 '밤' 사이에 '시간'이 존재하는 정도 반의어이다.
③ '시작'과 '끝' 사이에 '중간'이 존재하는 정도 반의어이다.
④ '위'와 '아래' 사이에 '가운데'가 존재하는 정도 반의어이다.
⑤ '아이'와 '어른' 사이에 '청소년'이 존재하는 정도 반의어이다.

정답 ②

03 〈보기〉의 밑줄 친 단어의 의미 관계와 유사한 것은?

─● 보기 ●─
그는 몸에 비해 머리의 비율이 크다.

① 금성 : 샛별
② 모자 : 휘양
③ 길 : 고샅길
④ 열매 : 오디
⑤ 콧등 : 콧마루

해설 '머리'는 '몸'의 일부이므로, 부분 관계를 나타내는 단어를 찾으면 된다. ⑤는 '콧등'이 '코의 등성이' 전체를 나타내고, '콧마루'는 '콧등의 마루가 진 부분'으로, 콧등의 일부를 나타내므로 부분 관계를 나타낸다. ②의 '휘양'은 추울 때 머리에 쓰던 '모자'의 한 종류이다.
① 유의 관계를 나타낸다.
②·③·④ 상하 관계를 나타낸다.

정답 ⑤

04 짝 지은 단어의 의미 관계가 나머지와 다른 하나는?

① 무기 : 칼
② 예술 : 문학
③ 발 : 발가락
④ 바느질 : 시침질
⑤ 언론사 : 방송국

해설 '발가락'은 '발'을 이루고 있는 부분으로 전체와 부분의 의미 관계에 해당한다.
①·②·④·⑤ 상의어와 하의어의 의미 관계를 가진다.

정답 ③

05 단어 간의 의미 관계가 〈보기〉의 밑줄 친 ㉠ : ㉡의 관계와 유사하지 <u>않은</u> 것은?

● 보기 ●

나는 그가 한쪽 발을 흔들흔들 흔들며 쩔룩거리는 게 ㉠ <u>측은(惻隱)하다</u> 못해 화가 나서 그가 퍽 주책없는 사람으로 여겨졌다. 그러나 생각해 보면 그의 처지도 ㉡ <u>가련(可憐)하다</u>는 생각이 들었다.

① 문책(問責)하다 : 책망(責望)하다
② 수긍(首肯)하다 : 인정(認定)하다
③ 우롱(愚弄)하다 : 야유(揶揄)하다
④ 반박(反駁)하다 : 논박(論駁)하다
⑤ 진보(進步)하다 : 퇴보(退步)하다

[해설] '측은(惻隱)하다'와 '가련(可憐)하다'는 '가엾고 불쌍하다.'의 의미이므로 유의 관계의 단어이다. '진보(進步)하다'는 '정도나 수준이 나아지거나 높아지다.'의 의미이고, '퇴보(退步)하다'는 '뒤로 물러가다. 정도나 수준이 이제까지의 상태보다 뒤떨어지거나 못하게 되다.'이므로 반의 관계를 형성한다.
① '문책(問責)하다'는 '잘못을 캐묻고 꾸짖다.', '책망(責望)하다'는 '잘못을 꾸짖거나 나무라며 못마땅하게 여기다.'의 의미이므로 유사한 의미이다.
② '수긍(首肯)하다는 '옳다고 인정하다.', '인정(認定)하다'는 '확실히 그렇다고 여기다.'의 의미이므로 유사한 의미이다.
③ '우롱(愚弄)하다'는 '사람을 어리석게 보고 함부로 대하거나 웃음거리로 만들다.', '야유(揶揄)하다'는 '남을 빈정거려 놀리다.'의 의미이므로 유사한 의미이다.
④ '반박(反駁)하다'는 '어떤 의견·주장·논설 따위에 반대하여 말하다.', '논박(論駁)하다'는 '어떤 주장이나 의견에 대하여 그 잘못된 점을 조리 있게 공격하여 말하다.'의 의미이므로 유사한 의미이다.

[정답] ⑤

06 단어 간의 의미 관계가 〈보기〉와 유사한 것은?

● 보기 ●

시계 : 시침

① 천둥 : 우레
② 나라 : 국가
③ 발 : 발가락
④ 새 : 비둘기
⑤ 과일 : 사과

[해설] '시침'은 '시계'를 구성하는 일부이므로, 부분 관계에 있고, '발가락'은 '발'의 부분이므로, 부분 관계에 있다.
①·② 유의 관계를 형성한다.
④·⑤는 상하 관계를 형성한다.

[정답] ③

✅ 필수 고유어

1 고유어 : 고유어

걸다*	예 • 논이 <u>걸어서</u> 벼가 잘 자란다. ➡ **기름지다** • 잔칫집에 가서 <u>걸게</u> 먹고 왔다. ➡ **배부르다** • 이 식당은 반찬이 <u>걸게</u> 나온다. ➡ **푸짐하다** • 죽이 국물을 볼 수 없을 정도로 <u>걸다</u>. ➡ **진하다** • 그는 입이 <u>걸어</u> 욕을 예사로 한다. ➡ **거칠다, 걸쭉하다**
놀다	예 • 배 속에서 아기가 <u>논다</u>. ➡ **꿈틀거리다** • 어항에서 물고기가 <u>논다</u>. ➡ **돌아다니다** • 손이 곱아서 손가락이 제대로 <u>놀지</u> 않는다. ➡ **움직이다** • 돈 있는 사람들은 자기들끼리 <u>노는</u> 법이다. ➡ **어울리다**
대다	예 • 공책에 책받침을 <u>대고</u> 쓰다. ➡ **받치다** • 나는 약속 시간에 <u>대서</u> 나왔다. ➡ **맞추다** • 소방수들은 호스를 <u>대고</u> 물을 뿌렸다. ➡ **겨누다** • 나는 그와 키를 <u>대어</u> 보고 싶지 않았다. ➡ **견주다**
무르다	예 • 뒤로 <u>물러</u> 벽 쪽으로 붙어 앉으렴. ➡ **옮기다** • 한번 저지른 실수는 <u>무를</u> 수가 없다. ➡ **되돌리다** • 마음이 그렇게 <u>물러서야</u> 어떻게 이 힘든 세상을 살겠느냐? ➡ **여리다**
부치다*	예 • 임명 동의안을 표결에 <u>부치다</u>. ➡ **맡기다** • 아들에게 학비와 용돈을 <u>부치다</u>. ➡ **보내다** • 어머니가 빈대떡을 <u>부치고</u> 계신다. ➡ **만들다** • 접수된 원고를 편집하여 인쇄에 <u>부쳤다</u>. ➡ **넘기다** • 나는 아직도 그에게는 실력이 <u>부친다</u>. ➡ **모자라다**
옹골차다	예 • 그는 생각이 <u>옹골찬</u> 사람이다. ➡ **알차다** • 돈 버는 재미가 <u>옹골차다</u>. ➡ **실(實)하다** • 초가을의 따가운 햇살에 오곡이 <u>옹골차다</u>. ➡ **야물다** • 그는 <u>옹골찬</u> 몸집인데도 쌀 한 가마를 제대로 못 옮겼다. ➡ **실팍하다**
잃다	예 노름으로 사업 밑천을 <u>잃다</u>. ➡ **날리다**
재다*[재:다]	예 • 총에 실탄을 <u>재</u> 놓아라. ➡ **넣다, 끼우다** • 아버지는 볏단을 논에 <u>재고</u> 있었다. ➡ **쌓다** • 일을 너무 <u>재다가는</u> 아무것도 못한다. ➡ **따지다** • 그는 <u>잰</u> 걸음으로 금세 사라졌다. ➡ **재빠르다** • 돈푼깨나 있다고 너무 <u>재고</u> 다니지 말게. ➡ **으스대다, 뽐내다**
치다	예 • 오늘 시험 잘 <u>쳤니</u>? ➡ **보다** • 주먹으로 얼굴을 <u>치다</u>. ➡ **때리다** • 제상에 올릴 날밤을 <u>쳤다</u>. ➡ **깎다** • 병충해를 막기 위하여 농약을 <u>쳤다</u>. ➡ **뿌리다**

2 고유어 : 한자어

가다	유지(維持)되다, 이동(移動)하다, 이직(移職)하다, 작동(作動)하다
감싸고돌다/ 끼고돌다/역성들다	두둔(斗頓)하다, 비호(庇護)하다, 편(便)들다
고치다*	교정(矯正)하다, 수리(修理)하다, 수선(修繕)하다, 치료(治療)하다
길	도로(道路), 도중(途中), 방법(方法), 분야(分野)
낮보다/낮잡다/ 깔보다/얕보다	무시(無視)하다
들다	가입(加入)하다, 소요(所要)되다, 속(屬)하다, 포함(包含)되다
딱하다	난처(難處)하다
떨어지다	감퇴(減退)되다, 부족(不足)하다, 치료(治療)되다, 함락(陷落)되다
마지막	결말(結末), 대미(大尾), 말년(末年), 종국(終局)
만들다	결성(結成)하다, 제작(製作)하다, 제정(制定)하다, 조성(造成)하다
바꾸다	대신(代身)하다, 변환(變換)하다
부시다	세척(洗滌)하다
부질없다	소용(所用)없다
알리다	전(傳)하다
오르다	상륙(上陸)하다, 승진(昇進/陞進)하다, 증가(增加)하다, 탑승(搭乘)하다
찾다	모색(摸索)하다, 수색(搜索)하다, 탐색(探索)하다
엄지손가락	무지(拇指)
집게손가락	검지(–指), 식지(食指)
가운뎃손가락	장지(長指), 중지(中指)
약손가락	무명지(無名指), 약손(藥指), 약지(藥指)
새끼손가락	계지(季指), 소지(小指)

3 한자어 : 한자어

수긍(首肯)하다	인정(認定)하다
측은(惻隱)하다	가련(可憐)하다
훼방(毀謗)	방해(妨害)

확인문제

01 밑줄 친 단어를 '들다'로 바꿔 쓸 수 없는 것은?

① 미래를 위해 연금 보험에 가입했다.
② 외모는 비교적 미인형에 속하는 편이다.
③ 김 과장은 업무에 소용되는 물품을 구입했다.
④ 이사하는 데에 소요되는 비용이 생각보다 많다.
⑤ 문화라는 말에는 여러 가지 의미가 포함되어 있다.

> **해설** 고유어와 한자어의 유의 관계를 묻는 문제이다. 매회 출제되는 문제 유형으로, 해당되는 고유어를 선지에 넣어서 활용해 보면 쉽게 문제를 풀 수 있다. '소용(所用)되다'의 의미는 '일정한 용도로 쓰이다.'이므로 '쓰다' 정도로 바꿔 쓸 수 있다.
> ① 가입(加入)하다: 조직이나 단체 따위에 들어가다.
> ② 속(屬)하다: 관계되어 딸리다.
> ④ 소요(所要)되다: 필요로 되거나 요구되다.
> ⑤ 포함(包含)되다: 어떤 사물이나 현상 가운데 함께 들어가거나 함께 넣어지다.
>
> **정답** ③

02 밑줄 친 단어를 '만들다'로 바꿔 쓸 수 없는 것은?

① 한글날을 국경일로 제정하였다.
② 그들은 새로운 정당을 결성했다.
③ 그 작품은 1년 동안이나 제작했다.
④ 학생들이 자발적으로 독서회를 조직하였다.
⑤ 그녀는 훌륭하고 유능했으며 유쾌한 성격을 소유하고 있다.

> **해설** '소유(所有)하다'는 '가지고 있다.'의 의미로, '만들다'와 관련이 없고, '가지다'와 관련이 있다.
> ① 제정(制定)하다: 제도나 법률 따위를 만들어서 정하다.
> ② 결성(結成)하다: 조직이나 단체 따위를 짜서 만들다.
> ③ 제작(製作)하다: 재료를 가지고 기능과 내용을 가진 새로운 물건이나 예술 작품을 만들다.
> ④ 조직(組織)하다: 특정한 목적을 달성하기 위하여 여러 개체나 요소를 모아서 체계 있는 집단을 이루다.
>
> **정답** ⑤

03 '재다'의 의미로 적절하지 않은 것은?

① 쇠고기를 양념에 <u>재어</u>(→ 담가 두다) 놓았다.
② 그는 <u>잰</u>(→ 가볍다) 걸음으로 금세 사라졌다.
③ 일을 너무 <u>재다가는</u>(→ 따져 보다) 아무것도 못한다.
④ 돈푼깨나 있다고 너무 <u>재고</u>(→ 뽐내다) 다니지 말게.
⑤ 어머니는 철 지난 옷들을 옷장에 차곡차곡 <u>재어</u>(→ 쌓다) 놓았다.

해설 ②의 '재다'는 '동작이 재빠르다.'의 의미이므로 적절하지 않다. '재다'가 '참을성이 모자라 입놀림이 가볍다.'의 의미로 쓰이는 때는 '저렇게나 입을 재게 놀리다.'처럼 '입'과 어울려야 한다.
① '고기 따위의 음식을 양념하여 그릇에 차곡차곡 담아 두다.'의 의미로 쓰였다.
③ '여러모로 따져 보고 헤아리다.'의 의미로 쓰였다.
④ '잘난 척하며 으스대거나 뽐내다.'의 의미로 쓰였다.
⑤ '물건을 차곡차곡 포개어 쌓아 두다.'의 의미로 쓰였다. 유 쟁이다

정답 ②

04 '걸다'의 의미로 적절하지 않은 것은?

① 논이 <u>걸어서</u>(→ 기름지다) 벼가 잘 자란다.
② 잔칫집에 가서 <u>걸게</u>(→ 배고프다) 먹고 왔다.
③ 이 식당은 반찬이 <u>걸게</u>(→ 푸짐하다) 나온다.
④ 풀을 너무 <u>걸게</u>(→ 진하다) 쑤어서 풀질하기가 어렵다.
⑤ 그 일꾼은 손이 아주 <u>걸기로</u>(→ 솜씨 있다) 이름나 있다.

해설 ②의 '걸다'는 '푸짐하고 배부르다.'의 의미이므로 적절하지 않다.
① '흙이나 거름 따위가 기름지고 양분이 많다.'의 의미로 쓰였다.
③ '음식 따위가 가짓수가 많고 푸짐하다.'의 의미로 쓰였다.
④ '액체 따위가 내용물이 많고 진하다.'의 의미로 쓰였다.
⑤ '말씨나 솜씨가 거리낌이 없고 푸지다.'의 의미로 쓰였다.

정답 ②

05 〈보기〉의 밑줄 친 단어와 의미가 유사하지 않은 것은?

● 보기 ●
가을 내내 해가 좋더니 벼 알이 잘 여물었다.

① 알차다　　　　　　　　② 야물다
③ 야무지다　　　　　　　④ 실팍하다
⑤ 옹골차다

해설 고유어를 대체할 수 있는 유의어를 찾는 문제이다. '여물다'는 '과실이나 곡식 따위가 알이 들어 딴딴하게 잘 익다.'의 의미이다. 이와 유사하지 않은 것은 ③으로, '야무지다'는 '사람의 성질이나 행동, 생김새 따위가 빈틈이 없이 꽤 단단하고 굳세다.'의 의미이므로, 바꿔 쓸 수 없다.
　① 알차다: 속이 꽉 차 있거나 내용이 아주 실속이 있다.
　② 야물다: 과실이나 곡식 따위가 알이 들어 단단하게 잘 익다.
　④ 실팍하다: 사람이나 물건 따위가 보기에 매우 실하다.
　⑤ 옹골차다: 실속이 있게 속이 꽉 차 있다.

정답 ③

06 다음 중 바꿔 쓸 수 있는 말이 바르게 연결되지 않은 것은?

① 그는 출장 가는 길에 고향에 들렀다. → 도중
② 밥 먹은 그릇은 깨끗이 부셔 놓아라. → 세척하다
③ 그는 심사가 뒤틀려서 볼멘소리를 늘어 놓았다. → 불평
④ 동생이 잘못했는데 괜히 나까지 야단을 맞았다. → 공공연히
⑤ 그녀는 앞뒤 가리지 않고 제 자식 역성들기에 바빴다. → 비호하다

해설 고유어와 한자어의 유의어에 대한 대응 관계를 묻는 문제이다. 사전을 찾으면서 대응하는 유의어에 대해 생각해 보는 습관이 필요하다.
　④ '괜히'는 '아무 까닭이나 실속이 없게'의 의미로 '공연히'와 같은 말이다. '공공연히'는 '숨김이나 거리낌이 없이 그대로 드러나게, 지극히 공변되고 떳떳하게'의 의미이므로 바꿔 쓸 수 없다.

정답 ④

07 밑줄 친 고유어에 대응하는 한자어로 적절하지 않은 것은?

① 잔말 말고 시키는 대로 해라. → 세설(細說)
② 이번에 지면 깨끗이 군말 없기로 합시다. → 췌언(贅言)
③ 못마땅한 듯 그녀는 혼잣말로 뭐라고 중얼거렸다. → 독언(獨言)
④ 정민은 빈말로라도 무어라 위로해 줄 농담을 찾던 중이었다. → 허언(虛言)
⑤ 사람 일이란 어떻게 될지 모르는 일이니 그렇게 입찬말만 하지 마라. → 눌언(訥言)

해설 '입찬말'은 '자기의 지위나 능력을 믿고 지나치게 장담하는 말'로 '입찬소리'와 같은 단어이다. '눌언(訥言)'은 '더듬거리는 말'을 의미한다.

정답 ⑤

08 〈보기〉의 밑줄 친 말과 뜻이 통하는 한자어로 적절하게 짝 지어진 것은?

― 보기 ―
- 늦잠 자는 습관을 ⊙ 고치기가 쉽지 않다.
- 장마철이 오기 전에 지붕을 ⓒ 고쳐야겠다.

	⊙	ⓒ
①	치료(治療)하다	교정(矯正)하다
②	교정(矯正)하다	수리(修理)하다
③	치료(治療)하다	수선(修繕)하다
④	수리(修理)하다	치료(治療)하다
⑤	교정(矯正)하다	수선(修繕)하다

해설 ⊙은 '잘못되거나 틀린 것을 바로잡다.'의 의미로, '교정(矯正)하다'이고, ⓒ은 '고장 나거나 허름한 데를 손보아 고치다.'의 의미이므로, '수리(修理)하다'가 적절하다.
- 치료(治療)하다: 병 따위를 낫게 하다.
- 수선(修繕)하다: 낡거나 헌 물건을 고치다.

정답 ②

✅ 필수 동음이의어와 다의어
※ 어깨번호로 구분되는 단어는 동음이의어, 한 단어 안에 여러 의미가 들어 있는 단어는 다의어임.

갈다¹ (동)	1. 이미 있는 사물을 다른 것으로 바꾸다. 예 컴퓨터의 부속품을 좋은 것으로 <u>갈았다</u>. 2. 어떤 직책에 있는 사람을 다른 사람으로 바꾸다. 예 책임자를 전문가로 <u>갈다</u>.
갈다² (동)	1. 날카롭게 날을 세우거나 표면을 매끄럽게 하기 위하여 다른 물건에 대고 문지르다. 예 기계로 옥돌을 <u>갈아</u> 구슬을 만든다. 2. 잘게 부수기 위하여 단단한 물건에 대고 문지르거나 단단한 물건 사이에 넣어 으깨다. 예 무를 강판에 <u>갈아</u> 즙을 내다. 3. 먹을 풀기 위하여 벼루에 대고 문지르다. 예 벼루에 먹을 <u>갈다</u>. 4. 윗니와 아랫니를 맞대고 문질러 소리를 내다. 예 자면서 뽀드득뽀드득 이를 <u>갈다</u>.
갈다³ (동)	1. 쟁기나 트랙터 따위의 농기구나 농기계로 땅을 파서 뒤집다. 예 경운기로 논을 <u>갈았다</u>. 2. 주로 밭작물의 씨앗을 심어 가꾸다. 예 밭에 보리를 <u>갈다</u>.
낮다 (형)	1. 아래에서 위까지의 높이가 기준이 되는 대상이나 보통 정도에 미치지 못하는 상태에 있다. 예 물은 <u>낮은</u> 곳으로 흐른다. 2. 높낮이로 잴 수 있는 수치나 정도가 기준이 되는 대상이나 보통 정도에 미치지 못하는 상태에 있다. 예 이 물질은 끓는점이 물보다 <u>낮다</u>. 3. 품위, 능력, 품질 따위가 바라는 기준보다 못하거나 보통 정도에 미치지 못하는 상태에 있다. 예 환경에 대한 관심도가 아직도 <u>낮은</u> 편이다.
누르다¹ (동)	1. 물체의 전체 면이나 부분에 대하여 힘이나 무게를 가하다. 예 피아노 건반을 <u>누르다</u>. 2. 마음대로 행동하지 못하도록 힘이나 규제를 가하다. 예 이 독재 정부는 총칼로 국민들을 <u>눌렀다</u>. 3. 자신의 감정이나 생각을 밖으로 드러내지 않고 참다. 예 그는 화를 <u>누르지</u> 못하고 버럭 소리를 질렀다.
누르다² (형)	황금이나 놋쇠의 빛깔과 같이 다소 밝고 탁하다. 예 나뭇잎이 <u>누르러</u> 보이니 이제 겨울도 머지않았다.
다루다¹ (동)	[i] 1. 일거리를 처리하다. 예 무역 업무를 <u>다루다</u>. 2. 어떤 물건을 사고파는 일을 하다. 예 중고품을 <u>다루다</u>. 3. 기계나 기구 따위를 사용하다. 예 그는 공장에서 기계를 <u>다룬다</u>. [ii] 1. 어떤 물건이나 일거리 따위를 어떤 성격을 가진 대상 혹은 어떤 방법으로 취급하다. 예 그는 외과 수술을 전문으로 <u>다룬다</u>. 2. 사람이나 짐승 따위를 부리거나 상대하다. 예 그는 상대 선수를 마음대로 <u>다루</u>면 쉽게 승리했다. 3. 어떤 것을 소재나 대상으로 삼다. 예 회의에서 물가 안정을 당면 과제로 <u>다루었다</u>.
다리¹ (명) 유 각(脚)	1. 사람이나 동물의 몸통 아래 붙어있는 신체의 부분 예 <u>다리</u>에 쥐가 나다. 2. 물체의 아래쪽에 붙어서 그 물체를 받치거나 직접 땅에 닿지 아니하게 하거나 높이 있도록 버티어 놓은 부분 예 이 의자는 <u>다리</u>가 하나 부러졌다. 3. 오징어나 문어 따위의 동물의 머리에 여러 개 달려 있어, 헤엄을 치거나 먹이를 잡거나 촉각을 가지는 기관 예 그는 술안주로 오징어 <u>다리</u>를 씹었다. 4. 안경의 테에 붙어서 귀에 걸게 된 부분 예 <u>다리</u>가 부러진 안경

다리² 명	1. 물을 건너거나 또는 한편의 높은 곳에서 다른 편의 높은 곳으로 건너다닐 수 있도록 만든 시설물 예 다리를 건너다. 2. (비유적으로) 둘 사이의 관계를 이어 주는 사람이나 사물 예 나는 그 사람을 잘 모르니 자네가 다리가 되어 주게나.
달다³ 동	1. 물건을 일정한 곳에 걸거나 매어 놓다. 예 시레기를 엮어 처마 끝에 달았다. 2. 물건을 일정한 곳에 붙이다. 예 옷에 단추를 달다. 3. 어떤 기기를 설치하다. 예 차에 터보 엔진을 달다. 4. 글이나 말에 설명 따위를 덧붙이거나 보태다. 예 한문 원문에 토를 다니 읽기가 훨씬 수월하다. 5. 이름이나 제목 따위를 정하여 붙이다. 예 작품에 제목을 달다.
달다⁴ 동	저울로 무게를 헤아리다. 예 고기를 저울에 달다.
두다¹ 보조 동	(동사 뒤에서 '-어 두다' 구성으로 쓰여) 앞말이 뜻하는 행동을 끝내고 그 결과를 유지함을 나타내는 말. 주로 그 행동이 어떤 다른 일에 미리 대비하기 위한 것임을 보일 때 씀. 예 불을 켜 두고 잠이 들었다. / 편지를 써 둔 지가 오래되었는데 아직 부치지 않았다.
들다¹★ 동	[i] 1. 밖에서 속이나 안으로 향해 가거나 오거나 하다. 예 숲속에 드니 공기가 훨씬 맑았다. 2. 빛, 볕, 물 따위가 안으로 들어오다. 예 이 방에는 볕이 잘 든다. 3. 방이나 집 따위에 있거나 거처를 정해 머무르게 되다. 예 하숙집에 든 지도 벌써 삼 년이 지났다. 4. 길을 택하여 가거나 오다. 예 이 길로 들면 조금 빨리 갈 수 있을 거야. 5. 수면을 취하기 위한 장소에 가거나 오다. 예 그는 자리에 들어서도 책을 보았다. [ii] 1. 어떤 일에 돈, 시간, 노력, 물자 따위가 쓰이다. 예 그 일은 공이 많이 든다. 2. 물감, 색깔, 물기, 소금기가 스미거나 배다. 예 설악산에 단풍이 들었다. 3. 어떤 범위나 기준 또는 일정한 기간 안에 속하거나 포함되다. 예 그는 노래를 잘하는 축에 든다. 4. 안에 담기거나 그 일부를 이루다. 예 그 글에는 이런 내용이 들어 있다. 5. 어떤 처지에 놓이다. 예 학문의 경지에 든 대학자 6. ('눈', '마음' 따위의 뒤에 쓰여) 어떤 물건이나 사람이 좋게 받아들여지다. 예 마음에 드는 신랑감 [iii] 1. 잠이 이루어지거나 자는 상태에 이르다. 예 나는 기차에서 잠깐 풋잠이 들었다. 2. 나이가 많아지다. 예 그는 요즘 부쩍 나이가 많이 들어 보인다. 3. 과일, 음식의 맛 따위가 익어서 알맞게 되다. 예 밥이 뜸이 덜 들었다.
들다³★ 동	날이 날카로워 물건이 잘 베어지다. 예 낫이 안 들어 벼를 베는 데 힘이 든다.
들다⁴★ 동	[i] 손에 가지다. 예 꽃을 손에 든 신부 [ii] 1. 아래에 있는 것을 위로 올리다. 예 역기를 번쩍 든 역도 선수 2. 설명하거나 증명하기 위하여 사실을 가져다 대다. 예 목격자의 증언을 증거로 들다.

뜨다¹★ 동	[i] 물속이나 지면 따위에서 가라앉거나 내려앉지 않고 물 위나 공중에 있거나 위쪽으로 솟아오르다. 예 종이배가 물에 뜨다. [ii] 1. 착 달라붙지 않아 틈이 생기다. 예 풀칠이 잘못되어 도배지가 떴다. 　　　2. (비유적으로) 차분하지 못하고 어수선하게 들떠 가라앉지 않게 되다. 예 교실 분위기가 다소 붕 떠 있는 것처럼 보였다.
뜨다³ 동	다른 곳으로 가기 위하여 있던 곳에서 다른 곳으로 떠나다. 예 그는 먹고살 길이 없어 고향을 떴다.
뜨다⁹ 동	상대편의 속마음을 알아보려고 어떤 말이나 행동을 넌지시 걸어 보다. 예 상대편의 속마음을 슬쩍 뜨다.
뜨다¹³ 형	1. 행동 따위가 느리고 더디다. 예 그렇게 행동이 떠서 어디 제대로 먹고 살겠어? 2. 감수성이 둔하다. 예 그 사람은 눈치가 떠서 주변 사람들이 피곤하다.
마르다¹ 동	1. 물기가 다 날아가서 없어지다. 예 날씨가 맑아 빨래가 잘 마른다. 2. 입이나 목구멍에 물기가 적어져 갈증이 나다. 예 뜨거운 태양 아래서 달리기를 했더니 목이 몹시 마른다. 3. 살이 빠져 야위다. 예 공부를 하느라 몸이 많이 말랐다. 4. 강이나 우물 따위의 물이 줄어 없어지다. 예 가뭄에도 이 우물은 마르지 않는다. 5. 돈이나 물건 따위가 다 쓰여 없어지다. 예 형편이 힘들어 보이는데도, 그의 주머니 속은 마르지 않았다. 6. 감정이나 열정 따위가 없어지다. 예 애정이 마르다.
마르다² 동	옷감이나 재목 따위의 재료를 치수에 맞게 자르다. 예 감을 말라 버선을 짓다.
매다¹ 동	[i] 1. 끈이나 줄 따위의 두 끝을 엇걸고 잡아당기어 풀어지지 아니하게 마디를 만들다. 예 신발 끈을 매다. 　　　2. 끈이나 줄 따위로 꿰매거나 동이거나 하여 무엇을 만들다. 예 붓을 매다. 　　　3. 가축을 기르다. 예 암소 한 마리와 송아지 두 마리를 매다. 　　　4. 옷감을 짜기 위하여 날아 놓은 날실에 풀을 먹이고 고루 다듬어 말리어 감다. 예 베를 매다. [ii] 1. 끈이나 줄 따위를 몸에 두르거나 감아 잘 풀어지지 아니하게 마디를 만들다. 예 목에 넥타이를 매다. 　　　2. 달아나지 못하도록 고정된 것에 끈이나 줄 따위로 잇대어 묶다. 예 소를 말뚝에 매다. 　　　3. 끈이나 줄 따위를 어떤 물체에 단단히 묶어서 걸다. 예 나무에 그네를 매다.
매다² 동	논밭에 난 잡풀을 뽑다. 예 김을 매다.
먹다¹ 동	귀나 코가 막혀서 제 기능을 하지 못하게 되다. 또는 그렇게 되게 하다. 예 귀를 먹었는지 아무리 불러도 그냥 지나가더라.

먹다² 〔동〕	1. 음식 따위를 입을 통하여 배 속에 들여보내다. 예 그는 점심에 된장찌개를 먹었다. 2. 담배나 아편 따위를 피우다. 예 담배를 먹다. 3. 연기나 가스 따위를 들이마시다. 예 연탄가스를 먹다. 4. 어떤 마음이나 감정을 품다. 예 한번 먹은 마음이 변하지 않도록 하자. 5. 일정한 나이에 이르거나 나이를 더하다. 예 내년이면 삼십을 먹는구나.
멀다¹ 〔동〕	1. 시력이나 청력 따위를 잃다. 예 사고로 눈이 멀다. 2. (비유적으로) ('눈'을 주어로 하여) 어떤 생각에 빠져 판단력을 잃다. 예 그들은 돈에 눈이 멀어 범죄를 저질렀다.
멀다² 〔형〕	[ⅰ] 거리가 많이 떨어져 있다. 예 집에서 버스 정류장까지는 매우 멀다. [ⅱ] 어떤 기준점에 모자라다. 예 네가 형 따라가려면 한참 멀었다. [ⅲ] 서로의 사이가 다정하지 않고 서먹서먹하다. 예 그가 멀게 느껴진다.
묻다¹★ 〔동〕	1. 가루, 풀, 물 따위가 그보다 큰 다른 물체에 들러붙거나 흔적이 남게 되다. 예 손에 기름이 묻다. 2. ('묻어', '묻어서' 꼴로 다른 동사와 함께 쓰여) 함께 팔리거나 섞이다. 예 가는 김에 나도 좀 묻어 타자.
묻다² 〔동〕	1. 물건을 흙이나 다른 물건 속에 넣어 보이지 않게 쌓아 덮다. 예 화단에 거름을 묻어 주다. 2. 일을 드러내지 아니하고 속 깊이 숨기어 감추다. 예 아우는 형의 말을 비밀로 묻어 두었다. 3. 얼굴을 수그려 손으로 감싸거나 다른 물체에 가리듯 기대다. 예 아이는 어머니의 가슴에 얼굴을 묻었다. 4. 의자나 이불 같은 데에 몸을 깊이 기대다. 예 지친 몸을 침대에 묻다.
묻다³ 〔동〕 [묻ː따]	1. 무엇을 밝히거나 알아내기 위하여 상대편의 대답이나 설명을 요구하는 내용으로 말하다. 예 지나가는 사람에게 길을 묻다. 2. ('책임' 따위를 목적어 성분으로 하여) 어떠한 일에 대한 책임을 따지다. 예 관계자에게 책임을 묻다.
밀다¹ 〔동〕	[ⅰ] 1. 일정한 방향으로 움직이도록 반대쪽에서 힘을 가하다. 예 수레를 뒤에서 밀다. 2. 피부에 묻은 지저분한 것을 문질러 벗겨 내다. 예 때를 밀다. 3. 허물어 옮기거나 깎아 없애다. 예 불도저로 야산을 밀다. 4. 뒤에서 보살피고 도와주다. 예 아무래도 누군가 그를 밀고 있다. 5. 바닥이 반반해지도록 연장을 누르면서 문지르다. 예 구겨진 바지를 다리미로 한 번 밀어라. [ⅱ] 특정한 지위를 차지하도록 내세우거나 지지하다. 예 끝까지 너를 밀 테니 걱정하지 마라.
바르다¹ 〔동〕	물이나 풀, 약, 화장품 따위를 물체의 표면에 문질러 묻히다. 예 밤참으로 식빵에 버터를 발라 먹었다.

바르다³ 〔형〕	1. 겉으로 보기에 비뚤어지거나 굽은 데가 없다. 예 옷매무새를 바르게 하다. 2. 말이나 행동 따위가 사회적인 규범이나 사리에 어긋나지 아니하고 들어맞다. 예 그는 몸가짐을 늘 바르게 한다. 3. 사실과 어긋남이 없다. 예 숨기지 말고 바르게 대답하시오.
배다¹ 〔동〕	1. 스며들거나 스며 나오다. 예 종이에 기름이 배다. 2. 버릇이 되어 익숙해지다. 예 일이 손에 배다. 3. 냄새가 스며들어 오래도록 남아 있다. 예 아이 체육복에 땀 냄새가 뱄다. 4. 느낌, 생각 따위가 깊이 느껴지거나 오래 남아 있다. 예 농악에는 우리 민족의 정서가 배어 있다.
배다² 〔동〕	[ⅰ] 배 속에 아이나 새끼를 가지다. 예 아이를 배다. [ⅱ] 1. 식물의 줄기 속에 이삭이 생기다. 또는 이삭을 가지다. 예 이맘때면 벼 포기가 이삭을 밴다. 2. ('알'과 함께 쓰여) 물고기 따위의 배 속에 알이 들다. 또는 알을 가지다. 예 잡은 고기에 알이 배어 있었다. [ⅲ] ('알'과 함께 쓰여) 사람의 근육에 뭉친 것과 같은 것이 생기다. 예 계단을 오르락내리락했더니 다리에 알이 뱄다.
베다¹ 〔동〕	누울 때, 베개 따위를 머리 아래에 받치다. 예 어머니의 허벅지를 베고 눕다.
베다² 〔동〕	1. 날이 있는 연장 따위로 무엇을 끊거나 자르거나 가르다. 예 사과를 한입 베어 먹다. 2. 날이 있는 물건으로 상처를 내다. 예 그녀가 두부를 썰다가 손을 벴다.

부르다¹ 〔동〕	[ⅰ] 1. 말이나 행동 따위로 다른 사람의 주의를 끌거나 오라고 하다. 예 어머니가 아이를 손짓하여 부른다.
	    2. 이름이나 명단을 소리 내어 읽으며 대상을 확인하다. 예 자기 번호를 부르면 그때 들어오세요.
	    3. 남이 자신의 말을 받아 적을 수 있게 또박또박 읽다. 예 내가 부르는 대로 받아 적어라.
	    4. 곡조에 맞추어 노래의 가사를 소리 내다. 예 그녀는 트로트를 감칠맛 나게 부른다.
	    5. 값이나 액수 따위를 얼마라고 말하다. 예 그 가게에서는 값을 비싸게 불렀다.
	    6. 구호나 만세 따위를 소리 내어 외치다. 예 그는 속으로 쾌재를 불렀다.
	[ⅱ] 청하여 오게 하다. 예 생일에 친구들을 집으로 불렀다.
	[ⅲ] 무엇이라고 가리켜 말하거나 이름을 붙이다. 예 사람들은 그를 불운한 천재라고 부른다.

빌다¹ 〔동〕	[ⅰ] 1. 바라는 바를 이루게 하여 달라고 신이나 사람, 사물 따위에 간청하다. 예 소녀는 하늘에 소원을 빌었다. 2. 잘못을 용서하여 달라고 호소하다. 예 학생은 무릎을 꿇고 선생님께 용서를 빌었다. [ⅱ] 생각한 대로 이루어지길 바라다. 예 그는 아들의 합격을 마음속으로 빌었다.

빠지다¹ ★ 동	[i] 1. 박힌 물건이 제자리에서 나오다. 예 책상 다리에서 못이 빠지다. 　　　2. 어느 정도 이익이 남다. 예 이번 장사에서는 이자 돈 정도는 빠질 것 같다. 　　　3. 원래 있어야 할 것에서 모자라다. 예 구백 원만 있다면 천 원에서 백 원이 빠지는 셈이구나. [ii] 1. 속에 있는 액체나 기체 또는 냄새 따위가 밖으로 새어 나가거나 흘러 나가다. 예 방에 냄새가 빠지다. 　　　2. 때, 빛깔 따위가 씻기거나 없어지다. 예 옷에 때가 쑥 빠지다. 　　　3. 차례를 거르거나 일정하게 들어 있어야 할 곳에 들어 있지 아니하다. 예 이 책에는 중요한 내용이 빠져 있다. [iii] 1. 그릇이나 신발 따위의 밑바닥이 떨어져 나가다. 예 구두가 밑창이 빠지다. 　　　2. 살이 여위다. 예 군살이 빠지다. [vi] 남이나 다른 것에 비해 뒤떨어지거나 모자라다. 예 그의 실력은 절대로 다른 경쟁자들에게 빠지지 않는다.
삶다 동	1. 물에 넣고 끓이다. 예 국수를 삶다. 2. 달래거나 꾀어서 자기 말을 잘 듣게 만들다. 예 우선 그 집 하인을 잘 삶아서 내 편을 만들어야지. 3. 논밭의 흙을 써레로 썰고 나래로 골라 노글노글하게 만들다. 예 밭을 삶다. 4. (비유적으로) 날씨가 몹시 무덥고 찌는 듯하여 뜨거운 열기로 가득하다. 예 푹푹 삶는 듯한 더위
쓰다³ ★ 동	[i] 1. 어떤 일을 하는 데에 재료나 도구, 수단을 이용하다. 예 모든 수단을 써 봤지만 뾰족한 해결책이 없다. 　　　2. 사람에게 어떤 일을 하게 하다. 예 하수도 공사에 인부를 쓰다. [ii] 1. (흔히, '한턱', '턱' 따위와 함께 쓰여) 다른 사람에게 베풀거나 내다. 예 그는 취직 기념으로 친구들에게 한턱을 썼다. 　　　2. 어떤 일에 마음이나 관심을 기울이다. 예 나 정말 괜찮으니까 그 일에 신경 쓰지 마. [iii] 1. 몸의 일부분을 제대로 놀리거나 움직이다. 예 그는 교통사고로 한쪽 다리를 쓰지 못한다. 　　　2. 어떤 건물이나 장소를 일정 기간 사용하거나 임시로 다른 일을 하는 곳으로 이용하다. 예 새 건물을 창고로 쓴다. 　　　3. 어떤 말이나 언어를 사용하다. 예 그는 시골에서 왔지만, 서울말을 유창하게 쓴다.
쓰다⁴ 동	시체를 묻고 무덤을 만들다. 예 양지바른 곳을 묏자리로 썼다.
쓰다⁵ 동	장기나 윷놀이 따위에서 말을 규정대로 옮겨 놓다. 예 윷놀이는 말을 잘 쓰는 것이 제일 중요하다.
어리다¹ 동	1. 눈에 눈물이 조금 괴다. 예 눈에 눈물이 어리다. 2. 어떤 현상, 기운, 추억 따위가 배어 있거나 은근히 드러나다. 예 며칠 밤을 새고 난 그의 얼굴에 피로한 기색이 어렸다. 3. 빛이나 그림자, 모습 따위가 희미하게 비치다. 예 저녁노을이 그녀의 얼굴에 어려 더욱 아름다워 보였다. 4. 연기, 안개, 구름 따위가 한곳에 모여 나타나다. 예 앞들 무논 위에 아지랑이가 어리기 시작한다.

어리다³ 〖형〗	1. 나이가 적다. 예 나는 <u>어린</u> 시절을 시골에서 보냈다. 2. 나이가 비교 대상보다 적다. 예 윗동서는 나보다 세 살이 <u>어렸지만</u> 나보다 성숙해 보인다.

오르다 〖동〗	[i] 사람이나 동물 따위가 아래에서 위쪽으로 움직여 가다. 예 옥상에 <u>올라</u> 하늘을 바라보았다.
	[ii] 1. 지위나 신분 따위를 얻게 되다. 예 그는 드디어 왕의 자리에 <u>올랐다</u>.
	  2. 탈것에 타다. 예 기차에 <u>오른</u> 것은 한밤중이 되어서였다.
	  3. 어떤 정도에 달하다. 예 사업이 비로소 정상 궤도에 <u>올랐다</u>.
	  4. 남의 이야깃거리가 되다. 예 남의 입에 <u>오르지</u> 않도록 조심해라.
	[iii] 1. 값이나 수치, 온도, 성적 따위가 이전보다 많아지거나 높아지다. 예 하루가 다르게 물가가 <u>오르다</u>.
	  2. 기운이나 세력이 왕성하여지다. 예 분위기가 한껏 <u>올라</u> 있었다.
	  3. 실적이나 능률 따위가 높아지다. 예 잠을 푹 자야 일의 능률이 <u>오른다고</u> 한다.
	  4. 어떤 감정이나 기운이 퍼지다. 예 술기운이 <u>올랐는지</u> 얼굴이 벌겋게 되었다.
	  5. 병균이나 독 따위가 옮다. 예 옻칠을 할 때는 옻이 <u>오르지</u> 않도록 조심해야 한다.

익다¹ 〖동〗	1. 열매나 씨가 여물다. 예 감나무마다 빨갛게 <u>익은</u> 감들이 주렁주렁 매달려 있었다. 2. 고기나 채소, 곡식 따위의 날것이 뜨거운 열을 받아 그 성질과 맛이 달라지다. 예 고구마가 먹기 좋게 <u>익었다</u>. 3. 김치, 술, 장 따위가 맛이 들다. 예 김치가 알맞게 <u>익었다</u>. 4. 불이나 볕을 오래 쬐거나 뜨거운 물에 담가서 살갗이 빨갛게 되다. 예 햇볕에 <u>익은</u> 얼굴은 새까맸다.
익다² 〖형〗	1. 자주 경험하여 조금도 서투르지 않다. 예 이젠 바느질 솜씨가 손끝에 제법 <u>익었다</u>. 2. 여러 번 겪어 설지 않다. 예 노래가 귀에 <u>익다</u>. 3. 눈이 어둡거나 밝은 곳에 적응한 상태에 있다. 예 어둠에 눈이 <u>익자</u> 낯익은 방 안 풍경이 드러났다.
일다¹ 〖동〗	1. 없던 현상이 생기다. 예 갑자기 풍랑이 <u>일어</u> 배가 뒤집혔다. 2. 희미하거나 약하던 것이 왕성하여지다. 예 꺼져 가던 불길이 <u>일어</u> 주변이 밝아졌다. 3. 겉으로 부풀거나 위로 솟아오르다. 예 그는 보푸라기가 잔뜩 <u>인</u> 남방을 입고 있었다.
잘다 〖형〗	1. 알곡이나 과일, 모래 따위의 둥근 물건이나 글씨 따위의 크기가 작다. 예 밤알이 <u>잘아</u>서 팔아먹기 힘들다. 2. 길이가 있는 물건의 몸피가 가늘고 작다. 예 어머니는 김치를 <u>잘게</u> 찢어 주셨다. 3. 일이 작고 소소하다. 예 <u>잔</u>일에 너무 신경을 쓰지 마라. 4. 세밀하고 자세하다. 예 그리 <u>잘게</u> 따질 거면 앉아서 하자. 5. 생각이나 성질이 대담하지 못하고 좀스럽다. 예 사람이 생각보다 <u>잘고</u> 대범한 구석이 없다.
줄다 〖동〗	1. 물체의 길이나 넓이, 부피 따위가 본디보다 작아지다. 예 빨래를 했더니 옷이 <u>줄었다</u>. 2. 수나 분량이 본디보다 적어지거나 무게가 덜 나가게 되다. 예 작년에 비해 일감이 많이 <u>줄었어</u>. 3. 힘이나 세력 따위가 본디보다 못하게 되다. 예 나이가 들어 기운도 많이 <u>줄었다</u>.

지르다² 동	1. 양쪽 사이를 막대기나 줄 따위로 가로 건너막거나 내리꽂다. 예 머리에 비녀를 지르다. 2. 불을 붙이다. 예 겨울에는 밭에 불을 질러 병충해를 예방한다.
지르다³ 동	목청을 높여 소리를 크게 내다. 예 그녀는 비명을 지르면서 달아났다.
짜다¹★ 동	1. 사개를 맞추어 가구나 상자 따위를 만들다. 예 오동나무 장롱을 짜다. 2. 실이나 끈 따위를 씨와 날로 결어서 천 따위를 만들다. 예 털실로 스웨터를 짜다. 3. 머리를 틀어 상투를 만들다. 예 상투를 짜다. 4. 사람을 모아 무리를 만들다. 예 네 사람씩 조를 짜다. 5. 계획이나 일정 따위를 세우다. 예 여행 일정을 짜다.
짜다²★ 동	1. 누르거나 비틀어서 물기나 기름 따위를 빼내다. 예 참깨로 기름을 짜다. 2. 온갖 수단을 써서 남의 재물 따위를 빼앗다. 예 백성의 고혈을 짜다.
차다¹★ 동	1. 감정이나 기운 따위가 가득하게 되다. 예 금메달을 딴 그는 기쁨에 찬 얼굴로 눈물을 흘렸다. 2. 어떤 대상이 흡족하게 마음에 들다. 예 선을 본 사람이 마음에 차지 않는다. 3. 어떤 높이나 한도에 이르는 상태가 되다. 예 말이 목구멍까지 차 있다.
차다² 동	1. 발로 내어 지르거나 받아 올리다. 예 그는 땅바닥의 흙을 구둣발로 차며 말했다. 2. 발을 힘껏 뻗어 사람을 치다. 예 그는 상대편 선수를 발로 찼다. 3. 혀끝을 입천장 앞쪽에 붙였다가 떼어 소리를 내다. 예 그는 혀를 차며 못마땅해 했다. 4. 발로 힘 있게 밀어젖히다. 예 그는 자리를 차고 일어나 밖으로 나갔다. 5. (속되게) 주로 남녀 관계에서 일방적으로 관계를 끊다. 예 그는 5년을 사귄 여인을 차 버렸다.
차다⁴ 형	1. 몸에 닿은 물체나 대기의 온도가 낮다. 예 겨울 날씨가 매우 차다. 2. 인정이 없고 쌀쌀하다. 예 성격이 차고 매섭다.
치르다 동	[i] 주어야 할 돈을 내주다. 예 점원에게 옷값을 치르고 가게를 나왔다. [ii] 1. 무슨 일을 겪어 내다. 예 그렇게 큰일을 치렀으니 몸살이 날 만도 하지. 2. 아침, 점심 따위를 먹다. 예 아침을 치르고 대문을 나서던 참이었다.
트다¹★ 동	1. 너무 마르거나 춥거나 하여 틈이 생겨서 갈라지다. 예 입술이 트다. 2. 식물의 싹, 움, 순 따위가 벌어지다. 예 봄이 되면 싹이 트곤 한다. 3. 날이 새면서 동쪽 하늘이 훤해지다. 예 어느덧 날이 환하게 동이 트기 시작한다. 4. 더 기대할 것이 없는 상태가 되다. 예 너같이 게으른 애가 성공하기는 애초에 텄다.
트다²★ 동	[i] 1. 막혀 있던 것을 치우고 통하게 하다. 예 길을 트다. 2. 장(場) 따위를 열다. 예 난장을 트면 온갖 장사치가 다 몰려든다. [ii] 1. 서로 스스럼없이 사귀는 관계가 되다. 예 친구와 마음을 트고 지내다. 2. 서로 거래하는 관계를 맺다. 예 은행과 거래를 트다.

✅필수 동음이의어와 다의어 품사 구분

1 동사와 형용사

되다¹ 동	[i] 1. 새로운 신분이나 지위를 가지다. 예 커서 의사가 되고 싶다. 　　　2. 다른 것으로 바뀌거나 변하다. 예 저 사람은 전혀 다른 사람이 됐다. 　　　3. 어떤 때나 시기, 상태에 이르다. 예 시집갈 나이가 다 된 과년한 딸 [ii] 1. 어떤 사물이나 현상이 생겨나거나 만들어지다. 예 밥이 맛있게 되다. 　　　2. 일이 잘 이루어지다. 예 요즘은 사업이 그럭저럭 되고 있다. 　　　3. 작물 따위가 잘 자라다. 예 올해는 보리가 잘 됐어. 　　　4. 어떤 사물이 제 기능을 다 하거나 수명이 다하다. 예 기계가 못 쓰게 되다. [iii] 1. (주로 피동의 뜻을 갖는 명사와 함께 쓰여) 누구에게 어떤 일을 당하다. 　　　　예 저 아이는 그 사람에게 양육이 되었다. 　　　2. 어떤 특별한 뜻을 가지는 상태에 놓이다. 예 그런 행동은 우리에게 해가 된다.
되다⁴ 형	1. 반죽이나 밥 따위가 물기가 적어 빡빡하다. 예 반죽이 돼서 물을 더 넣었다. 2. 줄 따위가 단단하고 팽팽하다. 예 새끼줄로 되게 묶어라. 3. 일이 힘에 벅차다. 예 일이 되면 쉬어 가면서 해라. 4. 몹시 심하거나 모질다. 예 집안 어른한테 된 꾸중을 들었다.
보다¹ 보조 동	1. (동사 뒤에서 '-어 보다' 구성으로 쓰여) 어떤 행동을 시험 삼아 하다. 예 축구공을 차 보다. / 꼼꼼히 따져 보다. 2. (동사 뒤에서 '-어 보다' 구성으로 쓰여) 어떤 일을 경험하다. 예 소설을 읽어 보다. / 사기를 당해 보다.
보다¹ 보조 형	1. (동사나 형용사, '이다' 뒤에서 '-은가/는가/나보다' 구성으로 쓰여) 앞말이 뜻하는 행동이나 상태를 추측하거나 어렴풋이 인식하고 있다. 예 그녀가 가나 보다. 2. (동사 뒤에서 '-을까 보다' 구성으로 쓰여) 앞말이 뜻하는 행동을 할 의도를 가지고 있다. 예 외국으로 떠나 버릴까 보다.
있다¹★ 동	[i] 1. 사람이나 동물이 어느 곳에서 떠나거나 벗어나지 아니하고 머물다. 예 그는 내일 집에 있는다고 했다. 　　　2. 사람이 어떤 직장에 계속 다니다. 예 딴 데 한눈팔지 말고 그 직장에 그냥 있어라. [ii] 사람이나 동물이 어떤 상태를 계속 유지하다. 예 떠들지 말고 얌전하게 있어라. [iii] 얼마의 시간이 경과하다. 예 앞으로 사흘만 있으면 추석이다.
있다¹★ 형	[i] 1. 사람, 동물, 물체 따위가 실제로 존재하는 상태이다. 예 날지 못하는 새도 있다. 　　　2. 어떤 사실이나 현상이 현실로 존재하는 상태이다. 예 나는 그와 만난 적이 있다. 　　　3. 어떤 일이 이루어지거나 벌어질 계획이다. 예 오늘 회식이 있으니 모두 참석하세요. 　　　4. 어떤 일을 이루거나 어떤 일이 발생하는 것이 가능하다. 예 네게도 그런 일이 일어날 수 있으니 조심해라.

있다¹★ 형	[ii] 1. 사람이나 사물 또는 어떤 사실이나 현상 따위가 어떤 곳에 자리나 공간을 차지하고 존재하는 상태이다. 예 방 안에 사람이 있다. 2. 사람이나 동물이 어느 곳에 머무르거나 사는 상태이다. 예 그는 한동안 이 집에 있었다. 3. 사람이 어떤 직장에 다니는 상태이다. 예 그는 철도청에 있다. 4. 어떤 처지나 상황, 수준, 단계에 놓이거나 처한 상태이다. 예 그 일은 현재 진행 중에 있다. 5. 개인이나 물체의 일부분이 일정한 범위나 전체에 포함된 상태이다. 예 합격자 명단에는 내 이름도 있었다. [iii] 1. 어떤 물체를 소유하거나 자격이나 능력 따위를 가진 상태이다. 예 이 물건은 주인이 있다. 2. 일정한 관계를 가진 사람이 존재하는 상태이다. 예 나에게는 아내와 자식들이 있다. [iv] 사람이 어떤 지위나 역할로 존재하는 상태이다. 예 그는 지금 대기업의 과장으로 있다. [v] 이유나 가능성 따위로 성립된 상태이다. 예 아이의 투정은 이유가 있었다.
있다¹ 보조 동	1. (주로 동사 뒤에서 '-어 있다' 구성으로 쓰여) 앞말이 뜻하는 행동이나 변화가 끝난 상태가 지속되다. 예 꽃이 피어 있다. 2. (주로 동사 뒤에서 '-고 있다' 구성으로 쓰여) 앞말이 뜻하는 행동이 계속 진행되고 있거나 그 행동의 결과가 지속되다. 예 아이를 안고 있다.
하다¹★ 보조 동	1. 앞말의 행동을 시키거나 앞말이 뜻하는 상태가 되도록 하다. 예 어른 앞에서는 몸가짐을 늘 단정하게 해야 한다. 2. 앞말의 행동을 하거나 앞말의 상태가 되기를 바라다. 예 나는 일요일만이라도 집에서 쉬었으면 했다. 3. 앞말이 뜻하는 행동을 하거나 앞말이 뜻하는 상태가 되는 것이 필요하다. 예 사람은 그저 건강해야 한다. 4. 앞말이 뜻하는 행동이나 상태를 의도하거나 바라다. 예 밥을 안 먹으려 한다. 5. (동사 뒤에서 '-기는 하다', '-기도 하다', '-기나 하다' 따위의 구성으로 쓰여) 앞말이 뜻하는 행동을 일단 긍정하거나 강조하다. 예 집에서 자기나 하지 여긴 왜 왔니? 6. (주로 '-고 해서', '-고 하여', '-고 하니' 구성으로 쓰여) 앞말의 사실이 뒷말의 이유나 근거가 되다. 예 눈도 오고 해서 일찍 귀가했다. 7. 앞말이 뜻하는 행동을 습관처럼 하거나 앞말이 뜻하는 상황이 반복되어 일어나다. 예 이 지역은 가끔 돌풍이 불곤 한다. 8. (형용사 뒤에서 '-어 하다' 구성으로 쓰여) 앞말이 뜻하는 대상에 대한 느낌을 가지다. 예 손녀를 예뻐하다. 9. (일부 동사 뒤에서 '-어 하다' 구성으로 쓰여) 앞말이 뜻하는 대상에 대한 태도를 드러내다. 예 그는 첫사랑을 못 잊어 한다.
하다¹★ 보조 형	('이다'의 어간이나 형용사 뒤에서 '-기는 하다', '-기도 하다', '-기나 하다' 따위의 구성으로 쓰여) 앞말이 뜻하는 상태를 일단 긍정하거나 강조하다. 예 옷이 좋기는 한데 가격이 비싸.

확인문제

01 〈보기〉의 괄호 안에 공통으로 들어갈 단어의 기본형으로 가장 적절한 것은?

―― • 보기 • ――
- 우리 팀 선수들은 서로 마음을 (　　).
- 그는 가뭄 때 자기 논에만 물꼬를 (　　).
- 비가 와서 야구장 가기는 (　　).

① 주다　　　　　　　　② 열다
③ 내다　　　　　　　　④ 트다
⑤ 그르다

해설 공통적으로 쓰일 수 있는 다의어나 동음이의어를 찾는 문제이다. 하나씩 넣어서 활용을 해 보면 쉽게 찾을 수 있다. '트다'는 '서로 스스럼없이 사귀는 관계가 되다, 막혀 있던 것을 거두고 통하게 하다, 더 기대할 것이 없는 상태가 되다.'의 의미로 쓰이고 있다.
① '주다'는 여러 의미를 갖지만, '다른 사람에게 정이나 마음을 베풀거나 터놓다.'의 의미로 쓰일 경우, 첫 번째 문장에서만 쓰일 수 있다.
② '열다'가 '자기의 마음을 다른 사람에게 터놓거나 다른 사람의 마음을 받아들이다.'와 '닫히거나 잠긴 것을 트거나 벗기다.'의 의미로 쓰일 때, 첫 번째 문장과 두 번째 문장에서 쓰일 수 있다.
③ '내다'는 '길, 통로, 창문 따위가 생기다.'의 의미로 쓰일 때, 두 번째 문장에서만 쓰일 수 있다.
⑤ '그르다'는 '어떤 상태나 조건이 좋지 아니하게 되다.'의 의미로 쓰일 때, 세 번째 문장에서만 쓰일 수 있다.

정답 ④

02 〈보기〉의 괄호 안에 공통적으로 들어갈 수 있는 단어는?

―― • 보기 • ――
- 형편이 기울었지만, 그 집의 돈은 (　　) 않았다.
- 오랜 가뭄으로 농작물이 누렇게 (　　) 떨어졌다.
- 사회생활을 하면서 그들의 사랑은 (　　) 시작했다.

① 타다　　　　　　　　② 식다
③ 줄다　　　　　　　　④ 바래다
⑤ 마르다

해설 '마르다'는 '돈이나 물건 따위가 다 쓰여 없어지다, 물기가 다 날아가서 없어지다, 감정이나 열정 따위가 없어지다.'의 의미로 쓰이고 있다.
①·④ 두 번째 문장과 세 번째 문장에서 쓰일 수 있다.
② 세 번째 문장에서 쓰일 수 있다.
③ 첫 번째 문장에서 쓰일 수 있다.

정답 ⑤

03 '무르다'의 의미가 다른 것은?

① 한번 산 물건은 무를 수 없습니다.
② 속이 나을 때까지 무른 음식을 주로 드십시오.
③ 그는 무른 뼈가 굳어질 만큼 고생을 많이 했다.
④ 마음이 그렇게 물러서야 어떻게 이 험한 세상을 살겠느냐?
⑤ 목숨을 걸고 일하는 사람이 일을 무르게 처리한단 말이오?

해설 다의어는 중심적 의미와 주변적 의미를 형성한다. 이를 예문을 통해서 찾는 문제이다. 의미를 해석해 보면 다른 의미를 찾을 수 있다. ①의 의미는 '사거나 바꾼 물건을 원래 임자에게 도로 주고 돈이나 물건을 되찾다.'의 의미이므로, ②~⑤와는 관계가 없다.
② '물기가 많아서 단단하지 않다.'의 의미로 쓰였다.
③ '여리고 단단하지 않다.'의 의미로 쓰였다.
④ '마음이 여리거나 힘이 약하다.'의 의미로 쓰였다.
⑤ '일 처리나 솜씨가 야무지지 못하다.'의 의미로 쓰였다.

정답 ①

04 '오르다'의 쓰임이 적절하지 않은 것은?

① 그는 드디어 왕의 자리에 올랐다.
② 그녀도 산 정상에 오르고 싶어졌다.
③ 그는 이제 자신의 한계점에 올랐다.
④ 그는 가족들을 데리고 이민 길에 올랐다.
⑤ 남북 정책이 이제 제 궤도에 오르고 있다.

해설 ③은 '어떤 수준이나 한계에 미치다'의 의미로 쓰였기 때문에, '다다르다'가 적절하다.
① '지위나 신분 따위를 얻게 되다.'의 의미로 쓰였다.
② '사람이나 동물 따위가 아래에서 위쪽으로 움직여 가다.'의 의미로 쓰였다.
④ '길을 떠나다.'의 의미로 쓰였다.
⑤ '어떤 정도에 달하다.'의 의미로 쓰였다.

정답 ③

05 〈보기〉의 ㉠~㉤ 중, 다른 것과 의미 사이의 관련성이 없는 것은?

● 보기 ●

- 빨랫줄을 처마 밑에 ㉠ 매다.
- 그녀는 리본을 예쁘게 ㉡ 맸다.
- 농부가 말을 나무에 ㉢ 매고 그늘에서 쉬고 있다.
- 운전자는 차를 타자마자 안전띠를 ㉣ 매야 한다.
- 언덕에는 아낙들이 맨발로 보리밭을 ㉤ 매고 있다.

① ㉠   ② ㉡   ③ ㉢   ④ ㉣   ⑤ ㉤

해설 ㉠~㉣은 서로 다의어 관계이며, ㉤은 '논밭에 난 잡풀을 뽑다.'의 의미로, ㉠~㉣과는 동음이의어 관계이다.
① ㉠은 '끈이나 줄 따위를 어떤 물체에 단단히 묶어서 걸다.'의 의미로 쓰였다.
② ㉡은 '끈이나 줄 따위의 두 끝을 엇걸고 잡아당기어 풀어지지 아니하게 마디를 만들다.'의 의미로 쓰였다.
③ ㉢은 '달아나지 못하도록 고정된 것에 끈이나 줄 따위로 잇대어 묶다.'의 의미로 쓰였다.
④ ㉣은 '끈이나 줄 따위를 몸에 두르거나 감아 잘 풀어지지 아니하게 마디를 만들다.'의 의미로 쓰였다.

정답 ⑤

06 밑줄 친 두 말의 의미 관계가 '동음이의어(同音異義語)'에 해당하지 않는 것은?

① 장판이 뜨다. / 고향을 뜨다.
② 사고로 눈이 멀다. / 화가가 되기엔 멀다.
③ 땡볕에 살이 익다. / 바느질이 손에 익다.
④ 누명을 쓰다. / 광부들이 석탄가루를 쓰다.
⑤ 아들의 합격을 빌다. / 이웃에게 양식을 빌다.

해설 ④는 각각 '사람이 죄나 누명 따위를 가지거나 입게 되다.'와 '먼지나 가루 따위를 몸이나 물체 따위에 덮은 상태가 되다.'의 의미로 다의어 관계에 해당한다.
① 각각 '뜨다¹'의 '착 달라붙지 않아 틈이 생기다.'의 의미와 '뜨다³'의 '다른 곳으로 가기 위하여 있던 곳에서 다른 곳으로 떠나다.'의 의미로 동음이의어 관계이다.
② 각각 '멀다¹'의 '시력이나 청력 따위를 잃다.'의 의미와 '멀다²'의 '어떤 기준점에 모자라다.'의 의미로 동음이의어 관계이다.
③ 각각 '익다¹'의 '불이나 볕을 오래 쬐거나 뜨거운 물에 담가서 살갗이 빨갛게 되다.'의 의미와 '익다²'의 '자주 경험하여 조금도 서투르지 않다.'의 의미로 동음이의어 관계이다.
⑤ 각각 '빌다¹'의 '생각한 대로 이루어지길 바라다.'의 의미와 '빌다²'의 '남의 물건을 공짜로 달라고 호소하여 얻다.'의 의미로 동음이의어 관계이다.

정답 ④

07 밑줄 친 두 말의 의미 관계가 '동음이의어(同音異義語)'에 해당하지 않는 것은?

① 귀가 먹다. / 마음을 먹다.
② 목침을 베다. / 낫으로 벼를 베다.
③ 목소리가 낮다. / 물건의 질이 낮다.
④ 초인종을 누르다. / 나뭇잎이 누르다.
⑤ 손에 기름이 묻다. / 선생님께 정답을 묻다.

해설 ③은 각각 '소리가 음계에서 아래쪽이거나 진동수가 작은 상태에 있다.'와 '품위·능력·품질 따위가 바라는 기준보다 못하거나 보통 정도에 미치지 못하는 상태에 있다.'의 의미로 다의어 관계에 해당한다.
① 각각 '먹다''의 '귀나 코가 막혀서 제 기능을 하지 못하게 되다. 또는 그렇게 되게 하다.'의 의미와 '먹다²'의 '어떤 마음이나 감정을 품다.'의 의미로 동음이의어 관계이다.
② 각각 '베다''의 '누울 때, 베개 따위를 머리 아래에 받치다.'의 의미와 '베다²'의 '날이 있는 연장 따위로 무엇을 끊거나 자르거나 가르다.'의 의미로 동음이의어 관계이다.
④ 각각 '누르다''의 '물체의 전체 면이나 부분에 대하여 힘이나 무게를 가하다.'의 의미와 '누르다²'의 '황금이나 놋쇠의 빛깔과 같이 다소 밝고 탁하다.'의 의미로 동음이의어 관계이다.
⑤ 각각 '묻다''의 '가루, 풀, 물 따위가 그보다 큰 다른 물체에 들러붙거나 흔적이 남게 되다.'의 의미와 '묻다³'의 '무엇을 밝히거나 알아내기 위하여 상대편의 대답이나 설명을 요구하는 내용으로 말하다.'의 의미로 동음이의어 관계이다.

정답 ③

08 〈보기〉의 ㉠~㉤ 중, 나머지와 품사가 다른 것은?

• 보기 •

• 옷이 좋기는 ㉠ 한데 가격이 비싸다.
• 새로 일할 사람이 성실했으면 ㉡ 한다.
• 여자는 하루에도 여러 차례 운동을 하곤 ㉢ 한다.
• 성공하고자 ㉣ 하는 사람은 그만큼 노력해야 한다.
• 내가 그를 만나 보기야 ㉤ 하겠지만 내켜서 하는 일은 아니다.

① ㉠
② ㉡
③ ㉢
④ ㉣
⑤ ㉤

해설 ㉠의 '하다'는 '(형용사 뒤에서 '-기는 하다', '-기도 하다', '-기는 하다' 따위의 구성으로 쓰여) 앞말이 뜻하는 상태를 일단 긍정하거나 강조함'을 나타내는 '보조 형용사'이며, ㉡~㉤은 모두 '보조 동사'이다.
② ㉡은 '(동사나 형용사 뒤에서 주로 '-었으면 하다' 구성으로 쓰여) 앞말의 행동을 하거나 앞말의 상태가 되기를 바람을 나타내는 말'로 보조 동사이다.
③ ㉢은 '(동사 뒤에서 '-고는 하다', '-곤 하다' 구성으로 쓰여) 앞말이 뜻하는 행동을 습관처럼 하거나 앞말이 뜻하는 상황이 반복되어 일어남을 나타내는 말'로 보조 동사이다.
④ ㉣은 '(동사 뒤에서 '-으려(고) 하다', '-고자 하다' 구성으로 쓰여) 앞말이 뜻하는 행동이나 상태를 의도하거나 바람을 나타내는 말'로 보조 동사이다.
⑤ ㉤은 '(동사 뒤에서 '-기는 하다', '-기도 하다', '-기나 하다' 따위의 구성으로 쓰여) 앞말이 뜻하는 행동을 일단 긍정하거나 강조함을 나타내는 말'로 보조 동사이다.

정답 ①

09 〈보기〉의 ㉠~㉤ 중, 나머지와 품사가 다른 것은?

● 보기 ●

- 나에게는 아내와 자식들이 ㉠ 있다.
- 내가 갈 테니 너는 학교에 ㉡ 있어라.
- 그는 지금 대기업의 과장으로 ㉢ 있다.
- 그는 아무것도 없으면서 ㉣ 있는 체한다.
- 네게도 그런 일이 일어날 수 ㉤ 있으니 조심해라.
---

① ㉠ ② ㉡
③ ㉢ ④ ㉣
⑤ ㉤

[해설] ㉡은 '사람이나 동물이 어느 곳에서 떠나거나 벗어나지 아니하고 머물다.'의 의미를 가진 '동사'이며, ㉠·㉢·㉣·㉤은 모두 '형용사'이다.
① ㉠은 '일정한 관계를 가진 사람이 존재하는 상태'의 의미로 형용사이다.
③ ㉢은 '사람이 어떤 지위나 역할로 존재하는 상태'의 의미로 형용사이다.
④ ㉣은 '재물이 넉넉하거나 많다.'의 의미로 형용사이다.
⑤ ㉤은 '어떤 일을 이루거나 어떤 일이 발생하는 것이 가능함.'의 의미로 형용사이다.

[정답] ②

10 "이번 투자에서는 여행 갈 경비 정도는 빠질 것 같다."에 사용된 '빠지다'와 같은 의미는?

① 옷에 때가 쑥 빠지다.
② 그 소리를 듣는 순간 온몸에서 힘이 쑥 빠졌다.
③ 구백 원만 있다면 천 원에서 백 원이 빠지는 셈이구나.
④ 그는 슬픔을 이기지 못하고 긴 겨울을 술에 빠져 있었다.
⑤ 아무래도 이렇게 장사가 되지 않으면 본전도 빠지지 않겠다.

[해설] 발문의 '빠지다'는 '어느 정도 이익이 남다.'의 의미로 쓰인 것으로, ⑤와 같은 의미임을 알 수 있다.
① '때, 빛깔 따위가 씻기거나 없어지다.'의 의미로 쓰였다.
② '정신이나 기운이 줄거나 없어지다.'의 의미로 쓰였다.
③ '원래 있어야 할 것에서 모자라다.'의 의미로 쓰였다.
④ '무엇에 정신이 아주 쏠리어 헤어나지 못하다.'의 의미로 쓰였다.

[정답] ⑤

제3장 한자어와 한자성어

제1편 어휘

제1절 사전적 의미

기출 미리보기
1. 한자어의 음과 뜻
2. 한자어의 사전적 의미 풀이

⊙ 발음에 유의해야 할 단어는 발음을 표시합니다.
⊙ → 이후의 단어는 순화어를 뜻합니다.

필수 한자어

ㄱ	
가공(架空) 시렁(가), 헛될(공)	1. 어떤 시설물을 공중에 가설함. 2. 이유나 근거가 없이 꾸며 냄. 또는 사실이 아니고 거짓이나 상상으로 꾸며 냄. 예 해태는 <u>가공</u>의 동물이다.
간구(懇求) 간절할(간), 구할(구)	간절히 바람. 예 우리는 하루빨리 전쟁이 그치기를 <u>간구</u>합니다.
각서(覺書)[각써] 깨달을(각), 글(서)	약속을 지키겠다는 내용을 적은 문서 → '다짐글', '약속문서' 예 그는 다시는 술을 마시지 않겠다는 <u>각서</u>를 썼다.
간발(間髮)★ 사이(간), 터럭(발)	아주 잠시 또는 아주 적음. 예 그의 가슴으로 <u>간발</u>의 틈을 노린 칼끝이 닿고 있었다.
강토(疆土) 국토(강), 흙(토)	나라의 경계 안에 있는 땅 예 조상 대대로 물려받은 <u>강토</u>를 훌륭히 가꿔야 한다.
개관(槪觀) 대개(개), 볼(관)	전체를 대강 살펴봄. 또는 그런 것 예 국문학사의 <u>개관</u>
갱신(更新)★ 다시(갱), 새(신)	법률관계의 존속 기간이 끝났을 때 그 기간을 연장하는 일 예 여권 <u>갱신</u>을 받다. ▶ **경신(更新)** 고칠(경), 새(신) 1. 이미 있던 것을 고쳐 새롭게 함. → '고침' 예 그의 이론은 논리학과 철학에 <u>경신</u>을 일으켰다. 2. 기록경기 따위에서, 종전의 기록을 깨뜨림. 예 무더위로 최대 전력 수요 <u>경신</u>이 계속되고 있다.

검수(檢收) 검사할(검), 거둘(수)	물건의 규격, 수량, 품질 따위를 검사한 후 물건을 받음. 예 수입품에 대한 검수는 절차가 까다롭다.
게시(揭示)[게:시] 걸(게), 보일(시)	여러 사람에게 알리기 위하여 내붙이거나 내걸어 두루 보게 함. 또는 그런 물건 예 행사 일정표의 게시
결부(結付)* 맺을(결), 줄(부)	일정한 사물이나 현상을 서로 연관시킴. 예 그 두 문제는 매우 밀접히 결부되어 있다.
결연(結緣) 맺을(결), 인연(연)	인연을 맺음. 또는 그런 관계 예 많은 결연 단체가 복지 시설을 후원한다.
경계(警戒) 깨우칠(경), 경계할(계)	1. 뜻밖의 사고가 생기지 않도록 조심하여 단속함. 예 경계의 눈초리로 지켜보다. 2. 옳지 않은 일이나 잘못된 일들을 하지 않도록 타일러서 주의하게 함. 예 실패한 사람의 이야기를 글로 적어 세상에 대한 경계를 삼다.
경주(傾注) 기울(경), 부을(주)	힘이나 정신을 한곳에만 기울임. 예 그는 시험에서 좋은 성적을 거둘 수 있도록 공부에만 경주하도록 했다. ▶ 경주(競走) 다툴(경), 달릴(주) 사람, 동물, 차량 따위가 일정한 거리를 달려 빠르기를 겨루는 일 또는 그런 경기 예 그는 오래달리기 경주에서 우승을 하였다.
계류(繫留) [계:류/계:류] 맬(계), 머무를(류)	1. 일정한 곳을 벗어나지 못하도록 밧줄 같은 것으로 붙잡아 매어 놓음. 예 현재 일본에 계류 중인 선박은 중국 국적이다. 2. 어떤 사건이 해결되지 않고 걸려 있음. 예 그 사건은 법원에 계류 중이다.
계륵(鷄肋)* 닭(계), 갈빗대(륵)	닭의 갈비라는 뜻으로, 그다지 큰 소용은 없으나 버리기에는 아까운 것 예 헌 옷은 계륵처럼 소용도 없으면서 버리기에는 아깝다.
계측(計測) 셀(계), 헤아릴(측)	시간이나 물건의 양 따위를 헤아리거나 잼. 예 일기 예보는 기상 정보에 대한 정확한 계측이 필요하다.
고착(固着) 굳을(고), 붙을(착)	1. 물건 같은 것이 굳게 들러붙어 있음. 예 고착지의는 바위에 붙어 자란다. 2. 어떤 상황이나 현상이 굳어져 변하지 않음. 예 분단의 고착을 막고 통일을 앞당기려는 노력이 필요하다.
고찰(考察) 생각할(고), 살필(찰)	어떤 것을 깊이 생각하고 연구함. 예 한국 문학에 대한 새로운 고찰이 필요하다.
곡진(曲盡)하다 굽을(곡), 다할(진)	매우 정성스럽다. 예 대접이 곡진하다.
공전(空前)* 빌(공), 앞(전)	(주로 '공전의' 꼴로 쓰여) 비교할 만한 것이 이전에는 없음. 예 공전의 대성공
공활(空豁)하다 빌(공), 뚫린 골짜기(활)	텅 비고 매우 넓다. 예 공활한 가을 하늘
과문(寡聞) 적을(과), 들을(문)	보고 들은 것이 적음. 예 과문의 소치에서 비롯된 잘못이니 용서해 주십시오.

관건(關鍵)★[관건/관껀] 관계할(관), 자물쇠(건)	1. 문빗장과 자물쇠 예 후배는 아무 관건 장치도 없는 방문을 벌컥 열었다. 2. 어떤 사물이나 문제 해결의 가장 중요한 부분 예 문제 해결의 관건을 쥐다.
교두보(橋頭堡) 다리(교), 머리(두), 작은 성(보)	(비유적으로) 침략하기 위한 발판 예 일제는 한반도를 중국 침략의 교두보로 삼았다.
교시(敎示)[교:시] 가르칠(교), 보일(시)	길잡이로 삼는 가르침. 예 제자들은 스승으로부터 엄한 교시를 받았다.
교착(膠着) 아교(교), 붙을(착)	어떤 상태가 굳어 조금도 변동이나 진전이 없이 머묾. 예 남북 회담이 교착 상태에 빠졌다.
구명(究明)★ 연구할(구), 밝을(명)	사물의 본질, 원인 따위를 깊이 연구하여 밝힘. 예 그는 그 원리를 구명하는 데에 노력했다. ▶ 규명(糾明) 얽힐(규), 밝을(명) 어떤 사실을 자세히 따져서 바로 밝힘. 예 주민들은 사건의 진상 규명을 촉구하였다.
구비(具備) 갖출(구), 갖출(비)	있어야 할 것을 빠짐없이 다 갖춤. 예 접수에 필요한 구비 서류를 준비했다.
구제(救濟) 구원할(구), 건널(제)	자연적인 재해나 사회적인 피해를 당하여 어려운 처지에 있는 사람을 도와줌. 예 당국은 홍수로 고립된 사람들의 구제를 위해 헬기를 급파하였다.
구축(構築) 얽을(구), 쌓을(축)	체제, 체계 따위의 기초를 닦아 세움. 예 두 나라에 우선 필요한 것은 자유로운 경제 교류 체제의 구축이다.
궐위(闕位) 대궐(궐), 자리(위)	어떤 직위나 관직 따위가 빔. 또는 그런 자리 예 대통령의 궐위 시에는 국무총리가 그 직을 대행한다.
기거(起居) 일어날(기), 살(거)	1. 일정한 곳에서 먹고 자고 하는 따위의 일상적인 생활을 함. 또는 그 생활 예 나는 대학 시절에 자취방에서 그와 기거를 같이 했다. 2. 몸을 뜻대로 움직이며 생활함. 예 그는 아직 기거를 못해서 밖에 나갈 수 없다.
기실(其實) 그(기), 열매(실)	실제의 사정 → '사실은, 실제 사정' 예 언뜻 보기에는 쉬워 보이지만 기실은 여간 어렵지 않다.
기염(氣焰) 기운(기), 불꽃(염)	불꽃처럼 대단한 기세 예 도전자는 통쾌한 케이오 승을 거두겠다고 기염을 토하고 있다.

ㄴ

난관(難關) 어려울(난), 관계할(관)	일을 하여 나가면서 부딪치는 어려운 고비 예 어떤 난관이 닥쳐도 학업을 포기할 수 없다.
낭패(狼狽) 이리(낭), 이리(패)	계획한 일이 실패로 돌아가거나 기대에 어긋나 매우 딱하게 됨. 예 낭패를 당하다.
농단(壟斷) 밭두둑(농), 끊을(단)	1. 깎아 세운 듯한 높은 언덕 2. 이익이나 권리를 독차지함. 예 검찰은 악덕 상인의 농단을 뿌리 뽑겠다고 다짐하였다.
눌변(訥辯) 말 더듬거릴(눌), 말 잘할(변)	더듬거리는 서툰 말솜씨 예 선생님은 비록 눌변이시지만 열성적인 강의로 우리를 감동시키곤 하셨다.

ㄷ

단속(團束) 둥글(단), 묶을(속)	1. 주의를 기울여 다잡거나 보살핌. 예 집 안팎 단속을 끝내고 잠자리에 들었다. 2. 규칙이나 법령, 명령 따위를 지키도록 통제함. 예 정부는 마약에 대한 단속을 강화하였다.
대미(大尾) 클(대), 꼬리(미)	어떤 일의 맨 마지막 → '맨 끝' 예 불꽃놀이가 축제의 대미를 장식했다.
도탄(塗炭) 칠할(도), 숯(탄)	진구렁에 빠지고 숯불에 탄다는 뜻으로, 몹시 곤궁하여 고통스러운 지경 예 나라에서 심하게 세금을 수탈해 백성들이 도탄에 빠졌다.
동결(凍結) 얼(동), 맺을(결)	1. 추위나 냉각으로 얼어붙음. 또는 그렇게 함. 예 냉동육을 고를 때는 동결 상태의 것을 고르는 것이 좋다. 2. 사업, 계획, 활동 따위가 중단됨. 또는 그렇게 함. 예 회사 경기가 좋지 않아 임금 동결을 하게 되었다.
동량(棟梁/棟樑)★ 마룻대(동), 들보(량) 동 동량지재(棟梁之材)	1. 기둥과 들보 → '기둥' 예 동량을 잘 세워야 집의 균형이 바로잡힌다. 2. 한 집안이나 한 나라를 떠받치는 중대한 일을 맡을 만한 인재 예 장차 나라의 동량이 될 어린이들
동토(凍土) 얼(동), 흙(토)	얼어붙은 땅 → '언 땅' 예 꽁꽁 얼어붙은 동토에는 삽도 들어가지 않는다.
동향(動向)★[동ː향] 움직일(동), 향할(향)	1. 사람들의 사고, 사상, 활동이나 일의 형세 따위가 움직여 가는 방향 예 여론의 동향 2. 어떤 특정한 사람이나 사물의 낱낱의 움직임 → '움직임새' 예 나는 포로들의 동향을 대충 눈치챌 수 있었다.
두각(頭角) 머리(두), 뿔(각)	1. 짐승의 머리에 있는 뿔 2. (비유적으로) 뛰어난 학식이나 재능 예 그는 언어학에 두각을 드러냈다.

ㅁ

만류(挽留) 당길(만), 머무를(류)	붙들고 못 하게 말림. 예 나는 그의 간곡한 만류도 듣지 않고 그대로 돌아오고 말았다.
만반(萬般)[만ː반] 일 만(만), 일반(반)	(흔히 '만반', '만반의' 꼴로 쓰여) 마련할 수 있는 모든 것 예 적국의 침입에 대비해 만반의 준비를 하다.
모략(謀略)★ 꾀(모), 간략할(략)	1. 계책이나 책략 2. 사실을 왜곡하거나 속임수를 써 남을 해롭게 함. 또는 그런 일 예 모략에 빠지다. / 모략을 꾸미다.
묘령(妙齡) 묘할(묘), 나이(령)	스무 살 안팎의 여자 나이 예 파라솔을 들고 지나가는 묘령의 여자가 있었다.
미증유(未曾有)★ 아닐(미), 일찍(증), 있을(유)	지금까지 한 번도 있어 본 적이 없음. 예 역사 이래 미증유의 사건을 일으켰다.

ㅂ

박약(薄弱) 엷을(박), 약할(약)	1. 의지나 체력 따위가 굳세지 못하고 여림. 예 일을 쉽게 포기하는 것은 의지의 박약을 보여 주는 것이다. 2. 불충분하거나 모자란 데가 있음. 예 이번 계획이 실패한 것은 사전 조사 자료의 박약 때문이다. 3. 지능 따위가 정상적이지 못한 상태임. 예 그는 비록 박약으로 태어났지만 의지가 강하다.
박토(薄土) 엷을(박), 흙(토)	메마른 땅 예 풀 한 포기 자라지 않는 박토를 누가 많은 돈을 주고 사겠습니까?
반증(反證) 돌이킬(반), 증거(증)	어떤 사실이나 주장이 옳지 아니함을 그에 반대되는 근거를 들어 증명함. 또는 그런 증거 예 우리에겐 그 사실을 뒤집을 만한 반증이 없다. ▶ **방증(傍證)★** 곁(방), 증거(증) 사실을 직접 증명할 수 있는 증거가 되지는 않지만, 주변의 상황을 밝힘으로써 간접적으로 증명에 도움을 줌. 또는 그 증거 예 방증 자료
반추(反芻) 돌이킬(반), 꼴(추)	어떤 일을 되풀이하여 음미하거나 생각함. 또는 그런 일 예 그는 지난 세월을 반추하며 눈물을 흘렸다.
발현(發現/發顯) 필(발), 나타날(현)	속에 있거나 숨은 것이 밖으로 나타나거나 그렇게 나타나게 함. 또는 그런 결과 예 그림이란 결국 자아의 순수한 발현이어야 한다. ▶ **발연(勃然/艴然)** 노할(발), 불탈(연) 왈칵 성을 내는 태도나 일어나는 모양이 세차고 갑작스러움. 예 할아버지의 발연한 모습에 온 식구가 벌벌 떨었다.
배임(背任) 배반할(배), 맡길(임)	주어진 임무를 저버림.(주로 공무원 또는 회사원이 자기의 이익을 위하여 임무를 수행하지 않고 국가나 회사에 재산상의 손해를 주는 경우를 이름.) 예 그 공무원은 배임 및 횡령죄로 구속되었다.
백미(白眉)★ 흰(백), 눈썹(미)	1. 흰 눈썹 2. (비유적으로) 여럿 가운데에서 가장 뛰어난 사람이나 훌륭한 물건 예 춘향전은 한국 고전 문학의 백미이다.
변동(變動) 변할(변), 움직일(동)	바뀌어 달라짐. 예 올해는 과일값의 변동이 특히 심했다. ▶ **변별(辨別)** 분별할(변), 나눌(별) 1. 사물의 옳고 그름이나 좋고 나쁨을 가림. 예 이 물건은 생김새가 비슷해서 변별하기가 어렵다. 2. 세상에 대한 경험이나 식견에서 나오는 생각이나 판단 ▶ **변질(變質)★** 변할(변), 바탕(질) 성질이 달라지거나 물질의 질이 변함. 또는 그런 성질이나 물질 예 식료품의 변질을 막기 위해서는 냉동 보관이 필요하다. ▶ **변천(變遷)** 변할(변), 옮길(천) 세월의 흐름에 따라 바뀌고 변함. 예 전시회에서 의복의 변천을 한눈에 볼 수 있었다. ▶ **변형(變形)** 변할(변), 모양(형) 모양이나 형태가 달라지거나 달라지게 함. 또는 그 달라진 형태 예 자동차 안전 시트나 안락의자로 변형이 가능한 유모차가 새로 나왔다.

보우(保佑) 지킬(보), 도울(우)	보호하고 도와줌. 예 왕은 나라를 잘 보우해 달라는 축원을 올렸다.
보전(保全)★ 지킬(보), 온전할(전)	온전하게 보호하여 유지함. 예 생태계 보전 / 환경 보전 ▶ 보존(保存) 지킬(보), 있을(존) 잘 보호하고 간수하여 남김. 예 우리 문화의 보존에 힘쓰다.
봇물(洑-) 보(보)	보에 괸 물 또는 거기서 흘러내리는 물 예 경기가 끝나자 관객들이 봇물 터지듯 경기장을 쏟아져 나왔다.
부연(敷衍) 펼(부), 넓을(연)	이해하기 쉽도록 설명을 덧붙여 자세히 말함. 예 발표 내용이 너무 어려워서 부연이 필요하다.
분수령(分水嶺) 나눌(분), 물(수), 고개(령)	(비유적으로) 어떤 사실이나 사태가 발전하는 전환점 또는 어떤 일이 한 단계에서 전혀 다른 단계로 넘어가는 전환점 예 외국에서 지낸 5년이 그의 인생에서 분수령이 되었다.
비견(比肩)★ 견줄(비), 어깨(견)	앞서거나 뒤서지 않고 어깨를 나란히 한다는 뜻으로, 낫고 못할 것이 없이 정도가 서로 비슷하게 함. 예 그는 톨스토이에 비견할 만한 소설가이다.
비루(鄙陋) 더러울(비), 더러울(루)	행동이나 성질이 너절하고 더러움. 예 이 소설에는 인간이 비루하고 추접스러운 존재로 그려져 있다.
비위(脾胃) 지라(비), 위장(위)	1. 지라와 위 2. 음식물을 삭여 내거나 아니꼽고 싫은 것을 견디어 내는 성미 예 그 사람 비위를 맞추기란 쉬운 일이 아니다.
비호(庇護)★[비ː호] 덮을(비), 도울(호)	편들어서 감싸 주고 보호함. 예 그와 같은 엄청난 사건은 권력의 비호를 받지 않고서는 일어날 수 없다.
빈사(瀕死) 반죽음 가까울(빈), 죽을(사) 동 반죽음	거의 죽게 됨. 예 빈사 상태에 빠지다.
빙자(憑藉) 기댈(빙), 깔(자)	1. 남의 힘을 빌려서 의지함. 예 이번 일은 전형적인 고위층 빙자 사기 사건에 해당한다. 2. 말막음을 위하여 핑계로 내세움. 예 추석 연휴를 빙자로 그 일을 하지 못했다는 네 말은 용납될 수 없다.

ㅅ

사의(辭意) 말씀(사), 뜻(의)	맡아보던 일자리를 그만두고 물러날 뜻 예 총장은 일신상의 이유로 사의를 밝혔다.
사족(蛇足)★ 뱀(사), 발(족) 동 화사첨족(畫蛇添足)	뱀을 다 그리고 나서 있지도 아니한 발을 덧붙여 그려 넣는다는 뜻으로, 쓸데없는 군짓을 하여 도리어 잘못되게 함. 예 사족을 달다. / 사족을 붙이다.
산실(産室)★ 낳을(산), 집(실)	어떤 일을 꾸미거나 이루어 내는 곳 또는 그런 바탕 예 우리 연구부를 기술 개발의 산실로 키우겠다.

상념(想念) 생각(상), 생각(념)	마음속에 품고 있는 여러 가지 생각 예 그는 의자에 앉아 한동안 상념에 잠겨 있었다.
상주(常住) 항상(상), 살(주)	늘 일정하게 살고 있음. 예 현장 사무소의 상주 인원은 대략 10명 내외였다.
상치(相馳) 서로(상), 달릴(치)	일이나 뜻이 서로 어긋남. 예 서로 상치된 의견을 내서 합의가 어려워졌다.
서광(曙光)★ 새벽(서), 빛(광)	1. 새벽에 동이 틀 무렵의 빛 2. (비유적으로) 기대하는 일에 대하여 나타난 희망의 징조 예 문제 해결의 서광이 비치기 시작했다.
서행(徐行)★[서:행] 천천히 할(서), 다닐(행)	사람이나 차가 천천히 감.(50~80Km 정도) 예 서행 운전 ▶ 정체(停滯) 머무를(정), 막힐(체) 사물이 발전하거나 나아가지 못하고 한자리에 머물러 그침.(30km 이내) 예 경제의 정체로 불황이 지속된다. / 도로는 나들이 가는 차량으로 극심한 정체를 이룬다. ▶ 지체(遲滯) 더딜(지), 막힐(체) 때를 늦추거나 질질 끎.(30~50km 정도) 예 잠시도 지체 말고 바로 집으로 돌아가시오.
석권(席卷) 자리(석), 책(권)	돗자리를 만다는 뜻으로, 빠른 기세로 영토를 휩쓸거나 세력 범위를 넓힘. 예 이번 대회에는 기량이 월등한 선수들만 참가하므로 전 종목 석권이 가능하다.
선수(先手) 먼저(선), 손(수)	남이 하기 전에 앞질러 하는 행동 예 선수를 빼앗기다.
선처(善處) 착할(선), 곳(처)	형편에 따라 잘 처리함. 예 그는 피해자들을 만나 선처를 부탁했다.
선풍(旋風)★ 돌(선), 바람(풍)	1. 회오리바람 2. (비유적으로) 돌발적으로 일어나 세상을 뒤흔드는 사건 예 그의 대하소설이 일대 선풍을 일으켰다.
소관(所管)[소:관] 바(소), 주관할(관)	맡아 관리하는 바 또는 그 범위 예 그 일은 우리 소관 밖의 일이다.
소정(所定) 바(소), 정할(정)	(주로 '소정', '소정의' 꼴로 쓰여) 정해진 바 예 소정의 원고료를 지불하다.
소지(所持)[소:지] 바(소), 가질(지)	물건을 지니고 있는 일 또는 그런 물건 예 이 공원에 경로 우대증 소지 노인은 무료입장이다.
소청(訴請) 호소할(소), 청할(청)	하소연하여 청함. 예 부모님께 결혼을 허락해 달라고 간절하게 소청을 하였다.
송부(送付)[송:부] 보낼(송), 줄(부)	편지나 물품 따위를 부치어 보냄. 예 아내는 휴직을 위해 필요한 서류의 송부를 동료 직원에게 부탁하였다.

송영(送迎) 보낼(송), 맞을(영) 동 송구영신(送舊迎新)	1. 가는 사람을 보내고 오는 사람을 맞음. 예 열차가 정거장에 들어오자 송영 나온 군중은 깃발을 흔들었다. 2. 묵은해를 보내고 새해를 맞음. 예 연말연시를 맞아 보내는 카드에는 대개 송구영신이라는 문구가 들어간다.
수려(秀麗) 빼어날(수), 고울(려)	빼어나게 아름다움. 예 산수가 수려하다.
수주(受注) 받을(수), 부을(주)	주문을 받음.(주로 물건을 생산하는 업자가 제품의 주문을 받는 것) 예 국내 건설업체들의 건설 공사 수주가 활기를 띠고 있다.
수지(收支) 거둘(수), 지탱할(지)	1. 수입과 지출 예 사업을 하려면 수지 균형을 맞춰야 한다. 2. 거래 관계에서 얻는 이익 예 철호는 그와의 거래로 수지맞는 장사를 하게 되었다.
수탁(受託) 받을(수), 부탁할(탁)	다른 사람의 의뢰나 부탁을 받음. 또는 그런 일 예 이 연구소는 중소기업의 수탁을 받아 연구 개발 사업을 수행한다.
숙환(宿患)★ 잘(숙), 근심(환)	1. 오래 묵은 병 예 아버님께서는 숙환으로 고생하시다가 별세하셨다. 2. 오래된 걱정거리
시금석(試金石)★ 시험(시), 쇠(금), 돌(석)	(비유적으로) 가치, 능력, 역량 따위를 알아볼 수 있는 기준이 되는 기회나 사물 예 이번 총선은 민주주의의 발전 정도를 한 단계 높이거나 떨어뜨릴 수 있는 중요한 시금석이다.
신산(辛酸) 매울(신), 실(산)	(비유적으로) 세상살이가 힘들고 고생스러움. 예 어릴 때부터 신산을 겪어 온 그는 젊은이답지 않게 참을성이 대단했다.
신수(身手) 몸(신), 손(수)	1. 용모와 풍채를 통틀어 이름. 예 신수 좋은 주인은 가장 태연하게 천변을 걸어갔다. 2. 얼굴에 나타난 건강 색 예 신수가 보름달 같다.
심금(心琴) 마음(심), 거문고(금)	(비유적으로) 외부의 자극에 따라 미묘하게 움직이는 마음 예 구슬을 굴리듯이 맑고 고운 목소리가 그의 심금을 미묘하게 휘저었다.

ㅇ

아량(雅量) 바를(아), 헤아릴(량)	너그럽고 속이 깊은 마음씨 예 아량을 베풀다.
아성(牙城)★ 어금니(아), 성(성)	1. 아기(牙旗)를 세운 성이라는 뜻으로, 주장(主將)이 거처하는 성 2. (비유적으로) 아주 중요한 근거지 예 수십 년 쌓아 온 그의 아성을 무너뜨릴 수는 없었다.
애도(哀悼) 슬플(애), 슬퍼할(도)	사람의 죽음을 슬퍼함. 예 유가족에게 심심한 애도의 뜻을 표하다.
야기(惹起)[야:기] 이끌(야), 일어날(기)	일이나 사건 따위를 끌어 일으킴. 예 그는 행사에 불참하여 진행에 혼란을 야기했다.
어용(御用) 거느릴(어), 쓸(용)	1. 임금이 쓰는 것 2. 정부에서 쓰는 일 3. 자신의 이익을 위하여 권력자나 권력 기관에 영합하여 줏대 없이 행동하는 것을 낮잡아 이름. 예 어용 단체 회원들이 자신들의 당위성을 내세웠다.

연구(研究) 갈(연), 연구할(구)	어떤 일이나 사물에 대하여서 깊이 있게 조사하고 생각하여 진리를 따져 보는 일 예 연구 결과를 발표하다.
염치(廉恥) 청렴할(렴), 부끄러울(치)	체면을 차릴 줄 알며 부끄러움을 아는 마음 예 너는 애가 염치도 없이 어른 앞에서 왜 그 모양이니?
영고(榮枯) 영화(영), 마를(고)	번성함과 쇠퇴함. 예 이는 한 가정의 문제가 아니라, 국가의 영고에까지 영향을 주는 문제가 될 것이다.
영전(榮轉) 영화(영), 구를(전)	전보다 더 좋은 자리나 직위로 옮김. 예 그는 이번에 경찰 서장으로 영전을 하여 떠났다.
예방(禮訪) 예도(예), 찾을(방)	예를 갖추는 의미로 인사차 방문함. 예 대통령은 외국 경제 사절단의 예방을 받고 투자 문제에 대해 논의했다. ▶ **예방(豫防)[예:방]** 미리(예), 막을(방) 질병이나 재해 따위가 일어나기 전에 미리 대처하여 막는 일 예 병은 치료보다 예방이 중요하다.
와중(渦中) 소용돌이(와), 가운데(중)	1. 흐르는 물이 소용돌이치는 가운데 2. 일이나 사건 따위가 시끄럽고 복잡하게 벌어지는 가운데 예 많은 사람이 전란의 와중에 가족을 잃었다.
완벽(完璧) 완전할(완), 구슬(벽)	흠이 없는 구슬이라는 뜻으로, 결함이 없이 완전함. 예 완벽에 가까운 묘기
용렬(庸劣) 떳떳할(용), 못할(렬)	사람이 변변하지 못하고 졸렬하다. 예 그는 매사에 하는 행동이 용렬하기 짝이 없다.
우골탑(牛骨塔) 소(우), 뼈(골), 탑(탑)	가난한 농가에서 소를 팔아 마련한 학생의 등록금으로 세운 건물이라는 뜻으로, '대학'을 속되게 이름. 예 우리나라 교육제도는 지금도 소를 팔아서 자식 공부시키는 우골탑 교육이다.
우수(憂愁)★ 근심(우), 근심(수)	근심과 걱정을 아울러 이름. 예 우수에 젖은 눈
위상(位相) 자리(위), 서로(상)	어떤 사물이 다른 사물과의 관계 속에서 가지는 위치나 상태 예 국제 사회에서 우리나라의 위상을 강화해야 한다.
유기(遺棄) 남길(유), 버릴(기)	내다 버림. 예 행정 당국은 해마다 늘고 있는 유기 동물 처리에 골머리를 앓고 있다.
유수(有數)[유:수] 있을(유), 셈(수)	손꼽을 만큼 두드러지거나 훌륭함. 예 그는 세계 유수의 갑부로 자수성가하였다.
유예(猶豫)★ 오히려(유), 미리(예)	일을 결행하는 데 날짜나 시간을 미룸. 또는 그런 기간 예 서너 시간의 유예를 얻었다.
유치(誘致)★ 꾈(유), 이를(치)	1. 꾀어서 데려옴. 예 각국은 축제를 상품화하여 많은 관광객을 유치하였다. 2. 행사나 사업 따위를 이끌어 들임. 예 지점장은 직원들에게 예금 유치에 노력을 기울일 것을 당부하였다.

어휘	뜻
윤색(潤色) 불을(윤), 빛(색)	1. 윤이 나도록 매만져 곱게 함. 2. (비유적으로) 사실을 과장하거나 미화함. 예 번역극을 다루다 보면 우리 실정에 맞는 내용의 <u>윤색</u>도 필요하다.
융성(隆盛) 높을(융), 성할(성)	기운차게 일어나거나 대단히 번성함. 예 그 영화는 국가의 <u>융성</u>과 멸망을 보여 준다.
임종(臨終)★ 임할(임), 마칠(종)	1. 죽음을 맞이함. 예 할머니는 편안하게 <u>임종</u>을 하셨다. 2. 부모가 돌아가실 때 그 곁에 지키고 있음. 예 아들은 어머님의 <u>임종</u>을 지키지 못한 것이 못내 한이 되었다.

ㅈ

어휘	뜻
자웅(雌雄)★ 암컷(자), 수컷(웅)	(비유적으로) 승부, 우열, 강약 따위 예 <u>자웅</u>을 겨루다.
자청(自請)★ 스스로(자), 청할(청)	어떤 일에 나서기를 스스로 청함. 예 그는 그 일을 맡겠다고 <u>자청</u>을 하고 나섰다.
자충수(自充手) 스스로(자), 채울(충), 손(수)	1. 바둑에서 자충이 되는 수 2. (비유적으로) 스스로 행한 행동이 결국에 가서는 자신에게 불리한 결과를 가져오게 됨. 예 그는 실언을 해서 <u>자충수</u>를 두는 꼴이 되었다.
작고(作故)★ 지을(작), 연고(고)	고인이 되었다는 뜻으로, 사람의 죽음을 높여 이름. 예 그는 자신이 세 살 때 <u>작고</u>한 선친에 대하여 아무 기억도 없다.
작태(作態) 지을(작), 모습(태)	1. 의도적으로 어떠한 태도나 표정을 지음. 또는 그 태도나 표정 예 아양스러운 <u>작태</u> 2. 하는 짓거리 예 불의가 판치는 현실에서 산수나 그리고 있는 내 <u>작태</u>가 부끄럽다.
잔망(殘亡) 남을(잔), 망할(망) 동 잔멸(殘滅)	쇠잔하여 다 없어짐. 예 그 해는 김씨 일가의 <u>잔망</u>의 원인이 생겨난 해였다.
장고(長考) 길(장), 생각할(고)	오랫동안 깊이 생각함. 예 바둑은 아직도 포석 단계였고, 그들은 <u>장고</u>를 거듭했다. ▶ **재고(再考)** 거듭(재), 생각할(고) 어떤 일이나 문제 따위에 대하여 다시 생각함. 예 그 일의 결과는 너무나 뻔해서 <u>재고</u>의 여지가 없다.
장사진(長蛇陣) 길(장), 긴 뱀(사), 진 칠(진)	많은 사람이 줄을 지어 길게 늘어선 모양 예 결승전의 입장권을 구입하려는 사람들이 새벽부터 <u>장사진</u>을 치고 있다.
장족(長足)★ 길(장), 발(족)	1. 기다랗게 생긴 다리 2. 사물의 발전이나 진행이 매우 빠름. 예 <u>장족</u>의 발전
쟁탈(爭奪) 다툴(쟁), 빼앗을(탈)	서로 다투어 빼앗음. 예 사람들이 모였다 하면 이권 <u>쟁탈</u>에만 열을 올렸다.

저간(這間)★ 이(저), 사이(간) 동 요즈음	바로 얼마 전부터 이제까지의 무렵 예 저간의 소식
적폐(積弊) 쌓을(적), 폐단(폐)	오랫동안 쌓이고 쌓인 폐단 예 관민이 함께 협심하여 적폐를 일소했다.
전치(全治) 온전할(전), 고칠(치)	병을 완전히 고침. 예 전치 4주의 중상을 입다.
절찬리(絶讚裡) 끊을(절), 기릴(찬), 속(리)	지극한 칭찬을 받는 가운데 예 공연이 절찬리에 상연되었다.
점멸(漸滅) 점점(점), 꺼질(멸)	점점 멸망하여 감. 예 찬란한 문화를 꽃피웠던 나라도 점멸의 길로 접어든 경우가 많다.
정곡(正鵠) 바를(정), 과녁(곡)	1. 과녁의 한가운데가 되는 점 예 화살이 정곡에 꽂히다. 2. 가장 중요한 요점 또는 핵심 예 정곡을 짚다.
정주(定住) 정할(정), 살(주)	일정한 곳에 자리를 잡고 삶. 예 재개발 지역에 끝까지 남은 사람들은 오랫동안 이곳에 정주해 온 사람들이다.
제고(提高)★ 끌(제), 높을(고)	쳐들어 높임. 예 생산성의 제고 / 능률의 제고
제재(制裁)★[제:재] 지을(제), 마를(재)	1. 일정한 규칙이나 관습의 위반에 대하여 제한하거나 금지함. 또는 그런 조치 예 수업 시간에 떠드는 사람에게는 제재가 필요하다. 2. 법이나 규정을 어겼을 때 국가가 처벌이나 금지 따위를 행함. 또는 그런 일 예 유엔 안보리의 도발국 제재 ▶ 제재(題材)[제재] 제목(제), 재목(재) 예술 작품이나 학술 연구의 바탕이 되는 재료 예 감독은 영화의 제재를 찾기 위해 여행을 다녔다.
조정(調停) 고를(조), 머무를(정)	분쟁을 중간에서 화해하게 하거나 서로 타협점을 찾아 합의하도록 함. 예 실무자 간의 이견 조정을 위한 회의가 열렸다.
졸고(拙稿) 옹졸할(졸), 원고(고)	내용이 보잘것없는 원고 예 이런 졸고를 우리 잡지에 실어 달라고?
졸지(猝地) 갑자기(졸), 땅(지)	(흔히 '졸지에' 꼴로 쓰여) 갑작스러운 판국 예 정체 모를 사람이 졸지에 나타나 터무니없는 말을 하는 바람에 이상한 사람이 되었다.
종국(終局) 마칠(종), 판(국)	일의 마지막 → '끝판' 예 일이 잘되다가 종국에 가서는 실패하고 말았다.
종식(終熄) 마칠(종), 불 꺼질(식)	한때 매우 성하던 현상이나 일이 끝나거나 없어짐. 예 냉전의 종식
주지(周知)★ 두루(주), 알(지)	여러 사람이 두루 앎. 예 한국이 일본에게 침략을 당한 일은 주지의 사실이다.

단어	뜻
준동(蠢動)★ 꿈틀거릴(준), 움직일(동)	불순한 세력이나 보잘것없는 무리가 법석을 부림. 예 정부는 불순 세력의 준동을 막기 위해 대책 회의를 했다.
준수(遵守)★[준ː수] 좇을(준), 지킬(수)	전례나 규칙, 명령 따위를 그대로 좇아서 지킴. 예 안전 수칙 준수
중건(重建)[중ː건] 무거울(중), 세울(건)	절이나 왕궁 따위를 보수하거나 고쳐 지음. 예 소실된 왕궁의 중건이 이루어졌다.
중용(重用)[중ː용] 무거울(중), 쓸(용)	중요한 자리에 임용함. 예 친인척의 중용에 대한 비판의 목소리가 높다.
지지(支持) 지탱할(지), 가질(지)	어떤 사람이나 단체 따위의 주의·정책·의견 따위에 찬동하여 이를 위하여 힘을 씀. 또는 그 원조 예 그는 대중의 전폭적인 지지를 얻었다.
진수(眞髓) 참(진), 뼛골(수)	사물이나 현상의 가장 중요하고 본질적인 부분 예 이번 연주회에서는 바흐 음악의 진수를 맛볼 수 있었다.
진척(進陟)★[진ː척] 나아갈(진), 오를(척)	일이 목적한 방향대로 진행되어 감. 예 조금이라도 공사의 진척을 빠르게 하려고 노력을 기울이고 있다.
질곡(桎梏) 차꼬(질), 수갑(곡)	1. 옛 형구인 차꼬와 수갑을 아울러 이르는 말 2. (비유적으로) 몹시 속박하여 자유를 가질 수 없는 고통의 상태 예 그들은 가난의 질곡에서 벗어나기 위해 온갖 노력을 했다.
질박(質樸/質朴)하다 바탕(질), 순박할(박)	꾸민 데가 없이 수수하다. 예 뚝배기에는 세련되지는 않지만 질박한 아름다움이 있다.
집체(集體) 모을(집), 몸(체)	힘·지혜·동작·개념 따위를 하나로 뭉친 것 예 집체 훈련 / 집체 교육
징후(徵候) 부를(징), 기후(후)	겉으로 나타나는 낌새 예 정전 합의로 양국 관계에 평화의 징후가 보인다.

ㅊ

단어	뜻
차제(此際) 이(차), 즈음(제)	(흔히 '차제에' 꼴로 쓰여) 때마침 주어진 기회 예 미뤘던 문제는 차제에 꼭 짚고 넘어가자.
차출(差出) 다를(차), 날(출)	어떤 일을 시키기 위하여 인원을 선발하여 냄. → '뽑아냄' 예 대표 선수의 차출이 일주일 이상 늦어지고 있다.
차치(且置) 또(차), 둘(치) 동 차치물론(且置勿論)	내버려 두고 문제 삼지 아니함. 예 그의 주장의 진위 여부는 차치하고 그 주장의 제기 방식이 문제이다.
착오(錯誤) 어긋날(착), 그르칠(오)	착각을 하여 잘못함. 또는 그런 잘못 예 많은 일을 하다 보니 착오가 생겼다.
창건(創建) 시작할(창), 세울(건)	건물이나 조직체 따위를 처음으로 세우거나 만듦. 예 선운사 창건 설화

척결(剔抉) 깎을(척), 도려낼(결)	나쁜 부분이나 요소들을 깨끗이 없애 버림. 예 부정부패 척결
천착(穿鑿)★ 뚫을(천), 뚫을(착)	1. 구멍을 뚫음. 2. 어떤 원인이나 내용 따위를 따지고 파고들어 알려고 하거나 연구함. 예 세밀한 관찰과 천착을 거듭하다.
철석(鐵石)★[철썩] 쇠(철), 돌(석)	1. 쇠와 돌 2. (비유적으로) 매우 굳고 단단한 것 예 그는 철석같은 맹세를 어겼다.
첨삭(添削) 더할(첨), 깎을(삭)	시문(詩文)이나 답안 따위의 내용 일부를 보태거나 삭제하여 고침. 예 선생님께서는 학생의 글을 첨삭 지도해 주셨다.
체류(滯留) 막힐(체), 머무를(류)	객지에 가서 머물러 있음. 예 삼촌은 뉴욕에 체류 중이다.
체불(滯拂)★ 막힐(체), 떨칠(불)	마땅히 지급하여야 할 것을 지급하지 못하고 미룸. 예 체불 노임
초미(焦眉)★ 탈(초), 눈썹(미) 동 초미지급(焦眉之急), 소미지급(燒眉之急)	눈썹에 불이 붙었다는 뜻으로, 매우 급함. 예 노사 양측의 견해차를 어떻게 좁히느냐가 초미의 관심사이다.
추대(推戴)★ 밀(추), 일(대)	윗사람으로 떠받듦. 예 임원들의 추대로 그는 회장이 되었다.
추서(追敍)★ 따를(추), 펼(서)	죽은 뒤에 관등을 올리거나 훈장 따위를 줌. 예 훈장 추서
추파(秋波) 가을(추), 물결(파)	1. 이성의 관심을 끌기 위하여 은근히 보내는 눈길 예 추파를 던지다. 2. 환심을 사려고 아첨하는 태도나 기색 예 신임 사장에게 추파를 던지다.
추호(秋毫)★ 가을(추), 터럭(호)	1. 가을철에 털갈이하여 새로 돋아난 짐승의 가는 털 2. (비유적으로) 매우 적거나 조금인 것 예 그의 결심은 추호도 흔들리지 않았다.
축수(祝壽) 빌(축), 목숨(수)	오래 살기를 빎. 예 산신령께 어머님의 축수를 기원하나이다.
치부(恥部)★ 부끄러울(치), 떼(부)	남에게 드러내고 싶지 아니한 부끄러운 부분 예 그는 자신의 치부까지 솔직히 말할 만큼 나를 신뢰했다.
친소(親疏) 친할(친), 소통할(소)	친함과 친하지 아니함. 예 임금께서는 신하에 대해서 친소를 두지 않으셨다.

ㅌ

토로(吐露)★ 토할(토), 이슬(로)	마음에 있는 것을 죄다 드러내어 말함. 예 그 소설은 현실적인 생활 사실의 적나라한 토로를 하고 있다.

ㅍ	
파장(波長) 물결(파), 길(장)	(비유적으로) 충격적인 일이 끼치는 영향 또는 그 영향이 미치는 정도나 동안 예 그의 발언은 정가에 미묘한 파장을 불러일으켰다.
파천황(破天荒) 깨뜨릴(파), 하늘(천), 거칠(황) 동 파벽(破僻)	이전에 아무도 하지 못한 일을 처음으로 해냄. 예 그것은 아무도 예측하지 못했던 파천황의 사태였다.
표백(漂白) 떠다닐(표), 흰(백) 유 바래기	종이나 피륙 따위를 바래거나 화학 약품으로 탈색하여 희게 함. 예 이 천은 잿물로 표백하면 깨끗하게 된다. ▶ **표백(表白)** 겉(표), 흰(백) 생각이나 태도 따위를 드러내어 밝힘. 예 그는 얼굴에 들떠 있는 감정의 표백을 감출 수가 없었다.
풍운(風雲) 바람(풍), 구름(운)	1. 바람과 구름 2. (비유적으로) 입신출세하여 큰일을 이룩하려는 희망 예 풍운의 뜻을 실현하다.

ㅎ	
한담(閑談) 한가할(한), 말씀(담)	심심하거나 한가할 때 나누는 이야기 또는 별로 중요하지 아니한 이야기 예 한담을 나누다.
할거(割據) 벨(할), 근거(거)	땅을 나누어 차지하고 굳게 지킴. 예 군웅이 할거하던 춘추 전국 시대
호가(呼價)[호까] 부를(호), 값(가)	팔거나 사려는 물건의 값을 부름. 예 사장은 처음 호가를 끝까지 번드치려고 하지 않았다.
혼동(混同) 섞을(혼), 한가지(동)	1. 구별하지 못하고 뒤섞어서 생각함. 예 잠이 다 깨지 않았는지 그는 현실과 꿈 사이에서 혼동을 일으켰다. 2. 서로 뒤섞이어 하나가 됨. ▶ **혼돈(混沌/渾沌)** 섞을(혼), 엉길(돈) 마구 뒤섞여 있어 갈피를 잡을 수 없음. 또는 그런 상태 예 외래문화의 무분별한 수입은 가치관의 혼돈을 초래하였다.
환희(歡喜) 기쁠(환), 기쁠(희)	매우 기뻐함. 또는 큰 기쁨 예 그들은 새로운 희망과 환희에 들떠 있었다.
회자(膾炙)★ 회(회), 구울(자)	회와 구운 고기라는 뜻으로, 칭찬을 받으며 사람의 입에 자주 오르내림. 예 그의 시가 인구에 회자되고 있다.
횡사(橫死) 가로(횡), 죽을(사)	뜻밖의 재앙으로 죽음. 예 비명에 횡사를 당하다.

확인문제

01 밑줄 친 말의 뜻풀이로 적절하지 않은 것은?

① 그의 언변은 <u>장족</u>으로 진보했다. → '기다랗게 생긴 다리라는 뜻으로, 사물의 발전이나 진행이 매우 빠름.'을 의미한다.
② 경기가 끝나자 관객들이 <u>봇물</u> 터지듯 쏟아져 나왔다. → '보에 괸 물 또는 거기서 흘러내리는 물'의 의미로, '터지다'와 결합하여 쓰인다.
③ <u>어안</u>이 벙벙해 있던 식구들은 다시 한번 깜짝 놀랐다. → '물고기의 눈'의 의미로, '벙벙하다'와 어울려 '놀랍거나 어리둥절함.'을 의미한다.
④ 그들이 수십 년 쌓아 온 그의 <u>아성</u>을 무너뜨렸다. → '주장(主將)이 거처하는 성이라는 뜻으로, 아주 중요한 근거지'를 의미한다.
⑤ 그의 결심은 <u>추호</u>도 흔들리지 않았다. → '가을철에 털갈이하여 새로 돋아난 짐승의 가는 털이 매우 가늘다는 뜻으로, 매우 적거나 조금인 것'을 의미한다.

해설 ③의 '어안'은 '어이없어 말을 못하고 있는 혀 안'이라는 뜻으로, 주로 관용구 '어안이 막히다'의 형태로 쓰인다. '물고기의 눈'을 의미하는 단어는 '어안(魚眼)'이다.
정답 ③

02 밑줄 친 단어와 풀이가 적절하지 않은 것은?

① <u>소정(小定)</u>의 절차를 밟아 접수했다. → 아주 적은 양
② 영화관은 관객들로 <u>입추(立錐)</u>의 여지가 없었다. → 송곳을 세움.
③ 그는 떠나면서 <u>철석(鐵石)</u>같은 맹세를 했다. → 쇠와 돌처럼 굳고 단단함.
④ 그는 문학에 남다른 <u>두각(頭角)</u>을 나타냈다. → 짐승의 머리에 있는 뿔처럼, 학식과 재능이 뛰어남.
⑤ 그 사람은 참 <u>비위(脾胃)</u>를 맞추기가 어렵다. → 지라와 위를 통틀어 이르는 말로, 아니꼽고 싫은 일을 견디어 내는 성미

해설 ①에 적절한 단어는 '소정(所定)'으로 '정해진 바'를 의미한다.
정답 ①

03 한자어의 사전적 뜻풀이로 옳지 않은 것은?

① 전복(顚覆): 차나 배 따위가 뒤집힘.
② 간구(懇求): 구하기 힘든 것을 억지로 구함.
③ 확진(確診): 확실하게 진단을 함. 또는 그 진단
④ 갹출(醵出): 같은 목적을 위하여 여러 사람이 돈을 나누어 냄.
⑤ 분간(分揀): 사물이나 사람의 옳고 그름, 좋고 나쁨 따위와 그 정체를 구별하거나 가려서 앎.

해설 '구하기 힘든 것을 억지로 구함.'을 의미하는 단어는 '강구(強求)'이다. '간구(懇求)'는 '간절히 바람.'을 의미한다.
정답 ②

04 한자어의 사전적 뜻풀이로 옳지 않은 것은?

① 표백(表白): 생각이나 태도 따위를 드러내어 밝힘.
② 간격(間隔): 두 가지 사건, 두 가지 현상 사이의 틈
③ 자처(自處): 자기를 어떤 사람으로 여겨 그렇게 처신함.
④ 상쇄(相殺): 상반되는 것이 서로 영향을 주어 효과가 없어지는 일
⑤ 예진(豫診): 환자의 병을 자세하게 진찰하기 전에 미리 간단하게 진찰하는 일 또는 그렇게 하는 진찰

해설 '두 가지 사건, 두 가지 현상 사이의 틈'을 의미하는 단어는 '간극(間隙)'이다. '간격(間隔)'은 '시·공간적으로 벌어진 사이, 사람들의 관계가 벌어진 정도, 사물 사이의 관계에 생긴 틈'을 의미한다.
정답 ②

05 한자어의 사전적 뜻풀이로 옳지 않은 것은?

① 불명(不明): 분명하지 아니함.
② 추대(推戴): 윗사람으로 떠받듦.
③ 망라(網羅): 널리 받아들여 모두 포함함.
④ 감응(感應): 어떤 느낌을 받아 마음이 따라 움직임.
⑤ 회자(膾炙): 이전 사람의 그릇된 일이나 행동의 자취를 이르는 말

해설 '이전 사람의 그릇된 일이나 행동의 자취를 이르는 말'은 '전철(前轍)'이다. '회자(膾炙)'는 '회와 구운 고기라는 뜻으로, 칭찬을 받으며 사람의 입에 자주 오르내림.'을 의미한다.
정답 ⑤

제2절 문맥적 의미

기출 미리보기

1. 한자어의 뜻과 문맥적 쓰임
2. 동음이의어의 구별

◉ 발음에 유의해야 할 단어는 발음을 표시합니다.
◉ → 이후의 단어는 순화어를 뜻합니다.

	ㄱ
가관(可觀)★ 옳을(가), 볼(관)	1. 꼴이 볼만하다는 뜻으로, 남의 언행이나 어떤 상태를 비웃음을 이름. 예 잘난 체하는 꼴이 정말 가관이다. 2. 경치 따위가 꽤 볼 만함. 예 내장산의 단풍은 참으로 가관이지.
간과(看過) 볼(간), 지날(과)	큰 관심 없이 대강 보아 넘김. 예 청소년 문제에 대한 간과는 더 큰 사회 문제를 야기할 수 있다.
간주(看做)★ 볼(간), 지을(주)	상태, 모양, 성질 따위가 그와 같다고 봄. 또는 그렇다고 여김. 예 고대인들은 자연적 현상을 신의 행위로 간주하였다.
간파(看破) 볼(간), 깨뜨릴(파)	속내를 꿰뚫어 알아차림. 예 그는 상대의 단점을 간파했다.
강구(講究) 외울(강), 연구할(구)	좋은 대책과 방법을 궁리하여 찾아내거나 좋은 대책을 세움. 예 늘어나는 성인병에 대한 대책의 강구가 시급하다.
개량(改良)[개ː량] 고칠(개), 어질(량)	나쁜 점을 보완하여 더 좋게 고침. 예 농사 방법의 개량에 힘을 쓰다. ▶ **개선(改善)** 고칠(개), 착할(선) 잘못된 것이나 부족한 것, 나쁜 것 따위를 고쳐 더 좋게 만듦. 예 입시 제도의 개선이 시급하다.
개발(開發)★ 열(개), 필(발)	1. 토지나 천연자원 따위를 유용하게 만듦. 예 우리 고향이 주요 개발 대상지로 선정되었다. 2. 지식이나 재능 따위를 발달하게 함. 예 자신의 능력 개발 3. 산업이나 경제 따위를 발전하게 함. 예 경제 개발 5개년 계획 4. 새로운 물건을 만들거나 새로운 생각을 내어놓음. 예 신제품 개발 ▶ **계발(啓發)★** 열(계), 필(발) 슬기나 재능, 사상 따위를 일깨워 줌. 예 평소에 자기 계발을 계속한 사람은 좋은 기회가 왔을 때에 그것을 잡을 수 있다.

단어	뜻
개재(介在)★ [개:재] 낄(개), 있을(재)	어떤 것들 사이에 끼여 있음. → '끼어듦', '끼여 있음' 예 사적 감정의 개재가 이 일의 변수이다.
	▶ 게재(揭載)★[게:재] 걸(게), 실을(재) 글이나 그림 따위를 신문이나 잡지 따위에 실음. 예 사과문 게재 ▶ 계제(階梯)[계제/게제] 섬돌(계), 사다리(제) 1. 사다리라는 뜻으로, (비유적으로) 일이 되어 가는 순서나 절차 예 계제를 밟다. 2. 어떤 일을 할 수 있게 된 형편이나 기회 예 변명할 계제가 없었다.
격양(激揚) 과격할(격), 오를(양)	기운이나 감정 따위가 세차게 일어나 들날림. 예 선거 유세장에 모인 사람들의 얼굴에는 격양의 빛이 만연했다.
	▶ 격앙(激昂) 과격할(격), 밝을(앙) 기운이나 감정 따위가 격렬히 일어나 높아짐. 예 너무도 화가 난 나머지 한동안 격앙 상태에서 벗어나지 못했다.
결재(決裁)★ 결단할(결), 마를(재)	결정할 권한이 있는 상관이 부하가 제출한 안건을 검토하여 허가하거나 승인함. → '재가(裁可)' 예 결재 서류
	▶ 결제(決濟)★ 결단할(결), 건널(제) 대금을 주고받아 거래 관계를 마치는 일 예 카드로 결제하다.
경과(經過) 지날(경), 지날(과)	1. 시간이 지나감. 예 십여 년의 경과로 해서 사정들이 많이 달라졌다. 2. 어떤 단계나 시기, 장소를 거침. 예 같은 경과를 되풀이하다. 3. 일이 되어 가는 과정 예 수술의 경과가 매우 좋다.
경륜(經綸) 지날(경), 벼리(륜)	일정한 포부를 가지고 일을 조직적으로 계획함. 또는 그 계획이나 포부 예 그의 말은 모두 오랜 인생 경륜에서 우러나오는 것이다.
경질(更迭/更佚)★ 고칠(경), 번갈아들(질)	어떤 직위에 있는 사람을 다른 사람으로 바꿈. 예 정부는 이번 일로 장관 경질을 단행하기로 했다.
고시(告示)★[고:시] 고할(고), 보일(시)	글로 써서 게시하여 널리 알림. 주로 행정 기관에서 일반 국민들을 대상으로 어떤 내용을 알리는 경우를 이름. 예 엽서를 만들 때는 종이의 질, 두께, 크기 등이 정부 고시 요건에 맞아야 한다.
	▶ 고지(告知)[고:지] 고할(고), 알(지) 게시나 글을 통하여 알림. 예 결과가 나오면 집으로 고지 좀 해 주세요.
고적(孤寂) 외로울(고), 고요할(적)	외롭고 쓸쓸함. 예 동포들은 이국땅에서 고적을 느끼며 살아왔다.
곤혹(困惑)★ 곤할(곤), 미혹할(혹)	곤란한 일을 당하여 어찌할 바를 모름. 예 예기치 못한 질문에 곤혹을 느끼다.
공포(公布)★ 공평할(공), 베(포)	일반 대중에게 널리 알림. 예 정부는 정책을 국민들에게 공포했다.
	▶ 공표(公表) 공평할(공), 겉(표) 여러 사람에게 널리 드러내어 알림 → '공개 발표', '발표' 예 학회는 결정적 증거가 나오기 전까지 새 학설의 공표를 미뤘다.

관점(觀點) 볼(관), 점(점)	사물이나 현상을 관찰할 때, 그 사람이 보고 생각하는 태도나 방향 또는 처지 예 나는 그와 사건에 대한 관점이 다르다.
괘념(掛念) 걸(괘), 생각(념)	마음에 두고 걱정하거나 잊지 않음. 예 급한 일이 있으면 괘념 말고 가 보게.
구분(區分)★ 구분할(구), 나눌(분)	일정한 기준에 따라 전체를 몇 개로 갈라 나눔. 예 서정시와 서사시의 구분은 상대적일 뿐이다.
구조(構造)★ 얽을(구), 지을(조)	부분이나 요소가 어떤 전체를 짜 이룸. 또는 그렇게 이루어진 얼개 예 가옥 구조
구현(具現) 갖출(구), 나타날(현)	어떤 내용이 구체적인 사실로 나타나게 함. 예 정의 사회의 구현을 위해 끊임없이 노력해야 한다.
규탄(糾彈) 얽힐(규), 탄알(탄)	잘못이나 옳지 못한 일을 잡아내어 따지고 나무람. 예 테러 단체를 규탄하는 결의안이 통과되었다.
금기(禁忌) 금할(금), 꺼릴(기)	마음에 꺼려서 하지 않거나 피함. 예 어떤 말에 대한 강제적인 금기는 오히려 유혹적이다.
금도(襟度) 옷깃(금), 법도(도)	다른 사람을 포용할 만한 도량 예 병사들은 장군의 장수다운 배포와 금도에 감격하였다.
기고(寄稿) 부칠(기), 원고(고)	신문, 잡지 따위에 싣기 위하여 원고를 써서 보냄. 또는 그 원고 예 그 글은 잡지 기고로는 너무 길었다.
기술(記述) 기록할(기), 펼(술)	대상이나 과정의 내용과 특징을 있는 그대로 열거하거나 기록하여 서술함. 또는 그런 기록 예 이 책은 사료에 대한 철저한 해석과 객관적인 기술로 유명하다.
기우(杞憂) 구기자(기), 근심(우)	앞일에 대해 쓸데없는 걱정을 함. 또는 그 걱정 예 마을 사람들의 예단은 터무니없는 기우임이 드러났다.
기조(基調) 터(기), 고를(조)	사상, 작품, 학설 따위에 일관해서 흐르는 기본적인 경향이나 방향 예 그의 초기 작품은 인간성 회복을 기조로 삼고 있다.
기탄(忌憚) 꺼릴(기), 꺼릴(탄)	어렵게 여겨 꺼림. 예 그는 아무런 기탄이 없이 말을 이었다.
기한(期限)★ 기약할(기), 한정할(한)	미리 한정하여 놓은 시기 → '마감' 예 납품 기한

ㄴ

난삽(難澁) 어려울(난), 떫을(삽)	글이나 말이 매끄럽지 못하면서 어렵고 까다로움. 예 한 문장 안에 수식어가 필요 이상으로 많으면 난삽한 글이 된다. ▶ **난해(難解)★** 어려울(난), 풀(해) 1. 뜻을 이해하기 어려움. 예 그의 시는 난해하기로 유명하다. 2. 풀거나 해결하기 어렵다. 예 이 미분 방정식은 유난히 난해하다.

납량(納凉)[남냥]★ 들일(납), 서늘할(량)	여름철에 더위를 피하여 서늘한 기운을 느낌. 예 납량 특집극
낭보(朗報) 밝을(낭), 갚을(보)	기쁜 기별이나 소식 예 세계 대회에서 우리나라 농구 팀이 우승했다는 낭보가 전해졌다.
누락(漏落) 샐(루), 떨어질(락)	기입되어야 할 것이 기록에서 빠짐. 또는 그렇게 되게 함. 예 행여나 장부에 누락이 생기지 않도록 철저히 점검해라.
누적(累積) 여러(루), 쌓을(적)	포개어 여러 번 쌓음. 또는 포개져 여러 번 쌓임(저절로 쌓임). 예 피로 누적 ▶ 축적(蓄積) 모을(축), 쌓을(적) 지식, 경험, 자금 따위를 모아서 쌓음. 또는 모아서 쌓은 것(의도적으로 쌓음) 예 부를 축적하다.

ㄷ

단합(團合) 둥글(단), 합할(합) 동 단결(團結)	많은 사람이 마음과 힘을 한데 뭉침. 예 우리 팀은 단합이 잘된다. ▶ 담합(談合)★ 말씀(담), 합할(합) 서로 의논하여 합의함. 예 누나와 그들 사이엔 이미 모종의 담합이 있는 게 아닌가 생각될 정도였다.
대처(對處) 대할(대), 곳(처)	어떤 정세나 사건에 대하여 알맞은 조치를 취함. 예 강력한 대처를 촉구하다. ▶ 대비(對備) 대할(대), 갖출(비) 앞으로 일어날지도 모르는 어떠한 일에 대응하기 위하여 미리 준비함. 또는 그런 준비 예 학생들은 중간고사 대비에 힘을 쏟았다. / 노후 대비
도태(淘汰/陶汰) 씻을(도), 가려 뽑을(태)	1. 물건을 물에 넣고 일어서 좋은 것만 골라내고 불필요한 것을 가려서 버림. 2. 여럿 중에서 불필요하거나 부적당한 것을 줄여 없앰. 예 우리는 치열한 경쟁 사회에서 도태되지 않기 위해 열심히 일했다.
돌출(突出) 갑자기(돌), 날(출)	예기치 못하게 갑자기 쑥 나오거나 불거짐. 예 돌출 발언
두서(頭緖) 머리(두), 실마리(서)	일의 차례나 갈피 예 일의 두서를 가리다.

ㅁ

막후(幕後) 장막(막), 뒤(후)	겉으로 드러나지 않은 뒷면 예 막후에서 영향력을 행사하다.
만끽(滿喫) 찰(만), 먹을(끽)	1. 마음껏 먹고 마심. 예 이번 여행에서 그는 세계 각국의 산해진미를 만끽했다. 2. 욕망을 마음껏 충족함. 예 자유가 박탈되어 본 사람만이 자유의 진정한 기쁨을 만끽할 수 있다.
망라(網羅)[망나] 그물(망), 벌일(라)	'물고기나 새를 잡는 그물'이라는 뜻으로, 널리 받아들여 모두 포함함을 이름. 예 민간단체와 환경 단체들까지 망라를 하여 참석한 가운데 환경 정비가 이루어졌다.

면모(面貌) 낯(면), 모양(모)	사람이나 사물의 겉모습 또는 그 됨됨이 예 그는 귀공자다운 면모를 풍기는 사람이었다.
면목(面目)★ 낯(면), 눈(목) 통 낯	1. 얼굴의 생김새 2. 남을 대할 만한 체면 예 면목을 세우다. 3. 사람이나 사물의 겉모습 예 서울은 세계적인 도시의 면목을 지녔다.
모골(毛骨) 터럭(모), 뼈(골)	털과 뼈 예 무서운 얘기를 듣고 나는 모골이 송연해졌다.
몰각(沒却) 빠질(몰), 물리칠(각)	1. 아주 없애 버림. 예 옛날 생활의 흔적들이 모두 몰각되고 말았다. 2. 무시해 버림. 예 개성이 몰각된 사회
묵인(默認)★ 잠잠할(묵), 알(인)	모르는 체하고 하려는 대로 내버려 둠으로써 슬며시 인정함. → '넘겨 버림', '알고도 넘겨 버림' 예 그는 상급자의 묵인 아래 부정을 저질렀다.

ㅂ	
반추(反芻) 돌이킬(반), 꼴(추)	어떤 일을 되풀이하여 음미하거나 생각함. 또는 그런 일 예 그는 자신의 비극을 지금 반추하고 있는 것이다.
반향(反響) 돌이킬(반), 소리 울릴(향)	어떤 사건이나 발표 따위가 세상에 영향을 미치어 일어나는 반응 예 그의 논문은 학계에 큰 반향을 불러일으켰다.
발군(拔群) 뽑을(발), 무리(군)	여럿 가운데에서 특별히 뛰어남. 예 그 학생은 여러 학생 가운데 발군의 성적을 보였다.
발발(勃發) 노할(발), 필(발)	전쟁이나 큰 사건 따위가 갑자기 일어남. 예 6·25 전쟁 발발
방역(防疫) 막을(방), 염병(역)	감염병이 발생하거나 유행하는 것을 미리 막는 일 예 방역 대책을 세우다.
방출(放出)[방ː출] 놓을(방), 날(출)	비축하여 놓은 것을 내놓음. 예 은행의 자금 방출로 기업의 숨통이 조금 트였다. ▶ 배출(排出) 밀칠(배), 날(출) 안에서 밖으로 밀어 내보냄. 예 쓰레기 종량제가 실시되자 쓰레기의 배출이 크게 줄었다.
배알(拜謁) 절(배), 뵐(알)	지위가 높거나 존경하는 사람을 찾아가 뵘. 예 황제께 배알을 청하다.
배치(背馳) 등배(배), 달릴(치)	서로 반대로 되어 어그러지거나 어긋남. 예 그는 말과 행동이 배치된 삶을 살고 있다.
배포(配布)[배ː포] 나눌(배), 펼(포)	신문이나 책자 따위를 널리 나누어 줌. 예 광고 전단 배포를 마쳤다. ▶ 배부(配付)[배ː부] 나눌(배), 줄(부) 출판물이나 서류 따위를 나누어 줌. 예 도서 배부 / 입사 원서 배부
별세(別世)[별ː쎄] 나눌(별), 인간(세)	윗사람이 세상을 떠남. 예 조부모님의 별세를 알리는 전보가 왔다.

단어	뜻
보강(補强)★ 도울(보), 강할(강)	보태거나 채워서 본디보다 더 튼튼하게 함. 예 그는 체력 보강에 힘썼다. ▶ 보완(補完) 도울(보), 완전할(완) 모자라거나 부족한 것을 보충하여 완전하게 함. 예 문제점 보완을 위하여 최선을 다하였다. ▶ 보조(補助) 도울(보), 도울(조) 1. 보태어 도움. 예 국가에서 보조를 받다. 2. 주되는 것에 상대하여 거들거나 도움. 또는 그런 사람 예 주방에 보조를 두 명 두고 일했다. ▶ 보충(補充) 도울(보), 채울(충) 부족한 것을 보태어 채움. 예 보충 교육
보무(步武)[보:무] 걸음(보), 무인(무)	위엄 있고 활기 있게 걷는 걸음 예 1등을 한 그는 보무도 당당하게 집을 나섰다.
부각(浮刻) 뜰(부), 새길(각)	어떤 사물을 특징지어 두드러지게 함. 예 선거 때 입후보자의 이미지 부각을 위해 여러 가지 방법이 동원되고 있다.
부여(附與)[부:여] 붙을(부), 줄(여)	사람에게 권리·명예·임무 따위를 지니도록 해 주거나, 사물이나 일에 가치·의의 따위를 붙여 줌. 예 임무 부여
부침(浮沈) 뜰(부), 잠길(침)	(비유적으로) 세력 따위가 성하고 쇠함. 예 당쟁으로 인한 세력의 부침
불고(不顧) 아닐(불), 돌아볼(고)	돌아보지 아니함. 예 그는 염치 불고하고 아버지 옆에 비집고 누웠다.
불식(拂拭) 떨칠(불), 씻을(식)	먼지를 떨고 훔친다는 뜻으로, 의심이나 부조리한 점 따위를 말끔히 떨어 없앰. 예 그들의 부패 의혹은 해명에도 불구하고 불식되지 않았다.
비치(備置)[비:치] 갖출(비), 둘(치)	마련하여 갖추어 둠. 예 도서관에는 다양한 도서가 비치되어 있다.

ㅅ

단어	뜻
사단(事端)[사:단] 일(사), 끝(단)	사건의 단서 또는 일의 실마리 예 지금은 앞으로의 일에 대한 사단을 구하는 작업이 우선 중요하다.
사사(師事)★ 스승(사), 일(사)	스승으로 섬김. 또는 스승으로 삼고 가르침을 받음. 예 소월은 김억에게 시를 사사했다.
사장(死藏) 죽을(사), 감출(장)	사물 따위를 필요한 곳에 활용하지 않고 썩혀 둠. 예 사장된 이론이 다시 부활하다.
사활(死活) 죽을(사), 살(활)	(비유적으로) 죽기와 살기라는 뜻으로, 어떤 중대한 문제 예 이번 제품에 우리 회사의 사활을 걸었다.
산화(散華) 흩을(산), 빛날(화)	1. 어떤 대상이나 목적을 위하여 목숨을 바침. 예 꽃다운 목숨을 전장에서 산화한 장군 2. 〈불교〉 꽃을 뿌리며 부처를 공양하는 일

선친(先親) 먼저(선), 친할(친)	남에게 돌아가신 자기 아버지를 이름. 예 오늘 선친의 제사가 있어서 일찍 들어가야 합니다.	
소환(召還) 부를(소), 돌아올(환)	국제법에서, 본국에서 외국에 파견한 외교 사절이나 영사를 불러들이는 일 예 본국에서 주일 대사를 소환했다.	
수리(修理) 닦을(수), 다스릴(리)	고장 나거나 허름한 데를 손보아 고침. 예 자전거를 수리하다. ▶ **수선(修繕)** ★ 닦을(수), 기울(선) 낡거나 헌 물건을 고침. 예 옷 수선	
수습(收拾) 거둘(수), 주울(습)	1. 흩어진 재산이나 물건을 거두어 정돈함. 예 유품 수습 2. 어수선한 사태를 거두어 바로잡음. 예 사태가 악화되어 수습이 불가능하다. 3. 어지러운 마음을 가라앉히어 바로잡음. 예 어지러운 민심 수습	
수작(酬酌) 갚을(수), 술 부을(작)	1. 술잔을 서로 주고받음. 예 그는 나와 수작이라도 하려는 심산으로 가게에 들어섰다. 2. 서로 말을 주고받음. 또는 그 말 예 사내들은 앞뒤로 수작을 주고받았다. 3. 남의 말이나 행동, 계획을 낮잡아 이름. 예 속이 빤히 보이는 수작에 넘어가다.	
슬하(膝下) ★ 무릎(슬), 아래(하)	'무릎의 아래'라는 뜻으로, 어버이나 조부모의 보살핌 아래. 주로 부모의 보호를 받는 테두리 안을 이름. 예 슬하에 자녀는 몇이나 두었소?	
식언(食言) 먹을(식), 말씀(언)	한번 입 밖에 낸 말을 도로 입속에 넣는다는 뜻으로, 약속한 말대로 지키지 아니함. 예 식언을 밥 먹듯 하다.	

ㅇ

영유(領有) 거느릴(영), 있을(유)	자기의 것으로 차지하여 가짐. 예 이 섬의 영유를 위하여 여러 나라가 각축하고 있다.
왜곡(歪曲) 기울(왜), 굽을(곡)	사실과 다르게 해석하거나 그릇되게 함. 예 이것은 분명 역사의 왜곡이다.
유례(類例) ★ 무리(유), 법식(례)	1. 같거나 비슷한 예 그들의 잔혹한 통치 정책은 세계에서 유례를 찾기 힘든 것이다. 2. 이전부터 있었던 사례 예 역사상 유례가 없는 이변
유숙(留宿) 머무를(유), 잠잘(숙)	남의 집에서 묵음. 예 수희는 방학 동안 시골에 있는 삼촌 댁에서 유숙하기로 했다.
인멸(湮滅/堙滅) 묻힐(인), 꺼질(멸)	자취도 없이 모두 없어짐. 또는 그렇게 없앰. 예 수사가 시작되자 증거 인멸을 시도했다.
인용(引用) 끌(인), 쓸(용)	남의 말이나 글을 자신의 말이나 글 속에 끌어 씀. 예 이 인용은 문맥상 적절하지 못한 것으로 보인다. ▶ **인용(認容)** 알(인), 얼굴(용) 인정하여 용납함. 예 나는 너의 독단적인 행동을 인용할 수 없다.

제3장 한자어와 한자성어

인수(引受) 끌(인), 받을(수) 반 인계(引繼)★	물건이나 권리를 건네받음. → '넘겨받음' 예 물품에 하자가 많아서 인수를 거부했다.
	▶ 인계(引繼) 끌(인), 이을(계) 하던 일이나 물품을 넘겨주거나 넘겨받음. → '넘겨줌' 예 물품 인계는 예정대로 내일 아침에 되겠습니까?
일절(一切) 하나(일), 끊을(절)	아주, 전혀, 절대로의 뜻으로, 흔히 행위를 그치게 하거나 어떤 일을 하지 않을 때에 쓰는 말 예 그는 고향을 떠난 후로 연락을 일절 끊었다.
	▶ 일체(一切) 하나(일), 모두(체) 모든 것 예 그에 따른 일체의 비용은 회사가 부담한다.
임대(賃貸)★ 품삯(임), 빌릴(대) 반 임차(賃借)	돈을 받고 자기의 물건을 남에게 빌려줌. 예 건물주가 건물을 싼 값에 임대하다.
	▶ 임차(賃借)[임ː차] 품삯(임), 빌릴(차) 돈을 내고 남의 물건을 빌려 씀. → '세냄' 예 사무실을 임차해서 가게를 열었다.

ㅈ

자작(自酌) 스스로(자), 술 부을(작)	자기 스스로 술을 따라 마심. 예 자작으로 잔을 비우다.
자청(自請) 스스로(자), 청할(청)	어떤 일에 나서기를 스스로 청함. 예 그는 그 일을 맡겠다고 자청을 하고 나섰다.
작렬(炸裂)[장녈] 터질(작), 찢을(렬)	1. 포탄 따위가 터져서 쫙 퍼짐. 예 포성 소리가 작렬하다. 2. (비유적으로) 박수 소리나 운동 경기에서의 공격 따위가 포탄이 터지듯 극렬하게 터져 나옴. 예 폭죽 같은 홈런의 작렬
	▶ 작열(灼熱)[장녈] 불사를(작), 더울(열) 1. 불 따위가 이글이글 뜨겁게 타오름. 예 바닷가에서 작열하는 태양 때문에 피부가 화상을 입었다. 2. (비유적으로) 몹시 흥분하거나 하여 이글거리듯 들끓음.
잡기(雜技) 섞일(잡), 재주(기)	잡다한 놀이의 기술이나 재주 예 그는 잡기에 능해서 사람들에게 인기가 많다.
재연(再演)★[재ː연] 거듭(재), 펼(연)	1. 연극이나 영화 따위를 다시 상연함. 2. 한 번 하였던 행위나 일을 다시 되풀이함. 예 현장 재연
	▶ 재현(再現)★ 거듭(재), 나타날(현) 다시 나타남. 또는 다시 나타냄. 예 20세기에 들어와서 미술은 재현, 즉 모방을 버리고 표현을 하기 시작했다.
재원(才媛)★ 재주(재), 여자(원)	재주가 뛰어난 젊은 여자 예 그녀는 미모와 폭넓은 교양을 갖춘 재원이다.

전용(專用) 오로지(전), 쓸(용)	특정한 목적으로 일정한 부문에만 한하여 씀. 예 버스 <u>전용</u> 차선	
	▶ **전용(轉用)** 구를(전), 쓸(용) 예정되어 있는 곳에 쓰지 아니하고 다른 데로 돌려서 씀. 예 학교 운동장을 주차장으로도 <u>전용</u>하자.	
접수(接受) 이을(접), 받을(수)	1. 신청이나 신고 따위를 구두(口頭)나 문서로 받음. 예 서류 <u>접수</u>는 이달 말까지만 가능하다. 2. 돈이나 물건 따위를 받음. 예 은행 <u>접수</u> 마감 시간이 다 됐다.	
제청(提請) 끌(제), 청할(청)	어떤 안건을 제시하여 결정하여 달라고 청구함. 예 국무 위원은 국무총리의 <u>제청</u>으로 대통령이 임명한다.	
조장(助長) 도울(조), 길(장)	바람직하지 않은 일을 더 심해지도록 부추김. 예 사행심 <u>조장</u> / 과소비 <u>조장</u>	
좌천(左遷) 왼(좌), 옮길(천)	낮은 관직이나 지위로 떨어지거나 외직으로 전근됨. 예 사장은 책임자에게 책임을 물어 시말서를 쓰게 하고 좌천을 시켰다.	
	▶ **강등(降等)** 내릴(강), 무리(등) 등급이나 계급 따위가 낮아짐. 또는 등급이나 계급 따위를 낮춤. 예 그는 중령에서 소령으로 <u>강등</u>되었다.	
진상(眞相) 참(진), 서로(상)	사물이나 현상의 거짓 없는 모습이나 내용 → '참된 모습' 예 검찰은 사건에 대한 <u>진상</u>을 조사하기로 하였다.	
	▶ **진상(眞想)** 참(진), 생각(상) 참된 생각 예 그는 <u>진상</u>을 가진 사람이다.	
진수(眞髓)★ 참(진), 뼛골(수)	사물이나 현상의 가장 중요하고 본질적인 부분 예 이것이 바로 문학의 <u>진수</u>이다.	
집약(集約) 모을(집), 맺을(약)	한데 모아서 요약함. 예 그는 세상을 물질과 정신, 이 두 가지로 <u>집약</u>을 하였다.	
징발(徵發) 부를(징), 필(발)	남에게 물품을 강제적으로 모아 거둠. 예 반군은 점령지 주민들로부터 각종 물자의 <u>징발</u>을 시작했다.	

ㅊ

착종(錯綜) 어긋날(착), 모을(종)	이것저것이 뒤섞여 엉클어짐. 예 현실과 이상의 <u>착종</u> 속에서 갈등을 겪다.	
참가(參加)★ 참여할(참), 더할(가)	모임이나 단체 또는 일에 관계하여 들어감. 예 이번 대회는 <u>참가</u>에 의의가 있다.	
	▶ **참여(參與)** 참여할(참), 줄(여) 어떤 일에 끼어들어 관계함. 예 홍보 부족인지 사람들의 <u>참여</u>가 너무 적었다. ▶ **참석(參席)** 참여할(참), 자리(석) 모임이나 회의 따위의 자리에 참여함. 예 선약이 있어서 그 모임에 <u>참석</u>이 어렵게 되었다.	

채근(採根)★ 캘(채), 뿌리(근)	1. 식물의 뿌리를 캐냄. 2. 어떤 일의 내용·원인·근원 따위를 캐어 알아냄. 예 지금까지 채근을 해 본 바로 그는 이 사건과 무관하다. 3. 어떻게 행동하기를 따지어 독촉함. 예 아내의 채근이 성화같다.
처방(處方)★ 곳(처), 본뜰(방)	1. 병을 치료하기 위하여 증상에 따라 약을 짓는 방법 예 처방에 따라 약국에 가서 약을 지었다. 2. 일정한 문제를 처리하는 방법 ▶ 처치(處置)★ 곳(처), 둘(치) 1. 일을 감당하여 처리함. 예 사람을 제대로 공정하게 처치를 해야 일이 온전하게 밝아질 것입니다. 2. 처리하여 없애거나 죽여 버림. 예 쓰레기가 집앞에 잔뜩 쌓여 있는데 처치 곤란이다.
체계(體系)★ 몸(체), 맬(계)	일정한 원리에 따라서 낱낱의 부분이 짜임새 있게 조직되어 통일된 전체 예 명령 체계
초록(抄錄) 뽑을(초), 기록할(록)	필요한 부분만을 뽑아서 적음. 또는 그런 기록. 예 마지막으로 논문의 초록을 영문으로 작성했다.
촉탁(囑託)★ 부탁할(촉), 부탁할(탁)	일을 부탁하여 맡김. 예 그는 남에게 촉탁된 일까지도 도와주는 사람이다.
추돌(追突) 쫓을(추), 갑자기(돌)	자동차나 기차 따위가 뒤에서 들이받음. 예 버스와 자동차 두 대가 부딪치는 삼중 추돌이 일어났다. ▶ 충돌(衝突) 찌를(충), 갑자기(돌) 서로 맞부딪치거나 맞섬. 예 온건파와 개혁파의 충돌
추모(追慕) 쫓을(추), 그릴(모)	죽은 사람을 그리며 생각함. 예 별세한 전 대통령의 추모를 위한 행렬로 도로가 가득찼다.
추징(追徵) 쫓을(추), 부를(징)	부족한 것을 뒤에 추가하여 징수함. 예 세무조사를 통해 세금을 추징하다.
축출(逐出)★ 쫓을(축), 날(출)	쫓아내거나 몰아냄. 예 당 지도부는 뇌물죄로 사법 처리를 당한 의원들의 축출을 결의하였다.
출시(出市) 날(출), 저자(시)	상품이 시중에 나옴. 또는 상품을 시중에 내보냄. 예 우리 회사는 새 제품 출시를 앞두고 있다. ▶ 전시(展示)[전:시] 펼(전), 보일(시) 여러 가지 물품을 한곳에 벌여 놓고 보임. 예 이번 달로 미술품 전시가 끝난다.
출현(出現) 날(출), 나타날(현)	나타나거나 또는 나타나서 보임. 예 뜻하지 않은 그의 출현이 우리를 몹시 놀라게 했다. ▶ 출연(出演) 날(출), 펼(연) 연기, 공연, 연설 따위를 하기 위하여 무대나 연단에 나감. 예 찬조 출연
치성(致誠) 이를(치), 정성(성)	1. 있는 정성을 다함. 또는 그 정성 예 병자를 치성으로 간호하다. 2. 신이나 부처에게 지성으로 빎. 또는 그런 일 예 치성을 올리다.

칩거(蟄居) 숨을(칩), 살(거)	나가서 활동하지 아니하고 집 안에만 틀어박혀 있음. 예 고향에서 나는 당분간 칩거를 각오했다.

ㅌ

타개(打開)[타:개] 칠(타), 열(개)	매우 어렵거나 막힌 일을 잘 처리하여 해결의 길을 엶. 예 경제 불황 타개를 위한 각종 대안이 제시되고 있다. ▶ **타계(他界)** 다를(타), 지경(계) 인간계를 떠나서 다른 세계로 간다는 뜻으로, 사람의 죽음 특히 귀인(貴人)의 죽음을 이름. 예 정정하시던 선생님의 갑작스러운 타계로 우리들은 큰 충격을 받았다.
탁견(卓見) 높을(탁), 볼(견)	두드러진 의견이나 견해 예 그는 환경 문제에 대해 탁견을 가지고 있다.
탈고(脫稿) 벗을(탈), 원고(고)	원고 쓰기를 마침. 예 작가는 몇 차례 수정 끝에 탈고의 기쁨을 맛보았다.

ㅍ

팽배(澎湃) 물소리(팽), 물결칠(배)	어떤 기세나 사조 따위가 매우 거세게 일어남. 예 우리 사회에 이기주의가 팽배하다.
품의(稟議) 여쭐(품), 의논할(의)	웃어른이나 상사에게 말이나 글로 여쭈어 의논함. 예 부장님께 사전에 품의를 했다.
풍조(風潮) 바람(풍), 밀물(조)	시대에 따라 변하는 세태 예 사회 전반의 사치 풍조에 대하여 걱정하는 목소리가 높다.
피력(披瀝) 헤칠(피), 스밀(력)	생각하는 것을 털어놓고 말함. 예 수상 소감의 피력

ㅎ

함양(涵養) 젖을(함), 기를(양)	능력이나 품성 따위를 길러 쌓거나 갖춤. 예 독서는 학생들의 지식과 정서 함양에 크게 이바지한다.
항간(巷間) 거리(항), 사이(간)	일반 사람들 사이 예 항간에 떠도는 소문
희한(稀罕)하다 드물(희), 드물(한)	매우 드물거나 신기하다. 예 사람들은 그를 희한하게 쳐다보았다.
힐문(詰問) 꾸짖을(힐), 물을(문)	트집을 잡아 따져 물음. 예 그것은 거의 힐문에 가까운 물음이었다.

확인문제

01 〈보기〉의 빈칸에 들어갈 단어를 바르게 짝 지은 것은?

● 보기 ●
- 올해는 과일값의 (㉠)이 특히 심했다.
- 가치관의 (㉡)(으)로 효에 대한 생각이 많이 달라졌다.
- 그 물건은 심하게 (㉢)을 겪어서 원래 형태를 찾아볼 수 없었다.

	㉠	㉡	㉢
①	변동(變動)	변형(變形)	변질(變質)
②	변동(變動)	변질(變質)	변형(變形)
③	변형(變形)	변질(變質)	변동(變動)
④	변별(辨別)	변동(變動)	변질(變質)
⑤	변질(變質)	변형(變形)	변별(辨別)

[해설] ㉠에는 '변동(變動)'이, ㉡에는 '변질(變質)'이, ㉢에는 '변형(變形)'이 들어가는 것이 적절하다.
- 변동(變動): 바뀌어 달라짐.
- 변별(辨別): 사물의 옳고 그름이나 좋고 나쁨을 가림. 세상에 대한 경험이나 식견에서 나오는 생각이나 판단
- 변질(變質): 성질이 달라지거나 물질의 질이 변함. 또는 그런 성질이나 물질
- 변형(變形): 모양이나 형태가 달라지거나 달라지게 함. 또는 그 달라진 형태

[정답] ②

02 밑줄 친 한자어의 쓰임이 옳은 것은?

① 우리는 이 건물을 2년째 임대(賃貸)해서 쓰고 있다.
② 우리에겐 그 사실을 뒤집을 만한 방증(傍證)이 없다.
③ 부장님께 수학여행 장소에 대한 결재(決裁)를 올렸다.
④ 그들은 척박한 황무지를 비옥한 건토(乾土)로 만들었다.
⑤ 버스가 급정거하는 바람에 자동차 두 대가 부딪치는 삼중 충돌(衝突)이 일어났다.

[해설] 문맥에 맞는 한자어의 사용을 묻는 문제이다. 특히 혼동하기 쉬운 한자어들의 의미를 정확하게 알아 두어야 한다. '결재(決裁)'는 '결정할 권한이 있는 상관이 부하가 제출한 안건을 검토하여 허가하거나 승인함.'의 의미로 문맥에 맞게 쓴 것이다.
① '임대(賃貸)'는 '돈을 받고 자기의 물건을 남에게 빌려주는 것'으로, 집주인의 입장에서 쓸 수 있는 말이다. '돈을 내고 남의 물건을 빌려 쓰는 것'은 '임차(賃借)'이다.
② '방증(傍證)'은 '사실을 직접 증명할 수 있는 증거가 되지는 않지만, 주변의 상황을 밝힘으로써 간접적으로 증명에 도움을 줌. 또는 그 증거'를 의미한다. 문맥에 맞는 것은 '어떤 사실이나 주장이 옳지 아니함을 그에 반대되는 근거를 들어 증명함. 또는 그런 증거'를 의미하는 단어인 '반증(反證)'이다.

④ '건토(乾土)'는 '땅이 기름지지 못하고 몹시 메마르다.'의 의미이며, '비옥하다'와 의미가 일치하는 단어는 '옥토(沃土)'이다.
⑤ '충돌(衝突)'은 '차가 서로 맞부딪치는 것'이고, '자동차나 기차 따위가 뒤에서 들이받은 것'은 '추돌(追突)'이 맞는 표현이다.

[정답] ③

03 밑줄 친 한자어의 쓰임이 적절하지 않은 것은?

① 아내의 <u>채근(採根)</u>이 성화같다.
② 언니의 옷을 <u>수선(修繕)</u>해서 입었다.
③ 사소한 일에도 그는 <u>힐문(詰問)</u>을 했다.
④ 국토를 잘 <u>보전(保全)</u>하여 후세에게 물려주어야 한다.
⑤ 그 팀은 신제품 <u>계발(啓發)</u>을 위해 밤낮으로 연구해야 했다.

[해설] '계발(啓發)'은 '슬기나 재능, 사상 따위를 일깨워 줌.'의 의미를 가지므로 문맥상 적절하지 않다. '새로운 물건을 만들거나 새로운 생각을 내어놓음.'의 의미가 있는 '개발(開發)'이 적절하다.
① 채근(採根): 어떻게 행동하기를 따지어 독촉함.
② 수선(修繕): 낡거나 헌 물건을 고치다.
③ 힐문(詰問): 트집을 잡아 따져 물음.
④ 보전(保全): 온전하게 보호하여 유지함.

[정답] ⑤

04 〈보기〉의 다음 문장에 해당하는 한자어로 적절한 것은?

─── ● 보기 ● ───

㉠ 주일 대사가 협상을 마치고 본국으로 돌아왔다.
㉡ 외교통상부에서 성명을 내는 등, 상응하는 조치를 취하고 있다.

	㉠	㉡		㉠	㉡
①	귀국(歸國)	응수(應酬)	②	귀국(歸國)	대처(對處)
③	귀국(歸國)	대비(對備)	④	소환(召還)	응수(應酬)
⑤	소환(召還)	대처(對處)			

[해설] '귀국(歸國)'과 '소환(召還)'은 스스로 돌아온 것인지, 타의에 의해 오게 된 것인지의 의미 차이가 있다. ㉠은 스스로 돌아온 것이므로 '귀국(歸國)'이 적절하다. ㉡은 '상응하는 조치'를 뜻하므로, 상대편의 말을 받아서 행하는 '응수(應酬)'가 적절하다.
• 귀국(歸國): 외국에 나가 있던 사람이 자기 나라로 돌아오거나 돌아감.
• 대비(對備): 앞으로 일어날지도 모르는 어떠한 일에 대응하기 위하여 미리 준비함. 또는 그런 준비
• 대처(對處): 어떤 정세나 사건에 대하여 알맞은 조치를 취함.
• 소환(召還): 국제법에서, 본국에서 외국에 파견한 외교 사절이나 영사를 불러들이는 일
• 응수(應酬): 상대편이 한 말이나 행동을 받아서 마주 응함.

[정답] ①

05 밑줄 친 한자어의 쓰임이 적절하지 않은 것은?

① 그는 현실과 꿈 사이에서 혼돈(混沌)을 일으켰다.
② 그는 넓은 아량(雅量)으로 부하 직원의 잘못을 용서했다.
③ 그 사람은 업무상의 실수 때문에 지방 분소로 좌천(左遷)되었다.
④ 한강과 낙동강의 수질은 5년 전에 비해 별로 개선(改善)된 것이 없다.
⑤ 그는 막후(幕後)에서 당을 움직이는 실세여서 총재도 그의 눈치를 살핀다.

해설 '혼돈(混沌)'은 '마구 뒤섞여 있어 갈피를 잡을 수 없음. 또는 그런 상태'의 의미를 가진다. 문맥에서는 현실과 꿈을 구별하지 못하는 것이므로, '구별하지 못하고 뒤섞어서 생각함.'의 의미를 가진 '혼동(混同)'이 적절하다. '혼동(混同)'은 구별해야 할 대상이 반드시 존재할 때 쓰일 수 있다. '혼돈(混沌)'은 다음과 같이 쓸 수 있다. 예 외래문화의 무분별한 수입은 가치관의 혼돈을 초래하였다.
② 아량(雅量): 너그럽고 속이 깊은 마음씨
③ 좌천(左遷): 낮은 관직이나 지위로 떨어지거나 외직으로 전근됨.
④ 개선(改善): 잘못된 것이나 부족한 것, 나쁜 것 따위를 고쳐 더 좋게 만듦.
⑤ 막후(幕後): 겉으로 드러나지 않은 뒷면

정답 ①

제3절 한자의 병기

기출 미리보기

1. 한자어의 음과 뜻
2. 동음이의어의 구별

⊙ 발음에 유의해야 할 단어는 발음을 표시합니다.
⊙ → 이후의 단어는 순화어를 뜻합니다.

ㄱ	
가령(假令) 거짓(가), 하여금(령)	1. 가정하여 말하여 예 가령 너에게 그런 행운이 온다면 너는 어떻게 하겠니? 2. 예를 들어 → '이를테면' 예 가령 다음과 같은 문장을 놓고 고찰해 보기로 하겠다.
각설(却說) 물리칠(각), 말씀(설) 동 차설(且說)	1. 말이나 글 따위에서, 이제까지 다루던 내용을 그만두고 화제를 다른 쪽으로 돌림. 예 자, 각설하고 어디 당신의 계획이나 들어 봅시다. 2. 주로 글 따위에서, 화제를 돌려 다른 이야기를 꺼낼 때, 앞서 이야기하던 내용을 그만 둔다는 뜻으로 다음 이야기의 첫머리에 쓰는 말 예 각설, 이때 박 씨가 일가친척을 다 모아 피화당에 피란하는지라.
각성(覺醒) 깨달을(각), 깰(성)	깨달아 앎. 예 모두의 각성 없이는 공해 문제를 풀 수 없다.
각오(覺悟) 깨달을(각), 깨달을(오)	앞으로 해야 할 일이나 겪을 일에 대한 마음의 준비 예 비장한 각오를 다지다.
각축(角逐) 뿔(각), 쫓을(축)	서로 이기려고 다투며 덤벼듦. 예 10여 개의 팀이 우승을 놓고 각축을 벌였다.
강단(剛斷) 굳셀(강), 끊을(단)	1. 굳세고 꿋꿋하게 견디어 내는 힘 예 우리 어머니들은 그 어려운 시절을 강단으로 버텨 오셨다. 2. 어떤 일을 야무지게 결정하고 처리하는 힘 예 일을 강단이 있게 처리하다.
강제(强制) 강할(강), 절제할(제)	권력이나 위력(威力)으로 남의 자유의사를 억눌러 원하지 않는 일을 억지로 시킴. 예 강제로 일을 시키다.
검토(檢討) 검사할(검), 칠(토)	어떤 사실이나 내용을 분석하여 따짐. 예 검토가 끝나는 대로 결과를 발표할 예정이다.
격식(格式) 격식(격), 법(식)	격에 맞는 일정한 방식 예 웃어른께는 격식에 맞추어 편지를 써야 한다.
결렬(決裂) 결단할(결), 찢을(렬)	교섭이나 회의 따위에서 의견이 합쳐지지 않아 각각 갈라서게 됨. 예 이번 협상의 결렬로 한일 양국은 상당 기간 냉각기를 갖게 될 듯하다.

단어	뜻
결정(決定) 결단할(결), 정할(정)	행동이나 태도를 분명하게 정함. 또는 그렇게 정해진 내용 예 나는 네 결정에 따를게. ▶ **결정(結晶)** 맺을(결), 맑을(정) 1. 화학에서 물질의 형체 예 물의 결정은 육각형이다. 2. (비유적으로) 애써 노력하여 보람 있는 결과를 이룸. 예 이 작품은 화가의 오랜 노력의 결정이다.
경사(慶事)[경:사] 경사(경), 일(사)	축하할 만한 기쁜 일 예 작년에 손자를 보더니 올해 또 아들을 얻었으니 경사가 겹쳤다.
경지(境地) 지경(경), 땅(지)	학문, 예술, 인품 따위에서 일정한 특성과 체계를 갖춘 독자적인 범주나 부분 예 새로운 경지를 개척하다.
고려(考慮) 생각할(고), 생각할(려)	생각하고 헤아려 봄. 예 그 문제는 아직 고려 중이다.
공감(共感) 함께(공), 느낄(감)	남의 감정, 의견, 주장 따위에 대하여 자기도 그렇다고 느낌. 또는 그렇게 느끼는 기분 예 그 책은 여성 독자들에게 많은 공감을 불러일으켰다.
공정(公正) 공평할(공), 바를(정)	공평하고 올바름. 예 법관은 법과 양심에 따라 자신의 판결에 공정을 기해야 한다.
공지(公知) 공평할(공), 알(지)	세상에 널리 알림. 예 이것은 상부에서 내려온 공지 내용입니다.
과정(課程) 공부할(과), 한도(정)	해야 할 일의 정도 예 교육 과정
관형사(冠形詞) 갓(관), 모양(형), 말(사)	체언 앞에 놓여서, 그 체언의 내용을 자세히 꾸며 주는 품사
광복(光復) 빛(광), 회복할(복)	빼앗긴 주권을 도로 찾음. 예 많은 사람이 조국의 광복을 위해 몸을 바쳤다.
교역(交易) 사귈(교), 바꿀(역)	주로 나라와 나라 사이에서 물건을 사고팔고 하여 서로 바꿈. 예 세계 여러 나라와의 교역 활동이 활발하다.
구속(拘束) 잡을(구), 묶을(속)	행동이나 의사의 자유를 제한하거나 속박함. 예 우리는 아무런 구속이 없는 분위기에서 일한다.
구제(救濟) 구원할(구), 건널(제)	자연적인 재해나 사회적인 피해를 당하여 어려운 처지에 있는 사람을 도와줌. 예 난민 구제 / 소비자 피해 구제
궁핍(窮乏) 궁할(궁), 모자랄(핍)	몹시 가난함. → '가난' 예 궁핍에 시달리다.
기반(基盤) 터(기), 소반(반)	기초가 되는 바탕 또는 사물의 토대 예 판소리는 설화에 기반을 두고 형성되었다.

ㄴ

낙점(落點)[낙쩜] 떨어질(락), 점(점)	여러 후보가 있을 때 그중에 마땅한 대상을 고름. 예 낙점을 찍다.
난색(難色) 어려울(난), 빛(색)	꺼리거나 어려워하는 기색, 비난하려는 낯빛 예 난색을 표하다.
내방(來訪) 올(내), 찾을(방)	만나기 위하여 찾아옴. 예 그는 우리의 내방을 퍽 반겨 주었다.

ㄷ

단번(單番) 홀(단), 차례(번)	단 한 번 예 그들의 도전은 단번으로 끝나지 않고 계속되었다.
답보(踏步)[답뽀] 밟을(답), 걸음(보)	상태가 나아가지 못하고 한 자리에 머무르는 일 예 논의가 진전이 없이 답보 상태에 빠졌다.
대체(大體) 클(대), 몸(체)	일이나 내용의 기본적인 큰 줄거리 예 선생님은 우리나라 민요에 대한 대체를 말씀해 주셨다.
도래(到來) 이를(도), 올(래)	어떤 시기나 기회가 닥쳐옴. 예 새 시대의 도래를 알리는 국민의 함성
도발(挑發) 돋울(도), 필(발)	남을 집적거려 일이 일어나게 함. 예 아직 적국의 도발 가능성이 완전히 사라진 것은 아니다.
독려(督勵) 감독할(독), 힘쓸(려)	감독하며 격려함. 예 그의 독려가 이번 훈련에 도움이 되었다.
동기(同期) 한가지(동), 기약할(기)	같은 시기 또는 같은 기간, 학교나 훈련소 따위에서의 같은 기(期) 예 동기생
동요(動搖) 움직일(동), 흔들(요)	어떤 체제나 상황 따위가 혼란스럽고 술렁임. 예 신분제의 동요로 양반 중심 사회는 커다란 위기에 처했다.
둔화(鈍化) 둔할(둔), 될(화)	느리고 무디어짐. 예 수출의 둔화로 경제가 악화되었다.

ㅁ

막간(幕間)[막깐] 장막(막), 사이(간)	어떤 일의 한 단락이 끝나고 다음 단락이 시작될 동안 예 막간을 이용해서 안내 말씀을 드리겠습니다.
모색(摸索) 본뜰(모), 찾을(색)	일이나 사건 따위를 해결할 수 있는 방법이나 실마리를 더듬어 찾음. 예 해결 방안의 모색

ㅂ

발산(發散) 필(발), 흩을(산)	감정 따위를 밖으로 드러내어 해소함. 또는 분위기 따위를 한껏 드러냄. 예 이 행사는 청소년들이 가진 욕구의 건전한 발산을 목적으로 기획되었다.
발전(發展) 필(발), 펼(전)	1. 더 낫고 좋은 상태나 더 높은 단계로 나아감. 예 과학의 발전에 기여하다. 2. 일이 어떤 방향으로 전개됨. 예 이야기가 이제 발전 단계로 접어들었다. ▶ **발달(發達)** 필(발), 통달할(달) 1. 신체, 정서, 지능 따위가 성장하거나 성숙함. 예 음악은 아이의 정서적 발달에 좋다. 2. 학문, 기술, 문명, 사회 따위의 현상이 보다 높은 수준에 이름. 예 통신 산업의 발달로 원거리 통신이 훨씬 편리해졌다. 3. 지리상의 어떤 지역이나 대상이 제법 크게 형성됨. 또는 기압, 태풍 따위의 규모가 점차 커짐. 예 열대성 저기압의 발달이 미약하다.
발효(發效)★ 필(발), 나타낼(효)	조약, 법, 공문서 따위의 효력이 나타남. 또는 그 효력을 나타냄. 예 이미 발효 기간이 지난 관계로 그 문서는 무의미하게 되었다.
방만(放漫) 놓을(방), 방종할(만)	맺고 끊는 데가 없이 제멋대로 풀어져 있다. 예 방만한 조직 경영으로 인해 회사가 어려워졌다.
벽두(劈頭)[벽뚜] 쪼갤(벽), 머리(두)	1. 글의 첫머리 2. 맨 처음 또는 일이 시작된 머리 예 새해 벽두부터 우울한 소식이 들려왔다.
보류(保留) 지킬(보), 머무를(류)	어떤 일을 당장 처리하지 아니하고 나중으로 미루어 둠. 예 예산 문제로 모든 사업 계획이 보류되었다.
봉변(逢變) 만날(봉), 변할(변)	뜻밖의 변이나 망신스러운 일을 당함. 또는 그 변 예 일찍 회식 자리를 떠났기 때문에 봉변을 면했다.
부의금(賻儀金) 부의(부), 거동(의), 쇠(금) 통 **조의금(弔意金)**	부의로 보내는 돈 예 부의금을 내다.
불과(不過) 아닐(불), 지날(과)	그 수량에 지나지 아니한 상태임을 이름. 예 그 사실을 아는 사람은 불과 몇 명뿐이었다.
불식(拂拭) 떨칠(불), 씻을(식)	'먼지를 떨고 훔친다'는 뜻으로, 의심이나 부조리한 점 따위를 말끔히 떨어 없앰. 예 그들의 부패 의혹은 해명에도 불구하고 불식되지 않았다.
붕괴(崩壞) 무너질(붕), 무너질(괴)	무너지고 깨어짐. 예 축대 붕괴
빙부상(聘父喪) 부를(빙), 아비(부), 잃을(상)	장인(丈人)어른의 상(喪) 예 그는 어제 빙부상을 당했다.

ㅅ

단어	뜻
사경(死境) 죽을(사), 지경(경)	죽을 지경 또는 죽음에 임박한 경지 예 나는 낙오되어 사경을 넘나들었다.
삭제(削除) 깎을(삭), 덜(제)	깎아 없애거나 지워 버림. 예 회원들은 회칙에서 필요 없는 조항의 삭제를 요구했다.
산적(山積) 메(산), 쌓을(적)	물건이나 일이 산더미같이 쌓임. 예 산적한 문제들
상이(相異)★ 서로(상), 다를(이)	서로 다름. 예 형은 나와 성격 면에서 매우 상이하다.
상충(相衝) 서로(상), 부딪칠(충)	맞지 아니하고 서로 어긋남. 예 주민들의 의견이 상충하였다.
성장(成長) 이룰(성), 길(장)	1. 사람이나 동식물 따위가 자라서 점점 커짐. 예 청소년기는 성장이 빠른 시기이다. 2. 사물의 규모나 세력 따위가 점점 커짐. 예 국민 경제의 안정과 성장
소홀(疏忽) 드물(소), 갑자기(홀)	대수롭지 아니하고 예사로움. 또는 탐탁지 아니하고 데면데면함. 예 이번 붕괴 사건은 공사 관리 소홀로 빚어진 인재이다.
속행(續行) 이을(속), 다닐(행)	계속하여 행함. 예 부상을 당한 선수가 경기장 밖으로 실려 나가자 주심은 경기의 속행을 지시했다. ▶ **속행(速行)** 빠를(속), 다닐(행) 빨리 행함. 예 경기를 속행하기 위해 심판은 다친 선수를 경기장 밖으로 내보냈다.
수렴(收斂) 거둘(수), 거둘(렴)	의견이나 사상 따위가 여럿으로 나뉘어 있는 것을 하나로 모아 정리함. 예 의견 수렴에 들어가다.
수료(修了)★ 닦을(수), 마칠(료)	일정한 학과를 다 배워 끝냄. → '마침' 예 이번 학기에 박사 과정을 수료한다.
수발(受發) 받을(수), 필(발)	받음과 보냄. 예 그가 하는 일은 공문서 수발이다.
수여(授與) 줄(수), 줄(여)	증서, 상장, 훈장 따위를 줌. 예 졸업장을 수여하기 위해 단상에 올랐다.
수정(修正) 닦을(수), 바를(정)	바로잡아 고침. 예 대폭적인 수정이 필요하다.
순연(順延) 순할(순), 늘일(연)	차례로 기일을 늦춤. 예 요트 대회는 태풍의 영향에 따라 순연됐다.
승복(承服)★ 받들(승), 옷(복)	납득하여 따름. 예 그는 워낙 고집스러워 누구에게도 승복을 잘 안 하는 성격이다.
신봉(信奉) 믿을(신), 받들(봉)	사상이나 학설, 교리 따위를 옳다고 믿고 받듦. 예 그의 그 이론에 대한 신봉은 신앙과도 같았다.

ㅇ

압축(壓縮) 누를(압), 줄일(축)	문장 따위를 줄여 짧게 함. 예 시의 가장 큰 특징은 <u>압축</u>이다.
염원(念願) 생각(념), 원할(원)	마음에 간절히 생각하고 기원함. 또는 그런 것 → '바람', '소원' 예 오랜 <u>염원</u>이 이루어졌다.
영수(領袖) 거느릴(영), 소매(수)	여러 사람 가운데 우두머리 예 여야 <u>영수</u> 회담
오염(汚染) 더러울(오), 물들(염)	더럽게 물듦. 또는 더럽게 물들게 함. 예 이 지역은 지하수 <u>오염</u>이 심각한 상태이다.
옹색(壅塞)[옹:색] 막을(옹), 막힐(색)	형편이 넉넉하지 못하여 생활에 필요한 것이 없거나 부족함. 또는 그런 형편 예 초라하게 입은 옷이 그의 <u>옹색</u>한 형편을 말해 주고 있었다.
용역(用役)[용:역] 쓸(용), 부릴(역)	물질적 재화의 형태를 취하지 아니하고 생산과 소비에 필요한 노무를 제공하는 일 → '품' 예 신뢰성을 확보하기 위해 전문 기관에 <u>용역</u>을 맡겼다.
운치(韻致) 정취(운), 이를(치)	고상하고 우아한 멋 예 그 집의 정원은 <u>운치</u>가 있어 보인다.
이문(利文)[이:문] 이로울(이), 글월(문)	이익이 남는 돈 예 조금의 <u>이문</u>도 없이 장사를 하는 사람은 없다.
임박(臨迫) 임할(임), 핍박할(박)	어떤 때가 가까이 닥쳐옴. → '다가옴', '닥침' 예 대입 시험 날짜에 <u>임박</u>하여 수험생을 위한 안내의 글이 실리고 있다.

ㅈ

잠적(潛跡/潛迹) 잠길(잠), 자취(적)	종적을 아주 숨김. 예 용의자의 <u>잠적</u>에 수사팀은 무척 당황하였다.
전가(轉嫁)[전:가] 구를(전), 떠넘길(가)	잘못이나 책임을 다른 사람에게 넘겨씌움. 예 그는 책임 회피나 <u>전가</u>를 일삼는 사람이었다.
절호(絕好) 끊을(절), 좋을(호)	무엇을 하기에 기회나 시기 따위가 더할 수 없이 좋음. 예 <u>절호</u>의 기회
점철(點綴) 점(점), 엮을(철)	1. 흐트러진 여러 점이 서로 이어짐. 또는 그것들을 서로 이음. → '얼룩짐, 이어짐' 2. 관련이 있는 상황이나 사실 따위가 서로 이어짐. 또는 그것들을 서로 이음. 예 나의 인생은 계속되는 도전과 좌절로 <u>점철</u>이 되어 왔다.
제시(提示) 끌(제), 보일(시)	어떠한 의사를 말이나 글로 나타내어 보임. 예 근본적인 해결책 <u>제시</u>가 없이 정책이 겉돌고 있다.
조우(遭遇) 만날(조), 만날(우) 🔃 봉우(逢遇), 조봉(遭逢), 상봉(相逢)	우연히 서로 만남. 예 그는 적들과의 <u>조우</u>를 피하여 적진을 멀리 돌아갔다.

주변(周邊) 두루(주), 곁(변)	어떤 대상의 둘레 예 주변 경관이 빼어나다.
주창(主唱) 임금(주), 부를(창)	주의나 사상을 앞장서서 주장함. 예 사람들이 그의 주창을 보수적이라 비판했다.
지수(指數) 가리킬(지), 셈(수)	물가나 임금 따위와 같이, 해마다 변화하는 사항을 알기 쉽도록 보이기 위해 나타낸 수치 예 물가 지수
지지(支持) 지탱할(지), 가질(지)	어떤 사람이나 단체 따위의 주의 · 정책 · 의견 따위에 찬동하여 이를 위하여 힘을 씀. 예 그는 대중의 전폭적인 지지를 얻었다.
진척(進陟) 나아갈(진), 오를(척)	일이 목적한 방향대로 진행되어 감. 예 조금이라도 공사의 진척을 빠르게 하려고 노력을 기울이고 있다.
질책(質責) 꾸짖을(질), 꾸짖을(책)	꾸짖어 바로잡음. 예 어머니는 아들의 잘못을 질책했다.

ㅊ

책임(責任) 꾸짖을(책), 맡길(임)	맡아서 해야 할 임무나 의무 예 교사는 학생들을 지도하고 보호할 책임이 있다.
추종(追從) 따를(추), 따를(종)	남의 뒤를 따라서 좇음. 예 그는 컴퓨터 분야에서는 타의 추종을 불허한다.
추천(推薦) 추천할(추), 천거할(천)	어떤 조건에 적합한 대상을 책임지고 소개함. 예 새로 지은 건물에 어울릴 만한 이름을 추천했다.

ㅊ

쾌척(快擲) 쾌할(쾌), 던질(척)	금품을 마땅히 쓸 자리에 시원스럽게 내놓음. 예 김 회장의 쾌척은 모교에 대한 사랑에서 비롯되었다.

ㅌ

투영(投影) 던질(투), 그림자(영)	1. 물체의 그림자를 어떤 물체 위에 비추는 일 또는 그 비친 그림자 2. (비유적으로) 어떤 일을 다른 일에 반영하여 나타냄. 예 시인은 자신의 감정을 시에 투영하여 표현한다.

ㅍ

파견(派遣) 갈래(파), 보낼(견)	일정한 임무를 주어 사람을 보냄. 예 파견 근무
판단(判斷) 판단할(판), 끊을(단)	사물을 인식하여 논리나 기준 등에 따라 판정을 내림. 예 정확한 판단을 내리다.

	ㅎ
하필(何必) 어찌(하), 반드시(필)	다른 방도를 취하지 아니하고 어찌하여 꼭 예 하필 더운 날 대청소를 할 게 뭐야.
해후(邂逅) 만날(해), 만날(후)	오랫동안 헤어졌다가 뜻밖에 다시 만남. 예 이십 년 만의 해후가 기쁘지만은 않았다.

✅ 필수 동음이의어

	ㄱ
개정(改正)★ 고칠(개), 바를(정)	주로 문서의 내용 따위를 고쳐 바르게 함. 예 헌법 개정
개정(改定)★ 고칠(개), 정할(정)	이미 정하였던 것을 고쳐 다시 정함. 예 대회 날짜 개정
개정(改訂)★ 고칠(개), 바로잡을(정)	글자나 글의 틀린 곳을 고쳐 바로잡음. 예 개정 증보판 / 초판본을 개정 보완하다.
거리¹	사람이나 차가 많이 다니는 길 예 추워서인지 거리에 사람이 없다.
거리²	1. 어떤 행동을 하는 데 쓰이는 대상이나 소재 예 농한기라서 일할 거리가 적다. 2. 제시한 시간 동안 해낼 만한 일 예 반나절 거리도 안 되는 일을 종일 하고 있구나. 3. 제시한 수가 처리할 만한 것 예 그 과일은 한 입 거리밖에 안 된다. 4. '재료', '대상', '소재'의 뜻을 나타내는 말 예 국거리
거리(距離) 상거할(거), 떠날(리)	1. 두 개의 물건이나 장소 따위가 공간적으로 떨어진 길이 예 거리가 가깝다. 2. 일정한 시간 동안에 이동할 만한 공간적 간격 예 집에서 학교까지는 20분 거리이다. 3. 사람과 사람 사이에 느껴지는 간격 예 그 친구와는 왠지 거리가 느껴진다. 4. 비교하는 두 대상 사이의 차이 예 이상과 현실 사이에는 거리가 있기 마련이다.
경기(景氣)★[경기] 볕(경), 기운(기)	매매나 거래에 나타나는 호황·불황 따위의 경제 활동 상태 예 경기가 회복되어 수출이 활기를 띠고 있다.
경기(競技)[경:기] 다툴(경), 재주(기)	일정한 규칙 아래 기량과 기술을 겨룸. 또는 그런 일 예 규칙을 잘 지켜야만 흥미진진한 경기를 펼칠 수 있다.
경기(驚氣)[경끼] 놀랄(경), 기운(기) 동 경풍(驚風)	어린아이에게 나타나는 증상의 하나. 풍(風)으로 인해 갑자기 의식을 잃고 경련하는 병증 예 돌을 넘긴 아이가 경기 들린 듯 하루 종일 울어 대기만 했다.
고도(古都)[고:도] 옛(고), 도읍(도)	옛 도읍 예 경주는 신라의 고도이다.
고도(古道)[고:도] 옛(고), 길(도)	옛날에 다니던 길 예 이 길이 전주로 가는 고도이다.

단어	뜻
고도(高度)[고도] 높을(고), 법도(도)	1. 평균 해수면 따위를 0으로 하여 측정한 대상 물체의 높이 예 고도를 유지하며 날다. 2. 수준이나 정도 따위가 매우 높거나 뛰어남. 또는 그런 정도 예 고도로 숙련된 기술
고도(高道)[고도] 높을(고), 도리(도)	매우 높고 원대한 도리(道理)
고사(考查)[고:사] 생각할(고), 조사할(사)	1. 자세히 생각하고 조사함. 2. 학생들의 학업 성적을 평가하는 시험 예 학기마다 두 번씩 고사를 치른다.
고사(告祀)[고:사] 고할(고), 제사(사)	액운(厄運)은 없어지고 풍요와 행운이 오도록 집안에서 섬기는 신(神)에게 음식을 차려 놓고 비는 제사 예 터주에게 고사를 드리다.
고사(姑捨) 시어머니(고), 버릴(사)	어떤 일이나 그에 대한 능력, 경험, 지불 따위를 배제하다.(앞에 오는 말의 내용이 불가능하여 뒤에 오는 말의 내용 역시 기대에 못 미침.) 예 1등은 고사하고 중간도 못 가는 성적이다.
고수(固守)★ 굳을(고), 지킬(수)	차지한 물건이나 형세 따위를 굳게 지킴. 예 올해 우리 팀은 선두권 고수를 목표로 삼고 있다.
고수(高手)★ 높을(고), 손(수)	1. 바둑이나 장기 따위에서 수가 높음. 또는 그런 사람 예 정석을 배우면 진정한 바둑의 고수가 될 수 있다. 2. 어떤 분야나 집단에서 기술이나 능력이 매우 뛰어난 사람 예 사람을 많이 대하는 사람은 상담의 고수가 될 수 있다.
고수(鼓手)★[고수] 북(고), 손(수)	북이나 장구 따위를 치는 사람 예 고수의 북소리에 맞추어 행진하는 군대
고전(古典)★[고:전] 옛(고), 법(전)	1. 옛날의 의식(儀式)이나 법식(法式) 2. 오랫동안 많은 사람에게 널리 읽히고 모범이 될 만한 문학이나 예술 작품 예 문학 고전 100선
고전(古傳)★[고:전] 옛(고), 전할(전)	예로부터 전하여 내려옴. 예 고전 민담(民譚)
고전(苦戰)★[고전] 쓸(고), 싸움(전)	전쟁이나 운동 경기 따위에서 몹시 힘들고 어렵게 싸움. 또는 그 싸움 예 이번 경기는 선수들의 부상으로 고전을 면치 못했다.
공사(工事) 장인(공), 일(사)	토목이나 건축 따위의 일 예 그 집은 지금 한창 공사가 진행되고 있다.
공사(公私) 공평할(공), 사사(사)	공공의 일과 사사로운 일을 아울러 이름. 예 공사를 엄격히 구분하다.
공사(公社) 공평할(공), 모일(사)	국가적 사업을 수행하기 위하여 설립된 공공 기업체의 하나 예 그는 드디어 한국 방송 공사에 입사했다.
관용(官用) 벼슬(관), 쓸(용)	정부 기관이나 국립 공공 기관에서 사용함. 예 그는 관용 차량으로 출퇴근을 한다.
관용(慣用) 버릇(관), 쓸(용)	1. 습관적으로 늘 씀. 또는 그렇게 쓰는 것 예 관용 수단 2. 오랫동안 써서 굳어진 대로 늘 씀. 또는 그렇게 쓰는 것 예 외국어를 공부할 때는 관용 표현을 익히는 것이 참 어렵다.

제3장 한자어와 한자성어

관용(寬容) 너그러울(관), 얼굴(용)	남의 잘못 따위를 너그럽게 받아들이거나 용서함. 또는 그런 용서 예 어른은 아이의 잘못에 넓은 마음으로 관용을 베풀어야 한다.
교사(校舍)[교:사] 학교(교), 집(사)	학교의 건물 예 신도시가 생기면서 새로운 교사를 짓기 시작했다.
교사(敎唆)[교:사] 가르칠(교), 부추길(사)	남을 꾀거나 부추겨서 나쁜 짓을 하게 함. 예 그는 허위공문서 작성 및 이를 교사한 혐의로 연행됐다.
교사(敎師)[교:사] 가르칠(교), 스승(사)	주로 초등학교·중학교·고등학교 따위에서 일정한 자격을 가지고 학생을 가르치는 사람 예 그는 교사가 되기 위해 피나는 노력을 했다.
구제(救濟)[구:제] 구원할(구), 도울(제)	자연적인 재해나 사회적인 피해를 당하여 어려운 처지에 있는 사람을 도와줌. 예 소비자 피해 구제 방안을 강구해야 한다.
구제(舊製)[구:제] 옛(구), 지을(제)	옛적에 만듦. 또는 그런 물건. 예 그는 풍물시장의 구제 의류를 좋아한다.
구제(驅除)[구:제] 내쫓을(구), 버릴(제)	해충 따위를 몰아내어 없앰. 예 이른 아침부터 솔잎혹파리 구제를 시작했다.
기수(旗手) 깃발(기), 손(수)	행사 때 대열의 앞에 서서 기를 드는 일을 맡은 사람 예 우리 선수단이 기수를 앞세우고 입장하였다.
기수(機首) 기계(기), 머리(수)	비행기의 앞부분 예 비행기가 갑자기 기수를 동쪽으로 돌렸다.
기수(騎手) 말 탈(기), 손(수)	경마에서 말을 타는 사람 예 기수가 멋진 폼으로 말에 올라탔다.

ㄷ

동기(同氣) 같을(동), 기운(기)	형제와 자매, 남매를 통틀어 이름. 예 우리집은 동기 간의 우애가 좋다.
동기(同期) 한가지(동), 기약할(기)	같은 시기에 같은 곳에서 교육이나 강습을 함께 받은 사람 예 대학 동기인 그와 나는 노년에 접어든 지금까지도 절친한 사이이다.
동기(動機) 움직일(동), 틀(기)	어떤 일이나 행동을 일으키게 하는 계기 예 모든 일을 추진하는 데에는 동기가 중요하다.
동화(同化) 한가지(동), 될(화)	1. 성질, 양식(樣式), 사상 따위가 다르던 것이 서로 같게 됨. 예 자연과의 동화 2. 밖으로부터 얻어 들인 지식 따위를 완전히 자기 것으로 만듦.
동화(同和)★ 한가지(동), 화할(화)	같이 화합함. 예 부부는 동화하면서 닮아 간다.
동화(童畵)[동·화] 아이(동), 그림(화)	아동이 그린 그림
동화(童話)[동·화] 아이(동), 말씀(화)	어린이를 위하여 동심(童心)을 바탕으로 지은 이야기 또는 그런 문예 작품 예 어린이 명작 동화

ㅁ

무지(拇指) 엄지손가락(무), 가리킬(지)	엄지손가락 예 무지로 지장을 찍었다.
무지(無地) 없을(무), 땅(지)	무늬가 없이 전체가 한 가지 빛깔로 됨. 또는 그런 물건 예 무지로 된 옷감
무지(無知) 없을(무), 알(지)	1. 아는 것이 없음. 2. 미련하고 우악스러움. 예 무지를 자각하다.
무지(無智) 없을(무), 지혜(지)	지혜나 꾀가 없음. 예 미련하고 무지한 사람

ㅂ

보수(保守)[보:수] 지킬(보), 지킬(수)	1. 보전하여 지킴. 2. 새로운 것이나 변화를 적극적으로 받아들이기보다는 전통적인 것을 옹호하며 유지하려 함. 예 보수와 진보의 싸움
보수(報酬)[보:수] 갚을(보), 갚을(수)	1. 고맙게 해 준 데 대하여 보답을 함. 또는 그 보답 예 그것은 너희가 봉사한 보수로 받은 몫이다. 2. 일한 대가로 주는 돈이나 물품 예 사원들은 성과에 따라 보수를 받고 있다.
보수(補修)[보:수] 도울(보), 닦을(수)	건물이나 시설 따위의 낡거나 부서진 것을 손보아 고침. 예 공장의 낡은 시설 보수를 담당하고 있다.
보전(保全) 보전할(보), 온전할(전)	온전하게 보호하여 유지함. 예 환경 보전에 힘쓰는 것은 우리 후손을 위한 일이다.
보전(補塡) 기울(보), 메울(전)	부족한 부분을 보태어 채움. 예 정부의 정책으로 인한 농민의 피해 보전 방안이 필요하다.
보전(寶典) 보배(보), 법(전)	귀중한 책 예 《훈민정음》은 한국 문화의 보전이다.
부정(不正) 아닐(부), 바를(정)	올바르지 아니하거나 옳지 못함. 예 부정을 저지르다.
부정(不淨) 아닐(부), 깨끗할(정)	깨끗하지 못함. 또는 더러운 것 예 기자는 김 교수가 이번 입시에서의 부정과 관련이 있다고 밝혔다.
부정(否定)[부:정] 아닐(부), 정할(정)	그렇지 아니하다고 단정하거나 옳지 아니하다고 반대함. 예 그는 긍정도 부정도 아닌 미소만 지었다.

ㅅ

사고(史庫)[사:고] 역사(사), 창고(고)	고려 말기부터 조선 후기까지 실록 따위 등 국가의 중요한 서적을 보관하던 서고 예 강릉의 오대산 사고
사고(事故)[사:고] 일(사), 까닭(고)	뜻밖에 일어난 불행한 일 예 자동차 사고

사고(思考)★ 생각(사), 생각할(고)	생각하고 궁리함. 예 진보적 사고 / 극단적 사고
사고(思顧) 생각(사), 돌아볼(고)	1. 두루 생각함. 2. 돌이켜 생각함.
사료(史料)[사:료] 역사(사), 헤아릴(료)	역사 연구에 필요한 문헌이나 유물, 문서, 기록, 건축, 조각 따위를 이름. 예 이번 발굴 작업에서 새로운 사료가 발견되었다.
사료(思料) 생각(사), 헤아릴(료)	깊이 생각하여 헤아림. 예 지금으로서는 이 방법밖에 없다고 사료가 됩니다.
사료(飼料) 기를(사), 헤아릴(료)	가축에게 주는 먹을거리 → '먹이' 예 윤 씨는 저물녘에 소들에게 사료를 주고는 잠자리에 들었다.
사리(私利) 사사(사), 이로울(리)	사사로운 이익 예 불우이웃 돕기를 하면서 사리를 목적으로 한 이들이 적지 않다.
사리(事理)[사:리] 일(사), 다스릴(리)	일의 이치 예 그는 사리를 분별할 줄 아는 사람이다.
사리(舍利)[사리] 집(사), 이로울(리)	석가모니나 성자의 유골, 후세에는 화장한 뒤에 나오는 구슬 모양의 것만 이름. 예 불탑은 부처의 사리를 봉안한 것이다.
사사(師事) 스승(사), 일(사)	스승으로 섬김. 또는 스승으로 삼고 가르침을 받음. 예 김소월은 김억에게 시를 사사했다.
사사(謝辭) 사례할(사), 말(사)	고마운 뜻을 나타내는 말 예 그가 참석해 준 것에 대한 사사를 표했다.
사학(史學) 역사(사), 배울(학)	역사학(역사를 연구 대상으로 하는 학문)
사학(四學) 넉(사), 배울(학)	조선 시대에, 나라에서 인재를 기르기 위하여 서울의 네 곳에 세운 교육 기관
사학(死學) 죽을(사), 배울(학)	실용적인 가치가 없는 학문 예 과거의 학문이 실용성이 떨어지면 사학이 된다.
사학(私學) 사사(사), 배울(학)	사립 학교 예 우리 학교는 사학 명문이다.
사학(邪學) 간사할(사), 배울(학)	조선 시대에, 주자학에 반대되거나 위배되는 학문. 조선 중기에는 양명학을, 후기에는 천주교나 동학을 가리킴.
수(手) 손(수)	1. 바둑이나 장기 따위를 두는 기술 또는 그 기술 수준 예 내가 한 수 가르쳐 주지. 2. 바둑이나 장기 따위에서, 한 번씩 번갈아 두는 횟수를 세는 단위 예 한 수만 물리자.
수(首) 머리(수)	시나 노래를 세는 단위 예 시 한 수 읊조리다.
수(數)[수:] 셈(수) 동 운수(運數)	이미 정하여져 있어 인간의 힘으로는 어쩔 수 없는 천운

수리(水利) 물(수), 이로울(리)	식용, 관개용, 공업용 따위로 물을 이용하는 일 예 농업 생산을 늘리기 위하여 <u>수리</u> 시설을 확충했다.	
수리(修理)[수:리] 고칠(수), 다스릴(리)	고장 나거나 허름한 데를 손보아 고침. 예 오랜 시간이 걸려 오토바이를 <u>수리</u>했다.	
수리(數理)[수:리] 셈(수), 다스릴(리)	수학의 이론이나 이치 예 그는 <u>수리</u>에 밝아서 계산이 틀리는 일이 없다.	
수령(受領) 받을(수), 받을(령)	돈이나 물품을 받아들임. → '받음' 예 반품 및 교환은 물품 <u>수령</u> 후 3일 안에만 가능합니다.	
수령(首領) 머리(수), 거느릴(령)	한 당파나 무리의 우두머리 예 홍길동은 활빈당의 <u>수령</u>이다.	
수령(樹齡) 나무(수), 나이(령)	나무의 나이 예 마을 어귀에는 300년 <u>수령</u>의 느티나무가 있다.	
시가(市街)[시:가] 저자(시), 거리(가)	도시의 큰 길거리 예 버스는 어느새 <u>시가</u>를 빠져나와 국도를 향해 달렸다.	
시가(市價)[시:까] 저자(시), 값(가)	시장에서 상품이 매매되는 가격 예 이 집은 <u>시가</u> 1억 원 정도 된다.	
시가(時價)[시:까] 때(시), 값(가) **동** 시세(時勢)	일정한 시기의 물건 예 생선의 <u>시가</u>가 오르고 있다.	
사(士) 선비(사)	'직업'의 뜻을 더하는 접미사 예 변호<u>사</u>(辯護士)	
사(師) 스승(사)	'그것을 직업으로 하는 사람'의 뜻을 더하는 접미사 예 사진<u>사</u>(寫眞師)	
사(辭) 말씀(사)	'말'의 뜻을 더하는 접미사 예 취임<u>사</u>(就任辭)	
사(社) 모일(사)	'회사'(會社)의 뜻을 더하는 접미사 예 출판<u>사</u>(出版社)	
사(詞) 말(사)	'품사'의 뜻을 더하는 접미사 예 형용<u>사</u>(形容詞)	

ㅇ

양식(良識) 어질(양), 알(식)	뛰어난 식견이나 건전한 판단 예 <u>양식</u>이 있는 사람이라면 한밤중에 전화를 걸겠니?
양식(樣式) 모양(양), 법(식)	일정한 모양이나 형식 → '서식' 예 주어진 <u>양식</u>에 따라 보고서를 제출하시오.
양식(糧食) 양식(양), 밥(식)	생존을 위하여 필요한 사람의 먹을거리 예 먹을 <u>양식</u>이 다 떨어졌다.

연기(延期) 늘일(연), 기약할(기)	정해진 기한을 뒤로 물려서 늘림. 예 이번 공연은 메르스 사태로 무기한 연기되었다.
연기(煙氣) 연기(연), 기운(기)	무엇이 불에 탈 때에 생겨나는 흐릿한 기체나 기운 예 굴뚝에서 연기가 나다.
연기(演技)[연:기] 펼(연), 재주(기)	배우가 배역의 인물, 성격, 행동 따위를 표현해 내는 일 예 그는 연기의 폭을 넓혀갔다.
유지(有志) 있을(유), 뜻(지)	1. 마을이나 지역에서 명망 있고 영향력을 가진 사람 예 마을 유지가 실력을 행사하다. 2. 어떤 일에 뜻이 있거나 관심이 있는 사람
유지(維持) 벼리(유), 가질(지)	어떤 상태나 상황을 그대로 보존하거나 변함없이 계속하여 지탱함. 예 제도가 안정되기 위해서는 조직의 기강이 유지되어야 한다.
유지(遺旨) 남길(유), 뜻(지)	죽은 사람이 살아 있을 때에 가졌던 생각 예 그는 아버지의 유지에 따라 모든 유산을 국가에 헌납했다.
이론(理論)[이:론] 다스릴(리), 논할(론)	사물의 이치나 지식 따위를 해명하기 위하여 논리적으로 정연하게 일반화한 명제의 체계 예 누구나 공감하는 보편적 이론을 정립하고 싶다.
이론(異論)[이:론] 다를(이), 논할(론)	달리 논함. 또는 다른 이론(理論)이나 의견 예 그에게 이론을 제기할 사람은 아무도 없었다.
이상(以上) 써(이), 윗(상)	수량이나 정도가 일정한 기준보다 더 많거나 나음. 예 만 20세 이상
이상(理想) 다스릴(리), 생각(상)	1. 생각할 수 있는 범위 안에서 가장 완전하다고 여겨지는 상태 예 높은 이상을 품다. 2. 순서나 위치가 일정한 기준보다 앞이나 위 예 이상이 내가 알고 있는 내용의 전부다.
이상(異常) 다를(이), 일상(상)	정상적인 상태와 다름. 예 기계에 이상이 생기다.

ㅈ

장기(長技)[장:끼] 길(장), 재주(기)	가장 잘하는 재주 예 드디어 장기 자랑 시간이 돌아왔다.
장기(長期)[장:기] 길(장), 기약할(기) 통 장기간	긴 기간 예 그는 장기 출장을 떠났다.
장기(臟器) 오장(장), 그릇(기)	내장의 여러 기관 예 많은 환자들이 장기 이식을 기다리고 있다.
전기(前期) 앞(전), 기약할(기)	일정 기간을 몇 개로 나눈 첫 시기 예 조선 후기에는 전기에 비하여 상공업이 더욱 발달하였다.
전기(傳記) 전할(전), 기록할(기)	한 사람의 일생 동안의 행적을 적은 기록 예 혁명가의 전기를 읽다 보면 새삼 그들의 열정에 감동하게 된다.

전기(電氣)[전:기] 번개(전), 기운(기)	물질 안에 있는 전자 또는 공간에 있는 자유 전자나 이온들의 움직임 때문에 생기는 에너지의 한 형태 예 사고가 나자 그 지역의 전기 공급을 중단하였다.
전기(轉機)[전:기] 구를(전), 틀(기)	전환점이 되는 기회나 시기 예 새로운 치료법의 발견으로 암 치료에 전기가 마련되었다.
점멸(漸滅)[점:멸] 점점(점), 꺼질(멸)	점점 멸망하여 감. 예 찬란한 문화를 꽃피웠던 나라도 점멸의 길로 접어든 경우가 많다.
점멸(點滅)[점:멸] 점(점), 꺼질(멸)	1. 등불이 켜졌다 꺼졌다 함. 또는 등불을 켰다 껐다 함. 예 심야 점멸 신호등 2. (비유적으로) 어떤 생각이나 현상 따위가 생겨났다 사라졌다 함. 예 생각의 점멸
정상(正常) 바를(정), 항상(상)	특별한 변동이나 탈이 없이 제대로인 상태 예 공장이 정상으로 가동되다.
정상(情狀) 뜻(정), 형상(상)	1. 있는 그대로의 사정과 형편 2. 딱하거나 가엾은 상태 예 정상을 살피다.
정상(頂上) 정수리(정), 윗(상)	1. 산 따위의 맨 꼭대기 예 지리산 정상 2. 그 이상 더없는 최고의 상태 예 인기 정상의 가수 3. 한 나라의 최고 수뇌 예 정상들이 회담을 갖기로 하였다.
조리(笊籬)[조:리] 조리(조), 울타리(리)	쌀을 이는 데에 쓰는 기구 예 저녁쌀을 조리로 일다.
조리(條理) 가지(조), 다스릴(리)	말이나 글 또는 일이나 행동에서 앞뒤가 들어맞고 체계가 서는 갈피 예 말을 조리 있게 하다.
조리(調理) 고를(조), 다스릴(리)	1. 건강이 회복되도록 몸을 보살피고 병을 다스림. 예 산후조리 2. 요리를 만듦. 또는 그 방법이나 과정 예 조리에 필요한 재료를 사다.
조수(助手) 도울(조), 손(수)	어떤 책임자 밑에서 지도를 받으면서 그 일을 도와주는 사람 예 영화감독 밑에서 조수 노릇을 했다.
조수(鳥獸) 새(조), 짐승(수)	새와 짐승을 아울러 이르는 말 예 유해 조수가 많아서 출입을 통제했다.
조수(潮水) 밀물(조), 물(수)	1. 아침에 밀려들었다가 나가는 바닷물 2. 달, 태양 따위의 인력에 의하여 주기적으로 높아졌다 낮아졌다 하는 바닷물 예 조수가 다 빠지기를 기다려 갯벌로 나갔다.

ㅎ

현상(現狀) 나타날(현), 형상(상)	나타나 보이는 현재의 상태 예 현상을 극복하려는 의지
현상(現象)[현:상] 나타날(현), 코끼리(상)	인간이 지각할 수 있는, 사물의 모양과 상태 예 열대야 현상
현상(現像) 나타날(현), 모양(상)	1. 노출된 필름이나 인화지를 약품으로 처리하여 상이 나타나도록 함. 예 필름 현상 2. 어떠한 형상으로 나타냄. 또는 그 형상

확인문제

01 밑줄 친 한자어의 병기가 잘못된 것은?

① 그는 세계 유수(有秀)의 갑부로 자수성가하였다.
② 하필(何必) 오늘같이 더운 날 대청소를 할 게 뭐야.
③ 그 모든 게 불과(不過) 몇 초 사이에 일어난 일이었다.
④ 그녀의 소식을 듣고 그는 단장(斷腸)의 비애를 느꼈다.
⑤ 그들의 도전은 단번(單番)으로 끝나지 않고 계속되었다.

> **해설** '손꼽을 만큼 두드러지거나 훌륭함.'의 의미가 있는 단어는 '유수(有數)'이다.
> **정답** ①

02 밑줄 친 한자어의 병기가 잘못된 것은?

① 올해 2월 석사 과정을 수료(修了)했다.
② 드디어 절호(絕好)의 공격 기회가 왔다.
③ 그는 아는 분의 추천(推薦)으로 취직이 되었다.
④ 여기저기 해결해야 할 문제가 산적(山積)해 있다.
⑤ 기사의 표제는 글의 대체(代替)를 알 수 있도록 쓴다.

> **해설** '일이나 내용의 기본적인 큰 줄거리'의 의미가 있는 단어는 '대체(大體)'이다. '대체(代替)'는 '다른 것으로 대신함.'을 의미하며 이는 '바꿈'으로 순화해서 써야 한다.
> **정답** ⑤

03 〈보기〉의 괄호에 들어갈 말을 순서대로 짝 지은 것은?

보기

- 고전(   ) 민담의 주인공은 인간이다.
- 그 책은 철학의 고전(   )으로 불리는 책이다.
- 그 회사는 새로운 상품의 판매에 고전(   )을 겪고 있다.
---

① 古傳 – 苦戰 – 古典
② 古典 – 苦戰 – 古傳
③ 古典 – 古典 – 苦戰
④ 古傳 – 古典 – 苦戰
⑤ 苦戰 – 古傳 – 古典

[해설] 동음이의어의 한자어를 묻는 문제이다. 자주 출제되는 단어들의 목록을 정리해 두어야 한다. 첫 번째 문장에는 '예로부터 전하여 내려옴.'의 의미인 '고전(古傳)', 두 번째 문장에는 '오랫동안 많은 사람에게 널리 읽히고 모범이 될 만한 문학이나 예술 작품'의 의미인 '고전(古典)', 세 번째 문장에는 '전쟁이나 운동 경기 따위에서, 몹시 힘들고 어렵게 싸움. 또는 그 싸움'의 의미인 '고전(苦戰)'이 적절하다.

[정답] ④

04 ㉠~㉢에 들어갈 한자로 바른 것은?

개정	㉠	주로 문서의 내용 따위를 고쳐 바르게 함.	예 정부는 헌법을 개정했다.
	㉡	이미 정하였던 것을 고쳐 다시 정함.	예 주최 측은 대회 날짜를 개정했다.
	㉢	글자나 글의 틀린 곳을 고쳐 바로잡음.	예 이 책은 초판본을 개정 보완한 것이다.

	㉠	㉡	㉢
①	改正	改訂	改定
②	改正	改定	改訂
③	改訂	改定	改正
④	改訂	改正	改定
⑤	改定	改正	改訂

[해설] ㉠은 '주로 문서의 내용 따위를 고쳐 바르게 함.'의 의미인 '개정(改正)', ㉡은 '이미 정하였던 것을 고쳐 다시 정함.'의 의미인 '개정(改定)', ㉢은 '글자나 글의 틀린 곳을 고쳐 바로잡음.'의 의미인 '개정(改訂)'이 적절하다.

[정답] ②

제4절 한자성어

> **기출 미리보기**
> 1. 한자성어의 뜻과 상황적 쓰임
> 2. 같은 의미의 표현(한자성어, 속담, 관용어)

1 필수 한자성어

ㄱ	
가렴주구(苛斂誅求)★	세금을 가혹하게 거두어들이고, 무리하게 재물을 빼앗음.
각주구검(刻舟求劍)★	융통성 없이 현실에 맞지 않는 낡은 생각을 고집하는 어리석음
간담상조(肝膽相照)★	서로 속마음을 털어놓고 친하게 사귐.
감언이설(甘言利說)	귀가 솔깃하도록 남의 비위를 맞추거나 이로운 조건을 내세워 꾀는 말
강호지락(江湖之樂)	자연을 벗 삼아 누리는 즐거움
걸견폐요(桀犬吠堯)	걸왕의 개가 요임금을 향하여 짖는다는 뜻으로, 각자 자기의 주인에게 충성을 다함.
격물치지(格物致知)	실제 사물의 이치를 연구하여 지식을 완전하게 함.
견리사의(見利思義)	이익을 보면 의리를 먼저 생각함.
견마지로(犬馬之勞)★	개나 말 정도의 하찮은 힘이라는 뜻으로, 윗사람에게 충성을 다하는 자신의 노력을 낮추어 이르는 말
견마지심(犬馬之心)★	개나 말이 주인을 위하는 마음이라는 뜻으로, 신하나 백성이 임금이나 나라에 충성하는 마음을 낮추어 이르는 말
견문발검(見蚊拔劍)	모기를 보고 칼을 뺀다는 뜻으로, 사소한 일에 크게 성내어 덤빔.
견물생심(見物生心)★	어떠한 실물을 보게 되면 그것을 가지고 싶은 욕심이 생김.
견원지간(犬猿之間)★ 동 앙숙	개와 원숭이의 사이라는 뜻으로, 사이가 나쁜 두 관계
결초보은(結草報恩)	죽은 뒤에라도 은혜를 잊지 않고 갚음.
경천동지(驚天動地)	하늘을 놀라게 하고 땅을 뒤흔든다는 뜻으로, 세상을 몹시 놀라게 함.
계란유골(鷄卵有骨)★	달걀에도 뼈가 있다는 뜻으로, 운수가 나쁜 사람은 모처럼 좋은 기회를 만나도 역시 일이 잘 안됨.
고분지탄(鼓盆之歎)	아내의 죽음을 한탄함.
고육지책(苦肉之策)★ 동 고육지계 (苦肉之計)	자기 몸을 상해 가면서까지 꾸며 내는 계책이라는 뜻으로, 어려운 상태를 벗어나기 위해 어쩔 수 없이 꾸며 내는 계책

곡학아세(曲學阿世)	바른 길에서 벗어난 학문으로 세상 사람에게 아첨함.
과유불급(過猶不及)★	정도를 지나침은 미치지 못함과 같다는 뜻으로, 중용(中庸)이 중요함.
괄목상대(刮目相對)	눈을 비비고 상대편을 본다는 뜻으로, 남의 학식이나 재주가 놀랄 만큼 부쩍 늚.
교각살우(矯角殺牛)★	소의 뿔을 바로잡으려다가 소를 죽인다는 뜻으로, 잘못된 점을 고치려다가 그 방법이나 정도가 지나쳐 오히려 일을 그르침.
교학상장(敎學相長)★	가르침과 배움이 서로를 진보시켜 줌.
구밀복검(口蜜腹劍)★	입에는 꿀이 있고 배 속에는 칼이 있다는 뜻으로, 말로는 친한 듯하나 속으로는 해칠 생각이 있음.
구사일생(九死一生)	아홉 번 죽을 뻔하다 한 번 살아난다는 뜻으로, 죽을 고비를 여러 차례 넘기고 겨우 살아남.
구우일모(九牛一毛)	아홉 마리의 소 가운데 박힌 하나의 털이란 뜻으로, 매우 많은 것 가운데 극히 적은 수
권토중래(捲土重來)	땅을 말아 일으킬 것 같은 기세로 다시 온다는 뜻으로, 한 번 실패하였으나 힘을 회복하여 다시 쳐들어옴.
금과옥조(金科玉條)	금이나 옥처럼 귀중히 여겨 꼭 지켜야 할 법칙이나 규정
금란지의(金蘭之誼)★ 동 금란지계(金蘭之契)	친구 사이의 매우 두터운 정
금상첨화(錦上添花)★	비단 위에 꽃을 더한다는 뜻으로, 좋은 일 위에 또 좋은 일이 더하여짐.

ㄴ

난공불락(難攻不落)	공격하기가 어려워 쉽사리 함락되지 아니함.
난상공론(爛商公論)	여러 사람이 모여서 충분히 의논함. 또는 그런 의논
난형난제(難兄難弟)★	누구를 형이라 하고 누구를 아우라 하기 어렵다는 뜻으로, 두 사물이 비슷하여 낫고 못함을 정하기 어려움.
낭중지추(囊中之錐)★	주머니 속의 송곳이라는 뜻으로, 재능이 뛰어난 사람은 숨어 있어도 저절로 사람들에게 알려짐.
누란지위(累卵之危)	층층이 쌓아 놓은 알의 위태로움이라는 뜻으로, 몹시 아슬아슬한 위기

ㄷ

다기망양(多岐亡羊)★ 동 망양지탄(亡羊之歎)	갈림길이 많아 잃어버린 양을 찾지 못한다는 뜻으로, 두루 섭렵하기만 하고 전공하는 바가 없어 끝내 성취하지 못함.
다다익선(多多益善)★	많으면 많을수록 더욱 좋음.
대기만성(大器晚成)	큰 그릇을 만드는 데는 시간이 오래 걸린다는 뜻으로, 크게 될 사람은 늦게 이루어짐.
동가홍상(同價紅裳) [동까홍상]	같은 값이면 다홍치마라는 뜻으로, 같은 값이면 좋은 물건을 가짐.

동기상구(同氣相求)	같은 소리끼리는 서로 응하여 울린다는 뜻으로, 같은 무리끼리 서로 통하고 자연히 모임.
동량지재(棟梁之材)★	기둥과 들보로 쓸 만한 재목이라는 뜻으로, 한 집안이나 한 나라를 떠받치는 중대한 일을 맡을 만한 인재
두문불출(杜門不出)	집에서 은거하면서 관직에 나가지 아니하거나 사회의 일을 하지 아니함.
등화가친(燈火可親)	등불을 가까이할 만하다는 뜻으로, 서늘한 가을밤은 등불을 가까이 하여 글 읽기에 좋음.

ㅁ

만경창파(萬頃蒼波)	만 이랑의 푸른 물결이라는 뜻으로, 한없이 넓고 넓은 바다
만원사례(滿員謝禮)	만원을 이루게 해 주어서 고맙다는 뜻으로, 극장 같은 흥행장에서 만원이 되어 관객을 더 받지 못하겠다는 것을 완곡하게 이르는 말
망양보뢰(亡羊補牢)	양을 잃고 우리를 고친다는 뜻으로, 이미 어떤 일을 실패한 뒤에 뉘우쳐도 아무 소용이 없음.
망양지탄(亡羊之歎)	갈림길이 매우 많아 잃어버린 양을 찾을 길이 없음을 탄식한다는 뜻으로, 학문의 길이 여러 갈래여서 한 갈래의 진리도 얻기 어려움. ▶ 망양지탄(望洋之嘆) 큰 바다를 바라보며 하는 한탄이라는 뜻으로, 어떤 일에 자기 자신의 힘이 미치지 못할 때에 하는 탄식
맥수지탄(麥秀之歎)★	고국의 멸망을 한탄함.
면종복배(面從腹背)	겉으로는 복종하는 체하면서 내심으로는 배반함.
명약관화(明若觀火)★	불을 보듯 분명하고 뻔함.
명재경각(命在頃刻)	거의 죽게 되어 곧 숨이 끊어질 지경에 이름.

ㅂ

반면교사(反面教師)	사람이나 사물 따위의 부정적인 면에서 얻는 깨달음이나 가르침을 주는 대상
방약무인(傍若無人)	곁에 사람이 없는 것처럼 아무 거리낌 없이 함부로 말하고 행동하는 태도가 있음.
백가쟁명(百家爭鳴)	많은 학자나 문화인 등이 자기의 학설이나 주장을 자유롭게 발표하여, 논쟁하고 토론하는 일
백아절현(伯牙絕絃)	자기를 알아주는 참다운 벗의 죽음을 슬퍼함.
백의종군(白衣從軍)	벼슬 없이 군대를 따라 싸움터로 감.
백척간두(百尺竿頭)	백 자나 되는 높은 장대 위에 올라섰다는 뜻으로, 몹시 어렵고 위태로운 지경
부화뇌동(附和雷同)★	줏대 없이 남의 의견에 따라 움직임.

ㅅ	
상전벽해(桑田碧海)	뽕나무 밭이 변하여 푸른 바다가 된다는 뜻으로, 세상일의 변천이 심함.
새옹지마(塞翁之馬)★	인생의 길흉화복은 변화가 많아서 예측하기가 어려움.
선공후사(先公後私)	공적인 일을 먼저 하고 사사로운 일은 뒤로 미룸.
성동격서(聲東擊西)	동쪽에서 소리를 내고 서쪽에서 적을 친다는 뜻으로, 적을 유인하여 이쪽을 공격하는 체하다가 그 반대쪽을 치는 전술
수간모옥(數間茅屋)	몇 칸 안 되는 작은 초가
수구초심(首丘初心)	여우가 죽을 때에 머리를 자기가 살던 굴 쪽으로 둔다는 뜻으로, 고향을 그리워하는 마음
수불석권(手不釋卷)	손에서 책을 놓지 아니하고 늘 글을 읽음.
수수방관(袖手傍觀)★	팔짱을 끼고 보고만 있다는 뜻으로, 간섭하거나 거들지 아니하고 그대로 버려둠.
수주대토(守株待兔)★	한 가지 일에만 얽매여 발전을 모르는 어리석은 사람
숙맥불변(菽麥不辨)	콩인지 보리인지를 구별하지 못한다는 뜻으로, 사리 분별을 못하고 세상 물정을 잘 모름.
순망치한(脣亡齒寒)	입술이 없으면 이가 시리다는 뜻으로, 서로 이해관계가 밀접한 사이에 어느 한쪽이 망하면 다른 한쪽도 그 영향을 받아 온전하기 어려움.

ㅇ	
아전인수(我田引水)★	자기 논에 물 대기라는 뜻으로, 자기에게만 이롭게 되도록 생각하거나 행동함.
악전고투(惡戰苦鬪) 통 고군분투(孤軍奮鬪)	매우 어려운 조건을 무릅쓰고 힘을 다하여 고생스럽게 싸움.
안분지족(安分知足)	편안한 마음으로 제 분수를 지키며 만족할 줄을 앎.
양두구육(羊頭狗肉)★	양의 머리를 걸어 놓고 개고기를 판다는 뜻으로, 겉보기만 그럴듯하게 보이고 속은 변변하지 아니함.
역지사지(易地思之)★	처지를 바꾸어서 생각하여 봄.
연목구어(緣木求魚)★	나무에 올라가서 물고기를 구한다는 뜻으로, 도저히 불가능한 일을 굳이 하려 함.
연하고질(煙霞痼疾)	자연의 아름다운 경치를 몹시 사랑하고 즐기는 성벽(性癖)
오비이락(烏飛梨落)	까마귀 날자 배 떨어진다는 뜻으로, 아무 관계도 없이 한 일이 공교롭게도 때가 같아 억울하게 의심을 받거나 난처한 위치에 서게 됨.
오월동주(吳越同舟)★	서로 적의를 품은 사람들이 한자리에 있게 된 경우나 서로 협력하여야 하는 상황
와신상담(臥薪嘗膽)★	불편한 섶에 몸을 눕히고 쓸개를 맛본다는 뜻으로, 원수를 갚거나 마음먹은 일을 이루기 위하여 온갖 어려움과 괴로움을 참고 견딤.
욕속부달(欲速不達)	일을 빨리 하려고 하면 도리어 이루지 못함.

한자성어	뜻
용호상박(龍虎相搏)★	용과 범이 서로 싸운다는 뜻으로, 강자끼리 서로 싸움.
우공이산(愚公移山)	우공이 산을 옮긴다는 뜻으로, 어떤 일이든 끊임없이 노력하면 반드시 이루어짐.
원후취월(猿猴取月)	원숭이가 물에 비친 달을 잡는다는 뜻으로, 욕심에 눈이 어두워 자기의 분수를 모르고 날뛰다가 목숨까지 잃게 됨.
위편삼절(韋編三絕)	공자가 주역을 즐겨 읽어 책의 가죽끈이 세 번이나 끊어졌다는 뜻으로, 책을 열심히 읽음.
유만부동(類萬不同)	비슷한 것이 많으나 서로 같지는 아니함.
이전투구(泥田鬪狗)	자기의 이익을 위하여 비열하게 다툼.
익자삼우(益者三友)	사귀어서 자기에게 도움이 되는 세 가지의 벗. 심성이 곧은 사람과 믿음직한 사람, 문견이 많은 사람
인명재각(人命在刻)	사람의 목숨이 경각(頃刻)에 달려 있다는 뜻으로, 몹시 위급함.
일구이언(一口二言)	한 입으로 두 말을 한다는 뜻으로, 한 가지 일에 대하여 말을 이랬다저랬다 함.
일모도원(日暮途遠)	날은 저물고 갈 길은 멀다는 뜻으로, 늙고 쇠약한데 앞으로 해야 할 일은 많음.
일취월장(日就月將)	나날이 다달이 자라거나 발전함.

ㅈ

한자성어	뜻
자가당착(自家撞着)★	같은 사람의 말이나 행동이 앞뒤가 서로 맞지 아니하고 모순됨.
전도요원(前途遙遠)	가야 할 길이 아득히 멂. 장래가 창창하게 멂.
전도유망(前途有望)	앞으로 잘될 희망이 있음.
절차탁마(切磋琢磨)★	옥이나 돌 따위를 갈고 닦아서 빛을 낸다는 뜻으로, 부지런히 학문과 덕행을 닦음.
절치부심(切齒腐心)★	몹시 분하여 이를 갈며 속을 썩임.
점입가경(漸入佳境)	1. 들어갈수록 점점 재미가 있음. 2. 시간이 지날수록 하는 짓이나 몰골이 더욱 꼴불견임.
조삼모사(朝三暮四)★	간사한 꾀로 남을 속여 희롱함.
좌고우면(左顧右眄)	이쪽저쪽을 돌아본다는 뜻으로, 앞뒤를 재고 망설임.
주객전도(主客顚倒)	주인과 손의 위치가 서로 뒤바뀐다는 뜻으로, 사물의 경중·선후·완급 따위가 서로 뒤바뀜.
주경야독(晝耕夜讀)	낮에는 농사짓고, 밤에는 글을 읽는다는 뜻으로, 어려운 여건 속에서도 꿋꿋이 공부함.
주마가편(走馬加鞭)★	달리는 말에 채찍질한다는 뜻으로, 잘하는 사람을 더욱 장려함.
중구삭금(衆口鑠金)	뭇사람의 말은 쇠도 녹인다는 뜻으로, 여론의 힘이 큼.
중언부언(重言復言)	이미 한 말을 자꾸 되풀이함. 또는 그런 말

지란지교(芝蘭之交) 통 금란지계(金蘭之契)	지초(芝草)와 난초(蘭草)의 교제라는 뜻으로, 벗 사이의 맑고도 고귀한 사귐.
지록위마(指鹿爲馬)	윗사람을 농락하여 권세를 마음대로 함.

ㅊ

천우신조(天佑神助)	하늘이 돕고 신령이 도움. 또는 그런 일
천의무봉(天衣無縫)	천사의 옷은 꿰맨 흔적이 없다는 뜻으로, 일부러 꾸민 데 없이 자연스럽고 아름다우면서 완전함.
천재일우(千載一遇)	천 년 동안 단 한 번 만난다는 뜻으로, 좀처럼 만나기 어려운 좋은 기회
철중쟁쟁(鐵中錚錚)	여러 쇠붙이 가운데서도 유난히 맑게 쟁그랑거리는 소리가 난다는 뜻으로, 같은 무리 가운데서도 가장 뛰어남. 또는 그런 사람
초동급부(樵童汲婦)	땔나무를 하는 아이와 물을 긷는 아낙네라는 뜻으로, 평범한 사람
촌철살인(寸鐵殺人)★	한 치의 쇠붙이로도 사람을 죽일 수 있다는 뜻으로, 간단한 말로도 남을 동하게 하거나 남의 약점을 찌를 수 있음.
춘하지교(春夏之交)	봄과 여름이 바뀌는 때
침소봉대(針小棒大)★	작은 일을 크게 불리어 떠벌림.

ㅌ

타산지석(他山之石)	다른 산의 나쁜 돌이라도 자신의 산의 옥돌을 가는 데에 쓸 수 있다는 뜻으로, 본이 되지 않은 남의 말이나 행동도 자신의 지식과 인격을 수양하는 데에 도움이 될 수 있음.
토사구팽(兔死狗烹)	토끼가 죽으면 토끼를 잡던 사냥개도 필요 없게 되어 주인에게 삶아 먹힌다는 뜻으로, 필요할 때는 쓰고 필요 없을 때는 야박하게 버리는 경우

ㅍ

파경지탄(破鏡之歎)	깨어진 거울 조각을 들고 하는 탄식이라는 뜻으로, 부부의 이별을 서러워하는 탄식
파란만장(波瀾萬丈)	사람의 생활이나 일의 진행이 여러 가지 곡절과 시련이 많고 변화가 심함.
풍전등화(風前燈火)★	바람 앞의 등불이라는 뜻으로, 사물이 매우 위태로운 처지에 놓여 있음.

ㅎ

학수고대(鶴首苦待)★	학의 목처럼 목을 길게 빼고 간절히 기다림.
한단지보(邯鄲之步)	함부로 자기 본분을 버리고 남의 행위를 따라 하면 두 가지 모두 잃게 됨.
한우충동(汗牛充棟)	짐으로 실으면 소가 땀을 흘리고, 쌓으면 들보에까지 찬다는 뜻으로, 가지고 있는 책이 매우 많음.
화룡점정(畵龍點睛)★	무슨 일을 하는 데에 가장 중요한 부분을 완성함.

환골탈태(換骨奪胎)	사람이 보다 나은 방향으로 변하여 전혀 딴사람처럼 됨.
형설지공(螢雪之功)★	'반딧불·눈과 함께 하는 노력'이라는 뜻으로, 고생을 하면서 부지런하고 꾸준하게 공부하는 자세
호가호위(狐假虎威)★	남의 권세를 빌려 위세를 부림.
흥진비래(興盡悲來)	즐거운 일이 다하면 슬픈 일이 닥쳐온다는 뜻으로, 세상일은 순환되는 것을 의미

▎비슷한 의미의 한자성어

1. 효
   - 동온하정(冬溫夏淸) 겨울에는 따뜻하게, 여름에는 서늘하게 한다는 뜻으로, 부모를 잘 섬기어 효도함.
   - 망운지정(望雲之情) 자식이 객지에서 고향에 계신 어버이를 생각하는 마음
   - 반포지효(反哺之孝) 까마귀 새끼가 자라서 늙은 어미에게 먹이를 물어다 주는 효(孝)라는 뜻으로, 자식이 자란 후에 어버이의 은혜를 갚는 효성
   - 풍수지탄(風樹之歎/風樹之嘆) 효도를 다하지 못한 채 어버이를 여읜 자식의 슬픔
   - 혼정신성(昏定晨省) 밤에는 부모의 잠자리를 보아 드리고 이른 아침에는 부모의 밤새 안부를 묻는다는 뜻으로, 부모를 잘 섬기고 효성을 다함.

2. 처음, 최초
   - 미증유(未曾有) 지금까지 한 번도 있어 본 적이 없음.
   - 전대미문(前代未聞) 이제까지 들어 본 적이 없음.
   - 전무후무(前無後無) 이전에도 없었고 앞으로도 없음. 🟢 공전절후(空前絕後)
   - 전인미답(前人未踏) 이제까지 그 누구도 가 보지 못함.
   - 파천황(破天荒) 이전에 아무도 하지 못한 일을 처음으로 해냄.
   - 효시(嚆矢) 어떤 사물이나 현상이 시작되어 나온 맨 처음

3. 무식함
   - 목불식정(目不識丁) 간단한 글자인 '丁' 자를 보고도 그것이 '고무래'인 줄을 알지 못한다는 뜻으로, 아주 까막눈
   - 어로불변(魚魯不辨) 어(魚) 자와 노(魯) 자를 구별하지 못한다는 뜻으로, 아주 무식함.
   - 일문불통(一文不通) 한 글자도 읽을 수 없음.
   - 진언부지(眞諺不知) 진서(眞書)나 언문(諺文)을 다 알지 못한다는 뜻으로, 무식하여 잘 모름.

4. 임시로 일을 처리함
   - 고식지계(姑息之計)★ 우선 당장 편한 것만을 택하는 꾀나 방법, 한때의 안정을 얻기 위하여 임시로 둘러맞추어 처리하거나 이리저리 주선하여 꾸며 내는 계책
   - 동족방뇨(凍足放尿) 언 발에 오줌 누기라는 뜻으로, 잠시 동안만 효력이 있을 뿐 효력이 바로 사라짐.
   - 미봉책(彌縫策) 눈가림만 하는 일시적인 계책
   - 임시변통(臨時變通) 갑자기 터진 일을 우선 간단하게 둘러맞추어 처리함. 🟢 임시방편(臨時方便)
   - 하석상대(下石上臺) 아랫돌 빼서 윗돌 괴고 윗돌 빼서 아랫돌 괸다는 뜻으로, 임시변통으로 이리저리 둘러맞춤.

5. 평범한 사람
   - 갑남을녀(甲男乙女) 갑이란 남자와 을이란 여자라는 뜻으로, 평범한 사람
   - 장삼이사(張三李四) 장씨(張氏)의 셋째 아들과 이씨(李氏)의 넷째 아들이라는 뜻으로, 이름이나 신분이 특별하지 아니한 평범한 사람
   - 초동급부(樵童汲婦) 땔나무를 하는 아이와 물을 긷는 아낙네라는 뜻으로, 평범한 사람
   - 필부필부(匹夫匹婦) 평범한 남녀

6. 우정
- **관포지교(管鮑之交)**★ 관중과 포숙의 사귐이란 뜻으로, 우정이 아주 돈독한 친구 관계
- **금란지교(金蘭之交)** 친구 사이의 매우 두터운 정
- **단금지교(斷琴之交)** 매우 친밀한 우정이나 교제
- **문경지교(刎頸之交)**★ 서로를 위해서라면 목이 잘린다 해도 후회하지 않을 정도의 사이라는 뜻으로, 생사를 같이할 수 있는 아주 가까운 사이 또는 그런 친구

2 한자어와 속담

	ㄱ
감탄고토(甘呑苦吐)	달면 삼키고 쓰면 뱉는다는 뜻으로, 자신의 비위에 따라서 사리의 옳고 그름을 판단함. ➡ 추우면 다가들고 더우면 물러선다
견강부회(牽强附會)★	이치에 맞지 않는 말을 억지로 끌어 붙여 자기에게 유리하게 함. ➡ 제 논에 물 대기 ▶ **아전인수(我田引水)** 자기 논에 물 대기라는 뜻으로, 자기에게만 이롭게 되도록 생각하거나 행동함.
고장난명(孤掌難鳴)	외손뼉만으로는 소리가 울리지 아니한다는 뜻으로, 혼자의 힘만으로 어떤 일을 이루기 어려움. ➡ 백지장도 맞들면 낫다
고진감래(苦盡甘來)	쓴 것이 다하면 단 것이 온다는 뜻으로, 고생 끝에 즐거움이 옴. ➡ 태산을 넘으면 평지를 본다
교각살우(矯角殺牛)	잘못된 점을 고치려다가 그 방법이나 정도가 지나쳐 오히려 일을 그르침. ➡ 빈대 잡으려고 초가삼간 태운다, 빈대 미워 집에 불 놓는다
금지옥엽(金枝玉葉)	귀한 자손 ➡ 쥐면 꺼질까 불면 날까

	ㄷ
동족방뇨(凍足放尿)★	잠시 동안만 효력이 있을 뿐 효력이 바로 사라짐. ➡ 언 발에 오줌 누기, 아랫돌 빼서 윗돌 괴고 윗돌 빼서 아랫돌 괴기 동 고식지계(姑息之計), 미봉책(彌縫策), 임시변통(臨時變通), 하석상대(下石上臺)
당랑거철(螳螂拒轍)★	제 역량을 생각하지 않고, 강한 상대나 되지 않을 일에 덤벼드는 무모한 행동거지 ➡ 하룻강아지 범 무서운 줄 모른다, 범 모르는 하룻강아지

	ㅁ
망양보뢰(亡羊補牢)	이미 어떤 일을 실패한 뒤에 뉘우쳐도 아무 소용이 없음. ➡ 도둑맞고 사립 고친다, 소 잃고 외양간 고친다
목불식정(目不識丁)★	아주 간단한 글자인 '丁' 자를 보고도 그것이 고무래인 줄 알지 못한다는 뜻으로, 아주 까막눈을 일컬음. ➡ 가갸 뒷다리도 모른다, 낫 놓고 기역 자도 모른다 동 어로불변(魚魯不辨), 일문불통(一文不通), 진언부지(眞諺不知)

ㅂ	
부창부수(夫唱婦隨)	남편이 주장하고 아내가 이에 잘 따름. 또는 부부 사이의 그런 도리 ➡ 바늘 가는 데 실 간다

ㅅ	
사면초가(四面楚歌)	아무에게도 도움을 받지 못 하는, 외롭고 곤란한 지경에 빠진 형편 ➡ 아랫길도 못 가고 윗길도 못 가겠다
삼순구식(三旬九食)	삼십 일 동안 아홉 끼니밖에 먹지 못한다는 뜻으로, 몹시 가난함. ➡ 책력 보아 가며 밥 먹는다
설상가상(雪上加霜)	눈 위에 서리가 덮인다는 뜻으로, 난처한 일이나 불행한 일이 잇따라 일어남. ➡ 엎친 데 덮친 격, 기침에 재채기
소탐대실(小貪大失)★	작은 것을 탐하다가 큰 것을 잃음. ➡ 콩 볶아 먹다가 가마솥 깨뜨린다

ㅇ	
오비삼척(吾鼻三尺)	자기 사정이 급하여 남을 돌볼 겨를이 없음. ➡ 내 코가 석 자
오십보백보(五十步百步)	조금 낫고 못한 정도의 차이는 있으나 본질적으로는 차이가 없음. ➡ 도토리 키 재기
유유상종(類類相從)★	같은 무리끼리 서로 사귐. ➡ 가재는 게 편이다, 초록은 동색이다
일거양득(一擧兩得)★	한 가지 일에 두 가지 이로움이 있음. ➡ 배 먹고 이 닦기, 도랑 치고 가재 잡기

ㅈ	
정저지와(井底之蛙)	소견이나 견문이 몹시 좁은 것 ➡ 우물 밑의 개구리
조족지혈(鳥足之血)★	매우 적은 분량 ➡ 새 발의 피
좌정관천(坐井觀天)	사람의 견문(見聞)이 매우 좁음. ➡ 바늘구멍으로 하늘 보기, 우물 안 개구리
주마간산(走馬看山)★	말을 타고 달리며 산천을 구경한다는 뜻으로, 자세히 살피지 아니하고 대충대충 보고 지나감. ➡ 수박 겉핥기

ㅊ	
추풍선(秋風扇) 동 하로동선(夏爐冬扇)	가을철의 부채라는 뜻으로, 철이 지나서 쓸모없이 된 물건 ➡ 중의 빗

ㅎ	
호가호위(狐假虎威)	남의 권세를 빌려 위세를 부림. ➡ 호랑이 없는 골에 토끼가 왕 노릇 한다, 범 없는 골에 토끼가 스승이라

확인문제

01 속담 '하룻강아지 범 무서운 줄 모른다'와 의미가 같은 한자성어는?

① 고진감래(苦盡甘來)
② 당랑거철(螳螂拒轍)
③ 목불식정(目不識丁)
④ 사면초가(四面楚歌)
⑤ 소탐대실(小貪大失)

해설 '당랑거철(螳螂拒轍)'은 '제 역량을 생각하지 않고, 강한 상대나 되지 않을 일에 덤벼드는 무모한 행동거지'의 의미로 같은 의미의 속담으로는 '하룻강아지 범 무서운 줄 모른다'가 있다.
① '고진감래(苦盡甘來)'는 '고생 끝에 즐거움이 옴.'의 의미로 같은 의미의 속담으로는 '태산을 넘으면 평지를 본다'가 있다.
③ '목불식정(目不識丁)'은 '아주 까막눈'의 의미로 같은 의미의 속담으로는 '가갸 뒷다리도 모른다, 낫 놓고 기역자도 모른다'가 있다.
④ '사면초가(四面楚歌)'는 '아무에게도 도움을 받지 못하는, 외롭고 곤란한 지경에 빠진 형편'의 의미로 같은 의미의 속담으로는 '아랫길도 못 가고 윗길도 못 가겠다'가 있다.
⑤ '소탐대실(小貪大失)'은 '작은 것을 탐하다가 큰 것을 잃는다.'의 의미로 같은 의미의 속담으로는 '콩 볶아 먹다가 가마솥 깨뜨린다'가 있다.

정답 ②

02 '하석상대(下石上臺)'를 사용하기에 적절한 상황은?

① 쉬운 일부터 시작해야 하는 경우
② 외롭고 곤란한 상황에 처한 경우
③ 자세히 살피지 않고 대충 일을 처리하는 경우
④ 자신에게 유리한 방향으로 일을 처리하는 경우
⑤ 앞일은 생각하지 않고, 당장 위기를 넘기는 경우

해설 '하석상대(下石上臺)'는 '임시변통으로 이리저리 둘러맞춤.'의 의미로 당장의 위기를 넘기려는 상황에 쓴다.
정답 ⑤

제3장 한자어와 한자성어

03 '무식함'을 나타내는 한자성어가 아닌 것은?

① 어로불변(魚魯不辨)
② 일문불통(一文不通)
③ 진언부지(眞諺不知)
④ 목불식정(目不識丁)
⑤ 망양보뢰(亡羊補牢)

해설 '망양보뢰(亡羊補牢)'는 '이미 어떤 일을 실패한 뒤에 뉘우쳐도 아무 소용이 없음.'의 의미이다.
① '어로불변(魚魯不辨)'은 '어(魚) 자와 노(魯) 자를 구별하지 못한다는 뜻으로, 아주 무식함.'의 의미이다.
② '일문불통(一文不通)'은 '한 글자도 읽을 수 없을 정도로 무식함.'의 의미이다.
③ '진언부지(眞諺不知)'는 진서(眞書)나 언문(諺文)을 다 알지 못한다는 뜻으로, '무식하여 잘 모름.'의 의미이다.
④ '목불식정(目不識丁)'은 '아주 간단한 글자인 '丁' 자를 보고도 그것이 '고무래'인 줄을 알지 못한다는 뜻으로, 아주 까막눈'의 의미이다.

정답 ⑤

04 다음 중 유사한 의미를 갖고 있지 않은 것은?

① 미증유(未曾有)
② 파천황(破天荒)
③ 전무후무(前無後無)
④ 전대미문(前代未聞)
⑤ 전도요원(前途遙遠)

해설 '전도요원(前途遙遠)'는 '가야 할 길이 아득히 멂, 장래가 창창하게 멂'이라는 의미이며, ①~④는 모두 '처음'이라는 의미이다.

정답 ⑤

05 다음 중 '지나치면 좋지 않음.'과 관련이 있는 한자성어는?

① 천석고황(泉石膏肓)　　② 연목구어(緣木求魚)
③ 교왕과직(矯枉過直)　　④ 누란지위(累卵之危)
⑤ 토사구팽(兎死狗烹)

> **해설** '교왕과직(矯枉過直)'은 '굽은 것을 바로잡으려다가 정도에 지나치게 곧게 한다는 뜻으로, 잘못된 것을 바로잡으려다가 너무 지나쳐서 오히려 나쁘게 됨.'의 의미이다.
> ① '천석고황(泉石膏肓)'은 '자연의 아름다운 경치를 몹시 사랑하고 즐기는 성벽(性癖)'의 의미이다.
> ② '연목구어(緣木求魚)'는 '나무에 올라가서 물고기를 구한다는 뜻으로, 도저히 불가능한 일을 굳이 하려 함.'의 의미이다.
> ④ '누란지위(累卵之危)'는 '층층이 쌓아 놓은 알의 위태로움이라는 뜻으로, 몹시 아슬아슬한 위기'의 의미이다.
> ⑤ '토사구팽(兎死狗烹)'은 '토끼가 죽으면 토끼를 잡던 사냥개도 필요 없게 되어 주인에게 삶아 먹힌다는 뜻으로, 필요할 때는 쓰고 필요 없을 때는 야박하게 버리는 경우'의 의미이다.

> **정답** ③

06 다음 중 '효'와 관련된 한자성어가 아닌 것은?

① 혼정신성(昏定晨省)　　② 반포지효(反哺之孝)
③ 풍수지탄(風樹之嘆)　　④ 망운지정(望雲之情)
⑤ 수주대토(守株待兎)

> **해설** '수주대토(守株待兎)'는 '한 가지 일에만 얽매여 발전을 모르는 어리석은 사람'의 의미이다.
> ① '혼정신성(昏定晨省)'은 '밤에는 부모의 잠자리를 보아 드리고 이른 아침에는 부모의 밤새 안부를 묻는다는 뜻으로, 부모를 잘 섬기고 효성을 다함.'의 의미이다.
> ② '반포지효(反哺之孝)'는 '까마귀 새끼가 자라서 늙은 어미에게 먹이를 물어다 주는 효(孝)라는 뜻으로, 자식이 자란 후에 어버이의 은혜를 갚는 효성'의 의미이다.
> ③ '풍수지탄(風樹之歎/風樹之嘆)'은 '효도를 다하지 못한 채 어버이를 여읜 자식의 슬픔'의 의미이다.
> ④ '망운지정(望雲之情)'은 '자식이 객지에서 고향에 계신 어버이를 생각하는 마음'의 의미이다.

> **정답** ⑤

제4장 속담과 관용어

제1편 어휘

제1절 속담

기출 미리보기

1. 속담의 뜻과 상황적 쓰임
2. 같은 의미의 표현(한자성어, 속담, 관용어)

ㄱ

가게 기둥에 입춘★ 동 개 발에 주석 편자	추하고 보잘것없는 가겟집 기둥에 '입춘대길(立春大吉)'이라 써 붙인다는 뜻으로, 제격에 맞지 않음.
가난한 양반 씻나락 주무르듯	가난한 양반이 털어먹자니 앞날이 걱정스럽고 그냥 두자니 당장 굶는 일이 걱정되어서 볍씨만 한없이 주무르고 있다는 뜻으로, 어떤 일에 닥쳐 우물쭈물하기만 하면서 선뜻 결정을 내리지 못하고 있는 모양
가는 말에 채찍질	1. 열심히 하고 있는데도 더 빨리 하라고 독촉함. 2. 형편이나 힘이 한창 좋을 때라도 더욱 마음을 써서 힘써야 함.
가랑비에 옷 젖는 줄 모른다★	아무리 사소한 것이라도 그것이 거듭되면 무시하지 못할 정도로 크게 됨.
가마 타고 옷고름 단다★ 동 말 태우고 버선 깁는다	미리 준비를 해 놓지 않아서 임박해서야 허둥지둥하게 되는 경우
가마솥에 든 고기	꼼짝없이 죽게 된 신세
가을바람의 새털	가을바람에 이리저리 날리는 새털처럼 매우 가볍고 꿋꿋하지 못한 것
간에 붙었다 쓸개[염통]에 붙었다 한다	자기에게 조금이라도 이익이 되면 지조 없이 이편에 붙었다 저편에 붙었다 함.
갈수록 태산	갈수록 더욱 어려운 지경에 처하게 되는 경우
개밥에 도토리	'개는 도토리를 먹지 아니하기 때문에 밥 속에 있어도 먹지 아니하고 남긴다'는 뜻에서, 따돌림을 받아서 여럿의 축에 끼지 못하는 사람
거미줄에 목을 맨다 동 송편으로 목을 따 죽지	어처구니없는 일로 몹시 억울하고 원통함.

걱정이 많으면 빨리 늙는다	쓸데없는 잔걱정을 하지 말라는 것
구멍 보아 가며 말뚝 깎는다	무슨 일이고 간에 조건과 사정을 보아 가며 거기에 알맞게 일을 하여야 함.
군불에 밥 짓기	어떤 일에 곁따라 다른 일이 쉽게 이루어지거나 또는 다른 일을 해냄.
궁한 뒤에 행세를 본다	어려운 일을 당하여야 비로소 그 사람의 참된 가치나 본성을 엿볼 수 있음.
그물에 걸린 고기 신세	이미 잡혀 옴짝달싹 못하고 죽을 지경에 빠짐.
까치집에 비둘기 들어 있다	남의 집에 들어가서 주인 행세를 함.
꾸어다 놓은 보릿자루★	여럿이 모여 이야기하는 자리에서 아무 말도 하지 않고 한옆에 가만히 있는 사람
꿩 잡는 것이 매다	1. 꿩을 잡아야 매라고 할 수 있다는 뜻으로, 방법이 어떻든 간에 목적을 이루는 것이 가장 중요함. 2. 실제로 제 구실을 하여야 명실상부하다는 것
꿩 장수 후리듯 한다	남을 잘 이용하여 자기의 이익을 취하는 것

ㄴ	
나무 끝의 새 같다	오래 머물러 있지 못할 위태로운 곳에 있음.
날개 돋친 범	몹시 날쌔고 용맹스러운 기상
남의 말도 석 달★	소문은 시일이 지나면 흐지부지 없어짐.
남의 잔치[장/제사]에 감 놓아라 배 놓아라 한다	남의 일에 공연히 간섭하고 나섬.
냉수 먹고 이 쑤시기★	잘 먹은 체하며 이를 쑤신다는 뜻으로, 실속은 없으면서 무엇이 있는 체함.
놓친 고기가 더 크게 보인다	현재 가지고 있는 것보다 먼저 것이 더 좋았다고 생각되는 것
누워서 침 뱉기★ 동 하늘 보고 침 뱉기, 자기 낯[얼굴]에 침 뱉기	남을 해치려고 하다가 도리어 자기가 해를 입게 됨.
눈 가리고 아웅★	1. 얕은수로 남을 속이려 함. 2. 실제로 보람도 없을 일을 공연히 형식적으로 하는 체하며 부질없는 짓을 함.

ㄷ	
다 가도 문턱 못 넘기	애써 일을 하였으나 끝맺음을 못하여 보람이 없게 됨.
다 된 농사에 낫 들고 덤빈다	일이 다 끝난 뒤에 쓸데없이 참견하고 나섬.
다 된 죽에 코 풀기★	거의 다 된 일을 망쳐버리는 주책없는 행동

단김에 소뿔 빼기 동 쇠뿔도 단김에 빼랬다	어떤 일이든지 하려고 생각했으면 한창 열이 올랐을 때 망설이지 말고 곧 행동으로 옮겨야 함.
단단한[굳은] 땅에 물이 괸다	1. 헤프게 쓰지 않고 아끼는 사람이 재산을 모으게 됨. 2. 무슨 일이든 마음을 굳게 먹고 해야 좋은 결과를 얻게 됨.
단솥에 물 붓기★	형편이 이미 기울어 아무리 도와주어도 보람이 없음.
닭 쫓던 개 지붕 쳐다본다 동 쫓던 개의 상	애써 하던 일이 실패로 돌아가거나 남보다 뒤떨어져 어찌할 도리가 없이 됨.
대추나무에 연 걸리듯	여기저기에 빚을 많이 진 것
돌다리도 두들겨 보고 건너라	잘 아는 일이라도 세심하게 주의해야 함.
돌 지고 방아 찧는다	디딜방아를 찧을 때는 돌을 지고 하는 것이 더 쉽다는 뜻으로, 힘을 들여야 무슨 일이나 잘될 수 있음.
돼지에 진주 (목걸이)	값어치를 모르는 사람에게는 보물도 아무 소용없음.
되로 주고 말로 받는다	조금 주고 그 대가로 몇 곱절이나 많이 받는 경우
두 소경 한 막대 짚고 걷는다	어리석은 두 사람이 같은 잘못을 저지르는 경우
두부 먹다 이 빠진다	전혀 그렇게 될 리가 없음에도 일이 안 되거나 꼬이는 경우
두부살에 바늘뼈	몸이 아주 연약한 사람
뒤웅박 팔자	입구가 좁은 뒤웅박 속에 갇힌 팔자라는 뜻으로, 일단 신세를 망치면 거기서 헤어 나오기가 어려움.
떼어 놓은 당상	떼어 놓은 당상이 변하거나 다른 데로 갈 리 없다는 뜻으로, 일이 확실하여 조금도 틀림이 없음.

ㅁ	
마른나무를 태우면 생나무도 탄다	안 되는 일도 대세를 타면 잘될 수 있음.
마른논에 물 대기★	일이 매우 힘들거나 힘들여 해 놓아도 성과가 없는 경우
마른하늘에 날벼락	뜻하지 아니한 상황에서 뜻밖에 입는 재난
마음 없는 염불★	하고 싶지 아니한 일을 마지못하여 하는 것
마음잡아 개장사	방탕하던 사람이 마음을 다잡아서 생업을 하게 되었으나, 결국 오래가지 못하여 헛일이 됨.
말 타면 종 두고 싶다 동 말 타면 경마 잡히고 싶다	사람의 욕심이란 한이 없음.
말짱 도루묵	(속되게) 아무 소득이 없는 헛된 일이나 헛수고
망건[탕건] 쓰고 세수한다	(놀림조로) 일의 순서를 바꾸어 함.

망건 쓰자 파장	준비를 하다가 그만 때를 놓쳐 처음에 마음먹었던 목적을 이루지 못하게 됨.
매 앞에 든 꿩 같다	막다른 위기에 처하여 있는 신세
모기 보고 칼[환도] 빼기[뽑기]	1. 시시한 일로 소란을 피움. 2. 보잘것없는 작은 일에 어울리지 않게 엄청나게 큰 대책을 씀.
밑 빠진 독에 물 붓기	아무리 힘이나 밑천을 들여도 보람 없이 헛된 일이 되는 상태
ㅂ	
바늘 가는 데 실 간다*	바늘이 가는 데 실이 항상 뒤따른다는 뜻으로, 사람의 긴밀한 관계
바늘 도둑이 소도둑 된다	작은 나쁜 짓도 자꾸 하게 되면 큰 죄를 저지르게 됨.
바늘구멍으로 코끼리를 몰라 한다	전혀 가능성이 없는 일을 하라고 강요하는 경우
바늘구멍으로 하늘 보기	(비꼬아서) 조그만 바늘구멍으로 넓디넓은 하늘을 본다는 뜻으로, 전체를 포괄적으로 보지 못하는 매우 좁은 소견이나 관찰
바늘구멍으로 황소바람 들어온다	작은 것이라도 때에 따라서는 소홀히 하여서는 안 됨.
밥 위에 떡	좋은 일에 더욱 좋은 일이 겹침.
배 먹고 이 닦기*	배를 먹으면 이까지 하얗게 닦아진다는 뜻으로, 한 가지 일에 두 가지 이로움이 있음.
배보다 배꼽이 더 크다	발보다 거기에 붙은 발가락이 더 크다는 뜻으로, 기본이 되는 것보다 덧붙이는 것이 더 많거나 큰 경우
뱁새가 황새를 따라가면 다리가 찢어진다	힘에 겨운 일을 억지로 하면 도리어 해만 입음.
병풍에 그린 닭이 홰를 치거든	도저히 불가능한 일이어서 기약할 수 없음.
부자는 망해도 삼 년 먹을 것이 있다	본래 부자이던 사람은 망했다 하더라도 얼마 동안은 그럭저럭 살아 나갈 수 있음.
붉고 쓴 장	빛이 좋아서 맛있을 듯한 간장이 쓰다는 뜻으로, 겉모양은 그럴듯하게 좋으나 실속은 흉악하여 안팎이 서로 다름.
비 오기 전에 집이다	비 오기 전에 집에 와 있다는 뜻으로, 미리 마련하거나 갖추었음.
비 오는 것은 밥 짓는 부엌에서 먼저 안다	비가 오려고 기압이 낮아지면 아궁이에 불이 잘 안 붙으므로 부엌의 아낙네들이 비 오는 것을 먼저 알게 됨.
비 오는 날 소꼬리 같다	몹시 귀찮게 구는 것
비 오는 날 장독 덮었다 (한다)	(비꼬아서) 비 오는 날 먼저 해야 할 일 중에 하나는 장독을 덮는 일인데 그것을 했다고 자랑한다는 뜻으로, 당연히 할 일을 하고 유세하는 경우

비 온 뒤에 땅이 굳어진다	비에 젖어 질척거리던 흙도 마르면서 단단하게 굳어진다는 뜻으로, 어떤 시련을 겪은 뒤에 더 강해짐.
비 틈으로 빠져 나가겠다	행동이나 동작이 매우 민첩함.
빛 좋은 개살구★ 동 속 빈 강정	겉보기에는 먹음직스러운 빛깔을 띠고 있지만 맛은 없는 개살구라는 뜻으로, 겉만 그럴듯하고 실속이 없는 경우

ㅅ

사람과 산은 멀리서 보는 게 낫다	사람을 가까이 사귀면 멀리서 볼 때 안 보이던 결점이 다 드러나 실망하게 됨.
산 개 새끼가 죽은 정승보다 낫다 유 죽은 정승이 산 개만 못하다	아무리 천하더라도 살아 있는 것이 죽은 것보다는 낫다는 뜻으로, 세상을 비관하지 말고 살아가야 함.
산 넘어 산이다	갈수록 더욱 어려운 지경에 처하게 되는 경우
삼밭에 쑥대	쑥이 삼밭에 섞여 자라면 삼대처럼 곧아진다는 뜻으로, 좋은 환경에서 자라면 좋은 영향을 받게 됨.
새 발의 피★	아주 하찮은 일이나 극히 적은 분량
서울 (가서) 김 서방 찾기	넓은 서울 장안에 가서 주소도 모르고 덮어놓고 김 서방을 찾는다는 뜻으로, 주소도 이름도 모르고 무턱대고 막연하게 사람을 찾아가는 경우
석새짚신에 구슬 감기	거칠게 만든 하찮은 물건에 고급스러운 물건을 사용한다는 뜻으로, 격에 어울리지 않는 모양이나 차림새
소 뒷걸음질 치다 쥐 잡기	소가 뒷걸음질 치다가 우연히 쥐를 잡게 되었다는 뜻으로, 우연히 공을 세운 경우
소 잃고 외양간 고친다	(비꼬아서) 소를 도둑맞은 다음에서야 빈 외양간의 허물어진 데를 고치느라 수선을 떤다는 뜻으로, 일이 이미 잘못된 뒤에는 손을 써도 소용이 없음.
솔개 어물전 돌 듯	솔개가 생선에 눈독을 들여 생선 가게 위를 맴돈다는 뜻으로, 어떤 것에 재미가 들려 그 자리를 뜨지 못하고 빙빙 도는 경우
솔개 까치집 뺏듯	솔개가 만만한 까치를 둥지에서 몰아내고 그 둥지를 차지하듯 한다는 뜻으로, 힘을 써서 남의 것을 강제로 빼앗는 경우
숭어가 뛰니까 망둥이도 뛴다	1. 남이 한다고 하니까 분별없이 덩달아 나섬. 2. 제 분수나 처지는 생각하지 않고 잘난 사람을 덮어놓고 따름.
시루에 물 퍼붓기★	아무리 수고를 하고 공을 들여도 효과가 나타나지 않는 일
썩어도 준치★	본래 좋고 훌륭한 것은 비록 상해도 그 본질에는 변함이 없음.

ㅇ

아닌 밤중에 홍두깨 (내밀듯)★	별안간 엉뚱한 말이나 행동을 함.
안되는 사람은 자빠져도[뒤로 넘어져도] 코가 깨진다★	운수가 나쁜 사람은 보통 사람에게는 생기지도 않는 나쁜 일까지 생김.
약방에 감초★	어떤 일에나 빠짐없이 끼어드는 사람 또는 꼭 있어야 할 물건
언 발에 오줌 누기★	임시변통은 될지 모르나 그 효력이 오래가지 못할 뿐만 아니라 결국에는 사태가 더 나빠짐.
여우를 피해서 호랑이를 만나다★	갈수록 더욱더 힘든 일을 당함.
옥에 티	나무랄 데 없이 훌륭하거나 좋은 것에 있는 사소한 흠
욕심이 사람 죽인다	욕심이 너무 지나치면 사리를 분별하지 못하고 위태로운 일까지 거리낌 없이 하게 됨.
우물에 가 숭늉 찾는다	모든 일에는 질서와 차례가 있는 법인데 일의 순서도 모르고 성급하게 덤빔.
우선 먹기는 곶감이 달다	앞일은 생각해 보지도 아니하고 당장 좋은 것만 취하는 경우
울며 겨자 먹기	맵다고 울면서도 겨자를 먹는다는 뜻으로, 싫은 일을 억지로 마지못하여 함.
원님 덕에 나발 분다★	남의 덕으로 당치도 아니한 행세를 하게 되거나 그런 대접을 받고 우쭐대는 모양
이도 아니 나서 콩밥을 씹는다	아직 준비가 안 되고 능력도 없으면서 또는 절차를 넘어서 어려운 일을 하려고 달려듦.
입추의 여지가 없다	송곳 끝도 세울 수 없을 정도라는 뜻으로, 발 들여놓을 데가 없을 정도로 많은 사람들이 꽉 들어찬 경우

ㅈ

자라 보고 놀란 가슴 솥뚜껑 보고 놀란다	어떤 사물에 몹시 놀란 사람은 비슷한 사물만 보아도 겁을 냄.
젊은이 망령은 몽둥이로 고친다 동 노인네 망령은 고기로 고치고 젊은이 망령은 몽둥이로 고친다.	아이들이 잘못했을 경우에는 엄하게 다스려 교육해야 함.
중의 빗	소용없게 된 물건이나 쓸데없는 물건 ▶ 추풍선(秋風扇) 가을철의 부채라는 뜻으로, 철이 지나서 쓸모없이 된 물건

	ㅊ
차돌에 바람 들면 석돌보다 못하다	오달진 사람일수록 한번 타락하면 걷잡을 수 없게 됨. ▶ **오달지다** 허술한 데가 없이 야무지고 알차다.

	ㅋ
큰북에서 큰 소리 난다	크고 훌륭한 데서라야 무엇이나 좋은 일이 생길 수 있음.

	ㅌ
타고난 재주 사람마다 하나씩은 있다	사람은 누구나 한 가지씩의 재주는 가지고 있어서 그것으로 먹고 살아 가게 마련임.
토끼 둘을 잡으려다가 하나도 못 잡는다	욕심을 부려 한꺼번에 여러 가지 일을 하려 하면 그 가운데 하나도 이 루지 못함.
티끌 모아 태산	아무리 작은 것이라도 모이고 모이면 나중에 큰 덩어리가 됨.

	ㅎ
하나는 열을 꾸려도 열은 하나를 못 꾸린다	한 사람이 잘되면 여러 사람을 돌보아 줄 수 있으나 여러 사람이 힘을 합하여 한 사람을 돌보아 주기는 힘듦.
하늘 아래 첫 동네	매우 높은 지대에 있는 동네
하늘의 별 따기	무엇을 얻거나 성취하기가 매우 어려운 경우
행차 뒤에 나팔 통 사또 떠난 뒤에 나팔 분다, 여드레 병풍 친다	(핀잔하여) 사또 행차가 다 지나간 뒤에야 악대를 불러다 나팔을 불리 고 북을 치게 한다는 뜻으로, 제때 안 하다가 뒤늦게 대책을 세우며 서 두름.
호랑이에게 물려 가도 정신만 차리면 산다	아무리 위급한 경우를 당하더라도 정신만 똑똑히 차리면 위기를 벗어 날 수 있음.

비슷한 의미의 속담

1. 부모
   - **자식 둔 부모는 알 둔 새 같다** 부모는 늘 자식의 신변을 걱정함.
   - **부모가 자식을 겉 낳았지 속 낳았나** 부모도 자식이 그 속에 품은 생각은 알 수 없음.
   - **자식들은 평생 부모 앞에 죄짓고 산다** 자식에 대한 부모의 사랑은 끝이 없고 지극하여 자식들이 그 은혜를 다 갚을 수 없음.
   - **남의 부모 공경이 제 부모 공경이다** 남의 부모도 잘 위하고 존경해야 함.
   - **부모 말을 들으면 자다가도 떡이 생긴다** 부모의 말을 잘 듣고 순종하면 좋은 일이 생김.

2. 말
   - **낮말은 새가 듣고 밤말은 쥐가 듣는다** 아무도 안 듣는 데서라도 말조심해야 함.
   - **말 많은 집은 장맛도 쓰다** 입으로는 그럴듯하게 말하지만 실상은 좋지 못함.
   - **말 안 하면 귀신도 모른다** 마음속으로만 애태울 것이 아니라 시원스럽게 말을 하여야 함.
   - **말은 할 탓이다** 같은 내용의 말이라도 하기에 달림.
   - **(군)말이 많으면 쓸 말이 적다** 하지 않아도 될 말을 이것저것 많이 늘어놓으면 그만큼 쓸 말은 적어진다는 뜻으로, 말을 삼가야 함.
   - **아이 말 듣고 배 딴다** 어리석은 사람의 말을 곧이듣고 큰 실수를 하게 되는 경우

3. 쉬운 일
   - **누워서 떡 먹기** 하기가 매우 쉬운 것
   - **땅 짚고 헤엄치기** 아주 하기 쉬운 일
   - **손 안 대고 코 풀기** 손조차 사용하지 아니하고 코를 푼다는 뜻으로, 일을 힘 안 들이고 아주 쉽게 해치움.
   - **주먹으로 물 찧기** 일이 매우 쉬움.

확인문제

01 〈보기〉의 상황에 적절한 속담은?

● 보기 ●

경제 불황이 지속되자 그의 사업은 날로 어려워졌다. 이러한 상황을 해결하기 위해 그는 주변의 가족들과 지인들에게 돈을 빌리고, 금융권에서 대출까지 받았다.

① 두부살에 바늘뼈
② 가갸 뒷다리도 모른다
③ 대추나무에 연 걸리듯
④ 우선 먹기는 곶감이 달다
⑤ 놓친 고기가 더 크게 보인다

[해설] 제시된 상황은 사업이 어려워지자 여기저기에 빚을 많이 지게 된 것이므로 '대추나무에 연 걸리듯'이 적절한 속담이다.
[정답] ③

02 '부모'와 관련된 속담의 뜻이 바르게 연결되지 않은 것은?

① 자식 둔 부모는 알 둔 새 같다 → 부모는 늘 자식의 신변을 걱정한다.
② 부모가 자식을 겉 낳았지 속 낳았나 → 부모와 자식은 서로 닮아 간다.
③ 남의 부모 공경이 제 부모 공경이다 → 남의 부모도 잘 위하고 존경해야 한다.
④ 부모 말을 들으면 자다가도 떡이 생긴다 → 부모의 말을 잘 듣고 순종하면 좋은 일이 생긴다.
⑤ 자식은 평생 부모 앞에 죄짓고 산다 → 자식에 대한 부모의 사랑은 끝이 없고 지극하여 자식들이 그 은혜를 다 갚을 수 없다.

[해설] '부모가 자식을 겉 낳았지 속 낳았나'는 '부모도 자식이 그 속에 품은 생각은 알 수 없다.'의 의미이다.
[정답] ②

제2절 관용어

> **기출 미리보기**
>
> 1. 관용어의 뜻과 상황적 쓰임
> 2. 같은 의미의 표현(한자성어, 속담, 관용어)

ㄱ	
가늠을 보다	1. 목표를 겨누어 보다. 2. 형편이나 시세 따위를 살피다.
가닥을 잡다	분위기, 상황, 생각 따위를 이치나 논리에 따라 바로 잡다.
가리(를) 틀다	잘되어 가는 일을 안 되도록 방해하다.
간발의 차이	서로 엇비슷할 정도의 아주 작은 차이
간에 불붙다	1. 당한 일이 몹시 다급하여 간장이 타는 것 같다. 2. 몹시 울화가 나다.
게걸음(을) 치다	1. 옆으로 걸어 나가다. 2. 걸음이 몹시 느리거나 사업이 발전이 없다.
고추 먹은 소리	못마땅하게 여겨 씁쓸해하는 말
공기가 팽팽하다	분위기가 몹시 긴장되어 있다.
굴레 벗은 말[망아지/송아지]	1. 거칠게 행동하는 사람 2. 구속이나 통제에서 벗어나 몸이 자유로움.
그림의 떡	아무리 마음에 들어도 이용할 수 없거나 차지할 수 없는 경우
김이 식다	재미나 의욕이 없어지다.

ㄴ	
나발(을) 불다	(속되게) 당치 않은 말을 함부로 하다.
눈에서 황이 나다	몹시 억울하거나 질투가 날 때
눈이 나오다	몹시 놀라다.
눈(을) 뒤집다	주로 좋지 않은 일에 열중하여 제정신을 잃다.

ㄷ	
다리가 길다	음식 먹는 자리에 우연히 가게 되어 먹을 복이 있다.
달(이) 차다	아이를 배어 낳을 달이 되다.
뜨거운 감자	할 수도 안 할 수도 없는 난처한 경우

ㅁ	
막이 오르다	무대의 공연이나 어떤 행사가 시작되다.
말짱 도루묵	(속되게) 아무 소득이 없는 헛된 일이나 헛수고
면목(面目)이 없다	부끄러워 남을 대할 용기가 나지 않다.
모골이 송연하다★	끔찍스러워서 몸이 으쓱하고 털끝이 쭈뼛해지다.
목에 힘을 주다	거드름을 피우거나 남을 깔보는 듯한 태도를 취하다.
목을 놓다	주로 울거나 부르짖을 때에 참거나 삼가지 않고 소리를 크게 내다.
물 찬 제비	1. 물을 차고 날아오른 제비처럼 몸매가 아주 매끈하여 보기 좋은 사람 2. 동작이 민첩하고 깔끔하여 보기 좋은 행동을 함.

ㅂ	
발을 빼다	어떤 일에서 관계를 완전히 끊고 물러나다.
범의 어금니	없어서는 안 될 매우 요긴한 것
변죽을 울리다★	바로 집어 말을 하지 않고 둘러서 말을 하다.

ㅅ	
사족(을) 못 쓰다	무슨 일에 반하거나 혹하여 꼼짝 못하다.
산통(을) 깨다★	다 잘되어 가던 일을 이루지 못하게 뒤틀다.
상투(를) 틀다	총각이 장가들어 어른이 되다.
새[사이]가 뜨다	사람 사이의 관계가 벌어져 소원해지다.
손을 뻗치다	의도적으로 남에게 어떤 영향을 미치게 하다.
손(이) 거칠다	도둑질 같은 나쁜 손버릇이 있다.
손(이) 떨어지다	일이 끝나다.
손(이) 뜨다	일하는 동작이 매우 굼뜨다.
싹수(가) 노랗다	잘될 가능성이나 희망이 애초부터 보이지 아니하다.

ㅇ

아귀(가) 맞다	1. 앞뒤가 빈틈없이 들어맞다. 2. 일정한 수량 따위가 들어맞다.
악어의 눈물	거짓 눈물 또는 위선적인 행위
어안이 벙벙하다	뜻밖에 놀랍거나 기막힌 일을 당하여 어리둥절하다.
억지 춘향(이)	억지로 어떤 일을 이루게 하거나 어떤 일이 억지로 겨우 이루어지는 경우
엎친 데 덮친 격	어렵거나 나쁜 일이 겹치어 일어나다.
염치를 차리다	염치를 알아 부끄럽지 아니하게 행동하다.
오금이 저리다*	저지른 잘못이 들통이 나거나 그 때문에 나쁜 결과가 있지 않을까 마음을 졸이다.
온실 속의 화초	어려움이나 고난을 겪지 아니하고 그저 곱게만 자란 사람
입을 막다	시끄러운 소리나 자기에게 불리한 말을 하지 못하게 하다.
입을 맞추다	서로의 말이 일치하도록 하다.
입을 모으다	여러 사람이 같은 의견을 말하다.
입을 씻다	이익 따위를 혼자 차지하거나 가로채고서는 시치미를 떼다.

ㅈ

장난에 팔리다	장난에 온 정신이 쏠려서 무엇이 어떻게 되어 가는지 모르다.
주눅(이) 잡히다	부끄럽거나 무섭거나 하여 기를 펴지 못하고 움츠러들다.
주판(을) 놓다	어떤 일에 대하여 이해득실을 계산하다.
줄(을) 타다	힘이 될 만한 사람과 관계를 맺어 그 힘을 이용하다.

ㅊ

초로(와) 같다	인생 따위가 덧없다. ▶ 초로(草露) 풀잎에 맺힌 이슬

ㅋ

코가 높다	잘난 체하고 뽐내는 기세가 있다.
코(를) 빠뜨리다	못 쓰게 만들거나 일을 망치다.
코 아래 진상*	뇌물이나 먹을 것을 바치는 일
코 큰 소리	잘난 체하는 소리

코가 꿰이다	약점이 잡히다.
코가 빠지다	근심에 싸여 기가 죽고 맥이 빠지다.
코가 솟다	뽐낼 일이 있어 우쭐해지다.
코를 떼다	무안을 당하거나 핀잔을 맞다.

ㅌ

태깔(이) 나다	맵시 있는 태도가 보이다. ▶ 태깔 모양이나 색깔

ㅎ

학을 떼다	괴롭거나 어려운 상황을 벗어나느라고 진땀을 빼거나, 그것에 거의 질려 버리다.

확인문제

01 〈보기〉의 괄호에 어울리는 관용어로 옳은 것은?

———— ● 보기 ● ————
수사부는 이번 사건에서 초점을 때리지 못하고 (   ).

① 죽을 쑤었다　　　　　② 획을 그었다
③ 변죽을 울렸다　　　　④ 마가 끼게 했다
⑤ 코가 꿰이게 했다

해설　'바로 집어 말을 하지 않고 둘러서 말을 하다.'의 의미를 가진 관용어는 '변죽을 울리다'이다.
　　① '죽을 쑤다'는 '어떤 일을 망치거나 실패하다.'의 의미이다.
　　② '획을 긋다'는 '어떤 범위나 시기를 분명하게 구분 짓다.'의 의미이다.
　　④ '마(魔)가 끼다'는 '일이 잘되지 아니하게 훼살을 부리는 요사스러운 장애물이 생기다.'의 의미이다.
　　⑤ '코가 꿰이다'는 '약점이 잡히다.'의 의미이다.
정답　③

02 〈보기〉의 괄호에 어울리는 관용어로 적절한 것은?

———— ● 보기 ● ————
우리가 신고한 일로 인해 보상금이 나왔을 텐데 어찌된 일인지 모르겠군. 설마 그가 우리의 공을 (   ) 모른 체하지는 않겠지.

① 입을 막고　　　　　② 입을 씻고
③ 입을 다물고　　　　④ 입을 모으고
⑤ 입이 아프고

해설　'이익 따위를 혼자 차지하거나 가로채고서는 시치미를 떼다.'의 의미를 가진 관용어는 '입을 씻다'이다.
　　① '입을 막다'는 '시끄러운 소리나 자기에게 불리한 말을 하지 못하게 하다.'의 의미이다.
　　③ '입을 다물다'는 '말을 하지 아니하거나 하던 말을 그치다.'의 의미이다.
　　④ '입을 모으다'는 '여러 사람이 같은 의견을 말하다.'의 의미이다.
　　⑤ '입이 아프다'는 '여러 번 말하여도 받아들이지 아니하여 말한 보람이 없다.'의 의미이다.
정답　②

03 밑줄 친 관용 표현의 쓰임이 적절하지 않은 것은?

① 그는 친구의 말이라면 사족을 못 쓴다.
② 그때 내가 속은 걸 생각하면 간에 불붙는다.
③ 그는 이번 시험에서 1등을 하고 코가 솟았다.
④ 거스름돈을 몰래 훔친 아이는 자꾸만 오금이 쑤셨다.
⑤ 아이는 문을 열고 들어가야 할지 말아야 할지 가늠을 보았다.

해설 '오금이 쑤시다'는 '무슨 일을 하고 싶어 가만히 있지 못하다.'의 의미로, 문맥에 어울리지 않는다. 문맥에 맞는 관용어는 '저지른 잘못이 들통이 나거나 그 때문에 나쁜 결과가 있지 않을까 마음을 졸이다.'의 의미가 있는 '오금이 저리다'이다.
① '사족(을) 못 쓰다'는 '무슨 일에 반하거나 혹하여 꼼짝 못하다.'의 의미이다.
② '간에 불붙다'는 '몹시 울화가 나다.'의 의미이다.
③ '코가 솟다'는 '뽐낼 일이 있어 우쭐해지다.'의 의미이다.
⑤ '가늠(을) 보다'는 '형편이나 시세 따위를 살피다.'의 의미이다.

정답 ④

04 밑줄 친 관용 표현의 쓰임이 적절하지 않은 것은?

① 그 사람은 염치를 차릴 사람이 아니다.
② 자주 만나지 못해 그들은 새가 떴다.
③ 그는 부장이 되더니 목에 힘을 주고 다닌다.
④ 나는 학창 시절에 수학이라면 거의 학을 뗐다.
⑤ 자주 놀러 오던 그 애가 요샌 발이 길어서 얼굴 보기가 힘들다.

해설 '발(이) 길다'는 '음식 먹는 자리에 우연히 가게 되어 먹을 복이 있다.'의 의미로, 문맥에 어울리지 않는다. 문맥에 맞는 관용어는 '이따금씩 다니다.'의 의미를 가진 '발(이) 뜨다'이다.
① '염치(를) 차리다'는 '염치를 알아 부끄럽지 아니하게 행동하다.'의 의미이다.
② '새[사이]가 뜨다'는 '사람 사이의 관계가 벌어져 소원해지다.'의 의미이다.
③ '목에 힘을 주다'는 '거드름을 피우거나 남을 깔보는 듯한 태도를 취하다.'의 의미이다.
④ '학을 떼다'는 '괴롭거나 어려운 상황을 벗어나느라고 진땀을 빼거나, 그것에 거의 질려 버리다.'의 의미이다.

정답 ⑤

05 '인생 따위가 덧없음'을 나타내는 관용 표현으로 옳은 것은?

① 가리를 틀다
② 귀가 여리다
③ 산통을 깨다
④ 초로와 같다
⑤ 모골이 송연하다

해설 '인생무상(人生無常)'과 같이 인생의 덧없음을 표현하는 관용 표현은 '초로(와) 같다'이다. '초로'는 풀잎에 맺어진 이슬로, 시간이 지나면 다 사라지기 때문이다.
① '가리(를) 틀다'는 '잘되어 가는 일을 안 되도록 방해하다.'의 의미이다.
② '귀(가) 여리다'는 '속는 줄도 모르고 남의 말을 그대로 잘 믿다.'의 의미이다.
③ '산통(을) 깨다'는 '다 잘되어 가던 일을 이루지 못하게 뒤틀다.'의 의미이다.
⑤ '모골이 송연하다'는 '끔찍스러워서 몸이 으쓱하고 털끝이 쭈뼛해지다.'의 의미이다.

정답 ④

06 밑줄 친 관용어의 쓰임이 적절하지 않은 것은?

① 이번에는 꼭 그 일을 내 손으로 <u>아퀴를 지어야겠어</u>.
② 그 일이 탄로 나지 않게 우리는 <u>입을 맞춰야만</u> 했다.
③ 우리가 계획한 대로 <u>아귀가 맞게</u> 일이 착착 진행되고 있었다.
④ 그 일은 혼자 힘으로 안 되고, <u>어깨를 겨누고</u> 함께 나아가야 한다.
⑤ 8월 말로 접어들자 그들은 차츰 흉악한 <u>마각을 드러내기</u> 시작했다.

해설 '어깨를 겨누다'는 '서로 비슷한 지위나 힘을 가지다.'의 뜻으로 문맥에 맞지 않다. 함께 힘을 모아야 하는 상황이므로, '좋은 목적을 위하여 행동을 서로 같이하다.'의 의미를 가진 '어깨를 겯다'가 적절한 표현이다.
① '아퀴를 짓다'는 '일이나 말을 끝마무리하다.'의 의미이다.(아퀴: 일을 마무르는 끝매듭)
② '입을 맞추다'는 '서로의 말이 일치하도록 하다.'의 의미이다.
③ '아귀(가) 맞다'는 '앞뒤가 빈틈없이 들어맞다.'의 의미이다.(아귀: 사물의 갈라진 부분)
⑤ '마각을 드러내다'는 '말의 다리로 분장한 사람이 자기 모습을 드러낸다는 뜻으로, 숨기고 있던 일이나 정체를 드러냄'의 의미이다.

정답 ④

제5장 순화어

제1편 어휘

제1절 일본어 순화어

기출 미리보기

익숙해진 일본어 잔재 표현 순화

대상어	순화어	대상어	순화어
고로케	크로켓	무데뽀	막무가내, 무모★
곤색	감색	바께쓰	들통, 양동이★
구루마	수레	삐까번쩍	번쩍번쩍★
기스	흠	사시미	생선회★
꼬봉	부하	아나고	붕장어
노가다	막일, 막일꾼★	아싸리	차라리
다대기	다진 양념★	앙꼬	팥소
단도리	채비, 단속	유도리	융통성★
닭도리탕	닭볶음탕	잉꼬 부부	원앙 부부
땡깡	투정	지라시	낱장 광고, 선전지
땡땡이	물방울무늬	칠부바지	칠푼 바지
레자	인조 가죽	쿠사리	면박, 핀잔★
로케	현지 촬영	핀트	초점★
모찌	찹쌀떡	함바	현장 식당

제2절 한자어 순화어

기출 미리보기

불필요하게 어려운 한자어 순화

대상어	순화어	대상어	순화어
가검물(可檢物)	검사물★	불하(拂下)	매각, 팔아버림
가두(街頭)	(길)거리	수순(手順)	순서, 차례★
가료(加療)	치료, 고침, 병 고침★	시건장치(施鍵裝置)	잠금장치★
간선도로(幹線道路)	주요 도로, 중심 도로	시말서(始末書)	경위서★
감안(勘案)	고려, 생각, 참작, 납득, 이해★	양식(樣式)	서식
검진(檢診)	진찰	역할(役割)	소임, 구실, 할 일★
결재(決裁)	재가	익일(翌日)	다음 날, 이튿날
고수부지(高水敷地)	둔치★	입회(立會)	참여, 참관
고참(古參)[고:참]	선임	잔고(殘高)	잔액, 나머지★
기한(期限)	마감	잔반(殘飯)	남은 밥, 음식 찌꺼기★
긴요(緊要)하다	매우 중요하다	잔업(殘業)	시간 외 일
납득(納得)	이해★	저간(這間)[저:간]	요즈음★
노견(路肩)	갓길★	절취선(切取線)	자르는 선
노변(路邊)[노:변]	길가★	제반(諸般)	모든
담합(談合)	짬짜미	좌지우지(左之右之)하다	마음대로 하다
대다수(大多數)	대부분	지참(遲參)	(뒤)늦게 참석
대합실(待合室)	맞이방, 기다림방★	참작(參酌)	헤아림
도합(都合)	모두, 합계	청탁(請託)	부탁
동량(棟梁/棟樑)	기둥	파랑(波浪)	물결
만개(滿開)	만발, 활짝 핌	폭염(暴炎)	불볕더위
매점(買占)	사재기	하명(下命)	지시, 명령
모포(毛布)	담요	하시(何時)	언제
방화(邦畫)	국산 영화	화목(火木)[화:목]	땔나무
부락(部落)	마을★	흑태(黑太)	검정콩★

제3절 외래어 순화어

> **기출 미리보기**
>
> 무분별하게 남용되는 외래어 순화

대상어	순화어	대상어	순화어
개런티(guarantee)	출연료	리콜(recall)	결함 보상★
갭(gap)	간격, 차이, 틈	리퍼브(refurbished)	손질상품
굿즈(goods)	팬 상품	리플(reply)	댓글★
그랑프리(grand prix)	대상, 최우수상	마블링(marbling)	결지방★
네임밸류(name value)	지명도	마스터 플랜(master plan)	종합 계획, 기본 계획
네트워킹(networking)	연결망, 연계망, 관계망	맞트레이드(맞trade)	맞교환
네티즌(netizen)	누리꾼★	머스트 해브(must have)	필수품
넷북(net-book)	손누리틀	멀티탭(multiple tap)	모둠꽂이★
노하우(knowhow)	비법	~ 메가시티(~ mega city)	~ 특화 도시
뉘앙스(nuance)	느낌, 말맛, 어감	멘토(mentor)	(담당) 지도자
다크서클(dark circle)	눈그늘	모니터링(monitoring)	정보 수집, 점검, 감시
데드라인(deadline)	마감★	무빙 워크(moving sidewalk)	자동길★
데뷔(début)	(첫)등단, (첫)등장, 첫무대	미디어(media)	대중 매체, 매개체, 매체
랜드마크(landmark)	마루지, 상징물★	미션(mission)	(중요) 임무
램프(ramp)	연결로	박스 오피스(box office)	흥행 수익
레시피(recipe)	조리법★	발레파킹(valet parking)	대리주차
레트로(retro)	복고풍	벌크 업(bulk up)	근육 키우기
로드맵(road map)	이행안★	벤치 클리어링(bench clearing)	선수단 몸싸움
로컬 푸드(local food)	지역 먹을거리	보드마커(board marker)	칠판펜

붐(boom)	대유행	오티티 (OTT; Over The Top)	인터넷 동영상 서비스
브이로그(vlog)	영상 일기	오픈마켓 (open market)	열린 시장, 열린 장터
블라인드(blind)	가리개, 정보 가림	옵서버(observer)	참관인★
블랙 컨슈머 (black consumer)	악덕 소비자	웨딩플래너 (wedding planner)	결혼도우미★
블로그(blog)	누리 사랑방	저널(journal)	언론
빅 리그(big league)	최상위 연맹	정크푸드(junk food)	부실음식, 부실식품★
선루프(sunroof)	지붕창(--窓)★	제로베이스(zero base)	원점★
소셜커머스 (social commerce)	공동할인구매	카메오(cameo)	깜짝 출연자
스마트폰 (smart phone)	똑똑(손)전화	카파라치(carparazzi)	교통 신고꾼
스캔들(scandal)	추문	컨설턴트(consultant)	상담사
스케줄(schedule)	일정★	컨트롤 타워 (control tower)	통제탑, 지휘 본부
스크린 도어 (screen door)	안전문, 승강장 차단문★	케어 푸드(care food)	돌봄식, 돌봄 음식
스팸 메일(spam mail)	쓰레기 편지★	콘텐츠(contents)	꾸림정보
슬로푸드(slow food)	여유식	콜키지(corkage)	주류 반입비
슬로 시티(slow city)	참살이지역	콤비(combination)	(단)짝
아웃소싱(outsourcing)	외부 용역, 외주	큐알 코드[QR 코드] (QR; Quick Response Code)	정보 무늬★
아이콘(icon)	상징(물), 그림 단추★	클러스터(cluster)	(산학) 협력 지구, 연합 지구
얼리어답터 (early adopter)	앞선 사용자★	타임캡슐 (time capsule)	기억상자★
엠블럼(emblem)	상징, 상징표	태스크포스 팀[TF 팀] (TF; Task Force Team)	전략팀
오가닉(organic)	유기농	테라피(therapy)	치유, 치료
오션 뷰(ocean view)	바다 전망	트러블(trouble)	문제, 말썽, 고장★

제5장 순화어

트렌드(trend)	경향★	플랫 슈즈(flat shoes)	납작 구두
팁(tip)	봉사료, 도움말★	필터(filter)	여과기, 여과지
팝업창(pop-up窓)	알림창★	하이브리드카 (hybrid car)	복합동력차
패딩(padding)	누비옷★	헤드셋(headset)	통신머리띠★
포맷(format)	양식, 서식, 형식	홈스쿨(homeschool)	가정학교
플래카드(placard)	현수막	홈페이지(homepage)	누리집

확인문제

01 밑줄 친 말의 순화어로 적절하지 <u>않은</u> 것은?

① <u>하시</u>(→ 언제)라도 좋으니 자주 들러 주세요.
② 그가 갑자기 <u>저간</u>(→ 요즈음)의 소식을 전했다.
③ 명절이 있어서 통장 <u>잔고</u>(→ 잔액)가 바닥이 났다.
④ 보건소에서 환자들의 <u>가검물</u>(→ 검사물) 검사에 나섰다.
⑤ 태풍의 영향으로 전 해상에 <u>파랑</u>(→ 바람)주의보가 내려졌습니다.

[해설] '파랑'은 '잔물결과 큰 물결'을 의미하므로 '물결'로 순화해서 써야 한다.
[정답] ⑤

02 밑줄 친 말의 순화어로 적절하지 <u>않은</u> 것은?

① 현관문 <u>시건장치</u>(→ 잠금장치)를 설치했다.
② 달갑지 않은 인사 <u>청탁</u>(→ 부탁)으로 밤새 고민했다.
③ 우리는 아직 전세 <u>기한</u>(→ 마감)이 열 달 정도 남았다.
④ 식당에서 나오는 <u>잔반</u>(→ 남은 밥)을 동물의 사료로 이용했다.
⑤ 그들은 성공적인 공연을 위해 각자 맡은 바 <u>역할</u>(→ 임무)에 최선을 다했다.

[해설] '임무'는 '맡은 일 또는 맡겨진 일'의 의미이다. '역할'은 '소임, 구실, 할 일'로 순화해서 써야 한다.
[정답] ⑤

03 밑줄 친 말의 순화어로 적절하지 <u>않은</u> 것은?

① 순댓국에 <u>다대기</u>(→ 다진 양념)를 많이 넣었다.
② 그의 발언은 논의의 <u>핀트</u>(→ 초점)에서 빗나갔다.
③ 그는 원칙만 내세워서 <u>유도리</u>(→ 융통성)가 없다.
④ 아내가 숟갈을 들다 말고 내게 <u>쿠사리</u>(→ 핀잔)를 줬다.
⑤ 그는 복고풍 분위기를 연출하려고 <u>칠푼 바지</u>(→ 칠부바지)를 입었다.

[해설] '칠부바지'는 길이가 정강이 밑까지 내려오는 바지를 이르는 일본어로, '칠푼 바지'로 순화해서 써야 한다.
[정답] ⑤

04 밑줄 친 말의 순화어로 적절하지 않은 것은?

① 올해 유행하는 코트의 색은 감색(→ 곤색)이다.
② 요즘은 값이 싼 레자(→ 인조가죽)로 소파를 만든다.
③ 이런 음식을 먹을 바에야 아싸리(→ 차라리) 안 먹는 게 낫다.
④ 다정하고 금실이 좋은 부부를 잉꼬 부부(→ 원앙 부부)라고 한다.
⑤ 아침부터 아들이 닦아준 구두가 삐까번쩍(→ 번쩍번쩍) 광이 났다.

해설 '감색'은 '곤색'을 순화한, 순화어에 해당한다.
정답 ①

05 밑줄 친 말의 순화어로 적절하지 않은 것은?

① 그녀는 청순의 아이콘(→ 상징)으로 여전히 불리고 있다.
② 헌 옷을 오픈 마켓(→ 열린 장터)에서 좋은 값에 판매했다.
③ 이 종류의 차량은 선루프(→ 가림창)를 옵션으로 선택할 수 있다.
④ 개인 정보가 유출되면서 대량의 스팸 메일(→ 쓰레기 편지)이 발생됐다.
⑤ 요즘은 지하철에 승객의 안전을 위한 스크린 도어(→ 안전문)가 설치되어 있다.

해설 '선루프'의 순화어는 '지붕창'이다.
정답 ③

06 밑줄 친 말의 순화어로 적절하지 않은 것은?

① 출판사에 원고를 넘겨야 할 데드라인(→ 마감)을 어겼다.
② 영화 '암살'이 박스 오피스(→ 영화 예매) 1위를 차지했다.
③ 물건에 있는 QR 코드(→ 정보무늬)로 성분을 확인할 수 있다.
④ 항간에 떠돌던 모 의원에 대한 스캔들(→ 소문)이 사실로 밝혀졌다.
⑤ 자동차 회사는 엔진에 결함이 있는 모든 차량을 리콜(→ 결함 보상)했다.

해설 '박스 오피스'의 순화어는 '흥행 수익'이다.
정답 ②

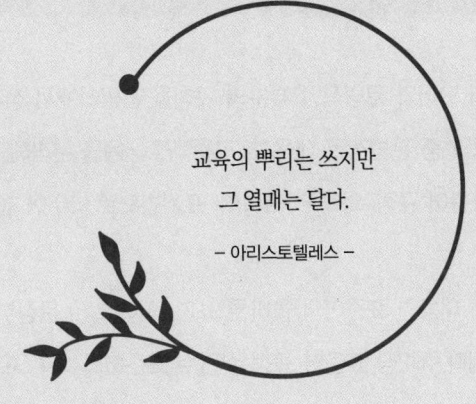

교육의 뿌리는 쓰지만
그 열매는 달다.

– 아리스토텔레스 –

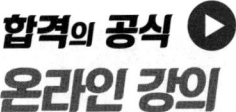 

KBS 한국어능력시험 강의를 듣고 싶다면?
YouTube '빠른 합격! SD에듀' 채널 구독 ➜ 'KBS 한국어능력시험' 검색
www.sdedu.co.kr 접속 ➜ 언어/외국어 ➜ 'KBS 한국어능력시험' 클릭

어문규정은 우리말의 단어와 문법적인 부분의 규칙을 총망라해서 정리해 놓은 중요한 부분입니다. 이에 어법 영역 중 문법적인 내용과 규범적인 내용을 분리해, 규범적인 내용을 먼저 크게 한글 맞춤법, 표준어 규정, 외래어·로마자 표기법으로 나누어 제시하였습니다.

제1장 한글 맞춤법의 내용인 표준어의 올바른 표기, 띄어쓰기, 문장부호는 항상 출제되는 아주 핵심적인 부분입니다. 제2장 표준어 규정은 단수 표준어와 복수 표준어, 표준어와 방언의 관계를 다루고 있습니다. 어법 영역에서는 물론 국어문화 영역에서도 다뤄지는 내용이니 잘 이해해 두세요. 최근에 추가된 표준어나 바뀐 규정에 관심을 갖고 학습하면 도움이 됩니다. 제3장 외래어·로마자 표기법에서 외래어 표기법은 외래어를 우리말로 표기하는 규칙을, 로마자 표기법은 우리말을 로마자로 표기하는 기본적인 원칙을 다루고 있습니다. 이 부분도 항상 1문제씩 출제되는 영역입니다.

'아, 언제 이걸 다 외우지?' 하고 생각한다면 시작조차 어려울 수 있어요. 어문규정의 각 항에 문법적인 내용이 구체적으로 제시되지 않아 꼭 암기해야 할 것 같지만 각 항에서 문법 용어를 제시하고 있어 문법 개념을 알고 접근하면 이해하며 풀 수 있어요. 따라서 문법 용어를 학습한 후 구체적인 어문규정을 살펴보는 것이 내용을 쉽게 파악하는 지름길입니다. 또, 알고 있던 것과 다른 문법 개념 또는 단어를 꼼꼼하게 학습하고 자기점검을 반복하면, 일상생활에서도 풍부한 언어 능력을 갖출 수 있을 거예요. 항상 출제되는 매우 중요한 내용들이 모여 있는 출제의 밭이니 절대 놓치지 마세요!

제2편

어문규정

제1장 한글 맞춤법

제2장 표준어 규정

제3장 외래어·로마자 표기법

제1장 한글 맞춤법

제2편 어문규정

제1절 구별해서 적어야 할 단어

기출 미리보기
1. 뜻에 따른 단어 구별
2. 단어의 올바른 표기

한글 맞춤법 제6장 제56항, 제57항

제56항 '-더라, -던'과 '-든지'는 다음과 같이 적는다.

1. 지난 일을 나타내는 어미는 '-더라, -던'으로 적는다.(ㄱ을 취하고, ㄴ을 버림.)

ㄱ	ㄴ
지난겨울은 몹시 춥더라. 깊던 물이 얕아졌다. 그렇게 좋던가? 그 사람 말 잘하던데! 얼마나 놀랐던지 몰라.	지난겨울은 몹시 춥드라. 깊든 물이 얕아졌다. 그렇게 좋든가? 그 사람 말 잘하든데! 얼마나 놀랐든지 몰라.

2. 물건이나 일의 내용을 가리지 아니하는 뜻을 나타내는 조사와 어미는 '-든지'로 적는다.(ㄱ을 취하고, ㄴ을 버림.)

ㄱ	ㄴ
배든지 사과든지 마음대로 먹어라. 가든지 오든지 마음대로 해라.	배던지 사과던지 마음대로 먹어라. 가던지 오던지 마음대로 해라.

제57항 다음 말들은 각각 구별하여 적는다.

가름	(가르다[分]) 둘로 가름.
갈음	(갈다[代替]) 새 책상으로 갈음하였다.
거름	풀을 썩힌 거름
걸음	빠른 걸음

거치다	영월을 거쳐 왔다.
걷히다	('걷다'의 피동사) 외상값이 잘 걷힌다.
걷잡다	걷잡을 수 없는 상태
겉잡다	(접두사 '겉-') 겉잡아서 이틀 걸릴 일
그러므로(그러니까)	그는 부지런하다. 그러므로 잘 산다.
그럼으로(써) (그렇게 하는 것으로)	그는 열심히 공부한다. 그럼으로(써) 은혜에 보답한다.
노름	노름판이 벌어졌다.
놀음(놀이)	즐거운 놀음
느리다	진도가 너무 느리다.
늘이다★	고무줄을 늘인다.
늘리다★	('늘다'의 사동사) 수출량을 더 늘린다.
다리다★	옷을 다린다.
달이다★	약을 달인다.
다치다	부주의로 손을 다쳤다.
닫히다	('닫다'의 피동사) 문이 저절로 닫혔다.
닫치다	문을 힘껏 닫쳤다.
마치다	벌써 일을 마쳤다.
맞히다	('맞다'의 사동사) 여러 문제를 더 맞혔다.
목거리(병)	목거리가 덧났다.
목걸이	금목걸이 / 은목걸이
바치다★	나라를 위해 목숨을 바쳤다.
받치다★	우산을 받치고 간다. / 책받침을 받친다.
받히다	('받다'의 피동사) 쇠뿔에 받혔다.
밭치다★	('밭다'의 강조) 술을 체에 밭친다.
반드시★	약속은 반드시 지켜라.
반듯이★	고개를 반듯이 들어라.
부딪치다	(강세 접사 '-치-') 차와 차가 마주 부딪쳤다.
부딪히다	(피동 접사 '-히-') 마차가 화물차에 부딪혔다.

부치다*	힘이 부치는 일이다. / 편지를 부친다. / 논밭을 부친다. / 빈대떡을 부친다. / 식목일에 부치는 글 / 회의에 부치는 안건 / 인쇄에 부치는 원고 / 삼촌 집에 숙식을 부친다.
붙이다*	우표를 붙인다. / 책상을 벽에 붙였다. / 흥정을 붙인다. / 불을 붙인다. / 감시원을 붙인다. / 조건을 붙인다. / 취미를 붙인다. / 별명을 붙인다.
시키다	일을 시킨다.
식히다	('식다'의 사동사) 끓인 물을 식힌다.
아름	세 아름 되는 둘레
알음	전부터 알음이 있는 사이
앎	앎이 힘이다.
안치다	밥을 안친다.
앉히다	윗자리에 앉힌다.
어름*	두 물건의 어름에서 일어난 현상
얼음*	얼음이 얼었다.
이따가*	이따가 오너라.
있다가*	(있- + -다가) 돈은 있다가도 없다.
저리다*	다친 다리가 저린다.
절이다*	('절다'의 사동사) 김장배추를 절인다.
조리다	생선을 조린다. / 통조림 / 병조림
졸이다	마음을 졸인다.
주리다	여러 날을 주렸다.
줄이다	('줄다'의 사동사) 비용을 줄인다.
하노라고	(자기 나름으로는 한다고) 하노라고 한 것이 이 모양이다.
하느라고	(하는 일로 인하여) 공부하느라고 밤을 새웠다.
-느니보다	[어미] 나를 찾아오느니보다 집에 있거라.
-는 이보다	[의존 명사] 오는 이가 가는 이보다 많다.
-(으)리만큼	[어미] 나를 미워하리만큼 그에게 잘못한 일이 없다.
-(으)ㄹ 이만큼	[의존 명사] 찬성할 이도 반대할 이만큼이나 많을 것이다.
-(으)러	[목적] 공부하러 간다.
-(으)려	[의도] 서울에 가려 한다.

-(으)로서	[자격]	사람으로서 그럴 수는 없다.
-(으)로써	[수단]	닭으로써 꿩을 대신했다.
-(으)므로	[어미]	그가 나를 믿으므로 나도 그를 믿는다.
-(음/ㅁ)으로(써)	[조사]	그는 믿음으로(써) 산 보람을 느꼈다.

필수 어휘

1 뜻에 따라 구별해서 적어야 할 단어

단어	뜻	예
가늠	사물을 어림잡아 헤아림.	막연한 가늠으로 사업을 하다가는 실패하기 쉽다.
가름	1. 쪼개거나 나누어 따로따로 되게 하는 일	차림새만 봐서는 여자인지 남자인지 가름이 되지 않는다.
	2. 승부나 등수 따위를 정하는 일	이기고 지는 것은 대개 외발 싸움에서 가름이 났다.
가리다	여럿 가운데서 하나를 구별하여 고르다.	우승 팀을 가리다.
가루다	맞서서 견주다.	결승에 오른 두 팀이 오늘 승부를 가룰 것이다.
겨루다	서로 버티어 승부를 다투다.	상대 선수와 기량을 겨루다.
견주다*	둘 이상의 사물을 질이나 양 따위에서 어떠한 차이가 있는지 알기 위하여 서로 대어 보다.	나는 그와 실력을 견주기에는 부족함이 있다.
깍듯이	분명하게 예의범절을 갖추는 태도로	손님을 깍듯이 대접하다.
깎듯이	(칼 등으로) 베어서 얇게 하다.	나무토막을 연필을 깎듯이 깎다.
나다	인물이 배출되다.	그 집안에는 예술가가 많이 났다.
낫다	병이나 상처 따위가 고쳐져 본래대로 되다.	병이 씻은 듯이 낫다.
낳다	어떤 결과를 이루거나 가져오다.	사랑이 기적을 낳다.
너머	높이나 경계로 가로막은 사물의 저쪽 또는 그 공간	뒤뜰 돌담 너머, 붉은 지붕의 건물이 있다.
넘어	경계, 한계, 기준을 건너 지나다.	우리 가족은 삼팔선을 넘어 남으로 내려왔다.
돋구다	안경의 도수 따위를 더 높게 하다.	눈이 침침한 걸 보니 안경의 도수를 돋굴 때가 되었나 보다.
돋우다	'돋다(감정이나 기색 따위가 생겨나다.)'의 사동사	화를 돋우다. / 신바람을 돋우다.
	'돋다(입맛이 당기다.)'의 사동사	싱그러운 봄나물이 입맛을 돋우었다.

두껍다	층을 이루는 사물의 높이나 집단의 규모가 보통의 정도보다 크다.	지지층이 두껍다.
두텁다	신의, 믿음, 관계, 인정 따위가 굳고 깊다.	두텁게 쌓은 우정
들리다	'듣다(사람이나 동물이 소리를 감각 기관을 통해 알아차리다.)'의 피동사	어디서 음악 소리가 들린다.
들르다	지나는 길에 잠깐 들어가 머무르다.	친구 집에 들르다.
들이다	집 안에서 부릴 사람을 고용하다.	장사가 잘돼서 일꾼을 가게에 들였다.
맞추다	둘 이상의 일정한 대상들을 나란히 놓고 비교하여 살피다.	나는 친구와 답을 맞추어 보았다.
맞히다	문제에 대한 답이 틀리지 아니하다.	정답을 맞히다.
벌이다	일을 계획하여 시작하거나 펼쳐 놓다.	일을 벌이다.
벌리다	둘 사이를 넓히거나 멀게 하다.	줄 간격을 벌리다.
보유 (保有)	가지고 있거나 간직하고 있음.	우리 팀의 보유 전력이 전국 최강이다.
점유 (占有)	물건이나 영역, 지위 따위를 차지함.	점유 공간
붓다¹	살가죽이나 어떤 기관이 부풀어 오르다.	울어서 눈이 붓다.
붓다²	1. 액체나 가루 따위를 다른 곳에 담다.	냄비에 물을 붓고 끓였다.
	2. 모종을 내기 위하여 씨앗을 많이 뿌리다.	모판에 배추씨를 붓다.
	3. 불입금, 이자, 곗돈 따위를 일정한 기간마다 내다.	은행에 적금을 붓다.
붇다	1. 물에 젖어서 부피가 커지다.	국수가 오래돼서 붇다.
	2. 분량이나 수효가 많아지다.	개울물이 붇다.
	3. 살이 찌다.	식욕이 왕성하여 몸이 많이 불었다.
썩이다	'썩다(걱정이나 근심 따위로 마음이 몹시 괴로운 상태가 되다.)'의 사동사	이제 부모 속 좀 작작 썩여라.
썩히다	1. '썩다(유기물이 부패 세균에 의하여 분해됨으로써 원래의 성질을 잃어 나쁜 냄새가 나고 형태가 뭉개지는 상태가 되다.)'의 사동사	음식을 썩혀 거름을 만들다.
	2. '썩다(물건이나 사람 또는 사람의 재능 따위가 쓰여야 할 곳에 제대로 쓰이지 못하고 내버려진 상태에 있다.)'의 사동사	그는 시골구석에서 재능을 썩히고 있다.
좇다	목표, 이상, 행복 따위를 추구하다.	높은 이상을 좇다.

쫓다	어떤 대상을 잡거나 만나기 위하여 뒤를 급히 따르다.	어머니는 아들을 쫓아 방에 들어갔다.
지긋이★	1. 나이가 비교적 많아 듬직하게	그는 나이가 지긋이 들어 보인다.
	2. 참을성 있게 끈지게	아이는 나이답지 않게 어른들 옆에 지긋이 앉아서 기다렸다.
지그시★	1. 슬며시 힘을 주는 모양	입술을 지그시 깨물다.
	2. 조용히 참고 견디는 모양	아픔을 지그시 참다.

2 표기에 주의해야 할 단어   ※ 괄호 안의 단어는 맞지 않는 표기의 단어

가르마★(가리마)	가지런하다(가지른하다)	거꾸로(꺼꾸로)
걷잡다(겉잡다): 붙들어 잡다	걸쭉하다★(걸죽하다)	게거품(개거품)
같잖다(같찮다)	고랭지(고냉지)	곱빼기(곱배기)
괜스레★(괜시리) 동 공연스레	구슬리다(구실리다)	구시렁거리다★(궁시렁거리다)
귀띔(귀뜸)	귓불★(귓볼)	금세(금새): 금시에
꼼수(꼼쑤)	꾸물꾸물(끄물끄물)	낌새(낌세)
널따랗다(넓다랗다)	널브러지다★(널부러지다)	널빤지★(널판지)
눈곱(눈꼽)	눈살(눈쌀)	느지막하다★(느즈막하다)
닦달(닥달)	단출하다(단촐하다)	당최★(당췌)
덤터기(덤태기)	뒤치다꺼리★(뒤치닥꺼리)	들이켜다(들이키다)
등쌀★(등살)	똬리(또아리)	머리끄덩이(머리끄댕이)
먼지떨이(먼지털이)	멸치감치(멀치감치)	메슥거리다(메식거리다)
무릅쓰다(무릎쓰다)	뭉그적거리다(밍기적거리다)	밑동(밑둥)
밥심(밥힘)	방방곡곡(방방곳곳): 坊坊曲曲	베개(배개)
별의별★(별에별)	본때(뽄때)	볼썽사납다(볼쌍사납다)
붉으락푸르락★(불그락푸르락)	빠릿빠릿하다(빠릇빠릇하다)	부기(붓기)
빈털터리(빈털털이)	사그라들다(사그러들다)	새치름하다★(새초름하다) 동 새초롬하다
생떼(생때)	성대모사(성대모사)	수두룩하다(수두룩하다)
수퇘지(숫돼지)	숙맥(쑥맥)	쉰(쉬흔): 오십

시답잖다*(시덥잖다)	싫증(실증)	십상(쉽상)
쓱싹쓱싹(쓱삭쓱삭)	애초(애저녁)	앳되다(애띠다)
야반도주(야밤도주)	어리바리(어리버리)	어물쩍*(어물쩡)
어이없다*(어의없다) 동 어처구니없다	어쨌든(어쨋든)	억지(어거지)
얻다(어따) 동 어디에다	얼른(얼렁)	얽히고설키다*(얼키고설키다)
열어젖히다(열어제치다)	엔간하다*(왠간하다) 동 어지간하다	오지랖(오지랍)
윗길(웃길)	웬일(왠일)	으레(으례)
으스스*(으시시)	으스대다(으시대다)	이부자리(이브자리)
이파리(잎파리)	자국(자욱)	자그마치*(자그만치)
잗주름(잘주름)	장아찌(짱아찌)	좀체(좀채) 동 좀처럼
주야장천(주구장창): 晝夜長川	짓무르다*(진무르다)	쪼들리다(쪼달리다)
찌뿌듯하다*(찌뿌등하다) 동 찌뿌둥하다	천생(천상): 天生	초승달(초생달)
초점(촛점)	천장(천정)	추레하다(추리하다)
추스르다(추스리다)	켕기다(캥기다)	퀴퀴하다(쾨쾨하다/퀘퀘하다)
통째(통채)	통틀어(통털어)	팅기다(팅기다)
파투*(파토): 破鬪	하마터면*(하마트면)	해쓱하다*(핼쓱하다) 동 핼쑥하다
해코지*(해꼬지)	허투루*(허투로)	후딱(휘딱)
흉측하다(흉칙하다)	희한하다(희안하다)	

확인문제

01 밑줄 친 부분이 어법에 맞지 <u>않는</u> 것은?

① 수박 <u>덩굴</u>이 길게 뻗어 나가고 있다.
② 그는 주위의 반대를 <u>무릅쓰고</u> 직업을 바꿨다.
③ 운전할 때 방향을 바꾸려면 <u>깜빡이</u>를 켜야 한다.
④ 아이 앞에서는 어떤 행동도 <u>허투로</u> 할 수가 없다.
⑤ 제 시간에 아이가 오지 않자, 그녀는 <u>별의별</u> 생각이 다 들었다.

해설 '아무렇게나 되는 대로'의 의미를 가진 단어는 '허투루'가 맞는 표현이다.
　① 덩굴(동 넝쿨): 길게 뻗어 나가면서 다른 물건을 감기도 하고 땅바닥에 퍼지기도 하는 식물의 줄기
　② 무릅쓰다: 힘들고 어려운 일을 참고 견디다.
　③ 깜빡이: 자동차의 방향 지시등을 달리 이르는 말
　⑤ 별의별(別-別): 보통과 다른 갖가지의
정답 ④

02 밑줄 친 부분이 어법에 맞는 것은?

① 약을 먹은 효과가 <u>금새</u> 나타났다.
② 어찌 된 일인지 <u>당체</u> 알 수가 없어.
③ <u>어쨋든</u> 그 날은 참 인상깊은 하루였다.
④ 낮보다도 더 자주 <u>어리버리</u> 잠에 빠지곤 했다.
⑤ 이마 밑으로 찌푸려진 <u>눈살</u>을 빤히 건너다보았다.

해설 '두 눈썹 사이에 잡히는 주름'을 나타내는 단어는 '눈살'로 적절하게 쓰였다.
　① '금세'('금시에'의 준말)가 맞는 표현이다.
　② '당최'가 맞는 표현이다.
　③ '어쨌든'('어찌하였든'의 준말)'이 맞는 표현이다.
　④ '어리바리'가 맞는 표현이다.
정답 ⑤

03 밑줄 친 단어를 바르게 쓴 것은?

① 그는 나이가 <u>지그시</u> 들어 보인다.
② 그 건물의 높이가 <u>가름</u>이 안 된다.
③ 그는 상황은 보지 않고 이상만 <u>쫓고</u> 싶었다.
④ 들창 <u>넘어</u>, 보라색을 머금은 하늘이 눈에 싱싱했다.
⑤ 국가 기밀이라서 우리나라의 잠수함 <u>보유</u> 여부는 알 길이 없다.

[해설] '가지고 있거나 간직하고 있음'의 뜻을 가진 단어는 '보유(保有)'로 적절하게 쓰였다.
  ① • 지그시: 슬며시 힘을 주는 모양, 조용히 참고 견디는 모양
    • 지긋이: 나이가 비교적 많아 듬직하게
  ② • 가늠: 목표나 기준에 맞고 안 맞음을 헤아려 봄. 또는 헤아려 보는 목표나 기준
    • 가름: 쪼개거나 나누어 따로따로 되게 하는 일, 승부나 등수 따위를 정하는 일
  ③ • 좇다: 목표, 이상, 행복 따위를 추구하다.
    • 쫓다: 어떤 대상을 잡거나 만나기 위하여 뒤를 급히 따르다. 어떤 자리에서 떠나도록 몰다.
  ④ • 너머: 높이나 경계로 가로막은 사물의 저쪽 또는 그 공간
    • 넘다: 경계를 건너 지나다.

[정답] ⑤

제2절 띄어쓰기

> **기출 미리보기**
>
> 1. 조사와 의존 명사의 띄어쓰기 구별
> 2. 띄어쓰기를 해야 하는 단어(의존 명사, 명사, 관형사, 부사, 보조 용언)
> 3. 붙여쓰기를 해야 하는 단어(조사, 접사, 어미 등)
> 4. 하나의 단어로 굳어져 붙여 쓰는 단어

한글 맞춤법

제5장 띄어쓰기
[제1절] 조사(제41항)
[제2절] 의존 명사, 단위를 나타내는 명사 및 열거하는 말 등(제42항~제46항)
[제3절] 보조 용언(제47항)
[제4절] 고유 명사 및 전문 용어(제48항~제50항)

[제1절] 조사

제41항 조사는 그 앞말에 붙여 쓴다.

꽃이	꽃마저	꽃밖에	꽃에서부터	꽃으로만
꽃이나마	꽃이다	꽃입니다	꽃처럼	어디까지나
거기도	멀리는	웃고만		

> ❖ 조사가 둘 이상 겹쳐지거나, 조사가 어미 뒤에 붙는 경우에도 붙여 쓴다.
>
> | | | |
> |---|---|---|
> | 집에서처럼 | 학교에서만이라도 | 여기서부터입니다 |
> | 어디까지입니까 | 나가면서까지도 | 들어가기는커녕 |
> | 옵니다그려 | "알았다."라고 | |

[제2절] 의존 명사, 단위를 나타내는 명사 및 열거하는 말 등

제42항 의존 명사는 띄어 쓴다.

아는 **것이** 힘이다.   나도 할 **수** 있다.   먹을 **만큼** 먹어라.
아는 **이를** 만났다.   네가 뜻한 **바를** 알겠다.   그가 떠난 **지가** 오래다.

■ 다른 단어들의 띄어쓰기

	붙여쓰기	띄어쓰기
들	접미사: 하나의 단어에 결합하여 복수를 나타냄. 예 남자들 / 학생들	의존 명사: 두 개 이상의 사물을 열거하는 구조에서 '그런 따위'의 의미를 나타냄. 예 쌀, 보리, 콩, 조, 기장 들을 오곡(五穀)이라 한다. / 'ㅂ, ㄷ, ㄱ' 등은 파열음이다.('등'도 의존 명사로 띄어 씀.)
뿐	조사: 체언이나 조사 뒤에 붙어 '그것만이고 더는 없음.'의 의미를 나타냄. 예 남자뿐이다.	의존 명사: 용언의 관형사형 '-(으)ㄹ' 뒤에서 '따름.'의 의미를 나타냄. 예 웃을 뿐이다. / 최선을 다할 뿐이다.
대로	조사: 체언 뒤에 붙어서 '그와 같이'의 의미를 나타냄. 예 법대로 / 약속대로	의존 명사: 용언의 관형사형 뒤에서, '그와 같이'의 의미를 나타냄. 예 아는 대로 말한다. / 약속한 대로 이행한다.
만큼	조사: 체언 뒤에 붙어서 '그런 정도로'의 의미를 나타냄. 예 여자도 남자만큼 일한다. / 키가 전봇대만큼 크다.	의존 명사: 용언의 관형사형 뒤에서 '그런 정도로' 또는 '실컷'의 의미를 나타냄. 예 볼 만큼 보았다. / 애쓴 만큼 얻는다.
만	조사: 체언에 붙어서 한정 또는 비교의 의미를 나타냄. 예 하나만 알고, 둘은 모른다. / 이것은 그것만 못하다.	• 의존 명사: 경과한 시간을 나타냄.(앞에 시간이 나옴.) 예 떠난 지 사흘 만에 돌아왔다. / 온 지 1년 만에 떠나갔다. • 관형사: 날, 주, 달, 해 따위의 일정하게 정해진 기간이 꽉 참을 나타냄. 예 만(滿) 나이로는 십오 세이다. / 이 일을 만(滿) 하루 동안 다 끝냈다.
지	어미의 일부 예 집이 큰지 작은지 모르겠다.	의존 명사: 용언의 관형사형 뒤에서 경과한 시간을 나타냄.(뒤에 시간이 나옴.) 예 그가 떠난 지 보름이 지났다. / 그를 만난 지 한 달이 지났다.
차(次)	접미사: 명사 뒤에 붙어서 '~하려고'란 뜻을 나타냄. 예 연수차(研修次) 도미(渡美)한다.	의존 명사: 용언의 관형사형 뒤에서 '어떤 기회에 겸해서'의 의미를 나타냄. 예 고향에 갔던 차에 선을 보았다.
판	명사: 합성어를 이룸. 예 노름판 / 씨름판 / 웃음판	의존 명사: 수 관형사 뒤에서 승부를 겨루는 일의 수효를 나타냄. 예 바둑 한 판 두자. / 장기를 세 판이나 두었다.

제43항 단위를 나타내는 명사는 띄어 쓴다.

한 개	차 한 대	금 서 돈	소 한 마리
옷 한 벌	열 살	조기 한 손	연필 한 자루
버선 한 죽	집 한 채	신 두 켤레	북어 한 쾌

다만, 순서를 나타내는 경우나 숫자와 어울리어 쓰이는 경우에는 붙여 쓸 수 있다.

두시 삼십분 오초	제일과	삼학년	육층
1446년 10월 9일	2대대	16동 502호	제1실습실
80원	10개	7미터	

제44항 수를 적을 적에는 '만(萬)' 단위로 띄어 쓴다.

십이억∨삼천사백오십육만∨천팔백구십팔   12억 3456만 7898

제45항 두 말을 이어 주거나 열거할 적에 쓰이는 말들은 띄어 쓴다.

단어	뜻	예
겸(兼)★ ⑨	두 가지 이상의 일·동작·행위를 아울러 함.	국장 겸 과장 구경도 할 겸 물건도 살 겸
내지(乃至) ⑨ ⑤ 혹은, 또는	얼마에서 얼마까지	열 내지 스물
대(對) ⑨	두 대상의 대비나 대립	청군 대 백군 한국 대 일본 5 대 3
	▶ 대(對) 명 같은 종류의 짝. 두 대상을 비교하거나 대조할 때의 상대 예 대를 이루다. ▶ 대(對) 접 그것을 상대로 한 예 대미(對美) 수출, 대일(對日) 무역, 대국민(對國民) 담화	
및 ⑨	그리고, 그 밖에, 또	이사장 및 이사들 사과 및 배, 복숭아
등(等), 등등(等等), 등속(等屬), 등지(等地) ⑨	열거	책상, 걸상 등이 있다. 사과, 배, 귤 등등 사과, 배 등속 부산, 광주 등지

제46항 단음절로 된 단어가 연이어 나타날 적에는 붙여 쓸 수 있다.(허용)

좀더 큰것   이말 저말   한잎 두잎

[제3절] 보조 용언

제47항 보조 용언은 띄어 씀을 원칙으로 하되, 경우에 따라 붙여 씀도 허용한다. (ㄱ을 원칙으로 하고, ㄴ을 허용함.)

ㄱ(원칙)	ㄴ(허용)
불이 꺼져 간다.	불이 꺼져간다.
내 힘으로 막아 낸다.	내 힘으로 막아낸다.
어머니를 도와 드린다.	어머니를 도와드린다.

그릇을 깨뜨려 **버렸다**.	그릇을 깨뜨려**버렸다**.
비가 올 **듯하다**.	비가 올**듯하다**.
그 일은 할 **만하다**.	그 일은 할**만하다**.
일이 될 **법하다**.	일이 될**법하다**.
비가 올 **성싶다**.	비가 올**성싶다**.
잘 아는 **척한다**.	잘 아는**척한다**.

다만, 앞말에 조사가 붙거나 앞말이 합성 용언인 경우, 그리고 중간에 조사가 들어갈 적에는 그 뒤에 오는 보조 용언은 띄어 쓴다.

잘도 놀아만∨나는구나! 책을 읽어도∨보고…….
네가 덤벼들어∨보아라. 이런 기회는 다시없을∨듯하다.
그가 올 듯도∨하다. 잘난 체를∨한다.

[제4절] 고유 명사 및 전문 용어

제48항 성과 이름, 성과 호 등은 붙여 쓰고, 이에 덧붙는 호칭어, 관직명 등은 띄어 쓴다.

김양수(金良洙) 서화담(徐花潭)
채영신 **씨** 최치원 **선생**
박동식 **박사** 충무공 이순신 **장군**

다만, 성과 이름, 성과 호를 분명히 구분할 필요가 있을 경우에는 띄어 쓸 수 있다.

남궁억/남궁 억 독고준/독고 준
황보지봉(皇甫芝峰)/황보 지봉

제49항 성명 이외의 고유 명사는 단어별로 띄어 씀을 원칙으로 하되, 단위별로 띄어 쓸 수 있다.(ㄱ을 원칙으로 하고, ㄴ을 허용함.)

ㄱ(원칙)	ㄴ(허용)
대한 중학교	대한중학교
한국 대학교 사범 대학	한국대학교 사범대학

제50항 전문 용어는 단어별로 띄어 씀을 원칙으로 하되, 붙여 쓸 수 있다.(ㄱ을 원칙으로 하고, ㄴ을 허용함.)

ㄱ(원칙)	ㄴ(허용)
만성 골수성 백혈병	만성골수성백혈병
중거리 탄도 유도탄	중거리탄도유도탄

✅ 필수 띄어쓰기

1 띄어쓰기 해야 하는 단어

(1) 의존 명사

단어	예
간(間)★	서울과 부산∨간 야간열차 / 좋든지 싫든지∨간에 일단 해 봐라. / 부모와 자식∨간에도 예의를 지켜야 한다.
겸(兼)	아침∨겸 점심 / 명절도 쇨∨겸 해서 한번 다녀가게.
나름	사람은 누구나 자기∨나름의 세상을 살기 마련이다.
남짓★	만 원∨남짓
내	수일∨내로 결과를 통보해 드리겠습니다.
대로★	그는 닥치는∨대로 먹어 치웠다. / 시간이 흘러가는∨대로 기다려 보자. / 간절히 원하는∨대로 이뤄진다.
데★	그 책을 다 읽는∨데 삼 일이 걸렸다.
둥★	밥을 먹는∨둥 마는∨둥 수저를 내려놓는다.
따위★	아버지가 겪은 고통에 비하면 내 괴로움∨따위는 아무것도 아니었다.
딴	내∨딴은 최선을 다했다.
만	그는 십 년∨만에 귀국했다. / 친구가 도착한 지 두 시간∨만에 떠났다.
만큼★ 통 만치	나는 할∨만큼 했다. / 일은 노력한∨만큼 대가를 얻는다. / 방 안은 숨소리가 들릴∨만큼 조용했다. / 일하는 시간이 많은∨만치 보수가 많다.
무렵	저녁∨무렵부터 손님들이 모여들기 시작했다.
번(番)	누구나 한∨번은 겪는 일(일의 횟수를 세는 단위) ▶ 한번 (부) 예 우리 집에 한번 놀러 오세요.(기회) / 제가 일단 한번 해 보겠습니다.(시도)
뿐★	소문으로만 들었을∨뿐이네. / 시간만 보냈다∨뿐이지 한 일은 없다. / 모두들 구경만 할∨뿐 누구 하나 거드는 이가 없었다.
지★	그를 만난∨지도 꽤 오래되었다. / 집을 떠나온∨지 어언 3년이 지났다.
중(中)	중간고사 기간∨중에는 도서관을 12시까지 개방합니다.
차(次)	잠이 막 들려던∨차에 전화가 왔다. / 결혼 10년∨차에 내 집을 장만했다.
측(側)	학교∨측에서는 제적된 학생들의 복학 요구에 난색을 표하였다.
통	우리 가족은 전쟁∨통에 뿔뿔이 헤어졌다.

(2) 명사

단어	예
대(代)	고종∨대에 와서 문호를 열게 되었다.(지위나 시대가 이어지고 있는 동안)
한	사표를 쓰는∨한이 있더라도 이 명령만은 따를 수 없다.
밖	그녀는 기대∨밖의 높은 점수를 얻었다.

(3) 관형사

단어	예
맨	그가 맨∨먼저 약속 장소에 나타났다. ▶ 맨-(접두사) 예 맨땅, 맨주먹

(4) 부사

단어	예
내지	열 명∨내지 스무 명

(5) 보조 형용사

단어	예
듯하다	예전에는 여기가 황량했던∨듯하다.
만하다	그는 차를 살∨만한 형편이 못 된다.

2 붙여쓰기 해야 하는 단어

(1) 조사

단어	예
그래	자네 오늘은 기분이 좋아 보이는구먼그래. → -구먼(어미) + 그래(조사)
는커녕 /은커녕★	빵은커녕 밥도 못 먹었다. / 빨리는커녕 천천히도 못 걷겠다. → 은/는(보조사) + 커녕(조사)
대로	처벌하려면 원칙대로 해라. / 큰 것은 큰 것대로 따로 모아 두다.
더러	그 여자가 나더러 누구냐고 묻더군. / 형이 동생더러 금덩이를 가지라고 말했습니다.
마저도	막내마저도 출가를 시키니 허전하다. → 마저(조사) + 도(보조사)

만	늦게 갈 바엔 안 가느니만 못하다.
만큼★	명주는 무명만큼 질기지 못하다. / 어린이들만큼은 보호해야 한다.
밖에	(부정을 나타내는 말과 어울릴 때) 하나밖에 남지 않았다. / 떨어져 봤자 조금 다치기밖에 더하겠니?
보다	그는 누구보다 걸음이 빠르다.
뿐	오직 이 방법뿐이다. / 나는 항상 혼자뿐이다. / 이제 믿을 것은 오직 실력뿐이다. → 뿐(조사) + 이다(서술격 조사)
조차	그는 자기 자식들에게서조차 버림받는 신세가 되었다. → 에게서(조사) + 조차(보조사)
하고	철수는 너하고 닮았다. / 너는 성적이 누구하고 같으냐?

(2) 접사

단어	예
-가량(假量)	한 시간가량 그를 기다렸다. / 재료비가 만 원가량 들었다.
급(急)-	급회전
-까짓	그까짓 사랑 때문에 울긴 왜 울어.
-끼리	사람들끼리 단합이 중요하다.
반(半)-	반죽음
-산(産)	제주산
-어치	만 원어치
-짜리	만 원짜리 / 얼마짜리
-쯤	가격이 만 원쯤 된다.
-차(次)★	사업차 / 연구차

(3) 어미

단어	예
-느니만	노예의 삶은 차라리 죽느니만 못하다. → -느니(어미) + 만(조사)
-ㄴ데	날씨가 추운데 외투를 입고 나가거라.
-ㄴ지★	얼마나 많이 먹었는지 모르겠다. / 어디를 갔는지 행방을 알 수가 없다.

-ㄹ걸	언젠가는 후회할걸. ▶ -ㄴ걸 예 차는 이미 떠난걸. / 이건 제법 괜찮은 그림인걸!
-ㄹ밖에	어른들이 다 가시니 나도 갈밖에.
-ㄹ뿐더러	하늘은 높을뿐더러 푸르기까지 했다.

(4) 동사

단어	예
마지않다 통 마지아니하다	올해는 좋은 일만 있으시길 바라 마지않습니다.
못쓰다	증거도 없이 의심해선 못쓰는 법이야.(옳지 않다, 바람직한 상태가 아니다.)
안되다	자식이 안되기를 바라는 부모는 없다.(사람이 훌륭하게 되지 못하다.)

3 합성어의 띄어쓰기

(1) 하나의 단어로 굳어져 붙여 쓰는 단어

공공질서	교통사고	문화유산	백과사전	속도위반	수학여행
안전사고	안전지대	어학연수	역사의식	우선순위	위기관리
정략결혼	정신세계	주식회사	중간고사	중간보고	중소기업
학교생활					

(2) 하나의 단어로 굳어지지 않아 띄어 쓰는 단어

경기∨부양	경기∨침체	경쟁∨관계	공공∨기관	과민∨반응	관계∨당국
관심∨사병	구속∨영장	국가∨고시	국가∨대표	국회∨의원	대리∨만족
돌발∨상황	동기∨부여	마감∨시간	반사∨신경	사후∨관리	산업∨혁명
상생∨협력	상황∨설정	윤리∨의식	장마∨전선	절대∨평가	정상∨회담
주의∨사항	증강∨현실	진학∨지도	질병∨관리	최고∨회의	출근∨시간
취미∨생활	평화∨통일	폭력∨행위	협력∨업체	환경∨오염	후속∨조치

확인문제

01 밑줄 친 말의 띄어쓰기가 옳은 것은?

① 내가 믿을 사람은 너∨뿐이야.
② 막 외출을 하려던∨차에 전화가 왔다.
③ 강당은 숨소리가 들릴만큼 조용했다.
④ 선생님께∨만큼은 솔직하게 말하고 싶다.
⑤ 내가 시골에 온지도 벌써 1년이 지났다.

해설 조사와 의존 명사의 띄어쓰기를 묻는 문제이다. 조사는 체언과 결합하면 붙여 쓰고, 의존 명사는 주로 용언의 관형사형 뒤에서 써야 띄어 써야 한다. '차(次)'는 '어떠한 일을 하던 기회나 순간'의 의미를 가진 의존 명사이므로 띄어 써야 한다.
① 내가 믿을 사람은 너뿐이야.(대명사 '너' 뒤에 쓰인 보조사이므로 붙여 쓴다.)
③ 강당은 숨소리가 들릴∨만큼 조용했다.(동사의 관형사형 뒤에 쓰인 의존 명사이므로 띄어 쓴다.)
④ 선생님께만큼은 솔직하게 말하고 싶다.('께', '만큼', '은'은 모두 조사이므로 붙여 쓴다.)
⑤ 내가 시골에 온∨지도 벌써 1년이 지났다.('어떤 일이 있었던 때부터 지금까지의 동안'의 의미를 가진 의존 명사이므로 띄어 쓴다.)

정답 ②

02 밑줄 친 말의 띄어쓰기가 옳지 않은 것은?

① 힘들어서 뛰기는커녕 걷기도 힘이 든다.
② 그는 자는∨둥 마는∨둥 하고 집을 나섰다.
③ 나는 배가 고프면 보이는∨대로 먹어 치운다.
④ 이제 물건이 다 팔리고 하나∨밖에 남지 않았다.
⑤ 모두들 구경만 할∨뿐 누구 하나 거드는 이가 없었다.

해설 '밖에'는 '그것 외에는'의 의미를 가진 가진 조사이므로 '하나밖에'의 형태로 붙여 써야 한다.
① '는커녕'은 '앞말을 지정하여 어떤 사실을 부정함.'의 의미를 가진 보조사로 '는'과 '커녕'이 결합한 조사이므로 붙여 쓴다.
②·③·⑤ '둥', '대로', '뿐'은 의존 명사이므로 띄어 쓴다.

정답 ④

03 밑줄 친 말의 띄어쓰기가 옳지 않은 것은?

① <u>공부하는데</u> 마침 영수가 왔다.
② 나는 <u>사업∨차</u> 경주에 가야 한다.
③ 다른 병은 <u>없는지</u> 살펴봐야 한다.
④ 좋든지 <u>싫든지∨간에</u> 일단 해 봐라.
⑤ 이 집에서는 <u>만∨원짜리</u> 한 장으로 점심을 해결할 수 있다.

해설 '-차'는 일부 명사 뒤에서 '목적'의 의미를 가진 접미사이므로 '사업차'로 붙여 써야 한다.
① '-ㄴ데'는 전환의 연결 어미이므로 붙여 쓴다.
③ '-ㄴ지'는 연결 어미이므로 붙여 쓴다.
④ '간'은 '앞에 나열된 말 가운데 어느 쪽인지를 가리지 않음.'의 의미를 가진 의존 명사이므로 띄어 쓴다.
⑤ '-짜리'는 '그만한 수나 양을 가진 것'의 의미를 가진 접미사이므로 붙여 쓴다.

정답 ②

04 밑줄 친 말의 띄어쓰기가 옳지 않은 것은?

① 나도 <u>당신만큼은</u> 할 수 있다.
② 밥을 먹으니, 이제야 좀 <u>살∨만하다</u>.
③ 하늘이 흐린 것을 보니, 비가 <u>올∨듯하다</u>.
④ 공부하는 시간이 <u>많은∨만치</u> 결과도 좋은 것이다.
⑤ 그의 행동은 <u>어른이라기∨보다는</u> 어린 아이에 가까웠다.

해설 '보다'는 '~에 비해서'의 의미를 가진 조사로, '보다'의 뒤에 쓰인 보조사 '는'과 붙여 '어른이라기보다는'으로 붙여 써야 한다.
① '앞말과 비슷한 정도나 한도'의 의미를 가진 '만큼'과 '은'은 모두 조사이므로 붙여 쓴다.
② · ③ '만하다'와 '듯하다'는 본용언과 보조 용언이 결합된 단어로 띄어 쓰는 것이 원칙이고, 붙여 쓰는 것도 허용한다.
④ '만치'는 '앞의 내용에 상당하는 수량이나 정도'의 의미를 가진 의존 명사이므로, 띄어 쓴다.

정답 ⑤

05 밑줄 친 말의 띄어쓰기가 옳지 <u>않은</u> 것은?

① 이것은 <u>그것만</u> 못하다.
② 그는 떠난 지 <u>사흘∨만에</u> 돌아왔다.
③ 그녀는 <u>어찌할바를</u> 몰라 안절부절했다.
④ 다시 서울로 오려면 반 <u>시간∨나마</u> 걸린다.
⑤ 학생들은 거리에서 <u>3시간∨남짓</u> 시위를 벌였다.

[해설] '바'는 '일의 방법이나 방도'의 의미를 가진 의존 명사이므로 '어찌할 바'로 띄어 쓴다.
　① '만'이 체언에 붙어서 '한정 또는 비교'의 의미를 가진 조사로 쓰였으므로 붙여 쓴다.
　② '만'이 '경과한 시간을 나타냄'의 의미를 가진 의존 명사로 쓰였으므로 띄어 쓴다.
　④ '나마'는 '크기, 수효, 부피 따위가 어느 한도에 차고 조금 남는 정도'의 의미를 가진 의존 명사이므로 띄어 쓴다.
　⑤ '남짓'은 '나마'와 같은 의미를 가진 의존 명사이므로 띄어 쓴다.

[정답] ③

06 밑줄 친 말의 띄어쓰기가 옳지 <u>않은</u> 것은?

① 그가 화를 <u>낼∨만도</u> 하다.
② 이 일을 <u>만∨하루</u> 동안 다 끝냈다.
③ 우리 식당의 <u>주고객은</u> 회사원들이다.
④ <u>당∨열차는</u> 도시락을 주문할 수 없습니다.
⑤ 나는 <u>매∨학기마다</u> 세 과목씩 수업을 듣는다.

[해설] '주요한, 일차적인'의 의미를 가진 '주(主)'는 관형사로 '주 고객'으로 띄어 쓴다.
　① '만'은 '앞말이 뜻하는 동작이나 행동에 타당한 이유가 있음.'의 의미를 가진 의존 명사이므로 띄어 쓴다.
　② '만(滿)'은 '날, 주, 달, 해 따위의 일정하게 정해진 기간이 꽉 참.'의 의미를 가진 관형사이므로 띄어 쓴다.
　④ '당(當)'은 '바로, 지금'의 의미를 가진 관형사이므로 띄어 쓴다.
　⑤ '매(每)'는 '하나하나의 모든 또는 각각의'의 의미를 가진 관형사이므로 띄어 쓴다.

[정답] ③

제3절　문장부호

> **기출 미리보기**
> 1. 문장부호의 사용
> 2. 문장부호의 규정

1 마침표(.)

(1) 서술, 명령, 청유 등을 나타내는 문장의 끝에 쓴다.

젊은이는 나라의 기둥입니다.　　　　　　제 손을 꼭 잡으세요.
집으로 돌아갑시다.　　　　　　　　　　가는 말이 고와야 오는 말이 곱다.

붙임 1 직접 인용한 문장의 끝에는 쓰는 것을 원칙으로 하되, 쓰지 않는 것을 허용한다.(ㄱ을 원칙으로 하고, ㄴ을 허용함.)

　　ㄱ. 그는 "지금 바로 떠나자."라고 말하며 서둘러 짐을 챙겼다.
　　ㄴ. 그는 "지금 바로 떠나자"라고 말하며 서둘러 짐을 챙겼다.

붙임 2 용언의 명사형이나 명사로 끝나는 문장에는 쓰는 것을 원칙으로 하되, 쓰지 않는 것을 허용한다.(ㄱ을 원칙으로 하고, ㄴ을 허용함.)

　　ㄱ. 목적을 이루기 위하여 몸과 마음을 다하여 애를 씀.
　　ㄴ. 목적을 이루기 위하여 몸과 마음을 다하여 애를 씀
　　ㄱ. 결과에 연연하지 않고 끝까지 최선을 다하기.
　　ㄴ. 결과에 연연하지 않고 끝까지 최선을 다하기
　　ㄱ. 신입 사원 모집을 위한 기업 설명회 개최.
　　ㄴ. 신입 사원 모집을 위한 기업 설명회 개최
　　ㄱ. 내일 오전까지 보고서를 제출할 것.
　　ㄴ. 내일 오전까지 보고서를 제출할 것

다만, 제목이나 표어에는 쓰지 않음을 원칙으로 한다.

　　　　압록강은 흐른다　　　　꺼진 불도 다시 보자　　　　건강한 몸 만들기

(2) 아라비아 숫자만으로 연월일을 표시할 때 쓴다.

　　1919. 3. 1.　　　　　　　　　　　　10. 1.~10. 12.

(3) 특정한 의미가 있는 날을 표시할 때 월과 일을 나타내는 아라비아 숫자 사이에 쓴다.

　　3.1 운동　　　　　　　　　　　　　8.15 광복

붙임 이때는 마침표 대신 가운뎃점을 쓸 수 있다.

　　　3·1 운동　　　　　　　　　　　　8·15 광복

(4) 장, 절, 항 등을 표시하는 문자나 숫자 다음에 쓴다.

　　　가. 인명　　　　　ㄱ. 머리말　　　　Ⅰ. 서론　　　　1. 연구 목적

붙임 '마침표' 대신 '온점'이라는 용어를 쓸 수 있다.

2 물음표(?)

(1) 의문문이나 의문을 나타내는 어구의 끝에 쓴다.

　　　점심 먹었어?　　　　　　　　　이번에 가시면 언제 돌아오세요?
　　　제가 부모님 말씀을 따르지 않을 리가 있겠습니까?
　　　남북이 통일되면 얼마나 좋을까?　　　다섯 살짜리 꼬마가 이 멀고 험한 곳까지 혼자 왔다?
　　　지금?　　　　　　뭐라고?　　　　　　　네?

붙임 1 한 문장 안에 몇 개의 선택적인 물음이 이어질 때는 맨 끝의 물음에만 쓰고, 각 물음이 독립적일 때는 각 물음의 뒤에 쓴다.

　　　너는 중학생이냐, 고등학생이냐?　　　너는 여기에 언제 왔니? 어디서 왔니? 무엇하러 왔니?

붙임 2 의문의 정도가 약할 때는 물음표 대신 마침표를 쓸 수 있다.

　　　도대체 이 일을 어쩐단 말이냐.　　　이것이 과연 내가 찾던 행복일까.

다만, 제목이나 표어에는 쓰지 않음을 원칙으로 한다.

　　　역사란 무엇인가　　　　　　아직도 담배를 피우십니까

(2) 특정한 어구의 내용에 대하여 의심, 빈정거림 등을 표시할 때, 또는 적절한 말을 쓰기 어려울 때 소괄호 안에 쓴다.

　　　우리와 의견을 같이할 사람은 최 선생(?) 정도인 것 같다.
　　　30점이라, 거참 훌륭한(?) 성적이군.　　　우리 집 강아지가 가출(?)을 했어요.

(3) 모르거나 불확실한 내용임을 나타낼 때 쓴다.

　　　최치원(857~?)은 통일 신라 말기에 이름을 떨쳤던 학자이자 문장가이다.
　　　조선 시대의 시인 강백(1690?~1777?)의 자는 자청이고, 호는 우곡이다.

3 느낌표(!)

(1) 감탄문이나 감탄사의 끝에 쓴다.

　　　이거 정말 큰일이 났구나!　　　　어머!

붙임 감탄의 정도가 약할 때는 느낌표 대신 쉼표나 마침표를 쓸 수 있다.

　　　어, 벌써 끝났네.　　　　　　날씨가 참 좋군.

(2) 특별히 강한 느낌을 나타내는 어구, 평서문, 명령문, 청유문에 쓴다.
청춘! 이는 듣기만 하여도 가슴이 설레는 말이다.
이야, 정말 재밌다!　　　　지금 즉시 대답해!　　　　앞만 보고 달리자!

(3) 물음의 말로 놀람이나 항의의 뜻을 나타내는 경우에 쓴다.
이게 누구야!　　　　　　　　내가 왜 나빠!

(4) 감정을 넣어 대답하거나 다른 사람을 부를 때 쓴다.*
네!　　　　네, 선생님!　　　　흥부야!　　　　언니!

4 쉼표(,)

(1) 같은 자격의 어구를 열거할 때 그 사이에 쓴다.
근면, 검소, 협동은 우리 겨레의 미덕이다.
충청도의 계룡산, 전라도의 내장산, 강원도의 설악산은 모두 국립 공원이다.
집을 보러 가면 그 집이 내가 원하는 조건에 맞는지, 살기에 편한지, 망가진 곳은 없는지 확인해야 한다.
5보다 작은 자연수는 1, 2, 3, 4이다.

다만, (가) 쉼표 없이도 열거되는 사항임이 쉽게 드러날 때는 쓰지 않을 수 있다.
아버지 어머니께서 함께 오셨어요.
네 돈 내 돈 다 합쳐 보아야 만 원도 안 되겠다.
　　(나) 열거할 어구들을 생략할 때 사용하는 줄임표 앞에는 쉼표를 쓰지 않는다.
광역시: 광주, 대구, 대전……

(2) 짝을 지어 구별할 때 쓴다.*
닭과 지네, 개와 고양이는 상극이다.

(3) 이웃하는 수를 개략적으로 나타낼 때 쓴다.
5, 6세기　　　　　　　　　　6, 7, 8개

(4) 열거의 순서를 나타내는 어구 다음에 쓴다.*
첫째, 몸이 튼튼해야 한다.　　　　　마지막으로, 무엇보다 마음이 편해야 한다.

(5) 문장의 연결 관계를 분명히 하고자 할 때 절과 절 사이에 쓴다.
콩 심은 데 콩 나고, 팥 심은 데 팥 난다.
저는 신뢰와 정직을 생명과 같이 여기고 살아온 바, 이번 비리 사건과는 무관하다는 점을 분명히 밝힙니다.
떡국은 설날의 대표적인 음식인데, 이걸 먹어야 비로소 나이도 한 살 더 먹는다고 한다.

(6) 같은 말이 되풀이되는 것을 피하기 위하여 일정한 부분을 줄여서 열거할 때 쓴다.
여름에는 바다에서, 겨울에는 산에서 휴가를 즐겼다.

(7) 부르거나 대답하는 말 뒤에 쓴다.

　　지은아, 이리 좀 와 봐.　　　　　　　　네, 지금 가겠습니다.

(8) 한 문장 안에서 앞말을 '곧', '다시 말해' 등과 같은 어구로 다시 설명할 때 앞말 다음에 쓴다.

　　책의 서문, 곧 머리말에는 책을 지은 목적이 드러나 있다.
　　원만한 인간관계는 말과 관련한 예의, 즉 언어 예절을 갖추는 것에서 시작된다.
　　호준이 어머니, 다시 말해 나의 누님은 올해로 결혼한 지 20년이 된다.
　　나에게도 작은 소망, 이를테면 나만의 정원을 가졌으면 하는 소망이 있어.

(9) 문장 앞부분에서 조사 없이 쓰인 제시어나 주제어의 뒤에 쓴다.

　　돈, 돈이 인생의 전부이더냐?
　　열정, 이것이야말로 젊은이의 가장 소중한 자산이다.
　　지금 네가 여기 있다는 것, 그것만으로도 나는 충분히 행복해.
　　저 친구, 저러다가 큰일 한번 내겠어.　　　그 사실, 넌 알고 있었지?

(10) 한 문장에 같은 의미의 어구가 반복될 때 앞에 오는 어구 다음에 쓴다.

　　그의 애국심, 몸을 사리지 않고 국가를 위해 헌신한 정신을 우리는 본받아야 한다.

(11) 도치문에서 도치된 어구들 사이에 쓴다.

　　이리 오세요, 어머님.　　　　　　　　　다시 보자, 한강수야.

(12) 바로 다음 말과 직접적인 관계에 있지 않음을 나타낼 때 쓴다.

　　갑돌이는, 울면서 떠나는 갑순이를 배웅했다.
　　철원과, 대관령을 중심으로 한 강원도 산간 지대에 예년보다 일찍 첫눈이 내렸습니다.

(13) 문장 중간에 끼어든 어구의 앞뒤에 쓴다.

　　나는, 솔직히 말하면, 그 말이 별로 탐탁지 않아.
　　영호는 미소를 띠고, 속으로는 화가 치밀어 올라 잠시라도 견딜 수 없을 만큼 괴로웠지만, 그들을 맞았다.

붙임 1 이때는 쉼표 대신 줄표를 쓸 수 있다.

　　　나는 — 솔직히 말하면 — 그 말이 별로 탐탁지 않아.
　　　영호는 미소를 띠고 — 속으로는 화가 치밀어 올라 잠시라도 견딜 수 없을 만큼 괴로웠지만 — 그들을 맞았다.

붙임 2 끼어든 어구 안에 다른 쉼표가 들어 있을 때는 쉼표 대신 줄표를 쓴다.

　　　이건 내 것이니까 — 아니, 내가 처음 발견한 것이니까 — 절대로 양보할 수가 없다.

(14) 특별한 효과를 위해 끊어 읽는 곳을 나타낼 때 쓴다.

　　내가, 정말 그 일을 오늘 안에 해낼 수 있을까?
　　이 전투는 바로 우리가, 우리만이, 승리로 이끌 수 있다.

(15) 짧게 더듬는 말을 표시할 때 쓴다.

　　선생님, 부, 부정행위라니요? 그런 건 새, 생각조차 하지 않았습니다.

[붙임] '쉼표' 대신 '반점'이라는 용어를 쓸 수 있다.

5 가운뎃점(·)

(1) 열거할 어구들을 일정한 기준으로 묶어서 나타낼 때 쓴다.

　　민수 · 영희, 선미 · 준호가 서로 짝이 되어 윷놀이를 하였다.
　　지금의 경상남도 · 경상북도, 전라남도 · 전라북도, 충청남도 · 충청북도 지역을 예부터 삼남이라 일러 왔다.

(2) 짝을 이루는 어구들 사이에 쓴다.*

　　한(韓) · 이(伊) 양국 간의 무역량이 늘고 있다.　　우리는 그 일의 참 · 거짓을 따질 겨를도 없었다.
　　하천 수질의 조사 · 분석　　　　　　　　　　　　빨강 · 초록 · 파랑이 빛의 삼원색이다.

다만, 이때는 가운뎃점을 쓰지 않거나 쉼표를 쓸 수도 있다.

　　한(韓) 이(伊) 양국 간의 무역량이 늘고 있다.　　우리는 그 일의 참 거짓을 따질 겨를도 없었다.
　　하천 수질의 조사, 분석　　　　　　　　　　　　빨강, 초록, 파랑이 빛의 삼원색이다.

(3) 공통 성분을 줄여서 하나의 어구로 묶을 때 쓴다.

　　상 · 중 · 하위권　　　　　금 · 은 · 동메달　　　　　통권 제54 · 55 · 56호

[붙임] 이때는 가운뎃점 대신 쉼표를 쓸 수 있다.

　　상, 중, 하위권　　　　　　금, 은, 동메달　　　　　통권 제54, 55, 56호

6 쌍점(:)

(1) 표제 다음에 해당 항목을 들거나 설명을 붙일 때 쓴다.

　　문방사우: 종이, 붓, 먹, 벼루　　　　　　일시: 2014년 10월 9일 10시
　　흔하진 않지만 두 자로 된 성씨도 있다.(예: 남궁, 선우, 황보)
　　올림표(#): 음의 높이를 반음 올릴 것을 지시한다.

(2) 희곡 등에서 대화 내용을 제시할 때 말하는 이와 말한 내용 사이에 쓴다.

　　김 과장: 난 못 참겠다.　　　　　　　　아들: 아버지, 제발 제 말씀 좀 들어 보세요.

(3) 시와 분, 장과 절 등을 구별할 때 쓴다.*

　　오전 10:20(오전 10시 20분)　　　　　　두시언해 6:15(두시언해 제6권 제15장)

(4) 의존 명사 '대'가 쓰일 자리에 쓴다.*

　　65:60(65 대 60)　　　　　　　　　　　청군:백군(청군 대 백군)

[붙임] 쌍점의 앞은 붙여 쓰고 뒤는 띄어 쓴다. 다만, (3)과 (4)에서는 쌍점의 앞뒤를 붙여 쓴다.

7 빗금(/)

(1) 대비되는 두 개 이상의 어구를 묶어 나타낼 때 그 사이에 쓴다.★

    먹이다/먹히다   남반구/북반구   금메달/은메달/동메달

    (   )이/가 우리나라의 보물 제1호이다.

(2) 기준 단위당 수량을 표시할 때 해당 수량과 기준 단위 사이에 쓴다.

    100미터/초   1,000원/개

(3) 시의 행이 바뀌는 부분임을 나타낼 때 쓴다.

    산에 / 산에 / 피는 꽃은 / 저만치 혼자서 피어 있네

다만, 연이 바뀜을 나타낼 때는 두 번 겹쳐 쓴다.

    산에는 꽃 피네 / 꽃이 피네 / 갈 봄 여름 없이 / 꽃이 피네 // 산에 / 산에 / 피는 꽃은 / 저만치 혼자서 피어 있네

붙임 빗금의 앞뒤는 (1)과 (2)에서는 붙여 쓰며, (3)에서는 띄어 쓰는 것을 원칙으로 하되 붙여 쓰는 것을 허용한다. 단, (1)에서 대비되는 어구가 두 어절 이상인 경우에는 빗금의 앞뒤를 띄어 쓸 수 있다.

8 큰따옴표(" ")

(1) 글 가운데에서 직접 대화를 표시할 때 쓴다.

    "어머니, 제가 가겠어요." / "아니다. 내가 다녀오마."

(2) 말이나 글을 직접 인용할 때 쓴다.

    나는 "어, 광훈이 아니냐?" 하는 소리에 깜짝 놀랐다.

    밤하늘에 반짝이는 별들을 보면서 "나는 아무 걱정도 없이 가을 속의 별들을 다 헬 듯합니다."라는 시구를 떠올렸다.

    편지의 끝머리에는 이렇게 적혀 있었다. / "할머니, 편지에 사진을 동봉했다고 하셨지만 봉투 안에는 아무것도 없었어요."

9 작은따옴표(' ')

(1) 인용한 말 안에 있는 인용한 말을 나타낼 때 쓴다.★

    그는 "여러분! '시작이 반이다.'라는 말 들어 보셨죠?"라고 말하며 강연을 시작했다.

(2) 마음속으로 한 말을 적을 때 쓴다.

    나는 '일이 다 틀렸나 보군.' 하고 생각하였다.

    '이번에는 꼭 이기고야 말겠어.' 호연이는 마음속으로 몇 번이나 그렇게 다짐하며 주먹을 불끈 쥐었다.

10 소괄호(( ))

(1) 주석이나 보충적인 내용을 덧붙일 때 쓴다.
    2014. 12. 19.(금)   니체(독일의 철학자)의 말을 빌리면 다음과 같다.
    문인화의 대표적인 소재인 사군자(매화, 난초, 국화, 대나무)는 고결한 선비 정신을 상징한다.

(2) 우리말 표기와 원어 표기를 아울러 보일 때 쓴다.
    기호(嗜好), 자세(姿勢)   커피(coffee), 에티켓(étiquette)

(3) 생략할 수 있는 요소임을 나타낼 때 쓴다.
    학교에서 동료 교사를 부를 때는 이름 뒤에 '선생(님)'이라는 말을 덧붙인다.
    광개토(대)왕은 고구려의 전성기를 이끌었던 임금이다.

(4) 희곡 등 대화를 적은 글에서 동작이나 분위기, 상태를 드러낼 때 쓴다.
    현우: (가쁜 숨을 내쉬며) 왜 이렇게 빨리 뛰어?
    "관찰한 것을 쓰는 것이 습관이 되었죠. 그러다 보니, 상상력이 생겼나 봐요."(웃음)

(5) 내용이 들어갈 자리임을 나타낼 때 쓴다.
    우리나라의 수도는 (   )이다.   다음 빈칸에 알맞은 조사를 쓰시오.
                                              민수가 할아버지(   ) 꽃을 드렸다.

(6) 항목의 순서나 종류를 나타내는 숫자나 문자 등에 쓴다.
    사람의 인격은 (1) 용모, (2) 언어, (3) 행동, (4) 덕성 등으로 표현된다.
    (가) 동해, (나) 서해, (다) 남해

11 중괄호({ })

(1) 같은 범주에 속하는 여러 요소를 세로로 묶어서 보일 때 쓴다.
    주격 조사 {이/가}   국가의 성립 요소 {영토/국민/주권}

(2) 열거된 항목 중 어느 하나가 자유롭게 선택될 수 있음을 보일 때 쓴다.
    아이들이 모두 학교{에, 로, 까지} 갔어요.

12 대괄호([ ])

(1) 괄호 안에 또 괄호를 쓸 필요가 있을 때 바깥쪽의 괄호로 쓴다. ★
    어린이날이 새로 제정되었을 당시에는 어린이들에게 경어를 쓰라고 하였다.[윤석중 전집(1988), 70쪽 참조]
    이번 회의에는 두 명[이혜정(실장), 박철용(과장)]만 빼고 모두 참석했습니다.

(2) 고유어에 대응하는 한자어를 함께 보일 때 쓴다.★

　　나이[年歲]　　　　　　　낱말[單語]　　　　　　　손발[手足]

(3) 원문에 대한 이해를 돕기 위해 설명이나 논평 등을 덧붙일 때 쓴다.

　　그것[한글]은 이처럼 정보화 시대에 알맞은 과학적인 문자이다.
　　신경준의 《여암전서》에 "삼각산은 산이 모두 돌 봉우리인데, 그 으뜸 봉우리를 구름 위에 솟아 있다고 백운(白雲)이라 하며 [이하 생략]"
　　그런 일은 결코 있을 수 없다.[원문에는 '업다'임.]

13 겹낫표(『 』)와 겹화살괄호(《 》)

책의 제목이나 신문 이름 등을 나타낼 때 쓴다.★
우리나라 최초의 민간 신문은 1896년에 창간된 『독립신문』이다.
『훈민정음』은 1997년에 유네스코 세계 기록 유산으로 지정되었다.
《한성순보》는 우리나라 최초의 근대 신문이다.
윤동주의 유고 시집인 《하늘과 바람과 별과 시》에는 31편의 시가 실려 있다.

붙임 겹낫표나 겹화살괄호 대신 큰따옴표를 쓸 수 있다.
　　우리나라 최초의 민간 신문은 1896년에 창간된 "독립신문"이다.
　　윤동주의 유고 시집인 "하늘과 바람과 별과 시"에는 31편의 시가 실려 있다.

14 홑낫표(「 」)와 홑화살괄호(〈 〉)

소제목, 그림이나 노래와 같은 예술 작품의 제목, 상호, 법률, 규정 등을 나타낼 때 쓴다.
「국어 기본법 시행령」은 「국어 기본법」에서 위임된 사항과 그 시행에 필요한 사항을 규정함을 목적으로 한다.
이 곡은 베르디가 작곡한 「축배의 노래」이다.
사무실 밖에 「해와 달」이라고 쓴 간판을 달았다.
〈한강〉은 사진집 《아름다운 땅》에 실린 작품이다.
백남준은 2005년에 〈엄마〉라는 작품을 선보였다.

붙임 홑낫표나 홑화살괄호 대신 작은따옴표를 쓸 수 있다.
　　사무실 밖에 '해와 달'이라고 쓴 간판을 달았다.
　　'한강'은 사진집 "아름다운 땅"에 실린 작품이다.

15 줄표(―)

제목 다음에 표시하는 부제의 앞뒤에 쓴다.★
이번 토론회의 제목은 '역사 바로잡기 ― 근대의 설정 ―'이다.

'환경 보호 — 숲 가꾸기 —'라는 제목으로 글짓기를 했다.

다만, 뒤에 오는 줄표는 생략할 수 있다.

이번 토론회의 제목은 '역사 바로잡기 — 근대의 설정'이다.
'환경 보호 — 숲 가꾸기'라는 제목으로 글짓기를 했다.

붙임 줄표의 앞뒤는 띄어 쓰는 것을 원칙으로 하되, 붙여 쓰는 것을 허용한다.

16 붙임표(-)

(1) 차례대로 이어지는 내용을 하나로 묶어 열거할 때 각 어구 사이에 쓴다.★

멀리뛰기는 도움닫기–도약–공중 자세–착지의 순서로 이루어진다.
김 과장은 기획–실무–홍보까지 직접 발로 뛰었다.

(2) 두 개 이상의 어구가 밀접한 관련이 있음을 나타내고자 할 때 쓴다.

드디어 서울–북경의 항로가 열렸다.   원–달러 환율   남한–북한–일본 삼자 관계

17 물결표(~)

기간이나 거리 또는 범위를 나타낼 때 쓴다.

9월 15일~9월 25일   서울~천안 정도는 출퇴근이 가능하다.
김정희(1786~1856)   이번 시험의 범위는 3~78쪽입니다.

붙임 물결표 대신 붙임표를 쓸 수 있다.

9월 15일–9월 25일   김정희(1786–1856)
서울–천안 정도는 출퇴근이 가능하다.   이번 시험의 범위는 3–78쪽입니다.

18 드러냄표(˙)와 밑줄(＿)

문장 내용 중에서 주의가 미쳐야 할 곳이나 중요한 부분을 특별히 드러내 보일 때 쓴다.★

한글의 본디 이름은 훈민정음이다.
중요한 것은 왜 사느냐가 아니라 어떻게 사느냐이다.
지금 필요한 것은 지식이 아니라 실천입니다.   다음 보기에서 명사가 아닌 것은?

붙임 드러냄표나 밑줄 대신 작은따옴표를 쓸 수 있다.

한글의 본디 이름은 '훈민정음'이다.
중요한 것은 '왜 사느냐'가 아니라 '어떻게 사느냐'이다.
지금 필요한 것은 '지식'이 아니라 '실천'입니다.
다음 보기에서 명사가 '아닌' 것은?

19 숨김표(○, ×)

(1) 금기어나 공공연히 쓰기 어려운 비속어임을 나타낼 때, 그 글자의 수효만큼 쓴다.

배운 사람 입에서 어찌 ○○○란 말이 나올 수 있느냐?
그 말을 듣는 순간 ×××란 말이 목구멍까지 치밀었다.

(2) 비밀을 유지해야 하거나 밝힐 수 없는 사항임을 나타낼 때 쓴다.*

1차 시험 합격자는 김○영, 이○준, 박○순 등 모두 3명이다.
육군 ○○ 부대 ○○○ 명이 작전에 참가하였다.
그 모임의 참석자는 김××씨, 정××씨 등 5명이었다.

20 빠짐표(□)

(1) 옛 비문이나 문헌 등에서 글자가 분명하지 않을 때 그 글자의 수효만큼 쓴다.

大師爲法主□□賴之大□薦

(2) 글자가 들어가야 할 자리를 나타낼 때 쓴다.

훈민정음의 초성 중에서 아음(牙音)은 □□□의 석 자다.

21 줄임표(……)

(1) 할 말을 줄였을 때 쓴다.

"어디 나하고 한번……." 하고 민수가 나섰다.

(2) 말이 없음을 나타낼 때 쓴다.

"빨리 말해!"
"……."

(3) 문장이나 글의 일부를 생략할 때 쓴다.

'고유'라는 말은 문자 그대로 본디부터 있었다는 뜻은 아닙니다. …… 같은 역사적 환경에서 공동의 집단생활을 영위해 오는 동안 공동으로 발견된, 사물에 대한 공동의 사고방식을 우리는 한국의 고유 사상이라 부를 수 있다는 것입니다.

(4) 머뭇거림을 보일 때 쓴다.

"우리는 모두…… 그러니까…… 예외 없이 눈물만…… 흘렸다."

붙임 1 점은 가운데에 찍는 대신 아래쪽에 찍을 수도 있다.

"어디 나하고 한번.......". 하고 민수가 나섰다. / "실은...... 저 사람...... 우리 아저씨일지 몰라."

붙임 2 점은 여섯 점을 찍는 대신 세 점을 찍을 수도 있다.

"어디 나하고 한번…." 하고 민수가 나섰다. / "실은… 저 사람… 우리 아저씨일지 몰라."

붙임 3 줄임표는 앞말에 붙여 쓴다. 다만, (3)에서는 줄임표의 앞뒤를 띄어 쓴다.

확인문제

01 한글 맞춤법에 따른 문장부호의 사용이 원칙에 맞게 쓰인 것은?

① (표어) 꺼진 불도 다시 보자
② 젊은이는 나라의 기둥이다~
③ (강한 느낌으로) 지금 즉시 대답해.
④ 빨강:초록:파랑이 빛의 삼원색이다.
⑤ 드디어 서울 — 북경의 항로가 열렸다.

해설 제목이나 표어에는 마침표를 쓰지 않음을 원칙으로 한다.
② 서술, 명령, 청유 등을 나타내는 문장의 끝에는 마침표(.)를 쓴다. → 젊은이는 나라의 기둥이다.
③ 특별히 강한 느낌을 나타내는 어구, 평서문, 명령문, 청유문에는 느낌표(!)를 쓴다. → 지금 즉시 대답해!
④ 짝을 이루는 어구 사이에는 가운뎃점(·)을 쓴다. 다만 가운뎃점을 쓰지 않거나 쉼표를 쓸 수도 있다. → 빨강·초록·파랑이 빛의 삼원색이다.
⑤ 두 개 이상의 어구가 밀접한 관련이 있음을 나타낼 때는 줄표(—)가 아닌 붙임표(-)를 사용한다. → 드디어 서울-북경의 항로가 열렸다.

정답 ①

02 한글 맞춤법에 따른 문장부호의 사용이 적절하지 <u>않은</u> 것은?

① 애야, 이리 오너라.
② 너는 한국인이냐? 중국인이냐?
③ 예로부터 "민심은 천심이다."라고 하였다.
④ 개구리가 나온 것을 보니, 봄이 오긴 왔구나.
⑤ 나이[年歲]에 맞는 단어(單語)를 사용해야 한다.

해설 한 문장에서 몇 개의 선택적인 물음이 겹쳤을 때에는 맨 끝의 물음에만 물음표를 쓴다. → 너는 한국인이냐, 중국인이냐?
① 부르거나 대답하는 말 뒤에는 쉼표(,)를 쓴다.
③ 말이나 글을 직접 인용할 경우에는 큰따옴표(" ")를 쓴다.
④ 감탄의 정도가 약할 때는 느낌표 대신 마침표를 쓸 수 있다.
⑤ 고유어에 대응하는 한자어를 보일 때는 대괄호([ ])를, 우리말 표기와 원어 표기를 아울러 보일 때는 소괄호(( ))를 쓴다.

정답 ②

03 문장부호의 사용에 대한 설명으로 적절하지 <u>않은</u> 것은?

① 근면, 검소, 협동은 우리 겨레의 미덕이다. → 같은 자격의 어구가 열거될 때에 쉼표를 쓴다.
② 일시 ― 1984년 10월 15일 10시 → 표제 다음에 해당하는 항목을 들거나 설명을 붙일 때는 줄표를 쓴다.
③ 너는 언제 왔니? 어디서 왔니? 무엇하러? → 각각 독립된 물음인 경우에는 물음마다 물음표를 쓴다.
④ 먹이다/먹히다 → 대비되는 두 개 이상의 어구를 묶어 나타낼 때는 그 사이에 빗금을 쓴다.
⑤ 철수·영이, 영수·순이가 서로 짝이 되어 윷놀이를 하였다. → 열거할 어구들을 일정한 기준으로 묶어서 나타낼 때는 가운뎃점을 쓴다.

[해설] 표제 다음에 설명을 붙일 때는 쌍점(:)을 쓴다. → 일시: 1984년 10월 15일 10시
[정답] ②

04 문장부호의 사용에 대한 설명으로 적절하지 <u>않은</u> 것은?

① 9월 15일 ― 9월 25일 → 기간이나 거리 또는 범위를 나타낼 때는 줄표를 쓴다.
② 훈민정음의 초성 중에서 ㅱㆆㅸ은 □□□의 석 자이다. → 글자가 들어가야 할 자리를 나타낼 때에는 빠짐표를 쓴다.
③ 커피(coffee)는 기호 식품이다. → 우리말 표기와 원어 표기를 아울러 보일 때 쓴다.
④ "전기가 없었을 때는 어떻게 책을 보았을까?" → 글 가운데서 직접 대화를 표시할 때에 큰따옴표를 쓴다.
⑤ 그때 그가 말했다. "여러분! 침착해야합니다. '하늘이 무너져도 솟아날 구멍이 있다.'라는 말이 있습니다." → 인용한 말 안에 있는 말을 나타낼 때는 작은따옴표를 쓴다.

[해설] 줄표(―)는 제목 다음에 표시하는 부제의 앞뒤에 쓰며, 기간이나 거리 또는 범위를 나타낼 때는 '9월 15일~9월 25일, 9월 15일-9월 25일'과 같이 물결표(~)를 사용하거나 붙임표(-)를 쓸 수 있다.
[정답] ①

05 문장부호 규정으로 옳지 <u>않은</u> 것은?

	문장부호 규정	예
①	내용이 들어갈 자리임을 나타낼 적에 소괄호(( ))를 쓴다.	우리나라의 수도는 (　　)이다.
②	특별히 강한 느낌을 나타내는 어구, 평서문, 명령문, 청유문에 느낌표(!)를 쓴다.	부디 몸조심하도록!
③	두 개 이상의 어구가 밀접한 관련이 있는 경우에 물결표(~)를 쓴다.	원~달러 환율
④	문장에서 중요한 부분을 특별히 드러내 보일 때는 작은따옴표(' ')를 쓸 수 있다.	'배부른 돼지'보다는 '배고픈 소크라테스'가 되겠다.
⑤	특정한 어구 또는 그 내용에 대하여 의심이나 빈정거림, 비웃음 등을 표시할 때에 소괄호 안에 물음표(?)를 쓴다.	그것 참 훌륭한(?) 태도야.

[해설] ③의 경우, 붙임표(-)를 써서 '원-달러 환율'로 쓴다. 물결표(~)는 기간이나 거리 또는 범위를 나타낼 때 쓴다.
[정답] ③

제2장 표준어 규정

제2편 어문규정

> **필수** 2011년~2018년 수정된 표준어

1 현재 표준어와 같은 뜻을 가진 표준어로 인정한 것

연도	추가된 표준어	기존 표준어
2011년	간지럽히다	간질이다
	남사스럽다	남우세스럽다
	등물	목물
	맨날	만날
	묫자리	묏자리
	복숭아뼈	복사뼈
	세간살이	세간
	쌉싸름하다	쌉싸래하다
	토란대	고운대
	허접쓰레기	허섭스레기
	흙담	토담
2014년	구안와사	구안괘사
	굽신(굽신거리다, 굽신대다, 굽신하다, 굽신굽신, 굽신굽신하다)	굽실
	눈두덩이	눈두덩
	삐지다	삐치다
	초장초	작장초
2015년	마실	• '이웃에 놀러 다니는 일'의 의미에 한하여 표준어로 인정 • '여러 집이 모여 사는 곳'의 의미로 쓰인 것은 비표준어	마을
	이쁘다	'이쁘장스럽다, 이쁘장스레, 이쁘장하다, 이쁘디이쁘다'도 표준어로 인정 예 어이구, 내 새끼 이쁘기도 하지.	예쁘다

	찰지다	'차지다'의 원말 예 화단의 찰진 흙에 하얀 꽃잎이 화사하게 떨어져 날리곤 했다.	차지다
	-고프다	'-고 싶다'가 줄어든 말 예 그 아이는 엄마가 보고파 앙앙 울었다.	-고 싶다
2016년	걸판지다		거방지다
	겉울음		건울음
	까탈스럽다		까다롭다
	실뭉치		실몽당이

2 현재 표준어와 뜻이나 어감이 차이가 나는 별도의 표준어로 인정한 것

연도	추가된 표준어	기존 표준어	뜻 차이
2011년	-길래	-기에	길래: '-기에'의 구어적 표현
	개발새발	괴발개발	• 개발새발: 개의 발과 새의 발 • 괴발개발: 고양이의 발과 개의 발
	나래	날개	'나래'는 '날개'의 문학적 표현
	내음	냄새	내음: 향기롭거나 나쁘지 않은 냄새로 제한됨.
	눈꼬리	눈초리	• 눈꼬리: 눈의 귀 쪽으로 째진 부분 • 눈초리: 어떤 대상을 바라볼 때 눈에 나타나는 표정 예 매서운 눈초리
	떨구다	떨어뜨리다	떨구다: 시선을 아래로 향하다.
	뜨락	뜰	뜨락: 추상적 공간을 비유
	먹거리	먹을거리	먹거리: 사람이 살아가기 위하여 먹는 음식을 통틀어 이름.
	메꾸다	메우다	메꾸다: 무료한 시간을 적당히 또는 그럭저럭 흘러가게 하다.
	손주	손자(孫子)	• 손주: 손자와 손녀를 아울러 이르는 말 • 손자: 아들의 아들 또는 딸의 아들
	어리숙하다	어수룩하다	• 어리숙하다: 어리석음의 뜻이 강함. • 어수룩하다: 순박함/순진함의 뜻이 강함.

	연신	연방	• 연신: 반복성 강조 • 연방: 연속성 강조
	휑하니	휑허케	휑허케: '휑하니'의 예스러운 표현
	걸리적거리다	거치적거리다	자음 또는 모음의 차이로 인한 어감 및 뜻 차이 존재
	끄적거리다	끼적거리다	
	두리뭉실하다	두루뭉술하다	
	맨숭맨숭/맹숭맹숭	맨송맨송	
	바둥바둥	바동바동	
	새초롬하다	새치름하다	
	아웅다웅	아옹다옹	
	야멸차다	야멸치다	
	오손도손	오순도순	
	찌뿌둥하다	찌뿌듯하다	
	추근거리다	치근거리다	
2014년	개기다	개개다	• 개기다: (속되게) 명령이나 지시를 따르지 않고 버티거나 반항하다. • 개개다: 성가시게 달라붙어 손해를 끼치다.
	꼬시다	꾀다	• 꼬시다: (속되게) 꾀다 • 꾀다: 그럴듯한 말이나 행동으로 남을 속이거나 부추겨서 자기 생각대로 끌다.
	놀잇감	장난감	• 놀잇감: 놀이 또는 아동 교육 현장 따위에서 활용되는 물건이나 재료 • 장난감: 아이들이 가지고 노는 여러 가지 물건
	딴지	딴죽	• 딴지: (주로 '걸다, 놀다'와 함께 쓰여) 일이 순순히 진행되지 못하도록 훼방을 놓거나 어기대는 것 • 딴죽: 이미 동의하거나 약속한 일에 대하여 딴전을 부림.
	사그라들다	사그라지다	• 사그라들다: 삭아서 없어져 가다. • 사그라지다: 삭아서 없어지다.
	섬찟	섬뜩	• 섬찟: 갑자기 소름이 끼치도록 무시무시하고 끔찍한 느낌이 드는 모양 ※ '섬찟하다, 섬찟섬찟, 섬찟섬찟하다' 등도 표준어로 인정함. • 섬뜩: 갑자기 소름이 끼치도록 무섭고 끔찍한 느낌이 드는 모양

	속앓이	속병	• 속앓이 　1. 속이 아픈 병 또는 그 속에 병이 생겨 아파하는 일 　2. 겉으로 드러내지 못하고 속으로 걱정하거나 괴로워 　　하는 일 • 속병 　1. 몸속의 병을 통틀어 이르는 말 　2. '위장병'을 일상적으로 이르는 말 　3. 화가 나서나 속이 상하여 생긴 마음의 심한 아픔
	허접하다	허접스럽다	• 허접하다: 허름하고 잡스럽다. • 허접스럽다: 허름하고 잡스러운 느낌이 있다.
2015년	꼬리연	가오리연	• 꼬리연: 긴 꼬리연을 단 연 • 가오리연: 가오리 모양으로 만들어 꼬리를 길게 단 연 　띄우면 오르면서 머리가 아래위로 흔들린다.
	의론 (되다, 하다)	의논 (되다, 하다)	• 의론(議論): 어떤 사안에 대하여 각자의 의견을 제기함. 　또는 그런 의견 예 이러니저러니 <u>의론</u>이 분분하다. • 의논(議論): 어떤 일에 대하여 서로 의견을 주고받음. 　예 부모님과 진학 문제를 <u>의논</u>했다.
	이크	이키	• 이크: 당황하거나 놀랐을 때 내는 소리('이키'보다 큰 느 　낌을 줌.) 예 <u>이크</u>, 큰일 났구나 싶어 허겁지겁 뛰어갔다. • 이키: 당황하거나 놀랐을 때 내는 소리('이끼'보다 거센 　느낌을 줌.)
	잎새	잎사귀	• 잎새: 나무의 잎사귀(주로 문학적 표현에 쓰임.) 　예 잎새가 몇 개 남지 않은 나무들이 창문 위로 뻗어올 　　라 있었다. • 잎사귀: 낱낱의 잎(주로 넓적한 잎을 이름.)
	푸르르다	푸르다	• 푸르르다: '푸르다'를 강조할 때 이르는 말 예 찌푸렸던 　잿빛 하늘이 <u>푸르르게</u> 맑아 오고 있다. ※ '푸르르다'는 '으' 불규칙 용언으로 분류함. • 푸르다: 맑은 가을 하늘이나 깊은 바다, 풀의 빛깔과 같 　이 밝고 선명하다.
2016년	엘랑	에는	• 표준어 규정 제25항에서 '에는'의 비표준형으로 규정해 　온 '엘랑'을 표준형으로 인정함. • '엘랑' 외에도 'ㄹ랑'에 조사 또는 어미가 결합한 '에설랑, 　설랑, -고설랑, -어설랑, -질랑'도 표준형으로 인정함. • '엘랑, -고설랑' 등은 단순한 조사/어미 결합형으로 사 　전 표제어로는 다루지 않음. 　예 서울<u>엘랑</u> 가지를 마오. / 교실<u>에설랑</u> 떠들지 마라.

주책이다	주책없다	• 표준어 규정 제25항에 따라 '주책없다'의 비표준형으로 규정해 온 '주책이다'를 표준형으로 인정함. • '주책이다'는 '일정한 줏대가 없이 되는대로 하는 짓'을 뜻하는 '주책'에 서술격 조사 '이다'가 붙은 말로 봄. • '주책이다'는 단순한 명사 + 조사의 결합형으로 사전 표제어로는 다루지 않음. 예 이제 와서 오래 전에 헤어진 그녀를 떠올리는 나 자신을 보며 '나도 참 주책이군.' 하는 생각이 들었다.

3 두 가지 표기를 모두 표준어로 인정한 것

	추가된 표준어	기존 표준어
2011년	택견	태껸
	품새	품세
	짜장면	자장면

	현재 표준적인 활용형과 용법이 같은 활용형으로 인정한 것		
	추가된 표준어	기존 표준어	비고
2015년	말아 말아라 말아요	마 마라 마요	'말다' + 명령형 어미 '-아, -아라, -아요' 등이 결합할 때는 어간 끝의 'ㄹ'이 탈락하기도 하고 탈락하지 않기도 함. 예 • 내가 하는 말 농담으로 듣지 마/말아. • 애야, 아무리 바빠도 제사는 잊지 마라/말아라. • 아유, 말도 마요/말아요.
	노랗네 동그랗네 조그맣네 …	노라네 동그라네 조그마네 …	'ㅎ' 불규칙 용언이 어미 '-네'와 결합할 때는 어간 끝의 'ㅎ'이 탈락하기도 하고 탈락하지 않기도 함. ※ '그렇다, 노랗다, 동그랗다, 뿌옇다, 어떻다, 조그맣다, 커다랗다' 등 모든 'ㅎ' 불규칙 용언의 활용에 적용됨. 예 • 생각보다 훨씬 노랗네/노라네. • 이 빵은 동그랗네/동그라네. • 건물이 아주 조그맣네/조그마네.

	뜻을 일부 수정하여 여러 표기로 같은 뜻을 나타내게 된 것		
	추가된 표준어	기존 표준어	비고
2017년	꺼림직하다	꺼림칙하다	마음에 걸려서 언짢고 싫은 느낌이 있다.
	께름직하다	께름칙하다	마음에 걸려서 언짢고 싫은 느낌이 꽤 있다.
	추켜올리다	추어올리다	'실제보다 과장되게 칭찬하다.'의 의미로 쓰이는 '추켜올리다'를 표준어로 인정
	추켜세우다	치켜세우다	'정도 이상으로 크게 칭찬하다.'의 의미로 쓰이는 '추켜세우다'를 표준어로 인정
	치켜올리다	추어올리다 추켜올리다	1. 옷이나 물건, 신체 일부 따위를 위로 가뜬하게 올리다. 2. 실제보다 과장되게 칭찬하다.

제1절 | 단수 표준어

기출 미리보기

1. 형태가 바뀌어 굳어지거나 여러 형태 중 더 널리 쓰이는 것을 표준어로 삼은 단어
2. 접두사 '수-'와 결합한 단어의 적절한 표기
3. '웃-' 및 '윗-'과 결합한 단어의 적절한 표기
4. 표준어와 방언

표준어 규정

제2장 발음 변화에 따른 표준어 규정
[제1절] 자음(제3항~제7항)
[제2절] 모음(제10항~제13항)
[제3절] 준말(제14항~제16항)
[제4절] 단수 표준어(제17항)

제3장 어휘 선택의 변화에 따른 표준어 규정
[제1절] 고어(제20항)
[제2절] 한자어(제21항~제22항)
[제3절] 방언(제24항)
[제4절] 단수 표준어(제25항)

제2장 발음 변화에 따른 표준어 규정

[제1절] 자음(제3항~제7항)

제3항 다음 단어들은 거센소리를 가진 형태를 표준어로 삼는다. (ㄱ을 표준어로 삼고, ㄴ을 버림.)

ㄱ	ㄴ	비고
끄나풀	끄나불	
나팔-꽃	나발-꽃	
녘	녁	동~, 들~, 새벽~, 동틀 ~
부엌	부억	
살-쾡이	삵-괭이	
칸	간	1. ~막이, 빈~, 방 한 ~ 2. '초가삼간, 윗간'의 경우에는 '간'임.
털어-먹다	떨어-먹다	재물을 다 없애다.

제4항 다음 단어들은 거센소리로 나지 않는 형태를 표준어로 삼는다.(ㄱ을 표준어로 삼고, ㄴ을 버림.)

ㄱ	ㄴ	비고
가을-갈이	가을-카리	
거시기	거시키	
분침	푼침	

제5항 어원에서 멀어진 형태로 굳어져서 널리 쓰이는 것은, 그것을 표준어로 삼는다.(ㄱ을 표준어로 삼고, ㄴ을 버림.)

ㄱ	ㄴ	비고
강낭-콩	강남-콩	
고삿	고살	겉~, 속~
사글-세	삭월-세	'월세'는 표준어임.
울력-성당	위력-성당	떼를 지어서 으르고 협박하는 일

다만, 어원적으로 원형에 더 가까운 형태가 아직 쓰이고 있는 경우에는, 그것을 표준어로 삼는다.(ㄱ을 표준어로 삼고, ㄴ을 버림.)

ㄱ	ㄴ	비고
갈비	가리	~구이, ~찜, 갈빗-대
굴-젓	구-젓	
물-수란	물-수랄	
밀-뜨리다	미-뜨리다	
적-이	저으기	적이-나, 적이나-하면
휴지	수지	

제6항 다음 단어들은 의미를 구별함이 없이, 한 가지 형태만을 표준어로 삼는다.(ㄱ을 표준어로 삼고, ㄴ을 버림.)

ㄱ	ㄴ	비고
돌	돐	생일, 주기
둘-째	두-째	'제2, 두 개째'의 뜻
셋-째	세-째	'제3, 세 개째'의 뜻
넷-째	네-째	'제4, 네 개째'의 뜻
빌리다	빌다	1. 빌려주다, 빌려 오다 2. '용서를 빌다'는 '빌다'임.

다만, '둘째'는 십 단위 이상의 서수사에 쓰일 때에 '두째'로 한다.

ㄱ	ㄴ	비고
열두–째		열두 개째의 뜻으로 쓰일 때는 '열둘째'
스물두–째		스물두 개째의 뜻으로 쓰일 때는 '스물둘째'

다만, 차례를 나타내는 말로 '열두째, 스물두째, 서른두째' 등 '두째' 앞에 다른 수가 올 때에는 받침 'ㄹ'이 분명히 탈락하는 언어 현실을 살려 부득이 종래의 구분을 살렸다.

제7항 수컷을 이르는 접두사는 '수–'로 통일한다.(ㄱ을 표준어로 삼고, ㄴ을 버림.)

ㄱ	ㄴ	비고
수–꿩	수–퀑/숫–꿩	'장끼'도 표준어임.
수–나사	숫–나사	
수–놈	숫–놈	
수–사돈	숫–사돈	
수–소	숫–소	'황소'도 표준어임.
수–은행나무	숫–은행나무	

다만 1* 다음 단어에서는 접두사 다음에서 나는 거센소리를 인정한다. 접두사 '암–'이 결합되는 경우에도 이에 준한다.(ㄱ을 표준어로 삼고, ㄴ을 버림.)

ㄱ	ㄴ	비고
수–캉아지*	숫–강아지	
수–캐	숫–개	
수–컷	숫–것	
수–키와	숫–기와	
수–탉*	숫–닭	
수–탕나귀	숫–당나귀	
수–톨쩌귀	숫–돌쩌귀	
수–퇘지*	숫–돼지	
수–평아리*	숫–병아리	

다만 2 다음 단어의 접두사는 '숫-'으로 한다.(ㄱ을 표준어로 삼고, ㄴ을 버림.)

ㄱ	ㄴ	비고
숫-양	수-양	
숫-염소	수-염소	
숫-쥐	수-쥐	

[제2절] 모음(제10항~13항)

제10항 다음 단어는 모음이 단순화한 형태를 표준어로 삼는다.(ㄱ을 표준어로 삼고, ㄴ을 버림.)

ㄱ	ㄴ	비고
괴팍-하다	괴퍅-하다/괴팩-하다	
-구먼	-구면	
미루-나무	미류-나무	← 美柳~
미륵	미력	← 彌勒. ~보살, ~불, 돌~
여느	여늬	
온-달	왼-달	만 한 달
으레	으례	
케케-묵다	켸켸-묵다	
허우대	허위대	
허우적-허우적	허위적-허위적	허우적-거리다.

제11항 다음 단어에서는 모음의 발음 변화를 인정하여, 발음이 바뀌어 굳어진 형태를 표준어로 삼는다.(ㄱ을 표준어로 삼고, ㄴ을 버림.)

ㄱ	ㄴ	비고
-구려	-구료	
깍쟁이	깍정이	1. 서울~, 알~, 찰~ 2. 도토리, 상수리 등의 받침은 '깍정이'임.
나무라다	나무래다	
미수	미시	미숫-가루
바라다	바래다	'바램[所望]'은 비표준어임.
상추	상치	~쌈
시러베-아들	실업의-아들	

주책	주착	← 主着. ~망나니, ~없다
지루-하다	지리-하다	← 支離
튀기	트기	
허드레	허드래	허드렛-물, 허드렛-일

제12항 '웃-' 및 '윗-'은 명사 '위'에 맞추어 '윗-'으로 통일한다.(ㄱ을 표준어로 삼고, ㄴ을 버림.)

ㄱ	ㄴ	비고
윗-넓이	웃-넓이	
윗-눈썹	웃-눈썹	
윗-니	웃-니	
윗-도리	웃-도리	
윗-막이	웃-막이	
윗-머리	웃-머리	
윗-목	웃-목	
윗-몸	웃-몸	~ 운동
윗-바람	웃-바람	
윗-배	웃-배	가슴 아래 배꼽 위에 있는 부분의 배
윗-벌	웃-벌	한 벌로 된 옷에서 윗도리로 입는 옷
윗-변	웃-변	수학 용어
윗-사랑	웃-사랑	
윗-수염	웃-수염	
윗-입술	웃-입술	
윗-잇몸	웃-잇몸	
윗-자리	웃-자리	

다만 1 된소리나 거센소리 앞에서는 '위-'로 한다.(ㄱ을 표준어로 삼고, ㄴ을 버림.)

ㄱ	ㄴ	비고
위-짝	웃-짝	
위-쪽	웃-쪽	
위-채	웃-채	
위-층	웃-층	

ㄱ	ㄴ	비고
위-치마	웃-치마	
위-턱	웃-턱	~구름[上層雲]
위-팔	웃-팔	

다만 2 '아래, 위'의 대립이 없는 단어는 '웃-'으로 발음되는 형태를 표준어로 삼는다.(ㄱ을 표준어로 삼고, ㄴ을 버림.)

ㄱ	ㄴ	비고
웃-국	윗-국	
웃-돈	윗-돈	
웃-비	윗-비	~걷다. 아직 우기(雨氣)는 있으나 좍좍 내리다가 그친 비
웃-어른	윗-어른	
웃-옷	윗-옷	

제13항 한자 '구(句)'가 붙어서 이루어진 단어는 '귀'로 읽는 것을 인정하지 아니하고, '구'로 통일한다.(ㄱ을 표준어로 삼고, ㄴ을 버림.)

ㄱ	ㄴ	비고
구법(句法)	귀법	
구절(句節)	귀절	
구점(句點)	귀점	
결구(結句)	결귀	
경구(警句)	경귀	
대구(對句)	대귀	~법(對句法)
문구(文句)	문귀	
시구(詩句)	시귀	
어구(語句)	어귀	
인용구(引用句)	인용귀	
절구(絕句)	절귀	

다만, 다음 단어는 '귀'로 발음되는 형태를 표준어로 삼는다.(ㄱ을 표준어로 삼고, ㄴ을 버림.)

ㄱ	ㄴ	비고
귀-글	구-글	
글-귀	글-구	

[제3절] 준말(제14항~제16항)

제14항 준말이 널리 쓰이고 본말이 잘 쓰이지 않는 경우에는, 준말만을 표준어로 삼는다.(ㄱ을 표준어로 삼고, ㄴ을 버림.)

ㄱ	ㄴ	비고
귀찮다	귀치 않다	
김	기음	~매다
똬리	또아리	
무	무우	~강즙, ~말랭이, ~생채, 가랑~, 갓~, 왜~, 총각~
뱀	배암	
뱀-장어	배암-장어	
빔	비음	설~, 생일~
생-쥐	새앙-쥐	
솔개	소리개	
온-갖	온-가지	
장사-치	장사-아치	

제15항 준말이 쓰이고 있더라도, 본말이 널리 쓰이고 있으면 본말을 표준어로 삼는다.(ㄱ을 표준어로 삼고, ㄴ을 버림.)

ㄱ	ㄴ	비고
경황-없다	경-없다	
궁상-떨다	궁-떨다	
귀이-개	귀-개	
낌새	낌	
낙인-찍다	낙-하다/낙-치다	
뒤웅-박	뒝-박	
맵자-하다	맵자다	모양이 제격에 어울리다.
부스럼	부럼	정월 보름에 쓰는 '부럼'은 표준어임.
살얼음-판	살-판	
암-죽	암	
어음	엄	

ㄱ	ㄴ	비고
일구다	일다	
죽-살이	죽-살	
퇴박-맞다	퇴-맞다	마음에 들지 아니하여 거절하거나 물리침을 받다.
한통-치다	통-치다	

붙임 다음과 같이 명사에 조사가 붙은 경우에도 이 원칙을 적용한다.(ㄱ을 표준어로 삼고, ㄴ을 버림.)

ㄱ	ㄴ	비고
아래-로	알-로	

제16항 준말과 본말이 다 같이 널리 쓰이면서 준말의 효용이 뚜렷이 인정되는 것은, 두 가지를 다 표준어로 삼는다.(ㄱ은 본말이며, ㄴ은 준말임.)

ㄱ	ㄴ	비고
거짓-부리	거짓-불	작은말은 '가짓부리, 가짓불'임.
노을	놀	저녁~
막대기	막대	
망태기	망태	
머무르다	머물다	모음 어미가 연결될 때에는 준말의 활용형을 인정하지 않음.
서두르다	서둘다	
서투르다	서툴다	
석새-삼베	석새-베	
시-누이	시-뉘/시-누	
오-누이	오-뉘/오-누	
외우다	외다	외우며, 외워 : 외며, 외어
이기죽-거리다	이죽-거리다	
찌꺼기	찌끼	'찌꺽지'는 비표준어임.

[제4절] 단수 표준어(제17항)

제17항 비슷한 발음의 몇 형태가 쓰일 경우, 그 의미에 아무런 차이가 없고, 그중 하나가 더 널리 쓰이면, 그 한 형태만을 표준어로 삼는다.(ㄱ을 표준어로 삼고, ㄴ을 버림.)

ㄱ	ㄴ	비고
거든-그리다	거둥-그리다	1. 거든하게 거두어 싸다. 2. 작은말은 '가든-그리다'임.
구어-박다	구워-박다	사람이 한 군데에서만 지내다.
귀-고리	귀엣-고리	
귀-띔	귀-팀	
귀-지	귀에-지	
까딱-하면	까땍-하면	
꼭두-각시	꼭둑-각시	
내색	나색	감정이 나타나는 얼굴빛
내숭-스럽다	내흉-스럽다	
냠냠-거리다	얌냠-거리다	냠냠-하다.
냠냠-이	얌냠-이	
너[四]	네	~ 돈, ~ 말, ~ 발, ~ 푼
넉[四]	너/네	~ 냥, ~ 되, ~ 섬, ~ 자
다다르다	다닫다	
댑-싸리	대-싸리	
더부룩-하다	더뿌룩-하다/듬뿌룩-하다	
-던	-든	선택, 무관의 뜻을 나타내는 어미는 '-든'임. 가-든(지) 말-든(지), 보-든(가) 말-든(가)
-던가	-든가	
-던걸	-든걸	
-던고	-든고	
-던데	-든데	
-던지	-든지	
-(으)려고	-(으)ㄹ려고/-(으)ㄹ라고	
-(으)려야	-(으)ㄹ려야/-(으)ㄹ래야	

망가-뜨리다	망그-뜨리다	
멸치	며루치/메리	
보습	보십/보섭	
본새	뽄새	
봉숭아/봉선화	봉숭화	
뺨-따귀	뺌-따귀/뺨-따구니	'뺨'의 비속어임.
뻐개다[斫]	뻐기다	두 조각으로 가르다.
뻐기다[誇]	뻐개다	뽐내다.
상-판대기	쌍-판대기	
서[三]	세/석	~ 돈, ~ 말, ~ 발, ~ 푼
석[三]	세	~ 냥, ~ 되, ~ 섬, ~ 자
설령(設令)	서령	
시름-시름	시늠-시늠	
씀벅-씀벅	썸벅-썸벅	눈꺼풀을 움직이며 눈을 자꾸 감았다 떴다 하는 모양
오래-오래	도래-도래	돼지 부르는 소리
-올시다	-올습니다	
옹골-차다	공골-차다	
우두커니	우두머니	작은말은 '오도카니'임.
짓무르다	짓-물다	
쪽	짝	편(便). 이~, 그~, 저~. 다만, '아무-짝'은 '짝'임.
천장(天障)	천정	'천정부지(天井不知)'는 '천정'임.
코-맹맹이	코-맹녕이	
흉-없다	흉-헙다	

제3장 어휘 선택의 변화에 따른 표준어 규정

[제1절] 고어(제20항)

제20항 사어(死語)가 되어 쓰이지 않게 된 단어는 고어로 처리하고, 현재 널리 사용되는 단어를 표준어로 삼는다.(ㄱ을 표준어로 삼고, ㄴ을 버림.)

ㄱ	ㄴ
난봉	봉
낭떠러지	낭
설거지-하다	설겆다
애달프다	애닯다
오동-나무	머귀-나무
자두	오얏

[제2절] 한자어(제21항~제22항)

제21항 고유어 계열의 단어가 널리 쓰이고 그에 대응되는 한자어 계열의 단어가 용도를 잃게 된 것은, 고유어 계열의 단어만을 표준어로 삼는다.(ㄱ을 표준어로 삼고, ㄴ을 버림.)

ㄱ(고유어 계열)	ㄴ(한자어 계열)	비고
구들-장	방-돌	
까막-눈	맹-눈	
늙-다리	노-닥다리	
메-찰떡	반-찰떡	
박달-나무	배달-나무	
사래-논	사래-답	묘지기나 마름이 부쳐 먹는 땅
사래-밭	사래-전	
삯을-무늬	삯을-문(~紋)	
외-지다	벽-지다	
움-파	동-파	
잎-담배	잎-초	
잔-돈	잔-전	
지겟-다리	목-발	지게 동발의 양쪽 다리
짐-꾼	부지-군(負持-)	

푼-돈	분-전/푼-전	
흰-말/백마	백-말/부루-말	
흰-죽	백-죽	

제22항 고유어 계열의 단어가 생명력을 잃고 그에 대응되는 한자어 계열의 단어가 널리 쓰이면, 한자어 계열의 단어를 표준어로 삼는다.(ㄱ을 표준어로 삼고, ㄴ을 버림.)

ㄱ(한자어 계열)	ㄴ(고유어 계열)	비고
개다리-소반	개다리-밥상	
겸-상	맞-상	
고봉-밥	높은-밥	
단-벌	홑-벌	
민망-스럽다/면구-스럽다	민주-스럽다	
부항-단지	뜸-단지	
산-누에	멧-누에	
수-삼	무-삼	
어질-병	어질-머리	
윤-달	군-달	
제석	젯-돗	
총각-무	알-무/알타리-무	
칫-솔	잇-솔	
포수	총-댕이	

[제3절] 방언(제24항)

제24항 방언이던 단어가 널리 쓰이게 됨에 따라 표준어이던 단어가 안 쓰이게 된 것은, 방언이던 단어를 표준어로 삼는다.(ㄱ을 표준어로 삼고, ㄴ을 버림.)

ㄱ	ㄴ	비고
귀밑-머리	귓-머리	
까-뭉개다	까-무느다	
막상	마기	
빈대-떡	빈자-떡	

ㄱ	ㄴ	비고
생인-손 [준말] 생손	생안-손	
역-겹다	역-스럽다	
코-주부	코-보	

[제4절] 단수 표준어(제25항)

제25항 의미가 똑같은 형태가 몇 가지 있을 경우, 그중 어느 하나가 압도적으로 널리 쓰이면, 그 단어만을 표준어로 삼는다.(ㄱ을 표준어로 삼고, ㄴ을 버림)

ㄱ	ㄴ	비고
-게끔	-게시리	
겸사-겸사	겸지-겸지/겸두-겸두	
고구마	참-감자	
고치다	낫우다	병을 ~
골목-쟁이	골목-자기	
광주리	광우리	
국-물	멀-국/말-국	
길-잡이/길라잡이	길-앞잡이	
까치-발	까치-다리	선반 따위를 받치는 물건
나룻-배	나루	'나루[津]'는 표준어임.
농-지거리	기롱-지거리	다른 의미의 '기롱지거리'는 표준어임.
다사-스럽다	다사-하다	간섭을 잘하다.
다오	다구	이리 ~
뒤져-내다	뒤어-내다	
뒤통수-치다	뒤꼭지-치다	
등-나무	등-칡	
등-때기	등-떠리	'등'의 낮은 말
떡-보	떡-충이	
매-만지다	우미다	
며느리발톱	뒷-발톱	
목-메다	목-맺히다	
바가지	열-바가지/열-박	

바람-꼭지	바람-고다리	튜브의 바람을 넣는 구멍에 붙은, 쇠로 만든 꼭지
반-나절	나절-가웃	
본-받다	법-받다	
부각★	다시마-자반	
부스러기	부스럭지	
부지깽이	부지팽이	
붉으락-푸르락★	푸르락-붉으락	
빙충-이	빙충-맞이	작은말은 '뱅충이'
빠-뜨리다/빠-트리다	빠-치다	
뻣뻣-하다	왜긋다	
뽐-내다	느물다	
사로-잠그다	사로-채우다	자물쇠나 빗장 따위를 반 정도만 걸어 놓다.
새앙-손이	생강-손이	
샛-별★	새벽-별	
선-머슴	풋-머슴	
섭섭-하다	애운-하다	
속-말	속-소리	국악 용어 '속소리'는 표준어임.
손-수레	손-구루마	'구루마'는 일본어임.
식은-땀	찬-땀	
신기-롭다/신기-하다	신기-스럽다	
쌍동-밤★	쪽-밤	
안다미-씌우다	안다미-시키다	제가 담당할 책임을 남에게 넘기다.
안쓰럽다★	안-슬프다	
안절부절-못하다	안절부절-하다	
앉은뱅이-저울	앉은-저울	
알-사탕	구슬-사탕	
암-내	곁땀-내	
앞-지르다	따라-먹다	
언뜻★	펀뜻	

언제나	노다지	
입-담	말-담	
쥐락-펴락	펴락-쥐락	
청대-콩	푸른-콩	
칡-범	갈-범	

✅ 필수 단수 표준어

1 표준어와 방언

표준어	방언(비표준어)	비고
가깝다★	가찹다	
갈고리/갈퀴	갈쿠리	• 갈고리: 끝이 뾰족하고 꼬부라진 물건 동 갈고랑이 • 갈퀴: 검불이나 곡식 따위를 긁어모으는 데 쓰는 기구
거저★	거자	아무런 노력이나 대가 없이 ▶ 거자 '거의(어느 한도에 매우 가까운 정도)'의 방언
게검스럽다	게걸스럽다	음식을 욕심껏 먹어 대는 꼴이 보기에 매우 흉하다. ▶ 게걸스럽다(표준어) 몹시 먹고 싶거나 하고 싶은 욕심에 사로잡힌 듯하다.
겨우	제우	어렵게 힘들여, 기껏해야 고작
고린내 동 코린내	고랑내	썩은 풀이나 썩은 달걀 따위에서 나는 냄새와 같이 고약한 냄새
구멍	구녕	
그을음	끄름	
깍지	깍찌	콩 따위의 꼬투리에서 알맹이를 까낸 껍질
깡그리 동 송두리째, 온통, 죄다	싸그리	하나도 남김없이
꽤, 상당히	솔찮이	어지간히 많이, 제법 괜찮을 정도로
눈두덩 동 눈두덩이	눈두덕	눈언저리의 두두룩한 곳
눌은밥★	누룬밥	솥 바닥에 눌어붙은 밥에 물을 부어 불려서 긁은 밥

늘	하냥	계속하여 언제나
다듬이	다디미	다듬잇방망이(다듬이질을 할 때 쓰는 방망이)
단호하다	각단지다	결심이나 태도, 입장 따위가 과단성 있고 엄격하다.
대뜸	단판	이것저것 생각할 것 없이 그 자리에서 곧
도깨비	도채비	
도리어★ 동 되레	되려	예상이나 기대 또는 일반적인 생각과는 반대되거나 다르게
도저히	도제	아무리 하여도
뒷심	뒤힘	
등	등어리	남이 뒤에서 도와주는 힘, 어떤 일을 끝까지 견디어 내거나 끌고 나가는 힘
따뜻하다 동 뜨습다	뜨시다	
땅벌	땡벌/땅버치	땅속에 집을 짓고 사는 벌
뜯게질	뜨게질	해지고 낡아서 입지 못하게 된 옷이나 빨래할 옷의 솔기를 뜯어내는 일 ▶ 뜨개질 옷이나 장갑 따위를 실이나 털실로 떠서 만드는 일
말짱	말캉	속속들이 모두
머시	머시가니	말하는 도중에 어떤 사람이나 사물의 이름이 얼른 떠오르지 않거나 또는 그것을 밝혀 말하기가 곤란할 때 쓰는 말
메밀	모밀	
면구스럽다 유 민망스럽다	민구스럽다	낯을 들고 대하기에 부끄러운 데가 있다.
모두	몽창	일정한 수효나 양을 빠짐없이 다
목구멍	목구녕	
발가락(뼈)	발고락(뼈)	
밤참	둥세	'야식(夜食)'의 순화어
벼	나락	볏과의 한해살이 풀
봉지(封紙)★	봉다리	1. 종이나 비닐 따위로 물건을 넣을 수 있게 만든 주머니 2. (수량을 나타내는 말 뒤에 쓰여) 작은 물건이나 가루 따위를 '1'에 담아 그 분량을 세는 단위

부각	다시마자반	다시마 조각, 깻잎, 고추 따위에 찹쌀 풀을 발라 말렸다가 기름에 튀긴 반찬
부대	푸대	종이, 피륙, 가죽 따위로 만든 큰 자루
부러 통 일부러	부로	실없이 거짓으로
부엌	정지	일정한 시설을 갖추어 놓고 음식을 만들고 설거지를 하는 등 식사에 관련된 일을 하는 곳
사족(四足)	사죽	(속되게) 사지(四肢) 예 사족이 멀쩡하다.
수고하다	욕보다	일을 하느라고 힘을 들이고 애를 쓰다. ▶ **욕보다**(표준어) 몹시 고생스러운 일을 겪다.
아귀다툼	아귀싸움	각자 자기의 욕심을 채우고자 서로 헐뜯고 기를 쓰며 다투는 일
아무렴	하면	
어처구니★	얼척	상상 밖의 엄청나게 큰 사람이나 사물
얼른	얼핀	시간을 끌지 않고 바로
얼추	얼쭈	어지간한 정도로 대충
여우	여시	
우수리	꼭다리, 끝다리	1. 물건값을 제하고 거슬러 받는 잔돈 2. 일정한 수나 수량에 차고 남는 수나 수량
인제	인전	바로 이때, 이제에 이르러
자투리★	자투래기	1. 자로 재어 팔거나 재단하다가 남은 천의 조각 2. 어떤 기준에 미치지 못할 정도로 작거나 적은 조각
재	잿배기	높은 산의 고개
죄다	옴팡	남김없이 모조리
줄곧	줄창	끊임없이 잇따라
코주부	코보	
틈새기	틈사구/짬사구	틈의 아주 좁은 부분
허우대	허위대	겉으로 드러난 체격. 주로 크거나 보기 좋은 체격을 이름.

2 표기에 주의해야 할 단수 표준어 ※ 방언으로 쓰이던 단어를 표준어로 인정하기도 함.

단수 표준어	뜻
거죽	물체의 겉 부분
거지반	거의 절반, 거의 절반 가까이
고뿔	감기
구레나룻*	귀밑에서 턱까지 잇따라 난 수염
꼬락서니	꼴
낌 동 꼬임	어떠한 일을 할 기분이 생기도록 남을 꾀어 속이거나 부추기는 일
끽소리	아주 조금이라도 떠들거나 반항하려는 말이나 태도
낱알 동 쌀알	하나하나 따로따로인 알 ▶ 낟알 껍질을 벗기지 아니한 곡식의 알
내로라하다	어떤 분야를 대표할 만하다.
냅다	몹시 빠르고 세찬 모양
논틀밭틀 동 논틀밭틀길	논두렁이나 밭두렁을 따라 난 좁은 길
높직이	위치가 꽤 높게
들머리	들어가는 맨 첫머리
따라지	(속되게) 보잘것없거나 하찮은 처지에 놓인 사람이나 물건
딴죽	(비유적으로) 이미 동의하거나 약속한 일에 대하여 딴전을 부림.
딴지	일이 순순히 진행되지 못하도록 훼방을 놓거나 어기대는 것
떼춤 동 군무	여러 사람이 무리를 지어 춤을 춤. 또는 그 춤
마구리	1. 길쭉한 토막, 상자, 구덩이 따위의 양쪽 머리 면 2. 길쭉한 물건의 양 끝에 대는 것
무지	보통보다 훨씬 정도에 지나치게 예 날씨가 무지 춥다.
밭다	시간이나 공간이 다붙어 몹시 가깝다.
부조(扶助)	1. 잔칫집이나 상가(喪家) 따위에 돈이나 물건을 보내어 도와줌. 또는 돈이나 물건 2. 남을 거들어서 도와주는 일
비계	짐승, 특히 돼지의 가죽 안쪽에 두껍게 붙은 허연 기름 조각

뻘쭘하다	(속되게) 어색하고 민망하다.
삐죽	1. 비웃거나 언짢거나 울려고 할 때 소리 없이 입을 내미는 모양 2. 얼굴이나 물건의 모습만 한 번 슬쩍 내밀거나 나타내는 모양
사리	국수, 새끼, 실 따위를 동그랗게 포개어 감은 뭉치
서툴다	'서투르다(일 따위에 익숙하지 못하여 다루기에 설다.)'의 준말
술동이	술을 담는 데 쓰는 동이
술마당	술자리가 벌어진 마당
숫제	처음부터 차라리 또는 아예 전적으로
시방(時方)	지금
시샘하다	'시새움하다(자기보다 잘되거나 나은 사람을 공연히 미워하고 싫어하다.)'의 준말
식겁(食怯--)	뜻밖에 놀라 겁을 먹다. ▶ 기겁하다 숨이 막힐 듯 갑작스럽게 겁을 내며 놀라다.
쌈박하다	물건이나 어떤 대상이 시원스럽도록 마음에 들다.
쌈빡하다	눈꺼풀이 움직이며 눈이 한 번 감겼다 떠지다. 또는 그렇게 눈을 감았다 뜨다.
아등바등	무엇을 이루려고 애를 쓰거나 우겨대는 모양
아따	무엇이 몹시 심하거나 하여 못마땅해서 빈정거릴 때 가볍게 내는 소리
아서라	그렇게 하지 말라고 금지할 때 하는 말
안짝	1. 안팎 두 짝으로 이루어지는 물건에서 안에 있는 짝 2. 나이나 거리 따위가 일정한 수효에 미치지 못한 범위
알큰하다 ('알근하다'보다 거센 느낌)	1. 매워서 입안이 조금 알알하다. 2. 술이 조금 취하여 정신이 아렴풋하다.
어쭈/아쭈	남의 잘난 체하는 말이나 행동을 매우 비웃는 뜻으로 하는 말
어쭙잖다*	비웃음을 살 만큼 언행이 분수에 넘치는 데가 있다.
언틀먼틀하다	바닥이 고르지 못하여 울퉁불퉁하다.
얼씨구	1. 흥에 겨워서 떠들 때 가볍게 장단을 맞추며 내는 소리 2. 보기에 아니꼬워서 조롱할 때 내는 소리
얼추	1. 어지간한 정도로 대충 2. 어떤 기준에 거의 가깝게
에계	1. 뉘우치거나 탄식을 할 때 내는 소리 2. 어떤 것이 작고 하찮거나 기대 따위에 훨씬 못 미쳐 업신여길 때 내는 소리

에누리	값을 깎는 일
연신	잇따라 자꾸
열어젖히다	문이나 창문 따위를 갑자기 벌컥 열다.
오만(五萬)	종류가 많은 여러 가지를 이르는 말 예 오만 설움
요량	앞일을 잘 헤아려 생각함. 또는 그런 생각
욱여넣다	주위에서 중심으로 함부로 밀어 넣다.
웬만히	정도나 형편이 표준에 가깝거나 그보다 약간 낮게
이골	아주 길이 들어서 몸에 푹 밴 버릇
자리끼	밤에 자다가 마시기 위하여 잠자리의 머리맡에 준비하여 두는 물
작작	너무 지나치지 아니하게 적당히, 남이 하는 짓을 말릴 때에 쓰는 말 예 거짓말 좀 작작 해라.
재까닥 [준말] 재깍	어떤 일을 시원스럽게 빨리 해치우는 모양
절다	사람이 술이나 독한 기운에 의하여 영향을 받게 되다. 예 그는 술에 절어 폐인이 되었다. ※ '쩔다'는 '절다'의 잘못
정녕	조금도 틀림없이 꼭 또는 더 이를 데 없이 정말로 예 이것이 정녕 꿈은 아니겠지요?
젬병	(속되게) 형편없는 것
죄암죄암 [준말] 죔죔	젖먹이가 두 손을 쥐었다 폈다 하는 동작
주책바가지	주책없는 사람을 놀림조로 이르는 말
지레	어떤 일이 일어나기 전 또는 어떤 기회나 때가 무르익기 전에 미리 예 지레 겁을 먹다.
짜장	과연 정말로
쫄딱	더할 나위 없이 아주
타박	허물이나 결함을 나무라거나 핀잔함.
해이하다	긴장이나 규율 따위가 풀려 마음이 느슨하다.
후줄근하다	1. 옷이나 종이 따위가 약간 젖거나 풀기가 빠져 아주 보기 흉하게 축 늘어져 있다. 2. 몹시 지치고 고단하여 몸이 늘어질 정도로 아주 힘이 없다.
흐리멍덩하다	옳고 그름의 구별이나 하는 일 따위가 아주 흐릿하여 분명하지 아니하다.

3 준말 표준어

준말 표준어	뜻
낼	'내일'의 준말
되레	'도리어'의 준말
어데	'어디에'의 준말
어쩜	'어쩌면'의 준말
애고	'아이고'의 준말
일로	'이리로'의 준말
첨	'처음'의 준말

확인문제

01 표준어와 방언의 관계가 <u>잘못</u> 짝 지어진 것은?

① 땅벌/땡벌
② 대뜸/단판
③ 고둥/고동
④ 물방개/선두리
⑤ 모두/몽창

해설 방언인 '물방개'는 표준어인 '선두리'보다 더 널리 쓰여, 함께 쓰도록 한 것으로 복수 표준어에 해당한다.
① · ② · ③ · ⑤ '땅벌', '대뜸', '고둥', '모두'는 모두 표준어이고, '땡벌', '단판', '고동', '몽창'은 모두 방언이다.
정답 ④

02 표준어와 방언의 관계가 <u>잘못</u> 짝 지어진 것은?

① 죄다/옴팡
② 부추/정구지
③ 부대/푸대
④ 우수리/끝다리
⑤ 옥수수/강냉이

해설 '옥수수'와 '강냉이'는 복수 표준어이다.
① · ② · ③ · ④ '죄다', '부추', '부대', '우수리'는 모두 표준어이고, '옴팡', '정구지', '푸대', '끝다리'는 모두 방언이다.
정답 ⑤

03 표준어와 방언의 관계가 <u>잘못</u> 짝 지어진 것은?

① 쥐가 쌀자루에 <u>구멍</u>(→ 구녕)을 냈다.
② 아내는 벌써 <u>깡그리</u>(→ 싸그리) 잊어 먹은 척 행동했다.
③ 그는 몸에 때가 덕지덕지 끼고, <u>고린내</u>(→ 코린내)가 심하게 났다.
④ 그 나이 또래의 <u>코주부</u>(→ 코보)가 막걸리 잔을 들며 말을 걸었다.
⑤ 선술집을 한 지 10년이 다 된 주인 여자는 <u>여우</u>(→ 여시)가 다 됐다.

해설 '코린내'는 '고린내'와 함께 복수 표준어이고, 비슷한 뜻을 가진 단어에는 '구린내'가 있다. '고린내'의 방언은 '고랑내'이다.
① · ② · ④ · ⑤ '구녕', '싸그리', '코보', '여시'는 모두 방언이다.
정답 ③

04 밑줄 친 말이 표준어가 <u>아닌</u> 것은?

① 그가 <u>이리</u>로 걸어오고 있었다.
② <u>얼씨구</u>, 경사 났네, 경사 났어.
③ 양반이라는 것이 <u>제우</u> 이 뿐이오!
④ 그, <u>머시</u>, 지난번에 갔던 곳 거기 있잖아.
⑤ 선생님이 묻는 말에 나는 <u>얼른</u> 대답하였다.

[해설] '제우'는 '겨우'의 방언(강원, 경남, 전라, 충청, 함경)이다.
[정답] ③

05 밑줄 친 말이 표준어가 <u>아닌</u> 것은?

① 그의 별명은 코가 커서 <u>코주부</u>이다.
② 비단 <u>자투리</u>를 모아 방석을 만들다.
③ 그는 <u>각단진</u> 어조로 제안을 거절했다.
④ 추위를 피하려고 <u>삭정이</u>를 모아 불을 지피다.
⑤ 그는 생긴 것부터 우락부락할 뿐 아니라 먹는 모습도 아주 <u>게검스럽</u>다.

[해설] '각단지다'는 '결심이나 태도, 입장 따위가 과단성 있고 엄격하다.'의 의미를 가진 '단호하다'의 방언이다.
⑤ '게검스럽다'는 '음식을 욕심껏 먹어 대는 꼴이 보기에 매우 흉하다.'의 의미를 가진 표준어로, '먹는 모습'을 설명한 적절한 단어이다. 이와 혼동할 수 있는 단어로 '게걸스럽다'는 '게검스럽다'와 같은 의미로 쓰일 때는 방언에 해당한다. '게걸스럽다'가 표준어로 쓰일 때는 '몹시 먹고 싶거나 하고 싶은 욕심에 사로잡힌 듯하다.'의 의미로 쓰이며, 심리와 관련된 단어이다.
[정답] ③

06 밑줄 친 말의 표기가 옳지 않은 것은?

① 그는 사진을 <u>높직이</u> 걸었다.
② 노름으로 집안 재산을 <u>거지반</u> 탕진하였다.
③ 어려운 일을 <u>쌈박하게</u> 처리하고 나니 기분이 상쾌하다.
④ 병사들은 소풍 나온 아이들처럼 정신이 <u>해이해져</u> 있었다.
⑤ 멀어져 가는 그 소리에 귀를 곤두세우고 <u>아둥바둥</u> 쫓아갔다.

해설 '무엇을 이루려고 애를 쓰거나 우겨 대는 모양'을 나타내는 단어는 '아등바등'이다.
 ① 높직이: 위치가 꽤 높게
 ② 거지반(居之半): 거의 절반, 거의 절반 가까이
 ③ 쌈박하다: 일의 진행이나 처리 따위가 시원하고 말끔하게 이루어지다.
 ④ 해이(解弛)하다: 긴장이나 규율 따위가 풀려 마음이 느슨하다.

정답 ⑤

07 밑줄 친 말의 표기가 옳지 않은 것은?

① 그는 원서를 가방에 <u>욱여넣었다</u>.
② 온몸이 물에 젖은 듯 <u>후줄근하다</u>.
③ 그의 목소리는 잔뜩 술에 <u>쩔어</u> 있었다.
④ 가난뱅이 주제에 <u>어쭙잖게</u> 자가용을 산대?
⑤ 수염을 못 깎아서 콧수염에 <u>구레나룻</u>까지 거멓게 자랐다.

해설 '사람이 술이나 독한 기운에 의하여 영향을 받게 되다.'의 의미를 가진 단어는 '절다'이다. 된소리로 발음하는 경우가 많지만, 발음과 표기를 모두 예사소리로 해야 한다.
 ① 욱여넣다: 주위에서 중심으로 함부로 밀어 넣다.
 ② 후줄근하다: 몹시 지치고 고단하여 몸이 축 늘어질 정도로 아주 힘이 없다.
 ④ 어쭙잖다: 비웃음을 살 만큼 언행이 분수에 넘치는 데가 있다.
 ⑤ 구레나룻: 귀밑에서 턱까지 잇따라 난 수염

정답 ③

제2절 복수 표준어

기출 미리보기

1. 표준어와 방언
2. 한 가지 의미의 여러 형태 단어들

표준어 규정

제2장 발음 변화에 따른 표준어 규정
[제5절] 복수 표준어(제18항~제19항)

제3장 어휘 선택의 변화에 따른 표준어 규정
[제3절] 방언(제23항)
[제5절] 복수 표준어(제26항)

제2장 발음 변화에 따른 표준어 규정

[제5절] 복수 표준어(제18항~제19항)

제18항 다음 단어는 ㄱ을 원칙으로 하고, ㄴ도 허용한다.

ㄱ	ㄴ	비고
네	예	
쇠-	소-	-가죽, -고기, -기름, -머리, -뼈
괴다	고이다	물이 ~, 밑을 ~
꾀다	꼬이다	어린애를 ~, 벌레가 ~
쐬다★	쏘이다★	바람을 ~
죄다	조이다	나사를 ~
쬐다	쪼이다	볕을 ~

제19항 어감의 차이를 나타내는 단어 또는 발음이 비슷한 단어들이 다 같이 널리 쓰이는 경우에는, 그 모두를 표준어로 삼는다.(ㄱ, ㄴ을 모두 표준어로 삼음.)

ㄱ	ㄴ	비고
거슴츠레-하다★	게슴츠레-하다★	
고까	꼬까	~신, ~옷
고린-내★	코린-내★	
교기(驕氣)	갸기	교만한 태도

구린-내★	쿠린-내	
꺼림-하다	께름-하다	
나부랭이	너부렁이	

제3장 어휘 선택의 변화에 따른 표준어 규정

[제3절] 방언(제23항)

제23항 방언이던 단어가 표준어보다 더 널리 쓰이게 된 것은, 그것을 표준어로 삼는다. 이 경우, 원래의 표준어는 그대로 표준어로 남겨 두는 것을 원칙으로 한다.(ㄱ을 표준어로 삼고, ㄴ도 표준어로 남겨 둠.)

ㄱ	ㄴ
멍게	우렁쉥이
물-방개	선두리
애-순★	어린-순★

[제5절] 복수 표준어(제26항)

제26항 한 가지 의미를 나타내는 형태 몇 가지가 널리 쓰이며 표준어 규정에 맞으면, 그 모두를 표준어로 삼는다.

복수 표준어	비고
가는-허리/잔-허리	
가락-엿/가래-엿	
가뭄/가물	
가엾다/가엽다	가엾어/가여워, 가엾은/가여운
감감-무소식/감감-소식	
갱-엿/검은-엿	
-거리다/-대다	가물-, 출렁-
거위-배/횟-배	
것/해	내 ~, 네 ~, 뉘 ~
게을러-빠지다/게을러-터지다	
고깃-간/푸줏-간	'고깃-관, 푸줏-관, 다림-방'은 비표준어임.
곰곰/곰곰-이	
관계-없다/상관-없다	

교정-보다/준-보다	
귀퉁-머리/귀퉁-배기	'귀퉁이'의 비어임.
극성-떨다/극성-부리다	
기세-부리다/기세-피우다	
기승-떨다/기승-부리다	
깃-저고리/배내-옷/배냇-저고리	
꼬까/때때/고까	~신, ~옷
꼬리-별/살-별*	
나귀/당-나귀	
넝쿨/덩굴*	'덩쿨'은 비표준어임.
녘/쪽	동~, 서~
눈-대중/눈-어림/눈-짐작	
느리-광이/느림-보/늘-보	
다달-이/매-달	
-다마다/-고말고	
닭의-장/닭-장	
덧-창/겉-창	
돼지-감자/뚱딴지	
뒷-갈망/뒷-감당	
뒷-말/뒷-소리	
들락-거리다/들랑-거리다	
들락-날락/들랑-날랑	
땅-콩/호-콩	
땔-감/땔-거리	
-뜨리다/-트리다	깨-, 떨어-, 쏟-
마-파람/앞-바람	
만큼/만치	
말-동무/말-벗	
먹-새/먹음-새	'먹음-먹이'는 비표준어임.

멀찌감치/멀찌가니/멀찍이	
모-내다/모-심다	모-내기, 모-심기
모쪼록/아무쪼록	
목화-씨/면화-씨	
무심-결/무심-중	
물-봉숭아/물-봉선화	
물-부리/빨-부리	
민둥-산/벌거숭이-산	
밑-층/아래-층	
바깥-벽/밭-벽	
바른/오른[右]	~손, ~쪽, ~편
발-모가지/발-목쟁이	'발목'의 비속어임.
버들-강아지/버들-개지	
벌레/버러지	'벌거지, 벌러지'는 비표준어임.
변덕-스럽다/변덕-맞다	
보-조개/볼-우물	
보통-내기/여간-내기/예사-내기	'행-내기'는 비표준어임.
볼-따구니/볼-통이/볼-때기	'볼'의 비속어임.
부침개-질/부침-질/지짐-질	'부치개-질'은 비표준어임.
불-사르다/사르다	
뽀두라지/뽀루지★	
살-쾡이/삵	삵-피
삽살-개/삽사리	
상두-꾼/상여-꾼	'상도-꾼, 향도-꾼'은 비표준어임.
생/새앙/생강	
서럽다/섧다★	'설다'는 비표준어임.
성글다/성기다	
-(으)세요/-(으)셔요	
송이/송이-버섯	
수수-깡/수숫-대	

술-안주/안주	
-스레하다/-스름하다	거무-, 발그-
시늉-말/흉내-말	
신/신발	
심술-꾸러기/심술-쟁이	
씁쓰레-하다/씁쓰름-하다★	
아무튼/어떻든/어쨌든/하여튼/여하튼★	
알은-척/알은-체★	
애꾸눈-이/외눈-박이	'외대-박이, 외눈-퉁이'는 비표준어임.
양념-감/양념-거리	
어금버금-하다/어금지금-하다	
어기여차/어여차	
어림-잡다/어림-치다	
어이-없다/어처구니-없다★	
어저께/어제	
언덕-바지/언덕-배기	
얼렁-뚱땅/엄벙-떵	
여왕-벌/장수-벌	
여쭈다/여쭙다	
여태/입때★	'여직'은 비표준어임.
여태-껏/이제-껏/입때-껏	'여직-껏'은 비표준어임.
역성-들다/역성-하다	'편역-들다'는 비표준어임.
연-달다/잇-달다	
엿-가락/엿-가래	
옥수수/강냉이	~떡, ~묵, ~밥, ~튀김
외손-잡이/한손-잡이	
욕심-꾸러기/욕심-쟁이	
우레/천둥	우렛-소리, 천둥-소리
우지/울-보	

을러-대다/을러-메다*	
의심-스럽다/의심-쩍다	
-이에요/-이어요	
일일-이/하나-하나	
일찌감치/일찌거니	
입찬-말/입찬-소리	
자리-옷/잠-옷	
자물-쇠/자물-통	
장가-가다/장가-들다	'서방-가다'는 비표준어임.
재롱-떨다/재롱-부리다	
제-가끔/제-각기	
좀-처럼/좀-체	'좀-체로, 좀-해선, 좀-해'는 비표준어임.
쪽/편	오른~, 왼~
차차/차츰	
책-씻이/책-거리	
척/체	모르는 ~, 잘난 ~
천연덕-스럽다/천연-스럽다*	
철-따구니/철-딱서니/철-딱지	'철-때기'는 비표준어임.
추어-올리다/추어-주다	
축-가다/축-나다	
침-놓다/침-주다	
통-꼭지/통-젖	통에 붙은 손잡이
편지-투/편지-틀	
한턱-내다/한턱-하다	
혼자-되다/홀로-되다	
흠-가다/흠-나다/흠-지다	

필수 복수 표준어

복수 표준어	비고
거슴츠레하다/게슴츠레하다★	
껄떡거리다/껄떡대다	매우 먹고 싶거나 갖고 싶어 연방 입맛을 다시거나 안달하다.
구린내/쿠린내★	
꺼림직하다/꺼림칙하다★	
께름직하다/께름칙하다★	
끼적끼적/끄적끄적	글씨나 그림 따위를 자꾸 아무렇게나 쓰거나 그리는 모양
날개/나래	나래: 흔히 문학 작품 따위에서, '날개'를 이르는 말. '날개'보다 부드러운 어감
나부랭이/너부렁이	1. 종이나 헝겊 따위의 자질구레한 오라기 2. 어떤 부류의 사람이나 물건을 낮잡아 이르는 말
남우세스럽다/남사스럽다	
노상/늘/항상	
다슬기/대사리	
댓돌/툇돌	집채의 낙숫물이 떨어지는 곳 안쪽으로 돌려가며 놓는 돌
도통/도무지★	
되레/도리어★	
되우/된통/되게★	아주 몹시 예 된통 혼나다.
딴청/딴전	어떤 일을 하는 데 그 일과는 전혀 관계없는 일이나 행동
만날/맨날	
멍게/우렁쉥이	
무지/엄지손가락	
묵은지/묵은 김치★	
물방개/선두리	
반절/절반	
쌉싸래하다/쌉싸름하다	
애끓다/애타다	
애순/어린순	
엔간히/어지간히★	

우레/천둥★	
-이에요/이어요	
종내/끝내	끝까지 내내
지짐이/부침개★	
하필/해필	
항시/언제나/늘	
후덥지근하다/후텁지근하다	

확인문제

01 밑줄 친 말이 표준어가 <u>아닌</u> 것은?

① 오늘은 날씨가 <u>무지</u> 춥다.
② 아침부터 전화가 <u>먹통</u>이다.
③ 그 사람은 <u>시방</u> 막 일을 끝냈다.
④ 그 일은 <u>애저녁</u>에 불가능한 것이었다.
⑤ 소낙비에 겉옷이 <u>쫄딱</u> 젖은 채 그대로 걸어갔다.

해설 '맨 처음'의 뜻을 가진 표준어는 '애초'이다.
① 무지: 보통보다 훨씬 정도에 지나치게
② 먹통: 물건이나 서비스 따위가 제대로 작동하지 않음.
③ 시방(時方): 지금
⑤ 쫄딱: 더할 나위 없이 아주

정답 ④

02 밑줄 친 말이 표준어가 <u>아닌</u> 것은?

① 그녀는 이제 부엌일에는 <u>이골</u>이 났다.
② 그는 이야기를 듣자마자 <u>대뜸</u> 화부터 냈다.
③ <u>얼척이</u>가 없는 일을 당하고 보니 한숨만 나온다.
④ 아이는 한시도 가만있지 못하고 <u>오만</u> 방정을 다 떨었다.
⑤ 아버지는 반찬 <u>타박</u>이 심해서 늘 어머니를 힘들게 하신다.

해설 '얼척이'는 '어처구니'의 경상·전남 방언이고, '어처구니'는 '상상 밖의 엄청나게 큰 사람이나 사물'의 의미를 가진다.
① 이골: 아주 길이 들어서 몸에 푹 밴 버릇
② 대뜸: 이것저것 생각할 것 없이 그 자리에서 곧
④ 오만(五萬): 매우 종류가 많은 여러 가지를 이르는 말
⑤ 타박: 허물이나 결함을 나무라거나 핀잔함.

정답 ③

03 밑줄 친 말이 표준어가 아닌 것은?

① 이 먼 곳까지 오느라 <u>욕봤네</u>.
② 늘 그랬었지만 따라나서기가 <u>께림칙하다</u>.
③ 뒤늦은 태풍으로 일년 농사가 <u>말짱</u> 헛일이 됐다.
④ 이제는 알 만큼 알아서 그런 <u>꼼수</u>에는 안 넘어간다.
⑤ 그의 얼굴은 며칠 씻지 않은 사람처럼 <u>볼썽사나웠다</u>.

> [해설] '마음에 걸려 언짢고 싶은 느낌이 있다.'의 의미를 가진 표준어는 '꺼림직하다, 꺼림칙하다, 께름직하다, 께름칙하다'이다.
> ① 욕보다(辱보다): 몹시 고생스러운 일을 겪다.('일을 하느라고 힘을 들이고 애를 쓰다.'의 의미로 쓰이면 동음이의어인 방언의 '욕보다'이다. 이에 대한 표준어는 '수고하다'이다.)
> ③ 말짱: 속속들이 모두
> ④ 꼼수: 쩨쩨한 수단이나 방법
> ⑤ 볼썽사납다: 어떤 사람이나 사물의 모습이 보기에 역겹다.
>
> [정답] ②

04 다음 단어 중에서 복수 표준어가 아닌 것은?

① 우레/천둥
② 하필/해필
③ 도통/도무지
④ 샛별/새벽별
⑤ 애순/어린순

> [해설] '새벽별'은 '샛별'을 잘못 쓴 단어로, '샛별'만 표준어이다.
>
> [정답] ④

05 밑줄 친 단어와 복수 표준어로 묶일 수 없는 것은?

① 커피는 <u>쌉싸래</u>하면서도 달착지근하다. → 쌉싸름하다
② 이삿짐을 싸고 남은 <u>허섭스레기</u> 뿐이다. → 허접쓰레기
③ 눈이 부셔서 눈을 <u>씀벅씀벅</u> 감았다 떴다 했다. → 썸벅썸벅
④ 그는 발목을 접질려서 <u>복사뼈</u>가 아프다고 엄살을 부렸다. → 복숭아뼈
⑤ 백사장이 끝나자 이번에는 고운 잔자갈이 발바닥을 <u>간질인다</u>. → 간지럽히다

> [해설] '눈꺼풀을 움직이며 눈을 자꾸 감았다 떴다 하는 모양'으로 '슴벅슴벅'보다 센 느낌을 주는 의태어는 '씀벅씀벅'이다. '썸벅썸벅'은 표준어가 아니다.
>
> [정답] ③

06 밑줄 친 표준어의 사용이 어법에 맞지 <u>않는</u> 것은?

① 그것은 두꺼운 <u>종이예요</u>.
② 그녀는 선생님이 <u>아니예요</u>.
③ 할머니께서 주신 <u>선물이에요</u>.
④ 이것은 새로 나온 <u>가방이어요</u>.
⑤ 그 사람이 간 방향은 그쪽이 <u>아녜요</u>.

[해설] '아니예요'는 잘못된 표현으로, '아니다'의 어간에 '-에요'가 결합하면 '아니에요'가 된다. 또는 줄임말로 '아녜요/아녀요'를 쓸 수 있다.
　① 명사 '종이'에 서술격 조사 '이다'가 활용한 형태인 '-이에요/이어요'가 결합한 것으로, 받침이 없는 명사이므로 '종이예요/종이여요'의 형태로 줄임말을 쓸 수 있다.
　③·④ 명사 '선물, 가방'에 서술격 조사 '이다'가 활용된 형태인 '-이에요/이어요'가 결합한 것으로, 받침이 있는 명사이므로 '선물이에요/선물이어요', '가방이에요/가방이어요'로 쓸 수 있다. 이때에는 줄임말을 쓸 수 없다.

[정답] ②

07 밑줄 친 말이 표준어가 <u>아닌</u> 것은?

① 세상에 그런 깍쟁이는 <u>첨</u> 본다.
② 자세한 얘기는 <u>낼</u> 만나서 얘기하자.
③ <u>어쩜</u> 오늘은 집에 못 들어올지도 몰라.
④ 도와주려고 한 일이 <u>되려</u> 폐만 끼쳤다.
⑤ 저 넓은 산에 <u>어데</u> 간들 집 지을 땅 없으려고요?

[해설] '예상이나 기대 또는 일반적인 생각과는 반대되거나 다르게'의 의미를 가진 '도리어'의 준말은 '되레'가 표준어이다.
　① '처음'의 준말이다.
　② '내일'의 준말이다.
　③ '어쩌면'의 준말이다.
　⑤ '어디에'의 준말이다.

[정답] ④

08 밑줄 친 말이 표준어가 아닌 것은?

① 문의 안짝에 칠을 새로 하였다.
② 사람은 세상에 거저 왔다가 간다.
③ 내가 하도 답답해서 한 마디 했다.
④ 애구, 이제는 집에 가서 기다리는 수뿐이 없다.
⑤ 갑자기 들이닥친 손님 때문에 땀을 된통 흘렸다.

해설 '절망하거나 좌절하거나 탄식할 때 내는 소리'의 의미를 가진 '아이고'의 준말은 '애고'가 표준어이다. '애구'는 '애고'의 잘못된 표현이다.
① 안팎 두 짝으로 이루어지는 물건에서 안에 있는 짝
② 아무것도 가지지 않고 빈손으로
③ '아주', '몹시'의 뜻을 가진 '하'를 강조하는 말
⑤ '되게(아주 몹시)'의 뜻을 가진 표준어는 '된통'과 '되우'가 있다.

정답 ④

제3장 외래어 · 로마자 표기법

제2편 어문규정

제1절 외래어 표기법

기출 미리보기

1. 인명, 지명(국가명)의 표기
2. 바다, 섬, 강, 산 등의 표기
3. 생활 어휘의 표기

외래어 표기법

제1장 표기의 원칙

제4장 인명, 지명 표기의 원칙
[제1절] 표기 원칙
[제2절] 동양의 인명, 지명 표기
[제3절] 바다, 섬, 강, 산 등의 표기 원칙

제1장 표기의 원칙

제1항 외래어는 국어의 현용 24 자모만으로 적는다.

제2항 외래어의 1 음운은 원칙적으로 1 기호로 적는다.

제3항 받침에는 'ㄱ, ㄴ, ㄹ, ㅁ, ㅂ, ㅅ, ㅇ'만을 쓴다.

제4항 파열음 표기에는 된소리를 쓰지 않는 것을 원칙으로 한다.

제5항 이미 굳어진 외래어는 관용을 존중하되, 그 범위와 용례는 따로 정한다.

제4장 인명, 지명 표기의 원칙

[제1절] 표기 원칙

제1항 외국의 인명, 지명의 표기는 제1장, 제2장, 제3장의 규정을 따르는 것을 원칙으로 한다.

제2항 제3장에 포함되어 있지 않은 언어권의 인명, 지명은 원지음을 따르는 것을 원칙으로 한다.

    Ankara 앙카라   Gandhi 간디

제3항 원지음이 아닌 제3국의 발음으로 통용되고 있는 것은 관용을 따른다.

  Hague 헤이그   Caesar 시저★

제4항 고유 명사의 번역명이 통용되는 경우 관용을 따른다.

  Pacific Ocean 태평양   Black Sea 흑해

[제2절] 동양의 인명, 지명 표기

제1항 중국 인명은 과거인과 현대인을 구분하여 과거인은 종전의 한자음대로 표기하고, 현대인은 원칙적으로 중국어 표기법에 따라 표기하되, 필요한 경우 한자를 병기한다.

제2항 중국의 역사 지명으로서 현재 쓰이지 않는 것은 우리 한자음대로 하고, 현재 지명과 동일한 것은 중국어 표기법에 따라 표기하되, 필요한 경우 한자를 병기한다.

제3항 일본의 인명과 지명은 과거와 현대의 구분 없이 일본어 표기법에 따라 표기하는 것을 원칙으로 하되, 필요한 경우 한자를 병기한다.

제4항 중국 및 일본의 지명 가운데 한국 한자음으로 읽는 관용이 있는 것은 이를 허용한다.

  東京 도쿄, 동경   京都 교토, 경도   上海 상하이, 상해

  臺灣 타이완, 대만   黃河 황허, 황하

[제3절] 바다, 섬, 강, 산 등의 표기 원칙

제1항 바다는 '해(海)'로 통일한다.

  홍해   발트해   아라비아해

제2항 우리나라를 제외하고 섬은 모두 '섬'으로 통일한다.

  타이완섬   코르시카섬   (우리나라: 제주도, 울릉도)

제3항 한자 사용 지역(일본, 중국)의 지명이 하나의 한자로 되어 있을 경우, '강, 산, 호, 섬' 등은 겹쳐 적는다.

  온타케산(御岳)   주장강(珠江)   도시마섬(利島)

  하야카와강(早川)   위산산(玉山)

제4항 지명이 산맥, 산, 강 등의 뜻이 들어 있는 것은 '산맥, 산, 강' 등을 겹쳐 적는다.

  Rio Grande 리오그란데강   Monte Rosa 몬테로사산

  Mont Blanc 몽블랑산   Sierra Madre 시에라마드레산맥

✓ 필수 외래어 표기 단어

- 가톨릭(Catholic)
- 깁스([독일어]Gips)

- 노즐(nozzle)★
- 냅킨(napkin)

- 데님(denim)
- 도넛(doughnut)
- 드라큘라(Dracula)

- 라이선스(license)
- 랑데부([프랑스어]rendez-vous)
- 레퍼토리(repertory)★
- 렌터카(rent-a-car)★
- 로켓(rocket)★
- 리더십(leadership)

- 마네킹(mannequin)★
- 마니아(mania)
- 망토([프랑스어]manteau)
- 메커니즘(mechanism)

- 바비큐(barbecue) → 구이, 통구이
- 바통([프랑스어]bâton)
- 버저(buzzer)★
- 브로슈어(brochure)
- 비주얼(visual)
- 비즈니스(business)
- 비틀스(The Beatles)

- 샌들(sandal)
- 샐러드(salad)
- 샤머니즘(shamanism)
- 스케줄(schedule)

- 스태프(staff)★
- 심벌(symbol)★
- 심포지엄(symposium)★

- 아케이드(arcade)
- 악센트(accent)
- 알고리즘(algorism)
- 알레르기([독일어]Allergie)
- 알루미늄(aluminium)
- 앙케트(enquête)
- 애드리브(ad lib)
- 액세서리(accessory)
- 액셀러레이터(accelerator)
- 에인절(angel)
- 엔도르핀(endorpin)
- 오렌지(orange)
- 오리지널(original)
- 오믈렛(omelet)
- 워크숍(workshop)

- 재킷(jacket)

- 차이콥스키(Tchaikovsky)
- 차트(chart)
- 초콜릿(chocolate)

- 카디건(cardigan)
- 카레([일본어]karê/curry)★
- 카스텔라([포르투갈어]castela)
- 카페라테([이탈리아어]caffè latte)
- 칼럼(column)★
- 커닝(cunning)
- 커트(cut)★: 미용을 목적으로 머리를 자르는 일
- 커튼(curtain)

- 컷(cut)★: 영화나 인물의 한 장면
- 케이크(cake)
- 코펠([독일어]Kocher)
- 콘플레이크(cornflakes)
- 콜럼버스(Columbus)
- 크로켓([프랑스어]croquette)
- 클리닉(clinic)

- 타깃(target)
- 타이프(type) 통 타자기
- 타입(type): 어떤 부류의 형식이나 형태 → 모양, 생김새, 유형

- 파이팅(fighting)
- 파일(file)
- 팜파탈([프랑스어]femme fatale)
- 팸플릿(pamphlet)★
- 페미니즘(feminism)
- 피망([프랑스어]piment)

- 해먹(hammock)
- 헥타르(hectare)
- 휴머니즘(humanism)

국가명 및 지명

- 규슈(Kyûshû[九州])
- 라스베이거스(Las Vegas)
- 리옹(Lyon)
- 마추픽추(Machu Picchu)
- 말레이시아(Malaysia)
- 베네수엘라(Venezuela)
- 삿포로(Sapporo)
- 세비야(Servilla)
- 싱가포르(Singapore)★
- 양곤(Yangon)
- 에티오피아(Ethiopia)
- 우즈베키스탄(Uzbekistan)
- 인스브루크(Innsbruck)
- 카자흐스탄(Kazakhstan)
- 칸(Cannes)
- 키르기스스탄(Kirgizstan)
- 타지키스탄(Tadzhikistan)
- 투르크메니스탄(Turkmenistan)
- 포르토프랭스(Port-au-Prince)
- 포르투갈(Portugal)
- 푸껫(Phuket)★
- 쿠알라룸푸르(Kuala Lumpur)
- 호놀룰루(Honolulu)
- 호찌민(Ho Chi Minh[胡志明])★
- 홋카이도(Hokkaidô[北海道])

중국 지명

- 댜오위다오[Diaoyudao, 釣魚島列島(조어도열도), 센카쿠]
- 랴오닝성[Liaoning, 遼寧省(요령성)]
- 베이징[Beijing, 北京(북경)]
- 상하이[Shanghai, 上海(상해)]
- 옌볜[Yanbian, 鹽邊(연변)]★
- 타이완[Taiwan, 臺灣(대만)]
- 톈진[Tianjin, 天津(천진)]★
- 헤이룽장성[Heilongjiang, 黑龍江省(흑룡강성)]

의료 관련 용어

- 거즈(gauze)
- 링거(Ringer)
- 마스크(mask)
- 밴디지(bandage)
- 앰뷸런스(ambulance)

한자어에서 온 외래어

- 야자(椰子)

유명 인명

- (너새니얼) 호손 (Nathaniel Hawthorne)
- (도널드) 트럼프 (Donald Trump)
- (서머싯) 몸 (Somerset Maugham)
- (앙겔라) 메르켈 (Angela Merkel)
- (에드거 앨런) 포 (Edgar Allan Poe)
- (존) 스타인백 (John Steinbeck)
- (테리사) 메이 (Theresa May)
- (펄) 벅 (Pear Buck)
- (프랑수아) 올랑드 (François Hollande)
- (힐러리 로댐) 클린턴 (Hillary Rodham Clinton)

유명 대학명

- 매사추세츠 공대(Massachusetts Instiute of Techology)
- 스탠퍼드(Stanford)
- 옥스퍼드(Oxford)
- 케임브리지(Cambridge)
- 하버드(Harvard)

확인문제

01 국가의 외래어 지명으로 옳은 것은?

① 카자흐스탄
② 타즈키스탄
③ 키르키즈스탄
④ 우즈벡키스탄
⑤ 투르크멘스탄

해설 ② 타지키스탄, ③ 키르기스스탄, ④ 우즈베키스탄, ⑤ 투르크메니스탄
정답 ①

02 국가의 외래어 지명으로 옳은 것은?

① 텐진
② 포르트프랭스
③ 호놀룰루
④ 호카이도
⑤ 맞추픽추

해설 ① 톈진, ② 포르토프랭스, ④ 홋카이도, ⑤ 마추픽추
정답 ③

03 외래어 표기가 옳은 것은?

① 매니아(mania)
② 브러쉬(brush)
③ 부저(buzzer)
④ 카톨릭(Catholic)
⑤ 알루미늄(aluminium)

해설 ① 마니아(mania), ② 브러시(brush), ③ 버저(buzzer), ④ 가톨릭(Catholic)
정답 ⑤

04 바른 외래어 표기끼리 짝 지은 것은?

① 렌트카-로큰롤
② 망토-바톤
③ 브로슈어-비틀즈
④ 팸플릿-타월
⑤ 테잎-심벌

해설 ① 렌트카 → 렌터카, ② 바톤 → 바통, ③ 비틀즈 → 비틀스, ⑤ 테잎 → 테이프
정답 ④

05 외래어 표기가 옳은 것은?

① 커리(curry)
② 칼럼(column)
③ 커텐(curtain)
④ 애드립(ad lib)
⑤ 차이코프스키(Tchaikovsky)

해설 ① 카레(curry), ③ 커튼(curtain), ④ 애드리브(ad lib), ⑤ 차이콥스키(Tchaikovsky)
정답 ②

06 다음 단어 중에서 한자어에서 온 외래어는?

① 피망
② 야자
③ 해먹
④ 코펠
⑤ 카스텔라

해설 '야자'가 한자어 '椰子'에서 온 것이며, '피망'은 프랑스어, '해먹'은 영어, '코펠'은 독일어, '카스텔라'는 포르투갈어에서 온 것이다.
정답 ②

07 지명을 외래어로 표기한 것으로, 옳지 않은 것은?

① 도쿄
② 타이완
③ 교또
④ 상하이
⑤ 베이징

해설 교토
정답 ③

08 외래어 표기가 옳은 것은?

① 깁스(Gips)
② 도너츠(doughnut)
③ 비쥬얼(visual)
④ 크리닉(clinic)
⑤ 드라큐라(Dracula)

해설 ② 도넛(doughnut), ③ 비주얼(visual), ④ 클리닉(clinic), ⑤ 드라큘라(Dracula)
정답 ①

제2절 로마자 표기법

> **기출 미리보기**
> 1. 로마자 표기의 각 항에 대한 원칙 이해
> 2. 단어의 로마자 표기

제1장 표기의 기본 원칙

제1항 국어의 로마자 표기는 국어의 표준 발음법에 따라 적는 것을 원칙으로 한다.

제2항 로마자 이외의 부호는 되도록 사용하지 않는다.

제2장 표기 일람

제1항 모음은 다음 각호와 같이 적는다.

1. 단모음

ㅏ	ㅓ	ㅗ	ㅜ	ㅡ	ㅣ	ㅐ	ㅔ	ㅚ	ㅟ
a	eo	o	u	eu	i	ae	e	oe	wi

2. 이중 모음

ㅑ	ㅕ	ㅛ	ㅠ	ㅒ	ㅖ	ㅘ	ㅙ	ㅝ	ㅞ	ㅢ
ya	yeo	yo	yu	yae	ye	wa	wae	wo	we	ui

붙임 1★ 'ㅢ'는 'ㅣ'로 소리 나더라도 'ui'로 적는다.

   광희문[광히문] → Gwanghuimun★

붙임 2 장모음의 표기는 따로 하지 않는다.

제2항 자음은 다음 각호와 같이 적는다.

1. 파열음

ㄱ	ㄲ	ㅋ	ㄷ	ㄸ	ㅌ	ㅂ	ㅃ	ㅍ
g, k	kk	k	d, t	tt	t	b, p	pp	p

2. 파찰음

ㅈ	ㅉ	ㅊ
j	jj	ch

3. 마찰음

ㅅ	ㅆ	ㅎ
s	ss	h

4. 비음

ㄴ	ㅁ	ㅇ
n	m	ng

5. 유음

ㄹ
r, l

붙임 1★ 'ㄱ, ㄷ, ㅂ'은 모음 앞에서는 'g, d, b'로, 자음 앞이나 어말에서는 'k, t, p'로 적는다. ([ ] 안의 발음에 따라 표기함.)

    구미 Gumi   영동 Yeongdong   백암 Baegam
    옥천 Okcheon   합덕 Hapdeok   호법 Hobeop
    월곶[월곧] Wolgot   벚꽃[벋꼳] Beotkkot   한밭[한받] Hanbat

붙임 2 'ㄹ'은 모음앞에서는 'r'로, 자음 앞이나 어말에서는 'l'로 적는다. 단, 'ㄹㄹ'은 'll'로 적는다.

    구리 Guri   설악 Seorak   칠곡 Chilgok
    임실 Imsil   울릉 Ulleung★   대관령[대괄령] Daegwallyeong★

제3장 표기상의 유의점

제1항 음운 변화가 일어날 때에는 변화의 결과에 따라 다음 각호와 같이 적는다.

1. 자음 사이에서 동화 작용이 일어나는 경우

    백마[뱅마] Baengma   신문로[신문노] Sinmunno   종로[종노] Jongno
    왕십리[왕심니] Wangsimni   별내[별래] Byeollae   신라[실라] Silla

2. 'ㄴ, ㄹ'이 덧나는 경우

    학여울[항녀울] Hangnyeoul   알약[알략] allyak

3. 구개음화가 되는 경우

    해돋이[해도지] haedoji   같이[가치] gachi   굳히다[구치다] guchida

4. 'ㄱ, ㄷ, ㅂ, ㅈ'이 'ㅎ'과 합하여 거센소리로 소리 나는 경우

    좋고[조코] joko   놓다[노타] nota   잡혀[자펴] japyeo   낳지[나치] nachi

다만, 체언에서 'ㄱ, ㄷ, ㅂ' 뒤에 'ㅎ'이 따를 때에는 'ㅎ'을 밝혀 적는다.

    묵호 Mukho★   집현전 Jiphyeonjeon

붙임 된소리되기는 표기에 반영하지 않는다.

    압구정 Apgujeong   낙동강 Nakdonggang★   죽변 Jukbyeon
    낙성대 Nakseongdae   합정 Hapjeong   팔당 Paldang
    샛별 saetbyeol   울산 Ulsan

제2항 발음상 혼동의 우려가 있을 때에는 음절 사이에 붙임표(-)를 쓸 수 있다.

    중앙 Jung-ang   반구대 Ban-gudae   세운 Se-un   해운대 Hae-undae

제3항* 고유 명사는 첫 글자를 대문자로 적는다.

    부산 Busan   세종 Sejong

제4항* 인명은 성과 이름의 순서로 띄어 쓴다. 이름은 붙여 쓰는 것을 원칙으로 하되 음절 사이에 붙임표(-)를 쓰는 것을 허용한다.(( ) 안의 표기를 허용함.)

    민용하 Min Yongha(Min Yong-ha)   송나리 Song Nari(Song Na-ri)

1. 이름에서 일어나는 음운 변화는 표기에 반영하지 않는다.

    한복남 Han Boknam(Han Bok-nam)★   홍빛나 Hong Bitna(Hong Bit-na)

2. 성의 표기는 따로 정한다.

제5항 '도, 시, 군, 구, 읍, 면, 리, 동'의 행정 구역 단위와 '가'는 각각 'do, si, gun, gu, eup, myeon, ri, dong, ga'로 적고, 그 앞에는 붙임표(-)를 넣는다. 붙임표(-) 앞뒤에서 일어나는 음운 변화는 표기에 반영하지 않는다.

    충청북도 Chungcheongbuk-do   제주도 Jeju-do   의정부시 Uijeongbu-si
    양주군 Yangju-gun   도봉구 Dobong-gu   신창읍 Sinchang-eup
    삼죽면 Samjuk-myeon   당산동 Dangsan-dong 인왕리 Inwang-ri
    봉천 1동 Bongcheon 1(il)-dong 종로 2가 Jongno 2(i)-ga★
    퇴계로 3가 Toegyero 3(sam)-ga

붙임 '시, 군, 읍'의 행정 구역 단위는 생략할 수 있다.

    청주시 Cheongju   함평군 Hampyeong   순창읍 Sunchang

제6항 자연 지물명, 문화재명, 인공 축조물명은 붙임표(-) 없이 붙여 쓴다.

    남산 Namsan★   속리산 Songnisan★   금강 Geumgang
    독도 Dokdo   경복궁 Gyeongbokgung★ 무량수전 Muryangsujeon
    연화교 Yeonhwagyo   극락전 Geungnakjeon   안압지 Anapji
    남한산성 Namhansanseong 화랑대 Hwarangdae★   불국사 Bulguksa
    현충사 Hyeonchungsa   독립문 Dongnimmun   오죽헌 Ojukheon★
    촉석루 Chokseongnu★   종묘 Jongmyo   다보탑 Dabotap★

제7항* 인명, 회사명, 단체명 등은 그동안 써 온 표기를 쓸 수 있다.

제8항 학술 연구 논문 등 특수 분야에서 한글 복원을 전제로 표기할 경우에는 한글 표기를 대상으로 적는다. 이때 글자 대응은 제2장을 따르되 'ㄱ, ㄷ, ㅂ, ㄹ'은 'g, d, b, l'로만 적는다. 음가 없는 'ㅇ'은 붙임표(-)로 표기하되 어두에서는 생략하는 것을 원칙으로 한다. 기타 분절의 필요가 있을 때에도 붙임표(-)를 쓴다.

집 jib	짚 jip	밖 bakk
값 gabs	붓꽃 buskkoch	먹는 meogneun
독립 doglib	문리 munli	물엿 mul-yeos
굳이 gud-i	좋다 johda	가곡 gagog
조랑말 jolangmal	없었습니다 eobs-eoss-seubnida	

✅ 필수 로마자 표기 단어

1. 지명

가로수길 Garosugil	가좌 3동 Gajwa sam-dong	강남대로 Gangnam-daero
격포 Gyeokpo	곡성읍 Gokseong-eup	광안리 Gwangalli★
금강 Geumgang	낙동강 Nakdonggang★	답동 Dapdong
대관령 Daegwallyeong	덕림동 Deongnim-dong	뒷골길 Dwitgol-gil
만수리 마을 Mansu-ri maeul	명동 Myeong-dong	명파리 Myeongpa-ri
묵호 Mukho	부석면 Buseok-myeon	북평리 Bukpyeong-ri
성당못 Seongdangmot★	세종로 Sejongno(지명)/Sejong-ro(도로명)	
소래길 Sorae-gil★	신안 Sinan	압구정 Apgujeong
영산강 Yeongsangang	외설악 Oeseorak	울릉 Ulleung
원인재 Woninjae	월곶 Wolgot	종로구 Jongno-gu
청량리 Cheongnyangni	한강 Hangang River(Hangang)	
합덕 Hapdeok	회현리 Hoehyeon-ri	

(1) 산

※ 2015년 도로·관광 안내 용어 번역 통일안에 따라 '산'의 속성을 번역한 'Mountain'을 덧붙여야 함. 예 남산 Namsan Mountain(Namsan)★

계룡산 Gyeryongsan	관악산 Gwanaksan	금강산 Geumgangsan
금수산 Geumsusan	낙성대 Nakseongdae	묘향산 Myohyangsan
반구대 Bangudae(Ban-gudae)	봉의산 Bonguisan	북한산 Bukhansan
속리산 Songnisan★	설봉산 Seolbongsan	월악산 Woraksan
치악산 Chiaksan	태종대 Taejongdae	

(2) 섬

가거도 Gageodo   간월도 Ganwoldo   신문도 Sinmundo
압해도 Aphaedo★   오륙도 Oryukdo   우이도 Uido
욕지도 Yokjido   차귀도 Chagwido   하의도 Hauido

(3) 문화재명, 인공지명

경복궁 Gyeongbokgung Palace(Gyeongbokgung)   경회루 Gyeonghoeru
경희궁 Gyeonghuigung Palace(Gyeonghuigung)★   관촉사 Gwanchoksa
광희문 Gwanghuimun   광장시장 Gwangjang Market   낙성대 Nakseongdae
낙화암 Nakhwaam   다보탑 Dabotap   대한문 Daehanmun
반구대 Bangudae(Ban-gudae)   부벽루 Bubyeongnu   석굴암 Seokguram★
숙정문 Sukjeongmun   숭례문 Sungnyemun
쌍사자석등 Ssangsaja seokdeung   안압지 Anapji
오죽헌 Ojukheon   은진미륵 Eunjinmireuk   을밀대 Eulmildae★
의상대 Uisangdae★   창덕궁 Changdeokgung Palace(Changdeokgung)
촉석루 Chokseongnu   태종대 Taejongdae   한강 공원 Hangang Park
해운대 Haeundae(Hae-undae)   화랑대 Hwarangdae   흥례문 Heungnyemun
흥인지문 Heunginjimun

(4) 바위

까막바위 Kkamakbawi   열녀바위 Yeollyeobawi   일등바위 Ildeungbawi
촛대바위 Chotdaebawi   할미바위 Halmibawi

2. 음식

구절판 Gujeolpan   깻잎전 Kkaennipjeon   꼬리찜 Kkorijjim
꽃빵 Kkotppang   나물류 Namullyu   낙지전골 Nakji-jeongol
누룽지탕 Nurungjitang   다슬깃국 daseulgitguk
닭고기볶음 Dakgogi-bokkeum   돌솥비빔밥 Dolsot-bibimbap   동치미 Dongchimi
된장국 Doenjangguk   따로국밥 Ttarogukbap   떡국 Tteokguk
뚝배기만둣국 Ttukbaegi-mandutguk   만둣국 Mandutguk
맑은장국 Malgeun-jangguk   모둠회 Modumhoe   북엇국 Bugeotguk★
불낙전골 Bullak-jeongol★   비빔밥 Bibimbap   빈대떡 Bindaetteok★
식혜 Sikhye   신선로 Sinseollo★
쌈밥정식 Ssambapjeongsik   오리백숙 Ori-baeksuk   옻닭 Otdak
잡채덮밥 Japchae-deopbap   탕수육 Tangsuyuk   편육 Pyeonyuk

3. 이름

배찬수 Bae Chansu   서성택 Seo Seongtaek   송아름 Song Areum
윤꽃님 Yun Kkotnim   한복녀 Han Boknyeo★

4. 문화

강강술래 Ganggangsullae   동의보감 Donguibogam   삼국유사 Samgungnyusa★

훈민정음 Hunminjeongeum   흥부전 Heungbujeon

✅ 필수 도로·관광 안내 용어 번역 통일안

1. 우리말 명칭의 로마자 표기 + 속성의 번역 ※ 로마자와 속성 번역 각각의 첫 글자는 대문자로 적음.

- **자연지명, 문화재명**: 전체 로마자 표기 + 속성 번역 예) 한라산 Hallasan Mountain
- **인공지명**: 앞부분만 로마자 표기 + 속성 번역 예) 광장시장 Gwangjang Market

2. 사용 목적이나 환경의 특수성을 고려하여 부분 변형을 인정

- **도로 표지, 지도**: 속성 번역 생략, 약어 표시 허용 예) 한라산 Hallasan, Hallasan Mt
- **책자·누리집 등**: 전체 로마자 표기 후 로마자 표기에 대한 의미 번역 병기 가능 예) 불국사 Bulguksa, Temple of Buddha Land

3. 명칭 종류별 로마자 표기 및 속성 번역 범위 및 순서를 통일

- **자연지명**: Hangang River(O), Hangang(O), Hangang Riv(O), Han River(×), River Han(×)
- **문화재명**: Gyeongbokgung Palace(O), Gyeongbokgung(O), Gyeongbok Palace(×)
- **인공지명**: Hangang Park(O), Hanganggongwon Park(×)

확인문제

01 로마자 표기가 옳지 <u>않은</u> 것은?

① 의정부 → Euijeongbu
② 북평리 → Bukpyeong-ri
③ 판문점 → Panmunjeom
④ 장산곶 → Jangsangot
⑤ 외설악 → Oeseorak

해설 의정부 Uijeongbu: 'ㅢ'는 'ui'로 적는다.
정답 ①

02 로마자 표기가 옳지 <u>않은</u> 것은?

① 윤꽃님 → Yun Kkotnim
② 배찬수 → Bae Chansu
③ 서성택 → Seo Seongtaek
④ 송아름 → Song Areum
⑤ 한복녀 → Han Bongnyeo

해설 한복녀[한봉녀] Han Boknyeo: 이름에서 일어나는 음운 변화는 표기에 반영하지 않는다.
정답 ⑤

03 로마자 표기가 옳지 <u>않은</u> 것은?

① 운주사 Unjusa
② 신륵사 Silleuksa
③ 석굴암 Seokguram
④ 화엄사 Waeomsa
⑤ 안압지 Anapji

해설 화엄사 Hwaeomsa
② 신륵사[실륵싸] Silleuksa: 자음 사이에 동화 작용이 일어난 경우 이를 반영하고, 'ㄹㄹ'은 'll'로 적는다.
⑤ 안압지[아ː납찌] Anapji: 된소리는 표기에 반영하지 않는다.
정답 ④

04 로마자 표기가 옳지 않은 것은?

① 식혜 Sikhye
② 비빔밥 Bibimbap
③ 신선로 Sinseonlo
④ 빈대떡 Bindaetteok
⑤ 불낙전골 Bullak-jeongol

해설 신선로[신설로] Sinseollo: 자음 사이에 동화 작용이 일어난 경우 이를 반영하고, 'ㄹㄹ'은 'll'로 적는다.
① 식혜 Sikhye: 체언에서 'ㄱ, ㄷ, ㅂ' 뒤에 'ㅎ'이 따를 때에는 'ㅎ'을 밝혀 적는다.
④ 빈대떡 Bindaetteok: 자음 'ㄸ'은 'tt'로 적는다.

정답 ③

05 로마자 표기가 옳지 않은 것은?

① 떡국 Tteokguk
② 꼬리찜 Kkorijjim
③ 된장국 Doenjangguk
④ 따로국밥 Ddarogukbap
⑤ 누룽지탕 Nurungjitang

해설 따로국밥 Ttarogukbap: 자음 'ㄸ'은 'tt'로 적는다.
② 꼬리찜 Kkorijjim: 자음 'ㄲ'은 'kk'로, 'ㅉ'은 'jj'로 적는다.

정답 ④

06 로마자 표기가 옳은 것은?

① 내방 Naepang
② 격포 Gyeogpo
③ 의상대 Euisangdae
④ 송정리 Songjeongri
⑤ 성당못 Seongdangmot

해설 성당못[성당몯] Seongdangmot: 'ㄷ'은 어말에서 't'로 적는다.
① 내방 Naebang, ② 격포 Gyeokpo, ③ 의상대 Uisangdae, ④ 송정리 Songjeongni

정답 ⑤

07 로마자 표기가 옳은 것은?

① 가거도 Gageodo
② 간월도 Gwanwoldo
③ 압해도 Apaedo
④ 차귀도 Chaguido
⑤ 하의도 Haeuido

[해설] ② 간월도 Ganwoldo
③ 압해도[아패도] Aphaedo는 체언에서 'ㄱ, ㄷ, ㅂ' 뒤에 'ㅎ'이 왔으므로 'ㅎ'을 밝혀 적는다.
④ 차귀도 Chagwido
⑤ 하의도[하의도/하이도] Hauido의 'ㅢ'는 [ㅣ]로 소리 나더라도 'ui'로 적는다.
[정답] ①

08 로마자 표기가 옳은 것은?

① 할미바위 Halmeebawi
② 까막바위 Kkamakbawi
③ 일등바위 Ildungbawi
④ 촛대바위 Choddaebawi
⑤ 열녀바위 Yeolyeobawi

[해설] '까막바위'의 자음 'ㄲ'은 'kk'로 적는다.
① 할미바위 Halmibawi
③ 일등바위 Ildeungbawi
④ 촛대바위 Chotdaebawi
⑤ 열녀바위 Yeollyeobawi
[정답] ②

09 '도로·관광 안내 용어 번역 통일안'의 원칙에 따라 로마자 표기를 한 것으로 옳은 것은?

① 남산 Namsan
② 한강 Hangang
③ 창덕궁 Changdeokgung
④ 광장시장 Gwangjangsijang
⑤ 한강 공원 Hangang Park

[해설] '한강 공원'은 인공지명으로 앞부분 '한강'을 로마자로 표기하고, 속성 '공원'을 번역하여 표기하므로 'Hangang Park'는 적절한 표기이다. '남산', '한강', '창덕궁'은 자연지명과 문화재명으로, 전체를 로마자 표기하고 속성 번역을 쓰며, '광장시장'은 인공지명으로, 앞부분 '광장'은 로마자로 표기하고 속성 번역을 쓴다.
① 남산 Namsan Mountain
② 한강 Hangang River
③ 창덕궁 Changdeokgung Palace
④ 광장시장 Gwangjang Market
[정답] ⑤

10 로마자 표기가 옳은 것은?

① 여의도 Yeoeido
② 낙화암 Nakwaam
③ 신륵사 Silreuksa
④ 쌍계사 Ssanggyesa
⑤ 경회루 Gyenghoiru

해설 '쌍계사'의 'ㅆ'은 'ss'로 적는다.
① 여의도 Yeouido
② 낙화암 Nakhwaam
③ 신륵사 Silleuksa
⑤ 경회루 Gyeonghoeru

정답 ④

11 로마자 표기가 옳은 것은?

① 속리산 Sogrisan Mountain
② 관악산 Gwanaksan Mountain
③ 금강산 Gumgangsan Mountain
④ 계룡산 Geryongsan Mountain
⑤ 묘향산 Myohangsan Mountain

해설 관악산[과낙싼] Gwanaksan Mountain으로 된소리는 표기에 반영하지 않는다.
① 속리산[송니산] Songnisan Mountain으로 자음 사이에 동화 작용이 일어난 것은 표기에 반영한다.
③ 금강산 Geumgangsan Mountain으로 'ㅡ'는 'eu'로 적는다.
④ 계룡산 Gyeryongsan Mountain의 'ㅖ'는 'ye'로 적는다.
⑤ 묘향산 Myohyangsan Mountain의 'ㅑ'는 'ya'로 적는다.

정답 ②

12 로마자 표기가 옳은 것은?

① 집현전 Jiphyeonjeon
② 동의보감 Dongeuibogam
③ 삼국유사 Samkukyusa
④ 훈민정음 Hunminjeongum
⑤ 강강술래 Ganggangsulrae

해설 집현전[지편전] Jiphyeonjeon으로 체언에서 'ㄱ, ㄷ, ㅂ' 뒤에 'ㅎ'이 따를 때에는 'ㅎ'을 밝혀 적는다.
② 동의보감 Donguibogam의 'ㅢ'는 'ㅣ'로 소리 나더라도 'ui'로 적는다.
③ 삼국유사[삼궁뉴사] Samgungnyusa의 'ㄱ'은 모음 앞에서는 'g'로, 어말에서는 'k'로 적는다.
④ 훈민정음 Hunminjeongeum의 'ㅡ'는 'eu'로 적는다.
⑤ 강강술래 Ganggangsullae의 'ㄹㄹ'은 'll'로 적는다.

정답 ①

어법 영역은 어휘 영역과 함께 가장 많은 비중을 차지하는 부분입니다. '어법'이라는 단어만 들어도 문법을 떠올리게 되며, 외울 것이 많아 복잡하고 어렵다고 느끼는 것이 일반적입니다. 하지만 조금만 공부를 하면 쉽게 이해할 수 있고, 딱 떨어지는 묘미가 있는 것이 어법이기도 합니다.

그럼 어떻게 시작을 해야 할까요? 어법을 시작할 때는 개념 구분을 잘해야 합니다. 무조건 외우려 하면 비빔밥처럼 섞여서 머리가 복잡해질 수 있으니까요. 그래서 어법은 '개념 지도'가 중요합니다!

먼저 차례를 보세요. 음운, 단어, 문장의 순서로 작은 개념부터 큰 개념으로 확장되고 있는 것을 보셨나요? 다음은 각 영역의 '개념 지도'를 그려 보는 겁니다. 예를 들어 음운의 개념 지도를 그려 본다면, '음운에는 자음과 모음이 있고, 모음에는 단모음과 이중 모음이 있다.'라는 식으로 큰 지도를 그리고 용어가 가진 개념을 정확하게 이해하면 됩니다. 어법의 개념을 암기할 때에는 예를 몇 가지 적용하면 더 쉽게 암기할 수 있습니다.

최근에는 어려운 개념에 대한 설명을 주고 선지의 예문을 적용하는 문제, 즉 탐구형의 문제가 출제됩니다. 이러한 문제에는 어법에서 알아야 할 기본적인 개념이 함께 나올 수밖에 없으므로 기본적인 어법의 개념을 예문을 통해 정확하게 이해해 두어야 합니다.

제3편

어법

제1장 언어의 이해

제2장 음운론

제3장 단어

제4장 문장

제5장 문법 요소

제6장 어법에 맞는 말

제3편 어법

제1장 언어의 이해

제1절 언어의 특성

기출 미리보기
1. 언어의 자의성
2. 언어의 사회성

(1) **언어의 기호성**: 일정한 내용(의미)을 일정한 형식(기호)으로 나타내는 언어의 특성
   예 줄기나 가지가 목질로 된 여러해살이 식물(내용) → 나무(형식)

(2) **언어의 자의성**: 언어의 내용과 형식 사이에 필연적·절대적 관계가 있는 것이 아니라, 임의적이고 자의적으로 결합하는 특성
   예 꽃 / 花 / flower → '꽃'을 '꽃'으로 불러야 할 필연적인 이유가 없다. 각 나라마다 언어가 다르므로 같은 대상을 다르게 부른다.

(3) **언어의 사회성**: 언어는 같은 언어 사회의 구성원 간에 맺은 약속이므로 개인이 마음대로 말을 만들거나, 바꿀 수 없는 특성
   예 사진 속으로 누울 거야. → 페터 빅셀의 소설 《책상은 책상이다》에서 주인공은 '침대'를 '사진'으로 바꾼다. 이는 언어의 사회성을 어긴 예이다.

(4) **언어의 역사성**: 시간이 흐름에 따라 음운과 어휘, 문법 요소가 생성, 성장, 소멸하며 변하는 특성
   1) 생성: 새로운 대상이 생기면 이에 따른 명칭이 생기는 것 예 컴퓨터, 지하철, 길도우미
   2) 성장: 시간의 흐름에 따라 언어의 의미가 확대, 축소, 이동하는 특성
      ① 의미의 확대: 예 다리: 짐승, 사람의 다리 → 무생물의 다리
      ② 의미의 축소: 예 얼굴: 몸 전체 → 얼굴
      ③ 의미의 이동: 예 어리다: 愚(어리석다) → 幼(나이가 어리다)
   3) 소멸: 고유어와 한자어의 경쟁에서 고유어가 사라진 것 예 온 → 百(백), 미르 → 龍(용)

(5) **언어의 분절성**: 연속적으로 이루어져 있는 세계를 불연속적으로 끊어서 표현하는 언어의 특성
   예 • 무지개: 색깔 사이의 경계가 분명하지 않지만, 일곱 가지로 나누어서 표현
      • 얼굴: 사람의 얼굴을 보면 경계를 끊어서 말하기 어렵지만, 이를 끊어서 '뺨, 턱, 이마'로 표현

(6) 언어의 추상성: 서로 다른 개별적이고 구체적인 대상으로부터 공통적인 요소를 뽑아 일반적인 것으로 파악하는 언어의 특성

  예) 꽃(상의어) → 개나리, 무궁화, 진달래, 목련(하의어)

(7) 언어의 창조성: 기존의 언어를 바탕으로 새로운 문장과 다양한 개념들을 무한수로 표현하는 언어의 특성

  예) 꽃, 선물, 주다 → 꽃과 선물을 줬다. / 꽃을 선물로 줬다.

(8) 언어의 규칙성: 언어 기호들이 일정한 규칙에 따라 배열되고 실현되는 언어의 특성

  예) 철수가 간다 학교에.(×) → 철수가 학교에 간다.(○)

확인문제

01 〈보기〉의 내용과 관련이 있는 언어의 특성은?

● 보기 ●

어떤 언어를 사용할 것인가는 언어 사회의 구성원 간에 맺은 약속에 의해 정해진다. 그러므로 개인이 마음대로 바꿀 수 없다.

---

① 언어의 기호
② 언어의 자의성
③ 언어의 사회성
④ 언어의 체계성
⑤ 언어의 역사성

해설 초기에 자주 출제된 문제 유형이다. 언어의 특성은 비문학 지문에서도 중요한 내용이므로 기본적으로 파악해 두어야 한다. 위의 내용은 언어의 사회성에 대한 설명이다.

정답 ③

02 '언어의 자의성'에 대한 설명으로 옳은 것은?

① '철수가 먹는다 밥을'은 우리말 규칙에 어긋난다.
② 세계의 언어는 동일한 사물을 다른 소리로 표현한다.
③ 짐승, 사람의 '다리'가 무생물의 '다리'로 확대되었다.
④ 사람의 얼굴을 경계를 끊어서 '뺨, 턱, 이마'로 표현한다.
⑤ 영어의 '셀룰러폰'을 우리나라에서는 '핸드폰'으로 널리 사용하고 있다.

해설 언어의 특성을 실제의 예에 적용하는 문제이다. ②는 동일한 사물인 '내용'을 다른 소리인 '형식'으로 표현한 것이므로 '언어의 자의성'에 해당하는 설명이다.
① 언어 기호들이 일정한 규칙에 따라 배열되어야 하는 '언어의 규칙성'을 설명한 예이다.
③ 시간의 흐름에 따라 언어의 의미가 확대되는 '언어의 역사성'을 설명한 예이다.
④ 연속적으로 이루어져 있는 세계를 불연속적으로 끊어서 표현하려는 '언어의 분절성'을 설명한 예이다.
⑤ 언어를 사용하는 사회 구성원의 결정에 의한 것이므로 '언어의 사회성'을 설명한 예이다.

정답 ②

제2절 언어의 기능

> 🔍 **기출 미리보기**
> ⋯ 최근 시험에 직접적으로 출제되지는 않지만, 알아 두면 좋은 기본 이론입니다. 어렵지 않으니 잘 이해해 두세요.

(1) **정보적 기능**: 어떤 사실이나 상황, 지식을 알려 주는 기능
   예 이 제품을 사용하시면 체력 향상에 도움이 됩니다.

(2) **정서적 기능**: 현실에 대한 자신의 판단이나, 지시 대상에 대한 태도, 감정을 표현하는 기능
   예 나는 그 사람이 참 좋더라.
   cf. 표출적 기능: 전달 의도가 없는, 순간적이고 본능적인 언어 예 어머나! 으악!

(3) **친교적 기능**: 사람들이 서로 간의 친교 관계를 확인하고, 유대감을 강화하는 기능
   예 안녕하세요? 식사는 하셨어요?

(4) **명령적 기능**: 말하는 이가 듣는 이로 하여금 자신의 의도에 따라 행동하기를 유도하는 기능
   ※ 직접적인 명령의 기능도 있지만, 간접적인 발화를 사용한 간접 명령의 기능도 있음.
   예 청소해라.(직접 명령) / 방이 좀 지저분하구나.(간접 명령)

(5) **미적 기능**: 의도를 효과적으로 전달하기 위해 비유적 언어로 표현하는 기능
   예 구르는 돌에는 이끼가 끼지 않는다.

제2장 음운론

제3편 어법

제1절 음운과 음운 체계

> **기출 미리보기**
>
> 1. 이중 모음의 표기
>   ※ 음운에 대한 단독 문제는 출제되지 않고, 어문규정집의 표준 발음법 항목이 음운의 변동 현상과 관련되어 출제된다.
> 2. 고유어와 한자어의 소리의 길이
>   ※ 고유어와 한자어의 소리의 길이가 함께 출제되므로 어문규정집을 통해 기본적인 규칙을 알아 두거나 어휘 학습에 제시된 단어 중 소리의 길이가 서로 다른 동음의 한자어의 소리를 기억해 두는 것이 필요하다.

1 음운

```
음운 ┬ 자음(19개): 폐에서 나오는 공기가 입안에서 장애를 받고 나는 소리
     └ 모음(21개): 폐에서 나오는 공기가 목 안이나 입안에서 특별한 장애를 받지 않고 나는 소리
            ┬ 단모음(10개): 소리를 내는 도중에 입술의 모양이나 혀의 위치가 고정되어 움직이지 않
            │              는 모음
            └ 이중 모음(11개): 소리를 내는 도중에 입술의 모양이나 혀의 위치가 처음과 달라지는
                              모음
```

(1) 음성과 음운

   1) 음성

     ① 사람의 입을 통하여 나오는 소리 가운데에서 말할 때 사용하는 소리

     ② 발음 기관을 통하여 나는 구체적이고 물리적인 소리

     ③ 발음하는 사람에 따라, 발음하는 때에 따라 다르게 나는 소리

   2) 음운

     ① 자음과 모음

     ② 말의 뜻을 구별해 주는 가장 작은 소리의 단위

     ③ 공통적인 요소만을 뽑아 머릿속에서 같은 소리로 인식하는 추상적인 말소리

(2) 국어의 음운 체계

   1) 모음(母音): 폐에서 나오는 공기가 목 안이나 입안에서 특별한 장애를 받지 않고 나는 소리

① 단모음: 소리를 내는 도중에 입술의 모양이나 혀의 위치가 고정되어 움직이지 않는 모음

〈단모음 체계표〉

혀의 높이 \ 입술 모양 \ 혀의 위치	전설 모음		후설 모음	
	평순 모음	원순 모음	평순 모음	원순 모음
고모음	ㅣ	ㅟ	ㅡ	ㅜ
중모음	ㅔ	ㅚ	ㅓ	ㅗ
저모음	ㅐ		ㅏ	

② 이중 모음: 소리를 내는 도중에 입술의 모양이나 혀의 위치가 처음과 달라지는 모음
  예 ㅑ, ㅕ, ㅛ, ㅠ, ㅒ, ㅖ / ㅘ, ㅙ, ㅝ, ㅞ / ㅢ

더 알아 두기

표준 발음법 제2장 제5항

제5항★ 'ㅑ, ㅒ, ㅕ, ㅖ, ㅘ, ㅙ, ㅛ, ㅝ, ㅞ, ㅠ, ㅢ'는 이중 모음으로 발음한다.

다만 1 용언의 활용형에 나타나는 '져, 쪄, 쳐'는 [저, 쩌, 처]로 발음한다.
  가지어 → 가져[가저]   찌어 → 쪄[쩌]★   다치어 → 다쳐[다처]

다만 2 '예, 례' 이외의 'ㅖ'는 [ㅔ]로도 발음한다.
  계집[계:집/게:집]   계시다[계:시다/게:시다]   시계[시계/시게](時計)
  연계[연계/연게](連繫)   메별[메별/메별](袂別)   개폐[개폐/개페](開閉)
  혜택[혜:택/헤:택](惠澤) 지혜[지혜/지헤](智慧)

다만 3 자음을 첫소리로 가지고 있는 음절의 'ㅢ'는 [ㅣ]로 발음한다.
  늴리리★   닁큼   무늬   띄어쓰기   씌어
  틔어   희어   희떱다   희망   유희

다만 4 단어의 첫음절 이외의 '의'는 [ㅣ]로, 조사 '의'는 [ㅔ]로 발음함도 허용한다.
  주의[주의/주이]   협의[혀비/혀비]★   우리의[우리의/우리에]★
  강의의[강:의의/강:이에]

한글 맞춤법 제3장 제4절 제8항, 제9항

제8항 '계, 례, 몌, 폐, 혜'의 'ㅖ'는 'ㅔ'로 소리 나는 경우가 있더라도 'ㅖ'로 적는다.(ㄱ을 취하고, ㄴ을 버림)

ㄱ	ㄴ	ㄱ	ㄴ
계수(桂樹)	게수	혜택(惠澤)	헤택
사례(謝禮)	사레	계집	게집
연몌(連袂)	연메	핑계	핑게
폐품(廢品)	페품	계시다	게시다

  다만, 다음 말은 본음대로 적는다.
    게송(偈頌)★, 게시판(揭示板), 휴게실(休憩室)★

제9항 '의'나, 자음을 첫소리로 가지고 있는 음절의 'ㅢ'는 'ㅣ'로 소리 나는 경우가 있더라도 'ㅢ'로 적는다.(ㄱ을 취하고, ㄴ을 버림)

ㄱ	ㄴ	ㄱ	ㄴ
의의(意義)	의이	닁큼	닁큼
본의(本義)	본이	띄어쓰기	띠어쓰기
무늬[紋]	무니	씌어	씨어
보늬	보니	틔어	티어
오늬	오니	희망(希望)	히망
하늬바람	하니바람	희다	히다
늴리리	닐리리	유희(遊戲)	유히

2) 자음(子音): 폐에서 나오는 공기가 입안에서 장애를 받고 나는 소리

〈자음 체계표〉

소리의 성질	소리 나는 위치		두 입술	윗잇몸 혀끝	센입천장 혓바닥	여린입천장 혀 뒤	목청 사이
안울림 소리	파열음	예사소리	ㅂ	ㄷ		ㄱ	
		된소리	ㅃ	ㄸ		ㄲ	
		거센소리	ㅍ	ㅌ		ㅋ	
	파찰음	예사소리			ㅈ		
		된소리			ㅉ		
		거센소리			ㅊ		
	마찰음	예사소리		ㅅ			ㅎ
		된소리		ㅆ			
울림소리	콧소리(비음)		ㅁ	ㄴ		ㅇ	
	흐름소리(유음)			ㄹ			

더 알아 두기

한글 맞춤법 제3장 제3절 제7항

제7항 'ㄷ' 소리로 나는 받침 중에서 'ㄷ'으로 적을 근거가 없는 것은 'ㅅ'으로 적는다.

덧저고리	돗자리*	엇셈	웃어른	핫옷
무릇	사뭇	얼핏	자칫하면	뭇[衆]
옛	첫	헛		

3) 소리의 길이: 현대 국어에서 단어의 뜻을 분별하는 기능을 하는 비분절적 음운

   예) 눈:[雪], 눈[眼]   말:[言], 말[馬, 斗]

   ① 긴소리로 발음하는 경우

> **더 알아 두기**
>
> **표준 발음법 제3장 제6항**
>
> **제6항** 모음의 장단을 구별하여 발음하되, 단어의 첫음절에서만 긴소리가 나타나는 것을 원칙으로 한다.
>
> 1-1. 복합어 구성에서 첫째 음절의 긴소리는 길게 발음한다.
>
> | 눈보라[눈:보라] | 말씨[말:씨] | 밤나무[밤:나무] |
> | 많다[만:타] | 멀리[멀:리] | 벌리다[벌:리다] |
>
> 1-2. 복합어 구성에서 둘째 음절 이하는 긴소리로 발음하지 않는다.
>
> | 첫눈[천눈] | 참말[참말] | 쌍동밤[쌍동밤] |
> | 수많이[수:마니] | 눈멀다[눈멀다] | 떠벌리다[떠벌리다] |
>
> 2. 두 단어와 같이 어느 정도로는 끊어서 발음할 수 있는 첩어의 성격을 지니는 경우 둘째 음절 이하에서도 분명한 긴소리로 발음되는 것은 그 긴소리를 인정한다.
>
> 반신반의[반:신 바:늬/반:신 바:니](半信半疑)   재삼재사[재:삼 재:사](再三再四)
>
> **붙임** 용언의 단음절 어간에 어미 '-아/어'(-아라/어라, -았다/었다)가 결합되어 한 음절로 축약되는 경우에도 긴소리로 발음한다.
>
> | 보아 → 봐[봐:] | 기어 → 겨[겨:] | 되어 → 돼[돼:] |
> | 두어 → 둬[둬:] | 하여 → 해[해:] | |
>
> **다만,** '오아 → 와, 지어 → 져, 찌어 → 쪄, 치어 → 쳐' 등은 긴소리로 발음하지 않는다. 또한 '가 + 아 → 가, 서 + 어 → 서, 켜 + 어 → 켜'처럼 같은 모음끼리 만나 모음 하나가 빠진 경우에도 긴소리로 발음하지 않는다.(한글 맞춤법 제34항)

② 짧은소리로 발음하는 경우

> **알아 두기**
>
> **표준 발음법 제3장 제7항**
>
> 제7항   긴소리를 가진 음절이라도, 다음과 같은 경우에는 짧게 발음한다.
> 1. 단음절인 용언 어간에 모음으로 시작된 어미가 결합되는 경우
>   감다[감:따] — 감으니[가므니]   밟다[밥:따] — 밟으면[발브면]
>   신다[신:따] — 신어[시너]   알다[알:다] — 알아[아라]
>
> 다만, 다음과 같은 경우에는 예외적이다.(길게 발음)
>   끌다[끌:다] — 끌어[끄:러]   떫다[떨:따] — 떫은[떨:븐]
>   벌다[벌:다] — 벌어[버:러]   썰다[썰:다] — 썰어[써:러]
>   없다[업:따] — 없으니[업:쓰니]
>
> 2. 용언 어간에 피동, 사동의 접미사가 결합되는 경우
>   감다[감:따] — 감기다[감기다]   꼬다[꼬:다] — 꼬이다[꼬이다]
>   밟다[밥:따] — 밟히다[발피다]
>
> 다만, 모음으로 시작된 어미 앞에서도 예외적으로 긴소리를 유지하는 용언 어간들의 피동 · 사동형의 경우에 여전히 긴소리로 발음한다.
>   끌리다[끌:리다]   벌리다[벌:리다]   없애다[업:쌔다]
>   웃기다[욷:끼다]   썰리다[썰:리다]
>
> 붙임*   용언 활용형을 가진 합성어 중 활용어에서는 긴소리를 가짐에도 불구하고, 합성어에서는 짧게 발음하는 예가 있다.
>   밀-물*   썰-물*   쏜-살-같이*   작은-아버지*

4) 음절
① 음운이 모여 이루는 소리 덩어리 가운데서 '발음할 수 있는 소리의 단위'
② 말소리의 한 단위일 뿐, 의미는 없음.
   예 집 앞으로 맑은 물이 흐른다. → 음절 [지바프로말근무리흐른다]
③ 음절의 구조
   ㉠ 모음 단독 예 아, 어, 오, 우, 여, ……
   ㉡ 모음 + 자음 예 앞, 옷, 안, 윤, 웬, ……
   ㉢ 자음 + 모음 예 가, 거, 라, 사, 머, ……
   ㉣ 자음 + 모음 + 자음 예 강, 산, 달, 별, 물, ……

확인문제

01 밑줄 친 말의 표기로 적절한 것은?

① <u>닁큼</u> 일어나지 못하겠느냐?
② 어린아이가 <u>돌맹이</u>에 걸려 넘어졌다.
③ 공원에 <u>돋자리</u>를 깔고 도시락을 먹었다.
④ 그는 <u>페품</u>을 재활용해 생계를 이어가고 있다.
⑤ 트랩에서 내린 일단의 승객들이 활주로를 거쳐 공항 <u>휴계실</u>로 몰려든다.

해설 음운(자음과 모음)의 단독 문제는 출제되기 어려운 만큼 어문규정집의 〈한글 맞춤법〉과 〈표준어 규정〉에서 관련된 어휘 중심의 학습이 필요하다. ①에서 '머뭇거리지 않고 단번에 빨리'의 의미를 가진 단어는 '닁큼'이 옳다. '닁큼'의 발음은 [닝큼]이다. 그러나 발음과 혼동하여 표기까지 '닝큼'으로 쓰는 것은 잘못된 것이다.
② '돌덩이보다 작고 자갈보다 큰 돌'은 '돌멩이'로 쓴다. 우리말에서 [ㅔ]와 [ㅐ]의 발음을 구분하는 것이 쉽지 않다. 그래서 비슷한 발음의 몇 형태가 쓰일 경우, 그 의미에 아무런 차이가 없으면 더 널리 쓰인 형태를 표준어로 삼는다.
③ 'ㄷ' 소리로 나는 받침 중에서 'ㄷ'으로 적을 근거가 없는 것은 'ㅅ'으로 적는다. 또한 본말인 '돗자리'의 의미로 준말 '돗'을 쓰는 경우가 있으나 '돗자리'만 표준어로 삼는다.
④ '계, 례, 몌, 폐, 혜'의 'ㅖ'는 'ㅔ'로 소리가 나는 경우가 있더라도 'ㅖ'로 적는다. 따라서 '폐품(廢品)'은 '폐품'으로 적어야 한다.
⑤ '휴게실(休憩室)'은 본음인 한자의 음이 '게'이므로, '게'로 적는다. 이러한 단어에는 '게송(偈頌), 게시판(揭示板)'이 있다.

정답 ①

02 밑줄 친 말과 바꿔 쓸 수 없는 것은?

① 강아지의 털이 <u>함함하다</u>. → 훔훔하다
② 강아지가 내 눈치를 살피며 <u>할금거린다</u>. → 흘금하다
③ 우리 집 식구 중 막냇동생이 제일 <u>만만하다</u>. → 문문하다
④ 개업한 지 한 달 되었는데 재미가 <u>쏠쏠합니다</u>. → 쑬쑬하다
⑤ 하루 종일 울리는 꽹과리 소리에 귀가 <u>먹먹했다</u>. → 맥맥하다

해설 단순한 어휘의 의미를 묻는 문제 유형이 아니라, 우리말에 발달되어 있는 음상(音相)과 관련된 문제이다. 음상에 따라서 의미가 분화된 단어도 있지만, 어감의 차이만 있어서 교체가 가능한 단어들이 있다. 자음과 모음의 차이에 따른 어감이 차이가 나는 예가 아닌 경우에 주의해야 한다. '함함하다'는 '털이 보드랍고 반지르르하다, 소담하고 탐스럽다.'의 의미이지만, '훔훔하다'는 '얼굴에 매우 흐뭇한 표정을 띠고 있다.'라는 완전히 다른 의미를 가진 단어이다. 즉, 두 단어는 형태만 유사할 뿐 완전히 다른 단어이다.
② '할금하다'와 '흘금하다'는 '곁눈으로 살그머니 한 번 할겨 보다.'의 의미로 같은 뜻을 갖고 있어서 바꿔 쓸 수 있다.
③ '만만하다'는 '연하고 보드랍다, 부담스럽거나 무서울 것이 없어 쉽게 다루거나 대할 만하다.'의 의미이고, '문문하다'는 '무르고 부드럽다, 어려움 없이 쉽게 다루거나 대할 만하다.'의 의미이므로 의미가 유사하여 바꿔 쓸 수 있다.

④ '쏠쏠하다'와 '쑬쑬하다'는 '품질이나 수준, 정도 따위가 웬만하여 괜찮거나 기대 이상이다.'의 의미로 같은 뜻을 갖고 있어 바꿔 쓸 수 있다.
⑤ '먹먹하다'는 '갑자기 귀가 막힌 듯이 소리가 잘 들리지 않다. 체한 것같이 가슴이 답답하다.'의 의미이고, '맥맥하다'는 '코가 막혀 숨쉬기가 갑갑하다, 생각이 잘 돌지 아니하여 답답하다, 기운이 막혀 감감하다.'의 의미이므로 의미가 유사하여 바꿔 쓸 수 있다.

[정답] ①

03 밑줄 친 단어에서 '여'의 소리의 길이가 다른 하나는?

① 무더운 <u>여름</u>에는 산으로 가자.
② 사태가 <u>여차</u>하니 피하는 게 좋겠다.
③ 해외여행을 가기 위해 <u>여권</u>을 신청했다.
④ 월드컵이 준 감동의 <u>여운</u>이 아직 남아 있다.
⑤ 이번 선거에서 <u>여당</u>은 야당에 압도적인 승리를 거두었다.

[해설] 초기의 문제는 선지에 한자어만 제시해 소리의 길이를 묻는 유형이었지만, 현재는 고유어를 함께 제시하는 경향으로 바뀌고 있다. 동음의 한자어와 고유어를 학습할 때에는 소리의 길이도 변별할 수 있어야 한다. '여당(與黨)'은 [여:당]으로 길게 발음한다.
① '여름'은 고유어로 [여름]으로 발음한다.
② '여차(如此)'는 '여차하다'의 어근으로 [여차]로 발음한다.
③ '여권(旅券)'은 [여꿘]으로 발음한다.
④ '여운(餘韻)'은 [여운]으로 발음한다.

[정답] ⑤

제2절 음운의 변동

기출 미리보기

→ 음운의 변동은 국어문화 영역의 근대 광고에 나오는 용어와 관련 있으니 함께 학습하세요!

1. 받침의 발음
   (1) 음절의 끝소리 규칙
      ※ 음절의 끝소리 규칙은 모든 음운 변동의 기본이고, 로마자를 표기할 때에도 적용되므로 반드시 알아 두어야 한다.
   (2) 겹받침의 표기

2. 사잇소리 현상
   (1) 사이시옷이 표기에 반영되는 형태   (2) 음운의 첨가: 'ㅅ'과 'ㄴ'의 첨가 현상

3. 음운의 동화
   (1) 자음동화   (2) 구개음화   (3) 모음동화   (4) 된소리되기
   ※ 〈표준 발음법〉 규정을 제시하고, 선지를 분석하여 찾는 문제 유형으로 출제된다.(최근 자음동화 관련 문제가 매회 출제되고 있음.)

4. 음운의 축약과 탈락
   (1) 음운의 축약   (2) 음운의 탈락

5. 모음조화

6. 두음 법칙
   ※ 국어문화의 근대 광고 분석 문제에서의 근대 국어와 현대 국어의 비교 문제나 남북한 언어 비교에서 중요한 개념이다.

1 음절의 끝소리 규칙(받침의 발음)

국어에서 음절의 끝소리가 'ㄱ, ㄴ, ㄷ, ㄹ, ㅁ, ㅂ, ㅇ'의 일곱 개의 자음으로 발음되는 현상

더 알아 두기

표준 발음법 제4장 제9항~제16항

제9항 받침 'ㄲ, ㅋ', 'ㅅ, ㅆ, ㅈ, ㅊ, ㅌ', 'ㅍ'은 어말 또는 자음 앞에서 각각 대표음 [ㄱ, ㄷ, ㅂ]으로 발음한다.
  1. ㄲ, ㅋ → [ㄱ]
     박[박]   밖[박]   부엌[부억]   키읔[키윽]
     키읔과[키윽꽈]   꺾대[꺽따]   닭대[닥따]
  2. ㅅ, ㅆ, ㅈ, ㅊ, ㅌ → [ㄷ]
     받대[받따]   옷[옫]   웃대[욷:따]   있대[읻따]   낯[낟]
     젖[젇]   빚대[빋따]   낯[낟]   꽃[꼳]   쫓대[쫃따]
     솥[솓]   뱉대[밷:따]
  3. ㅍ → [ㅂ]
     집[집]   짚[집]   앞[압]   덮대[덥따]

제10항 겹받침 'ㄳ', 'ㄵ', 'ㄼ, ㄽ, ㄾ', 'ㅄ'은 어말 또는 자음 앞에서 각각 [ㄱ, ㄴ, ㄹ, ㅂ]으로 발음한다.

넋[넉]	넋과★[넉꽈]	앉다★[안따]	없다[업따]	여덟[여덜]
넓다★[널따]	외곬[외골]	핥다[할따]	값[갑]	없다★[업ː따]

다만 1. 'ㄼ'은 일반적으로 [ㄹ]로 발음하는데, '밟-'은 자음 앞에서 [밥]으로 발음하고,

밟다★[밥ː따] 밟소[밥ː쏘] 밟지[밥ː찌]
밟는[밥ː는 → 밤ː는] 밟게[밥ː께] 밟고[밥ː꼬]

2. '넓-'은 [ㄹ]로 발음하여야 하나, 파생어나 합성어의 경우에 [넙]으로 발음한다.

넓-죽하다★[넙쭈카다] 넓-적하다[넙쩌카다] 넓-둥글다[넙뚱글다]

3. [ㄹ]로 발음되는 것을 표기에 규정한 것은 '널따랗다, 널찍하다, 짤따랗다, 짤막하다, 얄따랗다, 얄찍하다, 얄팍하다'가 있다.★(한글 맞춤법 제21항)

제11항 겹받침 'ㄺ, ㄻ, ㄿ'은 어말 또는 자음 앞에서 각각 [ㄱ, ㅁ, ㅂ]으로 발음하고, 용언의 어간 말음 'ㄺ'은 'ㄱ' 앞에서 [ㄹ]로 발음한다.

닭[닥]	흙과[흑꽈]	맑다[막따]	늙지[늑찌]
삶[삼ː]	젊다★[점ː따]	읊고[읍꼬]	읊다[읍따]
맑게[말께]	묽고[물꼬]	얽거나[얼꺼나]	

제13항 홑받침이나 쌍받침이 모음으로 시작된 조사나 어미, 접미사와 결합되는 경우에는, 제 음가대로 뒤 음절 첫소리로 옮겨 발음한다.

깎아[까까]	옷이[오시]	있어[이써]	낮이[나지]
꽂아[꼬자]	꽃을[꼬츨]	쫓아[쪼차]	밭에[바테]
앞으로[아프로]	덮이다[더피다]		

제14항 겹받침이 모음으로 시작된 조사나 어미, 접미사와 결합되는 경우에는, 뒤엣것만을 뒤 음절 첫소리로 옮겨 발음한다.(이 경우, 'ㅅ'은 된소리로 발음함)

넋이[넉씨]	앉아[안자]	닭을[달글]	젊어[절머]
곬이[골씨]	핥아[할타]	읊어[을퍼]	값을[갑쓸]
없어[업ː써]			

제15항★ 받침 뒤에 모음 'ㅏ, ㅓ, ㅗ, ㅜ, ㅟ' 들로 시작되는 실질 형태소가 연결되는 경우에는, 대표음(ㄱ, ㄴ, ㄷ, ㄹ, ㅁ, ㅂ, ㅇ)으로 바꾸어서 뒤 음절 첫소리로 옮겨 발음한다.

밭 아래[바다래]	늪 앞[느밥]	젖어미[저더미]	맛없다★[마덥따]
겉옷★[거돋]	헛웃음[허두슴]	꽃 위[꼬뒤]	

다만,★ '맛있다, 멋있다'는 [마싣따], [머싣따]로도 발음할 수 있다.

붙임 겹받침의 경우에는 그중 하나만을 옮겨 발음한다.

넋 없다[너겁따] 닭 앞에★[다가페] 값어치[가버치] 값있는★[가빈는]

2 음운의 동화

(1) 자음동화: 음절의 끝 자음이 뒤에 오는 자음과 만날 때, 어느 한쪽이나 양쪽의 서로 다른 소리가 닮아 비슷한 소리로 바뀌는 것

> **더 알아 두기**
>
> **표준 발음법 제5장 제18항~제20항**
>
> **제18항** 받침 'ㄱ(ㄲ, ㅋ, ㄳ, ㄺ), ㄷ(ㅅ, ㅆ, ㅈ, ㅊ, ㅌ, ㅎ), ㅂ(ㅍ, ㄼ, ㄿ, ㅄ)'은 'ㄴ, ㅁ' 앞에서 [ㅇ, ㄴ, ㅁ]으로 발음한다.
>
> 먹는[멍는]　　국물★[궁물]　　깎는[깡는]　　키읔만[키응만]　　몫몫이[몽목씨]
> 긁는[긍는]　　흙만[흥만]　　닫는[단는]　　짓는[진ː는]　　옷맵시[온맵씨]
> 있는[인는]　　맞는[만는]　　젖멍울[전멍울]　　쫓는[쫀는]　　꽃망울[꼰망울]
> 붙는[분는]　　놓는[논는]　　잡는[잠는]　　밥물★[밤물]　　앞마당[암마당]
> 밟는[밤ː는]　　읊는[음는]　　없는[엄ː는]
>
> **붙임** 두 단어를 이어서 한 마디로 발음하는 경우에도 이와 같다.
>
> 책 넣는대[챙넌는대]　　흙 말리다[흥말리다]　　옷 맞추다[온맏추다]
> 밥 먹는대[밤멍는대]　　값 매기다[감매기다]
>
> **제19항** 받침 'ㅁ, ㅇ' 뒤에 연결되는 'ㄹ'은 [ㄴ]으로 발음한다.
>
> 담력[담ː녁]　　침략[침ː냑]　　강릉★[강능]　　항로[항ː노]　　대통령[대ː통녕]
>
> **붙임★** 받침 'ㄱ, ㅂ' 뒤에 연결되는 'ㄹ'도 [ㄴ]으로 발음한다.
>
> 막론[막논 → 망논]　　석류[석뉴 → 성뉴]　　협력[협녁 → 혐녁]　　법리[법니 → 범니]
>
> **제20항** 'ㄴ'은 'ㄹ'의 앞이나 뒤에서 [ㄹ]로 발음한다.
>
> 난로[날ː로]　　신라[실라]　　천리[철리]　　광한루★[광ː할루]　　대관령★[대ː괄령]
> 칼날★[칼랄]　　물난리★[물랄리]　　줄넘기[줄럼끼]　　할는지[할른지]
>
> **붙임** 'ㄴ'이 'ㅀ, ㄾ' 뒤에 연결되는 경우에도 이에 준한다.
>
> 닳는[달른]　　뚫는[뚤른]　　핥네[할레]
>
> **다만,** 다음과 같은 단어들은 'ㄹ'을 [ㄴ]으로 발음한다.
>
> 의견란[의ː견난]　　임진란[임ː진난]　　생산량[생산냥]
> 결단력[결딴녁]　　공권력★[공꿘녁]　　동원령[동ː원녕]
> 상견례★[상견녜]　　횡단로[횡단노]　　이원론[이ː원논]
> 입원료[이붠뇨]　　구근류[구근뉴]

(2) **구개음화:** 구개음이 아닌 음운 'ㄷ, ㅌ'이 조사와 접미사의 모음 'ㅣ'를 만나 구개음 'ㅈ, ㅊ'으로 바뀌는 현상

> **더 알아 두기**
>
> **표준 발음법 제5장 제17항**
>
> 제17항 받침 'ㄷ, ㅌ(ㄾ)'이 조사나 접미사의 모음 'ㅣ'와 결합되는 경우에는, [ㅈ, ㅊ]으로 바꾸어서 뒤 음절 첫소리로 옮겨 발음한다.
>
> 곧이듣다[고지듣따]   굳이[구지]   미닫이★[미:다지]
> 땀받이[땀바지]   밭이[바치]   벼훑이[벼훌치]
>
> 붙임 'ㄷ' 뒤에 접미사 '히'가 결합되어 '티'를 이루는 것은 [치]로 발음한다.
> 굳히다[구치다]   닫히다[다치다]   묻히다[무치다]
>
> **한글 맞춤법 제3장 제6항**
>
> 제6항 'ㄷ, ㅌ' 받침 뒤에 종속적 관계(형식 형태소)를 가진 '-이(-)'나 '-히-'가 올 적에는 그 'ㄷ, ㅌ'이 'ㅈ, ㅊ'으로 소리 나더라도 'ㄷ, ㅌ'으로 적는다.
> 맏이[마지]   해돋이[해도지]   굳이[구지]   같이[가치]   끝이[끄치]
> 핥이다[할치다]   걷히다[거치다]   닫히다[다치다]   묻히다[무치다]

(3) **모음동화('ㅣ' 역행동화):** 앞 음절의 후설 모음 'ㅏ, ㅓ, ㅗ, ㅜ'의 모음이 뒤 음절에 전설 모음인 'ㅣ'가 오면 이에 이끌려 전설 모음인 'ㅐ, ㅔ, ㅚ, ㅟ'로 변하는 현상

※ 표준 발음으로 인정하지 않음.

예 아비 → [애비], 어미 → [에미], 고기 → [괴기], 죽이다 → [쥐기다]

> **더 알아 두기**
>
> **표준어 사정 원칙 제2장 제2절 제9항**
>
> 제9항 'ㅣ' 역행동화 현상에 의한 발음은 원칙적으로 표준 발음으로 인정하지 아니하되, 다만 다음 단어들은 그러한 동화가 적용된 형태를 표준어로 삼는다.(ㄱ을 표준어로 삼고, ㄴ을 버림.)
>
> | ㄱ | ㄴ | 비고 |
> |---|---|---|
> | -내기 | -나기 | 서울-, 시골-, 신출-, 풋- |
> | 냄비 | 남비 | |
> | 동댕이-치다 | 동당이-치다 | |
>
> 붙임 1 다음 단어는 'ㅣ' 역행동화가 일어나지 아니한 형태를 표준어로 삼는다.(ㄱ을 표준어로 삼고, ㄴ을 버림.)
>
> | ㄱ | ㄴ |
> |---|---|
> | 아지랑이 | 아지랭이 |

붙임 2 기술자에게는 '-장이', 그 외에는 '-쟁이'가 붙는 형태를 표준어로 삼는다.(ㄱ을 표준어로 삼고, ㄴ을 버림.)

ㄱ	ㄴ
미장이	미쟁이
유기장이	유기쟁이
멋쟁이	멋장이
소금쟁이	소금장이
담쟁이-덩굴	담장이-덩굴
골목쟁이	골목장이
발목쟁이	발목장이

(4) 된소리되기: 안울림 예사소리 뒤에 안울림 예사소리가 오면 예사소리가 된소리로 발음되는 현상

더 알아 두기

표준 발음법 제6장 제23항~제27항

제23항 받침 'ㄱ(ㄲ, ㅋ, ㄳ, ㄺ), ㄷ(ㅅ, ㅆ, ㅈ, ㅊ, ㅌ), ㅂ(ㅍ, ㄼ, ㄿ, ㅄ)' 뒤에 연결되는 'ㄱ, ㄷ, ㅂ, ㅅ, ㅈ'은 된소리로 발음한다.

국밥[국빱]	깎다[깍따]	넋받이[넉빠지]	삯돈[삭똔]
닭장[닥짱]	칡범[칙뻠]	뻗대다[뻗때다]	옷고름[옫꼬름]
있던[읻떤]	꽂고[꼳꼬]	꽃다발[꼳따발]	낯설다[낟썰다]
밭갈이[받까리]	솥전[솓쩐]	곱돌[곱똘]	덮개[덥깨]
옆집[엽찝]	넓죽하다*[넙쭈카다]	읊조리다[읍쪼리다]	값지다[갑찌다]

제24항* 어간 받침 'ㄴ(ㄵ), ㅁ(ㄻ)' 뒤에 결합되는 어미의 첫소리 'ㄱ, ㄷ, ㅅ, ㅈ'은 된소리로 발음한다.

신고[신ː꼬]	껴안다[껴안따]	앉고[안꼬]	얹다[언따]
삼고[삼ː꼬]	더듬지[더듬찌]	닮고[담ː꼬]	젊지[점ː찌]

제25항 어간 받침 'ㄼ, ㄾ' 뒤에 결합되는 어미의 첫소리 'ㄱ, ㄷ, ㅅ, ㅈ'은 된소리로 발음한다.

넓게[널께]	핥다[할따]	훑소[훌쏘]	떫지[떨ː찌]

제26항 한자어에서, 'ㄹ' 받침 뒤에 연결되는 'ㄷ, ㅅ, ㅈ'은 된소리로 발음한다.

갈등[갈뜽]	발동[발똥]	절도[절또]	말살[말쌀]
불소[불쏘](弗素)	일시[일씨]	갈증[갈쯩]	물질[물찔]
발전[발쩐]	몰상식*[몰쌍식]	불세출[불쎄출]	

다만, 같은 한자가 겹쳐진 단어의 경우에는 된소리로 발음하지 않는다.

허허실실[허허실실](虛虛實實)   절절-하다[절절하다](切切--)

제27항★ 관형사형 '-(으)ㄹ' 뒤에 연결되는 'ㄱ, ㄷ, ㅂ, ㅅ, ㅈ'은 된소리로 발음한다.
　　　　할 것을[할꺼슬]　　　갈 데가[갈떼가]　　　할 바를[할빠를]
　　　　할 수는[할쑤는]　　　할 적에[할쩌게]　　　갈 곳[갈꼳]
　　　　할 도리[할또리]　　　만날 사람[만날싸람]

다만,　끊어서 말할 적에는 예사소리로 발음한다.

붙임　'-(으)ㄹ'로 시작되는 어미의 경우에도 이에 준한다.
　　　　할걸[할껄]　　　할밖에[할빠께]　　　할세라[할쎄라]　　　할수록[할수록]
　　　　할지라도[할찌라도]　할지언정[할찌언정]　할진대[할찐대]

3 음운의 축약과 탈락

(1) **음운의 축약**: 두 음운이 합쳐져서 하나의 음운으로 줄어 소리 나는 현상
　1) 자음 축약(거센소리되기): 'ㅂ, ㄷ, ㅈ, ㄱ'과 'ㅎ'이 서로 만나 'ㅍ, ㅌ, ㅊ, ㅋ'이 되는 현상

더 알아 두기

표준 발음법 제4장 제12항

제12항★ 1. 'ㅎ(ㄶ, ㅀ)' 뒤에 'ㄱ, ㄷ, ㅈ'이 결합되는 경우에는, 뒤 음절 첫소리와 합쳐서 [ㅋ, ㅌ, ㅊ]으로 발음한다.
　　　　놓고[노코]　　　좋던[조:턴]　　　쌓지[싸치]
　　　　많고[만:코]　　　않던[안턴]　　　닳지[달치]

붙임 1　받침 'ㄱ(ㄺ), ㄷ, ㅂ(ㄼ), ㅈ(ㄵ)'이 뒤 음절 첫소리 'ㅎ'과 결합되는 경우에도, 역시 두 음을 합쳐서 [ㅋ, ㅌ, ㅍ, ㅊ]으로 발음한다.
　　　　각하[가카]　　　먹히다[머키다]　　　밝히다[발키다]　　　맏형[마텽]
　　　　좁히다[조피다]　　넓히다[널피다]　　꽂히다[꼬치다]　　앉히다[안치다]

붙임 2　규정에 따라 [ㄷ]으로 발음되는 'ㅅ, ㅈ, ㅊ, ㅌ'의 경우에도 이에 준한다.
　　　　옷 한 벌[오탄벌]　낮 한때[나탄때]　꽃 한 송이[꼬탄송이]　숱하다[수타다]

한글 맞춤법 제4장 제5절 제32항, 제33항

제32항　단어의 끝모음이 줄어지고 자음만 남은 것은 그 앞의 음절에 받침으로 적는다.

본말	준말	본말	준말
기러기야	기럭아	가지고, 가지지	갖고, 갖지
어제그저께	엊그저께	디디고, 디디지	딛고, 딛지
어제저녁	엊저녁		

제33항 체언과 조사가 어울려 줄어지는 경우에는 준 대로 적는다.

본말	준말	본말	준말
그것은	그건	너는	넌
그것이	그게	너를	널
그것으로	그걸로	무엇을	뭣을/무얼/뭘
나는	난	무엇이	뭣이/무에
나를	날		

한글 맞춤법 제4장 제5절 제39항, 제40항

제39항 어미 '-지' 뒤에 '않-'이 어울려 '-잖-'이 될 적과 '-하지' 뒤에 '않-'이 어울려 '-찮-'이 될 적에는 준 대로 적는다.

본말	준말	본말	준말
그렇지 않은	그렇잖은	만만하지 않다	만만찮다★
적지 않은	적잖은	변변하지 않다	변변찮다

제40항★ 어간의 끝음절 '하'의 'ㅏ'가 줄고 'ㅎ'이 다음 음절의 첫소리와 어울려 거센소리로 될 적에는 거센소리로 적는다.

본말	준말	본말	준말
간편하게	간편케★	다정하다	다정타
연구하도록	연구토록★	정결하다	정결타
가하다	가타	흔하다	흔타

붙임 1 'ㅎ'이 어간의 끝소리로 굳어진 것은 받침으로 적는다.

않다	않고	않지	않든지
그렇다	그렇고	그렇지	그렇든지
아무렇다	아무렇고	아무렇지★	아무렇든지
어떻다	어떻고	어떻지	어떻든지★
이렇다	이렇고	이렇지	이렇든지
저렇다	저렇고	저렇지	저렇든지

붙임 2★ 어간의 끝음절 '하'가 아주 줄 적에는 준 대로 적는다.

본말	준말	본말	준말
거북하지	거북지★	생각하건대	생각건대★
생각하다 못해	생각다 못해	깨끗하지 않다	깨끗지 않다★
넉넉하지 않다	넉넉지 않다★	못하지 않다	못지않다
섭섭하지 않다	섭섭지 않다	익숙하지 않다	익숙지 않다★

붙임 3 다음과 같은 부사는 소리대로 적는다.

결단코   결코   기필코   무심코   아무튼
요컨대   정녕코   필연코   하마터면   하여튼
한사코

2) 모음 축약: 앞뒤 음절의 모음이 만나 두 모음의 중간음으로 단일화되거나, 앞뒤 형태소의 두 음절이 한 음절로 줄어드는 현상

더 알아 두기

한글 맞춤법 제4장 제5절 제34항[붙임 2]~제38항

제34항 [붙임 2] '하여'가 한 음절로 줄어서 '해'로 될 적에는 준 대로 적는다.

본말	준말	본말	준말
하여	해	하였다	했다
더하여	더해	더하였다	더했다
흔하여	흔해	흔하였다	흔했다

제35항 모음 'ㅗ, ㅜ'로 끝난 어간에 '-아/어, -았/었-'이 어울려 'ㅘ/ㅝ, 왔/웠'으로 될 적에는 준 대로 적는다.

본말	준말	본말	준말
꼬아	꽈	꼬았다	꽜다
보아	봐	보았다	봤다
쏘아	쏴	쏘았다	쐈다
두어	둬	두었다	뒀다
쑤어	쒀	쑤었다	쒔다★
주어	줘	주었다	줬다

붙임 1 '놓아'가 '놔'로 줄 적에는 준 대로 적는다.

붙임 2 어간 모음 'ㅚ' 뒤에 '-어, -었-'이 어울려 'ㅙ, ㅙㅆ'으로 될 적에도 준 대로 적는다.

본말	준말	본말	준말
괴어	괘★	괴었다	괬다
되어	돼★	되었다	됐다★
뵈어	봬	뵈었다	뵀다
쇠어	쇄★	쇠었다	쇘다
쐬어	쐐	쐬었다	쐤다

제36항 'ㅣ' 뒤에 '-어'가 와서 'ㅕ'로 줄 적에는 준 대로 적는다.

본말	준말	본말	준말
가지어	가져	가지었다	가졌다
견디어	견뎌	견디었다	견뎠다
다니어	다녀	다니었다	다녔다
막히어	막혀	막히었다	막혔다
버티어	버텨	버티었다	버텼다
치이어	치여	치이었다	치였다

제37항 'ㅏ, ㅕ, ㅗ, ㅜ, ㅡ'로 끝난 어간에 '-이-'가 와서 각각 'ㅐ, ㅖ, ㅚ, ㅟ, ㅢ'로 줄 적에는 준 대로 적는다.

본말	준말	본말	준말
싸이다	쌔다	누이다	뉘다
펴이다	폐다	뜨이다	띄다
보이다	뵈다	쓰이다	씌다

제38항 'ㅏ, ㅗ, ㅜ, ㅡ' 뒤에 '-이어'가 어울려 줄어질 적에는 준 대로 적는다.

본말	준말	본말	준말
싸이어	쌔어/싸여★	뜨이어	띄어★
보이어	뵈어/보여★	쓰이어	씌어/쓰여★
쏘이어	쐬어/쏘여★	트이어	틔어/트여★
누이어	뉘어/누여★		

(2) 음운의 탈락: 단어의 합성과 파생 과정, 용언의 활용 과정에서 자음이나 모음이 탈락되는 현상

※ 'ㅎ' 탈락을 제외한 모든 음운 탈락은 표기에 반영됨.

1) 자음 탈락

① 'ㄹ' 탈락

> **더 알아 두기**
>
> **한글 맞춤법 제4장 제4절 제28항**
>
> 제28항 끝소리가 'ㄹ'인 말과 딴 말이 어울릴 적에 'ㄹ' 소리가 나지 아니하는 것은 아니 나는 대로 적는다.
>
> | 다달이(달-달-이) | 따님(딸-님) | 마되(말-되) |
> | 마소(말-소) | 무자위(물-자위) | 바느질(바늘-질) |
> | 부삽(불-삽) | 부손(불-손) | 싸전(쌀-전) |
> | 여닫이(열-닫이) | 우짖다(울-짖다) | 화살(활-살) |

② 'ㅎ' 탈락

> **더 알아 두기**
>
> **표준 발음법 제4장 제12항** ※ 표기에는 반영하지 않음.
>
> 제12항 4. 'ㅎ(ㄶ, ㅀ)' 뒤에 모음으로 시작된 어미나 접미사가 결합되는 경우에는, 'ㅎ'을 발음하지 않는다.
>
> | 낳은[나은] | 놓아[노아] | 쌓이다[싸이다] |
> | 많아[마:나] | 않은[아는] | 닳아[다라] |
> | 싫어도[시러도] | | |

2) 모음 탈락

① 'ㅡ' 탈락: 어간 말음 'ㅡ'는 '-아/어'로 시작하는 어말 어미 및 선어말 어미 '-았/었' 앞에서 탈락함.

예 뜨(다)- + -어 → 떠, 크(다)- + -어→ 커, 담그(다)- + -아 → 담가

② 'ㅜ' 탈락

예 푸(다)- + -어 → 퍼

③ 'ㅏ, ㅓ' 탈락(동음 탈락): 어미의 첫 모음 '-아/어'는 어간 모음 '-아/어' 뒤에서 탈락함.

예 가(다)- + -아서 → 가서, 건너(다)- + -어서 → 건너서

> **더 알아 두기**
>
> **한글 맞춤법 제4장 제2절 제18항, 제5절 제34항**
>
> 제18항 다음과 같은 용언들은 어미가 바뀔 경우, 그 어간이나 어미가 원칙에 벗어나면 벗어나는 대로 적는다.
>   4. 어간의 끝 'ㅜ, ㅡ'가 줄어질 적
>   푸다: 퍼 / 펐다   뜨다: 떠 / 떴다
>   끄다: 꺼 / 껐다   크다: 커 / 컸다
>   담그다: 담가 / 담갔다   고프다: 고파 / 고팠다
>   따르다: 따라 / 따랐다   바쁘다: 바빠 / 바빴다
>
> 제34항 모음 'ㅏ, ㅓ'로 끝난 어간에 '-아/어, -았/었-'이 어울릴 적에는 준 대로 적는다.
>
> | 본말 | 준말 | 본말 | 준말 |
> |---|---|---|---|
> | 가아 | 가 | 가았다 | 갔다★ |
> | 나아 | 나 | 나았다 | 났다 |
> | 타아 | 타★ | 타았다 | 탔다 |
> | 서어 | 서 | 서었다 | 섰다 |
> | 켜어 | 켜 | 켜었다 | 켰다 |
> | 펴어 | 펴 | 펴었다 | 폈다 |
>
> 붙임 1 'ㅐ, ㅔ' 뒤에 '-어, -었-'이 어울려 줄 적에는 준 대로 적는다.
>
> | 본말 | 준말 | 본말 | 준말 |
> |---|---|---|---|
> | 개어 | 개 | 개었다 | 갰다 |
> | 내어 | 내 | 내었다 | 냈다★ |
> | 베어 | 베 | 베었다 | 벴다 |
> | 세어 | 세 | 세었다 | 셌다★ |

4 사잇소리 현상

두 개의 형태소 또는 단어가 어울려 합성 명사를 이룰 때, 그 사이에 음이 첨가되거나 어근의 소리가 변하는 현상

※ 사이시옷이 붙지 않은 단어에서 음의 첨가는 보편적 음운 현상이 아니므로, 발음에 유의해야 함.

(1) 사잇소리 현상의 양상

  1) **음운의 변동**: 두 형태소의 경계에서 울림소리와 예사소리가 만날 때에 예사소리가 '된소리'로 바뀜.

2) 음운의 첨가: 두 형태소의 경계에서 뒤의 형태소가 '이, 야, 여, 요, 유'일 때, 'ㄴ'이나 'ㄴ, ㄴ'이 첨가

(2) 사잇소리 현상의 특징

1) '된소리'로 바뀌는 경우
   ① 앞말의 끝소리가 울림소리 + 뒷말의 첫소리가 안울림 예사소리
      → 뒤의 안울림 예사소리가 된소리로 발음됨.
      예 밤 + 길 → [밤낄], 봄 + 비 → [봄삐]
   ② 합성어의 앞말이 모음일 때, 사이시옷을 적음. ※ 예외 현상이 많음.
      예 초 + 불 → 촛불[초뿔][촏뿔], 배 + 사공 → 뱃사공[배싸공][밷싸공]

2) 'ㄴ'이 첨가되는 경우
   ① 앞말이 모음 + 뒷말이 'ㅁ, ㄴ' → 'ㄴ' 소리가 덧남.
      예 이 + 몸 → 잇몸[인몸], 코 + 날 → 콧날[콘날]
   ② 뒷말의 첫소리가 '이, 야, 여, 요, 유'일 때 'ㄴ'이나 'ㄴ, ㄴ' 소리가 덧남.
      예 집 + 일 → [집닐] → [짐닐], 후 + 일 → 훗일[훈닐]

3) 한자만으로 이루어진 단어에는 사이시옷을 붙이지 않는 것이 원칙이지만 두 음절로 된 다음 여섯 개 단어는 'ㅅ'이 붙은 형태가 굳어진 것으로 다루어 사이시옷을 받침으로 적는다.
   예 곳간(庫間)★, 찻간(車間)★, 툇간(退間)★, 셋방(貰房)★, 숫자(數字)★, 횟수(回數)★

4) 사잇소리 현상의 유무에 따라 단어의 의미가 변별되는 경우가 있다.
   예 • 나무집 → [나무집](나무로 만든 집) / 나뭇집 → [나무찝](나무를 파는 집)
      • 고기배 → [고기배](고기의 배) / 고깃배 → [고기빼](고기잡이 배)

(3) 사이시옷 표기의 원칙

1) 합성어를 이루는 두 단어 중 앞말이 모음으로 끝났을 때만 표기함.
2) 합성어를 이루는 두 단어 중 하나는 고유어여야 함.
3) 합성어를 이루는 두 단어 사이에 된소리나 'ㄴ'이 첨가된 소리가 나야 함.

> **더 알아 두기**
>
> **표준 발음법 제6장 제28항, 제29항**
>
> **제28항** 표기상으로는 사이시옷이 없더라도, 관형격 기능을 지니는 사이시옷이 있어야 할(휴지가 성립되는) 합성어의 경우에는, 뒤 단어의 첫소리 'ㄱ, ㄷ, ㅂ, ㅅ, ㅈ'을 된소리로 발음한다.
>
> | | | |
> |---|---|---|
> | 문-고리[문꼬리] | 눈-동재[눈똥자] | 신-바람[신빠람] |
> | 산-새[산쌔] | 손-재주[손째주] | 길-가[길까] |
> | 물-동이[물똥이] | 발-바닥[발빠닥] | 굴-속[굴:쏙] |
> | 술-잔[술짠] | 바람-결[바람껼] | 그믐-달[그믐딸] |
> | 아침-밥[아침빱] | 잠-자리[잠짜리] | 강-가[강까] |
> | 초승-달[초승딸] | 등-불[등뿔] | 창-살[창쌀] |
> | 강-줄기[강쭐기] | | |

제29항 합성어 및 파생어에서, 앞 단어나 접두사의 끝이 자음이고 뒤 단어나 접미사의 첫음절이 '이, 야, 여, 요, 유'인 경우에는, 'ㄴ' 음을 첨가하여 [니, 냐, 녀, 뇨, 뉴]로 발음한다.

솜-이불[솜:니불]★   홑-이불[혼니불]   막-일[망닐]
삯-일[상닐]★   맨-입[맨닙]   꽃-잎[꼰닙]
내복-약[내:봉냑]   한-여름[한녀름]   남존-여비[남존녀비]
신-여성[신녀성]   색-연필[생년필]   직행-열차[지캥녈차]
늑막-염[능망념]   콩-엿[콩녇]   담-요[담:뇨]
눈-요기[눈뇨기]   영업-용★[영엄농]   식용-유★[시굥뉴]
백분-율[백분뉼]   밤-윷[밤:뉻]

다만, 다음과 같은 말들은 'ㄴ' 음을 첨가하여 발음하되, 표기대로 발음할 수 있다.

이죽-이죽[이중니죽/이주기죽]   야금-야금★[야금냐금/야그먀금]
검열[검:녈/거:멸]   율랑-율랑[율랑뇰랑/율랑율랑]
금융[금늉/그뮹]

붙임 1 'ㄹ' 받침 뒤에 첨가되는 'ㄴ' 음은 [ㄹ]로 발음한다.

들-일[들:릴]   솔-잎[솔립]   설-익다[설릭따]
물-약[물략]   불-여우[불려우]   서울-역[서울력]
물-엿[물렫]   휘발-유[휘발류]   유들-유들[유들류들]

붙임 2 두 단어를 이어서 한 마디로 발음하는 경우에도 이에 준한다.

한 일[한닐]   할 일[할릴]   옷 입다[온닙따]
잘 입다[잘립따]   서른여섯[서른녀섣]   스물여섯[스물려섣]
3 연대[삼년대]   1 연대[일련대]   먹은 엿[머근녇]
먹을 엿[머글렫]

다만, 다음과 같은 단어에서는 'ㄴ(ㄹ)' 음을 첨가하여 발음하지 않는다.

6·25[유기오]   3·1절[사밀쩔]   송별-연[송:벼련]
등-용문[등용문]

표준 발음법 제7장 제30항

제30항 사이시옷이 붙은 단어는 다음과 같이 발음한다.

1. 'ㄱ, ㄷ, ㅂ, ㅅ, ㅈ'으로 시작하는 단어 앞에 사이시옷이 올 때는 이들 자음만을 된소리로 발음하는 것을 원칙으로 하되, 사이시옷을 [ㄷ]으로 발음하는 것도 허용한다.

냇가[내:까/낻:까]   샛길[새:낄/샏:낄]   빨랫돌[빨래똘/빨랟똘]
콧등[코뜽/콛뜽]   깃발[기빨/긷빨]   대팻밥[대:패빱/대:팯빱]
햇살[해쌀/핻쌀]   뱃속[배쏙/밷쏙]   뱃전[배쩐/밷쩐]
고갯짓[고개짇/고갣짇]

2. 사이시옷 뒤에 'ㄴ, ㅁ'이 결합되는 경우에는 [ㄴ]으로 발음한다.

콧날[콛날 → 콘날]   아랫니[아랟니 → 아랜니]
툇마루[퇻:마루 → 퇸:마루]   뱃머리[밷머리 → 밴머리]

3. 사이시옷 뒤에 '이' 음이 결합되는 경우에는 [ㄴㄴ]으로 발음한다.

베갯잇[베갣닏 → 베갠닏]   깻잎[깯닙 → 깬닙]   나뭇잎[나묻닙 → 나문닙]
도리깻열[도리깯녈 → 도리깬녈]   뒷윷[뒫ː뉻 → 뒨ː뉻]

한글 맞춤법 제4장 제4절 제30항

제30항 사이시옷은 다음과 같은 경우에 받치어 적는다.

1. 순우리말로 된 합성어로서 앞말이 모음으로 끝난 경우
   (1) 뒷말의 첫소리가 된소리로 나는 것

고랫재	귓밥	나룻배	나뭇가지	냇가	댓가지
뒷갈망	맷돌	머릿기름	모깃불	못자리	바닷가
뱃길	볏가리	부싯돌★	선짓국★	쇳조각	아랫집
우렁잇속	잇자국	잿더미	조갯살★	찻집	쳇바퀴
킷값	핏대	햇볕	혓바늘		

   (2) 뒷말의 첫소리 'ㄴ, ㅁ' 앞에서 'ㄴ' 소리가 덧나는 것

   | 멧나물 | 아랫니 | 텃마당 | 아랫마을 | 뒷머리★ |
   | 잇몸★ | 깻묵 | 냇물 | 빗물 | |

   (3) 뒷말의 첫소리 모음 앞에서 'ㄴㄴ' 소리가 덧나는 것

   | 도리깻열 | 뒷윷 | 두렛일 | 뒷일 | 뒷입맛 |
   | 베갯잇★ | 욧잇 | 깻잎 | 나뭇잎 | 댓잎 |

2. 순우리말과 한자어로 된 합성어로서 앞말이 모음으로 끝난 경우
   (1) 뒷말의 첫소리가 된소리로 나는 것

귓병	머릿방	뱃병	봇둑	사잣밥★
샛강	아랫방	자릿세	전셋집★	찻잔
찻종	촛국	콧병	탯줄	텃세
핏기	햇수	횟가루	횟배	

   (2) 뒷말의 첫소리 'ㄴ, ㅁ' 앞에서 'ㄴ' 소리가 덧나는 것

   | 곗날 | 제삿날 | 훗날 | 툇마루 | 양칫물★ |

   (3) 뒷말의 첫소리 모음 앞에서 'ㄴㄴ' 소리가 덧나는 것

   | 가욋일 | 사삿일 | 예삿일 | 훗일 |

3. 두 음절로 된 다음 한자어

   | 곳간(庫間) | 셋방(貰房) | 숫자(數字) | 찻간(車間) | 툇간(退間) | 횟수(回數)★ |

5 모음조화*

- 음운에서 'ㅗ, ㅏ' 등의 양성 모음은 양성 모음끼리, 'ㅜ, ㅓ, ㅡ, ㅣ' 등의 음성 모음은 음성 모음끼리 어울리는 현상
- 현대 국어에서는 많이 파괴되어, 의성어·의태어나 용언의 어간과 어미의 결합에서 나타남.
  예 얇다 → 얇아 / 먹다 → 먹어 / 찰랑찰랑 / 얼룩덜룩 / 아장아장 / 털썩털썩

더 알아 두기

한글 맞춤법 제4장 제2절 제16항, 제18항

제16항 어간의 끝음절 모음이 'ㅏ, ㅗ'일 때에는 어미를 '-아'로 적고, 그 밖의 모음일 때에는 '-어'로 적는다.

1. '-아'로 적는 경우

나아	나아도	나아서
막아	막아도	막아서
얇아	얇아도	얇아서
돌아	돌아도	돌아서
보아	보아도	보아서

2. '-어'로 적는 경우

개어 개어도 개어서	겪어 겪어도 겪어서	되어 되어도 되어서
베어 베어도 베어서	쉬어 쉬어도 쉬어서	저어 저어도 저어서
주어 주어도 주어서	피어 피어도 피어서	희어 희어도 희어서

제18항 다음과 같은 용언들은 어미가 바뀔 경우, 그 어간이나 어미가 원칙에 벗어나면 벗어나는 대로 적는다.

6. 어간의 끝 'ㅂ'이 'ㅜ'로 바뀔 적

깁다	기워	기우니	기웠다
굽다[炙]	구워	구우니	구웠다
괴롭다	괴로워	괴로우니	괴로웠다
맵다	매워	매우니	매웠다
무겁다	무거워	무거우니	무거웠다
밉다	미워	미우니	미웠다
쉽다	쉬워	쉬우니	쉬웠다

다만, '돕-, 곱-'과 같은 단음절 어간에 어미 '-아'가 결합되어 '와'로 소리 나는 것은 '-와'로 적는다.(그 밖의 경우는 모두 '워'로 적음.) 예 괴롭다: 괴로워, 괴로워서, 괴로웠다

| 돕다[助] | 도와 | 도와서 | 도와도 | 도왔다 |
| 곱다[麗] | 고와 | 고와서 | 고와도 | 고왔다 |

표준어 사정 원칙 제2장 제2절 제8항

제8항   양성 모음이 음성 모음으로 바뀌어 굳어진 다음 단어는 음성 모음 형태를 표준어로 삼는다.(ㄱ을 표준으로 삼고, ㄴ을 버림.)

ㄱ	ㄴ	비고
깡충-깡충★	깡총-깡총	큰말은 '껑충껑충'임.
-둥이	-동이	← 童-이. 귀-, 막-, 선-, 쌍-, 검-, 바람-, 흰-
발가-숭이	발가-송이	센말은 '빨가숭이', 큰말은 '벌거숭이, 뻘거숭이'임.
보퉁이	보통이	
봉죽	봉족	← 奉足. ~꾼, ~ 들다
뻗정-다리	뻗장-다리	
아서, 아서라	앗아, 앗아라	하지 말라고 금지하는 말
오뚝-이	오똑-이	부사도 '오뚝-이'임.
주추	주초	← 柱礎. 주춧-돌

다만, 어원 의식이 강하게 작용하는 다음 단어에서는 양성 모음 형태를 그대로 표준어로 삼는다.(ㄱ을 표준으로 삼고, ㄴ을 버림.)

ㄱ	ㄴ	비고
부조(扶助)	부주	~금, 부좃-술
사돈(査頓)	사둔	밭~, 안~
삼촌(三寸)	삼춘	시~, 외~, 처~

6 두음 법칙

한자어로 된 단어의 첫머리에 발음되는 것을 꺼려 다른 소리로 발음되는 것

> 1. 'ㄴ' 두음 법칙: 한자의 어두 'ㄴ' → 'ㅇ'
>   예 녀자 → 여자(女子), 년세 → 연세(年歲)
> 2. 'ㄹ' 두음 법칙
>   (1) 한자의 어두 'ㄹ' → 'ㅇ'
>   예 량심 → 양심(良心), 력사 → 역사(歷史)
>   (2) 한자의 어두 'ㄹ' → 'ㄴ'
>   예 락원 → 낙원(樂園), 로인 → 노인(老人)

더 알아 두기

한글 맞춤법 제3장 제5절 제10항~제12항

제10항 한자음 '녀, 뇨, 뉴, 니'가 단어 첫머리에 올 적에는, 두음 법칙에 따라 '여, 요, 유, 이'로 적는다.(ㄱ을 취하고, ㄴ을 버림.)

ㄱ	ㄴ	ㄱ	ㄴ
여자(女子)	녀자	유대(紐帶)	뉴대
연세(年歲)	년세	이토(泥土)	니토
요소(尿素)	뇨소	익명(匿名)	익명

다만, 다음과 같은 의존 명사에서는 '냐, 녀' 음을 인정한다.
냥(兩)   냥쭝(兩-)   년(年)(몇 년)

붙임 1 단어의 첫머리 이외의 경우에는 본음대로 적는다.
남녀(男女)   당뇨(糖尿)   결뉴(結紐)   은닉(隱匿)

붙임 2 접두사처럼 쓰이는 한자가 붙어서 된 말이나 합성어에서, 뒷말의 첫소리가 'ㄴ' 소리로 나더라도 두음 법칙에 따라 적는다.
신여성(新女性)   공염불(空念佛)   남존여비(男尊女卑)

붙임 3 둘 이상의 단어로 이루어진 고유 명사를 붙여 쓰는 경우에도 '붙임 2'에 준하여 적는다.
한국여자대학   대한요소비료회사

제11항 한자음 '랴, 려, 례, 료, 류, 리'가 단어의 첫머리에 올 적에는, 두음 법칙에 따라 '야, 여, 예, 요, 유, 이'로 적는다.(ㄱ을 취하고, ㄴ을 버림.)

ㄱ	ㄴ	ㄱ	ㄴ
양심(良心)	량심	용궁(龍宮)	룡궁
역사(歷史)	력사	유행(流行)	류행
예의(禮儀)	례의	이발(理髮)	리발

다만, 다음과 같은 의존 명사는 본음대로 적는다.
리(里): 몇 리냐?   리(理): 그럴 리가 없다.

붙임 1 단어의 첫머리 이외의 경우에는 본음대로 적는다.
개량(改良)   선량(善良)   수력(水力)   협력(協力)
사례(謝禮)   혼례(婚禮)   와룡(臥龍)   쌍룡(雙龍)
하류(下流)   급류(急流)   도리(道理)   진리(眞理)

다만, 모음이나 'ㄴ' 받침 뒤에 이어지는 '렬, 률'은 '열, 율'로 적는다.(ㄱ을 취하고 ㄴ을 버림.)

ㄱ	ㄴ	ㄱ	ㄴ
나열(羅列)	나렬	규율(規律)	규률
치열(齒列)	치렬	비율(比率)	비률
비열(卑劣)	비렬	실패율(失敗率)	실패률
분열(分裂)	분렬	선율(旋律)	선률
선열(先烈)	선렬	전율(戰慄)	전률
진열(陳列)	진렬	백분율(百分率)	백분률

붙임 2 외자로 된 이름을 성에 붙여 쓸 경우에도 본음대로 적을 수 있다.
신립(申砬)   최린(崔麟)   채륜(蔡倫)   하륜(河崙)

붙임 3 준말에서 본음으로 소리 나는 것은 본음대로 적는다.
국련(국제 연합)   한시련(한국 시각 장애인 연합회)

붙임 4 접두사처럼 쓰이는 한자가 붙어서 된 말이나 합성어에서, 뒷말의 첫소리가 'ㄴ' 또는 'ㄹ' 소리로 나더라도 두음 법칙에 따라 적는다.
역이용(逆利用)   연이율(年利率)   열역학(熱力學)   해외여행(海外旅行)

붙임 5 둘 이상의 단어로 이루어진 고유 명사를 붙여 쓰는 경우나 십진법에 따라 쓰는 수(數)도 '붙임 4'에 준하여 적는다.
서울여관   신흥이발관   육천육백육십육(六千六百六十六)

제12항 한자음 '라, 래, 로, 뢰, 루, 르'가 단어의 첫머리에 올 적에는, 두음 법칙에 따라 '나, 내, 노, 뇌, 누, 느'로 적는다.(ㄱ을 취하고, ㄴ을 버림.)

ㄱ	ㄴ	ㄱ	ㄴ
낙원(樂園)	락원	뇌성(雷聲)	뢰성
내일(來日)	래일	누각(樓閣)	루각
노인(老人)	로인	능묘(陵墓)	릉묘

붙임 1 단어의 첫머리 이외의 경우에는 본음대로 적는다.
쾌락(快樂)   극락(極樂)   거래(去來)   왕래(往來)
부로(父老)   연로(年老)   지뢰(地雷)   낙뢰(落雷)
고루(高樓)   광한루(廣寒樓)   동구릉(東九陵)   가정란(家庭欄)

붙임 2 접두사처럼 쓰이는 한자가 붙어서 된 단어는 뒷말을 두음 법칙에 따라 적는다.
내내월(來來月)   상노인(上老人)   중노동(重勞動)   비논리적(非論理的)

필수 음운론 단어

(1) 음절의 끝소리 규칙

　1) 홑받침

　　동녘[동녁]　　　벚꽃[벋꼳]

　2) 겹받침

　　까닭[까닥]　　　읽다[익따]　　　늙다[늑따]　　　흙에[흘게]
　　넋과[넉꽈]　　　앉다[안따]　　　얇다[얄따]　　　짧다[짤따]
　　핥다[할따]　　　훑다[훌따]　　　밟다[밥따]　　　젊다[점따]
　　넓다[널따]　　　읊다[읍따]　　　없다[업:따]　　　외곬[외골]

(2) 자음동화

　1) 비음화

　　국민[궁민]　　　등산로[등산노]　　만물[만물]　　　상견례[상견녜]
　　섭리[섬니]　　　입맛[임맏]　　　　집념[짐념]

　2) 유음화

　　광한루[광:할루]★　달나라[달라라]　　대관령[대:괄령]　　물난리[물랄리]
　　인력거[일력꺼]　　줄넘기[줄럼끼]

(3) 구개음화

　　미닫이[미다지]　　땀받이[땀바지]　　벼훑이[벼훌치]　　묻히다[무치다]
　　곧이듣다[고지듣따]

(4) 된소리되기

　　등불[등뿔]　　　발단[발딴]　　　별세[별쎄]　　　출동[출똥]
　　몰상식[몰쌍식]　　폭발력[폭빨력]　　껴안다[껴안따]　　닭고[닥꼬]
　　보듬지[보듬찌]　　없다[업따]

(5) 음운의 축약

　　끊기가[끈키가]

(6) 'ㄴ' 첨가

　　낯익은[난니근]　　내복약[내:봉냑]　　물약[물략]　　　물엿[물렫]
　　밭이랑[반니랑]　　삯일[상닐]　　　설익다[설릭따]　　솜이불[솜니불]
　　식용유[시굥뉴]　　영업용[영엄뇽]　　야금야금[야금냐금/야그먀금]
　　유들유들[유들류들]　직행열차[지캥녈차]

(7) 사이시옷

사이시옷을 표기하는 단어	사이시옷을 표기하지 않는 단어
가욋일★ 고깃배	
날갯죽지★	나루터 나무꾼
뒷머리 등굣길	뒤풀이★ 뒤태★
만둣국★ 모깃불 모퉁잇돌	마구간★ 머리기사★ 머리말★
바닷가 베갯잇★ 보릿고개 부싯돌 북엇국★	백지장 보리쌀
사잣밥 선짓국★ 소싯적★	소수점 소주잔 수라상
아랫돌 아랫집 양잿물 양칫물★ 우렁잇속★ 우윳빛 일숫돈 잇몸 잇자국	우유갑 우유병 월세방★ 인사말[인사말]
장맛비 장밋빛 전셋집 조갯살	전세방★
최댓값	초점 최소치
하굣길 하룻날 허드렛일★ 혼잣말★ 횟수★	해님 허리띠★

확인문제

01 밑줄 친 말을 소리 나는 대로 바르게 적은 것은?

① 창고[창꼬]에 물건을 가득 쌓았다.
② 머리가 짧지만[짤찌만] 여성스럽다.
③ 아이들은 정신적[정신쩍]으로 덜 자랐다.
④ 오늘은 유난히도 하늘이 맑게[막께] 개었다.
⑤ 불볕더위[불벼떠위]에 땀이 줄줄 흘러내린다.

> **해설** 받침의 발음과 다른 음운 변동 현상, 한자어의 발음을 결합한 문제 유형이다. '짧다'에서 'ㄼ'은 일반적으로 [ㄹ]로 발음한다.
> ① '창고(倉庫)'는 [창고]로 발음한다.
> ③ '정신적'에서 '적(的)'은 접사이므로 [정신적]으로 발음한다.
> ④ '맑게'는 용언의 어간 말음이 'ㄺ'이고 'ㄱ'앞에서는 [ㄹ]로 발음해야 하므로 [말께]로 발음한다.
> ⑤ '불볕더위'는 음절 끝소리 규칙이 적용된 [불볃더위]에서, 된소리되기가 적용된 [불볃떠위]로 발음한다.
>
> **정답** ②

02 다음 겹받침의 표기로 옳지 않은 것은?

① 그 남자는 키가 짤따랗다.
② 이 집은 마루가 넓직하다.
③ 실이 단추를 꿰매기엔 너무 굵다랗다.
④ 책을 보고 있는 늙직한 영감을 만났다.
⑤ 연기는 넓고 얄따랗게 벽 위로 펼쳐지면서 천장으로 빨려 올라갔다.

> **해설** 겹받침의 발음은 환경에 따른 특성과 예외적인 경우를 어문규정집의 예에서 살펴보아야 한다. '넓-'은 파생어나 합성어의 경우 [ㄹ]로 발음되는 경우에는 [ㄹ]을 표기에까지 반영하여 '널찍하다'로 표기한다.
> ① · ⑤ [ㄹ]로 발음되는 것을 표기에까지 반영한 예이다.
>
> **정답** ②

03 〈보기〉의 밑줄 친 말의 예에 해당하는 것으로 옳은 것은?

> ● 보기 ●
>
> **제40항** 어간의 끝음절 '하'의 'ㅏ'가 줄고 'ㅎ'이 다음 음절의 첫소리와 어울려 거센소리로 될 적에는 거센소리로 적는다.
> **붙임 1** 'ㅎ'이 어간의 끝소리로 굳어진 것은 받침으로 적는다.
> **붙임 2** <u>어간의 끝음절 '하'가 아주 줄 적에는 준 대로 적는다.</u>
> **붙임 3** 다음과 같은 부사는 소리대로 적는다.

① 간편케 ② 아무렇지
③ 연구토록 ④ 생각건대
⑤ 어떻든지

해설 초기의 문제는 예문에서 옳고 그름을 판별하는 문제였지만, 최근에는 어문규정집의 내용을 주고 탐구하여 답을 고르는 문제가 출제되고 있다. '생각건대'는 어간의 끝음절 '하'가 아주 줄 적에는 준 대로 적는다.
①·③ '간편케'와 '연구토록'은 어간의 끝음절 '하'의 'ㅏ'가 줄고 'ㅎ'이 다음 음절의 첫소리와 어울려 거센소리가 되므로 거센소리로 적는다.
②·⑤ '아무렇지'와 '어떻든지'는 'ㅎ'이 어간의 끝소리로 굳어진 것이므로 받침으로 적는다.

정답 ④

04 〈한글 맞춤법〉의 준말에 대한 규정을 적용한 것으로 옳지 <u>않은</u> 것은?

① 누이어 → 뉘어/누여 ② 뜨이어 → 띄어/띠여
③ 트이어 → 틔어/트여 ④ 보이어 → 뵈어/보여
⑤ 쓰이어 → 씌어/쓰여

해설 준말에 대한 규정은 자주 출제되는 문제 유형이다. 일상생활에서 잘못 사용하는 경우가 많은 만큼 오류를 범하기 쉬운 유형이나 시험에 출제된 내용을 정리해야 한다. '뜨-+-이어'의 준말은 '띄어'이다. 관용상 '띄어쓰기, 띄어 쓰다, 띄어 놓다'는 '뜨여쓰기, 뜨여 쓰다, 뜨여 놓다' 같은 형태가 사용되지 않는다.

정답 ②

05 밑줄 친 말의 표기로 적절한 것은?

① 이번 시험은 죽을 <u>쒔다</u>.
② 앞이 확 <u>틔여</u> 전망이 좋다.
③ 그 일은 생각보다 <u>만만잖다</u>.
④ 자네 덕에 생일을 잘 <u>쇠서</u> 고맙네.
⑤ 돌이켜 <u>생각컨대</u> 신입생 시절만큼 좋은 때는 없다.

해설 '쒔다'는 기본형 '쑤-'에 과거 시제 선어말 어미 '-었-'이 결합해 준말이 된 형태로 올바른 표기이다.
② 'ㅏ, ㅗ, ㅜ, ㅡ' 뒤에 '-이어'가 어울려 줄어질 적에는 준 대로 적는다는 규정에 따라 '틔어' 또는 '트여'로 표기해야 한다.
③ 어미 '-지' 뒤에 '않-'이 어울려 '-잖-'이 될 적과 '-하지' 뒤에 '않-'이 어울려 '-찮-'이 될 적에는 준 대로 적는다는 규정에 따라 '만만찮다'로 표기해야 한다.
④ 어간 모음 'ㅚ' 뒤에 '-어, -었-'이 어울려 'ㅙ, ㅙㅆ'으로 될 적에도 준 대로 적는다는 규정에 따라 '쇄서'로 표기해야 한다.
⑤ 어간의 끝음절 '하'가 아주 줄 적에는 준 대로 적는다는 규정에 따라 '생각건대'로 표기해야 한다.

정답 ①

06 〈보기〉의 밑줄 친 부분의 표기와 관계가 없는 것은?

● 보기 ●

한글 맞춤법 제5절 제34항
제34항 모음 'ㅏ, ㅓ'로 끝난 어간에 '-아/어, -았/었-'이 어울릴 적에는 준 대로 적는다.
붙임 1 'ㅐ, ㅔ' 뒤에 '-어, -었-'이 어울려 줄 적에는 준 대로 적는다.

---

① 숲 속에 산책로를 <u>냈다</u>.
② 회의 참석자의 수를 <u>셌다</u>.
③ 밥을 먹으러 식당에 <u>갔다</u>.
④ 그녀가 두부를 썰다가 손을 <u>벴다</u>.
⑤ 마지막으로 나온 사람이 이불을 <u>갰다</u>.

해설 최근 출제 경향을 보여 주는 문제 유형으로, 어문규정집을 탐구하여 적용하는 능력이 필요하다. '갔다'는 모음 'ㅏ'로 끝난 어간이므로 '제34항'에 해당하는 예이다.

정답 ③

07 밑줄 친 말의 표기로 적절하지 않은 것은?

① 비눗물에 빨래를 한참 <u>담가</u> 두었다.
② 장작에 끈을 <u>매</u> 풀어지지 않게 가져와라.
③ 내 꿈이 물거품으로 <u>돼어</u> 버릴지도 모른다.
④ 김치를 담그려고 배추를 소금물에 <u>재</u> 두었다.
⑤ 이 소설은 끝으로 갈수록 긴장감을 <u>더해</u> 갔다.

해설 한글 맞춤법의 준말 부분에서 지속적으로 출제되는 유형이다. 각 조항에서 붙임이나 예외 부분을 꼼꼼하게 살펴보아야 한다. '되어'의 줄임말은 '돼'로 표기해야 한다.
① '담그다'는 어간의 끝 'ㅜ, ㅡ'를 준 대로 적어야 하므로, '담가'로 써야 한다.
②·④ '매다'와 '재다'는 어간 '매-'와 '재-'에 연결 어미 '-어'가 결합한 것으로, 본말은 '매어'와 '재어'이고, 준말의 형태로 '매'와 '재'를 쓴다.
⑤ '더하여'에서 '하여'가 한 음절로 줄어서 '해'가 되므로, '더해'로 쓴다.

정답 ③

08 밑줄 친 말의 표기가 적절하지 않은 것은?

① 괜히 <u>섣부른</u> 짓 하지 마라.
② 고생을 많이 해서 10년은 <u>겉늙어</u> 보인다.
③ 부모가 <u>벋놓아서</u> 기른 자식은 버릇이 없다.
④ 어머니는 <u>반짇고리</u>에 정성스레 담아 놓은 헝겊을 요긴하게 쓰셨다.
⑤ 그녀는 젊은 나이임에도 불구하고 이마와 눈가에 <u>잣다랗게</u> 주름이 잡혔다.

해설 합성어와 접두사가 붙은 말의 규칙을 묻는 문제이다. 한글 맞춤법의 내용과 일치하는 부분으로, 어문규정집에 대한 학습이 중요하다. ⑤는 한글 맞춤법 제29항 끝소리가 'ㄹ'인 말과 딴 말이 어울릴 적에 'ㄹ' 소리가 'ㄷ' 소리로 나는 것은 'ㄷ'으로 적는다는 규정에 따른 것이므로 '잗다랗다'가 바른 표기이다.
①·④ '섣부르다'와 '반짇고리'는 끝소리가 'ㄹ'인 말과 딴 말이 어울릴 적에 'ㄹ' 소리가 'ㄷ' 소리로 나는 것은 'ㄷ'으로 적는다는 규정에 따라 바르게 표기한 것이다.
②·③ '겉늙다'와 '벋놓다'는 둘 이상의 단어가 어울리거나 접두사가 붙어서 이루어진 말은 각각 그 원형을 밝히어 적는다는 규정에 따라 바르게 표기한 것이다.

정답 ⑤

09 밑줄 친 말의 표기가 모두 옳은 것은?

① <u>최대값</u>의 <u>횟수</u>를 구하시오.
② 간단한 <u>인삿말</u>을 마치고 <u>아랫집</u>으로 향했다.
③ <u>전세방</u>에 누운 그는 <u>베갯잇</u>에 눈물을 적셨다.
④ 그는 <u>소싯적</u>에 낚시를 하러 <u>나룻터</u>를 자주 찾았다.
⑤ <u>머릿기사</u>의 내용은 <u>보리고개</u>에 관련된 내용이었다.

해설 주된 문제의 유형은 사이시옷의 표기와 관련된 내용이다. 합성어의 형성에서 앞의 단어와 뒤의 단어 중 하나라도 고유어가 있으면 사이시옷을 표기해야 한다. 그러나 각각의 단어가 고유어인지 한자어인지에 대한 구분이 어려운 경우가 있으므로 자주 나오는 단어에 주의를 기울여야 한다. '전세방'은 '전세(傳貰) + 방(房)'으로 모두 한자어이기 때문에 사이시옷을 받치어 적지 않고, '베갯잇'은 순우리말로 된 합성어로 사이시옷을 받치어 적는다.
① '최댓값'은 '최대(最大) + 값'으로 [최:대깝/췌:댄깝]이므로 사이시옷을 받치어 적는다. '횟수(回數)'는 한자어로만 결합된 단어이지만, 예외의 경우로 사이시옷을 받치어 적는다.
② '인사말'은 '인사로 하는 말, 또는 인사를 차려 하는 말'로 사이시옷을 받치어 적지 않고, 표준 발음 또한 [인사말]이다. '아랫집'은 고유어로 된 합성어에서 뒷말의 첫소리가 [아래찝/아랟찝]처럼 된소리로 나기 때문에 사이시옷을 받치어 적는다.
④ '소싯적'은 '少時 + 적'으로 [소:시쩍/소:싣쩍]이므로, 사이시옷을 받치어 적는다. '나루터'는 고유어로 된 합성어에서 뒷말의 첫소리가 거센소리이므로, 사이시옷을 붙이지 않는다.
⑤ '머리기사'는 '머리 + 기사(記事)'의 형태로 사이시옷을 받치어 적어야 하지만, '머리'가 '말, 글자, 기사'와 결합하여 만들어진 말들은 [머리말], [머리글짜], [머리기사]와 같이 발음되므로 사이시옷을 받치어 적지 않고 '머리말, 머리글자, 머리기사'와 같이 적는다. '보릿고개'는 고유어로 이루어진 합성어로 사이시옷을 받치어 적어야 한다.

정답 ③

10 〈보기〉의 밑줄 친 말의 예로 적절하지 않은 것은?

• 보기 •

모음 조화란 양성 모음은 양성 모음끼리, 음성 모음은 음성 모음끼리 어울리는 현상이다. 과거에는 엄격하게 지켜졌지만, <u>현재는 많이 파괴되었다.</u>

① 맞어
② 쌍둥이
③ 차가워
④ 깡충깡충
⑤ 아름다워

해설 우리말의 특성 중 모음조화에 대한 이해를 묻는 문제이다. 모음조화는 15세기까지는 잘 지켜졌으나, 현대 국어에서는 많은 부분이 파괴되어 지켜지지 않는 경우가 많다. 또한 일상생활의 발음에서 의도적인 파괴가 일어나는 경우가 있어서 이에 대한 주의가 필요하다. 현실음에서 모음조화가 파괴된 형태인 '맞어[마저]'로 표기하고 발음하는 경우가 있지만, 모음조화가 지켜진 형태인 '맞아'가 맞는 표기이다.
② · ④ '쌍둥이'와 '깡충깡충'은 양성 모음끼리 결합된 형태인 '쌍동이'와 '깡총깡총'에서 온 말이지만, 모음조화가 파괴된 형태를 표준어로 삼고 있다.(표준어 규정 제8항)
③ · ⑤ '차가워'와 '아름다워'는 어간의 끝에 'ㅂ'이 오지만 단음절 어간이 아니므로 모음조화가 파괴된 형태 '워'를 표준어로 삼고 있다.

정답 ①

11 밑줄 친 말의 표기로 적절하지 않은 것은?

① 백분율로 나눈 수를 단위로 사용한다.
② 조선 시대는 남존녀비 사상이 팽배했다.
③ 강원도의 고랭지 감자는 맛이 뛰어나다.
④ 여기서 얼을골까지 몇 리를 걸어야 합니까?
⑤ 한글 맞춤법의 변경된 내용은 내내월에 발표할 예정이다.

해설 두음 법칙의 기본적인 규칙을 묻는 문제이다. 음운 변동 현상에서는 기본적인 개념을 꼭 확인해야 한다. '남존여비(男尊女卑)'는 '남존'과 '여비'가 결합한 구조이므로 뒷말의 첫소리가 'ㄴ' 소리로 나더라도 두음 법칙에 따라 적는다.(한글 맞춤법 제3장 제10항)
① '백분율(百分率)'은 '율/률'을 'ㄴ' 뒤에서 '율'로 적는다.(한글 맞춤법 제3장 제11항)
③ '고랭지(高冷地)'는 두음에 'ㄹ'이 쓰인 형태가 아니므로, 두음 법칙을 적용받지 않는다.
④ '리(里)'는 의존 명사이므로 두음 법칙의 적용을 받지 않는다.(한글 맞춤법 제3장 제11항)
⑤ '내내월(來來月)'은 접두사처럼 쓰이는 한자가 붙어서 된 단어이므로, 두음 법칙에 따라 적는다.(한글 맞춤법 제3장 제12항)

정답 ②

제3장 단어

제3편 어법

제1절 형태소

> 🔍 **기출 미리보기**
> ⋯▸ 단어를 이해하기 위해 기본적으로 알아야 할 개념이니 잘 이해해 두세요!

(1) 형태소: 뜻을 가진 가장 작은 말의 단위

(2) 형태소의 종류

기준	종류	개념	품사
자립성의 유무에 따라	자립 형태소	다른 형태소의 도움 없이 홀로 쓰일 수 있는 형태소	명사, 대명사, 수사, 관형사, 부사, 감탄사
	의존 형태소	자립성이 없어 반드시 다른 형태소와 함께 쓰이는 형태소	조사, 용언의 어간·어미, 접사
의미나 기능에 따라	실질 형태소	실질적인 의미를 지닌 형태소	자립 형태소, 용언의 어간
	형식 형태소	실질 형태소에 붙어서 문법적 관계나 형식적 의미를 더해 주는 형태소	조사, 용언의 어미, 접사

제2절　단어

> **기출 미리보기**
>
> 1. 단어의 형성
>   (1) 통사적 · 비통사적 합성어, 대등 · 종속 · 융합 합성어
>   (2) 사동 · 피동 접사, 생산적 · 비생산적 접사
>   (3) 파생 접사와 전성 어미(파생 명사와 용언의 명사형)
> 2. 품사
>   (1) 동사와 형용사
>   1) '있다'의 품사 구분　　　　2) 용언의 활용형
>   3) 불규칙 활용　　　　　　　4) 자동사와 타동사
>   5) 능격 동사
>   (2) 부사
>   1) 성분 부사　　　　　　　　2) 어휘적 · 통사적 부사화
>   (3) 조사
>   1) 격 조사와 보조사 구분　　2) 조사 '의, 에, 까지, 으로'의 쓰임과 의미

(1) 단어: 의미를 지닌 자립할 수 있는 말이나, 자립 형태소에 붙어서 쉽게 분리할 수 있는 말

(2) 단어의 형성

```
단어 ┬ 단일어: 하나의 어근으로 된 단어  예 집, 사람, 하늘, 예쁘다
     └ 복합어: 둘 이상의 어근이나, 어근과 접사가 결합하여 이루어진 단어
              ┌ 합성어(어근 + 어근): 두 개 이상의 어근으로 이루어진 단어
              │   예 밤낮, 새해, 큰아버지, 날아가다
              └ 파생어(접두사 + 어근, 어근 + 접미사): 어근에 접사가 붙어서 이루어진 단어
                  예 날고기, 덧버선, 욕심쟁이, 먹이
```

1 합성법에 의한 단어 형성

(1) 합성법의 유형

1) **통사적 합성어:** 우리말의 일반적인 단어 배열법과 일치하는 합성어
   예 작은형(관형사형 + 명사), 본받다(목적어 + 서술어)

2) **비통사적 합성어:** 우리말의 일반적인 단어 배열법과 다르게 결합된 합성어
   예 접칼(동사 어간 + 명사), 덮밥(동사 어간 + 명사) ★
   → 용언의 어간과 명사는 직접 결합할 수 없음

(2) 합성어의 종류

종류	개념	예
대등 합성어	앞 성분과 뒤 성분이 본래의 의미를 유지하면서 대등한 관계를 띠는 형태	앞뒤, 부모, 오가다
종속 합성어	앞 성분이 뒤 성분을 수식하는 형태	비빔밥, 할미꽃, 돌다리, 빌어먹다
융합 합성어	앞 성분과 뒤 성분이 원래의 의미를 잃어버리고 새로운 의미로 사용되는 형태	연세(나이를 높임), 춘추(나이), 밤낮(항상), 피땀(노력)

(3) 합성어의 분류

1) 합성 명사

유형	구성 방식	예
통사적 합성어	명사 + 명사	밤낮, 꽃병, 돌다리, 산나물
	관형사 + 명사	새해, 첫사랑
	관형사형 + 명사	큰집, 찬물, 젊은이, 작은형
비통사적 합성어	용언 어간 + 명사	늦잠, 접칼, 덮밥
	의태 부사 + 명사	산들바람, 척척박사, 촐랑새

2) 합성 동사

유형	구성 방식	예
통사적 합성어	주어 + 서술어(동사): 주격 조사 생략	철들다, 겁나다, 힘들다
	동사 + 연결 어미 + 동사	돌아가다, 뛰어가다
	부사어 + 서술어(동사): 부사격 조사 생략	앞서다, 뒤서다, 남부끄럽다
비통사적 합성어	동사 어간 + 동사 어간	여닫다, 굶주리다, 오르내리다

3) 합성 형용사

유형	구성 방식	예
통사적 합성어	주어 + 서술어(형용사)	낯설다, 형편없다
	부사어 + 서술어(형용사)	못나다, 잘나다, 더하다
비통사적 합성어	형용사 어간 + 형용사 어간	굳세다, 검푸르다, 높푸르다

4) 합성 부사

유형	구성 방식	예
통사적 합성어	명사 + 명사	밤낮, 오늘날, 여기저기
	관형사 + 명사	어느새, 한바탕
	부사 + 부사	잘못, 곧잘, 이리저리
	반복 합성어	집집, 철썩철썩, 울긋불긋, 살랑살랑

2 파생법에 의한 단어 형성

(1) 어근과 접사
1) 어근: 단어를 형성할 때 실질적 의미를 나타내는 중심 부분
2) 접사: 어근에 붙어서 그 뜻을 제한하거나 어근의 품사를 바꾸는 부분
   - 위치에 따라
     - 접두사: 어근 앞에 오는 접사 예 맨손, 덧신
     - 접미사: 어근 뒤에 오는 접사 예 밝기, 멋쟁이
   - 기능에 따라
     - 한정적 접사: 어근의 뜻만 제한하는 접사 예 날고기, 햇과일
     - 지배적 접사: 어근에 붙어 품사를 바꾸는 접사 예 넓이, 덮개

(2) 접두사에 의한 파생어
- 접두사 + 어근의 구조로 된 파생어
- 접두사는 뒤에 오는 어근의 의미를 제한하고, 어근의 품사를 바꾸지 않음.

접두사	의미와 예
강-	1. '다른 것이 섞이지 않고 그것만으로 이루어진'의 뜻을 더하는 접두사 예 강굴, 강술, 강참숯
	2. '마른' 또는 '물기가 없는'의 뜻을 더하는 접두사 예 강기침, 강서리
	3. '억지스러운'의 뜻을 더하는 접두사 예 강울음, 강호령
개-	1. 야생 상태의, 질이 떨어지는, 흡사하지만 다른 예 개떡, 개살구
	2. 헛된, 쓸데없는 예 개꿈, 개수작, 개죽음
	3. 정도가 심한 예 개망나니
겉-	1. 겉으로만 보아 대강 한다. 예 겉대중, 겉어림
	2. 실속과는 달리 겉으로만 그러하다. 예 겉치레, 겉멋
	3. 어울리거나 섞이지 않고 따로 예 겉돌다, 겉놀다
	4. 껍질을 벗기지 않은 채로 그냥 예 겉보리, 겉밤

군-	1. 쓸데없는 예 군말, 군살, 군침
	2. 가외로 더한, 덧붙은 예 군사람, 군식구
날-	1. 말리거나 익히거나 가공하지 않은 예 날것, 날김치, 날고기
	2. 지독한 예 날강도, 날건달
	3. 교육을 받지 않았거나 경험이 없어 어떤 일에 서투른 예 날뜨기
덧-★	1. 거듭된, 겹쳐 신거나 입는 예 덧니, 덧버선, 덧신
	2. 거듭, 겹쳐 예 덧대다★, 덧붙이다
되-	1. '도로'의 뜻을 더하는 접두사 예 되돌아가다, 되찾다, 되팔다
	2. '도리어' 또는 '반대로'의 뜻을 더하는 접두사 예 되잡다, 되잡히다
	3. '다시'의 뜻을 더하는 접두사 예 되살리다, 되새기다, 되찾다
드-	'심하게' 또는 '높이'의 뜻을 더하는 접두사 예 드넓다, 드높다, 드세다
들-	1. 야생으로 자라는 예 들깨, 들국화, 들장미, 들개
	2. 무리하게 힘을 들여, 마구, 몹시 예 들끓다, 들볶다
맨-	다른 것이 없는 예 맨발, 맨주먹, 맨땅
민-	1. 꾸미거나 딸린 것이 없는 예 민얼굴, 민가락지, 민저고리
	2. 그것이 없음, 그것이 없는 것 예 민소매, 민무늬
	3. (옛말) 미리 치른, 미리 데려온 예 민며느리
새/샛-	매우 짙고 선명하게 예 새까맣다, 새하얗다, 샛노랗다, 샛말갛다
생(生)-	1. 익지 아니한 예 생김치, 생쌀
	2. 물기가 아직 마르지 아니한 예 생나무, 생가지
	3. 가공하지 아니한 예 생맥주, 생모시
	4. 억지스러운, 공연한 예 생고생, 생이별
선-	1. 서툰, 충분치 않은 예 선무당, 선웃음, 선잠
	2. 先: 앞선 예 선이자, 선보름
	3. 先: 이미 죽은 예 선대인, 선대왕
알-	1. 겉을 덮어 싼 것이나 딸린 것을 다 제거한 예 알몸, 알밤, 알토란
	2. 진짜, 알짜 예 알거지, 알부자
엿-	몰래 예 엿보다, 엿듣다

접사	의미와 예
올-	1. (곡식이나 열매 앞에 붙어) 생육 일수가 짧아 빨리 여무는 예 올밤, 올콩, 올벼
	2. (몇몇 동사 앞에 붙어) 빨리 예 올되다
중(重)-	1. 무거운 예 중공업, 중금속, 중장비
	2. 심한 예 중환자, 중노동
	3. 겹친 예 중모음, 중탄산나트륨
짓-	1. 마구, 함부로, 몹시 예 짓누르다, 짓밟다, 짓이기다
	2. 심한 예 짓고생, 짓망신
참-	1. 진짜, 진실하고 올바른 예 참사랑, 참뜻
	2. 품질이 우수한 예 참먹, 참숯
치-★	위로 향하게, 위로 올려 예 치뜨다★, 치닫다, 치받다
풋-	1. 처음 나온, 덜 익은 예 풋고추, 풋과실, 풋나물
	2. 미숙한, 깊지 않은 예 풋사랑, 풋잠
한-★	1. 큰 예 한걱정★, 한시름, 한길
	2. 정확한, 한창인 예 한복판★, 한겨울★, 한낮★, 한잠★
	3. 같은 예 한패, 한마을, 한집안
	4. 바깥 예 한데★
	5. 끼니때 밖 예 한저녁, 한음식
홀-	한 겹으로 된, 하나인, 혼자인 예 홀이불, 홀몸, 홀옷
헛-	1. 이유 없는, 보람 없는 예 헛걸음, 헛고생, 헛수고
	2. 보람 없이, 잘못 예 헛살다, 헛디디다

(3) 접미사에 의한 파생어: 접미사는 의미도 제한하고, 품사도 바꿀 수 있음.

1) 명사 파생 접미사

접미사	의미와 예
-개★	사람, 간단한 도구 예 오줌싸개, 날개★, 덮개★
-꾼★	1. 어떤 일을 전문적으로 하는 사람, 어떤 일을 잘하는 사람 예 소리꾼, 살림꾼
	2. 어떤 일을 습관적으로 하는 사람, 어떤 일을 즐겨 하는 사람 예 낚시꾼, 난봉꾼
	3. 어떤 일 때문에 모인 사람 예 구경꾼, 일꾼★
	4. '어떤 일을 하는 사람'을 낮잡아 이르는 말 예 건달꾼, 도망꾼, 뜨내기꾼
	5. 어떤 사물이나 특성을 많이 가진 사람 예 재주꾼, 만석꾼, 꾀꾼

-기	1. 器: 도구, 기구 예 녹음기, 주사기	
	2. 器: 그러한 활동을 위한 기관 예 호흡기, 소화기	
	3. 機: 그런 기능을 하는 기계 장비 예 비행기, 이앙기	
	4. 명사를 만드는 접미사 예 달리기, 굵기	
	5. 기운, 느낌, 성분 예 시장기, 기름기	
-내기	1. 그 지역에서 태어나고 자라서 그 지역 특성을 지니고 있는 사람의 뜻을 더하는 접미사 예 서울내기, 시골내기	
	2. 그런 특성을 지닌 사람, 흔히 그런 사람을 낮잡아 이를 때 예 풋내기, 신출내기	
-님★	1. 높임 예 선생님, 총장님	
	2. 그 대상을 인격화하여 높임 예 달님, 별님	
-막★	그렇게 된 곳이라는 뜻을 더하고 명사를 만드는 접미사 예 오르막, 내리막	
-발	1. 기세 또는 힘 예 끗발, 말발	
	2. 효과 예 약발, 화장발	
-발(發)	그곳에서 떠남 또는 그 시간에 떠남. 예 대전발 완행열차, 3월 12일발 내외 통신	
-보	1. 그것을 특성으로 지닌 사람 예 꾀보, 싸움보, 잠보	
	2. 그러한 행위를 특성으로 지닌 사람의 뜻을 더하고 명사를 만드는 접미사 예 먹보, 울보, 째보	
	3. 그러한 특징을 지닌 사람 예 땅딸보, 뚱뚱보	
-음	명사를 만드는 접미사 예 믿음, 웃음, 걸음	
-이★	1. (몇몇 형용사, 동사 어간 뒤에 붙어) 명사를 만드는 접미사 예 길이, 높이, 먹이	
	2. (몇몇 명사와 동사 어간의 결합형 뒤에 붙어) '사람', '사물', '일'의 뜻을 더하고 명사를 만드는 접미사 예 젖먹이, 때밀이	
	3. (몇몇 명사, 어근, 의성·의태어 뒤에 붙어) '사람' 또는 '사물'의 뜻을 더하고 명사를 만드는 접미사 예 똑똑이, 짝짝이, 절름발이	
-잡이★	1. 무엇을 잡는 일 예 멸치잡이★, 고기잡이	
	2. 무엇을 다루는 사람 예 총잡이, 칼잡이	
-쟁이	그것이 나타내는 속성을 많이 가진 사람 예 멋쟁이, 겁쟁이, 고집쟁이	

-질★	1. 그 도구를 가지고 하는 일 예 망치질★, 바느질★, 걸레질	
	2. 그 신체 부위를 이용한 어떤 행위 예 곁눈질, 손가락질, 입질	
	3. 직업이나 직책에 비하하는 뜻을 더하는 접미사 예 선생질, 목사질	
	4. 주로 좋지 않은 행위에 비하하는 뜻을 더하는 접미사 예 계집질, 노름질	
	5. 그것을 가지고 하는 일, 그것과 관계된 일 예 물질, 풀질, 불질	
	6. 그런 소리를 내는 행위 예 딸꾹질, 뚝딱질, 수군덕질	
-치	1. 물건 예 날림치, 당년치	
	2. 値: 값 예 평균치, 기대치, 최고치	
	3. (일부 동사 어간 뒤에 붙어) '강조'의 뜻을 더하는 접미사 예 넘치다, 밀치다	

더 알아 두기

한글 맞춤법 제6장 제54항

제54항 다음과 같은 접미사는 된소리로 적는다.(ㄱ을 취하고, ㄴ을 버림)

ㄱ	ㄴ	ㄱ	ㄴ
심부름꾼	심부름군	**귀때기**	귓대기
익살꾼	익살군	**볼때기**	볼대기
일꾼	일군	**판자때기**	판잣대기
장꾼	장군	**뒤꿈치**	뒤굼치
장난꾼	장난군	**팔꿈치**	팔굼치
지게꾼	지겟군	**이마빼기**	이맛배기
때깔	땟깔	**코빼기**	콧배기
빛깔	빛갈	**객쩍다**	객적다
성깔	성갈	**겸연쩍다**	겸연적다

파생 명사와 명사형 어미★

구분		파생 명사	명사형 어미
형태		'-음/ㅁ'	'-음/ㅁ'
품사 바뀜		○(명사)	×(동사 또는 형용사)
구분 방법	① 서술성	×	○
	② 부사의 수식	×	○
	③ 선어말 어미(시제, 높임)	×	○
	예 어려운 환경에서 <u>꿈</u>을 <u>꿈</u>. / <u>잠</u>을 일찍 <u>잤음</u>. 　　　　　　　　(파생 명사) (명사형) (파생 명사)　(명사형)		

용언의 명사형(환경에 따른 명사형 어미 '-음/ㅁ')

1. '-음'
   (1) 어간에 받침이 있는 용언 예 있다(있음)
   (2) 'ㅅ'불규칙 용언 예 낫다(나음)
   (3) 'ㄷ'불규칙 용언 예 걷다(걸음)

2. '-ㅁ'
   (1) 모음이나 'ㄹ'로 끝나는 어간 예 가다(감) / 날다(낢)
   (2) 'ㅂ' 불규칙 용언의 어간 예 곱다(고움)
   (3) 'ㅎ' 불규칙 용언의 어간 예 빨갛다(빨감)
   (4) 서술격 조사 '이다'의 어간 예 것이다(것임)

생산적 접사와 비생산적 접사

1. 생산적 접사: 다양한 어근과 함께 쓸 수 있는 접사 예 지우<u>개</u>, 먹<u>이</u>, 달리<u>기</u>, 정성<u>껏</u>
2. 비생산적 접사: 일부의 제한된 어근과 결합하는 접사 예 오르<u>막</u>, 내리<u>막</u>

2) 동사 파생 접미사

접미사	의미와 예
-뜨리다 /트리다	(몇몇 동사의 '-아/어' 연결형 또는 어간 뒤에 붙어) '강조'의 뜻을 더하는 접미사 예 깨뜨리다, 밀어뜨리다
-이/히/리/기/ 우/구/추-	동사를 사동사로 만드는 사동 접미사 예 기울다(기울<u>이</u>다) / 눕다(눕<u>히</u>다) / (손에) 들다(들<u>리</u>다) / 맡다(맡<u>기</u>다) / 피다(피<u>우</u>다) / 솟다(솟<u>구</u>다) / 낮다(낮<u>추</u>다)
-시키다	(서술성을 가지는 일부 명사 뒤에 붙어) '사동'의 뜻을 더하고 동사를 만드는 접미사 예 공부<u>시키</u>다, 등록<u>시키</u>다
-이/히/리/기-	동사를 피동사로 만드는 피동 접미사 예 트다(트<u>이</u>다) / 먹다(먹<u>히</u>다) / 들다(들<u>리</u>다) / 안다(안<u>기</u>다)
-되다	(서술성을 가진 일부 명사 뒤에 붙어) '피동'의 뜻을 더하고 동사를 만드는 접미사 예 가결<u>되</u>다, 사용<u>되</u>다

3) 형용사 파생 접미사

접미사	의미와 예
-롭다	(모음으로 끝나는 일부 명사 뒤에 붙어) '그러함.' 또는 '그럴만함.'의 뜻을 더하고 형용사를 만드는 접미사 예 향기롭다, 신비롭다
-답다	(일부 명사 또는 명사구 뒤에 붙어) '성질이나 특성이 있음'의 뜻을 더하고 형용사를 만드는 접미사 예 남자답다, 사람답다
-스럽다	(일부 명사 뒤에 붙어) '그러한 성질이 있음.'의 뜻을 더하고 형용사를 만드는 접미사 예 복스럽다, 자랑스럽다
-다랗다	(일부 형용사 어간 뒤에 붙어) '그 정도가 꽤 뚜렷함.'의 뜻을 더하는 접미사 예 좁다랗다, 굵다랗다

4) 동사와 형용사 파생 접미사

접미사	의미와 예
-되다	1. (서술성을 가진 일부 명사 뒤에 붙어) '피동'의 뜻을 더하고 동사를 만드는 접미사 예 가결되다, 사용되다
	2. (몇몇 명사, 어근, 부사 뒤에 붙어) 형용사를 만드는 접미사 예 참되다, 못되다
-하다	1. (일부 명사 뒤에 붙어) 동사를 만드는 접미사 예 공부하다, 생각하다, 빨래하다
	2. (일부 명사 뒤에 붙어) 형용사를 만드는 접미사 예 건강하다, 순수하다, 정직하다
	3. (의성·의태어 뒤에 붙어) 동사나 형용사를 만드는 접미사 예 덜컹덜컹하다, 반짝반짝하다, 소곤소곤하다
	4. (의성·의태어 이외의 일부 성상 부사 뒤에 붙어) 동사나 형용사를 만드는 접미사 예 달리하다, 돌연하다, 빨리하다
	5. (몇몇 어근 뒤에 붙어) 동사나 형용사를 만드는 접미사 예 흥하다, 망하다, 착하다
	6. (몇몇 의존 명사 뒤에 붙어) 동사나 형용사를 만드는 접미사 예 체하다, 척하다, 뻔하다

5) 부사 파생 접미사

접미사	의미와 예
-이*	1. (일부 형용사 어간 뒤에 붙어) 부사를 만드는 접미사 예 많이, 같이, 높이
	2. (일부 음절 명사의 반복 구성 뒤에 붙어) 부사를 만드는 접미사 예 집집이, 나날이, 다달이
	3. (일부 형용사 어근이나 어간 뒤에 붙어) 부사를 만드는 접미사 예 깊숙이, 수북이, 끔찍이, 많이
	4. (일부 1음절 명사의 반복 구성 뒤에 붙어) 부사를 만드는 접미사 예 집집이, 나날이, 다달이

-히★	형용사의 어근이나 '-하다'가 붙어 형용사가 되는 어근 뒤에 붙어) 부사를 만드는 접미사 예 조용히, 무사히, 나란히
-껏	1. (몇몇 명사 뒤에 붙어) '그것이 닿는 데까지'의 뜻을 더하고 부사를 만드는 접미사 예 마음껏, 정성껏, 한껏
	2. (때를 나타내는 몇몇 부사 뒤에 붙어) '그때까지 내내'의 뜻을 더하는 접미사 예 지금껏

더 알아 두기

한글 맞춤법 제4장 제3절 제19항~20항, 25항, 제6장 제51항

제19항 어간에 '-이'나 '-음/ㅁ'이 붙어서 명사로 된 것과 '-이'나 '-히'가 붙어서 부사로 된 것은 그 어간의 원형을 밝히어 적는다.

1. '-이'가 붙어서 명사로 된 것★

   길이 깊이 높이 다듬이 땀받이
   달맞이 먹이 미닫이 벌이 벼훑이
   살림살이 쇠붙이

2. '-음/ㅁ'이 붙어서 명사로 된 것

   걸음 묶음 믿음 얼음 엮음
   울음 웃음 졸음 죽음 앎

3. '-이'가 붙어서 부사로 된 것

   같이 굳이 길이★ 높이★
   많이 실없이 좋이 짓궂이

4. '-히'가 붙어서 부사로 된 것

   밝히 익히★ 작히

제20항 명사 뒤에 '-이'가 붙어서 된 말은 그 명사의 원형을 밝히어 적는다.

1. 부사로 된 것

   곳곳이 낱낱이 몫몫이 샅샅이 앞앞이 집집이

2. 명사로 된 것

   곰배팔이 바둑이 삼발이 애꾸눈이 육손이
   절뚝발이/절름발이

붙임 '-이' 이외의 모음으로 시작된 접미사가 붙어서 된 말은 그 명사의 원형을 밝히어 적지 아니한다.

   꼬락서니 끄트머리 모가치 바가지 바깥
   사타구니 싸라기 이파리 지붕 지푸라기 짜개

제25항 '-하다'가 붙는 어근에 '-히'나 '-이'가 붙어서 부사가 되거나, 부사에 '-이'가 붙어서 뜻을 더하는 경우에는 그 어근이나 부사의 원형을 밝히어 적는다.

1. '-하다'가 붙는 어근에 '-히'나 '-이'가 붙는 경우

   급히 꾸준히★ 도저히 딱히 어렴풋이 깨끗이

붙임 '-하다'가 붙지 않는 경우에는 소리대로 적는다.
갑자기   반드시(꼭)   슬며시

2. 부사에 '-이'가 붙어서 역시 부사가 되는 경우
곰곰이★   더욱이   생긋이   오뚝이   일찍이   해죽이

제51항 부사의 끝음절이 분명히 '이'로만 나는 것은 '-이'로 적고, '히'로만 나거나 '이'나 '히'로 나는 것은 '-히'로 적는다.

1. '이'로만 나는 것 → '이'로 적기

가붓이	깨끗이★	나붓이	느긋이	둥긋이	따뜻이
반듯이	버젓이★	산뜻이	의젓이	가까이	고이
날카로이	대수로이	번거로이	많이	적이	헛되이
겹겹이	번번이	일일이	집집이	틈틈이★	

---

1. '이'로 적는 것

(1) 겹쳐 쓰인 명사 뒤
간간이	겹겹이	골골샅샅이	곳곳이	길길이	나날이
다달이	땀땀이	몫몫이	번번이	샅샅이	알알이
앞앞이	줄줄이	짬짬이★	철철이		

(2) 'ㅅ' 받침 뒤
| 기웃이 | 나긋나긋이 | 남짓이 | 뜨뜻이 | 버젓이 |
| 번듯이 | 빠듯이 | 지긋이 | 느긋이★ | |

(3) 'ㅂ' 불규칙 용언의 어간 뒤
| 가벼이 | 괴로이★ | 기꺼이 | 너그러이 | 부드러이 |
| 새로이 | 쉬이 | 외로이 | 즐거이 | |

(4) '-하다'가 붙지 않는 용언 어간 뒤
| 같이 | 굳이 | 길이 | 깊이 | 높이 |
| 많이 | 실없이 | 적이 | 헛되이 | |

(5) 부사 뒤 ※ 한글 맞춤법 제25항 2 참고
| 곰곰이 | 더욱이 | 생긋이 | 오뚝이 | 일찍이 | 히죽이 |

---

2. '히'로만 나는 것 → '히'로 적기

| 극히 | 급히 | 딱히 | 속히 | 작히 |
| 족히 | 특히 | 엄격히 | 정확히★ | |

---

2. '히'로 적는 것

(1) '-하다'가 붙는 어근 뒤 ※ 단, 'ㅅ' 받침 제외
극히★	급히	딱히	속히★	족히	엄격히★
정확히	간편히	고요히	공평히	과감히	급급히★
꼼꼼히★	나른히	능히	답답히	솔직히★	

> (2) '-하다'가 붙는 어근에 '-히'가 결합하여 된 부사가 줄어진 형태
> (익숙히 →)익히★   (특별히 →)특히
> (3) 어원적으로는 '-하다'가 붙지 않는 어근에 부사화 접미사가 결합한 형태로 분석되더라도, 그 어근 형태소의 본뜻이 유지되고 있지 않은 단어의 경우는 익어진 발음 형태대로 '히'로 적는다.
> 작히(어찌 조금만큼만, 얼마나)

3. '이, 히'로 나는 것 → '히'로 적기

솔직히★	가만히★	간편히	나른히	무단히
각별히	소홀히	쓸쓸히	정결히★	과감히
꼼꼼히★	심히	열심히	급급히★	답답히
섭섭히	공평히	능히	당당히	분명히
상당히	조용히	간소히	고요히	도저히

신어(新語) 형성 방법 ※ 제1편 제5장 참고(순화어)

1. 신어: 전에 없던 개념이나 사물을 표현하기 위해서 만들기도 하지만 이미 있던 개념이나 사물일지라도 그것을 표현하던 말의 표현력이 감소했을 때, 신선한 새 맛을 가진 말로 바꾸려는 대중적 욕구에 의해서 생겨난 말

2. 신어 형성 방법
   (1) 합성
      1) 고유어 + 고유어
         ① 명사 + 명사 예 그림말(이모티콘), 길도우미(내비게이션)
         ② 부사 + 명사 예 다걸기(올인), 두루누리★(유비쿼터스)
         ③ 명사 + 명사 예 떡잔디, 물깔창, 불닭★, 밤도깨비, 밑걸림, 배바지★
      2) 고유어 + 한자어
         ① 명사 + 명사 예 새싹채소(--菜蔬)★(베이비채소), 새집증후군(--症候群)★, 쓰레기만두(---饅頭)
         ② 어간 + 명사 예 어울통신(--通信)(로밍)
         ③ 명사형/어근 + 명사 예 꾸림정보(--情報)(콘텐츠), 덖음차(--茶), 싱싱회(--膾)
         ④ 부사형 + 명사 예 이래서야정국(----政局)
      3) 한자어 + 고유어
         ① 명사 + 명사 예 명품개(名品-), 자동길(自動-)★(무빙워크), 공갈젖꼭지(恐喝---)★
         ② 명사 + 명사형 예 문잡이(門--)
      4) 한자어 + 한자어
         ① 명사 + 명사 예 도시농부(都市農夫), 대리운전(代理運轉)★, 태반주사(胎盤注射)
         ② 어근 + 명사 예 반려동물(伴侶動物), 기숙과외(寄宿課外)
      5) 고유어 + 외래어
         ① 명사 + 명사 예 맞춤버스(--bus), 올빼미투어(---tour), 곱창밴드(--band)
         ② 명사 + 어근 예 올챙이송(---song), 당근송(--song)
      6) 외래어 + 고유어 예 바나나똥(banana-), 에어컨옷(air conditioner-)

7) 한자어 + 외래어
　① 명사 + 명사 예 보행벨트(步行belt), 온달콤플렉스(溫達complex), 지선버스(支線bus)
　② 어근 + 명사 예 총명파스(聰明pasta: 이마에 붙이기만 해도 정신이 맑아진다는 파스)
8) 외래어 + 한자어 예 솔로부대(solo部隊), 다이어트약(diet藥), 드럼세탁기(drum洗濯機)
9) 외래어 + 외래어 예 워터파크(water park), 웰빙파마(well-being permanent), 노버튼(no button), 노옵션(no option)

(2) 파생
　1) 한자어 접미사 '-족(族)'
　　① 한자어 + '-족(族)' 예 문화족, 신명품족, 자립족, 주말족
　　② 고유어 + '-족(族)' 예 반딧불족, 밤도깨비족, 봄맞이족, 철새족, 그림족, 엄지족
　　③ 외래어 + '-족(族)' 예 피크닉(picnic)족, 셀카(self camera)족, 투잡(two job)족★
　2) '-화(化)'와 '-하다'
　　① 한자어 + '-화(化)' 예 타성화, 액자화, 고연령화, 단기화, 내실화
　　② 외래어 명사 + '-화(化)' 예 드라마화, 매뉴얼화, 디지털화, 체인화, 펄프화
　　③ 외래어 어근 + '-화(化)' 예 멜로디컬화하다, 클린화하다, 슬림화하다
　　④ 외래어 어근 + '-하다' 예 멜로디컬(melodical)하다, 클린(clean)하다, 슬림(slim)하다
　3) 주의(主義)와 이즘(ism)
　　① 주의(主義) 예 국익만능주의, 소지역주의, 예외주의, 무사안일주의
　　② 이즘(ism) 예 귀차니즘, 언니즘

> • 귀차니즘: 고유어 + '이즘' → '귀찮- + 이즘'이 결합하면서 'ㅎ'이 탈락
> • 언니즘: 오빠, 누나, 형, 언니 등을 모두 언니라고 부르자는 주장

　4) -짱, -꽝, -틱, -적(的)
　　① -짱 예 공부짱, 디카짱, 폰카짱, 몸짱, 수학짱, 요리짱, 운동짱, 얼짱★, 게임짱
　　② -꽝 예 몸꽝, 얼꽝, 춤꽝
　　③ -틱(tic) 예 유아틱하다, 초딩틱하다, 학생틱하다, 시골틱하다
　　④ -적(的) 예 유아적이다, 도시적이다, 여성적이다

(3) 합성 + 파생의 혼성: 하나의 단어가 다른 단어의 일부와 합해지거나 두 단어의 부분들이 합해지는 합성의 한 경우 → 외래어와 한자어 또는 고유어의 결합
　예 소개팅(紹介 + meeting)★, 고시텔(考試 + hotel)★, 군대스리가(軍隊 + Bundesliga), 번개팅(번개 + meeting), 셀카(selca = self + camera)

3 품사

(1) 품사: 공통된 문법적 성질을 지닌 단어끼리 모아 놓은 단어의 갈래

(2) 분류 기준

    1) 단어가 지니는 의미
    2) 문장 속에서 단어의 기능
    3) 어미의 활용 여부

형태	기능	의미	품사	예
불변어	체언	사람이나 사물의 이름을 나타내는 단어	명사	산, 이순신, 나무
		사람이나 사물의 이름을 대신하여 가리키는 단어	대명사	나, 너, 우리, 여기, 이, 그, 저, 저것
		사물의 수량이나 순서를 나타내는 단어	수사	하나, 둘, 셋, 일, 이, 삼, 첫째, 둘째, 셋째
	관계언	주로 체언에 붙어서 문법적 관계를 나타내거나, 뜻을 더해 주는 단어	조사	이/가, 을/를, 와/과, 의, 도, 만, 까지, 조차
가변어	관계언	체언을 서술어가 되게 하는 단어	서술격 조사	이다
	용언	사람이나 사물의 움직임을 나타내는 단어	동사	가다, 먹다, 달리다
		사람이나 사물의 성질이나 상태를 나타내는 단어	형용사	예쁘다, 높다, 아름답다
불변어	수식언	체언 앞에서 그 내용을 꾸며 주는 단어	관형사	새, 헌, 몇, 이, 그, 저
		용언이나 다른 말 앞에서 그 내용을 꾸며 주는 단어	부사	매우, 빨리, 그리고
	독립언	말하는 사람의 느낌, 부름, 대답, 놀람을 나타내는 단어	감탄사	아, 예, 그래

(3) 체언(體言) – 명사(名詞), 대명사(代名詞), 수사(數詞): 용언에 대립되는 개념으로, 문장의 주체

    1) **명사(名詞):** 사람이나 사물의 명칭을 나타내는 단어

        ① 명사의 종류

쓰임의 범위에 따라	• 고유 명사: 특정한 사람이나 사물의 이름 예 세종대왕, 이순신
	• 보통 명사: 일반적인 사물의 이름 예 하늘, 사랑, 선생님
	• 추상 명사: 추상적인 개념을 표현한 말 예 믿음, 사랑, 꿈
자립성의 여부에 따라	• 자립 명사: 다른 말의 도움을 받지 않고 홀로 쓰일 수 있는 명사 예 사람, 나무, 축구
	• 의존 명사: 반드시 앞에서 꾸며 주는 관형어가 있어야 하는 명사 예 것, 분, 만큼, 따름

② 의존 명사의 종류 ※ 제3편 제1장 제2절 참고(의존 명사의 띄어쓰기)

보편성 의존 명사	• 관형어와 조사의 결합에 큰 제약을 받지 않고 '여러 성분'에 두루 쓰이는 의존 명사 • 것, 분, 이, 데, 바, 따위 예 그가 좋은 사람이라는 것을 느꼈다.
주어성 의존 명사	• 주격 조사와 결합하여 '주어'로만 쓰이는 의존 명사 • 지, 수, 리, 나위 예 우리가 만난 지도 10년이 되어 간다.
서술성 의존 명사	• 문장에서 '서술어'로만 쓰이는 의존 명사 • 따름, 뿐, 터 예 나는 오직 최선을 다할 뿐이다.
부사성 의존 명사	• 부사격 조사와 통합되어 '부사어'로 쓰이는 의존 명사 • 대로, 만큼, 줄, 뻔, 체, 양, 듯, 만 예 그가 바라는 대로 해 줘라. / 양보할 줄(을) 모른다.
단위성 의존 명사	• 선행 명사의 수량 단위로만 쓰이는 의존 명사 • 원, 자, 섬, 그루, 켤레, 개 예 용돈으로 만 원을 받다.

2) **대명사(代名詞)**: 사람이나 사물의 이름을 대신하여 가리키는 단어

① **인칭 대명사**: 사람의 이름 대신 사람을 가리키는 대명사

구분	단수		복수
1인칭	나, 저		우리, 저희
2인칭	너, 자네, 당신, 그대		너희
3인칭	근칭	중칭	원칭
	이이, 이애, 이분	그, 그이, 그애, 그분	저이, 저애, 저분

② **지시 대명사**: 사물이나 장소를 대신 가리키는 대명사

사물	이것, 그것, 저것
장소	여기, 거기, 저기

③ **재귀 대명사**: 앞에 쓰인 명사를 다시 가리키는 말

  ㉠ 선행 명사구는 3인칭 유정 명사

  ㉡ 자기(예사말), 저(낮춤말), 당신(높임말), 저희

    예 영희는 자기가 가겠다고 했다. / 선생님은 당신의 책을 소중하게 다루신다.

3) **수사(數詞)**: 사물의 수량이나 순서를 나타내는 단어

종류	계통	예
양수사(수량)	고유어계	하나, 둘, 셋, ……
	한자어계	일, 이, 삼, ……, 십, 이십, ……
서수사(순서)	고유어계	첫째, 둘째, 셋째, ……
	한자어계	제일, 제이, 제삼, ……

(4) 관계언(關係言) - 조사(助詞): 주로 체언에 붙어서 문법적 관계를 나타내거나, 뜻을 더해 주는 단어들의 집합

1) 격 조사: 선행하는 체언으로 하여금 문장에서 일정한 자격을 갖도록 해 주는 조사

종류	형태	예
주격 조사	이/가, 께서, 에서, 서	영희가 학교에 간다. 정부에서 입시 방침을 발표했다
서술격 조사	이다	나는 학생이다.
목적격 조사	을/를	영희는 밥을 먹는다.
보격 조사	이/가	나는 교사가 되었다. / 철수는 학생이 아니다.
관형격 조사	의	부모님의 사랑은 끝이 없다.
부사격 조사	에, 에서, 에게/에, 으로	철수는 학교에서 열심히 공부한다.
호격 조사	아/야, (이)여/(이)시여	영희야, 놀자! / 조국이여, 영원하라.

2) 접속 조사: 둘 이상의 단어나 문장을 대등한 자격으로 이어 주는 기능을 하는 조사

형태	예
와/과, 하고, 랑	나는 빵과(하고, 이랑) 우유를 좋아한다.

3) 보조사★: 선행하는 체언을 일정한 격으로 규정하지 않고 여러 격에 두루 쓰이면서, 그것에 어떤 특별한 뜻을 더해 주는 조사

형태	의미	예
은/는	화제, 대조	사과는 빨갛다. 은행나무는 활엽수이고, 소나무는 침엽수이다.
도	역시	철수도 집에 갔더라.
만	단독	나만 그걸 못했구나.
까지, 마저, 조차	극단	너까지 나를 못 믿니? 윤아마저 떠나보내니 마음이 허전하다. 현우조차 시험에 떨어졌다.
부터	시작, 먼저	오늘부터 열심히 해라.
마다	균일	집집마다 웃음꽃이 피었다.
(이)야	특수	너야 합격이겠지.
(이)나, (이)나마	(차선의) 선택	할 일 없는데, 영화나 보러 가자. 윤미는 적은 돈이나마 매달 저축을 했다.

(5) **용언(用言) – 동사(動詞), 형용사(形容詞)**: 문장의 주어를 서술하는 기능을 하는 단어들의 집합으로, 어간과 어미가 결합된 형태로 활용을 하는 가변어이며, 부사어의 수식을 받음.

1) **동사**: 사람이나 사물의 움직임을 나타내는 단어
   ① **자동사**: 움직임이 주체인 '주어'에만 미치는 동사 예 해가 <u>솟는다</u>.
   ② **타동사**: 움직임이 '주어' 외에 '목적어'에까지 미치는 동사 예 학생들이 책을 <u>읽는다</u>.
   ③ **능격 동사**: 단어의 형태가 같으면서 자동사와 타동사에 두루 쓰이는 동사
       예 버스가 <u>멈추다</u>. / 연희가 소리에 발걸음을 <u>멈췄다</u>.

2) **형용사**: 사람이나 사물의 성질이나 상태를 나타내는 단어 예 애라는 참 <u>예쁘다</u>. / 하늘이 <u>아름답다</u>.

3) **동사와 형용사 구별하기**

구별 기준 \ 품사	동사	형용사
① 명령형이나 청유형의 결합	가능 예 수지야, 빨리 학교에 <u>가라</u>. / <u>가자</u>.	불가능 예 *우리 모두 예뻐라.(×) / 예쁘자.(×)
② 현재 시제 선어말 어미 '-는/ㄴ-'의 결합	가능 예 철수가 밥을 <u>먹는다</u>. / 서연이가 <u>달린다</u>.	불가능 예 *꽃이 아름답는다.(×) / 꽃이 <u>아름답다</u>.(○) ※ 형용사는 기본형이 현재형으로 쓰임.
③ 관형사형 어미 '-는'의 결합	가능 예 <u>달리는</u> 서연이 / 밥을 <u>먹는</u> 철수	불가능 예 *아름답는 꽃(×) / <u>아름다운</u> 꽃(○) ※ 형용사는 '-(으)ㄴ'이 쓰임.
어미 '-려(의도)'와 '-러(목적)'의 결합	가능 예 밥을 <u>먹으려</u> 한다.(의도) / 간식을 <u>사러</u> 갔다.(목적)	불가능 예 *선화는 예쁘려 화장을 한다.(×) / *선화는 아름다우러 화장을 한다.(×)
⑤ 감탄형 어미의 결합 유형	'-는구나' 예 현아는 잘 <u>달리는구나</u>.	'-구나' 예 유빈이는 정말 <u>예쁘구나</u>.
⑥ 의문형 어미의 결합 유형	'-느냐' 예 현아는 점심을 <u>먹었느냐</u>?	'-냐' 예 유빈이는 정말 <u>예쁘냐</u>?

> **더 알아 두기**
>
> **'있다'의 품사**
> '있다'는 동사와 형용사의 특성을 모두 지니고 있다. '있다'를 위의 동사와 형용사를 구별하는 기준에 적용해 보면 다음과 같다.
>
> | 동사 | 1. 명령형: 있어라 / 2. 청유형: 있자 / 3. 현재형 어미: 있는다 / 4. 관형사형 어미: 있는 |
> |---|---|
> | 형용사 | 감탄형: 있구나 |

4) **본용언과 보조 용언** ※ 제3편 제1장 제2절 참고(본용언과 보조 용언의 띄어쓰기)
    ① 본용언: 자립하여 쓰여 실질적인 뜻을 나타내는 용언 예 웃고 싶다, 먹어 보다
    ② 보조 용언: 자립하여 쓰이지 않고, 앞의 용언에 결합하여 그 의미를 도와주는 용언
        예 웃고 싶다, 먹어 보다
    ③ 본용언과 보조 용언의 구별
        ㉠ 용언이 2개 이상 연속될 때, 맨 앞의 것이 무조건 본용언
        ㉡ 두 번째 이하의 용언 중 다음 경우는 보조 용언
            • 단독으로 서술어가 될 수 없을 때 예 그는 웃고 싶다. → *그는 싶다.
            • 단독으로 서술어가 된다고 해도 문장에 쓰인 뜻과 다를 때
                예 그는 그렇게 살아 왔다.(시간의 흐름) → 그는 그렇게 왔다.(직접 걸어 옴.)

5) **용언의 활용**: 용언이 일정한 문법적 관계를 표시하기 위해 그 끝을 여러 가지로 바꾸는 현상
    ① 어간과 어미
        ㉠ 어간: 활용할 때 변하지 않는 부분
        ㉡ 어미: 활용할 때 변하는 부분으로 어간에 결합하여 다른 말과의 관계를 나타내며, 선어말 어미와 어말 어미, 전성 어미가 있음.
            • 선어말 어미
                – 용언의 어간과 어말 어미 사이에 오는 어미
                – 주로 시제와 높임을 나타냄.

종류	형태	기능	동사	형용사
시제 선어말 어미	-는/ㄴ-	현재	먹는다, 간다	*예쁘다 (결합 불가능★)
	-았/었-	과거	먹었다, 갔다	예뻤다
	-겠-	미래(추측)	먹겠다(먹었겠다), 가겠다(갔겠다)	예쁘겠다
	-더-	과거(회상)	먹더라, 가더라	예쁘더라
높임 선어말 어미	-(으)시-	주체 높임	가시고, 보신다	훌륭하시다
	-옵-	공손	가시옵고, 받자옵고	훌륭하시옵고

- 어말 어미: 용언의 끝에 반드시 와서 문장을 완성시키는 어미
  - 종결 어미: 문장을 끝맺는 평서형, 감탄형, 의문형, 명령형, 청유형 어미
  - 연결 어미: 문장이나 단어를 대등적·종속적·보조적으로 연결하는 어미

대등적 연결 어미	문장을 대등하게 이어 주는 연결 어미 예 물도 맑다. 산도 높다. → 물도 맑고, 산도 높다.
종속적 연결 어미	두 문장을 주종 관계로 이어 주는 연결 어미 예 겨울이 된다. 날씨가 춥다. → 겨울이 되니 날씨가 춥다.
보조적 연결 어미	본용언과 보조 용언을 이어 주는 연결 어미로 '-아/어, -게, -지, -고' 예 빨래를 빨아 보았다.

- 전성 어미: 활용어가 문장의 서술어가 되면서 한편으로는 그 자격을 바꾸어 임시로 다른 품사처럼 쓰이는 형식적 어미

종류	형태	기능
명사형 어미	-음, -기	한 문장을 명사처럼 만들어 체언과 같은 성분으로 쓰이게 하는 어미 예 국어 공부하기가 너무 힘들다. / 좋은 시절이 다 지나갔음이야.
관형사형 어미	-은, -는, -던, -을	한 문장을 관형사처럼 만들어 관형어로 쓰이게 하는 어미 예 지금 오는 사람이 그 사람이다.
부사형 어미	-게	한 문장을 부사처럼 만들어 부사어로 쓰이게 하는 어미 예 비가 지루하게 내린다.

더 알아 두기

어근(語根)과 어간(語幹)의 차이

1. 어근: 실질적인 의미를 나타내는 단어의 중심 부분
2. 어간: 용언이 활용할 때 변하지 않는 고정된 부분

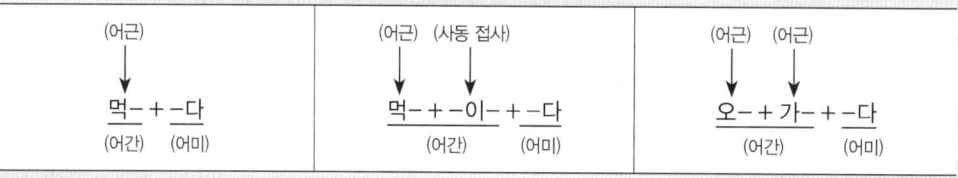

한글 맞춤법 제6장 제53항

제53항   다음과 같은 어미는 예사소리로 적는다.(ㄱ을 취하고, ㄴ을 버림.)

ㄱ	ㄴ	ㄱ	ㄴ
-(으)ㄹ거나	-(으)ㄹ꺼나	-(으)ㄹ지니라	-(으)ㄹ찌니라
-(으)ㄹ걸	-(으)ㄹ껄	-(으)ㄹ지라도	-(으)ㄹ찌라도

-(으)ㄹ게	-(으)ㄹ께	-(으)ㄹ지어다	-(으)ㄹ찌어다
-(으)ㄹ세	-(으)ㄹ쎄	-(으)ㄹ지언정	-(으)ㄹ찌언정
-(으)ㄹ세라	-(으)ㄹ쎄라	-(으)ㄹ진대	-(으)ㄹ찐대
-(으)ㄹ수록	-(으)ㄹ쑤록	-(으)ㄹ진저	-(으)ㄹ찐저
-(으)ㄹ시	-(으)ㄹ씨	-올시다	-올씨다
-(으)ㄹ지	-(으)ㄹ찌		

다만, 의문을 나타내는 다음 어미들은 된소리로 적는다.
-(으)ㄹ까?   -(으)ㄹ꼬?   -(스)ㅂ니까?   -(으)리까?   -(으)ㄹ쏘냐?★

6) 규칙 활용과 불규칙 활용

① **규칙 활용**
  ㉠ 어간과 어미가 결합하는 과정에서 형태 변화가 없는 활용
    예) 먹- + -어 → 먹어, 먹- + -고 → 먹고
  ㉡ 형태 변화가 있어도 보편적 음운 규칙으로 설명되는 활용(음운 변동에 해당함.)
    예) • 어간 'ㄹ' 탈락: 울- + -는 → 우는
        • 어간 모음 '으' 탈락: 쓰- + -어 → 써, 치르- + -어 → 치러

② **불규칙 활용**: 모음의 어미 앞에서 어간, 어미, 어간과 어미가 변하는 활용 중에서 음운 규칙으로 설명할 수 없는 활용

어간이 바뀌는 경우	㉠ 'ㅅ' 불규칙: 어간 끝의 'ㅅ'이 모음 어미 앞에서 탈락 예) 긋- + -어 → 그어, 긋- + -고 → 긋고 ㉡ 'ㄷ' 불규칙: 어간 끝의 'ㄷ' → 'ㄹ' 예) 묻(問)- + -어 → 물어, 묻- + -고 → 묻고 ㉢ 'ㅂ' 불규칙: 어간 끝의 'ㅂ' → '오/우' 예) 돕- + -아 → 도와, 돕- + -고 → 돕고 ㉣ '르' 불규칙: 어간 끝의 '르' → 'ㄹ, ㄹ' 예) 구르- + -어 → 굴러, 구르- + -고 → 구르고 ㉤ '우' 불규칙: 어간의 '우' 탈락('푸다' 하나뿐) 예) 푸- + -어 → 퍼, 푸- + -고 → 푸고

어미가 바뀌는 경우	㉠ '여' 불규칙: '하-' 뒤의 '-어' → '여' 예 하- + -어 → 하여, 하- + -고 → 하고 ※ '하다'가 접사로 붙은 말은 모두 이에 속함.	
	㉡ '러' 불규칙: '르' 뒤에서 '-어' → '-러' 예 이르(至)- + -어 → 이르러, 이르- + -고 → 이르고 ※ 형용사 '푸르다, 누르다'만 확인됨.	
	㉢ '너라' 불규칙: '오-' 뒤의 '-아라' → '-너라/거라' 예 오- + -아라 → 오너라/오거라, 오- + -고 → 오고 ※ 규칙 활용의 어미 '-거라'도 인정(2017년도 표준국어대사전 뜻풀이 수정)	
	㉣ '오' 불규칙: '달다(말하는 이가 듣는 이에게 어떤 것을 주도록 요구하다)'의 명령형 어미가 '-오'로 바뀜.('달다' 하나뿐) 예 달- + -오 → 다오(규칙은 '달라')	
어간과 어미가 바뀌는 경우	• 'ㅎ' 불규칙: 'ㅎ'으로 끝나는 어간+ '-아/어' → 'ㅎ' 탈락 후, '아' → '애/에' 예 파랗- + -아 → 파래, 파랗- + -고 → 파랗고 • 'ㅎ' 불규칙 용언이 어미 '-네'와 결합할 때는 어간 끝의 'ㅎ'이 탈락한 형태와 탈락하지 않은 형태 모두를 인정함.(그렇다, 노랗다, 동그랗다, 뿌옇다, 어떻다, 조그맣다, 커다랗다 등) 예 생각보다 훨씬 노랗네/노라네. / 이 빵은 동그랗네/동그라네. / 건물이 아주 조그맣네/조그마네.	

(6) 수식언(修飾言) - 관형사(冠形詞), 부사(副詞): 뒤에 오는 말을 꾸며 주는 기능을 하는 단어들의 집합

1) **관형사:** 체언이나 체언 구실을 하는 말 앞에 놓여서 그 내용을 자세하게 꾸며 주는 단어
   ① 문장 성분은 관형어 예 그는 새 책을 샀다.
   ② 조사와 결합할 수 없음. 예 *새를 옷
   ③ 체언 앞에서 주로 명사를 수식하는 불변어 예 헌 책, 새 옷

종류	기능	예
성상 관형사	체언의 성질이나 상태를 '어떠한'의 방식으로 꾸며 주는 관형사	옛 모습, 헌 책, 새 옷
지시 관형사	체언 앞에서 어떤 대상을 가리키는 관형사	이 사람, 저 아이
수 관형사	사물의 수나 양을 지시하는 관형사	나무 한 그루, 모든 학생

2) **부사:** 용언 앞에서 뒤에 오는 용언을 꾸며 그 의미를 더욱 분명하게 해 주는 단어
   ① 문장 성분은 부사어
   ② 격 조사와 결합할 수 없지만, 보조사와는 결합할 수 있음. 예 오늘은 날씨가 너무도 덥다. / 세월 참 빨리도 간다.

③ 성분 부사: 한 문장의 성분을 꾸며 주는 부사

종류	기능	예
성상 부사	상태나 정도를 나타내면서 뒤에 오는 용언을 '어떻게'의 방식으로 꾸며 주는 부사	• 상태: 빨리, 깊이, 많이 • 정도: 매우, 너무, 잘
지시 부사	발화 현장을 중심으로 장소나 시간 및 앞에 나온 이야기 내용을 지시하는 부사	• 장소: 이리, 저리, 여기 • 시간: 오늘, 내일, 어제
부정 부사	꾸밈을 받는 동사나 형용사의 내용을 부정하는 부사	• 부정: 안, 못 예 나는 학교에 못(안) 갔다.
의성·의태 부사	소리나 모양을 흉내 내는 부사	• 의성 부사: 쿵쿵, 철썩철썩 • 의태 부사: 사뿐사뿐, 할금할금

④ 문장 부사: 문장 전체를 꾸며 주는 부사

종류	기능	예
양태 부사	화자의 심리적 태도를 표시하는 부사	• 과연 영희는 예쁘구나.
접속 부사	문장과 문장, 단어와 단어를 이어 주는 부사	• 연필 또는 볼펜을 사야겠다.(단어) • 지구는 돈다. 그러나 아무도 그것을 믿지 않았다.(문장)

더 알아 두기

문장 부사와 성분 부사의 구별

1. 문장 부사
   (1) 문장에서 자리 옮김이 자유로움.
   예 분명히 그 일은 그가 한 것이다. → 그 일은 분명히 그가 한 것이다.
   (2) 문장의 서술어로 쓰일 수 있음.
   예 확실히 그는 좋은 사람이다. → 그가 좋은 사람임은 확실하다.

2. 성분 부사: 문장에서 자리를 옮길 수 없음.
   예 그녀는 밥을 잘 먹는다. → *그녀는 잘 밥을 먹는다.

부사화

• 부사화: 언어 단위를 부사 또는 부사적 기능으로 변화시키는 방법

1. 어휘적 부사화: 단어가 합성법이나 파생법에 의해 '부사'로 변한 것
   예 • 또다시 말해 주세요.(또 + 다시) → 합성법에 의한 것
   • 빨리 가자.(빠르- + -이) → 파생법에 의한 것

2. 통사적 부사화: 구, 절, 문장이 '부사'처럼 기능하도록 변한 것
   예 • 학교로 간다. → 부사어화
   • 아주 대단히 추운 날씨이다. → 부사구화
   • 비가 와서, 길이 질다. → 부사절화

(7) **독립언(獨立言) – 감탄사(感歎詞)**: 말하는 사람의 느낌, 부름, 대답, 놀람을 나타내는 단어
　1) 문장 성분은 독립어
　2) 문장 내에서 자리 이동이 비교적 자유로움.

구분	내용	예
감정	놀람, 느낌, 기분	아, 아이구, 어머, 어머나, 저런, ……
의지	화자의 의지	자, 글쎄, 옳지, 천만에, ……
호응	부름과 대답	여보, 예, 그래, 응, ……
구습	입버릇	뭐, 말이지, 어, 에, 저, 거시기, ……

확인문제

01 〈보기〉의 밑줄 친 부분에 해당하는 단어로 적절한 것은?

● 보기 ●

우리말의 합성어에는 단어의 형성 방식이 정상적인 단어 배열법과 일치하는 것과 그렇지 않은 것이 있다. 전자를 통사적 합성어, 후자를 비통사적 합성어라고 한다.

① 골목은 계속 오르막이어서 미끄러웠다.
② 오늘 점심은 간단하게 덮밥을 먹기로 했다.
③ 며칠 밤을 내리 새운 뒤 이틀 밤낮을 잠만 잤다.
④ 교실에서는 실내화를 신거나 덧신을 신어야 한다.
⑤ 복받치는 울음을 참느라고 자꾸만 딸꾹질이 일어났다.

[해설] 최근의 문제는 문법에서 요구하는 기본적인 개념을 응용한 문제가 주류를 이룬다. 기본적인 용어들에 대한 개념을 꼭 알아 두어야 한다. '덮밥'은 용언 어간 '덮-'과 명사 '밥'이 결합한 형태로 '덮은 밥'에서 관형사형 어미 '-은'이 생략되어 우리말의 일반적인 배열 원리에 어긋난 비통사적 합성어이다.
① '오르막'은 어근 '오르-'와 '그렇게 된 곳'이라는 뜻을 가진 접미사 '-막'이 결합된 파생어이다.
③ '밤낮'은 명사와 명사가 결합된 통사적 합성어이다.
④ '덧신'은 '겹쳐 신거나 입는'의 의미를 가진 접두사 '덧-'과 어근 '신'이 결합된 파생어이다.
⑤ '딸꾹질'은 부사의 어근 '딸꾹'과 '그런 소리를 내는 행위'의 뜻을 더하는 접미사 '-질'이 결합된 파생어이다.

[정답] ②

02 다음 예문에서 비통사적 합성어로 알맞은 것은?

① 올해는 유난히 늦더위가 심하다.
② 찬물에 빨래를 하니 손이 시리다.
③ 꽃병에 향이 좋은 프리지어를 꽂았다.
④ 겨울이 되니 땔감을 미리 준비해야지.
⑤ 버스가 작은 돌다리를 건너 마을로 들어섰다.

[해설] '늦더위'는 '형용사 어간 + 명사'의 형태로 '늦은 더위'에서 관형사형 어미 '-은'이 생략되어 우리말의 일반적 배열 원리에 어긋난 비통사적 합성어이다.(단, 표준국어대사전에는 '늦-'이 접사로 등재됨.)
② '찬물'은 '찬('차다'의 관형형) + 명사'의 형태
③·⑤ '꽃병'과 '돌다리'는 '명사 + 명사'의 형태
④ '땔감'은 '땔('때다'의 관형형) + 명사'의 형태로 통사적 합성어

[정답] ①

03 〈보기〉는 '합성 명사'의 결합 양상을 설명한 것이다. ⓒ에 해당하는 예로 적절한 것은?

― 보기 ―

㉠ A + B → AB: 단순한 의미의 결합
　예 비 + 바람 → 비바람
㉡ A + B → AX / XB: 한쪽에만 의미 변화가 일어남.
　예 불 + 호령 → 불호령
㉢ A + B → XY: 제3의 의미가 생겨남.
　예 종이 + 호랑이 → 종이호랑이

① 칼집
② 마소
③ 오누이
④ 벼락부자
⑤ 쥐며느리

해설 '벼락부자'는 '벼락 + 부자'가 결합된 형태로 '갑자기 된 부자'이므로 한쪽에만 의미 변화가 일어난 것이다.
①·②·③ '칼집'은 '칼 + 집', '마소'는 '말[馬] + 소[牛]', '오누이'는 '오라비 + 누이'의 형태로 단순한 의미의 결합 ㉠에 속한다.
⑤ '쥐며느리'는 '쥐 + 며느리'의 형태로 제3의 의미인 동물의 이름으로 바뀐 것이다.

정답 ④

04 다음 합성어의 앞말과 뒷말이 '주어-서술어'의 관계를 맺는 것은?

① 윤미는 앞서고 나는 뒤를 따랐다.
② 소문이 남부끄러워서 밖에 나갈 수가 없다.
③ 형은 그 사람에게서 남다른 정을 느끼고 있었다.
④ 아무래도 떨어질 것 같아서 시험을 보기가 겁난다.
⑤ 앞선 사람과 뒤선 사람의 차이가 얼마 나지 않는다.

해설 합성어를 구성하고 있는 말의 의미 관계에 대한 문제이다. 서술어와 결합하는 격 조사를 생각해야 한다. 일반적으로 통사적 합성어가 될 때, 주격 조사와 부사격 조사는 생략하여 쓴다. '겁나다'는 '겁이 나다'의 의미를 지녀 '주어-서술어'의 관계를 이루고 있다.
① '앞서다'는 단어 구조가 '앞에(부사어)-서다(서술어)'의 관계이다.
② '남부끄럽다'는 단어 구조가 '남에게(부사어)-부끄럽다(서술어)'의 관계이다.
③ '남다르다'는 단어 구조가 '남과(부사어)-다르다(서술어)'의 관계이다.
⑤ '뒤서다'는 단어 구조가 '뒤에(부사어)-서다(서술어)'의 관계이다.

정답 ④

05 〈보기〉는 '님'에 대한 국어사전의 설명이다. 이를 통해 설명한 내용으로 적절하지 <u>않은</u> 것은?

> ● 보기 ●
>
> 님
> ㉠ 「의존 명사」 (사람의 성이나 이름 다음에 쓰여) 그 사람을 높여 이르는 말. '씨'보다 높임의 뜻을 나타낸다.
> ㉡ 「접사」 (직위나 신분을 나타내는 일부 명사 뒤에 붙어) '높임'의 뜻을 더하는 접미사
> ㉢ 「접사」 (사람이 아닌 일부 명사 뒤에 붙어) '그 대상을 인격화하여 높임'의 뜻을 더하는 접미사
> ㉣ 「명사」 '임'(사모하는 사람)의 옛말

① ㉠의 경우 앞 말과 분리가 되어 쓰이는 '홍길동 님'을 예로 들 수 있다.
② ㉡은 어근에 붙어서 '높임'의 의미를 지닌 새로운 단어를 만들어 낸다.
③ ㉢의 예로는 '달님, 별님'을 들 수 있다.
④ 사모하는 사람에 대한 표기가 옛말과 다르다.
⑤ 상대방을 높여서 부를 때, '님아'를 사용할 수 있다.

[해설] 다양하게 쓰이는 '님'과 관련된 문제가 국어문화에서 출제되고 있다. 사전에서의 쓰임과 용례를 살펴볼 필요가 있다. '님아'는 상대를 높여 부를 때는 사용할 수 없다. '님아'는 상대를 높여 부르는 '님'과 호격 조사 '아'가 결합된 말이다. '님'은 높임의 의도가 있지만, 호격 조사 '아'는 손아랫사람이나 짐승을 부를 때 쓸 수 있으므로 적절한 표현이라 할 수 없다. 상대를 높이는 의도로 쓰려면 뒤에 오는 호격 조사를 '이여'로 붙여 '님이여'로 써야 한다. ㉡의 경우 '사장님, 선생님' 등으로 새로운 단어를 만들 수 있다.

[정답] ⑤

06 밑줄 친 단어의 표기가 모두 옳은 것은?

	파생 명사	용언의 명사형
①	아이들과 즐거운 <u>놀음</u>을 했다.	제기차기를 하며 <u>놀음</u>.
②	이 난로는 <u>그을음</u>이 많이 난다.	잿빛으로 얼굴이 <u>그을음</u>.
③	나는 배고픈 <u>서러움</u>을 견디며 살았다.	엄마에게 야단맞은 아이는 <u>설움</u>.
④	새싹이 자랄 때 <u>솎음</u>을 해줘야 한다.	배추를 적당히 <u>솎음</u>.
⑤	소는 죽을 동안에 갖은 <u>모질음</u>을 다 썼다.	동생은 손끝이 <u>모질음</u>.

[해설] 일상생활에서 표기를 할 때, 많은 오류가 일어나는 부분이 명사형의 표기이다. 기본적인 규칙을 알고, 파생 명사와의 차이점을 확인해야 한다. '솎다'의 파생 명사와 명사형은 '솎음'으로 같은 형태이다.
① '놀다'의 파생 명사는 '놀음'으로 '놀-'에 '-음'이 붙은 형태이며 어간의 본뜻이 유지되는 것이므로 그 형태를 밝히어 적는다.(한글 맞춤법 제6장 제1절 제57항) 명사형은 'ㄹ'로 끝나는 어간이므로 '놂'으로 써야 한다.
② '그을다'의 명사형은 'ㄹ'로 끝나는 어간이므로 '그윰'으로 써야 한다.
③ '서럽다'는 'ㅂ' 불규칙 용언으로, 'ㅂ'이 '우'로 변하여 명사형과 파생 명사를 '서러움'으로 써야 한다. '설움'은 '섧다'의 명사형과 파생 명사의 형태이다.
⑤ '모질다'의 명사형은 'ㄹ'로 끝나는 어간이므로 '모짊'으로 써야 한다.

[정답] ④

07 〈보기〉의 밑줄 친 부분에 대한 예로 알맞은 것은?

• 보기 •

우리말의 접사는 생산성의 측면에서 다양한 어근과 결합하여 파생어를 만드는 접사와 <u>일부의 제한된 어근과 결합하여 파생어를 만드는 접사</u>로 나눌 수 있다.

① 자동차에 <u>덮개</u>를 씌웠다.
② 그는 열심히 <u>망치질</u>을 했다.
③ 이 고개만 넘으면 <u>내리막</u>이 계속된다.
④ 오늘은 낮의 <u>길이</u>가 한결 짧게 느껴진다.
⑤ 그녀는 공부를 그만두고 <u>살림꾼</u>으로 들어앉았다.

해설 〈보기〉의 밑줄 친 부분은 일부의 어근과 결합하는 비생산적 접사에 대한 개념을 제시한 것이다. 단순히 선지의 단어가 옳고 그름을 넘어서 문법에서 쓰이는 기본적인 용어에 대한 개념이 중요함을 알 수 있는 문제이다. 기본적인 용어에 대한 철저한 학습이 필요하다. '내리막'의 '-막'은 일부 동사나 형용사 뒤에 붙어 '그렇게 된 곳'이라는 뜻을 더하고 제한된 단어만 만드는 비생산적 접사이다. 예 오르막, 내리막
① '덮개'의 '-개'는 일부 동사 뒤에 붙어 '간단한 도구'의 뜻을 더하고 명사를 만드는 접미사로 생산적 접사이다. 예 지우개, 날개 등
② '망치질'의 '-질'은 도구를 나타내는 일부 명사 뒤에 붙어 '그 도구를 가지고 하는 일'의 뜻을 더하는 접미사로 생산적 접사이다. 예 가위질, 걸레질 등
④ '길이'의 '-이'는 몇몇 형용사, 동사 어간 뒤에 붙어 명사를 만드는 접미사로 생산적 접사이다. 예 먹이, 높이 등
⑤ '살림꾼'의 '-꾼'은 일부 명사 뒤에 붙어 '어떤 일을 전문적으로 하는 사람' 또는 '어떤 일을 잘하는 사람'의 뜻을 더하는 접미사로 생산적 접사이다. 예 소리꾼, 장사꾼 등

정답 ③

08 밑줄 친 접사의 쓰임이 적절하지 <u>않은</u> 것은?

① 정적이 방안을 <u>메우고</u> 있었다.
② 싱그러운 봄나물이 입맛을 <u>돋우었다</u>.
③ 교실에서 냄새 <u>피우지</u> 말고 휴게실에 가서 먹어라.
④ 그는 기침으로 목을 <u>틔우고</u> 난 후 큰 소리로 말했다.
⑤ 관리들은 제 배만 <u>불리우고</u> 백성들은 돌보지 않았다.

해설 사동사를 만드는 접사의 형태를 물어보는 유형이다. 모음으로 끝난 어간에 사동 접사 '-이-'와 '-우-'가 결합한 이중 사동과 구분해야 한다. 따라서 '불리고'가 바른 표현이다. '불리다'는 '부르다(먹은 것이 많아 속이 꽉 찬 느낌이 들다.)'의 사동사이다.
※ '세우다, 재우다, 태우다' 등은 이중 사동인데, 모음으로 끝난 어간에 사동 접사 '-이-'와 '-우-'가 결합한 예가 됨.
① '메우다'는 '메다(어떤 장소에 가득 차다.)'의 사동사이다.
② '돋우다'는 '돋다(입맛을 당기다. 감정이나 기색 따위가 생겨나다.)'의 사동사이다. 이외에도 '돋우다'는 '위로 끌어 올려 도드라지거나 높아지게 하다. 밑을 괴거나 쌓아 올려 도드라지거나 높아지게 하다.'의 뜻이 있다. 이를 잘못 사용하여 '돋구다'의 의미로 '돋우다'를 쓰는 경우가 있으나, '돋구다'는 '안경의 도수 따위를 더 높게 하다.'의 뜻으로 쓴다.
③ '피우다'는 '피다(냄새나 먼지 따위가 퍼지거나 일어나다.)'의 사동사이다.

④ '틔우다'는 '트이다(막혀 제대로 나오지 아니하던 목소리가 나오다.)'의 준말의 사동사(틔-+-우-+-다)이다.

정답 ⑤

09 〈보기〉의 밑줄 친 말의 내용에 해당하는 단어끼리 바르게 짝 지어진 것은?

─── • 보기 • ───

우리말의 일부 형용사에 접미사 '-이'를 결합하면 명사나 부사의 파생어를 만들 수 있다. 이로 인해 <u>어떤 형용사들은 파생 명사와 파생 부사의 형태가 동일하다.</u>

① 놀다-벌다
② 좁다-넓다
③ 길다-높다
④ 같다-많다
⑤ 낮다-짧다

해설 선지와 〈보기〉의 내용을 적용하는 문제이다. 같은 형태의 접미사라 할지라도 단어에 따라 파생어를 만드는 데 결합의 제약이 있다. 접미사의 다양한 쓰임을 구체적인 단어를 통해 학습해야 한다. '길다-높다'는 접미사 '-이'와 결합하여 명사와 부사의 형태가 같은 '길이'와 '높이'의 파생어를 만들 수 있다.
① '놀다-벌다'는 접미사 '-이'와 결합하여 명사(놀이, 벌이)를 만들 수 있지만, 부사는 만들 수 없다. 또한 품사가 동사이므로 조건에 맞지 않다.
② '좁다-넓다'에서 '넓다'는 접미사 '-이'와 결합하여 명사(넓이)를 만들 수 있지만, '좁다'는 명사를 만들 수 없다. 두 단어가 부사가 되려면 부사형 전성 어미 '-게'와 결합해야 한다.
④ '같다-많다'는 접미사 '-이'와 결합하여 부사(같이, 많이)는 만들 수 있지만, 명사는 만들 수 없다.
⑤ '낮다-짧다'는 접미사 '-이'와 결합하여 명사와 부사를 만들 수 없다. 이 단어들은 부사형 전성 어미 '-게'와 결합하여 부사로 만들 수 있다.

정답 ③

10 밑줄 친 말의 표기로 적절하지 <u>않은</u> 것은?

① 나는 <u>짬짬히</u> 가겟일을 도왔다.
② 그는 세월을 <u>헛되이</u> 보내고 있다.
③ 우리는 <u>익히</u> 알고 지내는 사이다.
④ 지금까지 나는 돈벌이에만 <u>급급히</u> 살아왔다.
⑤ 의논할 사람이 없어 혼자 <u>괴로이</u> 고민하고 있다.

해설 한글 맞춤법에서 규칙성이 명확하게 적용되지 않는 조항의 예를 조합한 문제이다. 일반적인 규칙을 기본적으로 학습한 후, 개별적으로 혼동되는 단어들을 학습해야 한다. ①은 첩어 또는 준첩어인 명사 뒤에서 '이'로 적기 때문에 '짬짬이'로 적어야 한다.
②·⑤ '헛되이'와 '괴로이'는 분명히 '이'로 나는 경우이므로 '헛되이'와 '괴로이'로 적는다. 특히 'ㅂ' 불규칙 동사들은 예외 없이 '이'로 적는다.
③ '익히'는 '-하다'가 붙는 어근에 '-히'가 결합한 것으로, 부사 '익숙히'가 줄어진 형태로 적는다.
④ '-하다'가 붙는 어근 뒤에서는 '히'로 적기 때문에 '급급히'로 적는다.

정답 ①

11 〈보기〉에서 설명하는 방식으로 형성된 단어는?

● 보기 ●

　전에 없던 개념이나 사물을 표현하기 위해서 또는 이미 있던 개념이나 사물일지라도 그것을 표현하던 말의 표현력이 감소했을 때, 새 맛을 가진 말로 바꾸려는 대중적 욕구에 의해서 생겨난 말을 '신어(新語)'라 한다. 예를 들어 '소개팅'은 기존에 쓰이는 단어 '소개'에 영어 단어 'meeting'의 'ting'이 결합되어 생긴 말이다. 이때의 'ting'은 원래 접미사가 아니었지만, 신어에서는 접미사처럼 쓰인다.

---

① 고시텔
② 노래방
③ 클릭질
④ 얌체족
⑤ 보행벨트

해설 신어와 관련된 문제는 어휘·어법 영역과 국어문화 영역에서 지속적으로 출제되고 있다. 신어들이 어떻게 구성되어 있는지 예문을 통해 분석하는 능력이 요구된다. '고시텔'은 기존에 쓰이던 단어 '고시'에 영어 단어 'hotel'의 'tel'이 접미사처럼 사용되어 많은 단어를 파생하고 있다.
② '노래방'은 '노래'에 한자어 '방(房)'이 결합된 합성어이다.
③ '클릭질'은 외래어 '클릭'에 고유어 접미사 '-질'이 붙은 파생어이다.
④ '얌체족'은 고유어 '얌체'에 한자어 접미사 '-족(族)'이 붙은 파생어이다.
⑤ '보행벨트'는 한자어 '보행(步行)'과 외국어 '벨트(belt)'가 합성된 단어이다.

정답 ①

12 조사 '의'에 대한 의미와 용례로 적절하지 <u>않은</u> 것은?

① 앞 체언이 뒤 체언에 대하여 비유의 대상임을 나타내는 말 예 무쇠<u>의</u> 주먹
② 앞 체언이 뒤 체언의 과정이나 목표 따위의 대상임을 나타내는 격 조사 예 승리<u>의</u> 길
③ 앞 체언이 뒤 체언이 나타내는 속성의 보유자임을 나타내는 격 조사 예 정오<u>의</u> 뉴스
④ 앞 체언이 뒤 체언이 나타내는 행동이나 작용의 주체임을 나타내는 격 조사 예 우리<u>의</u> 각오
⑤ 앞 체언이 뒤 체언이 나타내는 사물이 일어나거나 위치한 곳을 나타내는 격 조사 예 제주<u>의</u> 말

해설 '정오의 뉴스'에 쓰인 '의'는 앞 체언이 뒤 체언이 나타내는 사물이 일어나거나 위치한 때임을 나타내는 격 조사이다. 앞 체언이 뒤 체언이 나타내는 속성의 보유자임을 나타내는 용례는 '꽃의 향기, 예술의 아름다움'이 있다.

정답 ③

13 조사 '에'에 대한 의미와 용례가 적절하지 않은 것은?

① 앞말이 처소의 부사어임을 나타내는 격 조사 예 집안에 경사가 났다.
② 앞말이 시간의 부사어임을 나타내는 격 조사 예 나는 아침에 운동을 한다.
③ 앞말이 맡아보는 자리나 노릇의 부사어임을 나타내는 격 조사 예 모든 것은 생각하기에 달려 있다.
④ 앞말이 기준이 되는 대상이나 단위의 부사어임을 나타내는 격 조사 예 그것은 예의에 어긋나는 행동이다.
⑤ 앞말이 수단, 방법 따위의 대상이 되는 부사어임을 나타내는 격 조사 예 예전에는 등잔불에 글을 읽었다.

해설 '모든 것은 ~에 달려 있다'에 쓰인 '에'는 앞말이 조건, 환경, 상태 따위의 부사어임을 나타내는 격 조사에 해당한다. '앞말이 맡아보는 자리나 노릇'의 부사어를 나타내는 용례로는 '반장에 그가 뽑혔다', '춘향에 성희, 이 도령에 춘수였다'가 있다.

정답 ③

14 밑줄 친 조사 '에'의 쓰임으로 적절한 것은?

① 찬희가 학급 부회장에 뽑혔다.
② 고마운 마음에 드리는 말씀입니다.
③ 학교에서 친구들에 합격 사실을 알렸다.
④ 그는 마루에 자고 있는 아들을 일으켰다.
⑤ 어머니께서는 경주에 기차를 타고 떠나셨다.

해설 조사의 쓰임이 문장의 의미에 적절하게 쓰였는지 판단하는 문제이다. 국어에서 정확한 조사를 구분해야 한다. ①의 '에'는 앞말이 맡아보는 자리나 노릇의 부사어임을 나타내는 부사격 조사로 적절하게 쓰였다.
② 고마운 마음에 대한 근거의 뜻을 갖는 부사어임을 나타내는 격 조사이므로, '에서'를 쓰는 것이 적절하다.
③ 어떤 행동이 미치는 대상을 나타내는 격 조사가 필요하므로, '에게'가 적절하다.
④ 어떤 행동이 이루어지고 있는 장소이므로, 격 조사 '에서'가 적절하다.
⑤ 움직임의 방향을 나타내므로, 격 조사 '(으)로'가 적절하다.

정답 ①

15 〈보기〉의 밑줄 친 부분에 해당하는 내용으로 적절한 것은?

───── ● 보기 ● ─────
국어의 조사는 선행하는 체언으로 하여금 문장에서 일정한 자격을 갖도록 해 주는 조사와 <u>특수한 뜻을 더해 주는 조사</u>로 나눌 수 있다.

① 철수는 학생<u>이</u> 아니다.
② 장미꽃<u>의</u> 색깔이 참 곱구나.
③ 오빠는 벌써 집<u>으로</u> 가고 있다.
④ 선생님<u>께서</u> 인영이를 부르신다.
⑤ 지영아, 내가 사 준 딸기<u>는</u> 다 먹었니?

해설 조사의 기능에 따른 분류에서 격 조사와 보조사의 개념에 대한 이해를 묻는 문제 유형이다. 각 품사에 대한 기본적인 개념을 꼭 알아 두어야 한다. 밑줄 친 부분은 보조사에 대한 설명이다. ⑤의 '딸기는'의 '는'은 '대조'의 의미를 나타내는 보조사이므로 밑줄 친 부분에 해당하는 내용이다.
① '학생이'의 '이'는 서술어가 '아니다'이므로 보격 조사이다.
② '장미꽃의'의 '의'는 뒤의 단어 '색깔'을 수식하는 관형격 조사이다.
③ '집으로'의 '으로'는 방향을 나타내는 부사격 조사이다.
④ '선생님께서'의 '께서'는 높임의 주격 조사이다.

정답 ⑤

16 〈보기〉의 밑줄 친 부분에 해당하는 것으로 적절한 것은?

───── ● 보기 ● ─────
국어의 동사는 자동사와 타동사가 있다. 자동사는 사람이나 사물의 움직임이 주어에만 미치는 동사(예 꽃이 피다.)이고, 타동사는 사람이나 사물의 움직임이 주어 외에 목적어에도 미치는 동사(예 철수가 잔디를 밟다.)이다. 그런데 동사 중에는 <u>자동사와 타동사의 특성을 동시에 가진 것</u>도 있다.

① 솟다 ② 보다
③ 주다 ④ 그치다
⑤ 공부하다

해설 국어의 동사 중에 단어의 형태가 같으면서 자동사와 타동사에 두루 쓰이는 능격 동사를 설명한 내용이다. 제시된 단어를 활용하여 목적어의 유무를 가지고 예문을 만들어서 적용하는 능력이 필요하다. '그치다'는 '아이가 눈물이 그쳤다.'처럼 자동사의 특징을 보이기도 하고, '어머니가 아기의 눈물을 그쳤다.'처럼 타동사의 특징을 보이기도 한다.
① '솟다'는 '해가 솟다.'와 같이 목적어가 없는 자동사이다.
② '보다'는 '사진을 보다, 시계를 보다.'처럼 목적어가 있어야 한다.
③ '주다'는 '남에게 상처를 주다, 소에게 먹이를 주다.'처럼 반드시 목적어가 필요한 타동사이다.
⑤ '공부하다'도 '학생들이 영어를 공부하다, 대학에서 국어학을 공부하다.'처럼 목적어가 필요하다.

정답 ④

17 ⟨보기⟩의 밑줄 친 부분과 품사가 같은 것은?

> ● 보기 ●
>
> • 무엇이 <u>어찌하다</u>.   • 무엇이 어떠하다.   • 무엇이 무엇이다.

① 그는 나를 본 적이 <u>있다</u>.
② 그에게는 딸과 아들이 <u>있다</u>.
③ 그는 멍하니 책상 앞에 <u>있다</u>.
④ 그 사건은 현재 진행 중에 <u>있다</u>.
⑤ 사람에게는 모두 맞는 짝이 <u>있다</u>.

[해설] '어찌하다'는 동사를 의미한다. '있다'는 동사와 형용사의 특성을 모두 지니고 있다. 의미로 품사를 구분하는 방법도 있지만, 동사와 형용사를 구별하는 기준을 적용하면 더 쉽게 해결이 된다. 동사와 형용사를 구별하는 기준 중에서 현재 시제 선어말 어미 '-는/ㄴ-'을 적용해 보면, ③은 '그는 멍하니 책상 앞에 있는다.'로 결합이 가능하므로, 동사의 특징을 지닌다.
① 현재 시제 선어말 어미 '-는/ㄴ-'을 적용해 보면 '그는 나를 본 적이 있는다.(×)'로 형용사의 특징을 지닌다.
② 현재 시제 선어말 어미 '-는/ㄴ-'을 적용해 보면 '그에게는 딸과 아들이 있는다.(×)'로 형용사의 특징을 지닌다.
④ 현재 시제 선어말 어미 '-는/ㄴ-'을 적용해 보면 '그 사건은 현재 진행 중에 있는다.(×)'로 형용사의 특징을 지닌다.
⑤ 현재 시제 선어말 어미 '-는/ㄴ-'을 적용해 보면 '사람에게는 모두 맞는 짝이 있는다.(×)'로 형용사의 특징을 지닌다.

[정답] ③

18 ⟨보기⟩의 밑줄 친 '있다'와 같은 특성을 가진 것은?

> ● 보기 ●
>
> 우리말에서 '있다'는 동사와 형용사의 특성을 모두 지니고 있다. 이러한 특성은 명령형이나 청유형의 활용이 가능한지 살펴보면 알 수 있다. <u>동사의 특성을 가진 '있다'</u>는 활용이 가능하지만, 형용사의 특성을 가진 '있다'는 활용에 제약이 있다.

① 그녀에게 선택권이 <u>있다</u>.
② 그는 그 대학의 교수로 <u>있다</u>.
③ 나는 무엇이든지 잘할 수 <u>있다</u>.
④ 아이들이 조용히 제자리에 <u>있다</u>.
⑤ 이런 사업은 실패할 가능성이 <u>있다</u>.

[해설] 동사와 형용사의 특성을 모두 지닌 용언 '있다'에 대한 설명을 통해 실제 사례에 적용한 문제이다. 명령형과 청유형으로 활용을 해 보면, ④는 '(아이들에게) 조용히 제자리에 있어라, 조용히 제자리에 있자.'의 예문이 가능하므로 동사의 특성을 가진 '있다'의 예로 적절하다.
① · ② · ③ · ⑤ 명령형 '있어라'와 청유형 '있자'로 활용하기 어색한 표현들이므로 동사의 특성을 갖고 있지 않다.

[정답] ④

19 밑줄 친 말의 표기로 옳은 것은?

① "다시 연락할께."라고 말하고 그는 떠났다.
② 나는 엄마께 "철수는 밥을 먹었데요."라고 말했다.
③ 그는 워낙 성실한 사람이어서 뭘 해도 성공할 것이다.
④ 밥이 없으니 점심으로 떡을 먹던지 해서 배를 채워야 한다.
⑤ 서울에서 경기도를 넘어가는 표지판에는 "안녕히 가십시요."라고 적혀 있다.

해설 '-어서'는 용언의 어간 뒤나 '이다, 아니다'의 어간 뒤에 붙어 이유나 근거를 나타내는 연결 어미로 '이여서'로 잘못 적는 경우가 있으나, '이어서'가 바른 표기이다.
① '-ㄹ게'는 어떤 행동을 할 것을 약속하는 뜻을 나타내는 종결 어미로 '연락할게'로 표기한다.
② '-다고 해'가 줄어든 말인 '-대'는 남이 말한 내용을 간접적으로 전달할 때 쓰이는 종결 어미이므로, '먹었대요' 가 바른 표기이다.
④ '-던지'는 지난 사실을 돌이켜 서술하여, 문장을 이어 주거나 끝맺을 때 사용하는 연결 어미이다. 나열된 동작이 나 상태, 대상들 중에서 어느 것이든 선택될 수 있음을 나타내는 연결 어미인 '-든지'와 구분해서 써야 한다. 그 러므로 바른 표기는 '먹든지'이다.
⑤ 우리말에 '-ㅂ시요'라는 종결 어미는 없다. 바른 표기는 '가십시오'로 '-ㅂ시오'는 명령의 뜻을 나타내는 종결 어 미이다.

정답 ③

20 밑줄 친 말의 사용이 어법에 맞는 것은?

① 낸들 그 일을 알겠느냐?
② 금연을 하므로 절약을 한다.
③ 배가 고프기에 라면을 끓여 먹었다.
④ 무슨 일이 일어날런지를 누가 알겠니?
⑤ 큰애는 내일 소풍을 가느라고 마음이 들떠있다.

해설 '-기에'는 원인이나 근거를 나타내는 연결 어미로, 구어적 표현 '-길래'와 복수 표준어가 된다.
① '낸들'에서 '내'는 '나'에 주격 조사 '가'나 보격 조사 '가'가 붙을 때의 형태이므로, '나'와 'ㄴ들'이 결합한 '난들'의 잘못된 형태이다. 'ㄴ들'은 '-라고 할지라도'의 뜻을 나타내는 보조사로 어떤 조건을 양보하여 인정한다고 하여 도 그 결과로서 기대되는 내용이 부정됨을 나타낸다.
② '-으므로'는 '까닭이나 근거'를 나타내는 연결 어미이다. 그러나 ②의 문장은 금연을 하는 것이 절약을 하는 하 나의 방법이므로, 이때에는 '수단과 방법'의 의미를 지닌 조사 '으로써'와 함께 쓰여 '함으로써'가 어법에 맞는 표 현이다.
④ '-런지'는 앎이나 판단·추측 등의 대상이 되는 명사절에서 어떤 불확실한 사실의 실현 가능성에 대한 의문을 나타내는 종결 어미 '-ㄹ는지'의 잘못된 표현이다.
⑤ '-느라고'는 앞의 절의 사태가 뒤의 절의 사태에 '목적이나 원인'을 나타내는 연결 어미이다. 그러나 ⑤의 내용 은 목적이나 원인이 아니라, '까닭이나 근거'를 나타내고 있으므로 '간다고'가 어법에 맞는 표현이다. 이때 '-ㄴ다고'는 앞의 절에 나타난 일을 뒤의 절에 나타난 일에 대한 까닭이나 근거로 둚을 나타내는 연결 어미이다.

정답 ③

21 밑줄 친 말의 표기로 적절하지 <u>않은</u> 것은?

① 내가 너에게 <u>질쏘냐</u>? ② 그 일은 제가 <u>할게요</u>.
③ 날씨가 왜 이리 <u>추울고</u>? ④ 그것은 제 것이 <u>아니올시다</u>.
⑤ 높이 <u>올라갈수록</u> 기온은 떨어진다.

> 해설 어미의 표기에 관한 문제이다. 특히 된소리로 적는 어미들을 주의해야 한다. ③은 의문을 나타내는 어미들 중에서 된소리로 적어야 하는 단어이므로 '추울꼬'로 표기해야 한다.
> ① '질쏘냐'는 의문을 나타내는 어미들 중에서 된소리로 적어야 하는 단어이다.
> ② '할게요'에서 '-ㄹ게'는 약속을 나타내는 종결 어미로, 된소리로 표기하지 않는다.
> ④·⑤ '-올시다'와 '-(으)ㄹ수록'의 어미는 예사소리로 적어야 하는 어미들이다.
>
> 정답 ③

22 단어의 활용형으로 모두 옳은 것은?

	기본형	활용형	
①	푸다	퍼	푸니
②	짓다	짓어	지으니
③	곱다	고워	고우니
④	구르다	굴러	굴르니
⑤	담그다	담궈	담그니

> 해설 푸다 → '퍼/푸니': '우' 불규칙으로 어간의 '우'가 탈락된 형태로 바르게 활용했다.
> ② 짓다 → '지어/지으니': 'ㅅ' 불규칙으로 'ㅅ'이 모음 앞에서 탈락된 형태
> ③ 곱다 → '고와/고우니': 'ㅂ' 불규칙으로 어간 끝의 'ㅂ' → '오/우'로 바뀐 형태
> ④ 구르다 → '굴러/구르니': '르' 불규칙으로 어간 끝의 '르' → 'ㄹ, ㄹ'로 바뀐 형태
> ⑤ 담그다 → '담가/담그니': '담그다'는 모음으로 시작하는 어미 '-아/아서'가 붙으면 '담가, 담가서'와 같이 활용한다. 한글 맞춤법에서 어간의 끝 'ㅜ, ㅡ'가 줄어질 적에 줄어진 대로 쓰는 것으로 'ㅡ'가 줄어든 규칙 활용이다.
>
> 정답 ①

23 밑줄 친 단어의 표기로 옳지 않은 것은?

① 시계를 보니 벌써 점심때가 가까웠다.
② 손이 곱아서 글씨를 제대로 쓸 수가 없다.
③ 그는 예의가 발라서 사람들의 사랑을 받는다.
④ 벼가 누르러 보이니 추수할 시기가 머지 않았다.
⑤ 노파는 머리칼이 파뿌리같이 허애서 귀신과 같았다.

[해설] 용언의 활용형을 표기와 관련시킨 문제이다. 출제된 문제에서는 일상생활에서 혼동하기 쉽거나, 불규칙 활용과 관련된 문제가 주류를 이룬다. '허옇다'는 '허옇-+-어서'의 형태로, 모음 어미 앞에서 준 대로 적으면 '허예서'가 바른 표기이다.
① 과거에는 모음 조화가 지켜진 '가까와, 가까워서'처럼 '와'로 적었으나, 모음이 ㅗ인 단음절 어간 뒤에 결합하는 '-아'의 경우만(고와, 도와) '와'로 적고, 그 밖의 경우는 모두 '워'로 적기로 하였으므로 '가까웠다'가 바른 표기이다.
② '곱아(손가락이나 발가락이 얼어서 감각이 없고 놀리기가 어렵다.)'는 '곱-+-아'의 형태로 단음절 용언 어간의 모음이 ㅗ인 단음절 어간 뒤에 결합하는 '-아'의 경우만 '와'로 적을 수 있으므로 바른 표기이다.
③ '바르다'는 '바르-+-어서'의 형태로 '르' 불규칙이 일어나 바뀐 대로 바르게 표기한 것이다.
④ '누르다'는 '누르-+-어'의 형태로 '러' 불규칙이 일어나 '르' 뒤의 '-어'가 '-러'로 바뀐 것을 바르게 표기했다.

[정답] ⑤

24 밑줄 친 말의 기본형으로 적절하지 않은 것은?

① 북어포가 물에 불어 부드러워지다. → 불다
② 식욕이 왕성하여 몸이 많이 불었다. → 붇다
③ 장난감을 안 사준다고 잔뜩 부어 있다. → 붓다
④ 아침에 보니 손가락들이 퉁퉁 부어 있었다. → 붓다
⑤ 적금을 부은 지가 엊그제인데 만기가 되었다. → 붓다

[해설] 의미나 형태가 유사하여 혼동하기 쉬운 단어들의 기본형을 찾는 문제이다. 용언은 활용을 하기 때문에 일상생활에서 기본형을 생각하지 않고 쓰는 경우가 많다. 특히 위의 문제의 단어들은 틀리는 경우가 많으므로 기본형을 익혀 두어야 한다. ①은 '물에 젖어서 부피가 커지다.'의 뜻을 가진 단어 '붇다'가 기본형이다. 활용형 때문에 기본형을 잘못 알고 있는 경우가 많은데, 이러한 단어는 주의를 해야 한다.
② '분량이나 수효가 많아지다.'의 뜻을 가진 단어로 '개울물이 붇다. 체중이 붇다.' 또한 기본형으로 '붇다.'를 써야 한다.
③ '(속되게) 성이 나서 뾰로통해지다.'의 뜻으로 '붓다'가 기본형이다.
④ '살가죽이나 어떤 기관이 부풀어 오르다.'의 뜻이므로 '붓다'가 기본형이다.
⑤ '불입금, 이자, 곗돈 따위를 일정한 기간마다 내다.'의 뜻으로 '붓다'가 기본형이다.

[정답] ①

25 〈보기〉의 밑줄 친 부분의 예로 적절한 것은?

● 보기 ●

부사는 문장 안에서 일정한 성분을 꾸미는 성분 부사와 문장 전체를 꾸미는 문장 부사가 있다. 성분 부사는 자리 이동이 쉽지 않고, 문장 부사는 자리 이동이 비교적 자유롭다.

① 내가 말했던 게 <u>바로</u> 저거야.
② 세상에 <u>절대로</u> 공짜라는 것은 없다.
③ <u>과연</u> 그녀가 나의 마음을 받아 줄까?
④ <u>물론</u> 모두가 그 사실을 인정한 것은 아니다.
⑤ 그 남자는 <u>다행히</u> 그들을 피해 도망을 갔다.

[해설] 부사의 개념에 대한 설명을 주고 용례에 적용하는 문제이다. 밑줄 그은 부분은 문장에서 성분을 꾸며 주는 '성분 부사'로, 꾸며 주는 성분 앞에 위치한다. 선지의 부사를 자유롭게 이동했을 때 문장의 의미가 달라지는지 확인해 보면 어떤 부사인지 알 수 있다. '바로'는 위치를 바꾸면 문장이 성립하지 않으므로 성분 부사이다.
② · ③ · ④ · ⑤ 부사의 위치를 바꾸어도 문장의 의미가 달라지지 않으므로, 문장 전체를 꾸미는 문장 부사이다.
[정답] ①

26 다음 예문에서 '뭐'에 대한 설명으로 옳지 <u>않은</u> 것은?

	예문	설명
①	<u>뭐</u>라고 대답할 말이 없다.	정하지 않은 대상이나 이름을 밝힐 필요가 없는 대상을 가리키는 지시 대명사이다.
②	섭섭하지만 어쩔 수 없지, <u>뭐</u>.	어떤 사실을 체념하여 받아들여 더 이상 여러 말 할 것 없다는 뜻으로 하는 말로 감탄사이다.
③	<u>뭐</u>, 누구한테서 편지가 왔다고?	놀랐을 때 내는 소리로 감탄사이다.
④	시장에 가서 반찬거리로 <u>뭐</u> 사 올까?	모르는 사실이나 사물을 가리키는 대명사이다.
⑤	<u>뭐</u>, 기대하고 말씀 드렸던 건 아니에요.	잊고 있었거나 별생각 없이 지내던 것이 문득 생각날 때 내는 소리로 감탄사이다.

[해설] 감탄사와 대명사로 쓰이는 '뭐'에 대한 예문을 통해 의미와 품사를 변별하는 문제이다. 국어에는 형태가 같은 단어가 서로 다른 품사로 쓰이는 경우가 있다. 이를 '품사의 통용'이라 한다. 품사가 같은 단어가 의미가 달라지는 예가 많으므로 다양한 표현들에 대해 예문으로 접근해 이해할 필요가 있다. ⑤의 '뭐'는 사실을 이야기할 때, 상대의 생각을 가볍게 반박하거나 새롭게 일깨워 주는 뜻으로 쓰는 감탄사이다. ⑤의 설명은 감탄사 '참'에 대한 설명이므로 적절하지 않다.(예 참, 넌 어서 가 봐야지, 오늘은 좀 늦었구나. / 참, 내가 어디까지 말했더라?)
[정답] ⑤

제4장 문장

제1절 문장의 성분

> **기출 미리보기**
> 1. 서술어의 자릿수
> 2. 관형어와 관형사 구분하기
> 3. 이어진문장과 안은문장 구분하기
> 4. 이어진문장의 의미 구분하기

1 문장의 개념과 유형

(1) **문장**: 생각이나 느낌을 완결된 내용으로 표현하는 최소의 언어적 형식

(2) **문장의 유형**
　1) 무엇이 어떠하다.(상태) 예 꽃이 예쁘다. / 하늘이 푸르다.
　2) 무엇이 어찌하다.(동작) 예 윤미가 잔다. / 연아가 웃는다.
　3) 무엇이 무엇이다. 예 주성이는 학생이다. / 철수는 선생님이다.

2 문장의 구성 단위

(1) **어절**: 문장을 구성하는 기본적인 단위로, 띄어쓰기 단위와 일치함.

(2) **구(句)**: 두 개 이상의 어절이 모여 하나의 단어와 동등한 기능을 하는 단위
　※ 주어와 서술어의 관계를 갖지는 않음.

문장	저 산이 매우 높다.			
구	저 산이(주어부)		매우 높다(서술부)	
어절	저	산이	매우	높다

(3) **절(節)**: 두 개 이상의 어절이 모여 하나의 문법 단위를 이루는 단위로 절은 더 큰 문장에 들어가 문장의 일부분으로 쓰임.
　※ 주어와 서술어의 관계를 가짐.

3 문장의 성분

유형	종류	성격	예
주성분	주어	문장의 주체를 나타내는 성분(무엇이)	주현이가 웃는다.
	서술어	주어를 서술하는 기능을 하는 성분	경주가 학교에 간다.
	목적어	타동사가 쓰인 문장에서 서술의 동작의 대상(무엇을)	연하가 밥을 먹는다.
	보어	서술어를 보충해 주는 성분('되다, 아니다' 앞에 오는 '무엇이')	현지는 선생님이 되었다. 그의 말은 사실이 아니다.
부속 성분	관형어	체언을 꾸며 주는 성분	예쁜 옷, 새 옷
	부사어	서술어, 관형어, 다른 부사를 수식하는 성분	잘 잔다, 너무 빨리 달린다.
독립 성분	독립어	문장의 다른 성분과 직접적인 관계가 없는 성분	아, 기쁘구나.

(1) 주성분 – 주어, 서술어, 목적어, 보어

1) **주어**: 문장의 주체를 나타내는 성분

① 주어의 실현 방법

㉠ 체언 + 주격 조사 '이/가' 예 산이 참 아름답다.

㉡ 명사구, 명사절 + 주격 조사 '이/가' 예 새 옷이 좋다. / 마음이 곱기가 비단결 같아.

㉢ 문장 + 주격 조사 '이/가' 예 철수가 착한 학생인가가 문제다.

㉣ 높임의 명사 + '께서' 예 할아버지께서 상경하셨다.

㉤ 단체 명사(무정 명사) + '에서' 예 교과부에서 입시 요강을 발표했다.

② **주격 조사의 생략**: 상황에 따라서 주격 조사는 생략될 수 있다. 일상적이고 관용적인 경우, 주어가 분명할 때 주격 조사가 생략되어 체언이 단독으로 쓰이기도 한다.

예 엄마(께서) 오셨다. / 너(는) 어디 가니?

2) **서술어**: 주어의 동작, 상태, 성질을 서술하는 성분

① 서술어의 실현 방법

㉠ 용언의 종결형 예 하늘이 푸르다.(형용사) / 바둑이가 달린다.(동사)

㉡ 체언 + 서술격 조사 '이다'의 종결형 예 승준이는 학생이다.

㉢ 서술절 예 철수는 키가 크다.(이중 주어문/서술절)

㉣ 본용언 + 보조 용언 예 오늘은 신나게 놀고 싶다.

㉤ 명사만으로 된 서술어 예 진아가 우리 학교 일등('이다'가 생략됨.)

② **서술어의 자릿수**★

㉠ 서술어의 종류에 따라 필수적으로 요구하는 문장 성분의 수

ⓒ 자릿수에 해당하는 문장 성분은 주어, 목적어, 보어, 필수 부사어 4가지

서술어의 종류	필수 성분	서술어	예
한 자리 서술어	주어	자동사, 형용사	장미꽃이 <u>피었다</u>. 국화가 <u>아름답다</u>.
두 자리 서술어	주어+목적어	타동사	현아가 라면을 <u>먹는다</u>.
	주어+보어	'되다, 아니다'	민철이는 야구선수가 <u>아니다</u>.
	주어+필수 부사어	자동사	얼음이 물로 <u>변한다</u>.
세 자리 서술어	주어+목적어 +필수 부사어	수여 동사 류	나는 아라를 수제자로 <u>삼았다</u>.

3) 목적어: 타동사가 쓰인 문장에서 서술어의 동작 대상이 되는 문장 성분
  ① 목적어의 실현 방법
    ㉠ 체언 + 목적격 조사 '을/를' 예 그녀는 <u>주스를</u> 마신다.
    ㉡ 명사구, 명사절 + 목적격 조사 '을/를' 예 선화는 늘 <u>그 연필을</u> 쓴다. / 나는 <u>그녀가 꼭 합격하기를</u> 바란다.
    ㉢ 목적격 조사가 생략된 형태 예 나는 그 <u>문제('를' 생략)</u> 아직 못 풀었어.
    ㉣ 목적격 조사 대신 보조사로 실현 예 윤진이는 <u>그림도</u> 잘 그린다.
4) 보어: 서술어가 되는 용언 중에서 '되다, 아니다'가 필수적으로 요구하는, 주어가 아닌 필수적 성분
  ① 보어의 실현 방법: 체언 + 보격 조사 '이/가' 예 수아는 <u>선생님이</u> 되었다. / 현정이는 <u>약사가</u> 아니다.
  ② 보격 조사를 보조사가 대신할 수 있음. 예 물이 <u>얼음은</u> 아니다.

(2) 부속 성분 – 관형어, 부사어
  1) 관형어: 체언을 꾸며 주는 성분
    ① 관형어의 실현 방법
      ㉠ 관형사 단독 예 내가 <u>새</u> 옷을 샀어.
      ㉡ 체언 + 관형격 조사 '의' 예 <u>나의</u> 사랑이 이루어졌다.
      ㉢ 용언의 관형사형 예 현지는 <u>예쁜</u> 꽃을 윤희에게 선물했다.
    ② 관형어의 특징
      ㉠ 반드시 체언 앞에 놓이고 단독으로 쓰이지 못함. 예 이것은 새 책이다. / *새
      ㉡ 의존 명사는 반드시 관형어와 함께 쓰임.★ 예 각자 <u>맡은</u> <u>바</u> 최선을 다해라.
      　　　　　　　　　　　　　　　　　　　　　　(관형어)(의존 명사)

> **더 알아 두기**
>
> **관형사와 관형어**
> - 관형사: 9개의 품사 중 하나
> - 관형어: 7개의 문장 성분 중 하나
>   예 저 지우개와 긴 자
>   ① '저'와 '긴'의 문장 성분은 관형어
>   ② '저'의 품사는 '관형사', '긴'의 품사는 '형용사'로 '길다'를 활용한 형태

 2) 부사어: 서술어, 관형어, 다른 부사를 수식하고 문장이나 단어를 이어 주는 성분
  ① 부사어의 실현 방법
   ㉠ 부사 단독 예 하늘이 아주 높다.
   ㉡ 체언 + 부사격 조사 예 아이들이 공원에서 놀고 있다.
   ㉢ 형용사 + 부사형 전성 어미('-게') 예 들국화가 예쁘게 피었다.
   ㉣ 부사절 + 부사 파생 접미사 예 비가 소리도 없이 내린다.
   ㉤ 부사 + 보조사 예 시간이 빨리도 가는구나.
  ② 부사어의 종류
   ㉠ 성분 부사어: 특정한 성분(용언, 관형사, 체언, 다른 부사어)을 꾸미는 부사어
    예 시간이 없으니 빨리 뛰자.(동사 수식) / 가을에는 하늘이 매우 높다.(형용사 수식)
   ㉡ 문장 부사어
    • 문장 전체를 꾸며 주는 부사어로, 문장에서의 위치가 자유로움.
    • '과연, 정말, 설마, 물론, 아무리' 등이 있음. 예 과연 그가 합격할 수 있을까?
  ③ 부사어의 특징
   ㉠ 단독으로 쓰일 수 있고, 보조사를 취하는 일이 비교적 자유로움.
    예 오늘 갈까요, 내일 갈까요? 내일.(단독으로 쓰임.) / 시간이 빨리도 가는구나.(보조사 '도')
   ㉡ 자리 옮김이 비교적 자유롭고, 문장 부사어는 성분 부사어보다 더 자유로움.
    예 역시 경아가 시험에 합격했어. / 경아가 역시 시험에 합격했어. / 경아가 시험에 역시 합격했어.

(3) 독립 성분 – 독립어
 1) 다른 문장 성분과 직접적인 관련이 없는 성분
 2) 감탄사 단독, 체언 + 호격 조사, 제시어
  예 어머 / 아이구 / 에구머니 / 선영아, 학교 가자 / 하늘이시여 / 청춘, 이는 5월의 신록과 같다.

제2절 문장의 짜임

1 문장의 유형

```
문장 ┬ 홑문장: 주어와 서술어의 관계가 한 번만 나타나는 문장
     └ 겹문장: 주어와 서술어의 관계가 두 번 이상 나타나는 문장
              ┌ 안은문장 – 성분절을 갖고 있는 문장(명사절, 관형절, 부사절, 서술절, 인용절)
              └ 이어진문장 ┬ 대등적으로 이어진문장
                          └ 종속적으로 이어진문장
```

2 안은문장과 안긴문장

(1) 안은문장: 홑문장이 겹문장이 되어 문장 성분이 될 때, 이때의 전체 문장

(2) 안긴문장(내포절)
- 홑문장이 겹문장이 될 때, 안은문장 속에서 문장 성분의 역할을 하는 문장
- 문장 속에서의 기능에 따라 명사절, 관형절, 부사절, 서술절, 인용절로 나뉨.

1) **명사절**: 절이 명사화하여 문장 안에서 주어, 목적어, 부사어 등으로 '명사'처럼 쓰이는 절
   ① 명사형 어미 '-음/ㅁ' 예 <u>철수가 그 어려운 일을 해냈음</u>이 분명하다.
   ② 명사형 어미 '-기' 예 농부들은 <u>비가 그치기</u>를 바란다.
   ③ 의존 명사 '것' 예 나는 <u>그가 거짓말을 했다는 것</u>을 알고 있었다.

2) **관형절**: 주술 관계를 지닌 절이 문장 안에서 '관형어' 기능을 하는 것
   ① 관형절 표지: '-은/는, -던, -을'
   ② 긴 관형절과 짧은 관형절
      ㉠ 긴 관형절: 문장 종결형 + 관형사형 어미 '-는'
         예 <u>그녀가 노력했다는</u> 사실이 중요하다.
      ㉡ 짧은 관형절: 종결 어미 없이 용언의 어간 + 관형사형 어미 '-은/는, -던, -을'
         예 <u>그녀가 노력한</u> 사실이 중요하다.

3) **부사절**
   ① 주술 관계를 지닌 절이 '부사어' 기능을 하는 것
   ② 부사절 표지: 부사 파생 접미사 '-이'와 부사형 전성 어미 '-게, -도록'
      예 철수가 <u>말도 없이</u> 가버렸다. / 정원에 <u>장미가 예쁘게</u> 피어 있다. / 그는 <u>몸살이 나도록</u> 밭에 잡초를 뽑았다.

4) 서술절★
① 주술 관계를 지닌 절이 문장 전체의 '서술어' 기능을 하는 것
② 서술어 1개에 주어가 2개 이상이 나타남.(이중 주어문)

예 코끼리는 코가 길다.   캥거루는 앞발이 짧다.
    (주어)(서술어)   (주어) (서술어)
 (주어) (서술어) (주어) (서술어)

5) 인용절
① 말하는 이의 말한 내용, 생각, 판단 등을 절의 형태로 인용한 문장
② 의성어, 의태어를 인용의 부사격 조사를 사용하여 인용한 문장

〈직접 인용과 간접 인용〉

구분	표지	예
직접 인용	• 따옴표에 의해 직접 인용 • 직접 인용 조사 '라고, 하고'	수빈이가 "오늘 집에 같이 가자."라고 말했다.
간접 인용	• 따옴표 사용하지 않음. • 간접 인용 조사 '고'	나는 부모님의 말씀이 옳다고 생각해.

3 이어진문장

(1) 대등하게 이어진 문장

1) **형태**: 의미 관계가 대등한 두 홑문장이 대등적 연결 어미에 의해 대등한 자격으로 이어진 문장
2) **대등적 연결 어미**: '-고, -며(나열), -지만, -으나(대조)'
3) **의미 관계**: 앞의 절이 뒤의 절에 대해 나열, 대조 등의 의미를 가짐.

예 꽃이 피고, 새가 운다.(나열) / 눈이 내리지만, 날씨는 따뜻하다.(대조)

(2) 종속적으로 이어진 문장

1) **형태**: 두 개 이상의 홑문장이 종속적 연결 어미에 의해 종속적으로 이어진 문장
2) **종속적 연결 어미**: '-니, -면, -아서/어서, -(으)려고'
3) **의미 관계**: 이유, 조건, 의도 등의 의미를 가짐

예 봄이 오니, 날씨가 따뜻하다.(이유) / 가을이 되면, 낙엽이 떨어진다.(조건)

확인문제

01 밑줄 친 단어가 가진 서술어의 자릿수에 대한 설명으로 옳은 것은?

① 아이들이 공을 <u>찼다</u>. → 한 자리 서술어
② 채소는 건강에 <u>좋다</u>. → 한 자리 서술어
③ 검은 구름이 비로 <u>변했다</u>. → 한 자리 서술어
④ 라일락꽃이 아름답게 <u>피었다</u>. → 두 자리 서술어
⑤ 그가 그녀에게 장미꽃을 <u>주었다</u>. → 세 자리 서술어

해설 서술어와 관련된 문제에서 자주 다뤄졌던 개념이다. 같은 단어의 서술어의 자릿수가 바뀌는 경우도 있지만, 기본적으로 용언에서 요구하는 성분이 무엇인지 일상생활에서 생각하며 언어 사용을 하는 것이 중요하다. '주다'가 필수적으로 요구하는 성분은 '그가, 그녀에게, 장미꽃을'로 주어와 부사어, 목적어를 필요로 하는 세 자리 서술어가 맞다.
① '차다'가 필수적으로 요구하는 성분은 '아이들이, 공을'로 주어와 목적어가 필요한 두 자리 서술어이다.
② '좋다'가 필수적으로 요구하는 성분은 '채소는, 건강에'로 주어와 부사어가 필요한 두 자리 서술어이다.
③ '변하다'가 필수적으로 요구하는 성분은 '구름이, 비로'로 주어와 부사어가 필요한 두 자리 서술어이다.
④ '피다'가 필수적으로 요구하는 성분은 '라일락꽃이'로 주어만 필요한 한 자리 서술어이다.

정답 ⑤

02 〈보기〉의 밑줄 친 부분의 품사와 문장 성분을 바르게 나타낸 것은?

● 보기 ●
<u>저</u> 하늘에 <u>파란</u> 구름이 흘러가고 있다.

구분	저 품사	저 문장 성분	파란 품사	파란 문장 성분
①	관형사	관형어	형용사	관형어
②	관형사	관형어	관형사	관형어
③	형용사	관형어	형용사	부사어
④	부사	부사어	관형사	부사어
⑤	부사	관형어	형용사	관형어

해설 '저'와 '파란'의 문장 성분은 뒤에 오는 명사를 수식하고 있으므로 '관형어'가 된다. 그러나 품사는 단어의 범주이므로 '저'는 관형사이고, '파란'은 기본형 '파랗다'를 활용한 형용사가 된다.

정답 ①

03 〈보기〉에서 '홑문장'인 것만을 모두 고른 것은?

─── ● 보기 ● ───

ㄱ. 코끼리는 코가 길다.
ㄴ. 물이 얼음이 되었다.
ㄷ. 혜지는 마음씨가 곱다.
ㄹ. 제비꽃이 아름답게 피었다.

① ㄱ, ㄴ
② ㄱ, ㄷ
③ ㄴ, ㄹ
④ ㄴ, ㄷ, ㄹ
⑤ ㄷ, ㄹ

해설 'ㄴ'은 주어, 보어, 서술어가 쓰인 홑문장이고, 'ㄹ'은 주어, 부사어, 서술어가 쓰인 홑문장이다. 'ㄱ'과 'ㄷ'은 서술절이 안긴문장이다.

정답 ③

제3편 어법

제5장 문법 요소

제1절 문장의 종결

> **기출 미리보기**
> 1. 의문문의 종결 어미 표기
> 2. 직접 명령문과 간접 명령문의 표기

1 평서문

화자가 청자에게 특별히 요구하는 것이 없이, 하고 싶은 말을 단순하게 진술하는 문장 종결

(1) 평서형 어미

격식체				비격식체	
해라체	하게체	하오체	하십시오체	해체	해요체
-다, -라	-네	-오	-ㅂ니다/습니다	-아/어	-아요/어요
한다, 하더라	하네	하오	합니다	해, 가	해요, 가요

(2) 평서형 어미의 특징

1) '-다'는 선어말 어미 '-더-, -리-, -니-' 뒤에서 '-라'로 바뀜.
   예 선화가 학교에 가더라. / 내가 그곳에 가리라. / 그것이 인지상정이니라.

2) '-다'는 일기나 신문 기사의 제목에 쓰이는데, 말을 듣는 상대방이 막연할 때, 높임의 등급 없이 쓰는 표현
   예 한국 축구, 4강에 오르다.

2 감탄문

화자가 듣는 이를 의식하지 않고 독백하는 상태나 느낌을 표현하는 문장 종결

(1) 감탄형 어미

격식체				비격식체	
해라체	하게체	하오체	하십시오체	해체	해요체
-구나, -어라	-구먼	-구려		-군, -아/어	-아요/어요
춥구나, 추워라	춥구먼	춥구려		춥군, 추워	춥군요

(2) 감탄문의 두 계열

'-구나' 계열	'-아라/어라' 계열
① 동사와 결합하여 단순한 감탄을 나타냄. 예 빨리도 달리는구나!(-는구나) / 참 예쁘구나!(-구나) ※ 형용사와 결합할 때는 '-구나'의 형태로 결합함. ② 처음 알게 된 사실을 영탄적으로 나타냄. 예 지금 눈이 오는구나! ③ 시간 표현의 선어말 어미 '-는-, -었-, -겠-, -더-'와 결합 예 벌써 개나리가 피었구나.	① 형용사와 결합하여 상대를 의식하지 않는 독백 상태의 느낌을 강하게 표현함. 예 아이고! 힘들어라! ② 느낌의 주체는 화자 예 아이고, 무서워라!(주체는 화자) / *어머나, 현아가 무서워라!

3 의문문

화자가 청자에게 질문하여 대답을 요구하는 문장 종결

(1) 의문형 어미

격식체				비격식체	
해라체	하게체	하오체	하십시오체	해체	해요체
-느냐, -니, -지	-나, -는가	-오	-ㅂ니까/습니까	-아/어	-아요/어요
하느냐? 하니?	하나? 하는가?	하오?	합니까?	가?	가요?

(2) 의문문의 종류

1) 판정 의문문: 의문사 없이 긍정과 부정의 대답만을 요구하는 의문문
   예 지금 밥 먹니?
2) 설명 의문문: 의문사가 있고, 의문사의 설명을 요구하는 의문문
   예 언제 바다에 가니?
3) 수사 의문문: 형태는 의문문이나, 대답을 요구하지 않고, 서술, 명령, 감탄 등의 효과를 나타내는 의문문
   예 내가 너에게 점심 한번 못 사겠니? / 봄이 오면 얼마나 좋을까?

4 명령문

화자가 청자에게 무엇을 시키거나 행동을 하도록 요구하는 문장 종결

(1) 명령형 어미와 명령문의 종류

1) 직접 명령문

격식체				비격식체	
해라체	하게체	하오체	하십시오체	해체	해요체
-아라/어라	-게	-오, -구려	-ㅂ시오/십시오	-아/어, -지	-아요/어요
보아라, 먹어라	보게, 먹게	보오, 먹구려	보십시오	먹어, 먹지	봐요, 먹어요

2) 간접 명령문★

① 매체를 통한 간접적 발화 상황에서 쓰임.(불특정 다수를 대상으로 함)
② 글이나 신문 기사의 제목, 책 제목에 쓰임.

하라체	예
-(으)라	자유가 아니면 죽음을 달라. / *다오 교육 비리 척결하라. / *척결해라 ※ 받침이 'ㄹ'인 동사 어간에는 '-라'가 결합함.

5 청유문

화자가 청자에게 함께 행동할 것을 요청하는 문장 종결

(1) 청유형 어미

격식체				비격식체	
해라체	하게체	하오체	하십시오체	해체	해요체
-자	-세	-ㅂ시다	-시지요	-아/어	-아요/어요
하자	하세	합시다	하시지요	해, 먹어	해요, 먹어요

(2) 청유문의 특징

1) 주어는 화자와 청자가 포함된 '우리'
2) 형식은 청유문이지만, 의미가 다른 경우가 있음.
   예 나도 좀 보자.(화자가 자신의 행동 수행을 제안) / 줄 좀 제대로 섭시다.(청자의 행동 수행을 촉구)

확인문제

01 〈보기〉의 설명에 따른 표기로 적절하지 않은 것은?

> ● 보기 ●
>
> -으냐 「어미」 ('ㄹ'을 제외한 받침 있는 형용사 어간 뒤에 붙어) 해라할 자리에 쓰여, 물음을 나타내는 종결 어미 예 낚시가 그리도 {좋으냐?}
> -냐 「어미」 ('이다'의 어간, 받침 없는 형용사 어간, 'ㄹ' 받침인 형용사 어간 또는 어미 '-으시-', '-었-', '-겠-' 뒤에 붙어) 해라할 자리에 쓰여, 물음을 나타내는 종결 어미 예 하늘이 {푸르냐?}

① 무엇을 할 거냐?
② 아직도 해가 밝으냐?
③ 너는 집에 가기 싫으냐?
④ 음식들의 간이 좀 짜냐?
⑤ 그 사람은 콧날이 높냐?

해설 의문형 어미가 형용사와 결합할 때 실제 사례를 묻는 문제이다. '높냐'는 형용사 어간 '높-'이 'ㄹ'을 제외한 받침 있는 형용사이므로, '높으냐'가 정확한 표현이다.
① '거냐'는 '것이냐'의 구어적 표현으로 '거'와 '-냐'의 결합 형태가 된다.
②·③ '밝으냐'와 '싫으냐'는 형용사 '밝-'와 '싫-'의 어간에 'ㄹ' 받침이 없으므로, 'ㄹ'을 제외한 받침 있는 것에 결합할 수 있는 의문형 어미 '-으냐'가 결합해야 한다.
④ '짜냐'는 형용사 '짜-'의 어간이 의문형 어미와 결합한 것이므로, 받침 없는 형용사 어간에 결합할 수 있는 '-냐'가 결합해야 한다.

정답 ⑤

02 〈보기〉의 설명에 대한 내용과 관련이 없는 것은?

> ● 보기 ●
>
> '해라체' 자리에 쓰이는 명령형 종결 어미로, 매체를 통해 구체적으로 정해지지 않은 불특정 다수에게 명령의 뜻을 나타낸다.

① 나라의 등불이 되라.
② 패배의 그날을 기억하라.
③ 조금도 가까이 가지 마라.
④ 후퇴하지 말고 전진하여 싸우라.
⑤ 눈에 보이는 현실을 직시하라.

해설 '해라체'에 대한 설명으로 상대 높임법의 하나이다. 상대편이 특정 개인이 아닐 때 낮춤과 높임이 중화된 느낌을 주는 종결형으로, 주로 광고문과 연설문의 문장에 쓴다. 선지에서 해라체의 종결 어미 '-(으)라'가 결합하지 않은 것을 찾으면 된다. '마라'는 '말- + -아라 → 말아라 → 마라'로 금지형 부정문의 종결 어미의 형태이다. 올바른 표현은 '말- + -으라'가 결합하는 구성으로, 받침이 'ㄹ'인 동사 어간에 붙어 간접 명령을 나타내는 '-라'를 직접 결합하여 쓸 수 있다. 그러므로 '말라'가 맞는 표현이다.

정답 ③

제2절 | 높임 표현

> **기출 미리보기**
>
> 1. 주체 높임법
>   (1) 직접 높임과 간접 높임의 구분
>   (2) 압존법
>   (3) '있다'의 높임법 '계시다'
>
> 2. 객체 높임법 어휘

1 주체 높임법

화자가 문장의 주체를 높이는 것으로 선어말 어미 '-시-'와 주격 조사 '께서'에 의해 실현됨.

(1) 직접 높임법

1) 직접 높임법의 조건

① 주체는 화자보다 상위자

예 할아버지께서 산에 가신다.

② 주체는 청자나 제3자 ※ 화자와 주체가 같으면 쓸 수 없음.

예 할머니께서도 그 음식을 좋아하시는군요.(주체는 청자) / 어머니, 이 분이 우리 선생님이십니다.(주체는 제3자) / *내가 그 곳에 가신다.

2) 직접 높임법의 특징

① 압존법: 문장의 주체가 화자보다 상위자이더라도, 청자가 주체보다 더 높은 상위자이면 청자를 고려하여 주체를 높이지 않는 것

예 할아버지, 아버지가 지금 퇴근하였습니다.

※ 화자인 손자를 기준으로 보면 할아버지가 주체인 아버지보다 상위자이므로, 아버지를 높이지 않음.
화자(손자) 〈 주어(아버지) 〈 청자(할아버지) → 우측으로 갈수록 상위자

② 과잉 공대 현상: 청자를 대면하는 상황에서 청자에게 각별한 관심을 기울인다는 뜻으로 '-(으)시-'를 사용하는 문법적 오용 사례

예 약 처방 나가십니다. / 손님, 그 옷은 55사이즈이십니다.

(2) 간접 높임법: 높임의 대상이 되는 주체의 신체 일부, 소유물, 생활의 필수적 조건이 되는 사물에 대해서 '-시-'를 붙여 높임으로써 주체를 높이는 방법

예 그분은 아직도 귀가 밝으시다. / 할아버지는 돈이 많으시다.

> **더 알아 두기**
>
> **표준 화법 - 압존법**
> 표준 화법에서는 화자가 청자나 주체를 모두 높이는 비압존법도 허용함.
> 예 • 할아버지, 아버지가 지금 퇴근하였습니다.(원칙) / 할아버지, 아버지께서 지금 퇴근하셨습니다.(허용)
>   • 사장님, 이 과장님은 출장 갔습니다.(원칙) / 사장님, 이 과장님은 출장 가셨습니다.(허용)
>
> **'있다'의 높임법**
> '있다'의 높임말로 '계시다'를 쓸 수 있는 것은 '있다'가 동사일 때만 가능하다. 형용사일 때는 '있으시다'를 사용해야 한다.
>
> | | 품사 | 높임말 | 예 |
> |---|---|---|---|
> | 있다 | 동사 | 계시다 | 형 집에 있니? / 할머니 댁에 계시니? |
> | | 형용사 | 있으시다 | 너 차비 있니?
할머니, 차비 있으세요? / *할머니, 차비 계세요? |

2 객체 높임법 ※ 객체: 서술어의 행위가 미치는 대상

목적어나 부사어가 지시하는 대상인 서술의 '객체'를 높이는 것으로 특수한 어휘나 조사 '께'에 의해 실현됨.

예 아라는 할머니를 <u>모시고</u> 집에 갔다. / 나는 선생님<u>께</u> 선물을 <u>드렸다</u>.

예사말	객체 높임 어휘
주다	드리다
묻다(問)	여쭈다/여쭙다★
보다	뵈다/뵙다★
데리다	모시다

3 상대 높임법

화자가 청자를 높이거나 낮추어 말하는 높임법으로 일정한 종결 어미에 의해 실현됨.

(1) 상대 높임법의 유형

격식체				비격식체	
해라체	하게체	하오체	하십시오체	해체	해요체
아주 낮춤	예사 낮춤	예사 높임	아주 높임	두루 낮춤	두루 높임
-아라/어라	-게	-(으)오	-(으)십시오	-아/어, -지	-아요/어요, -지요

(2) 상대 높임법의 성격

1) 글에서 사용되는 '해라체'의 간접 명령문: 청자를 설정하지 않는 특성 때문에 '-(으)라'의 상대 높임법 어미를 사용함.
   예 눈을 들어 하늘을 보라. / 다음 문제를 서술하라.

2) '해요체'의 '요': 어미가 아니라 '높임'의 뜻을 나타내는 보조사
   예 돈이 없어요. / 새싹이 돋는군요.

확인문제

01 〈보기〉의 밑줄 친 부분에서 높임 표현을 바르게 사용한 것은?

― 보기 ―

손님: 자리 있어요?
점원: 손님, 이쪽으로 오세요.
손님: 지금 오늘의 커피 주문 가능한 시간인가요?
점원: 네, ㉠ 다섯 시까지는 가능하시구요. 쿠폰 사용도 하실 수 있어요.
손님: 오늘의 커피로 주문할게요. 그럼 얼마죠?
점원: ㉡ 만 원이십니다.
점원: ㉢ 커피 나오셨습니다. 이쪽이 ㉣ 라테이십니다. ㉤ 즐거운 시간 보내세요.

① ㉠
② ㉡
③ ㉢
④ ㉣
⑤ ㉤

> **해설** 일상 언어생활에서 청자에 대한 관심을 높이는 표현으로 높임을 지나치게 사용하는 '과잉 공대 현상'에 대한 문제이다. ㉤은 바른 표현이지만, 일상생활에서는 '즐거운 시간 되세요.'로 잘못 사용하는 경우가 많다. ㉠~㉣은 모두 청자를 의식해서 주체 높임을 오용한 사례이다.
> ① 주체를 높이는 데 쓰이는 주체 높임 선어말 어미 '-(으)시-'를 잘못 사용한 사례로 '다섯 시까지는 가능하구요.'가 바른 표현이다.
> ② 주체를 높이는 데 쓰이는 주체 높임 선어말 어미 '-(으)시-'를 잘못 사용한 사례로 '만 원입니다.'가 바른 표현이다.
> ③ 주체를 높이는 데 쓰이는 주체 높임 선어말 어미 '-(으)시-'를 잘못 사용한 사례로 '커피 나왔습니다.'가 바른 표현이다.
> ④ 주체를 높이는 데 쓰이는 주체 높임 선어말 어미 '-(으)시-'를 잘못 사용한 사례로 '라테입니다.'가 바른 표현이다.
>
> **정답** ⑤

02 다음 문장에서 높임법의 사용이 적절하지 <u>않은</u> 것은?

① 장관님의 말씀이 계시겠습니다.
② 할아버지께서는 사랑방에 계신다.
③ 할머니께서는 허리가 많이 굽으셨다.
④ 할머니, 엄마는 아직 집에 안 왔어요.
⑤ 선생님께서는 희귀한 보석이 많으시다.

해설 주체 높임법의 다양한 형태를 파악하는 문제로 일상생활에서 자주 틀릴 수 있는 '계시다'와 '있으시다'를 구별해서 써야 한다. 동사 '있다'의 존대형은 '계시다'이고, 형용사 '있다'의 존대형은 '있으시다'이므로 ①은 형용사의 존대형을 써서 '장관님의 말씀이 있으시겠습니다.'로 바꿔야 바른 표현이 된다.
 ② '있다'의 존대형이므로 맞는 표현이다.
 ③ · ⑤ 간접 높임법으로 높임의 대상이 되는 주체의 신체 일부, 소유물, 생활의 필수적 조건이 되는 사물인 '허리'와 '보석'을 높인 것이다.
 ④ 압존법을 원칙적으로 사용한 경우이다.

정답 ①

---

03 밑줄 친 부분의 높임의 수준이 <u>다른</u> 것은?

① 수고가 <u>많았소</u>.
② 그대를 <u>사랑하오</u>.
③ 하늘이 참 <u>곱구려</u>.
④ 그 일은 내가 <u>함세</u>.
⑤ 이번 일은 내가 <u>양보하리다</u>.

해설 상대 높임법은 높임의 체계에 따라서 종결 어미가 달라진다. 현대에는 일상생활에서 비격식체의 '해체'와 '해요체'의 이원 체계로 사용되지만, 대표적인 종결 어미가 어느 수준의 높임인지는 파악할 수 있어야 한다. ④는 '하게체'의 자리에 쓰여, 기꺼이 하겠다는 뜻을 나타내는 종결 어미로, 예사 낮춤을 나타낸다. 다른 종결 어미는 상대 높임법 중, 예사 높임을 나타내는 '하오체'에 해당한다.
 ① · ② '하오체' 자리에 쓰여, 설명 · 의문 · 명령의 뜻을 나타내는 종결 어미이다.
 ③ '하오체' 자리에 쓰여 화자가 새롭게 알게 된 사실에 주목함을 나타내는 종결 어미로, 흔히 감탄의 뜻이 수반되는 어미이다.
 ⑤ '하오체' 자리에 쓰여 상대에게 그렇게 하겠다는 의향을 말해 주는 종결 어미 또는 약속하는 의미가 되는 종결 어미이다.

정답 ④

제3절 시간 표현

> **기출 미리보기**
>
> 1. 선어말 어미 '-었/았-'의 기능: 과거 시제의 기능과 실현 인식 기능
> 2. 선어말 어미 '-겠-'의 의미: 미래 시제의 의미와 의지의 의미
> 3. 동작상: 완료상과 진행상

1 시제

(1) 시제의 개념: 발화시와 사건시의 앞뒤 관계를 나타내는 문법 기능

과거	현재	미래
사건시 > 발화시	사건시 = 발화시	사건시 < 발화시

(2) 시제의 성격

 1) 주로 문장의 '종결형'에 의해 시제가 표현됨.
 2) 시간 부사나 부사어의 호응은 사건시와 관련된 시제의 의미를 분명하게 함.
  예 나는 어제 회를 먹었다.(과거) / 친구들은 지금 축구를 한다.(현재) / 내일은 눈이 오겠다.(미래)

(3) 시제의 종류

 1) 과거 시제
  ① 사건시가 발화시에 선행하는 시제(사건시 > 발화시)
  ② 과거 시제 선어말 어미 '-었/았-'에 의해 표시
   예 동욱이는 어제 도서관에 있었다.
  ③ 과거 시제 선어말 어미 '-었/았-'이 어간 '하-'의 뒤에서는 '-였-'으로 교체됨.
   예 윤미는 교실을 청소하였다.
  ④ '-었었/았었-'은 과거와 현재의 사건이 다르거나, 단절되었다고 생각될 때 사용함.
   예 예전에는 국내로 수학 여행을 많이 갔었다.
  ⑤ 회상 시제 선어말 어미 '-더-'
   ㉠ 화자가 직접 체험한 다른 사람의 행위를 객관적으로 회상해서 표현할 때
    예 동민이는 어제 집에서 자더라. / *내가 자더라. ※ 자신의 행위에는 쓸 수 없음.
   ㉡ 화자의 심리 상태를 나타낼 때
    예 나는 그 드라마가 참 재밌더라.

> **더 알아 두기**
>
> **과거 시제 선어말 어미 '-었/았-'의 다른 기능 - 실현 인식**
> 과거 시제 선어말 어미 '-었/았-'은 아직 일어나지 않은 일이 미래에 실현될 것을 나타내는 기능이 있다.
> 예 야, 이대로만 공부하면 틀림없이 대학에 붙었다. / 날씨가 이렇게 가무니 올해 농사는 다 지었다.

2) 현재 시제
  ① 사건시와 발화시가 일치하는 시제(사건시 = 발화시)
  ② 동사: 선어말 어미 '-는/ㄴ-'에 의해 표시
   예 원철이는 학교에 간다.
  ③ 형용사와 서술격 조사: 기본형이 현재 시제
   예 꽃이 예쁘다. / 혜진이는 선생님이다.
  ④ 보편적인 사실은 현재 시제로 진술함.
   예 지구는 태양의 주위를 돈다.

3) 미래 시제
  ① 사건시가 발화시보다 뒤에 오는 시제(사건시 〈 발화시)
  ② 선어말 어미: '-겠-'
   예 내일은 날씨가 춥겠다.
  ③ 특수한 형태: '-ㄹ 것'
   예 내일은 비가 올 것이다.
  ④ 선어말 어미 '-겠-'의 다른 기능: 화자의 태도와 관련된 추측, 의지, 가능성을 나타냄.
   예 내일도 눈이 오겠다.(추측) / 제가 먼저 발표하겠습니다.(의지) / 나도 그 정도는 하겠다.(가능성)

4) 동작상
  ① 동작의 양상을 완료, 진행의 일정한 형태로 나타내는 문법 요소
  ② 종류
   ㉠ 완료상
    • 동작이 끝난 후 결과가 지속됨을 표시하는 동작의 양상
    • 자동사 + '-아/어 있다'나 연결 어미 '-고서'에 의해 실현됨.
     예 동민이는 의자에 앉아 있다. / 그는 나에게 얼른 눈짓을 하고서 나가 버렸다.
   ㉡ 진행상
    • 동작이 진행되고 있는 모습으로 파악하는 동작의 양상
    • 진행상 '-고 있다'의 의미

진행상 표시	진행상 + 완료상 표시
자동사 + '-고 있다'	타동사 + '-고 있다'
예 아이가 방석에 앉고 있다.	예 영희는 모자를 쓰고 있다. 1. 완료상: 영희가 모자를 쓰고 다닌다. 2. 진행상: 영희가 모자를 쓰는 중이다.

확인문제

01 다음 중 시제 선어말 어미 '-었/았-'의 기능이 <u>다른</u> 하나는?

① 어제 초등학교 동창들을 <u>만났다</u>.
② 작년 생일 선물로는 인형을 <u>받았다</u>.
③ 그는 실내로 들어오자 모자를 <u>벗었다</u>.
④ 흉터가 많으니 나중에 장가는 다 <u>갔다</u>.
⑤ 지난 여름 가족들이 모여 팥빙수를 <u>먹었다</u>.

해설 과거 시제 선어말 어미의 기능을 예문을 통해 이해하는 능력을 평가하는 문제이다. ④의 '-었/았-'은 일어나지 않은 일이 미래에 정해진 사실처럼 말할 때 쓰이고 있다. 이는 '-었/았-'이 가진 실현 인식 기능이다.
①·②·③·⑤ 행위가 말하는 시점보다 과거에 일어난 것임을 알려 주는 과거 시제임을 나타내 주는 기능을 하고 있어서 ④의 기능과 차이가 있다.

정답 ④

02 다음 중 선어말 어미 '-겠-'의 기능이 <u>다른</u> 하나는?

① 오늘 떠나면 내일은 도착하<u>겠</u>다.
② 젊으셨을 때 무척 미인이셨<u>겠</u>습니다.
③ 이 정도의 고통은 내 힘으로 이겨 내<u>겠</u>다.
④ 개구리가 우는 걸 보니, 내일은 비가 오<u>겠</u>다.
⑤ 올해 성적이라면 원하는 대학에 갈 수 있<u>겠</u>다.

해설 미래 시제 선어말 어미 '-겠-'의 기능을 예문에서 정확하게 파악하는 문제이다. ③의 '-겠-'은 화자의 '의지'를 나타내는 어미이다.
①·②·④·⑤ '추측'을 나타내는 어미로 쓰였다.

정답 ③

03 〈보기〉의 밑줄 친 부분에 대한 예문으로 가장 적절한 것은?

— • 보기 • —

국어 문법에서 동작상은 동작이 끝났거나 그 결과가 남아 있는 모습으로 파악하는 '완료상'과 동작이 진행되는 양상을 나타내는 '진행상'으로 나눌 수 있다. '완료상'은 자동사와 '-아/어 있다'가 결합하여 동작의 완료를 나타내는 반면, '진행상'은 자동사와 '-고 있다'가 결합하기도 하고 <u>타동사와 '-고 있다'가 결합하기도 한다. 특히 타동사와 '-고 있다'가 결합할 경우에는 '진행상'과 '완료상'을 동시에 표시하기도 한다.</u>

① 내 조카는 <u>자고 있다</u>.
② 동생이 드레스를 <u>입고 있다</u>.
③ 그는 운동장에서 <u>달리고 있다</u>.
④ 나는 하루 종일 책을 <u>읽고 있다</u>.
⑤ 동일이는 재산을 많이 <u>갖고 있다</u>.

해설 우리말에서 '상(相)'에 대한 문법의 이해를 묻는 문제이다. ②는 진행상의 형태인 '-고 있다'가 타동사와 결합하여 진행과 완료의 의미를 동시에 갖는 예이다. '동생이 드레스를 입는 중이다.'라는 진행상의 의미와 '동생이 드레스를 입은 후에 현재는 드레스를 입은 상태이다.'라는 완료상의 의미를 나타내므로, 밑줄 친 부분에서 요구하는 예문과 일치한다.
① · ③ · ④ 진행상의 의미를 나타낸다.
⑤ 완료상의 의미를 나타낸다.

정답 ②

제4절 피동 표현

> **기출 미리보기**
> 1. 탈행동적 피동
> 2. 피동문의 문법적 변화 양상
> 3. 피동 접사의 의미
> 4. 피동·사동 접사의 구분

1 능동과 피동

(1) **능동**: 문장의 주어가 스스로의 힘으로 하는 행동
   예 경찰이 도둑을 잡았다.

(2) **피동**: 문장의 주어가 다른 사람이나 사물에 의해 이루어지는 행동이나 작용
   예 도둑이 경찰에게 잡혔다.

(3) **피동문의 유형**

유형	단형(파생적) 피동문	장형(통사적) 피동문
피동문 실현 방법	타동사 어간 + 피동 접사 '-이/히/리/기/되-'	'-어지다, -게 되다'
예	보이다, 잡히다, 들리다, 안기다, 체포되다	먹어지다, 보게 되다, 안게 되다

(4) **피동문의 문법적 변화 양상**

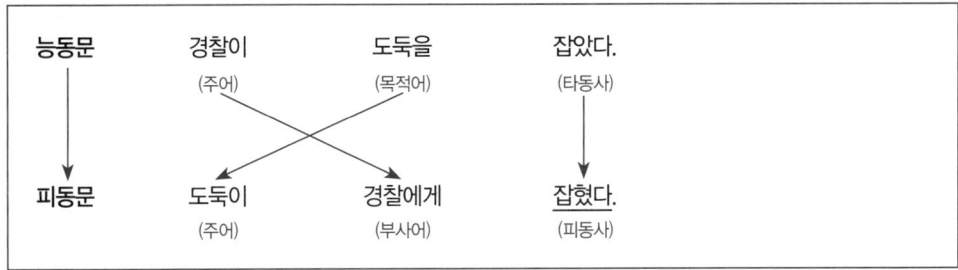

> **더 알아 두기**
>
> **탈행동적(脫行動的) 피동**
>
> 1. 서술어는 피동사로 나타나지만, 동작주를 상정하기 어려운 경우가 많아 능동문을 상정하기 어려운 피동의 형태
> 2. 문장의 의미가 '상황 의존성'을 강하게 가져 동작성을 표현하기 어려운 경우에 쓰임.
> 3. '에게, 에 의하여' 등을 가지는 부사어 명사구가 잘 나타나지 않음.
>   예 • 날씨가 풀렸다. → *(하늘이) 날씨를 풀었다.
>   • 옷이 못에 걸렸다. → (부주의한 내 동작이) *옷을 못에 걸었다.
>   ※ ( )와 같이 동작주를 상정할 수 있지만, 일상생활에서는 동작주를 의식하지 않고 쓴다.

제5절 | 사동 표현

> **기출 미리보기**
> 1. 사동문과 주동문의 대응 관계
> 2. 사동문의 문법적 변화 양상
> 3. 사동 접사의 의미

1 주동과 사동

(1) **주동:** 주어가 직접 동작을 하는 것
   예 아이가 옷을 입었다. / 철수가 책을 읽었다.

(2) **사동:** 주어가 피사동주에게 어떤 동작을 하도록 시키는 것
   예 엄마가 아이에게 옷을 <u>입혔다</u>. / 선생님께서 철수에게 책을 <u>읽혔다</u>.

2 사동문의 유형

유형	단형(파생적) 사동문	장형(통사적) 사동문
사동문 실현 방법	용언 어간 + 사동 접사 '-이/히/리/기/우/구/추-, -시키다'	'-게 하다'
	모음으로 끝난 동사 어간 + 사동 접사 '-이우-'	
예	먹이다, 입히다, 웃기다, 비우다, 지우다, 늦추다, 공부시키다 / 세우다, 재우다, 태우다	먹게 하다, 입게 하다, 낮게 하다, 재우게 하다

3 사동문의 문법적 변화 양상

(1) 자동사와 형용사

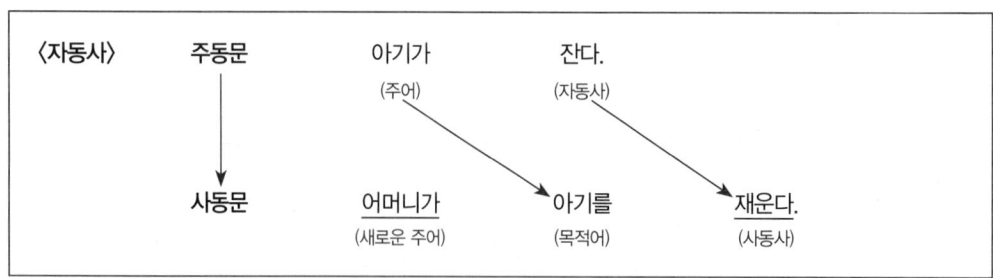

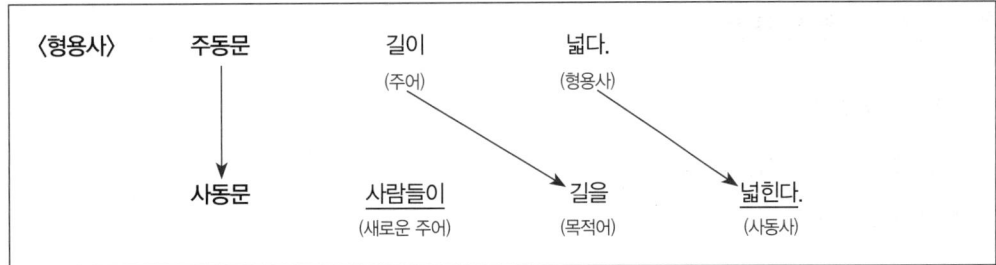

(2) 타동사

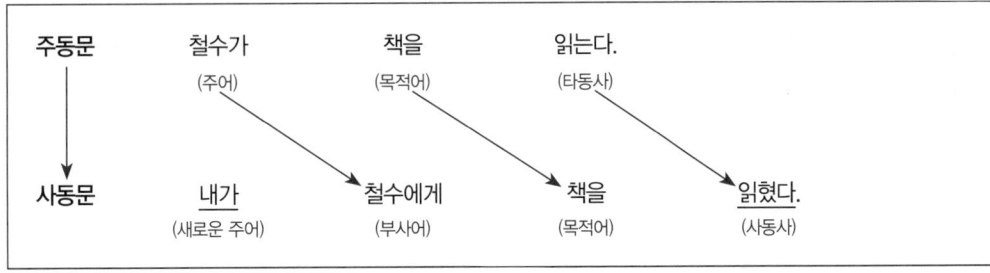

4 사동문의 의미

(1) **단형(파생적) 사동문**: 주어의 직접 행위와 간접 행위를 모두 나타냄.

　예 엄마가 딸에게 옷을 <u>입혔다</u>.

　　① 엄마가 직접 딸에게 옷을 입혔다.

　　② 옷을 입는 행위는 딸이 하고, 입으라는 말을 엄마가 했다.

(2) **장형(통사적) 사동문**: 주어의 간접 행위만 나타냄.

　예 엄마가 딸에게 옷을 <u>입게 했다</u>.

5 주동문이 없는 사동문

형태는 사동사에 의한 사동문이지만, 대응되는 주동문이 없는 경우

　예 그는 시골에서 소를 <u>먹인다</u>.('사육'의 의미) / 선생님이 종을 <u>울렸다</u>.('치다'의 의미)

제6절 부정 표현

> **기출 미리보기**
> 1. '안' 부정문과 '못' 부정문의 의미
> 2. '안' 부정문의 표기

1 부정문

긍정 표현을 부정하는 문법 기능으로, 부정 부사 '안, 못'에 의한 부정문과 명령문이나 청유문에 사용하는 '말다' 부정문이 있다.

2 부정문의 유형

구분	의미	단형 부정	장형 부정
		평서문 · 의문문 · 감탄문	
'안' 부정문	의지 부정	안(아니) 예 서희가 학교에 (가기 싫어서) 안 갔다.	-지 않다(아니하다) 예 서희가 학교에 가지 않았다.
'못' 부정문	능력 부정	못 예 서희가 (아파서) 학교에 못 갔다.	-지 못하다 예 서희가 학교에 가지 못했다.

3 '안' 부정문

단순 부정	의도 부정
동작주의 의지가 작용하지 않는 부정 예 지금은 비가 안 온다. / 그녀는 귀엽지 않다.	동작주의 의지가 작용하는 부정 예 나는 숙제를 안 했다.

(1) 부정 부사 '안'과 '-지 않다'에 의해 실현됨.
   예 효라가 책을 안 읽는다. / 효라가 책을 읽지 않는다.

(2) **'명사 + 하다'의 동사:** '명사 + 안 + 하다'의 형태로 쓰이거나, 긴 부정문만 가능함.
   예 아라는 지금 공부 안 한다. / 아라는 지금 공부하지 않는다.

4 '못' 부정문

(1) 동작주의 능력이 부족하거나 외부의 원인 때문에 행위가 일어나지 못하는 부정문
    예 나는 짐이 무거워서 못 들겠다.(능력) / 나는 시끄러워서 숙제를 못 했다.(외부의 상황)

(2) 부정 부사 '못'과 '–지 못하다'에 의해 실현됨.
    예 나는 여행을 못 갔다. / 나는 여행을 가지 못했다.

(3) '명사 + 하다'로 된 동사는 짧은 부정문으로 실현되지 못함.
    예 오늘은 나 공부 못 해. / *오늘은 나 못 공부해.

5 '말다' 부정문

(1) 명령문과 청유문에만 쓰이고, 장형 부정만 있음.
    예 너는 집에 가지 마라/말아라. / 우리 오늘은 일하지 말자.

(2) 형용사에 '말다'가 쓰이는 경우: 희망이나 기원의 의미
    예 집이 작지만 말아라. / 오늘은 제발 춥지만 말아라.

(3) '말다' + 명령형 어미 '–아, –아라, –아요': 어간 끝의 'ㄹ'이 탈락하기도 하고, 탈락하지 않기도 함.
    예 내가 하는 말 농담으로 듣지 마/말아. / 애야, 아무리 바빠도 제사는 잊지 마라/말아라. / 아유, 말도 마요/말아요.

확인문제

01 〈보기〉의 밑줄 친 부분에 대한 내용으로 적절한 문장은?

---● 보기 ●---

　피동문에서 서술어는 피동사로 나타나지만, 동작주를 상정하기 어려운 경우가 많아 능동문을 상정하기 어려운 피동의 형태가 있다. 이러한 형태의 문장은 탈행동의 결과와 대응되는 능동문이 나타나지 않는 경우가 있다. <u>이런 피동문</u>은 상황 의존성을 강하게 가져서 동작주를 상정할 수는 있지만, 동작주를 의식하지 않고 쓴다.

---

① 한강의 얼음이 <u>풀렸다</u>.
② 허리띠가 자꾸 <u>풀려서</u> 애를 먹었다.
③ 어제 내가 쓴 편지로 그의 오해가 <u>풀렸다</u>.
④ 이제야 통일이라는 민족의 숙원이 <u>풀리려나</u> 보다.
⑤ 통행금지가 <u>풀리자</u> 서울 밤은 불야성을 이루게 되었다.

해설 피동문과 능동문의 관계에서 특수한 형태에 대한 개념을 제시하고, 이러한 특징을 가진 문장을 찾는 문제이다. 능동과 피동의 개념을 이해하고, 능동문이 피동문으로 변화할 때 문법적 변화 양상을 이해하는 것이 중요하다. 밑줄 친 부분에서 설명하는 것은 '탈행동적 피동'에 대한 내용이다. 피동문의 주어를 능동문의 목적어 형태로 바꿔서 능동문이 성립하지 않는 것을 찾으면 된다. ①을 바꿔 보면 '얼음을 풀다'이므로 능동문이 성립하지 않는 '탈행동적 피동'에 대한 예가 된다.
② '허리띠를 풀다.'로 피동문의 주어를 능동문의 목적어가 되는 형태로 바꿀 수 있으므로 설명에 대한 내용으로 적절하지 않다.
③ '오해를 풀다.'로 피동문의 주어를 능동문의 목적어가 되는 형태로 바꿀 수 있으므로 설명에 대한 내용으로 적절하지 않다.
④ '민족의 숙원을 풀다.'로 피동문의 주어를 능동문의 목적어가 되는 형태로 바꿀 수 있으므로 설명에 대한 내용으로 적절하지 않다.
⑤ '통행금지를 풀다.'로 피동문의 주어를 능동문의 목적어가 되는 형태로 바꿀 수 있으므로 설명에 대한 내용으로 적절하지 않다.

정답 ①

02 다음 사동문에 대응하는 주동문이 있는 것은?

① 인부들이 이삿짐을 옮긴다.
② 선생님이 철수에게 책을 읽혔다.
③ 그는 코믹 연기로 이름을 날렸다.
④ 그 사람은 끝까지 진실을 숨겼다.
⑤ 할아버지가 자손들에게 유언을 남겼다.

해설 사동문에는 사동사가 있지만 주동문을 상정하기 어려운 것이 있다. 사동문의 문법적 변화와 형태적 특징을 기본적으로 학습해야 한다. ②는 주동문으로 '철수가 책을 읽었다.'로 바꿀 수 있다.
① '이삿짐이 옮다'의 형태가 되므로 주동문을 상정할 수 없다.
③ '이름이 날았다'의 형태가 되므로 주동문을 상정할 수 없다.
④ '진실이 숨었다'의 형태가 되므로 주동문을 상정할 수 없다.
⑤ '유언이 남았다'의 형태가 되므로 주동문을 상정할 수 없다.

정답 ②

03 밑줄 친 접사의 기능이 다른 것은?

① 그는 아들에게 회사를 맡기고 싶었다.
② 엿기름에 밥을 넣어 삭히면 식혜가 된다.
③ 나는 약점을 잡히지 않으려고 안간힘을 썼다.
④ 어제는 아내도 남편을 흔들어 깨우지 않았다.
⑤ 선생님은 림보 시범을 보이기 위해 몸을 낮추기 시작했다.

해설 단순히 사동 접사와 피동 접사의 의미를 묻는 문제처럼 보이지만, 사동 접사와 피동 접사의 형태가 같은 '-이/히/리/기-'의 경우에는 사동문과 피동문의 형태를 파악해 두어야 한다. 또는 단형 사동과 단형 피동을 장형 사동과 장형 피동으로 바꾸어 보는 방법을 적용할 수도 있다. ③은 주어 '나'가 누군가에게 약점을 잡혀 당한 것이므로 피동 접사 '-히-'가 사용되었다.
① '-기-'를 장형 사동으로 바꿔 보면 '아들에게 회사를 맡게 하다.'로 사동 접사가 쓰였음을 알 수 있다.
② '-히-'를 장형 사동으로 바꿔 보면 '사람이 밥을 삭게 하다.'로 사동 접사가 쓰였음을 알 수 있다.
④ '-우-'를 장형 사동으로 바꿔 보면 '아내가 남편을 깨게 하지 않다.'로 사동 접사가 쓰였음을 알 수 있다.
⑤ '-추-'를 장형 사동으로 바꿔 보면 '몸을 낮게 하다.'로 사동 접사가 쓰였음을 알 수 있다.

정답 ③

04 밑줄 친 말의 쓰임이 적절하지 <u>않은</u> 것은?

① 김치를 알맞게 <u>삭혔다</u>.
② 기침을 <u>삭이는</u> 데는 생강차가 좋다.
③ 그는 돌도 <u>삭일</u> 만큼 소화력이 좋다.
④ 그는 분을 <u>삭히느라</u> 앉은 채로 있었다.
⑤ 시계가 각침을 <u>삭이는</u> 소리가 요란하다.

해설 혼동하기 쉬운 사동사의 의미와 쓰임에 관련된 문제이다. '삭다'는 사동 접사 '-이-'나 '-히-'가 결합해 사동사 '삭이다, 삭히다'를 만든다. 여기에서 주의할 점은 사동사가 아닌 '삭이다'로, 우리말에는 기본형이 사동사나 피동사의 형태를 나타내는 경우가 있으므로, 이러한 단어들은 주의해서 사용해야 한다. ④는 '삭다'에서 '긴장이나 화가 풀려 마음이 가라앉다.'의 의미를 가지므로, 사동사는 '삭이다'를 써야 한다.
① '삭히다'는 '삭다'의 사동사로 '김치나 젓갈 따위의 음식물이 발효되어 맛이 들다.'의 의미로 바르게 쓴 것이다.
②·③ '삭다'의 사동사로 ②는 '기침이나 가래 따위가 잠잠해지거나 가라앉다.'의 의미로, ③은 '먹은 음식물이 소화되다.'의 의미로 바르게 사용한 것이다.
⑤ '삭이다'가 기본형으로 '돈, 시간, 물건, 힘 따위를 소비하다.'의 의미를 갖는다.

정답 ④

05 밑줄 친 단어의 접사의 쓰임이 <u>다른</u> 하나는?

① 엄마는 아이에게 밥을 <u>먹였다</u>.
② 메모지를 벽에 덕지덕지 <u>붙였다</u>.
③ 따스한 햇살이 고드름을 <u>녹였다</u>.
④ 이번 폭우로 땅에 웅덩이가 <u>파였다</u>.
⑤ 회사에서 그의 직급을 과장으로 <u>높여</u> 주었다.

해설 사동 접사 '-이-'와 형태가 같으나 피동 접사 '-이-'이다. 능동문 '폭우가 웅덩이를 팠다.'로 바꾸면 주어가 목적어로 바뀔 수 있으므로, 피동 접사이다.
①·②·③·⑤ 모두 사동 접사이다.

정답 ④

06 〈보기〉의 설명에 해당하는 부정 표현의 쓰임이 적절하지 <u>않은</u> 것은?

― • 보기 • ―

우리말의 부정 표현에는 단순 부정이나 주체의 의지에 의해 행위가 일어나지 않는 것을 표현하는 '안' 부정문과 주체의 능력 부족이나 외부의 원인 때문에 행위가 일어나지 못하는 것을 표현하는 '못' 부정문이 있다.

① 걱정이 많아서 잠을 통 <u>못</u> 잤다.
② 성적 때문에 원하는 대학에 <u>안</u> 갔다.
③ 시험이 다가오니 공부가 <u>안</u> 돼서 걱정이다.
④ 그녀는 절대로 포기하<u>지 않</u>겠다고 다짐했다.
⑤ 갑자기 손님들이 오셔서 일을 다 하<u>지 못했</u>다.

해설 우리말 부정 표현의 의미를 이해하고, 적절한 표현을 찾는 문제이다. ②는 성적이라는 외부의 요소 때문에 대학을 '못' 간 것이므로, '못' 부정문을 사용해야 한다.
① · ⑤ 걱정 때문에, 손님들 때문에 행위를 할 수 없었으므로 '못' 부정문을 사용해야 한다.
③ · ④ 스스로의 의지와 관련된 행위이므로 '안' 부정문을 사용해야 한다.

정답 ②

제3편 어법

제6장 어법에 맞는 말

제1절　의미의 중복

기출 미리보기

1. 중복된 단어 표현
2. 문장의 중의적 표현
   (1) 어휘적 중의성
   (2) 구조적 중의성
   (3) 비유적 중의성
   (4) 부정문의 중의성

1 중복된 단어 표현

ㄱ	ㄷ
가까운 측근★/접근	다리를 놓으며 중매
가사(家事) 일	다시 재론하여
각 자치구별로	돌이켜 회고★
간단히 요약★, 짧게/간략히 약술	ㅁ
거의 대부분★	매주 일요일마다
결실을 맺다	먼저 선수를 치다★
과반수 이상★, 과반수를 넘는	미리 예고/예약/예측, 이미 예고★
근 일 년 가까이★	ㅂ
꾸며낸 조작극	바다로 해수욕을 하러
ㄴ	복병들이 숨어 있다★
나라를 사랑하는 애국정신	분명하게 명시/명기★
남은 여생	비명 소리
널리 보급★	빛나는 각광★

ㅅ	ㅊ
사망 10주기	차가운 냉기
사전에 예방	최후의 마지막 수단
상호(商號)명(名)	ㅌ
서로 상의	통곡하며 울다
선도하여 앞에서 이끌다★	특별상 수상
시범 보이다★	ㅍ
싹의 발아	푸른 창공
ㅇ	ㅎ
약(約) 37% 가량(假量)	하얀 백발 / 하얀 백색 드레스
어려운 난관/난제	함께 공존
여러 가지 다양한	홀로 외로이 고군분투
역전(驛前) 앞	활짝 만개하다
오래된 숙원★	회의를 품다
이름난 명승지	

2 문장의 중의적 표현

한 단어나 문장이 두 가지 이상의 의미로 해석되는 표현

(1) 어휘적 중의성

1) 동음이의어나 다의어에 의한 중의성
2) 중의성 해소 방법: 의미를 한정하는 문맥이나 상황을 제시

　　예 • 배 → ① 배나무의 열매[梨], ② 물 위에 다니는 배[船], ③ 신체의 일부[腹]
　　　 • 다리 → ① 신체 기관[足], ② 사물의 다리[脚]

(2) 구조적 중의성

1) 문장의 표현 구조가 달라서 생기는 중의성
2) 중의성 해소 방법: 문장 성분의 순서를 바꾸거나, 쉼표(,)를 사용함.

　　예 • 똑똑한 영이의 친구를 만났다.
　　　　① 영이의 똑똑한 친구를 만났다.
　　　　② 똑똑한, 영이의 친구를 만났다.
　　　 • 우리 형은 나보다 게임을 더 좋아한다.
　　　　① 우리 형은 나를 좋아하는 것보다 게임을 더 좋아한다.
　　　　② 내가 게임을 좋아하는 것보다 형이 더 게임을 좋아한다.

(3) 비유적 중의성

1) 비유하는 단어의 속성으로 인해 생기는 중의성

2) 중의성 해소 방법: 추가적인 정보의 제시

　예) 김 선생님은 호랑이시다.
　　① 호랑이처럼 생겼다.
　　② 호랑이처럼 무섭다.
　　③ 연극에서 역할이 호랑이다.

(4) 부정문의 중의성

1) 초점에 의한 중의성

　① 부정어의 초점이 어디 있느냐에 따라 생기는 중의성
　② 중의성 해소 방법: 보조사 '은/는'을 사용
　　예) • 내가 영철이를 밀지 않았다. → 나는 영철이를 밀지 않았다.
　　　 • 내가 영철이를 밀지 않았다. → 내가 영철이는 밀지 않았다.
　　　 • 내가 영철이를 밀지 않았다. → 내가 영철이를 밀지는 않았다.

2) 부정 범위에 의한 중의성

　① 부정의 범위를 어떻게 설정하느냐에 따라 생기는 중의성
　② 중의성 해소 방법: 부사어를 교체하거나, 보조사 '은/는'을 사용
　　예) 손님이 다 오지 않았다.
　　　① 손님이 아무도 오지 않았다.(전체 부정)
　　　② 손님이 다 오지는 않았다.(부분 부정)

확인문제

01 밑줄 친 부분의 의미 표현이 중복되지 않는 것은?

① 강원도에는 오래된 명승지가 많다.
② 교실에서 차가운 냉기가 감돌고 있다.
③ 그가 링에서 홀로 고군분투하고 있다.
④ 그는 어려운 난관에도 흔들리지 않았다.
⑤ 내일이 할아버지의 사망 15주기가 되는 날이다.

해설 '명승지(名勝地)'는 '경치가 좋기로 이름난 곳'이므로 '오래된'과 의미가 중복되지 않는다.
② '차가운 냉기'에서 '냉기(冷氣)'는 '찬 기운, 찬 공기'의 뜻이 있어서 '차가운'과 의미가 중복된다.
③ '홀로 고군분투'에서 '고군분투(孤軍奮鬪)'는 '홀로 힘에 벅찬 일을 잘해 나가는 것'의 뜻이 있어서 '홀로'와 의미가 중복된다.
④ '어려운 난관'에서 '난관(難關)'은 '일을 하여 나가면서 부딪치는 어려운 고비'의 뜻이 있어서 '어려운'의 의미가 중복된다.
⑤ '사망 15주기'에서 '주기(週忌)'는 '사람이 죽은 뒤 그 날짜가 해마다 돌아오는 횟수'의 뜻이 있어서 '사망'의 의미가 중복된다.

정답 ①

02 밑줄 친 부분의 의미 표현이 중복되지 않는 것은?

① 독수리가 푸른 창공을 훨훨 날고 있다.
② 개업을 하면서 상호명을 한글로 지었다.
③ 어린이들이 태권도 시범을 보이고 있습니다.
④ 지나간 시간을 돌이켜보니 지난 일에 회의가 든다.
⑤ 그 모임은 구성원의 과반수 이상이 미혼 여성이다.

해설 '돌이켜보니'는 의미가 중복되지 않는다.
① '푸른 창공'에서 '창공(蒼空)'은 '맑고 푸른 하늘'의 뜻이 있어서 '푸른'과 의미가 중복된다.
② '상호명'에서 '상호'는 '상인이 영업 활동을 할 때에 자기를 표시하기 위하여 쓰는 이름'의 뜻이 있어서 '명(名)'의 의미와 중복된다.
③ '시범을 보이다'에서 '시범(示範)'은 '모범을 보이다.'의 뜻이 있어서 '보이다'의 의미가 중복된다.
⑤ '과반수 이상'에서 '과반수(過半數)'는 '절반이 넘는 수'의 뜻이 있어서 '이상'의 의미가 중복된다.

정답 ④

03 다음 문장 중에서 의미 표현이 중복된 것은?

① 그는 수입의 대부분을 저축한다.
② 그는 우리 집에 보름 가까이 머물렀다.
③ 신청자가 밀려 더 이상 예약을 받을 수 없습니다.
④ 계곡에 있던 복병들이 일제히 적군을 공격하였다.
⑤ 선생님은 남은 여생을 시를 쓰며 살고 싶다고 말씀하셨다.

해설 '남은 여생'에서 '여생(餘生)'은 '앞으로 남은 인생'의 뜻이 있어서 '남다'의 의미가 중복된다.
정답 ⑤

04 다음 문장 중에서 의미 표현이 중복된 것은?

① 가을은 결실을 맺는 계절이다.
② 그 사람은 남편과 중매로 결혼했다.
③ 전염병 예방을 위해 물은 꼭 끓여 마셨다.
④ 두 사람은 약 두 시간 동안 이야기를 나누었다.
⑤ 그때는 그것이 애국이었고, 나라를 위한 유일한 길이었다.

해설 '결실을 맺는'에서 '결실(結實)'은 '일이나 열매가 맺다.'의 뜻이 있어서 '맺다'의 의미가 중복된다.
정답 ①

05 의미상 두 가지 이상으로 해석할 수 있는 문장은?

① 그는 그 일에서 손을 뗐다.
② 친구들이 모두 오지는 않았다.
③ 영희의 귀여운 동생이 보고 싶다.
④ 동생은 나보다 게임을 더 좋아한다.
⑤ 나는 강아지 한 마리와 토끼 한 마리를 키우고 있다.

해설 문장 표현의 중의성을 판별하는 문제로 매회 출제되는 문제이다. 기본적인 이론은 물론 다양한 예문을 통한 학습이 필요하다. ④는 '동생은 나를 좋아하는 것보다 게임을 더 좋아한다.'와 '내가 게임을 좋아하는 것보다 동생이 더 게임을 좋아한다.'의 의미를 갖는 중의적 표현이다.
정답 ④

06 표현의 중의성을 해소한 것으로 적절하지 않은 것은?

① 그는 발을 뺐다. → 그는 그 일에서 발을 뺐다.
② 그들은 입을 맞추었다. → 그들은 살짝 입을 맞추었다.
③ 그녀는 배가 아팠다. → 그녀는 친구의 승진 소식에 배가 아팠다.
④ 그들은 손을 잡았다. → 그들은 추위를 이기기 위해 손을 잡았다.
⑤ 그는 그의 입을 막았다. → 그는 그가 말하지 못하도록 손으로 입을 막았다.

해설 신체와 관련된 관용어에서 생기는 중의적 표현을 바르게 해소한 문장을 찾는 문제이다. 이러한 경우 구체적인 표현에 대한 정보를 제시하면 중의성을 해소할 수 있다.
② '입을 맞추다'는 '신체적인 접촉을 하다.'와 '서로의 말이 일치하도록 하다.'의 중의적 의미를 갖는다. 선지의 내용은 중의성이 해소되지 않은 것으로, '그들은 이번 사건에 대해 입을 맞추었다.' 또는 '그들은 뽀뽀를 했다.' 정도로 바꾸면 중의성을 해소할 수 있다.

정답 ②

07 표현의 중의성을 해소한 것으로 적절하지 않은 것은?

① 지수와 현우는 결혼을 했다. → 지수는 현우와 결혼을 했다.
② 친구들이 모두 참석하지 않았다. → 친구들이 다 참석하지 않았다.
③ 그녀는 분홍 원피스를 입고 있다. → 그녀는 분홍 원피스를 입는 중이다.
④ 아름다운 그녀의 목소리가 듣고 싶다. → 아름다운, 그녀의 목소리가 듣고 싶다.
⑤ 선생님이 보고 싶은 친구들이 많다. → 선생님을 보고 싶어 하는 친구들이 많다.

해설 ②는 '모두'라는 부사어로 인해 중의성이 생긴 것이다. 전체 부정인 경우 '친구들이 단 한 명도 참석하지 않았다.'의 의미이고, 부분 부정의 경우 '친구들 중에 일부만 참석했다.'의 의미이다. 따라서 중의성을 해소하기 위해서는 부사어를 '아무도'로 바꾸거나, 보조사 '은/는'을 사용할 수 있다. 선지의 문장에서 중의성을 해소하면 '친구들이 아무도 참석하지 않았다.(전체 부정)' 또는 '친구들이 모두 참석하지는 않았다.(부분 부정)'로 고칠 수 있다.

정답 ②

08 표현의 중의성을 해소한 것으로 적절하지 않은 것은?

① 나는 선화와 효정이를 찾아다녔다. → 나는 선화와 함께 효정이를 찾아다녔다.
② 나는 어제 시골에서 온 선배를 만났다. → 나는, 어제 시골에서 온 선배를 만났다.
③ 여러 아이들이 한 상자의 선물을 받았다. → 여러 아이들이 각자 한 상자의 선물을 받았다.
④ 언니는 나보다 영화를 더 좋아한다. → 내가 영화를 좋아하는 것보다 언니가 더 영화를 좋아한다.
⑤ 엄마는 들뜬 마음으로 떠나는 아들을 바라보았다. → 엄마는 떠나는 아들을 들뜬 마음으로 바라보았다.

[해설] ②는 '어제'라는 부사어가 수식하는 대상이 '만났다'인지 '온'인지 분명하지 않아서 내가 선배를 만난 것이 어제인지, 내가 만난 선배가 시골에서 올라온 것이 어제인지의 의미로 중의성이 생긴 것이다. 이러한 경우 부사어 '어제'의 위치를 조정하여 '나는 시골에서 어제 온 선배를 만났다.'(선배가 어제 왔다.) 또는 '나는 시골에서 온 선배를 어제 만났다.'(내가 어제 선배를 만났다.)로 표현하면 중의성이 해소된다.

[정답] ②

09 표현의 중의성을 해소한 것으로 적절하지 않은 것은?

① 저 배를 보세요. → 잘 익은 배를 보세요.
② 그는 손을 뗐다. → 그는 그 사건에서 손을 뗐다.
③ 이번 시험에 답을 몇 개 쓰지 못했다. → 이번 시험에 몇 개의 답을 쓰지 못했다.
④ 그녀는 옷장에 귀여운 딸의 옷을 넣었다. → 그녀는 옷장에 딸의 귀여운 옷을 넣었다.
⑤ 무분별한 학생들의 어학연수가 늘어나고 있다. → 학생들의 무분별한 어학연수가 늘어나고 있다.

[해설] 관형어 '몇'에 의해 '이번 시험에 답을 작성한 것이 몇 개 되지 않는다.'와 '시험의 답을 거의 다 작성했지만 몇 문제의 답은 쓰지 못했다.'의 중의성을 가진다. 선지에 제시된 내용은 중의성을 그대로 가진 표현이어서 적절하지 않다.
① '배'는 배나무의 열매(梨), 물 위에 다니는 배(船), 신체의 일부(腹)를 나타내는 동음이의어에 의한 중의적 표현으로, 구체적인 정보를 제시해서 중의성을 해소할 수 있다.
② '손을 떼다'는 관용어에 의한 중의성으로 구체적인 정보를 제시해 중의성을 해소할 수 있다.
④ '귀여운'이 수식하는 대상이 '딸'인지 '딸의 옷'인지 분명하지 않아서 생긴 중의성이므로 문장 성분의 순서를 교체해서 중의성을 해소할 수 있다.
⑤ '무분별한'이 수식하는 것이 '학생들'인지 '학생들의 어학연수'인지 분명하지 않아 생기는 중의적 표현으로, 문장 성분의 순서를 교체해서 '무분별한'이 수식하는 대상을 '어학연수'에 한정하면 중의성을 해소할 수 있다.

[정답] ③

10 표현의 중의성을 해소한 것으로 적절하지 <u>않은</u> 것은?

① 그의 점수가 제일 높았다. → 그가 준 점수가 제일 높았다.
② 도저히 앞으로 갈 길이 없다. → 도저히 앞으로 갈 도로가 없다.
③ 이것은 그의 사진이 아니다. → 이것은 그가 찍은 사진이 아니다.
④ 아이들이 학교에 오지 않았다. → 아이들이 모두 학교에 오지 않았다.
⑤ 많은 비와 눈이 내리는 지역이 있다. → 비와 눈이 많이 내리는 지역이 있다.

....

[해설] 부정어 '않았다'의 초점이 '아이들'인지, '학교'인지, '오지'인지 중의적이다. 이를 해소하기 위해서는 보조사 '은/는'을 사용하여 '아이들은 학교에 오지 않았다.', '아이들이 학교에는 오지 않았다.', '아이들이 학교에 오지는 않았다.'로 바꿔야 한다.
① '제일 높은 점수'가 그가 받은 점수인지, 그가 준 점수인지의 중의성이 생긴다.
② '길'이 방법인지, 도로인지의 중의성이 생긴다.
③ 그가 찍은 사진인지, 그가 소유한 사진인지의 중의성이 생긴다.
⑤ 비와 눈이 각각 많이 내리는지, 같이 내리는지의 중의성이 생긴다.

[정답] ④

제2절 바른 문장 쓰기

> **기출 미리보기**
>
> 1. 주어, 서술어, 목적어, 부사어의 성분 갖추기
> 2. 문장 성분 간의 호응
>   (1) 주어와 서술어   (2) 목적어와 서술어
>   (3) 부사어와 서술어   (4) 불필요한 피동 표현과 사동 표현
>   (5) 명사 나열

1 필요한 문장 성분 갖추기

(1) 주어

- 이 열차에는 안내원이 없으므로 안전에 유의하시기 바랍니다.
  → 이 열차에는 안내원이 없으므로 <u>승객께서는</u> 안전에 유의하시기 바랍니다.
- 이 규정에 의한 징계 절차가 개시되면 종료 시까지 공증인의 직무를 정지시킬 수 있다.
  → <u>감독 기관은</u> 이 규정에 의한 징계 절차가 개시되면 종료 시까지 공증인의 직무를 정지시킬 수 있다.
- 지구를 파괴하는 유일한 존재의 이름은 바로 인간이며, 탐욕과 이기심으로 스스로 몰락해 가는 어리석은 동물이다.
  → 지구를 파괴하는 유일한 존재의 이름은 바로 인간이며, <u>인간은/인간이야말로</u> 탐욕과 이기심으로 <u>스스로</u> 몰락해 가는 어리석은 동물이다.
- 이 작품은 세대 간의 갈등을 다루고 있으며, 작품을 통해 힘의 변화에 대한 통찰을 엿볼 수 있다.
  → 이 작품은 세대 간의 갈등을 다루고 있으며, <u>독자들은</u> 작품을 통해 힘의 변화에 대한 통찰을 엿볼 수 있다.

(2) 서술어

- 마땅히 할 일이 없어서 그는 음악과 소설을 읽으며 시간을 보냈다.
  → 마땅히 할 일이 없어서 그는 음악을 <u>듣고</u>, 소설을 읽으며 시간을 보냈다.
- 고구마는 맛도 영양도 많아 세계인의 사랑을 받는 식품이다.
  → 고구마는 맛도 <u>좋고</u> 영양도 많아 세계인의 사랑을 받는 식품이다.
- 저희는 승객 여러분의 건강과 쾌적한 여행 환경을 조성하기 위하여 전 객실을 금연 구역으로 지정하였습니다.
  → 저희는 승객 여러분의 건강을 <u>지키고</u>, 쾌적한 여행 환경을 조성하기 위하여 전 객실을 금연 구역으로 지정하였습니다.
- 대규모로 신도시를 건설하려면 많은 노력과 비용, 그리고 긴 시간이 걸린다.
  → 대규모로 신도시를 건설하려면 많은 노력과 비용<u>이 들고</u>, 긴 시간이 걸린다.

(3) 목적어

- 인간은 자연에 복종도 하고, 지배도 하며 살아간다.
  → 인간은 자연에 복종도 하고, <u>자연을</u> 지배도 하며 살아간다.

(4) 부사어

- 인간은 환경을 지배하기도 하고, 때로는 순응하며 산다.
  → 인간은 환경을 지배하기도 하고, 때로는 환경에 순응하며 산다.
- 그가 판사가 된 것은 자랑이 되었다.
  → 그가 판사가 된 것은 그의 가족에게 자랑이 되었다.
- 이 작품은 신세대의 사랑을 다루고 있으며, 독자들은 사랑의 방식에 대한 변화를 볼 수 있다.
  → 이 작품은 신세대의 사랑을 다루고 있으며, 독자들은 작품을 통해서 사랑의 방식에 대한 변화를 볼 수 있다.

2 문장 성분 간의 호응

(1) 주어와 서술어의 호응

- 우리가 주의해야 할 것은 사치와 향락은 파멸을 초래할 것이다.
  → 우리가 주의해야 할 것은 사치와 향락은 파멸을 초래한다는 점이다.
- 내가 지금 바라는 것은 아이들 모두가 원하는 대학에 진학했으면 한다.
  → 내가 지금 바라는 것은 아이들 모두가 원하는 대학에 진학하는 것이다.
- 내가 하고 싶은 말은 늦지 않았으니 다시 시작하기를 바란다.
  → 내가 하고 싶은 말은 늦지 않았으니 다시 시작하라는 것이다.
- 함부로 버려진 물건은 큰 낭비가 되기도 하지만, 더욱 심각한 것은 그것으로 인하여 우리의 자연이 오염되고 파괴된다.
  → 함부로 버려진 물건은 큰 낭비가 되기도 하지만, 더욱 심각한 것은 그것으로 인하여 우리의 자연이 오염되고 파괴된다는 것이다.
- 실험 순서는 조교의 지시를 따라서 실시한다.
  → 실험 순서는 조교의 지시를 따라야 한다.
- 맞장구치는 말이란 상대방의 말을 기분 좋게 받아 준다는 것이다.
  → 맞장구치는 말이란 상대방의 말을 기분 좋게 받아 주는 말이다.
- 통계청은 1월 고용률이 지난해 대비 1.1% 증가했다고 했다.
  → 통계청은 1월 고용률이 지난해 대비 1.1% 증가했다고 밝혔다.
- 이번 파업 사태가 노조와 사측의 상호 양보로 일단락 지었습니다.
  → 이번 파업 사태가 노조와 사측의 상호 양보로 일단락되었습니다.
- 이번 훈련은 대량 파괴 무기를 실은 것으로 의심되는 선박을 세워 검색하는 내용입니다.
  → 이번 훈련의 목적은 대량 파괴 무기를 실은 것으로 의심되는 선박을 세워 검색하는 것에 있습니다.
- 오존층의 파괴가 가져오는 변화는 단순한 환경의 변화에 그치지 않은 것이다.
  → 오존층의 파괴가 가져오는 변화는 단순한 환경의 변화에 그치지 않는다.
- 생선의 신선도는 눈보다 아가미를 살펴보고 고르는 것이 요령이다.
  → 신선한 생선을 고르는 요령은 눈보다 아가미를 살펴보는 것이다.★

(2) 목적어와 서술어의 호응

- 식물 중에도 순백의 식물이 있는데, 수정처럼 희다고 하여 이름이 수정난풀이라고 붙였다.
  → 식물 중에도 순백의 식물이 있는데, 수정처럼 희다고 하여 <u>이름을</u> 수정난풀이라고 <u>붙였다</u>.
- 국제에너지기구에서는 선진국에 한해 지난해 수준으로 이산화탄소 배출량을 유지하라는 의무가 부과됐다.
  → 국제에너지기구에서는 선진국에 한해 지난해 수준으로 이산화탄소 배출량을 유지하라는 <u>의무를</u> <u>부과했다</u>.
- 영양 산골에서 재배한 고추가 첫 수확의 기쁨을 맛보았다.
  → 영양 산골에서 재배한 <u>고추를</u> 처음으로 <u>수확하는</u> 기쁨을 맛보았다.★
- 언론에 노출을 꺼리던 그가 기자 회견을 자청하고 나선 것은 이례적인 일이다.
  → 언론에 <u>노출되는 것을</u> 꺼리던 그가 기자 회견을 자청하고 나선 것은 이례적인 일이다.

(3) 부사어와 서술어의 호응

- 그 사람과는 도무지 말이 잘 통한다.
  → 그 사람과는 <u>도무지</u> 말이 통하지 <u>않는다</u>.
- 잠을 깬 사람은 비단 나만이었다.
  → 잠을 깬 사람은 <u>비단</u> 나만이 <u>아니었다</u>.
- 우락부락한 외모와는 달리 말투가 여간 상냥하다.
  → 우락부락한 외모와는 달리 말투가 <u>여간</u> <u>상냥하지가 않다</u>.
- 마당에 핀 장미가 여간 탐스러웠다.
  → 마당에 핀 장미가 <u>여간</u> <u>탐스럽지 않았다</u>.
- 그녀는 결코 이번 대회에서 좋은 성적을 거둘 것이다.
  → 그녀는 <u>결코</u> 이번 대회에서 좋은 성적을 거두지 <u>못할 것이다</u>.
- 너는 절대 일찍 잠을 자야 한다.
  → 너는 <u>절대</u> 일찍 잠을 <u>자면 안 된다</u>.
- 그는 비록 몸은 피곤하면서 마음만은 편안했다.
  → 그는 <u>비록</u> 몸은 <u>피곤했지만</u>, 마음만은 편안했다.
- 그는 비록 가난에도 불구하고 그의 의지로써 성공하고야 말았다.
  → 그는 <u>비록</u> <u>가난했지만</u>, 그의 의지로써 성공하고야 말았다.
- 아무리 글을 잘 쓰려고 하다 보니 내용이 떠오르지 않는다.
  → <u>아무리</u> 글을 잘 쓰려고 <u>해도</u> 내용이 떠오르지 않는다.
- 왜냐하면 지속적인 긴장의 압박은 줄광대에게 피로감을 줄 뿐만 아니라, 관중에게 정신적 불안감을 줄 수도 있다.
  → <u>왜냐하면</u> 지속적인 긴장의 압박은 줄광대에게 피로감을 줄 뿐만 아니라, 관중에게 정신적 불안감을 줄 수도 있기 <u>때문이다</u>.
- 이 건물은 흡연을 하면 법에 따라 처벌을 받게 됩니다.
  → <u>이 건물에서</u> <u>흡연을</u> 하면 법에 따라 처벌을 받게 됩니다.

3 불필요한 피동 표현과 사동 표현

(1) 피동 표현
- 세상에는 날마다 끊임없이 수천, 수만 가지의 새로운 일들이 발생되고 있다.
  → 세상에는 날마다 끊임없이 수천, 수만 가지의 새로운 일들이 발생하고 있다.
- 대학을 선택할 때에는 명문인지 아닌지를 생각하기보다는 적성에 맞는지가 더욱 중요한 기준으로 되어져야 한다.
  → 대학을 선택할 때에는 명문인지 아닌지를 생각하기보다는 적성에 맞는지가 더욱 중요한 기준이 되어야 한다.
- 공교육을 활성화하기 위해서는 먼저 교사의 권위를 회복해야 한다고 생각되어집니다.
  → 공교육을 활성화하기 위해서는 먼저 교사의 권위를 회복해야 한다고 생각합니다.

(2) 사동 표현
- 우리 공장에서는 기계를 하루 종일 가동시키고 있습니다.
  → 우리 공장에서는 기계를 하루 종일 가동하고 있습니다.
- 아군이 영공을 침범한 적기를 격추시켰다.
  → 아군이 영공을 침범한 적기를 격추했다.

4 기타

(1) 명사 나열과 관형화
- 한국 정부가 통상 협상 전개 시 주의할 점은 다음과 같다.
  → 한국 정부가 통상 협상을 전개할 때 주의할 점은 다음과 같다.
- 그 나라는 외부 세력과 외교적 교섭이나 전쟁을 치르면서 평화의 길로 나아갔다.
  → 그 나라는 외부 세력과 외교적으로 교섭하거나 전쟁을 치르면서 평화의 길로 나아갔다.
- 우선 자연재해 직접 관련 보험 중심으로 사업 시행 후 다른 사업을 진행하겠습니다.
  → 우선 자연재해와 직접 관련되는 보험을 중심으로 사업을 시행한 다음, 다른 사업을 진행하겠습니다.
- 정부는 수해 유발 요인 증가 상황에 대한 준비가 시급하다고 발표했다.
  → 정부는 수해를 유발하는 요인이 증가하고 있어 이에 대한 준비가 시급하다고 발표했다.
- 질병 관리 본부는 휴가철 눈병 확산 경고가 있었습니다.
  → 질병 관리 본부는 휴가철 눈병의 확산에 대해 경고했습니다.
- 응시 원서의 기재 잘못으로 인한 불이익은 응시자의 감수입니다.
  → 응시 원서를 잘못 기재하여 발생한 불이익은 응시자가 감수해야 합니다.
- 도시 재개발은 안정적인 주택 확보와 환경을 개선하기 위해 추진되고 있다.
  → 도시 재개발은 안정적으로 주택을 확보하고 환경을 개선하기 위해 추진되고 있다.

- 사회·경제적 지위가 낮은 계층이 대기 오염으로 인한 질병 및 사망의 상대적 위험비가 높은 것으로 보고되고 있다.
  → 사회·경제적 지위가 낮은 계층이 대기 오염으로 인해 질병에 걸리거나 사망할 수 있는 위험성이 상대적으로 높은 것으로 보고되고 있다.
- 국민들은 저출산 문제의 해결책이 출산 장려금 지급에 달려 있다고 생각하지 않는다.
  → 국민들은 출산 장려금 지급이 저출산 문제를 해결할 수 있다고 생각하지 않는다.

(2) 잘못된 단어 사용
- 상습 수해 문제를 해소하기 위해서는 정부와 민간의 합의와 협력이 필요하다.
  → 상습 수해 문제를 해결하기 위해서는 정부와 민간의 합의와 협력이 필요하다.
- 우리 정부는 위안부 문제를 일본 정부에게 강력히 항의하였다.
  → 우리 정부는 위안부 문제를 일본 정부에 강력히 항의하였다.
- 우리나라의 해마다 눈병은 7월과 8월에 빠지지 않고 유행하고 있습니다.
  → 우리나라에서는 해마다 눈병이 7월과 8월에 빠지지 않고 유행하고 있습니다.
- 다른 사람에게 자신만의 시각으로 비도덕적이라고 비난하는 것은 옳지 않다.
  → 다른 사람을 자신만의 시각으로 비도덕적이라고 비난하는 것은 옳지 않다.

(3) 번역 투의 문장
- 오랜 기간의 조사를 행한 끝에 결과가 나왔다.
  → 오랜 기간의 조사를 한 끝에 결과가 나왔다.
    (조사를 행하다 → 조사를 하다)
- 환절기 감기에 (각별한) 주의를 요합니다. / 주의가 요구됩니다.
  → 환절기 감기에 (각별한) 주의가 필요합니다. / (각별히) 주의해야 합니다.
    (~을/를 요하다, ~이/가 요구되다 → ~이/가 필요하다, ~해야 한다)
- 그녀는 시세에 준해 패물을 친구에게 팔았다.
  → 그녀는 시세에 따라 패물을 친구에게 팔았다.
    (~에 준하다 → ~에 따르다)
- 앞으로 계속해서 동문회 행사를 가질 예정으로 있습니다.
  → 앞으로 계속해서 동문회 행사를 할 예정입니다.★
    (행사를 갖다 → 행사를 할 예정이다)
- 그는 거짓말을 할 최후의 사람이다.
  → 그는 절대 거짓말을 할 사람이 아니다.
    (~할 최후의 사람이다 → 절대 ~할 사람이 아니다)
- 그것은 법의 지배를 위한 것이 아니라, 또 다른 형태의 폭력을 만들기 위함에 다름 아니다.
  → 그것은 법의 지배를 위한 것이 아니라, 또 다른 형태의 폭력을 만들기 위함과 다름이 없다. / 다름없다.★
    (~에 다름 아니다 → ~과 다름이 없다, ~과 다름없다)

- 이런 상황이면 주가가 급락할 가능성을 배제할 수 없다.
  - → 이런 상황이면 주가가 급락할 가능성도 있다. / 수도 있다.
    (~할 가능성을 배제할 수 없다 → 할 가능성도 있다, ~할 수도 있다)
- 불조심을 하는 것은 아무리 강조해도 지나치지 않는다.
  - → 불조심을 하는 것은 <u>아주 중요하다</u>.★
    (아무리 ~해도 지나치지 않다 → 아주 ~하다)

확인문제

01 다음 중 문장 성분의 호응이 자연스럽지 않은 문장은?

① 맹세코 그 일은 그녀와 무관했다.
② 당신의 협조가 절대로 필요합니다.
③ 마당에 핀 장미가 여간 탐스러웠다.
④ 그는 고향을 떠난 후로 연락을 일절 끊었다.
⑤ 그녀를 어디서 만났는지 도무지 생각이 안 난다.

해설 '여간(如干)'은 '그 상태가 보통으로 보아 넘길 만한 것임.'의 의미로, 주로 부정의 의미를 나타내는 말과 함께 쓰인다. 따라서 '마당에 핀 장미가 여간 탐스럽지 않았다.'로 수정해야 한다.
정답 ③

02 다음 중 문장 성분의 호응이 자연스럽지 않은 문장은?

① 통계청은 1월 고용률이 지난해 대비 1.1% 증가했다고 밝혔다.
② 인간은 환경을 지배하기도 하고, 때로는 환경에 순응하며 산다.
③ 내가 지금 하고 싶은 말은 늦지 않았으니 다시 시작하라는 것이다.
④ 일일 드라마의 시청률이 19.5%로 2주 연속 월화극 1위를 차지했다.
⑤ 노사 대표들의 치열한 회의 끝에 노사 협상이 극적으로 타결되었다.

해설 주어인 '시청률이'와 서술어인 '차지했다'가 호응하지 않으므로 '일일 드라마가 시청률이 19.5%가 되어 2주 연속 월화극 1위를 차지했다.' 또는 '일일 드라마가 시청률 19.5%로 2주 연속 월화극 1위를 차지했다.'로 수정해야 한다.
정답 ④

03 밑줄 친 번역 투의 문장을 잘못 고친 것은?

① 방역에 각별한 <u>주의를 필요로 합니다</u>. → 주의가 필요합니다.
② <u>층간 소음으로</u> 이웃 간의 다툼이 심각하다. → 층간 소음에 의한
③ 행사 진행을 <u>함에 있어</u> 반드시 확인해야 할 사항들이 있다. → 할 때
④ 이번 면접은 <u>질문 하나에만</u> 답을 제대로 하면 통과할 수 있다. → 하나의 질문에만
⑤ <u>인적 자원의 효율적 관리를 통해</u> 업무의 효율성을 높이자. → 인적 자원을 효율적으로 관리해

해설 '층간 소음에 의한'은 영어의 수동태를 직역한 표현이므로, '층간 소음으로'로 고쳐 써야 한다.
　① 'require'의 영어 번역 투 표현이므로 고쳐 써야 한다.
　③ 일본어 번역 투 표현이므로 고쳐 써야 한다.
　④ 'just one question'의 영어 번역 투 표현이므로 고쳐 써야 한다.
　⑤ 'through'의 영어 번역 투 표현이므로 고쳐 써야 한다.

정답 ②

04 밑줄 친 번역 투의 문장을 잘못 고친 것은?

① 당 대표들은 <u>오찬 간담회를 가졌다</u>. → 오찬 간담회를 했다.
② 이 방법이 가장 좋은 해결책이라 <u>생각되어진다</u>. → 생각한다.
③ 아침에 마시는 <u>한잔의 커피</u>로 여유로운 하루를 시작한다. → 커피 한잔으로
④ 정부가 갑작스럽게 시행한 부동산 정책이 우리를 불안하게 <u>만든다</u>. → 한다.
⑤ 환경 오염의 원인이 다양하다는 사실은 <u>이 자료가 말해 주고 있다</u>. → 이 자료가 알려 준다.

해설 '이 자료가 말해 주고 있다.'는 'say', '이 자료가 알려 준다.'는 'show'의 번역 투이므로 '이 자료에서 알 수 있다'로 고쳐 써야 한다.
　① 'have'의 영어 번역 투 표현이므로 고쳐 써야 한다.
　② 영어의 이중 피동문(have been + p.p)의 번역 투 표현이므로 고쳐 써야 한다.
　③ 'a cup of coffee'의 영어 번역 투 표현이므로 고쳐 써야 한다.
　④ 'make'의 영어 번역 투 표현이므로 고쳐 써야 한다.

정답 ⑤

국어문화 영역은 매회 10문제가 출제됩니다. 국어학·국문학과 관련된 단순한 지식 또는 자료에 대한 해석 능력을 평가하는 문제가 출제되곤 하는데, 어떻게 보면 국어와 관련된 모든 영역의 문제들이 통합된 형태라고 볼 수 있습니다.

특히 학습할 때 꼭 알아 두어야 할 것은 근대 국어와 현대 국어 간 표기상의 차이점과 남북한 언어의 차이점입니다. 언어는 역사의 일부이므로 과거를 아는 것은 현재를 더 풍요롭게 합니다. 또한 남북한 언어는 앞으로 오게 될 통일을 준비하는 과정에서 꼭 필요한 부분이므로, 남북한 언어의 차이를 아는 것은 이를 준비하는 방법이 될 것입니다. 따라서 국어문화 영역을 공부하게 되면, 국어를 공부하는 이유가 단순히 지식 때문만이 아닌 시대의 흐름에 따르기 위한 것이라는 점을 알 수 있습니다.

제4편
국어문화

제1장 한글의 역사와 이론
제2장 남북한 언어 비교
제3장 필수 작가와 작품
제4장 방송 언어

제4편 국어문화

제1장 한글의 역사와 이론

제1절 문자와 말소리

🔍 기출 미리보기

1. 이중 모음의 단모음화
2. 'ㆍ(아래 아)'의 사용
3. 합용 병서와 각자 병서
4. 연철과 분철 표기
5. 구개음화
6. 두음 법칙
7. 모음조화
8. 방송 언어

※ 근대 국어의 신문 광고나 만평을 제시하고, 현대 국어와 다른 표기법이나 음운 현상을 묻는 문제가 출제되며, 문법을 묻는 문제뿐 아니라 내용을 묻는 문제도 출제된다.

1 문자

(1) 훈민정음 창제의 배경과 목적★

  1) 창제 배경
   - 세종 25년(1443년 음력 12월)에 창제하고, 예의(例義)를 완성 및 공포함.
   - 세종 28년(1446년 음력 9월)에 훈민정음을 만든 과정과 의미를 설명한 《훈민정음 해례본》을 간행함.

  2) 창제 목적
   훈민정음은 자주·애민·실용 정신을 바탕으로 만들어졌고, 국어로 모든 언어(고유어, 한자어, 외래어 포함)를 표기하는 것을 목적으로 만들어졌다.

   > 나랏말ᄊᆞ미 中듕國귁에 달아 文문字ᄍᆞ와로 서르 ᄉᆞᄆᆞᆺ디 아니ᄒᆞᆯᄊᆡ 이런 젼ᄎᆞ로 어린 百ᄇᆡᆨ姓셩이 니르고져 홇 배 이셔도 ᄆᆞᄎᆞᆷ내 제 ᄠᅳ들 시러 펴디 몯홇 노미 하니라 내 이ᄅᆞᆯ 爲윙ᄒᆞ야 어엿비 너겨 새로 스믈 여듧 字ᄍᆞᆯ ᄆᆡᇰᄀᆞ노니 사름마다 ᄒᆡᅇᅧ 수ᄫᅵ 니겨 날로 ᄡᅮ메 便뼌安한킈 ᄒᆞ고져 홇 ᄯᆞᄅᆞ미니라.
   > — 《훈민정음》 해례본 서문 —

   [현대어역] 나라의 말이 중국과 달라 문자(한자)와 서로 잘 통하지 아니하므로 이런 까닭으로 어리석은 백성이 말하고자 하는 바가 있어도 마침내 제 뜻을 충분히 펴지 못하는 자가 많으니라. 내가 이를 불쌍히 여겨 새로 스물여덟 자를 만들어 사람마다 날마다 씀에 편안하게 할 따름이니라.

(2) 훈민정음 제자 원리

1) 자음 제자 원리

① 기본자: 발음 기관의 모양을 본떠서 만든 것

② 가획자: 기본자에 획을 더하여 만든 것

③ 이체자: 발음 기관의 모양을 본떠서 그 모양을 달리한 것

〈초성 제자 17자〉

소리	제자 원리	기본자	가획자★	이체자
아음(牙音)	혀뿌리가 목구멍을 막는 모양을 상형	ㄱ	ㅋ	ㆁ
설음(舌音)	혀끝이 윗잇몸에 닿는 모양을 상형	ㄴ	ㄷ → ㅌ	ㄹ
순음(脣音)	입의 모양을 상형	ㅁ	ㅂ → ㅍ	
치음(齒音)	이의 모양을 상형	ㅅ	ㅈ → ㅊ	ㅿ
후음(喉音)	목구멍의 모양을 상형	ㅇ	ㆆ → ㅎ	

2) 모음 제자 원리

① 기본자: 천·지·인(하늘, 땅, 사람)의 삼재(三才)를 본떠서 만든 것

② 합성자: 초출, 재출, 합용의 원리를 적용하여 만든 것

〈모음 제자 11자〉

기본자	초출자	재출자
ㆍ, ㅡ, ㅣ	ㅗ, ㅏ, ㅜ, ㅓ	ㅛ, ㅑ, ㅠ, ㅕ

(3) 훈민정음 체계의 변천

1) 초성 체계

〈초성 변천 체계〉

시기	초성
훈민정음 창제 당시(1446년)	[17자] ㄱ, ㄴ, ㄷ, ㄹ, ㅁ, ㅂ, ㅅ, ㅇ, ㅋ, ㅌ, ㅍ, ㅈ, ㅊ, ㅿ, ㆁ, ㅎ, ㆆ
훈몽자회(1527년)	[16자] ㄱ, ㄴ, ㄷ, ㄹ, ㅁ, ㅂ, ㅅ, ㅇ, ㅋ, ㅌ, ㅍ, ㅈ, ㅊ, ㅿ, ㆁ, ㅎ
한글 맞춤법 통일안(1933년) 이후	[14자] ㄱ, ㄴ, ㄷ, ㄹ, ㅁ, ㅂ, ㅅ, ㅇ, ㅈ, ㅊ, ㅋ, ㅌ, ㅍ, ㅎ

2) 중성 체계(29자)

① 기본 3글자에서 만들어진 것(11자): ㆍ, ㅡ, ㅣ / ㅗ, ㅏ, ㅜ, ㅓ / ㅛ, ㅑ, ㅠ, ㅕ

② 확장된 것(18자): ㅘ, ㆇ, ㅝ, ㆊ, ㅢ, ㅚ, ㅐ, ㅟ, ㅔ, ㆉ, ㅒ, ㆌ, ㅖ, ㅙ, ㅞ, ㅚ, ㅖ

〈중성 변천 체계〉

시기	중성
훈민정음 창제 당시(1446년)	[11자] ㆍ, ㅡ, ㅣ, ㅗ, ㅏ, ㅜ, ㅓ, ㅛ, ㅑ, ㅠ, ㅕ

훈몽자회(1527년)	[11자] ㆍ, ㅡ, ㅣ, ㅗ, ㅏ, ㅜ, ㅓ, ㅛ, ㅑ, ㅠ, ㅕ
한글 맞춤법 통일안(1933년) 이후	[10자] ㅡ, ㅣ, ㅗ, ㅏ, ㅜ, ㅓ, ㅔ, ㅐ, ㅚ, ㅟ

3) 종성 체계[종성부용초성(終聲復用初聲)]

따로 글자를 만들지 않고, 초성의 글자 체계를 그대로 사용함.

(4) 문자 운용법

1) 이어쓰기[연서법(連書法)]

① 주로 입술소리 'ㅂ' 아래 'ㅇ'을 이어서 쓰면 순경음(입술 가벼운 소리) 'ㅸ'이 되는 것

② 'ㅸ, ㆄ, ㅱ, ㅹ' 등으로 표기하며 15세기 중엽에 소멸됨.

2) 나란히 쓰기[병서법(竝書法)]

초성이나 종성을 합쳐 쓸 때 'ㄲ, ㄸ, ㄺ, ㄼ, ㅼ, ㅶ'처럼 가로로 나란히 쓰는 것

각자 병서	합용 병서

• 같은 초성을 두 개 나란히 쓰는 방법
• ㄲ, ㄸ, ㅃ, ㅉ, ㅆ, ㆅ
  예 쓰다
	• 서로 다른 두 개나 세 개의 초성을 나란히 쓰는 방법
	• ㅼ, ㅺ, ㅽ / ㅳ, ㅄ, ㅶ / ㅴ, ㅵ
	  예 째, 쏘, 꽃, 쩔어지다

3) 붙여쓰기[부서법(附書法)]

① 모음과 자음을 합치는 규정

② 초성은 중성 글자의 왼쪽에, 종성은 중성 글자의 아래에 붙여 쓰는 것

2 표기법

표기법	정의	예
이어적기(연철)	앞말의 종성을 뒷말의 초성에 적는 것	마시, 기픈
끊어적기(분철)	앞말에 종성을 적고, 뒷말의 초성에는 'ㅇ'을 적는 것	맛이, 깊은
거듭적기(중철)	앞말에 종성을 적고 뒷말의 초성에도 적는 것	맛시, 깁픈

3 음운과 음운 현상

(1) 'ㆍ(아래 아)'의 'ㅏ'로의 변화★

16세기 말엽	'ㆍ' → 'ㅡ'	ᄆᆞᄉᆞᆷ > 마음
18세기 중엽	'ㆍ' → 'ㅏ'	ᄆᆞᄉᆞᆷ > 마음
1933년 한글 맞춤법 통일안	표기에서 폐지	

(2) 이중 모음의 단모음화
① 중세 국어의 이중 모음(ㅑ, ㅕ, ㅛ, ㅠ, ㅘ, ㅝ, ㆎ, ㅐ, ㅔ, ㅚ, ㅟ, ㅢ)이 근대 국어에서 단모음으로 변하는 것
② 문제에 출제되는 유형은 '이중 모음의 단모음화'에 대한 개념을 묻기 위해 근대 국어 시기에도 '단모음화'가 되지 않은 예를 제시함.
예 데일 > 제일, 이샹뎍 > 이상적, 셰계 > 세계, 회샤 > 회사, 회층 > 회층, 정동 > 정동

(3) 모음조화
양성 모음(ㆍ, ㅏ, ㅗ, ㅐ, ㅘ, ㅣ)은 양성 모음끼리, 음성 모음(ㅡ, ㅓ, ㅜ, ㅔ, ㅟ, ㅢ)은 음성 모음끼리 어울리는 현상

(4) 구개음화
'ㄷ, ㅌ'이 'ㅣ' 계열의 모음 앞에서 'ㅈ, ㅊ'으로 변하는 현상
예 텬하 > 쳔하 > 천하, 뎨물포 > 졔물포 > 제물포, 됴흔 > 죠흔

(5) 두음 법칙
① 단어의 첫음절에 'ㄹ'과 'ㄴ'을 피하려는 현상
② 근대 국어에서는 두음 법칙이 적용되지 않은 형태로 쓰임.
예 령약 > 영약, 녀학도 > 여학도, 리화 학당 > 이화 학당

(6) 재음소화
① 하나의 음운을 기존에 존재하는 두 개의 음운으로 쪼개어 표기하는 방식
② 거센소리 'ㅋ, ㅌ, ㅍ, ㅊ'이 'ㄱ + ㅎ, ㄷ + ㅎ, ㅂ + ㅎ, ㅈ + ㅎ'으로 재분석되는 것
예 자피다 > 잡히다, 그피 > 급히

4 기타 문법 이론

(1) 과거 시제 선어말 어미 '-앗/엇-'이 쓰임. 예 일여낫다, 젊어졋다네

(2) 명사형 어미 '-음'이 사용됨. 예 연구하심, 요리함

(3) 현대에 쓰이지 않는 받침이 사용됨.
1) 겹받침이 사용되지 않는 형태가 쓰임. 예 안으며 > 앉으며, 업도록 > 없도록
2) 'ㅂ' 받침이 쓰이는 곳에 'ㅁ' 받침이 쓰임. 예 별것이 안니람니다, 맛잇게 됩담니다

(4) 어간과 어미를 분리하여 표기 예 차리-(어간) + -어(어미) > 찰여

(5) 'ㅎ' 말음의 흔적이 보임. 예 나희(나이ㅎ)

확인문제

01 〈보기〉에 대한 설명으로 적절하지 않은 것은?

• 보기 •

기리양힝 광고
우리 뎐에셔 미국에 긔별ᄒ야 지금 여러 가지 ᄌ힝거가 나왓ᄂ디 갑이 렴ᄒ오니 업서지기 전에 만히 사 가심을 ᄇᆞ오며 ᄯᅩ 우리 뎐에 류셩긔와 젼긔로 치ᄂᆞ죵과 ᄯᅩ 여러 가지 죠흔 물건이 만히 잇ᄉᆞ오니 쳠 군쟈는 만히 차져와 사 가심을 ᄇᆞ나이다

① 된소리의 표기가 현재와 다르다.
② 구개음화가 적용된 이후의 형태를 확인할 수 있다.
③ 이중 모음이 단모음화되지 않은 형태로 쓰이고 있다.
④ '업서지기, 만히, 죠흔' 등에서 연철 표기를 확인할 수 있다.
⑤ '류셩긔'에서 현대 국어처럼 두음 법칙이 적용된 것을 알 수 있다.

해설 현대 국어처럼 두음 법칙을 적용하면 '유성기'로 표기해야 한다.
① 현재는 각자 병서만 사용을 하지만, 'ᄯᅩ'의 형태를 보면 합용 병서가 사용되고 있음을 알 수 있다.
② '죠흔'은 '됴흔'이 구개음화 적용을 받은 이후의 표기이다.
③ 이중 모음이 단모음화되지 않은 형태로 '뎐에셔, 젼에, 뎐에, 류셩긔, 젼긔, 죵, 죠흔, 쳠'이 있다.

정답 ⑤

02 〈보기〉에 대한 설명으로 적절하지 않은 것은?

● 보기 ●

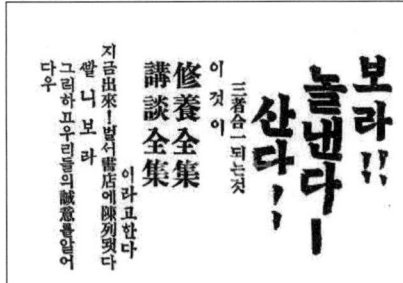

보라!! 놀낸다- 산다!
삼자합일(三者合一) 되는 것 이것이 수양전집(修養全集) 강담전집(講談全集)이라고한다 지금 출래(出來)! 벌서 서점(書店)에 진열(陳列)됫다 쌀니 보라 그러하고 우리들의 성의(誠意)를 알어다우

− 수양전집 강담전집 광고 −

① 국한문 혼용체를 사용하고 있다.
② 전집류의 책을 살 것을 권장하는 내용의 광고이다.
③ 초성을 운용하는 방법으로 합용 병서를 사용하고 있다.
④ 과거 시제 선어말 어미는 현대 국어와 같은 형태로 쓰이고 있다.
⑤ 현대에는 된소리로 쓰이는 단어가 예사소리로 쓰인 것을 확인할 수 있다.

해설 '됫다'에서 과거 시제 선어말 어미로 '-앗/엇-'을 사용하고 있다. 현대 국어에서 과거 시제 선어말 어미는 '-았/었-'이므로 다른 형태이다.
① 국문에 한자를 섞어 쓰고 있다.
② 《폐허》(1921년 1월호) 광고의 내용으로 1920년대 일본과 우리나라에서 전집류 붐이 일어났다. '수양전집(修養全集)'과 '강담전집(講談全集)'을 사서 읽을 것을 권장하는 내용을 담고 있다.
③ 합용 병서로 쓴 단어는 '쌀니'가 있다.
⑤ '벌서'가 현대에는 '벌써'로 쓰이고 있다.

정답 ④

03 〈보기〉에 대한 설명으로 적절하지 <u>않은</u> 것은?

• 보기 •

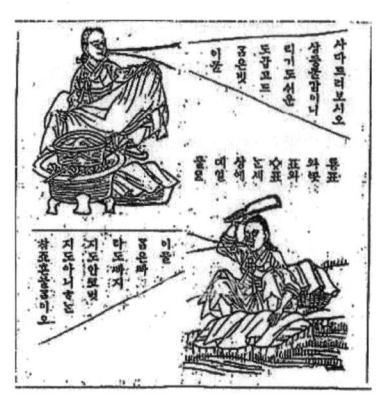

이 물品은 빗도 곱고 드리기도 쉬운 상등 물감이니 사다 드려 보시오
룡표와 꽃표와 ◇표는 세상에 데일 물品
이 물品은 싸라도 싸지지도 안코 벗지도 아니하는 참 죠흔 물品이오

– 《만세보》(1907년 6월 27일) '룡표 꽃표 ◇표 물감' 광고 –

① 부정문의 형태가 현대 국어와 같다.
② 'ᆞ(아래 아)'가 여전히 사용되고 있다.
③ 분철 표기가 일반화되었음을 알 수 있다.
④ 구개음화 이전의 단어와 이후의 단어가 함께 쓰이고 있다.
⑤ 두 사람이 서로 물감에 대해 증언하는 기법을 사용한 광고이다.

[해설] '드리기도, 싸라도, 죠흔'에서 보면 연철 표기를 하고 있음을 알 수 있다.
① 현대 국어에서 부정문은 긴 부정문과 짧은 부정문이 있다. 광고에 나온 부정문은 '싸지지도 안코 벗지도 아니하는'에서 '-지 아니하다'의 형태로, 긴 부정문이 사용되고 있는데 현대 국어와 같은 형태이다.
② '물品, 아니하는, 표는'에서 여전히 'ᆞ'가 사용되고 있다.
④ 구개음화 이전의 단어로는 '데일'이, 이후의 단어는 '죠흔'이 함께 쓰이고 있다.
⑤ 할머니와 며느리로 보이는, 상품을 사용해 본 사람이 자신의 경험을 말하는 증언식 기법을 사용하는 광고이다.

[정답] ③

04 〈보기〉에 대한 설명으로 적절하지 않은 것은?

● 보기 ●

본다고 쓰모립와옵쓰
다겻인쳐파파인만응와
모루쇼소파 　라겟
(茶屋) 　은쇼
한번구경ᄒ시오
ㅊ도 쇼ㅜ
ㄴ져 이외 　
한오결다전
번시각복 　
시험오죵과
편 녀차소
리여도라
심토러구와
을록신비
쳔슈소쥬파

餽 路 魚 物 廛 七 房
중 부 人 婦 屋 다茶
ᄋᆞ로 다 쥭

朴 貞 혹
박정이

고벽

한번 구경ᄒ시오

본 다옥(茶屋)에셔 동셔양 각죵 과ᄌ와 모과슈와 전복과 소라와 아이쓰그림과 ᄉ이다 각종 차도 구비ᄒ옵고 쳐소도 졍결ᄒ오니 여러 신ᄉ와 부인은 ᄎ져오시면 편리토록 슈응ᄒ겟ᄉ오니 한번 시험ᄒ심을 쳔만 ᄇᆞ라ᄂᆞ이다

① 접속 조사가 쓰이는 음운론적 환경이 현대와 다르다.
② '다옥'은 일본식 한자어로 '다방'을 뜻하는 단어임을 알 수 있다.
③ '아이쓰그림'을 통해 외래어 표기가 현대 국어와 다름을 알 수 있다.
④ 'ᄇᆞ라ᄂᆞ이다'에는 아주 높임의 종결 어미가 사용되었음을 알 수 있다.
⑤ '동셔양, 각죵, 젼복' 등의 단어에서 이중 모음에 단모음화가 적용되기 이전의 표기를 살펴볼 수 있다.

해설 광고에 쓰인 접속 조사는 '와/과'로 앞말의 받침의 유무에 따라 다르게 쓰인다. 받침이 없으면 '와'를 쓰고, 받침이 있는 경우에는 '과'를 쓴다. 이는 현대 국어와 같은 형태이다.
② '다옥(茶屋)'을 우리식 한자어로 쓰면 '다방(茶房)'으로, 순화어는 '찻집'이다.
③ 현대 국어에서는 외래어를 표기할 때, 된소리를 쓰지 않은 '아이스크림'으로 쓴다.
④ '-나이다'는 예스러운 표현으로 아주 높임의 '하십시오체' 자리에 쓰여, 단순한 서술을 나타내는 종결 어미이다.
⑤ 현대 국어에서는 단모음화가 적용된 '동서양, 각종, 전복' 등으로 쓴다.

정답 ①

05 〈보기〉에 대한 설명으로 적절하지 않은 것은?

> **보기**
>
>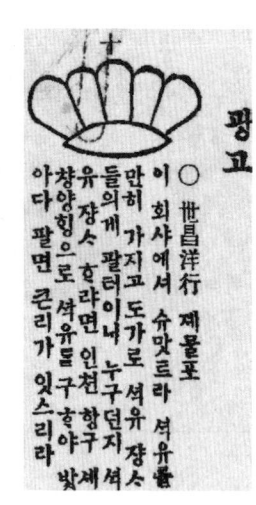
>
> ○ 世昌洋行 제물포
> 이 회샤에셔 슈맛트라 셕유를 만히 가지고 도가로 셕유 쟝ᄉ들의게 팔터 이니 누구던지 셕유 쟝ᄉ ᄒ랴면 인쳔 항구 세챵양힝으로 셕유를 구ᄒ야 밧아다 팔면 큰리가 잇스리라

① 연철 표기와 중철 표기를 사용했다.
② 현대 국어와 다른 받침이 사용되었다.
③ 선택의 연결 어미가 현대와 같은 형태이다.
④ 이중 모음이 단모음화되지 않은 형태로 쓰였다.
⑤ 유정물에 쓸 수 있는 부사격 조사의 형태가 현대 국어와 다르다.

해설 선택의 연결 어미는 '누구던지'에서 살펴볼 수 있다. 현대에서는 선택을 나타내는 연결 어미가 '-든지'이므로 다른 형태임을 알 수 있다.
① 연철 표기를 사용한 것은 '만히', 중철 표기를 사용한 것은 '잇스리라'가 있다.
② '셕유를 구ᄒ야 밧아다'에서 현대 국어에서는 'ㄷ' 받침으로 쓰이는 것이 'ㅅ' 받침으로 표기되어 있다.
④ '회샤, 셕유, 쟝ᄉ, 인쳔, 세챵양힝'에서 이중 모음이 쓰이고 있다.
⑤ 유정물에 쓸 수 있는 부사격 조사가 쓰인 예는 '셕유 쟝ᄉ들의게'에서의 '의게'인데, 현대 국어에서는 '에게'로 쓰고 있다.

정답 ③

제4편 국어문화

제2장 남북한 언어 비교

제1절 남북한 언어

> **기출 미리보기**
> 1. 동일 개념 어휘의 표기 차이
> 2. 문법 활용의 차이(사전, 글)

1 남북한 언어의 차이

	남한	북한
공통어	표준어: 교양 있는 사람들이 두루 쓰는 현대 서울말	문화어: 근로 인민이 사용하는 현대 평양말
발음	• '두음 법칙'을 인정 예 노동신문, 여자, 노인, 누각 • '자음동화'를 인정 예 심리[심니], 항로[항노], 담력[담녁]	• '두음 법칙'을 불인정 예 로동신문, 녀자, 로인, 루각 • '자음동화'를 불인정 예 심리[심리], 항로[항로], 담력[담력]
어휘	한자어와 외래어가 많음. 예 인물화, 한복, 아이스크림, 노크 • 장점: 국제적 의사소통이 원활하여 빠르게 발전하는 문명의 속도를 맞추기에 적합함. • 단점: 고유어의 영역이 축소됨.	• 한자어나 외래어를 우리말로 바꿔서 사용함. 예 사람그림, 조선옷, 얼음보숭이, 손기척 • 남한말과 같지만 의미가 다른 경우가 있음. 예 동무: [남] 친한 친구, [북] 이념이나 사상을 같이 하는 사람 • 우리가 사용하지 않는 단어가 많음. 예 흥성거리다 - 북적거리다, 로동장갑 - 작업용 장갑

2 남북한 사전 비교

남한	북한
당신(當身) 「대명사」 1. 듣는 이를 가리키는 2인칭 대명사. 하오할 자리에 쓴다. 　예 <u>당신</u>은 누구십니까? 2. 부부 사이에서, 상대편을 높여 이르는 2인칭 대명사 　예 <u>당신</u>, 요즘 직장에서 피곤하시죠? 3. 맞서 싸울 때 상대편을 낮잡아 이르는 2인칭 대명사 　예 <u>당신</u>이나 제대로 하시오. 4. '자기³[Ⅱ]¹⁾'를 아주 높여 이르는 말 　예 할머니는 뭐든지 <u>당신</u> 고집대로 하셨다. 1) 자기³[Ⅱ]「대명사」 　앞에서 이미 말하였거나 나온 바 있는 사람을 도로 가리키는 3인칭 대명사	**당신(當身)** 「대명사」 Ⅰ. 1. 부부나 사랑하는 사이나 스스럼없이 썩 가까운 사이에 이야기를 주고받는 상대편을 가리키는 2인칭 단수인 대명사 　예 여보! <u>당신</u>은 언제 돌아오시겠소. 2. 공식적인 성격을 띤 일이나 글 또는 외교적인 문서에서 이야기되는 상대편을 높이여 가리키는 말 　예 군단장동지, <u>당신</u>의 계획을 공개적으로 발표해주십시오. 3. 그리 가깝지 않은 사이에서 상대편을 가리키는 말 　예 <u>당신</u>과는 할 말이 없으니 가도 좋소. 4. 맞서 싸울 때나 언쟁을 할 때에 상대편을 깔보아 가리키는 말 　예 <u>당신</u>같은 사람과는 상종을 안하겠소. Ⅱ. 전날에, 〈자기〉란 뜻으로 웃어른을 높이려 가리키는 3인칭 단수 대명사
-껏 「접사」 「1」 (몇몇 명사 뒤에 붙어) '그것이 닿는 데까지'의 뜻을 더하고 부사를 만드는 접미사 　예 마음<u>껏</u> / 정성<u>껏</u> / 힘<u>껏</u> 「2」 (때를 나타내는 몇몇 부사 뒤에 붙어) '그때까지 내내'의 뜻을 더하는 접미사 　예 지금<u>껏</u> / 아직<u>껏</u> / 여태<u>껏</u> / 이제<u>껏</u>	**껏** 「불완전명사*」 「1」 (일부 동사의 〈는〉형에 붙어서) '그대로 끝까지 다', '가능한데까지'의 뜻을 나타낸다. 　예 하는<u>껏</u> 해보다 / 있는<u>껏</u> 가져오다 「2」 (뒤붙이*로 쓰이어) '자라는데까지 다하여', '나타낼 수 있는데까지 다하여'의 뜻으로 일부 명사를 부사로 만든다. 　예 힘<u>껏</u> / 정성<u>껏</u> / 마음<u>껏</u> * 불완전명사: 남한의 의존 명사 * 뒤붙이: 남한의 접미사
〈한글 맞춤법〉 제4장 제2절 제15항 [붙임 2] 종결형에서 사용되는 어미 '-오'는 '요'로 소리나는 경우가 있더라도 그 원형을 밝혀 '오'로 적는다. 　예 이것은 책이<u>오</u>. [붙임 3] 연결형에서 사용되는 '이요'는 '이요'로 적는다. 　예 이것은 책이<u>요</u>, 저것은 붓이<u>요</u>, 또 저것은 먹이다.	**-오** 맺음을 나타내는 풀이토의 하나. 참고로 체언의 용언형에서는 이 토*와 비슷한 위치에서 《요》가 쓰인다. 　예 잘 가리켜주<u>오</u>. **-요01** 맺음을 나타내는 풀이토*의 하나. 체언의 용언형에서 "높임" 말차림으로 일정한 억양이 붙어서 해당 사실을 알리거나 묻는데 쓰인다. 　예 우리 나라는 참 좋은 세상이<u>요</u>.

	-요⁰² 이음을 나타내는 풀이토*의 하나. 체언의 용언형*에 붙어서 대등하게 나란히 이어주는데 쓰인다. 예 조국통일은 조선인민의 한결같은 념원이<u>요</u>, 숙망이<u>요</u>, 또한 강력한 의지이다. * 토: 남한의 조사와 어미 * 맺음을 나타내는 풀이토: 남한의 종결 어미 * 이음을 나타내는 풀이토: 남한의 연결 어미 * 체언의 용언형: 체언 + '이(다)'
〈한글 맞춤법〉 제5장 제2절 제42항, 제43항 **제42항** 의존 명사는 띄어 쓴다. 예 아는 <u>것</u>이 힘이다. / 나도 할 <u>수</u> 있다. **제43항** 단위를 나타내는 명사는 띄어 쓴다. 예 차 한 <u>대</u> / 금 서 <u>돈</u> / 소 한 <u>마리</u> 다만, 순서를 나타내는 경우나 숫자와 어울리어 쓰이는 경우에는 붙여 쓸 수 있다. 예 제일<u>과</u> / 삼학<u>년</u> / 육<u>층</u> / 80<u>원</u> / 10<u>개</u> / 7<u>미터</u>	〈띄여쓰기〉 제2장 제7항 **제7항** 수사가 토없이 완전명사*와 어울린것은 띄여쓰며 단위명사(또는 이에 준하는 명사)와 어울린것은 붙여쓰는것을 원칙으로 한다. 1) 수사가 토없이 완전명사와 어울린 것 예 세 기술 일군의 참관 / 일곱 녀학생의 아름다운 소행 2) 수사가 토없이 단위명사와 어울린 것 예 50명 / 2년 / 두살 / 다섯개 / 세마리 * 완전명사: 사물의 실상(實相)이 있는 내용을 나타내며 홀로 독립해서 쓰이는 명사
〈한글 맞춤법〉 제5장 제3절 제44항 **제44항** 수를 적을 적에는 '만(萬)' 단위로 띄어쓴다. 예 십이억 삼천사백오십육만 칠천팔백구십팔 / 12억 3456만 7898	〈띄여쓰기〉 제2장 제5항 **제5항** 수는 아라비아수자로만 적을 수도 있고 순수 우리 글로만 적을 수도 있으며 아라비아수자에 '백, 천, 만, 억, 조' 등의 단위를 우리 글자와 섞어서 쓸 수도 있다. 이때의 띄여쓰기는 다음과 같다. 2) 수사를 우리 글자로만 적거나 아라비아수자에 '백, 천, 만, 억, 조' 등의 단위를 우리 글자와 섞어 적을 때에는 그것을 단위로 하여 띄여쓴다. 예 구십삼억 칠천 이백 십팔 / 팔만 륙천 삼백륙십오 / 3만 5천 6백 25 3) 우리 글자로만 수를 적되 '십, 백, 천, 만' 등의 단위를 표시하지 않고 수자의 이름으로만 적을 때는 붙여쓴다. 예 삼오(35) / 삼오삼(353) / 이사오륙(2456) / 칠구공공팔오(790085)

〈한글 맞춤법〉 제5장 제3절 제47항	〈띄어쓰기〉 제3장 제10항

보조 용언은 띄어 씀을 원칙으로 하되, 경우에 따라 붙여 씀도 허용한다.(ㄱ을 원칙으로 하고, ㄴ을 허용함.)
 	
| ㄱ | ㄴ |
|---|---|
| 불이 꺼져 간다.
내 힘으로 막아 낸다.
어머니를 도와 드린다.
비가 올 듯하다.
잘 아는 척한다. | 불이 꺼져간다.
내 힘으로 막아낸다.
어머니를 도와드린다.
비가 올듯하다.
잘 아는척한다. |
 	
다만, 앞말에 조사가 붙거나 앞말이 합성 용언인 경우, 그리고 중간에 조사가 들어갈 적에는 그 뒤에 오는 보조 용언은 띄어 쓴다.
예 잘도 놀아만 나는구나! / 강물에 떠내려가 버렸다. / 그가 올 듯도 하다.
	제10항 동사나 형용사끼리 어울렸을 경우의 띄어쓰기는 다음과 같이 한다.
	2) 토가 있지만 띄여쓰지 않는 것은 다음과 같다.
	  (2) '아, 어, 여' 형의 동사나 형용사에 보조적으로 쓰이는 동사가 직접 어울린 것은 붙여쓴다.
	    예 -몰아내다 / -볶아대다 / -미워하다
	  (3) '아, 어, 여' 형이 아닌 다른 형 뒤에서 보조적으로 쓰인 동사나 형용사는 붙여쓴다.
	    예 -읽고있다 / -먹는상싶다 / -쉬고싶다
	  (6) '듯, 만, 번, 법, 사, 척, 체…' 등이 붙은 동사나 형용사가 토없이 '하다'와 어울린것은 붙여쓴다.
	    예 -울듯하다 / -들을만하다 / -아는척하다
	  그러나 '듯, 만, 번, 법, 사, 척, 체' 뒤에 토가 붙으면 '하다'는 띄여쓰기로 한다.
	    예 -갈듯도 하다 / 오를만도 하다

〈표준 발음법〉 제2장 제5항	〈문화어발음법〉 제1장 제4항
'ㅑ, ㅒ, ㅕ, ㅖ, ㅘ, ㅙ, ㅛ, ㅝ, ㅞ, ㅠ, ㅢ'는 이중 모음으로 발음한다. 다만 1 용언의 활용형에 나타나는 '져, 쪄, 쳐'는 [저, 쩌, 처]로 발음한다.	'ㄱ, ㄹ, ㅎ' 뒤에 있는 'ㅖ'는 각각 [ㅔ]로 발음한다.
〈표준 발음법〉 제4장 제10항	〈문화어발음법〉 제9장
겹받침 'ㄳ', 'ㄵ', 'ㄼ, ㄽ, ㄾ', 'ㅄ'은 어말 또는 자음 앞에서 각각 [ㄱ, ㄴ, ㄹ, ㅂ]으로 발음한다. 예 넋[넉] / 앉다[안따] / 여덟[여덜] / 외곬[외골] / 핥다[할따] / 값[갑] 다만, '밟-'은 자음 앞에서 [밥]으로 발음하고, '넓-'은 다음과 같은 경우에 [넙]으로 발음한다. 예 넓-죽하다[넙쭈카다] / 넓-둥글다[넙뚱글다]	받침 'ㄼ, ㄽ, ㅄ, ㅍ'의 받침소리는 무성자음* 앞에서와 발음이 끝날 때는 [ㅂ]으로 발음한다. 예 넓지[넙찌] / 읊다[읍따] / 없다[업따] / 높다[놉따] / 값[갑] / 앞[압] 그러나 받침 'ㄼ'은 그 뒤에 'ㄱ'으로 시작되는 토나 뒤붙이가 올 때는 [ㄹ]로 발음하는 것을 원칙으로 하여 '여덟'은 [여덜]로 발음한다. 예 넓고넓은[널꼬널븐] / 얇게[얄게] * 무성자음: 'ㄱ, ㄷ, ㅂ, ㅅ, ㅈ, ㅊ, ㅋ, ㅌ, ㅍ, ㅎ, ㄲ, ㄸ, ㅃ, ㅆ, ㅉ'을 일컬음.
〈표준 발음법〉 제4장 제15항	〈문화어발음법〉 제5장 제12항
받침 뒤에 모음 'ㅏ, ㅓ, ㅗ, ㅜ, ㅟ' 들로 시작되는 실질 형태소가 연결되는 경우에는, 대표음으로 바꾸어서 뒤 음절 첫소리로 옮겨 발음한다. 예 밭 아래[바다래] / 맛없다[마덥따] 다만, '맛있다, 멋있다'는 [마싣따], [머싣따]로도 발음할 수 있다.	홑모음 '아, 어, 오, 우, 이, 애, 외'로 시작한 고유어 말뿌리*의 앞에 있는 받침 〈ㄳ, ㄺ, ㅋ, ㄲ〉은 [ㄱ]으로, 'ㅅ, ㅈ, ㅊ, ㅌ'은 [ㄷ]으로, 〈ㅄ, ㅍ〉은 [ㅂ]으로 각각 끊어서 발음한다. 예 넋없다[너겁따] / 값있는[가빈는] 그러나 '맛있다, 멋있다'만은 이어내기*로 발음한다. * 말뿌리: 단어를 분석할 때, 실질적 의미를 나타내는 중심이 되는 부분 * 이어내기: 한 음절의 종성을 다음 자의 초성으로 내려서 씀. 또는 그런 방법

확인문제

01 〈보기〉의 설명을 참고하여, 남북한의 띄어쓰기가 올바른 것끼리 묶인 것을 고르면?

● 보기 ●

〈한글 맞춤법〉 제5장 제3절 제44항
제44항 수를 적을 적에는 '만(萬)' 단위로 띄어 쓴다.
예 십이억 삼천사백오십육만 칠천팔백구십팔 / 12억 3456만 7898

〈띄여쓰기〉 제2장 제5항
제5항 수는 아라비아수자로만 적을 수도 있고 순수 우리 글로만 적을 수도 있으며 아라비아수자에 '백, 천, 만, 억, 조' 등의 단위를 우리 글자와 섞어서 쓸 수도 있다. 이때의 띄어쓰기는 다음과 같다.
2) 수사를 우리 글자로만 적거나 아라비아수자에 '백, 천, 만, 억, 조' 등의 단위를 우리 글자와 섞어 적을 때에는 그것을 단위로 하여 띄여쓴다.
예 구십삼억 칠천 이백 십팔 / 팔만 륙천 삼백 륙십오 / 3만 5천 6백 25
3) 우리 글자로만 수를 적되 '십, 백, 천, 만' 등의 단위를 표시하지 않고 수자의 이름으로만 적을 때는 붙여쓴다.
예 삼오(35) / 삼오삼(353) / 이사오륙(2456) / 칠구공공팔오(790085)

	표기하려는 숫자	남한 표기	북한 표기
①	328	삼백 이십팔	3백 28
②	3334	삼천삼백삼십사	삼천삼백 삼십사
③	56362	5만 6362	5만 6천 3백 62
④	23043	이만 삼천사십삼	이삼사삼
⑤	415322	사십 일만 오천삼백이십이	사일오삼이이

해설 남한은 만 단위로 띄어서 쓰고, 북한은 모든 단위를 띄어쓰기해야 하므로 모두 맞는 표기이다.
① 남한의 표기가 잘못되었다. 수를 적을 때에 '만(萬)' 단위로 띄어쓰기해야 하므로 '삼백이십팔'로 표기한다.
② 북한의 표기가 잘못되었다. 모든 단위를 띄어쓰기해야 하므로 '삼천 삼백 삼십사'로 표기한다.
④ 북한의 표기가 잘못되었다. 바르게 표기하면 '이삼공사삼'이다.
⑤ 남한의 표기가 잘못되었다. '만(萬)' 단위로 띄어 쓰면 '사십일만 오천삼백이십이'가 바른 표기이다.

정답 ③

02 〈보기〉의 내용을 설명한 것으로 적절하지 않은 것은?

● 보기 ●

표준국어대사전(남한)	조선말대사전(북한)
-껏「접사」 「1」(몇몇 명사 뒤에 붙어) '그것이 닿는 데까지'의 뜻을 더하고 부사를 만드는 접미사 　예 마음껏 / 정성껏 / 힘껏 「2」(때를 나타내는 몇몇 부사 뒤에 붙어) '그때까지 내내'의 뜻을 더하는 접미사 　예 지금껏 / 아직껏 / 여태껏 / 이제껏	껏「불완전명사*」 「1」(일부 동사의 〈는〉형에 붙어서) '그대로 끝까지 다', '가능한데까지'의 뜻을 나타낸다. 　예 하는껏 해보다 / 있는껏 가져오다 「2」(뒤붙이*로 쓰이어) '자라는데까지 다하여', '나타낼수 있는데까지 다하여'의 뜻으로 일부 명사를 부사로 만든다. 　예 힘껏 / 정성껏 / 마음껏 * 불완전명사: 남한의 의존 명사 * 뒤붙이: 남한의 접미사

① '껏'은 남북한 모두 명사와 결합할 때에는 접미사로 쓰인다.
② 남한에서 쓰이는 '껏'은 용언의 관형사형과 결합할 수 없다.
③ 남북한 모두 일부 명사와 '껏'이 결합하면 품사는 부사가 된다.
④ 접미사로 쓰이는 '껏'은 북한의 '껏'이 남한의 '껏'보다 생산성이 높다.
⑤ 남한에서 의존 명사는 용언의 관형사형 뒤에 쓰이는데, 북한도 의존 명사의 위치가 같다.

해설 　남한에서는 접미사로 쓰이는 '껏'이 명사와 부사 뒤에 올 수 있는 환경이므로, 북한에서 일부 명사에 쓰이는 '껏'보다 남한의 '껏'이 생산성이 높다.
　① 남한에서는 '껏'이 몇몇 명사의 뒤나, 때를 나타내는 몇몇 부사와 결합할 때 접미사로 쓰이고, 북한에서는 '껏'이 일부 명사를 부사로 만드는 역할을 하는 접미사로 쓰인다.
　② 남한에서는 '껏'이 일부의 명사나 부사 뒤에 붙기 때문에 용언의 관형사형과 결합할 수 없다.
　⑤ 의존 명사가 용언의 관형사형 뒤에 쓰이는 점은 남북한이 같다.

정답 ④

03 〈보기〉의 내용을 살펴보았을 때, 남북한의 띄어쓰기가 적절하지 <u>않은</u> 것은?

보기

〈한글 맞춤법〉 제5장 제3절 제47항
보조 용언은 띄어 씀을 원칙으로 하되, 경우에 따라 붙여 씀도 허용한다.(ㄱ을 원칙으로 하고, ㄴ을 허용함.)

ㄱ	ㄴ
불이 꺼져 간다.	불이 꺼져간다.
내 힘으로 막아 낸다.	내 힘으로 막아낸다.
어머니를 도와 드린다.	어머니를 도와드린다.
비가 올 듯하다.	비가 올듯하다.
잘 아는 척한다.	잘 아는척한다.

다만, 앞말에 조사가 붙거나 앞말이 합성 용언인 경우, 그리고 중간에 조사가 들어갈 적에는 그 뒤에 오는 보조 용언은 띄어 쓴다.
예 잘도 놀아<u>만</u> 나는구나! / 강물에 떠내려가 <u>버</u>렸다. / 그가 올 <u>듯</u>도 하다.

〈띄여쓰기〉 제3장 제10항
제10항 동사나 형용사끼리 어울렸을 경우의 띄여쓰기는 다음과 같이 한다.
2) 토*가 있지만 띄여쓰지 않는 것은 다음과 같다.
　(2) '아, 어, 여' 형의 동사나 형용사에 보조적으로 쓰이는 동사가 직접 어울린 것은 붙여쓴다.
　　예 -몰아<u>내</u>다 / -볶아<u>대</u>다 / -미워<u>하</u>다
　(3) '아, 어, 여' 형이 아닌 다른 형 뒤에서 보조적으로 쓰인 동사나 형용사는 붙여쓴다.
　　예 -읽고<u>있</u>다 / -먹는<u>상</u>싶다 / -쉬고<u>싶</u>다
　(6) '듯, 만, 번, 법, 사, 척, 체…' 등이 붙은 동사나 형용사가 토없이 '하다'와 어울린것은 붙여쓴다.
　　예 -울듯<u>하</u>다 / -들을만<u>하</u>다 / -아는척<u>하</u>다
　그러나 '듯, 만, 번, 법, 사, 척, 체' 뒤에 토가 붙으면 '하다'는 띄여쓰기로 한다.
　　예 -갈듯도 하다 / 오를만도 하다

* 토: 남한의 조사와 어미

	남한 표기	북한 표기
①	먹어 버리다	먹어버리다
②	잡을 듯하다	잡을듯하다
③	멀어져 간다	멀어져간다
④	덤벼들어 보았다	덤벼들어보았다
⑤	할만은 하다	할 만은하다

해설 남한에서는 '다만'에서 중간에 조사가 들어가는 경우 뒤에 오는 보조 용언을 띄어 써야 한다는 근거에 의해서 '할∨만은∨하다'로, 북한에서는 2)-(6)의 '그러나'에서 토가 붙으면 '하다'를 띄어 써야 하기 때문에 '할만은∨하다'로 써야 한다.
　① · ③ 남한에서는 본용언과 보조 용언을 원칙적으로는 띄어쓰기를 하고, 붙여 쓰는 것을 허용한다는 근거에 의해서, 북한에서는 2)-(2)의 내용에서 확인할 수 있다.
　② 남한에서는 '듯하다'가 보조 용언이므로 띄어쓰기를 하는 것이고, 북한에서는 2)-(6)의 내용에서 확인할 수 있다.
　④ 남한에서는 '다만'에서 앞말이 합성 동사인 경우 뒤에 오는 보조 용언을 띄어 써야 한다는 근거에 의해서, 북한에서는 2)-(2)의 내용에서 확인할 수 있다.

정답 ⑤

04 〈보기〉의 설명을 참고하여, 남북한 발음을 올바르게 짝 지은 것은?

---- 보기 ----

〈표준 발음법〉 제4장 제15항
받침 뒤에 모음 'ㅏ, ㅓ, ㅗ, ㅜ, ㅟ'들로 시작되는 실질 형태소가 연결되는 경우에는, 대표음으로 바꾸어서 뒤 음절 첫소리로 옮겨 발음한다.
예 밭 아래[바다래] / 맛없다[마덥따]
다만, '맛있다, 멋있다'는 [마싣따], [머싣따]로도 발음할 수 있다.

〈문화어발음법〉 제5장 제12항
홑모음 '아, 어, 오, 우, 이, 애, 외'로 시작한 고유어 말뿌리*의 앞에 있는 받침 〈ㄳ, ㄺ, ㅋ, ㄲ〉은 [ㄱ]으로, 'ㅅ, ㅈ, ㅊ, ㅌ'은 [ㄷ]으로, 〈ㅄ, ㅍ〉은 [ㅂ]으로 각각 끊어서 발음한다.
예 넋없다[너겁따] / 값있는[가빈는]
그러나 '맛있다, 멋있다'만은 이어내기*로 발음한다.

* 말뿌리: 단어를 분석할 때, 실질적 의미를 나타내는 중심이 되는 부분
* 이어내기: 한 음절의 종성을 다음 자의 초성으로 내려서 씀. 또는 그런 방법

	남한 표기	북한 표기
①	맛있다[마딛따]	맛있다[마딛따/마싣따]
②	멋있다[머싣따]	멋있다[머딛따/머싣따]
③	맛없다[마덥따]	맛없다[맏업따]
④	멋있다[머딛따/머싣따]	멋있다[머딛따]
⑤	맛있다[마딛따/마싣따]	맛있다[마싣따]

해설 남한에서는 '맛있다, 멋있다'를 발음할 때, [마딛따/마싣따], [머딛따/머싣따]를 모두 허용하지만, 북한에서는 이어내기로만 발음하게 하여 [마싣따]와 [머싣따]만을 허용한다. '맛없다'는 남북한 모두 [마덥따]로 발음한다. 선지에서 남한의 발음은 원칙과 허용의 차이만 있을 뿐, 모두 바른 발음이므로 북한의 발음에서 답을 찾아야 한다.

정답 ⑤

제4편 국어문화

제3장 필수 작가와 작품

제1절 현대시

> **기출 미리보기**
> 1. 대표 작가와 작품
> 2. 문학 유파별 특징과 대표작

1 대표 작가와 작품

시대 구분	작가와 작품
1920년대	▶ 김소월* 1. 전통적인 한(恨)의 정서를 민요조의 3음보 율격과 여성적 어조로 표현함. 2. 대표작: 진달래꽃, 가는 길, 산유화, 접동새, 초혼
	▶ 김동환 1. 대표작: 국경의 밤(우리나라 최초의 서사시) 2. 시의 내용: 두만강 일대의 겨울밤을 배경으로 하여 밀수꾼으로 위장하고 떠난 남편을 기다리는 아내의 불안한 마음을 통하여 망국민의 민족적 비애를 표현함.
1930년대~ 광복 이전	▶ 김광균 1. 서구 모더니즘의 영향을 받아 소시민의 감정을 채색하여 시각적인 이미지로 나타냄. 2. 대표작: 와사등, 추일서정, 설야, 성호부근
	▶ 김영랑 – 시문학파 1. 《시문학》 동인들과 더불어 운율과 시어 조탁을 중요시 여기는 순수시 운동을 벌임. 2. 대표작: 끝없는 강물이 흐르네, 모란이 피기까지는, 오매 단풍 들것네
	▶ 박용철 – 시문학파 1. 1) 《시문학》 동인으로 순수시 운동의 선구자적 역할을 함. 2) 생에 대한 회의가 주조를 이루고, 감상적인 가락이 특징적임. 2. 대표작: 떠나가는 배
	▶ 백석* 1. 1) 서민들의 삶을 토속적인 언어로 현실감 있게 그려 내면서, 우리 민족 공동체의 정서를 드러냄. 2) 여행 중에 접한 풍물이나 체험을 표현한 기행시와 모더니즘 계열의 시를 창작함. 2. 대표작: 여승, 여우난 곬족, 국수, 수라, 고향, 남신의주 유동 박시봉방

	▶ 서정주★ – 생명파 1. 1) 초기에는 인간의 원죄의식과 원초적 생명력을 통한 관능적 욕망과 원죄적 세계관을 형상화함. 2) 후기에는 불교 사상과 샤머니즘 등 동양적인 사상을 노래한 작품을 씀. 2. 대표작: 화사, 귀촉도, 신부
	▶ 이상★ – 모더니즘 1. 시, 소설, 수필에 걸쳐 두루 작품 활동을 한 일제 식민지 시대의 대표적인 작가로, 특히 그의 시와 소설은 1930년대 모더니즘의 특성을 보여 줌. 2. 대표작: 거울, 오감도, 날개(소설)
	▶ 이용악 1. 일제 강점기의 현실 속에서 만주 등지로 떠돌며 살아야 했던 민족의 비극적 현실을 시로 형상화함. 2. 대표작: 풀벌레 소리 가득 차 있다, 낡은 집, 오랑캐꽃, 전라도 가시내
	▶ 정지용★ – 시문학파 1. 1) 섬세한 이미지와 세련된 시어를 특징으로 하는 1930년대 대표 시인 2) 초기에는 이미지즘 계열의 작품을, 후기에는 동양적 관조의 세계를 시로 형상화함. 2. 대표작: 향수, 유리창Ⅰ, 별, 장수산Ⅰ, 고향
	▶ 한용운 1. 불교 사상과 독립 사상, 문학 사상의 삼위일체를 바탕으로 시를 창작함. 2. 대표작: 님의 침묵, 알 수 없어요, 나룻배와 행인
	▶ 이육사★ – 저항시 1. 일제 강점기의 민족의 비극을 적극적 저항 의지의 시로 표현함. 2. 대표작: 절정, 청포도, 광야
	▶ 윤동주★ – 저항시 1. 일제 강점기의 민족의 암울한 현실 속에서 자아성찰의 철학적인 내용을 시로 표현함. 2 대표작: 서시, 자화상, 또 다른 고향, 별 헤는 밤, 쉽게 쓰여진 시
광복 이후~ 1950년대	▶ 구상 1. 6·25 전쟁에 종군 기자로 활동하면서, 직접 체험한 전쟁의 비극을 기독교적 사랑으로 포용하고 넘어서려는 특징을 보임. 2. 대표작: 초토의 시
	▶ 박두진 – 청록파 1. 초기에는 자연과 함께하는 기독교 신앙을 바탕으로, 광복 이후에는 광복의 감격과 생명감을 시로 표현함. 2. 대표작: 해, 청산도, 어서 너는 오너라
	▶ 박목월 – 청록파 1. 초기에는 향토적 서정에 민요적 율조가 가미된 짧막한 서정시를, 6·25전쟁 이후에는 가족이나 생활 주변의 사상을 시로 표현함. 2. 대표작: 청노루, 산도화, 나그네, 하관, 가정

▶ **조지훈*** - 청록파
1. 전통적인 풍물을 소재로 하여 우아하고 섬세하게 민족 정서를 표현함.
2. 대표작: 승무, 낙화, 봉황수

▶ **김수영** - 참여시
1. 소시민적 비애와 슬픔을 모더니즘적인 감각으로 노래하고 있으며 1960년 4·19 혁명이 일어나자 현실에 대한 적극적 관심을 표현한 참여시를 씀.
2. 대표작: 눈, 폭포, 풀

▶ **김춘수**
1. 사물의 이면에 내재하는 본질을 파악하는 시를 쓴 '인식의 시인'
2. 대표작: 꽃, 꽃을 위한 서시, 능금

2 문학 유파

(1) 청록파*
1) 1930년대 말 《문장》지의 추천으로 등단한 박두진, 박목월, 조지훈이 공통적인 시풍을 가진 데에서 연유하여 붙여진 시파의 명칭
2) 주로 자연을 소재로 한 서정시를 창작했고, 세 시인의 시 세계는 표현의 기교나 율격 면에서 서로 다르지만, 공통적으로 자연을 제재로 인간적 염원과 가치를 추구함.

(2) 시문학파*
1) 1930년대에 《시문학》을 중심으로 순수시 운동을 주도한 유파로, 주요 시인으로는 박용철, 김영랑, 정인보, 변영로, 이하윤, 정지용 등이 있음.
2) 문학에서 계몽주의나 이데올로기를 철저히 배제하고, 시는 '언어 예술'임을 내세워 언어의 기교와 순수한 정서를 중시하며 순수시를 지향

(3) 생명파*
1) 1930년대 후반 서정주, 유치환과 같은 시인들을 가리키며, 인간과 생명의 탐구에 관심을 두었던 시의 경향을 가진 시파의 명칭
2) 기교적이며 감각적인 시의 경향에 반대하여 등장하게 되었는데, 인간의 정신적 세계와 생명을 중시함.

(4) 프로문학파*
1) 조선 프롤레타리아 예술가 동맹(KAPF)의 약칭으로, 한국의 사회주의 혁명을 위해 조직한 대표적인 문예 운동 단체
2) 무산 계급인 프롤레타리아의 계급성을 강조하고, 프롤레타리아의 해방을 궁극적인 목적으로 한 문학

(5) 모더니즘(modernism)

1) 1931년경 김기림, 이양하, 최재서, 정지용, 김광균, 장만영 등에 의해 전개된 프로 문학의 퇴장과 일제 강점기 군국주의의 대두를 계기로 나타난 주지주의 시풍
2) 근대의 과학이나 문화에 의해서 자유·평등한 근대인으로서 살아가려는 개인주의의 입장에서 나아가 기계 문명과 도회적 감각을 중시하여 현대풍을 추구함.

(6) 주지주의파*

1) 지성이나 이성이 감정보다 우위에 있다고 생각하는 철학적 입장이 영향을 주어 형성된 모더니즘의 하위 개념으로 주정주의와 대립되어 사용됨.
2) 1930년대 김기림, 정지용, 이양하, 최재서 등의 대표적 작가에 의해 시작되었고, 김광균, 김현승이 뒤를 이음.

확인문제

01 〈보기〉는 우리 문학사의 한 유파에 대한 설명이다. 이 유파를 일컫는 이름은?

> • 보기 •
>
> 1930년대 말 《문장》지의 추천으로 등단한 박두진, 박목월, 조지훈이 공통적인 시풍을 가진 데에서 연유하여 붙여진 시파의 명칭이다. 이들은 주로 자연을 소재로 한 서정시를 창작했고, 세 시인의 시 세계는 표현의 기교나 율격 면에서 서로 다르나 자연을 제재로 인간적 염원과 가치를 추구하고 있다.

① 생명파 ② 시문학파
③ 청록파 ④ 프로문학파
⑤ 주지주의파

[정답] ③

02 〈보기〉에서 설명하는 작가는?

> • 보기 •
>
> 3부 72절의 장시로 1925년 3월 한성도서주식회사에서 간행한 시집 《국경의 밤》에 수록되어 있다. 이 작품은 두만강(豆滿江)의 겨울밤을 배경으로 밀수를 떠난 남편을 근심하는 아내의 애타는 심정을 빌려 일제하의 민족적인 비극을 하룻밤과 그 이튿날 낮까지에 걸쳐 '현재–과거 회상–현재'의 시제로 전개하고 있다.

① 김동환 ② 구상
③ 백석   ④ 서정주
⑤ 정지용

[해설] 위에서 설명하는 작품은 〈국경의 밤〉으로, 작가는 '김동환'이다.
[정답] ①

03 〈보기〉에서 설명하는 작가는?

───── • 보기 • ─────

〈향수〉는 이 작가의 초기 작품으로, 고향에 대한 간절한 그리움을 절실하게 노래하고 있다. 고향의 정경을 그린 다섯 개의 연이 병렬적으로 이어지며, '그곳이 차마 꿈엔들 잊힐리야'라는 후렴구가 반복되는 단순한 구조로 이루어져 있다. 각각의 연에 그려진 고향의 모습은 비록 단편적이지만 사실적인 고향의 원형을 고스란히 살려 내어, 고향에 대한 그리움을 효과적으로 제시하고 있다.

① 김광균 ② 김영랑
③ 박용철 ④ 이용악
⑤ 정지용

[정답] ⑤

04 〈보기〉의 설명에 해당하는 작품은?

───── • 보기 • ─────

토속적인 시어를 즐겨 다룸으로써 일제 강점기에 모국어를 지킨 백석(白石)의 첫 시집 《사슴》(1936)에 수록된 작품이다. 1930년대를 시대적 배경으로 하고 있는 이 시는 한 여인의 비극적인 인생 역정을 통해 일제의 식민지 수탈로 삶의 터전을 상실한 채 가족 공동체마저 해체되는 모습을 사실적으로 보여 줌으로써, 일제 강점기라는 어두운 현실 속에서 힘겹게 살아가던 민중들의 고달픈 삶을 고발하고 있다.

① 국수 ② 수라(修羅)
③ 여승(女僧) ④ 여우난 곬족
⑤ 남신의주 유동 박시봉방

[해설] 제시된 선지는 모두 '백석'의 작품이다.
① '국수'라는 음식을 통해 어릴 적 토끼와 꿩을 사냥하던 추억, 겨울밤 쩡쩡 얼은 동치미 국물을 마시던 추억을 통해 농촌 공동체의 풍요롭고 평화로운 삶을 지향하는 작품이다.
② 가족 공동체가 해체된 현실을 '수라'에 비유한 시이다. 거미 가족에 대한 화자의 행동을 통해 가족 공동체가 해체된 현실의 슬픔을 형상화하고 극복하려는 소망을 담고 있다.
④ 명절날 '여우난골'에 있는 큰집으로 간 시적 화자의 눈에 담긴 친척들의 모습, 명절 음식상에 오른 다양한 전통 음식들, 밤이 깊어 가는 줄 모르게 즐기던 놀이 등이 토속적이면서도 서정적인 언어와 표현을 통해 질박하게 형상화된 작품으로, 고향과 공동체적인 삶에 대한 그리움과 간절한 회복의 소망을 담고 있다.
⑤ 서간체 형식으로 쓴 시이다. 이 시의 제목은 '남신의주(신의주 남쪽) 유동에 사는 박시봉 집에서'라는 뜻으로 편지에 적는 발신인의 주소에 해당한다. 첫 부분에서는 박시봉의 집에 들기까지의 방황의 과정을, 중간 부분에서는 자신의 삶을 돌아보며 느낀 슬픔과 절망감을, 끝 부분에서는 현실에 대한 집착에서 벗어나 정신적인 각성을 이루는 과정을 보여 주는 작품이다.

[정답] ③

05 〈보기〉의 설명에 해당하는 소재는?

> **보기**
>
> 정지용이 쓴 시의 소재이다. 아들이 폐결핵으로 세상을 떠났을 때 그 슬픔을 '투시와 단절'이라는 이중의 의미를 지닌 소재로 표현했다. 이것의 흐릿함으로 말미암아 외부에의 투시가 가능하며, 내부와 외부를 단절시키는 속성을 통해 삶과 죽음의 거리, 죽은 아들과 시적 자아와의 거리가 설정될 수 있게 만든 소재이다.

① 문 ② 거울
③ 우물 ④ 차창
⑤ 유리창

정답 ⑤

제2절 현대소설

> **기출 미리보기**
> 1. 대표 작가와 작품
> 2. 문학의 경향 및 기법

1 대표 작가와 작품

시대 구분	작가와 작품
개화기~ 1910년대	▶ 이인직 1. 1) 사실적 산문 문장을 최초로 구사하여 신소설 문단을 확립함. 　 2) 친일의식과 반민족의식을 드러냄. 2. 대표작: 혈의 누, 은세계
	▶ 이광수 1. 1) 신문학 운동의 선구자로, 한국 근대 문학을 개척함. 　 2) 신교육과 자유 연애 사상을 다루는 대중적인 면모와 계몽적인 세계관을 다룬 계몽주의 문학의 선구자 2. 대표작: 무정(최초의 근대적 장편소설), 유정, 흙
1920년대~ 광복 이전	▶ 김동인★ 1. 1) 우리나라 단편소설의 전형을 확립, 이광수의 계몽주의 문학에 반기를 들고 순수 문학 운동을 벌임. 　 2) 작중 인물을 '그'로 통칭하고, 문장에서 과거 시제를 사용한 언문일치를 확립하였으며, 짧고 간결한 문장을 사용함. 2. 대표작: 감자, 광화사, 배따라기, 발가락이 닮았다
	▶ 김유정★ 1. 1930년대 농촌을 배경으로 하여 해학적이면서도 현실 비판적인 의식을 드러내는 농촌소설을 창작함. 2. 대표작: 동백꽃, 봄봄★, 만무방, 금따는 콩밭, 소낙비, 산골 나그네
	▶ 박태원 1. '구인회'에 가담한 이후 반계몽·반계급주의 문학의 입장에서 세태풍속을 세밀하게 묘사한 작품을 창작함. 2. 대표작: 천변풍경, 소설가 구보 씨의 일일
	▶ 염상섭★ 1. 초기에는 자연주의 계열 작품을 썼지만, 이후에는 당대 현실을 사실적으로 그리는 사실주의 작품을 창작함. 2. 대표작: 표본실의 청개구리, 만세전, 두 파산, 삼대
	▶ 이태준★ 1. 일제 강점기 민족의 과거와 현실적 고통을 비교하는 문제의식을 가지고 작품을 창작함. 2. 대표작: 달밤, 복덕방, 돌다리, 패강랭

	▶ **전영택** 1. 초기의 작품은 자연주의적인 요소가 강했고, 후기의 작품은 기독교적인 신앙을 바탕으로 한 인도주의적 경향이 짙음. 2. 대표작: 화수분	
	▶ **채만식** 1. 식민지 지식인의 고뇌와 약점을 풍자하고, 식민지 사회의 모순을 사실적으로 묘사함. 2. 대표작: 탁류, 치숙, 태평천하	
	▶ **최서해** 1. 1) 신경향파의 대표 작가 　2) 일제 강점기에 직접 체험한 간도와 만주 이주민의 비극적 삶을 표현함. 2. 대표작: 홍염, 탈출기, 박돌의 죽음	
	▶ **현진건** 1. 1) 민족주의적 색채가 짙은 사실주의 계열 작품을 주로 창작함. 　2) 지식인을 주인공으로 하는 자전적 신변소설, 하층민과 민족적 현실에 눈을 돌린 소설, 1930년대의 장편소설과 역사소설 등을 창작함. 2. 대표작: 운수 좋은 날, 빈처, 술 권하는 사회	
광복 이후~ 1950년대	▶ **선우휘** 1. 전쟁 이후에 나타나는 현실의 모순과 부조리에 맞서 적극적으로 싸워 나가는 행동주의 계열의 작품을 창작함. 2. 대표작: 불꽃	
	▶ **이범선** 1. 담담한 필치로 서민의 모습을 표현하였고, 사회고발의식이 짙은 리얼리즘 작품과 회의적 태도가 깃든 휴머니즘 계열의 작품을 창작함. 2. 대표작: 학마을 사람들, 오발탄	
	▶ **황순원★** 1. 우리 민족의 한과 토속적인 것에 대한 문제를 다뤘고, 전통에 대한 애정 등을 소설로 형상화함. 2. 대표작: 학, 소나기, 목넘이 마을의 개, 카인의 후예, 독짓는 늙은이	
1960년대~ 1980년대	▶ **김성한** 1. 지적이고 풍자적인 수법으로 권위에 의한 부정과 부조리에 항거하고 비판하는 작품을 창작함. 2. 대표작: 오분간, 바비도	
	▶ **박완서** 1. 1) 일상적인 삶에 대한 중년 여성 특유의 섬세하고도 현실적인 감각으로 표현함. 　2) 한국전쟁으로부터 비롯된 심화된 내면의식에 의해 더욱 밀도 있게 형상화함. 2. 대표작: 나목, 엄마의 말뚝, 자전거 도둑, 그 많던 싱아는 누가 다 먹었을까	
	▶ **윤흥길** 1. 산업화가 초래한 사회적 모순을 비판적으로 바라보고, 이를 극복하려는 인간의 노력을 표현함. 2. 장마, 아홉 켤레의 구두로 남은 사내	

1980년대 이후	▶ 이청준★ 1. 지적이면서도 관념적이지 않고, 세계의 불행한 측면들을 포착하면서도 그 이면을 냉정하게 응시함. 2. 대표작: 병신과 머저리, 줄, 소문의 벽, 당신들의 천국, 눈길

2 필수 이론

(1) 자연주의
1) 사물의 진실을 묘사하려는 문학으로, 신경향파 문학이 일어날 때까지의 문학 경향
2) 대표작: 염상섭의 〈표본실의 청개구리〉

(2) 신경향파
1) 1920년대 초 백조파의 감상적 낭만주의와 창조파의 자연주의 등 이전의 문학 경향을 부정하여 발전시킨 사회주의 경향의 문학을 통칭
2) 주로 하층민의 빈궁한 현실, 부자와 가난한 사람 사이의 대립, 방화와 살인 등을 다룸.
3) 대표작: 최서해의 〈탈출기〉

(3) 계몽주의
1) 전통적인 인습과 종교적 독단에서 벗어나 민중에게 새로운 지식과 사고를 깨우쳐 주려는 문학 경향
2) 대표작: 개화기 이후의 신소설과 이광수의 〈무정〉, 최남선의 〈해에게서 소년에게〉

(4) 성장소설
1) 주인공이 유년기에서 소년기를 거쳐 청년 시절에 이르는 과정 속에서의 정신적 성장, 그리고 자신을 둘러싸고 있는 세계에 대한 깨우침을 형상화한 소설
2) 대표작: 강신재의 〈젊은 느티나무〉, 황순원의 〈별〉, 박완서의 〈그 많던 싱아는 누가 다 먹었을까〉, 윤흥길의 〈장마〉

(5) 인형 조종술★
1) 작가가 작품 속의 인물을 인형을 조종하듯이 마음대로 다루는 소설의 창작 기법
2) 소설 속의 인물들은 작가의 의도에 의해 창조된 인물로, 작가의 의도대로 움직여야 함.
3) 대표작: 김동인의 〈감자〉

(6) 스토리(story)★
이야기의 줄거리 자체로서 사건의 전개만을 의미
예 왕이 죽었다. 그리고 왕비가 죽었다.

(7) 플롯(plot)★
사건이 결말에 이르기까지의 전 과정의 인과 관계의 완결을 의미
예 왕이 죽어서 홀로 남은 왕비가 슬픔을 못 이기고 자살하였다.

(8) 문학의 미적 범주
    1) 골계미: 자연의 질서나 이치를 의의 있는 것으로 존중하지 않고 추락시킴으로써 나타나는 미의식
    2) 비장미: 자연을 인식하는 '나'의 실현 의지가 현실적 여건 때문에 좌절될 때 나타나는 미의식
    3) 숭고미: 자아가 절대적 가치를 지닌 숭고한 대상을 우러러보고 그 속성을 본받아 따르고자 하는 데서 오는 미의식
    4) 우아미: 자아가 아름다움을 지닌 대상으로부터 미적 감각을 느끼고 그 느낌을 순응하여 받아들이는 데서 오는 미의식

(9) 시나리오 용어
    1) 디졸브(DIS): 이전 화면이 페이드아웃(F.O)되는 동시에 새 장면이 페이드인(F.I)되면서 화면이 바뀌게 하는 장면 전환 기법
    2) 몽타주(Montage): 따로따로 촬영한 화면을 적절하게 떼어 붙여서 하나의 긴밀하고도 새로운 장면을 편집하는 것
    3) 오버랩(O.L): 하나의 화면이 끝나기 전에 다음 화면이 겹치면서 부드럽게 장면을 전환하는 기법
    4) 인서트(Ins): 화면에 신문이나 편지 따위의 화면이 끼이는 것
    5) 클로즈업(C.U): 어떤 대상이나 인물이 두드러지게 화면을 확대하는 것
    6) 팬(Pan): 동체의 속도나 진행 방향에 맞춰 카메라를 이동하며 촬영하는 기법
    7) 페이드인(F.I): 화면이 점점 밝아지는 것
    8) 페이드아웃(F.O): 화면이 점점 어두워지는 것
    9) 효과음(E): 주로 화면 밖에서의 음향이나 대사를 활용한 효과
    10) 이중노출(D.E): 두 화면이 포개어지는 것으로, 주로 심리 묘사나 회상 등에 쓰이는 기법

확인문제

01 〈보기〉에서 설명하는 작품은?

> ● 보기 ●
>
> 31년 발표된 사실주의의 대표적 작품으로 평가되는 장편소설이다. 조 씨 일가의 할아버지, 아버지, 손자 3대에 걸친 가계의 전개를 통해 각기 다른 가치관을 그리며 당대의 조선 사회를 극명하게 드러내고 있는 작품이다. 이 작품은 크게 두 가지의 갈등을 중심으로 전개되는데 첫째, 가족 내부에서 일어나는 조의관과 상훈 사이의 갈등은 보수와 개화라는 이념상의 갈등에서 시작하여 재산 상속을 둘러싼 세대 간의 갈등으로 이어진다. 둘째, 김병화를 중심으로 한 계층 간의 갈등으로 이는 개인과 사회의 갈등을 나타낸다. 김병화는 타락한 중산층의 삶을 표현하는 인물이고, 그 바탕을 이루고 있는 식민지 질서 전체에 대하여 맞서고 있다.

① 염상섭 〈삼대〉
② 김유정 〈동백꽃〉
③ 채만식 〈태평천하〉
④ 이태준 〈복덕방〉
⑤ 김동인 〈감자〉

해설 ② 김유정의 〈동백꽃〉은 향토색 짙은 농촌의 배경 속에서 인생의 봄을 맞이하여 성장해 가는 충동적인 사춘기 소년·소녀의 애정을 해학적으로 그린 작품이다.
③ 채만식의 〈태평천하〉는 민족의 현실이나 사회 정의와는 아랑곳없이 가족의 이기적 번영만을 추구하던 윤 직원(윤두섭) 일가의 몰락과 해체 과정을 보여 줌으로써, 1930년대 후반 친일 지주 계층의 반사회적이고 반민족적 욕망과 행위를 판소리 투의 풍자적인 어조로 비판한 작품이다.
④ 이태준의 〈복덕방〉은 1930년대 서울의 한 복덕방을 배경으로, 영락한 노인들의 삶과 죽음을 바탕으로 근대화의 물결 속에서 소외된 세대의 좌절과 비애를 그린 작품이다.
⑤ 김동인의 〈감자〉는 하층민 복녀의 비극과 타락상을 전지적 작가 시점으로 묘사한 작품으로, 환경적 요인이 인간 내면에 가진 도덕적 본질을 타락하게 만든다는 작가 정신과 자연주의적 색채를 보여 주는 작품이다.

정답 ①

02 〈보기〉의 ㉠에 들어갈 문학 용어는?

보기

'운영이 죽었다. 그리고 김 진사가 죽었다.'와 같이 사건을 시간 순서대로 나열한 것이 아니라, '운영이 죽자 괴로워하던 김 진사도 슬픔에 못 이겨 자살하였다.'와 같이 인과 관계를 중심으로 배열하는 것을 (㉠)(이)라 한다.

① 플롯
② 줄거리
③ 순행적 구성
④ 역순행적 구성
⑤ 입체적 구성

해설 ③ 과거–현재–미래의 시간의 흐름에 따라 사건이 전개되는 구성을 말한다.
④ 시간의 흐름에 따라 전개되는 것이 아니라, 현재에서 과거를 회상하는 형식처럼 시간이 역전된 구성을 말한다.
⑤ 역순행적 구성과 마찬가지로 시간이 역전된 구성을 말한다.

정답 ①

03 〈보기〉에서 설명하는 창작 방법론을 쓴 작가는?

보기

위대한 예술가는 자신이 창조한 세계를 인형 놀리듯 자유자재로 조종할 수 있어야 한다는 데에서 유래된 개념이다. 즉, 예술가는 마치 신이 세계를 창조한 것처럼 작품을 창조하고, 그렇게 창조한 세계를 마음대로 지배할 수 있어야 한다는 것이다.

① 이청준
② 김동인
③ 김성한
④ 이범선
⑤ 최서해

해설 김동인의 소설 창작 방법인 '인형 조종술'에 대한 설명이다.

정답 ②

04 〈보기〉에서 설명하는 작품은?

> **보기**
>
> 남의 집 행랑살이를 하는 주인공은 30세 전후로 양평에서 농업에 종사하다가 서울에 올라왔다. 그의 생활은 날품팔이를 하는 가난의 연속이다. 그러다가 발을 다친 고향의 형으로부터 추수를 도와달라는 부탁을 받고 시골로 내려간다. 남편을 기다리던 아내는 굶주리다 지쳐 추운 겨울인데도 어린 자식을 업고 남편을 찾아 나선다. 남편은 서울로 올라오다가 길가에 주저앉아 있는 가족을 발견한다. 거의 동사(凍死)에 이른 아내를 보고 어쩔 수 없이 아내와 함께 길에서 밤을 새운다. 그들 부부는 어린 자식을 품에 안은 채 꼭 껴안고 밤을 지낸다. 그리고 부부는 죽고 어린 자식은 부모의 체온으로 살아남는다.
>
> ※ 작가는 '재물이 계속 나오는 보물단지'라는 뜻을 가진 주인공의 이름을 통하여 주인공의 삶과 이름을 반어적으로 표현하고 있다.

① 윤흥길 〈장마〉
② 이태준 〈패강랭〉
③ 전영택 〈화수분〉
④ 박태원 〈천변풍경〉
⑤ 황순원 〈카인의 후예〉

해설 ① 윤흥길의 〈장마〉는 혈연의 끈과 이데올로기의 대립이 얽힌 집안 간의 갈등과 화해를 보여 주는 작품이다.
② 이태준의 〈패강랭〉은 현실 사회의 기성 가치 체계에 정면으로 반기를 든 작품이다. 혼탁한 사회에서 초라하게 밀려난 존재인 소설가와 선생의 자리를 강조하여, 예술의 가치를 세속적인 가치보다 우위에 놓음으로써, 식민지 시대를 살고 있는 예술가의 비애를 그린 작품이다.
④ 박태원의 〈천변풍경〉은 어느 해 2월 초부터 다음 해 정월까지 1년 동안 다양한 도시인의 삶의 풍속을 아주 사실적으로 그려 낸, 박태원의 대표적인 장편 세태소설이다.
⑤ 황순원의 〈카인의 후예〉는 광복 직후 6·25 전쟁에 앞서 토지 개혁을 진행하며 벌어진 여러 인물들의 갈등을 통해 북한 사회를 사실적으로 그려 낸 작품이다.

정답 ③

05 〈보기〉에서 설명하는 작품을 쓴 작가는?

● 보기 ●

누이가 죽은 어머니와 꼭 닮았다는 노파의 이야기를 듣고, 아이는 속으로 몇 번이고 그 말을 부정한다. 아이는 누이를 못생겼다고 생각하는 것이다. 아이는 누이가 만들어 준 인형을 땅에 묻고 만다. 그리고 누이의 애정을 부정하는 행동을 벌인다. 누이는 성장하여 시집을 갔다. 가마를 탈 때 울면서 아이를 찾는 눈치였으나, 아이는 나타나지 않는다.

시집간 지 얼마 안 되어 누이의 부고가 왔다. 아이는 슬프지도 않았다. 그러나 아이의 눈엔 눈물이 괴었다. 별이 눈에 들어왔다. 아이는 아무래도 누이가 어머니처럼 아름다운 별이어서는 안 된다고 생각하면서 누이의 별을 내몰았다.

① 현진건 ② 이광수
③ 박완서 ④ 황순원
⑤ 선우휘

[해설] 〈보기〉에서 설명하는 작품은 황순원의 〈별〉이다.
[정답] ④

06 〈보기〉에서 설명하는 작품은?

● 보기 ●

1908년 안국선이 쓴 우화소설로, 동물의 입을 통해 각계각층의 의식 구조와 인간 사회의 부조리한 모습을 풍자한 소설이다. 또한 특이한 제재와 강한 주제의식이 특징인 최초의 판금소설이다. 1인칭 관찰자인 '나'가 꿈에서 인간의 비리를 규탄하는 회의장에 들어가 8종류의 동물들(까마귀, 여우, 개구리, 벌, 게, 파리, 호랑이, 원앙)의 연설을 기록하는 형식으로 되어 있다. 국권 수호와 자주의식을 고취함으로써 치안을 방해한다는 이유로, 우리나라에서 처음으로 판매가 금지된 소설이다.

① 무정   ② 치숙   ③ 만무방   ④ 만세전   ⑤ 금수회의록

[해설] ① 〈무정〉은 이광수가 지은 장편소설로, 1917년 1월 1일부터 6월 14일까지 126회에 걸쳐 《매일신보》에 연재되었고, 1918년 광익서관에서 단행본으로 간행되었다. 근대문학사상 최초의 장편소설로 간주되며, 자유 연애 사상과 새로운 결혼관을 표현한 작품이다.
④ 〈만세전〉은 염상섭이 지은 중편소설로, 원제는 〈묘지(墓地)〉이다. 일본에서 조선으로 들어오는 사이에 조선 안의 형편과 실상을 목격하고 깨달아 간다는 설정을 통하여 식민 사회의 병폐를 식민지 지배국의 상황과 대비시켜 드러낸 작품이다.
[정답] ⑤

07 〈보기〉에서 설명하고 있는 문학적 아름다움은?

● 보기 ●

'나'가 자연의 질서나 이치를 의의 있는 것으로 존중하지 않고 추락시킴으로써 문학적 아름다움이 나타난다.

① 골계미
② 비장미
③ 순수미
④ 숭고미
⑤ 우아미

해설 ③ '대상 그 자체에 전혀 이질적인 것의 섞임이 없이 깨끗한 아름다움'을 의미하는 것으로 문학의 미적 범주에는 속하지 않는다.

정답 ①

08 〈보기〉에서 설명하고 있는 문학적 아름다움은?

● 보기 ●

'나'가 자연을 바라보며 자연의 조화라는 가치에 순응하여 받아들이는 데서 오는 문학적 아름다움이 나타난다.

① 골계미
② 비장미
③ 순수미
④ 숭고미
⑤ 우아미

정답 ⑤

09 〈보기〉에서 설명하고 있는 시나리오 용어는?

● 보기 ●

영화에서 두 화면이 포개어지는 것으로, 주로 심리 묘사나 회상 등에 쓰이는 기법을 지칭한다.

① 디졸브(DIS)
② 인서트(Ins)
③ 이중노출(D.E)
④ 클로즈업(C.U)
⑤ 몽타주(Montage)

정답 ③

제3절 고전시가

> **기출 미리보기**
> 1. 시기별 특징과 대표 갈래
> 2. 갈래별 특징과 대표 작품

1 고전시가의 흐름

(1) 고대가요

　1) 삼국 시대 이전의 노래로, 원시 종합 예술에서 분화된 개인적이고 서정적인 내용의 시가
　2) 짤막한 가요와 배경 설화가 함께 전함.
　3) 구전되어 오다가 한자로 기록됨.

〈대표 작품과 내용〉

작품	내용
구지가	수로왕의 강림을 기원하는 주술적인 노래
공무도하가	물에 빠져 죽은 남편을 애도하는 노래
황조가	꾀꼬리의 정다운 모습과 유리왕의 실연의 슬픔을 견주어 표현한 노래
정읍사	행상 나간 남편을 기다리는 아내의 노래
해가	납치된 수로 부인을 구하기 위해 부른 주술적 노래

(2) 향가

　1) 신라에서 고려 초기까지 창작, 향유되었던 서정시
　2) 한자의 음과 훈을 이용한 '향찰'로 우리말을 표기함.
　3) 4·8·10구체에 불교적 기원 및 신앙심, 주술적 내용이 많음.
　4) 현재 전하는 것은 25수, 14수는 《삼국유사》에, 11수는 《균여전》에 전함.

〈대표 작품과 내용〉

작품	내용
서동요	서동이 선화 공주를 얻기 위해 신라 서라벌 아이들에게 부르게 한 노래
제망매가	월명사가 죽은 누이의 명복을 빌며 부른 노래로, 슬픔을 종교적으로 승화시켜 표현한 노래
안민가	경덕왕의 요청에 의해 충담사가 임금, 신하, 백성의 도리를 표현한 노래
찬기파랑가	충담사가 화랑인 기파랑의 높은 인품을 추모하여 부른 노래

(3) 고려가요

　1) 고려 시대 평민들이 부르던 민요적 시가, 귀족층이 향유한 것은 경기체가
　2) 3음보, 몇 개의 연이 연속되는 분연체, 후렴구

3) 남녀 간의 사랑, 이별, 자연에 대한 예찬 등 평민들의 정서를 진솔하게 표현
4) 조선 시대에 들어와서 우리글이 만들어진 후, 성종 때 《악학궤범(樂學軌範)》, 《악장가사(樂章歌詞)》, 《시용향악보(時用鄕樂譜)》 등에 문자화(文字化)되어 전해짐.

〈대표 작품과 내용〉

작품	내용
만전춘★	• 임과 이별하지 않고 계속 사랑하고자 하는 소망을 노래한 고려가요 • 시조 양식의 원류
서경별곡★	• 서경(평양)의 여인이 사랑하는 사람을 떠나보내며 이별의 정한을 읊은 노래 • 떠나는 임을 따라가겠다는 여성의 적극적인 모습과 사공을 원망하며 책임을 전가하는 모습을 볼 수 있음.
가시리★	• 떠나는 임에게 다시 돌아오라고 애원하는 이별가 • 시적 화자는 이별의 상황을 받아들이고, 체념하는 모습을 보임. • 곡조명은 〈귀호곡(歸乎曲)〉
이상곡★	남녀 사이의 애정을 노골적으로 표현한 노래
쌍화점	• 고려 후기 원나라 간섭기에 퇴폐한 성윤리를 희화화하여 풍자한 노래 • 노골적인 표현 때문에 조선 시대에 남녀상열지사로 지목됨.
정과정	고려 의종 때 역모죄로 귀양을 간 '정서'가 자신의 억울함과 결백을 호소하며 부른 노래

(4) 시조

1) 고려 중엽부터 현재까지 창작되고 있는 우리 고유의 정형시
2) **평시조**: 3장 6구 45자 내외, 4음보, 종장의 첫 음보는 3글자로 고정되는 규칙성이 있음.
3) 시기별 특징

① 조선 전기
- 사대부가 창작 계층으로 참여한 평시조가 주류를 이루다가 연시조도 발달함.
- 유교적 충의 사상과 결부되어 자연 속에서 한가롭고 평화로운 삶을 노래한 작품이 많음.

〈대표 작가와 작품〉

작품	작가	내용
강호사시가★	맹사성	• 최초의 연시조, 자연 속에서 살아가면서도 임금의 은혜에 대해 감사하는 '충'의 자세 • 사계절(춘하추동)에 따라 각각 한 수씩으로 구성 • 각 수 종장마다 '역군은(亦君恩)이샷다'가 반복됨.
도산십이곡★	이황	작자가 만년에 학문에 정진하면서 자신의 삶의 태도를 노래한 작품으로, 인격 수양 및 학문 정진을 권유
고산구곡가★	이이	자연 속에서 학문을 하는 즐거움
훈민가	정철	유교적인 윤리관에 근거하여 백성들에게 바람직한 삶을 살아가는 자세를 가르침.

② 조선 후기
- 향유 계층이 평민층으로 확대됨.
- 세태에 대한 풍자와 서민들의 소박한 생활 감정이 솔직하게 표현됨.
- 작가 계층이 확대되어 기생도 작가로 활동함.(황진이, 홍랑 등)★
- 평시조의 정형성이 파괴되면서 장형화를 이룬 '사설시조'가 등장

〈윤선도의 연시조 작품〉

만흥	어지러운 속세를 떠나 자연에 묻혀 사는 즐거움과 임금의 은혜
어부사시사★	어부의 삶을 통해 누리는 자연에서의 여유
오우가	'수(水), 석(石), 송(松), 죽(竹), 월(月)'을 통한 변함없는 삶의 자세와 충절

(5) 가사

1) 시기별 특징

① 조선 전기
- 음보의 행의 구분이 없는 연속체 시가로 시조의 종장과 비슷한 낙구가 있음.
- 임금에 대한 충성과 감사(충신연주지사)와 벼슬을 버리고 자연에서 유유자적하는 삶을 표현함.

〈대표 작가와 작품 내용〉

작품	작가	내용
상춘곡★	정극인	최초의 가사로, 봄날의 경치를 예찬함.
사미인곡★	정철	작가가 관직에서 밀려나 전남 창평에서 은거하면서 임금에 대한 충의를 표현함.
속미인곡★	정철	'사미인곡'의 후속편으로, 두 여인의 대화 형식을 통해 연군의 정을 표현함.
관동별곡★	정철	작가가 강원도 관찰사로 부임하면서 관동 팔경을 돌며 선정을 베풀고자 하는 포부를 표현함.

② 조선 후기
- 수필에 가까운 장편가사와 형식이 자유로워진 변격가사가 출현함.
- 평민 작가와 독자층이 성장하면서 실생활의 구체적인 내용을 다룬 작품이 등장함.

〈대표 작가와 작품 내용〉

작품	작가	내용
누항사	박인로	산골에 은거한 선비가 가난한 삶을 원망하지 않고, 만족하는 삶을 표현함.
농가월령가	정학유	달과 계절에 따른 농가의 일과 풍속 소개
용부가	미상	못난 여인이 시집살이를 하는 동안 저지르는 행동을 풍자
우부가	미상	예의와 염치를 모르고 못된 짓을 하는 한량을 희화화

확인문제

01 〈보기〉에서 설명하는 작품은?

• 보기 •

사랑하는 사람과의 이별을 안타까워하며 부른 작자·연대 미상의 고려가요로, 《시용향악보(時用鄕樂譜)》에 〈귀호곡(歸乎曲)〉이라는 곡조명으로 실려 있다. 특히 자기희생과 감정의 절제를 통해 재회를 기약하고 있으며, 이러한 감정의 표출이 자연스럽고 소박하게 표현되어 있다.

① 가시리
② 만전춘
③ 쌍화점
④ 이상곡
⑤ 서경별곡

정답 ①

02 〈보기〉에서 설명하는 작품은?

• 보기 •

1580년(선조 13년) 정월, 작자가 45세 때 강원도 관찰사로 부임하여 내·외·해금강(內外海金剛)과 관동팔경(關東八景) 등의 절승(絕勝)을 두루 유람한 후 그 도정(道程)과 산수·풍경·고사(故事)·풍속 및 자신의 소감 등을 읊은 노래로, 조선 시대 가사 가운데서도 대표작이다.

① 상춘곡
② 누항사
③ 사미인곡
④ 속미인곡
⑤ 관동별곡

정답 ⑤

03 〈보기〉에서 설명하는 작품은?

● 보기 ●

강촌에 가을이 드니 고기마다 살쪄 있다
닻 들어라 닻 들어라
넓고 맑은 물에 실컷 즐겨 보자
찌거덩 찌거덩 어야차
인간 세상 돌아보니 멀도록 더욱 좋다

　이 노래는 작가 윤선도가 벼슬을 버리고 보길도에 들어가 한적한 나날을 보내면서 지은 것으로 강촌에서 자연과 더불어 풍류를 즐기는 어부의 생활을 4계절별로 노래한 작품이다. 봄·여름·가을·겨울로 나뉘어 각각 10수씩 모두 40수로 이루어져 있다.

① 만흥
② 훈민가
③ 강호사시사
④ 어부사시사
⑤ 도산십이곡

[정답] ④

04 〈보기〉에서 설명하는 작품은?

● 보기 ●

　철종 때 정약용의 둘째 아들 정학유(丁學游)가 쓴 작품으로, 1년 12달 동안 농가에서 할 일을 읊은 것이다. 농가의 행사를 월별로 나누어 교훈을 섞어 가며 농촌 풍속과 권농(勸農)을 노래한 것으로, 당시의 농촌 풍속과 옛말 연구의 귀중한 자료이다.

① 동동
② 규원가
④ 연행가
④ 북학의
⑤ 농가월령가

[해설] ① 〈동동(動動)〉은 작자와 연대 미상의 고려가요로 고려 시대부터 구전되어 왔으며, 조선 시대의 《악학궤범(樂學軌範)》에 한글로 가사가 실려 있다. '동동'이라는 곡명은 후렴의 '아으 동동 다리'에서 따온 듯하며, 이익(李瀷)의 말과 같이, '동동'은 북소리를 모방한 '둥둥'일 것이다. 노래의 형식은 전편 13장으로 초장은 서사(序詞)이고, 남은 12장은 정월부터 12월까지 남녀의 사랑을 월령체(月令體)로 엮었다.
② 〈규원가(閨怨歌)〉는 조선 시대의 여류 시인인 허난설헌이 지은 규방가사로, 〈원부사(怨夫詞)〉라고도 한다. 조선 시대의 봉건주의적 사회에서 규중에서만 자신의 삶을 보내야 했던 부녀자의 정한을 노래하고 있다. 남존여비의 유교 사회에서 여인의 한과 세월의 흐름을 서러워하고 있는 내용을 담고 있는 가사이다.
③ 〈연행가(燕行歌)〉는 1866년(고종 3년)에 고종이 왕비를 맞이한 사실을 알리기 위해 중국에 사신을 보내는데, 이때 서장관(書狀官)으로 따라간 홍순학이 130여 일 동안의 여정과 견문을 그린 작품이다. 총 3,924구로 된 장편 기행가사로 여정이 자세하게 설명되어 있고 서술 내용이 풍부하며, 치밀한 관찰력으로 대상을 자세하고도 객관적으로 묘사하여 독자에게 생동감을 준다. 형식은 운문이지만 그 내용은 관찰문·보고서로 산문에 가깝다. 우리말로 기록하여 서민 계층의 독자들이 쉽게 읽을 수 있도록 배려한 것이 특징이다. 김인겸의 〈일동장유가(日東壯

遊歌》)와 더불어 조선 후기 기행가사의 대표적인 작품으로 평가받는다. 홍순학은 우리나라와 중국의 역사에 대한 지식을 기반으로 역사의 현장마다 자신의 주관을 드러내고 있다.
④ 〈북학의(北學議)〉는 1778년(정조 2년)에 실학자 박제가(朴齊家)가 청나라의 풍속과 제도를 시찰하고 돌아와서 그 견문한 바를 쓴 책이다.

정답 ⑤

05 〈보기〉에서 설명하는 작품을 쓴 작가는?

• 보기 •

〈누항사(陋巷詞)〉는 1611년 작가가 51세 때에 지은 가사로 《노계집(蘆溪集)》에 실려 있다. 작자가 이덕형(李德馨)과 교유할 때 작자의 곤궁한 생활을 묻는 데 대하여 답으로 지은 것이다. 전체적인 내용은 누추한 곳에 초막을 지어 가난한 생활을 할 때 굶주림과 추위가 닥치고 수모가 심하지만 가난을 원망하지 않겠다는 것이다. 자연을 벗 삼아 충성과 효도, 형제간의 화목, 친구 간의 신의를 바라면서 안빈낙도의 심경을 노래하였다.

① 정철
② 정극인
③ 정학유
④ 맹사성
⑤ 박인로

정답 ⑤

제4절　고전산문

> **기출 미리보기**
> 1. 시기별 특징과 대표 갈래
> 2. 갈래별 특징과 대표 작품

1 가전체(假傳體)

(1) 고려 시대 신진 사대부들이 새 시대의 문제의식을 표출하는 새로운 방식으로, 고려 중기 이후 설화를 수집하고 정리하는 과정에서 출현하게 됨.

(2) 어떤 사물을 의인화해서 그의 생애, 업적, 성품 등을 기록한 글로, 창의성이 가미된 허구적 작품이라는 점에서 소설 문학에 한 단계 접근한 양식

〈대표 작품과 내용〉

작품	작가	내용
국순전(麴醇傳)★	임춘	• '술'을 의인화하여 간사한 벼슬아치를 비판함. • '술'의 부정적인 면을 표현함.
공방전(孔方傳)★	임춘	'돈'을 의인화하여 재물을 탐하는 태도를 경계함.
국선생전(麴先生傳)★	이규보	• '술'을 의인화하여 술과 인간과의 관계에서 빚어지는 덕과 패가망신의 인과 관계를 군신 사이의 관계로 옮겨 군자의 처신을 경계함. • '술'의 긍정적인 면을 표현함.
청강사자현부전 (淸江使者玄夫傳)★	이규보	'거북'을 의인화하여 안분지족과 처세의 중요성을 강조함.
저생전(楮生傳)★	이첨	'종이'를 의인화하여 문인의 도리를 서술하고, 당시 부패한 선비의 도에 대해 비판함.
죽부인전(竹夫人傳)★	이곡	'대나무'를 의인화하여 현숙하고 절개있는 여성상을 그림.
정시자전(丁侍者傳)★	석식영암	'지팡이'를 의인화하여 사람이 도를 알고 행해야 함을 강조함.

2 고전소설

(1) 15세기부터 1894년 갑오개혁 이전의 소설

(2) 훈민정음이 창제되면서 각종 구비 문학이 한글로 정착되었고, 창작 주체가 확대되면서 다양한 작품이 출현함.

⟨대표 작품과 내용⟩

작품	작가	내용
홍길동전★	허균	홍 판서의 서자 길동이 뛰어난 무술을 이용해 도둑 조직인 활빈당의 두령이 되어 탐관오리를 무찌르고 빈민을 구제하다가 율도국이라는 이상 사회를 건설한다는 내용을 다룸.
이생규장전★	김시습	전반부는 이생과 최랑의 만남-이별-혼인으로 이어지는 현실 세계의 이야기를, 후반부는 최랑의 죽음과 이후 이생과 최랑의 재회라는 비현실적인 세계의 이야기를 다룸.
구운몽★	김만중	• 김만중이 남해 유배 시절 어머니 윤씨 부인을 위로하고자 지은 소설 • 불제자 '성진'이 꿈속에서 유교적 공명주의에 입각해 국가와 군왕에게 정성을 다하고 세상의 온갖 영화를 누리고 깨어나, 인간의 부귀영화는 일장춘몽에 불과하다는 불법의 진리를 깨닫는 내용을 다룸.
사씨남정기★	김만중	• 인현왕후를 폐출하고 장희빈을 중전으로 책봉한 숙종의 잘못을 일깨워 주기 위해 씀. • 중국 명나라 때 양반 사대부 유연수의 가정에서 벌어진 처첩 간의 갈등을 그려 축첩 제도를 비판하고자 함. • 후처(교씨)의 모략으로 고행하는 본처(사 씨)가 고생 끝에 남편의 사랑을 되찾는 권선징악적인 주제를 담음.
박씨전★	미상	• 병자호란이라는 역사적 배경을 담은 작품으로, 추녀였던 이시백의 아내 박 씨가 영웅적 기상과 신이한 재주로 청나라 왕과 적장을 물리치는 내용을 다룸. • 역사적으로 실패한 전쟁을 승리한 것으로 창작하여, 전쟁의 패배감을 정신적으로나마 보상받고 싶어 하는 민중들의 심리적 욕구를 충족시켜 주기 위해 창작함.
임진록★	미상	• 임진왜란이라는 역사적 배경을 담음. • 왜적이 쳐들어왔을 때 나라를 구하기 위해 나선 최일경, 이순신, 강홍립, 정충남, 김응서, 사명당 등의 활약상을 그린 것으로, 일본에 건너가 항복을 받아 온 사명당의 이야기가 대표적
유충렬전★	미상	• 조선 후기의 영웅소설이자 군담소설로 영웅 서사 구조를 계승함. • 천상계의 신선이었던 유충렬이 죄를 짓고 지상으로 적강하여 간신 정한담과 최일귀의 모함과 반역으로 위기에 처하지만, 신이한 능력을 발휘하여 위기에 처한 가문과 국가를 구하는 내용을 다룸.

(3) 필수 배경지식

1) 액자소설★

① 소설 창작에서 흔히 볼 수 있는 구성 방식으로, 이야기 속에 또 하나의 이야기가 액자처럼 끼어들어 있는 소설

② 외부 이야기 속에 내부 이야기가 들어 있는 구성 방식으로, 내부 이야기가 핵심 이야기가 됨.

③ 대표작: 김만중의 ⟨구운몽⟩, 작자 미상의 ⟨운영전⟩

2) 전기수(傳奇叟)
　① 조선 시대 후기에 고전소설을 직업적으로 낭독하는 사람을 지칭하는 용어
　② 소설을 읽고자 하지만 문자 해독력이 없어서 작품을 향유하지 못하는 청중을 대상으로 소설을 낭독해 주고 일정한 대가를 얻는 전문적이고 직업적인 이야기 구연자로, 강담사, 강창사라고도 함.

3) 남사당패
　① 조선 후기 장터와 마을을 다니며 춤과 노래, 곡예를 공연했던 유랑 연예인 집단
　② 조선 후기에 광작 현상의 발생으로 설 자리를 잃은 농민들은 유리걸식하거나 화적떼에 동참했고, 일부는 몇 가지 재주를 익혀 유랑 연예인 집단을 형성함.

4) 세책가(貰册家)
　① 조선 후기에 영리를 목적으로 책을 빌려주는 사람
　② 국문소설이 유행하는 시류에 편승하여 주로 필사본을 마련해 놓고 그것을 원하는 고객들에게 대여하는 것을 업으로 했던 사람들
　③ 전기수 다음 단계에 출현했던 소설유통업자

3 민속극

(1) 예로부터 전승되어 온 연극으로 농경의례, 장례의식 등 각종 원시종교의식에서 시작됨.

(2) 서민들의 언어와 삶의 모습이 생생하게 드러남.

(3) 지배 계층에 대한 비판의식을 넉살과 신명으로 풀어냄.

〈대표 작품과 내용〉

종류	작품	내용
인형극	꼭두각시 놀음★	현전하는 유일한 인형극
가면극	봉산 탈춤	황해도 봉산(鳳山) 지방에 전승되어 오던 가면극으로, 해학성이 강하고 봉건 제도의 모순에 대한 비판의식이 반영됨.
	통영 오광대	• 경상남도 통영시에 전승되고 있는 탈놀이 • 오광대의 '오'는 오행설(五行說)에서 온 것이고, '광대'는 전문적인 놀이꾼 혹은 등장인물을 의미함.
	양주 별산대 놀이	경기도 양주군에서 전승되고 있는 탈놀이
	하회 별신 탈놀이	경북 안동에서 전승된 민속 탈춤

4 국어 관련 자료 및 옛글 자료

(1) 《명심보감(明心寶鑑)》★

고려 충렬왕 때의 문신 '추적(秋適)'이 금언(金言), 명구(名句)를 모아 놓은 책이다. 책명의 〈명심〉이란 명륜(明倫)·명도(明道)와 같이 마음을 밝게 한다는 뜻이며, '보감'은 보물과 같은 거울로서의 교본이 된다는 것을 뜻한다. 각 편은 공자를 비롯한 성현들의 금언을 제시하면서 시작된다. 하늘의 밝은 섭리를 설명하고, 자신을 반성하여 인간 본연의 양심을 보존함으로써 숭고한 인격을 닦을 수 있다는 것을 보여 주고 있다.

(2) 《용비어천가(龍飛御天歌)》

조선 세종 때 지은 악장(樂章)으로, 조선을 세우기까지 목조·익조·도조·환조·태조·태종의 사적을 중국 고사에 비유하여 공덕을 기린 작품이다. 우리말 노래를 앞에 제시하고, 이에 대한 한역을 뒤에 붙인 형식을 취한다.

(3) 《석보상절(釋譜詳節)》

조선 세종 때 수양대군(세조)이 왕명으로 '석가의 일대기'를 찬술한 불경언해서이다. 1446년(세종 28년)에 세종의 비인 소헌왕후(昭憲王后)가 사망하자, 그녀의 명복을 빌기 위하여 석가의 전기를 엮게 하였는데, 1447년(세종 29년)에 완성한 것을 1449년(세종 31년)에 간행하였다. 이 책은 조선 전기의 언어 연구에 귀중한 자료가 될 뿐만 아니라 다른 불경 언해서(諺解書)와는 달리 문장이 매우 유려하여 당시 국문학을 대표하는 유일한 작품으로 꼽히고 있다.

(4) 《월인천강지곡(月印千江之曲)》

조선 세종이 1449년(세종 31년)에 지은 불교 찬가(讚歌)이다. 1447년에 왕명에 따라 수양대군(세조)이 소헌왕후(昭憲王后)의 명복을 빌기 위하여 《석보상절》을 지어 올리자, 세종이 석가의 공덕을 찬송하여 지은 노래이다. 《월인천강지곡》이란, 부처가 나서 교화한 자취를 칭송한 노래라는 뜻으로, 상·중·하 3권에 500여 수의 노래가 수록되어 있다. 이는 《용비어천가》와 아울러 훈민정음으로 표기된 한국 최고(最古)의 가사(歌詞)이다.

(5) 《월인석보(月印釋譜)》★

1459년(세조 5년)에 간행된 석가 일대기를 다룬 목판본으로, 세종이 지은 《월인천강지곡》과 세조가 지은 《석보상절》을 고쳐서 합편한 책이다. 1457년(세조 3년)에 왕세자였던 도원군(桃源君)이 죽자 임금은 이를 애통히 여겨 부왕과 죽은 아들의 명복을 빌기 위하여 근 2년 동안에 걸쳐 증보하고 수정하여 간행하였다.

(6) 《두시언해(杜詩諺解)》

중국 당나라 두보(杜甫)의 시 전편을 52부(部)로 분류하여 한글로 번역한 시집이다. 원명은 《분류두공부시언해(分類杜工部詩諺解)》이다. 원(元)나라 때 편찬된 두보의 시 1,647편 전부와 다른 사람의 시 16편에 주석을 달고 풀이한 책으로, 초간본(初刊本)과 중간본(重刊本)이 있다.

(7) 《노걸대(老乞大)》★

조선 전기의 중국어 학습서이다. 고려의 상인이 인삼 등 한국 특산물을 말에 싣고 중국 베이징[北京]에 가서 팔고, 그곳 특산물을 사서 귀국할 때까지의 기록이다. 긴 여로(旅路)·교역(交易) 등에서 벌어지는 주요 장면을 설정하고 그에 알맞은 대화를 48장 106절로 꾸며 이를 익힘으로써 중국어를 배울 수 있도록 하였다. 언해본으로는 《노걸대언해(老乞大諺解)》, 《중간노걸대언해(重刊老乞大諺解)》, 《신석노걸대언해(新釋老乞大諺解)》가 있다.

(8) 《소학언해(小學諺解)》

주자(朱子)의 《소학(小學)》을 한글로 번역한 책으로, 16세기의 사림(士林)들은 자기를 수양하는 것[修己]에서 출발하는 실천적 가치 규범으로서 성리학을 체득하기 시작했는데 《소학》의 규범과 윤리를 몸에 익혀 실천함으로써 학문을 시작했다. 이런 맥락에서 소학을 번역한 책이다.

(9) 《번역소학(翻譯小學)》★

《소학(小學)》을 한글로 번역한 책으로, 10권 10책이다. 1518년(중종 13년) 통문관(通文館)의 계(啓)에 의하여 김전·최숙생 등이 왕명으로 번역하여 간행하였다.

(10) 《삼강행실도(三綱行實圖)》★

조선 세종 때 엮어진 도덕서(道德書)로 3권 1책이다. 1431년(세종 13년)에 집현전 부제학(副提學) 설순(偰循) 등이 왕명에 따라 조선과 중국의 서적에서 군신(君臣)·부자(父子)·부부(夫婦) 등 3강(三綱)의 모범이 될 만한 충신·효자·열녀를 각각 35명씩 모두 105명을 뽑아 그 행적을 그림과 글로 칭송한 책이다. 각 사실에 그림을 붙이고, 한문으로 설명한 다음 찬(贊)을 붙였고, 그림 위에는 한문과 같은 뜻의 한글을 달았다. 그 후 이 책은 도덕서로 활용되었다.

(11) 《동국여지승람(東國輿地勝覽)》★

조선 성종 때에 노사신 등이 각 도의 지리, 풍속 등을 기록한 관찬지리지이다. 1481년(성종 12년)에 성종(成宗)의 명에 따라 노사신, 양성지, 강희맹 등이 편찬한 지리지이다. 법전인 《경국대전》, 사서인 《동국통감》과 더불어 조선 성종 시대에 이루어진 편찬 사업의 대표적인 성과로 평가된다.

확인문제

01 〈보기〉에서 설명하는 작품은?

● 보기 ●

조선 숙종 때 서포 김만중이 지은 한글소설로 남성 중심의 가부장제 하에서 벌어지는 처첩 간의 갈등을 다룬 대표적인 가정소설이다. 숙종이 인현왕후를 폐위하고 장희빈을 중전으로 맞아들인 사건을 풍자하여 임금을 참회시킬 목적으로 창작했다.

① 구운몽
② 한중록
③ 서포만필
④ 이생규장전
⑤ 사씨남정기

[해설] ② 《한중록(閑中錄)》은 조선 정조의 생모이며 사도세자의 빈(嬪) 혜경궁 홍씨(惠慶宮洪氏)의 자전적인 회고록이다. 혜경궁 홍씨가 지난날 몸소 겪었던 것으로 부군 사도세자가 부왕인 영조에 의해 뒤주에 갇혀 죽은 참변을 주로 하여, 공적 및 사적 연루와 국가 종사에 관한 당쟁의 복잡 미묘한 문제 등 여러 무서운 사건의 소용돌이 속에서 칼날을 밟으며 살아온 것 같은 파란만장한 일대기를 한글의 유려한 문장으로 묘사하였다.
③ 《서포만필(西浦漫筆)》은 김만중이 지은 수필집이자 비평집이다. 대부분 우리나라 시에 얽힌 이야기 및 비평으로 이루어져 있는데, 소설이나 산문에 관계되는 것도 섞여 있다. 김만중의 사상은 주자주의를 견지하면서도 주자주의와 일정한 거리를 보이기도 하는데, 《서포만필》에 그런 글들이 담겨 있다. 국어문학론은 물론, 소설에 대해 비판적이던 당대에 소설의 독자적 의의를 적극 옹호한 것, 주자가 중화주의에 빠진 나머지 외국의 문화를 평가할 때 오류를 범했다고 비판한 것이 모두 여기에 서술되어 있다.

[정답] ⑤

02 〈보기〉에서 설명하는 직업은?

> **보기**
>
> 조선 후기에 이르면 이전에는 일부 계층에 한정되어 읽히던 소설의 독자층이 평민층이나 부녀자 등으로까지 광범위하게 확대된다. 이러한 상황에서 소설을 써서 생계를 유지하는 전문적인 작가층이 나타나고, 문자 해독력이 없는 청중의 요구에 부응해 작품을 구연하는 사람이 등장하게 된다. 이들이 소설을 구연하는 방식은 크게 두 가지의 형태로 이루어진다.
> 하나는 소설을 듣고자 하는 개별 청자의 가정을 직접 방문하여 구연하는 것이고, 다른 하나는 사람들이 많이 모이는 장소에서 청중을 모아 놓고 구연하는 것이다.

① 고수 ② 세책가
③ 전기수 ④ 남사당패
⑤ 방물장수

해설 ① '고수(鼓手)'는 판소리에서 북을 사용해 장단을 맞추고 추임새를 넣는 등 반주를 하는 사람으로, '북재비'라고도 한다.
② '세책가(貰冊家)'는 조선 후기 때에 영리를 목적으로 책을 빌려주는 가게나 사람을 말한다. 세책가는 소설의 작가로부터 돈을 주고 작품을 사서 요구하는 독자에게 이를 빌려주고 이익을 취했다. 독자는 부녀자층에 많았고, 놋그릇·가구 등을 담보로 맡겨 놓고 소설책을 빌려 갔으며, 세책료는 책 수와 날짜에 따라 지불했다.

정답 ③

03 〈보기〉의 설명에 해당하는 작품은?

> **보기**
>
> 소설 창작에서 흔히 볼 수 있는 구성 방식으로서, 액자의 틀 속에 사진이 들어 있듯이 하나의 이야기 속에 또 다른 이야기 구조가 들어 있는 것을 말한다. 즉, 외부 이야기 속에 내부 이야기가 들어 있는 구성 방식으로, 외부 이야기가 액자의 역할을 하고 내부 이야기가 핵심 내용이다.

① 구운몽 ② 홍길동전
③ 임진록 ④ 박씨전
⑤ 유충렬전

해설 위에서 설명하는 구성 방식은 액자식 구성 방법으로, 《구운몽》은 이 방식을 취한 작품이다.

정답 ①

04 〈보기〉에서 설명하는 작품은?

● 보기 ●

조선 정조의 생모이며 사도세자의 아내 혜경궁 홍씨의 자전적인 회고록이다. 혜경궁 홍씨가 지난날 몸소 겪었던 것으로 사도세자가 부왕인 영조에 의해 뒤주에 갇혀 죽은 참변을 주로 하여, 공적 및 사적 연루와 국가 종사에 관한 당쟁의 복잡 미묘한 문제 등 파란만장한 일대기를 한글의 유려한 문장으로 묘사한 작품이다.

① 한중록
② 임진록
③ 계축일기
④ 산성일기
⑤ 인현왕후전

해설 ③ 《계축일기(癸丑日記)》는 조선 시대 수필 형식의 기사문(記事文)으로, 《서궁록(西宮錄)》이라고도 한다. 1613년 (광해군 5년) 선조의 계비인 인목대비(仁穆大妃) 폐비 사건을 시작으로 하여 일어난 궁중비사를 기록한 글이다. 공빈김씨(恭嬪金氏)의 소생인 광해군과 인목대비의 소생인 영창대군(永昌大君)을 둘러싼 당쟁을 중후한 궁중어를 통해 사실적으로 서술한 글이다. 묘사보다는 서술에 중점을 두고 있어 당시의 치열한 당쟁의 이면을 이해하는 데 보조 자료가 된다.
④ 《산성일기(山城日記)》는 조선 인조 때 쓰인 작자와 연대를 알 수 없는 일기체 수필로 치욕적인 외교의 일면이 생생하게 객관적으로 기록되었으며, 인조반정(仁祖反正) 때의 일까지도 상세히 쓰여 있어 사적(史的) 자료로서의 가치가 있다.

정답 ①

05 〈보기〉에서 설명하는 작품의 작가는?

● 보기 ●

〈홍길동전〉은 우리나라 최초의 국문소설이며 봉건 사회의 문제점을 비판한 사회소설이다. 길동은 가출을 통해 적서 차별의 부당함을 드러내고, 의적이 된 뒤에는 탐관오리의 부패상을 고발하며 그 대안으로 율도국이라는 이상향을 제시한다. 이 작품은 소재를 당대의 사회 현실에서 택했고, 의적을 등장시켜 모순된 사회 제도를 개혁하려는 혁명성과 서민 정신을 반영하고 있다.

① 이규보
② 박지원
③ 허균
④ 김시습
⑤ 김만중

해설 ① 이규보는 고려의 대표적인 문신이자, 문장가 중의 한명으로 호는 백운거사(白雲居士)이다. 23세 때 진사에 급제했으나 출세의 기회를 얻지 못했다. 26세 때 가난한 생활을 하면서 당시 문란한 정치와 혼란한 사회를 보고 크게 각성하여 영웅 서사시 《동명왕편(東明王篇)》을 집필했다.
② 박지원은 조선 후기의 실학자이며, 호는 연암(燕巖)이다. 30세 무렵 북학파 홍대용과 교류하며 서양 학문을 처음으로 접했다. 1780년(정조 4년)에 친족인 박명원이 청나라 사신으로 임명되자 따라갔다. 이때의 경험을 바탕으로 기행문인 《열하일기》를 지었다. '열하'는 당시 사신들이 북경으로 갈 때 지나가는 지역명이다. 이 책은 청나라의 발달된 문물과 학문을 직접 눈으로 보고, 이를 여러 사람과 나눈 이야기를 기행문 형식으로 지은 것이다. 중상학파의 일인자로서 그 재능은 문학에도 발휘되었다. 《허생전》, 《양반전》, 《호질》 등에서 상공업의 발달을 강조하고 성리학의 허례허식을 비판했다.

정답 ③

제4편 국어문화

제4장 방송 언어

제1절 방송 언어의 개념과 조건

> **기출 미리보기**
>
> ⋯▶ 방송 언어는 많은 사람들에게 쉽고 명확하게 정보를 전달하기 위해 쓰는 언어인 만큼 일상생활에서 주의 깊게 봐 두는 것이 중요해요!

1 방송 언어의 개념

(1) 정기적 또는 비정기적으로 출연하는 방송인들이 구사하는 언어로서 방송 언어 기준에 맞는 규범어, 즉 '표준어'를 말한다.

(2) 방송 언어는 문어적인 특징보다 구어적인 특징을 더 많이 가지고 있으며, 대표적인 형태는 '뉴스 방송'이다. 특히 뉴스 방송은 구어적인 특징은 물론 문어적 특징도 가지고 있다.

2 방송 언어의 조건

(1) 표준어를 '표준 발음법'에 따라 사용함.

(2) 어려운 한자어나 일반적으로 사용하지 않는 외래어, 전문어, 신조어는 쉬운 말로 대체해서 사용하거나 풀어서 사용함.

(3) 의미를 삭감하지 않는 범위에서 음운이나 음절을 축약하거나 생략함.
   예 하여, 되어 → 해, 돼 / 이영호입니다 → [이영홈니다] / 자리입니다 → [자림니다]

(4) 간접 화법을 사용하고, 직접 화법은 예외적인 경우에만 사용함.

(5) 정확하고 명확한 보도가 중요하므로, 함축적인 표현을 사용하지 않음.

(6) 수의 표현은 복잡한 수치를 사용하지 않고, 개략적인 '어림수'를 사용함.

(7) 구조가 복잡한 어구를 사용하지 않음.(관형어나 부사어 사용이 적음.)

(8) 시청자 중심의 경어를 사용함.(비록 국가원수에게라도 지나친 경칭을 쓰거나 시청자가 불쾌감을 느낄 정도의 경어를 쓰는 것은 피해야 함.)

확인문제

01 밑줄 친 방송 언어에 대한 설명으로 알맞지 않은 것은?

① 쌍화탕은 예로부터 피로를 회복하기 위해 아침저녁으로 복용하던 생활 보약이었다. → '피로를 해소'가 적절한 표현이다.
② 장애인은 정상인에 비해 대부분의 면역 기능이 활발하지 않다고 합니다. → 비교 대상이 장애인인 경우에는 '비장애인'으로 바꾸어야 한다.
③ 국보 32호인 '합천 해인사 대장경판'의 정확한 경판 숫자에 일제 시대 때 제작된 경판도 포함시켜야 한다는 주장이 제기됐다. → '일제 시대'는 이전 용어이므로, '일제 강점기'로 바꿔야 한다.
④ 이 가게는 강남 지역을 중심으로 수제버거와 브런치 맛집으로 유명세를 치르고 있습니다. → '유명세'는 '유명해져서 치르는 곤욕'을 의미하므로, '유명세를 타다'가 적절한 표현이다.
⑤ '철밥통' 인식이 강했던 중국 공무원의 인기가 사그라들고 있다. 지난해 평균 경쟁률은 78.23 대 1에 달했으나 올해는 63.78 대 1로 감소했다. → 방송 뉴스는 어림수 지향성이 있으므로, '78.2 대 1에 달했으나 올해는 63.8 대 1'로 나타내야 한다.

해설 '유명세(有名稅)'는 '유명하기 때문에 치르는 곤욕이나 불편'을 세금(稅金)에 빗댄 것으로, 유명해서 치르는 이름값을 의미한다. '유명세를 타다'는 유명세의 의미를 잘못 이해한 것으로 '유명세를 치르다'나 '유명해지다'로 써야 한다.
① '회복'은 '이전 상태로 돌아감.'을 의미한다. 피로는 없애야 하는 것이므로, '상태를 해결하여 없애버림.'의 의미를 가진 '피로를 해소'로 표현해야 한다.
⑤ 방송 뉴스에서는 숫자를 표현할 때 복잡한 수치를 사용하지 않고, 어림수를 사용한다.

정답 ④

02 밑줄 친 방송 언어에 대한 설명으로 알맞지 않은 것은?

① 계절이 바뀌는 간절기에는 옷을 잘 챙겨 입어야 감기를 예방할 수 있습니다. → '환절기'가 적절한 표현이다.

② 법원에서는 이번 사건의 법적 효력의 여부를 다음 공판으로 연기하겠다고 밝혔다. → '법적 효력의 유무'가 더 적절한 표현이다.

③ 정부는 피랍된 한국인 선원을 구출하기 위해 대면 협상을 시작했습니다. → 이중 피동의 의미를 지닌 단어이므로, '납치된'으로 수정해야 한다.

④ 대통령과 각국의 정상급 조문객들은 장례식 행사 전 1시간 앞서 행사장에 도착해 조문록에 서명하고 착석한 뒤 간단한 환담을 나눴다. → '환담'은 '정답고 즐겁게 서로 이야기함.'을 의미한다. 슬픈 기운이 감도는 곳에서 즐거운 이야기를 나눈다는 것은 어색하므로, '이야기'가 적절한 표현이다.

⑤ 기시다 후미오 일본 외무상은 오늘 아베 총리의 일본군 위안부 문제에 관한 합의가 어려울 것이라고 밝혔습니다. → 정보 전달 측면에서 주어가 서술어에 가까이 있는 것이 바람직하므로, '오늘 아베 총리의 일본군 위안부 문제에 관한 합의는 어려울 것이라고 기시다 후미오 일본 외무상이 밝혔습니다.'가 더 적절하다.

해설 '피랍되다'는 '납치를 당하다.'의 의미이고, '납치'는 '강제 수단을 써서 억지로 데려감.'을 의미한다. 따라서 '피랍된'과 '납치된' 모두 사용할 수 있다.
  ① 계절이 바뀌는 것은 '철이 바뀌는 시기'를 의미하는 '환절기'로 표현하는 것이 적절하다.
  ② '유무'는 '있음과 없음.'을, '여부'는 '그러함과 그러하지 아니함.'을 의미한다. 법적 효력은 유무로 표현하는 것이 적절하다. '여부'는 '사실 여부', '생사 여부'로 쓸 수 있다.

정답 ③

03 방송 언어에 대한 설명으로 알맞지 않은 것은?

① 앞으로 형태를 위험하게 개조해 다른 사람의 안전에 위협을 가할 만한 자동차를 타는 사람은 벌칙금을 물게 됩니다. → '범칙금'으로 쓰는 것이 적절하다.
② 국민행복기금 대상자에 해당하는 국민들은 서류를 갖추어 한국자산관리공사에 접수하면 됩니다. → 국민들은 접수의 주체가 아니므로, '신청하면'으로 바꿔야 한다.
③ 영종대교에서 안갯속 추돌 사고로 100중 추돌 사고가 일어나 전 국민을 놀라게 했다. → '안개가 낀 상태'를 표현한 것이므로, '안개 속'으로 쓰는 것이 맞는 표현이다.
④ 김연아 선수는 더블 악셀-더블 토루프-더블 루프 콤비네이션점프 등 난도가 높은 점프를 척척 해내면서 금메달을 차지했습니다. → '난도'는 '대상의 어렵고 쉬운 정도'를 나타내는 말이므로, '난이도가 높은'이 맞는 표현이다.
⑤ 조선중앙통신은 27일 남북 당국회담을 위한 실무접촉자 회의에서 남한에 대해 "우리는 남한의 미온적 태도에 대해 불만이 있다."라고 보도했습니다. → 방송 뉴스에서 직접 화법은 예외적일 때만 사용하는 것이므로 간접 화법으로 표현하는 것이 더 적절하다.

> **해설** '난도'는 '어려움의 정도'를 나타내는 말이고, '난이도'가 '대상의 어렵고 쉬운 정도'를 나타내는 표현이다. 특히 체조 따위의 경기에서, 선수가 구사하는 기술의 어려운 정도를 나타낼 때는 '난도가 높다'라고 표현해야 한다.
> ① '도로 교통법의 규칙을 어긴 사람에게 과하는 벌금'은 '범칙금'이다.
> ② 국민들이 기관에 어떠한 일이나 물건을 알려 청구해야 하므로, '신청하다'가 맞는 표현이다. '접수하다'는 받아서 거두는 것이므로, 기관이 주체일 경우에 쓸 수 있다.
> ③ '안갯속'은 '어떤 일이 어떻게 이루어질지 모르는 상태'를 비유적으로 이르는 말이다. 한 치 앞을 가늠할 수 없는 불확실한 상황을 나타낼 때만 '안갯속'으로 붙여 쓴다.
> ⑤ 방송 뉴스는 직접 화법을 예외적인 경우에만 사용한다.
>
> **정답** ④

04 방송 언어에 대한 설명으로 알맞지 않은 것은?

① 서울시는 현 체계에서 드론 도입이 오히려 도시 안전을 위협할 수 있다는 지적을 하면서 철저한 대비가 필요하다고 밝혔다. → '무인기, 무인비행장치'로 다듬어 써야 한다.
② 콜로라도 총격사건으로 최소 10명이 총상을 입었고, 그중 8명을 병원으로 긴급 후송했습니다. → 다친 사람을 병원으로 옮겨 보내는 것이므로, '이송'이 적절한 표현이다.
③ 김 전 장관은 불운의 정치인으로 회자돼 왔습니다. → '회자'는 칭찬을 받으며 사람의 입에 자주 오르내리게 되는 것으로, 좋은 의미일 때만 사용해야 한다.
④ 현직 금융통화위원회 위원이 일본의 구조 조정을 통한 성장 잠재력 향상 사례를 반면교사로 삼아야 한다는 입장을 밝혔다. → '반면교사'는 부정적인 측면에서 가르침을 얻는 것이므로, 적절한 표현이 아니다.
⑤ 네팔에서 대지진이 발생한 지 13일째입니다. 네팔 정부에 따르면 지진 발생 후 지금까지 7천759명이 사망하고, 28만8천여 채의 집이 완전히 무너졌다고 합니다. → '현장은 대지진의 피해로 아비규환입니다'와 같이 함축적인 표현이 더 효과적이다.

해설 방송 뉴스는 정보 전달이 목적이므로, 함축적인 표현을 사용할 수 없다.
① 방송에서는 외래어, 외국어, 어려운 한자어는 사용을 피해야 한다.
② '후송'은 적군과 맞대고 있는 지역에서 부상자, 전리품, 포로 따위를 후방으로 보내는 것이다.
③ '회자'는 좋은 의미일 때만 사용해야 하므로, 문맥에 맞지 않는 표현이다.
④ 일본의 구조 조정을 통한 성장 잠재력 향상은 긍정적인 측면이므로, '사람이나 사물의 부정적인 측면에서 가르침을 얻는다.'는 의미인 '반면교사'를 쓸 수 없다.

정답 ⑤

행운이란 100%의
노력 뒤에 남는 것이다.
- 랭스턴 콜먼 -

합격의 공식 ▶ **온라인 강의**

KBS 한국어능력시험 강의를 듣고 싶다면?
YouTube '빠른 합격! SD에듀' 채널 구독 ➔ 'KBS 한국어능력시험' 검색
www.sdedu.co.kr 접속 ➔ 언어/외국어 ➔ 'KBS 한국어능력시험' 클릭

좋은 책을 만드는 길, 독자님과 함께하겠습니다.

2025 KBS 한국어능력시험 기출 분석 한 권 합격

개정11판1쇄 발행	2025년 01월 15일 (인쇄 2024년 10월 14일)
초 판 발 행	2014년 07월 10일 (인쇄 2014년 05월 26일)
발 행 인	박영일
책 임 편 집	이해욱
편　　　저	노수경
편 집 진 행	구설희 · 김지수
표지디자인	박종우
본문디자인	채현주 · 홍영란
발 행 처	(주)시대고시기획
출 판 등 록	제10-1521호
주　　　소	서울시 마포구 큰우물로 75 [도화동 538 성지 B/D] 9F
전　　　화	1600-3600
팩　　　스	02-701-8823
홈 페 이 지	www.sdedu.co.kr
I S B N	979-11-383-7890-1 (13710)
정　　　가	34,000원

※ 이 책은 저작권법의 보호를 받는 저작물이므로 동영상 제작 및 무단전재와 배포를 금합니다.
※ 잘못된 책은 구입하신 서점에서 바꾸어 드립니다.

한자 자격증 도서

상공회의소 한자
- 대한상공회의소 시행 한자 시험 대비서
- 알기 쉽게 풀이한 배정 한자
- 시험 유형이 한눈에 보이는 출제 유형별 한자
- 빅데이터 합격한자 특별부록 제공

진흥회 한자자격시험
- 한자교육진흥회 시행 한자 시험 대비서
- 3박자 연상 암기법으로 완벽 암기
- 최신 기출문제 5회분과 자세한 정답 및 해설
- 필수암기 합격한자 특별부록 제공

어문회 한자능력검정시험
- 한국어문회 시행 한자 시험 대비서
- 3박자 연상 암기법으로 완벽 암기
- 기출 동형 모의고사
- 빅데이터 합격한자 특별부록 제공

한자 도서 시리즈

- 易知 상공회의소 한자 1급 기본서
- 易知 상공회의소 한자 2급 기본서
- 易知 상공회의소 한자 3급 기본서
- 易知 상공회의소 한자 2급 최종모의고사
- 易知 상공회의소 한자 3급 최종모의고사
- 易知 중국어와 한자

- 어문회 한자능력검정시험 2급 한 권으로 끝내기
- 어문회 한자능력검정시험 3급 한 권으로 끝내기
- 어문회 한자능력검정시험 4급 한 권으로 끝내기
- 어문회 한자능력검정시험 5급 한 권으로 끝내기
- 어문회 한자능력검정시험 6급 한 권으로 끝내기

- 진흥회 한자자격시험 2급 한 권으로 끝내기
- 진흥회 한자자격시험 3급 한 권으로 끝내기

- 한자암기박사1 + 쓰기 훈련 노트
- 한자암기박사2
- 일본어 한자암기박사1 상용한자 기본 학습 + 쓰기 훈련 노트
- 일본어 한자암기박사2 상용한자 심화 학습 + 쓰기 훈련 노트
- 중국어 한자암기박사1 기초 학습[1~5급 어휘 연계]
- 중국어 한자암기박사2 심화 학습[6~9급 어휘 연계]

※ 도서의 이미지 및 세부사항은 변경될 수 있습니다.

시대에듀
공기업 취업을 위한 NCS
직업기초능력평가 시리즈

NCS부터 전공까지 완벽 학습 "통합서" 시리즈

공기업 취업의 기초부터 차근차근! 취업의 문을 여는 **Master Key!**

NCS 영역 및 유형별 체계적 학습 "집중 학습" 시리즈

 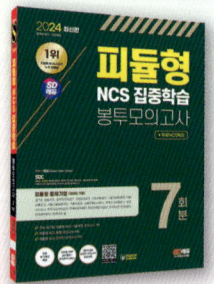 

영역별 이론부터 유형별 모의고사까지! 단계별 학습을 통한 **Only Way!**

기업별 맞춤 학습 "기본서" 시리즈

공기업 취업의 기초부터 심화까지! 합격의 문을 여는 **Hidden Key!**

기업별 시험 직전 마무리 "모의고사" 시리즈

실제 시험과 동일하게 마무리! 합격을 향한 **Last Spurt!**

※ **기업별 시리즈 :** HUG 주택도시보증공사/LH 한국토지주택공사/강원랜드/건강보험심사평가원/국가철도공단/국민건강보험공단/국민연금공단/근로복지공단/발전회사/부산교통공사/서울교통공사/인천국제공항공사/코레일 한국철도공사/한국농어촌공사/한국도로공사/한국산업인력공단/한국수력원자력/한국수자원공사/한국전력공사/한전KPS/항만공사 등

※ 도서의 이미지 및 구성은 변동될 수 있습니다.

한국실용글쓰기

빠른 목표 점수 완성을 위한 최고의 선택
시대에듀로 쉽게 학습하기!

www.sdedu.co.kr

객관식 답 **빠르게** 찾아내기
- 기출문제로 알아보는 객관식 공략 TIP
- 새로운 출제 경향을 알려 주는 강의

서술형 답안 **감점 없이** 작성하기
- 기출문제로 알아보는 서술형 공략 TIP
- 논술형 문제를 단시간 내에 해결하는 강의

※ 도서의 이미지 및 강의 구성은 변경될 수 있습니다.

강의 도서

수강 방법

www.sdedu.co.kr 접속
▼
'언어/외국어' 클릭
▼
'한국실용글쓰기' 클릭

QR코드로
무료 특강
유튜브 접속

시대에듀와 함께하는
KBS 한국어능력시험

하나! 영역별 핵심 이론으로 학습하기
둘! 빈출 유형과 신유형 문제로 실전 적응력 기르기
셋! 어휘·어법·국어문화 집중 공략으로 고득점 대비하기

기출 분석 한 권 합격
기본 개념 확실히 잡기

기출 분석 2주 합격
효율적으로 학습하기

기출 동형 모의고사
실전 감각 키우기

고득점 벼락치기
암기 영역 집중 공략

수험생 여러분의 합격을 기원합니다!

※ 도서의 이미지는 변동될 수 있습니다.

2025
KBS 한국어능력시험
기출 분석 한 권 합격

빛나는 당신의 내일을 위해 ——— 시대에듀가 함께합니다.

시대에듀

발행일 2025년 1월 15일 | **발행인** 박영일 | **책임편집** 이해욱
편저 노수경 | **발행처** (주)시대고시기획
등록번호 제10-1521호 | **대표전화** 1600-3600 | **팩스** (02)701-8823
주소 서울시 마포구 큰우물로 75 [도화동 538 성지B/D] 9F
학습문의 www.sdedu.co.kr

※ 이 책은 저작권법에 의해 보호를 받는 저작물이므로 동영상 제작 및 무단전재와 복제를 금합니다.

출제 비중에 따른 전략적 분권 구성
기출 유형으로 완벽하게 대비하기!

- ✓ 영역별 핵심 이론
- ✓ 출제 경향 확인 문제
- ✓ 30분 만에 정리하는 어휘·어법 소책자

노수경 편저

STRONG

빛나는 당신의 내일을 위해 ─────── 시대에듀가 함께합니다.

2025

KBS 한국어능력시험
기출 분석 한 권 합격

| 2권 쓰기, 창안, 읽기, 듣기·말하기 |

시대에듀

[2권] 시험 대비 30일 학습 플랜(21~30일)

DAY	페이지	공부할 내용	학습 시간	날짜
21	4~23쪽	제5편 쓰기 　제1장 글쓰기의 단계	___시간 ___분	___월 ___일
22	24~49쪽	제6편 창안 　제1장 창의적 수용 및 생성	___시간 ___분	___월 ___일
23	50~72쪽	제7편 읽기 　제1장 문학 ①	___시간 ___분	___월 ___일
24	73~92쪽	제1장 문학 ②	___시간 ___분	___월 ___일
25	93~113쪽	제1장 문학 ③	___시간 ___분	___월 ___일
26	114~133쪽	제2장 비문학 ①	___시간 ___분	___월 ___일
27	134~154쪽	제2장 비문학 ②	___시간 ___분	___월 ___일
28	155~172쪽	제3장 실용문	___시간 ___분	___월 ___일
29	173~201쪽	제4장 자료의 해석	___시간 ___분	___월 ___일
30	202~218쪽	제8편 듣기, 말하기 　제1장 듣기의 유형 　제2장 듣기·말하기 혼합 유형	___시간 ___분	___월 ___일

끝까지 책임진다! 시대에듀!
QR코드를 통해 도서 출간 이후 발견된 오류나 개정법령, 변경된 시험 정보, 최신기출문제, 도서 업데이트 자료 등이 있는지 확인해 보세요! 시대에듀 합격 스마트 앱을 통해서도 알려 드리고 있으니 구글 플레이나 앱 스토어에서 다운받아 사용하세요.
또한, 파본 도서인 경우에는 구입하신 곳에서 교환해 드립니다.

편집진행 구설희·김지수 | **표지디자인** 박종우 | **본문디자인** 채현주·홍영란

KBS
한국어능력시험

기출 분석 한 권 합격

 쓰기 / 창안 / 읽기 / 듣기·말하기

쓰기 영역은 매회 5문제가 출제됩니다. 기존에는 글쓰기의 5단계(계획하기, 내용 생성하기, 내용 조직하기, 표현하기, 고쳐 쓰기)로 문제의 유형 및 순서가 고정되어 있었으나, 제66회부터는 초고를 먼저 제시하고 나서 글쓰기의 과정을 문제로 제시한다는 차이가 있습니다. 형식상으로는 문제의 유형에 큰 변화가 있는 듯 보이나 궁극적으로 묻고자 하는 바는 이전과 같습니다. 따라서 글쓰기의 각 단계에 해당하는 이론적 특성을 학습한 후 문제를 풀면서 연습을 하는 것이 가장 좋은 방법입니다. 문제를 풀 때 주의할 점은 언제나 '주제'를 중심으로 문제를 판단해야 한다는 것과 자료를 해석하는 속도가 빨라야 한다는 것입니다. 자료를 해석하는 연습을 더 하고자 한다면 읽기 영역의 실용문에 해당하는 자료들을 활용하면 도움이 될 것입니다. 그리고 고쳐쓰기 단계에서는 어법 영역의 기본 지식들이 필요하므로 어법에 대한 학습도 함께 하시기를 바랍니다.

제5편 쓰기

제1장 글쓰기의 단계

제1장 글쓰기의 단계

제1절 단계별 글쓰기 과정

> **기출 미리보기**
>
> 1. **초고에 쓰인 글쓰기 전략 파악하기**: 글쓰기 단계 중 계획하기에 쓰인 필자의 전략을 초고에서 파악하는 것으로, 글에 적용된 일반적인 설명 방법(정의, 비교, 대조, 예시, 인용 등)을 파악해야 한다.
> 2. **초고에서 부족한 자료 활용하기**: 초고의 내용을 고쳐 쓰면서 부족한 자료를 활용하는 방안을 찾는 것으로, 제시된 자료와 초고의 연관성을 파악해야 한다.
> 3. **개요의 상·하위 관계 파악하기**: 초고를 쓰기 전에 작성한 개요의 상·하위 범주 간 관계가 적절한지를 파악하는 것으로, 두 범주의 연관성을 파악해야 한다.
> 4. **초고를 고쳐 쓰기**: 초고에서 문법 규칙에 어긋나는 표현 및 내용을 찾는 것으로, 일반적인 문법 규칙을 파악해야 한다.
> 5. **초고의 의미를 보완하여 글의 전체적인 흐름에 맞는 문장 추가하기**: 〈보기〉에 제시된 내용에 따라 글의 흐름에 맞는 문장을 파악해야 한다.

1 계획하기

(1) 쓰기 과제(글의 목적, 주제, 분량 등)의 분석

(2) 상위 개념과 하위 개념으로 구성된 글 전체의 개략적인 구조도 작성

2 내용 생성하기

(1) 글을 쓰기 위한 다양한 자료 수집

(2) 제시된 자료를 바탕으로 주제와 자료 간 관련성을 파악하면서 자료 해석

3 내용 조직하기

(1) 내용 생성을 통해 만들어진 자료들을 체계적인 개요로 구성

(2) 주제에 초점을 두고 중심 내용과 뒷받침 내용의 관련성 파악

4 표현하기

(1) 주제와 관련된 보고서 작성

(2) 글 전체의 흐름과 특정 문장의 문맥상 일치 여부 파악

5 고쳐쓰기

(1) 글 전체의 수준, 문단의 수준, 문장의 수준, 구나 절의 수준, 단어의 수준으로 글 전체의 의미와 주제의 관련성을 생각하면서 고쳐쓰기

(2) 어법 부분의 전반적인 지식과 적용 능력이 필요하므로 '어법' 영역과 함께 학습하기

확인문제

[01~05] 다음은 '캠핑장 안전사고'를 소재로 작성한 초고이다. 물음에 답하시오.

여가 활동으로 캠핑을 즐기는 사람들이 늘어나면서 캠핑장 안전사고도 증가하고 있다. 캠핑장에서 가장 많이 발생하는 안전사고는 미끄러짐, 넘어짐, 부딪힘 등 물리적 충격으로 발생하는 사고지만, 가장 큰 ㉠ 위기를 주는 사고는 화재와 일산화탄소 중독 사고이다. 이는 주로 난방기기와 취사도구의 부주의한 사용 때문에 발생한다.

먼저, 캠핑 중 화재는 주로 캠핑장 이용객이 가스버너 및 가스난로의 사용 방법을 지키지 않았거나 모닥불을 부주의하게 관리하는 등 캠핑 용품을 올바르게 사용하지 않아 발생한다. ㉡ 또한 캠핑장 사업자가 소방 시설과 안전 용품을 제대로 ㉢ 갖추어지지 않았거나 관계 당국이 소방 시설을 ㉣ 소홀이 관리·감독하여 조기 진화를 어렵게 하고 인명 피해를 키우기도 한다.

다음으로, 캠핑 중 일산화탄소 중독 사고는 주로 밀폐된 텐트에서 난방기기를 부주의하게 사용하다가 ㉤ 발생된다. 일산화탄소는 무색무취로, 일산화탄소에 중독되기 전까지는 누출 여부를 알 수 없으며, 이에 중독되면 구토, 어지럼증뿐만 아니라 심정지까지 발생할 수 있기 때문에 그 위험성이 시한폭탄과 같다. 일산화탄소 중독 사고는 인명 피해율이 높아 각별한 주의가 필요함에도 불구하고 캠핑장 이용객들의 안전 불감증으로 캠핑 중 일산화탄소 중독 사고는 줄지 않고 있다.

이처럼 재산뿐 아니라 생명에도 큰 위협을 주는 캠핑 중 화재와 일산화탄소 중독 사고를 예방하기 위해서는 먼저, 캠핑장 이용객이 안전 수칙에 따라 캠핑 용품을 사용해야 한다. 밀폐된 공간에서 연소하는 행위는 가급적 하지 말아야 하며, 난방기기나 취사도구 사용 시 반드시 환기구를 확보해야 한다. 특히 캠핑장을 결정하기 전에 소방 시설과 안전 용품을 잘 갖춘 안전한 곳인지 꼼꼼하게 살펴보아야 한다. 이와 더불어 캠핑장 사업자는 소방 시설 관리에 보다 주의를 기울이고 일산화탄소 경보기 등의 안전 용품을 충분히 구비해야 한다. 또한 관계 당국은 이에 대한 관리·감독을 철저하게 해야 한다. 다시 말해, ㉮ _____.

01 다음은 윗글을 작성하기 전에 떠올린 〈글쓰기 계획〉이다. 윗글에 반영된 것은?

───── ● 글쓰기 계획 ● ─────

ㄱ. 특정 주장에 대한 반론을 반박해야겠어.
ㄴ. 문제의 원인을 밝혀 이에 대한 해결책을 제시해야겠어.
ㄷ. 주장의 신뢰성을 확보하기 위해 전문가의 말을 인용해야겠어.
ㄹ. 비유적 표현을 사용해 문제에 대한 독자의 경각심을 촉구해야겠어.
ㅁ. 타당성을 확보하기 위해 근거에 대한 긍정적인 점과 부정적인 점을 모두 제시해야겠어.

① ㄱ, ㄷ
② ㄱ, ㅁ
③ ㄴ, ㄹ
④ ㄴ, ㄹ, ㅁ
⑤ ㄷ, ㄹ, ㅁ

해설 ㄴ. 2문단에서는 캠핑 중 '제대로 갖추어지지 않은 소방 시설 및 안전 용품과 이에 대한 관리·감독 소홀'으로 화재 조기 진화에 어려움을 겪는다고 하였으며, 3문단에서는 '캠핑장 이용객들의 안전 불감증'으로 일산화탄소 중독 사고가 줄지 않는다고 하며 문제의 원인을 밝히고 있다. 또한 4문단에서는 2, 3문단에서 제시한 문제의 원인에 따른 해결책을 제시하고 있다.
ㄹ. 3문단에서 일산화탄소 중독 사고의 위험성을 '시한폭탄'에 빗대어 경각심을 일깨워 주고 있다.

정답 ③

02 다음은 윗글을 수정·보완하기 위해 추가로 수집한 자료이다. 〈글쓰기 자료〉의 활용 방안으로 적절하지 않은 것은?

─ 글쓰기 자료 ─

가. 통계 자료

(가-1) 캠핑장 안전사고 위해 원인 및 건수

위해 원인	세부 원인	건수	합계(%)
물리적 충격	미끄러짐·넘어짐	30	93 (47.7)
	부딪힘	24	
	추락	25	
	눌림·끼임	8	
	기타 물리적 충격	6	
화재·연기·과열·가스	화재·연기·과열 관련	18	50 (25.6)
	고온 물질	25	
	가스 관련 및 기타	7	
기타(제품 관련, 식품 및 이물질, 동물 상해 등)		52	52(26.7)
합계		195	195(100.0)

자료: 한국소비자원 소비자 위해 감시 시스템

(가-2) 캠핑장 위해 증상별 안전사고 현황

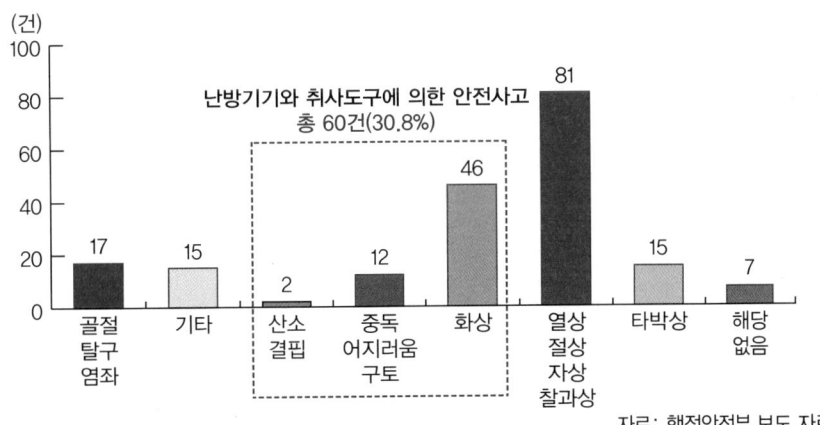

자료: 행정안전부 보도 자료

나. 전문가 인터뷰

　　일산화탄소는 무색무취의 기체로 가스보일러, 갈탄, 목재 등이 연소할 때 발생하고 중독 시 발작과 혼수, 마비 등을 일으키며 심하면 사망에 이를 정도로 치명적입니다. 일반적인 재난 사고의 경우 인명 피해율은 1%를 넘지 않지만, 일산화탄소 중독 사고의 인명 피해율은 2.65%로 매우 높습니다.

다. 신문 기사

　　여가 활동 중 캠핑이 늘어나면서 캠핑장에서의 일산화탄소 중독 사고도 심심치 않게 일어나고 있다. 한국소비자원의 자료에 따르면 캠핑장 안전사고가 두 배 가까이 증가했다. 더욱이 생명에 큰 위협을 주는 심각한 사고의 발생 비율 또한 높아졌다. 특히 캠핑 중 일산화탄소 중독에 의한 사고는 예년보다 증가해 캠핑장에서 발생한 사고 중 26%에 이른다. 화재 사고의 경우도 다수의 사상자가 발생한 경우가 있어 더욱더 주의가 필요하다.

① (가-1)을 활용해 캠핑장 안전사고의 원인을 한눈에 제시한다.
② (가-2)를 활용해 난방기기와 취사도구에 의한 캠핑장 안전사고의 비율이 적지 않음을 뒷받침한다.
③ (나)를 활용해 일산화탄소에 의한 사고의 높은 피해율을 근거로 이와 관련한 사고 예방의 필요성을 강조한다.
④ (다)를 활용해 안전사고에 대비한 소방 시설과 안전 용품을 잘 갖추고 이를 철저히 관리·감독해야 함을 강조한다.
⑤ (나)와 (다)를 활용해 캠핑장에서 일어날 수 있는 다양한 안전사고의 발생 비율을 낮출 수 있는 구체적인 방법을 제시한다.

해설 (나)는 전문가의 인터뷰로 일산화탄소 중독 사고의 위험성을 강조하고 있으며, (다)는 캠핑장의 일산화탄소 중독 사고가 증가 추세임을 밝혀 이에 대한 주의를 당부하고 있다. 따라서 캠핑장의 일산화탄소 중독 사고의 위험성을 강조하고 이에 대한 주의를 당부하기 위한 뒷받침 자료로 활용할 수 있으며, 캠핑장의 다양한 안전사고의 발생 비율을 낮출 수 있는 방법과는 거리가 멀다.

정답 ⑤

03 다음은 윗글을 쓰기 전에 세웠던 〈글쓰기 개요〉이다. 윗글을 쓰는 과정에서 필자가 점검해 반영한 내용으로 적절하지 <u>않은</u> 것은?

● 글쓰기 개요 ●

Ⅰ. 캠핑장 안전사고의 실태
   1. 캠핑장 이용객의 부주의 및 안전 불감증
   2. 캠핑장 위해(危害) 증상별 안전사고
   3. 화재, 일산화탄소 중독 사고 현황
Ⅱ. 캠핑장 안전사고의 원인
   1. 캠핑 사업자의 소방 시설 관리 미흡
   2. 캠핑장 내의 소방 시설 미비
   3. 관계 당국의 캠핑장 소방 시설에 대한 관리 · 감독 소홀
Ⅲ. 캠핑장 안전사고 예방을 위한 해결 방안
   1. 캠핑장 이용객의 안전 수칙 준수
   2. 캠핑장 사업자의 소방 시설 관리 및 안전 용품 구비
   3. 재해 예방을 위한 관계 당국의 사고 대응 매뉴얼의 필요성
Ⅳ. 안전한 캠핑을 위한 필수 요소

---

① Ⅰ-1은 Ⅱ에 해당하는 내용이므로 Ⅱ-4로 이동한다.
② Ⅱ-1과 Ⅱ-2는 같은 범주의 항목이므로 '캠핑 사업자의 소방 시설 미비 및 관리 미흡'으로 통합한다.
③ Ⅱ-3은 Ⅰ-3의 원인에 해당하므로 Ⅰ-3으로 통합하고 '화재, 일산화탄소 중독 사고 현황 및 원인'으로 수정한다.
④ Ⅲ-3은 문맥상 상위 항목에 비해 사고에 대한 범주가 크므로 '관계 당국의 캠핑장 소방 시설에 대한 철저한 관리 · 감독'으로 수정한다.
⑤ Ⅳ는 글의 주제를 고려하여 '안전한 캠핑을 위한 노력 촉구'로 수정한다.

해설 Ⅰ은 '캠핑장 안전사고의 실태', Ⅱ는 '캠핑장 안전사고의 원인'으로, Ⅱ의 내용이 Ⅰ의 원인이 되는 것이 맞다. 따라서 수정하지 않는 것이 적절하다.
정답 ③

04 ㉠~㉤을 고쳐 쓰기 위한 방안으로 적절하지 <u>않은</u> 것은?

① ㉠은 문맥상 단어의 사용이 적절하지 않으므로, '위해(危害)'로 수정한다.
② ㉡은 문맥상 역접의 접속어인 '그러나'로 수정한다.
③ ㉢은 문장의 주어와 호응하지 않으므로, '갖추지'로 수정한다.
④ ㉣은 옳지 않은 표기이므로, '소홀히'로 수정한다.
⑤ ㉤은 불필요한 피동 표현이 쓰였으므로, '발생하다'로 수정한다.

> **해설** 앞의 내용이 '캠핑 중 화재 발생의 원인', 뒤의 내용이 '조기 진화의 어려움과 그 원인'이므로 ㉡은 순접의 접속어 '또한'이나 '그리고'가 적절하다.
> ① '위기(危機)'는 '위험한 고비나 시기'의 의미로, 문맥상 적절하지 않다. '위험과 재해'를 아울러 이르는 말이며 '~을/를 주다'의 형태로 쓰일 때 자연스러운 '위해(危害)'가 적절하다.
> ④ '대수롭지 아니하고 예사롭게 또는 탐탁하지 아니하고 데면데면하게'의 의미인 '소홀히'가 적절하다.
>
> **정답** ②

---

05 윗글을 보완하기 위해 〈보기〉에 따라 ㉮에 마지막 문장을 추가한다고 할 때, 추가할 문장으로 가장 적절한 것은?

> ● 보기 ●
>
> 문제 해결과 관련된 모든 주체와 관련지어 문제 해결 방안을 제시하고 이를 수행했을 때 예상되는 효과를 함께 언급해야겠어.

① 완벽한 캠핑에는 안전한 시설과 아름다운 자연 환경이 중요하다. 자연과 함께하는 안전한 캠핑은 사람을 즐겁게 한다.
② 캠핑 중 화재와 일산화탄소 중독 사고 예방을 위해 이용객, 사업자, 관계 당국 모두가 안전에 주의를 기울여야 비로소 안전한 캠핑을 즐길 수 있다.
③ 캠핑 사업은 캠핑장의 안전시설을 확인하는 것부터 시작해야 한다. 캠핑장 사업자와 관계 당국은 이용객을 위해 안전시설을 마련하고 이를 쉽게 사용할 수 있도록 안내해야 한다.
④ 안전한 캠핑을 위해서는 캠핑 사업자의 노력이 가장 중요하다. 캠핑 사업자가 캠핑장의 화재와 일산화탄소 중독 사고 예방을 위해 모든 설비를 갖추었을 때 이용객이 안전한 캠핑을 할 수 있다.
⑤ 여가 활동으로 캠핑을 즐기는 사람이 늘어나는 데 비해 안전 기준에 부합하는 안전시설을 갖춘 캠핑장이 부족할 뿐만 아니라 관계 당국의 관리·감독이 부족한 경우가 많아 이에 대한 해결이 더 시급하다.

> **해설** 〈보기〉의 '문제 해결과 관련된 모든 주체'는 '캠핑장 이용객, 사업자, 관계 당국'으로, '각 주체가 모두 주의를 기울여야 안전한 캠핑을 즐길 수 있다'며 '문제 해결 방안'을 제시하고 '예상되는 효과'를 함께 언급하였다.
>
> **정답** ②

[06~10] 다음은 '경력 단절 여성의 사회 진출 현황과 확대 방안'을 주제로 작성한 초고이다. 다음 글을 읽고 물음에 답하시오.

경력 단절 여성이란 결혼·임신과 출산·육아·자녀 교육·가족 돌봄 등의 이유로 직장을 그만둔 미취업 상태의 여성을 말한다. 통계청 발표에 따르면 경력 단절의 주된 사유는 '육아'로, '결혼·임신과 출산'이 그 뒤를 이었으며 최근에는 자녀 교육도 나타났다. 이를 통해 여성이 직장 생활을 유지하고 경력을 쌓아 가는 데 있어, 육아와 결혼이 현실적인 제약으로 작용함을 알 수 있다. 그렇다면 경력 단절 여성이 직장 생활을 포함한 사회 활동에 적극적으로 참여할 수 있도록 하는 방법으로는 무엇이 있을까?

첫째, 여성이 사회 활동 시에 겪을 수 있는 장애 요소가 해결되어야 한다. 많은 통계에 따르면, 여성의 경력이 단절되기 쉬운 요소로는 '가정생활과 직장 생활의 병행이 가능한 직종의 부족', '자녀의 양육', '직업 교육 기회 및 시간의 부족으로 인한 자신감 결여'가 있다. ㉠ 그리고 사회에 참여하고자 하는 경력 단절 여성을 위하여 보다 현실성 있는 ㉡ 대책을 요한다.

둘째, 경력 단절 여성들의 직업 능력 개발을 위한 직업 교육 훈련 프로그램을 제공해야 한다. 그 예로 연령, 전공, 경력 등을 고려한 생애 주기별 여성 취업 지원과 재취업 직업 교육 훈련을 들 수 있다. 이처럼 다양한 직업 교육 훈련 프로그램을 개발 및 운영하여, 경력 단절 여성이 자신의 수준에 맞는 다양한 프로그램에 참여하고 직업 전문성을 갖추어 사회 활동에 대한 자신감을 가질 수 있도록 해야 한다. 또한 직업 교육 훈련 기관의 체제를 정비하여 직업 능력 개발 전문 기관 및 ㉢ 경력 단절 여성의 직업 능력 개발과 지식 정보화 관련 교육 활동을 확대하며, 지역 사회를 통한 채용 가능 업체와의 연계를 모색해서 ㉮

마지막으로 경력 단절 여성들의 직업 능력 개발과 경제 활동 참여를 유도하기 위하여 근로 형태를 다양화해야 한다. 여성 고용 사업장에서는 시간제 일자리나 재택 근무제 등을 확대하여 가정생활과 직장 생활을 병행할 수 있도록 해야 한다. ㉣ 또한 공공 기관의 시간 선택제 채용 시 경력 단절 여성을 우선 선발하고, 공공 기관 내 직장 어린이집도 확충해야 한다. 이외에도 자녀 양육을 개인의 문제가 아닌 사회의 문제로 ㉤ 인식하고 이를 위한 종합적인 복지 대책을 마련해 나가는 것이 필요하다.

06 다음은 윗글을 작성하기 전에 떠올린 〈글쓰기 계획〉이다. 윗글에 반영되지 않은 것은?

● 글쓰기 계획 ●

ㄱ. 독자의 이해를 돕기 위해 먼저 개념을 정리해야겠다.
ㄴ. 주장의 설득력을 높이기 위해 전문가의 의견을 근거로 제시해야겠다.
ㄷ. 글의 신뢰도를 높이기 위해 통계 자료의 구체적인 수치를 사용해야겠다.
ㄹ. 독자의 관심을 유도하기 위해 질문을 던지고 답하는 방식으로 내용을 제시해야겠다.
ㅁ. 주장의 설득력을 높이기 위해 반론을 먼저 제시하고 이를 반박하는 방식으로 글을 전개해야겠다.

① ㄱ, ㄹ   ② ㄴ, ㄷ   ③ ㄷ, ㅁ   ④ ㄱ, ㄴ, ㄹ   ⑤ ㄴ, ㄷ, ㅁ

해설 ㄱ. 1문단에서 '경력 단절 여성이란 결혼·임신과 출산·육아·자녀 교육·가족 돌봄 등의 이유로 직장을 그만둔 미취업 상태의 여성을 말한다.'라며 개념을 정리하고 있다.
ㄹ. 1문단에서 '그렇다면 경력 단절 여성이 직장 생활을 포함한 사회 활동에 적극적으로 참여할 수 있도록 하는 방법으로는 무엇이 있을까?'라며 질문을 던지고, 2~4문단에서 이에 답하고 있다.

정답 ⑤

07 다음은 윗글을 수정·보완하기 위해 추가로 수집한 〈글쓰기 자료〉이다. 자료의 활용 방안으로 적절하지 <u>않은</u> 것은?

● 글쓰기 자료 ●

가. 통계 자료

(가-1)

통계청에 따르면 여성 경력 단절의 주된 사유는 '육아'이다. 육아 때문에 직장을 그만두었다고 답한 여성은 56만 7천 명으로, 전체의 42%를 차지한다. 그 뒤를 이어 '결혼'은 35만 3천 명(26.2%)이고, 임신·출산은 31만 명(23%), 자녀 교육은 6만 명(4.4%), 가족 돌봄은 5만 8천 명(4.3%)이었다.

(가-2) 사유별 경력 단절 여성

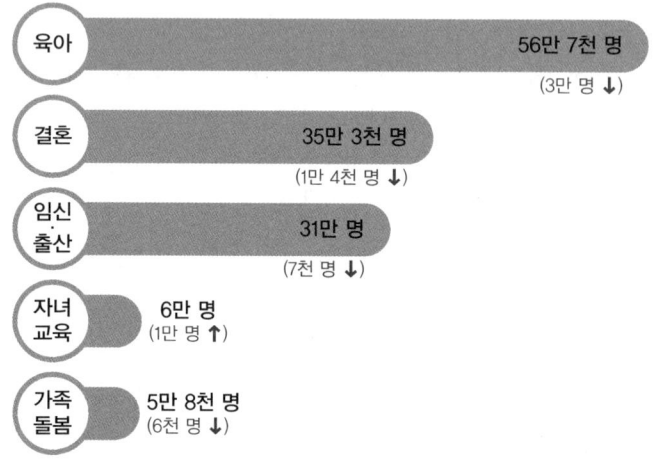

자료: 통계청

나. 신문 기사

경력 단절 여성 전체 현황 통계에 따르면, '기혼 여성(결혼은 했으나 임신·출산·육아를 하지 않은 여성)'의 경우 17.6%, '비취업 여성(결혼 후 임신·출산·육아로 취업을 하지 못한 여성)의 경우 44%에 달한다. 또, 경력 단절 여성 연령대별 현황 통계에 따르면, 30~39세가 46.1%, 40~49세가 38.5%로, 30~49세에 여성의 경력 단절이 집중되어 있음을 알 수 있다.

다. 신문 기사

○○ 대학교 여성 교원 채용 실적은 매년 증가하고 있다. 매년 전체 신규 임용 교원을 늘리기 위한 지속적인 노력에 따라, 35%의 여성 교원 임용률을 달성하기도 했다. 또한 임신 중인 여성 교원을 대상으로 책임 강의 시수 50% 감면, 임신·출산 1회당 동일 직급정년 1년 이내 연장 등 양성평등 인사 제도를 운영하고 있다.

○○ 대학교 총장은 "일과 가정의 양립을 위해 원내 어린이집을 운영하면서 '가족 친화 인증 기관'으로 매년 선정되고 있다"며 "앞으로도 여성이 일하기 좋은 환경을 만들기 위해 노력하겠다"고 말했다.

라. 전문가 인터뷰
> 최근에는 다양한 스타트업이 경영의 일환으로써 경력 단절 여성의 재취업을 적극 지원하고 있습니다. 채용 박람회 진행, 교육 프로그램 운영, 재택근무 도입 등 다양한 방식으로 지원이 이루어집니다. 스타트업이 경력 단절 여성의 구직을 돕는 이유는 경력 단절 여성이 평균적으로 10년 이상의 경력을 가지고 있다는 데 있습니다. 이들은 풍부한 경험과 노하우를 보유하고 있을 뿐만 아니라 사고의 다양성을 높이고 스타트업에 새로운 시각을 제공할 수 있습니다.

① 현상의 원인을 구체적인 수치로 명확하게 제시하기 위해 (가-1)을 활용한다.
② (가-2)의 경력 단절 사유별 항목의 증감을 문제 해결 방법의 근거로 제시한다.
③ (나)에서 여성의 생애 주기별 경력 단절을 막기 위한 대책이 필요함을 강조한다.
④ 가정생활과 직장 생활의 병행을 위한 실질적인 제도 확충에 대한 사례로 (다)를 제시한다.
⑤ (라)를 통해 여성의 경력 단절 문제가 해결되었음을 보여 주며 문제 해결의 방향성을 제시한다.

해설 (라)는 다양한 스타트업이 경력 단절 여성에게 업무적인 장점이 있음을 알고 이들의 재취업을 지원하는 사례를 제시한 것으로, 이를 통해 여성의 경력 단절 문제가 해결되었다고는 볼 수 없다. 또한 전체적인 맥락상 문제가 해결되었음을 보여 주기보다는 문제를 해결할 수 있는 방안과 이에 대한 실천을 촉구하는 내용이 들어가는 것이 적절하다.

정답 ⑤

08 다음은 윗글을 쓰기 전에 세웠던 〈글쓰기 개요〉이다. 윗글을 쓰는 과정에서 필자가 점검하여 반영한 내용으로 적절하지 <u>않은</u> 것은?

● 글쓰기 개요 ●

Ⅰ. 경력 단절 여성의 개념과 특징
   1. 경력 단절 여성의 경력 단절 사유별 현황
   2. 경력 단절 여성의 개념
   3. 경력 단절 여성의 사회 활동 제약 요인
Ⅱ. 경력 단절 여성을 위한 여성 정책 현황
   1. 경력 단절 여성의 사회 진출 현황
   2. 가정생활과 직장 생활의 병행 지원 정책
   3. 능력 개발을 위한 직업 훈련 사업 정책
   4. 근로 형태의 유연화 정책
Ⅲ. 경력 단절 여성을 위한 정책 개선 방향
   1. 부처별 정책 개선 방향
   2. 가정생활과 직장 생활의 병행 지원 정책의 구체화
   3. 재취업을 위한 직업 훈련 사업의 확대
   4. 시간제 일자리의 확충과 여성 인력의 활용
Ⅳ. 여성의 근로 시간 확대 및 경제적 지원 방안

---

① Ⅰ-2는 Ⅰ-1과 순서를 바꾸어 먼저 제시한다.
② Ⅰ-3은 상위 항목을 고려하여 '경력 단절 여성의 특징'으로 수정한다.
③ Ⅱ-1과 Ⅲ-1은 각각 Ⅱ과 Ⅲ의 하위 항목으로 적절하지 않으므로 삭제한다.
④ Ⅲ의 마지막 항목으로 '경력 단절 여성의 생애 주기별 지원 대체 정책 수립'을 추가한다.
⑤ Ⅳ는 글의 주제에서 벗어난 내용이므로, 여성의 경력 단절 문제 해결을 위한 노력 촉구로 수정한다.

해설 문맥상 '경력 단절 여성의 생애 주기별 지원 정책'은 여성의 경력 단절 문제 해결을 위한 적절한 정책으로 제시되고 있으므로 이를 대체하는 정책을 수립한다는 내용은 적절하지 않다.

정답 ④

09 윗글의 ㉠~㉤을 고쳐 쓰기 위한 방안으로 적절하지 않은 것은?

① ㉠은 접속 표현의 사용이 적절하지 않으므로, '그러므로'로 수정한다.
② ㉡은 번역 투의 문장이므로 '대책이 필요하다'로 수정한다.
③ ㉢은 문장 성분의 호응이 부적절하므로, '경력 단절 여성의 직업 능력을 개발하고 지식 정보화 관련 교육 활동을 확대하며'로 수정한다.
④ ㉣은 문단의 내용과 관련이 없으므로 삭제한다.
⑤ ㉤은 단어의 사용이 적절하지 않으므로, '감지하고'로 수정한다.

해설 '인식(認識)하다'는 '사물을 분별하고 판단하여 알다.'의 의미로 바르게 쓰인 것이다. '감지(感知)하다'는 '느끼어 안다.'의 의미로 문맥상 적절하지 않다.

정답 ⑤

10 글의 내용으로 미루어 볼 때, ㉮에 들어갈 내용으로 가장 적절한 것은?

① 경력 단절 여성에게 직업 교육 훈련의 기회를 충분히 제공해야 한다.
② 직업 교육 훈련을 받은 수료생에게 현실적인 도움을 줄 수 있어야 한다.
③ 인적 자원을 개발하기 위해서 다양한 직업 교육 훈련 프로그램이 보급되어야 한다.
④ 경력 단절 여성이 직업 전문성을 갖출 수 있도록 직업 교육 훈련 기관을 확대해야 한다.
⑤ 지식 정보화 시대에 필요한 인적 자원으로 성장할 수 있도록 지속적인 도움을 주어야 한다.

해설 2문단에서 '여성이 사회 활동 시에 겪을 수 있는 장애 요소가 해결되어야 한다'며 보다 현실적인 대책이 필요함을 주장하고 있고, 3문단에서 '경력 단절 여성의 직업 능력 개발을 위한 직업 교육 훈련 프로그램을 제공해야 한다'며 교육 훈련 프로그램 제공뿐 아니라 지역 사회를 통한 채용 가능 업체와의 연계를 모색한다고 하였으므로, 그 뒤에 이어질 내용으로는 ②가 적절하다.

정답 ②

[11~13] '고령화 사회 대비 정책 추진'이라는 주제로 글을 작성하려고 한다. 제시된 물음에 답하시오.

11 〈글쓰기 계획〉의 내용으로 적절하지 않은 것은?

● 글쓰기 계획 ●

목적	고령화 사회를 대비하여 정책을 마련한다.
연구 내용	• 고령화의 원인을 조사한다. • 고령화의 현황과 현재 정책을 파악한다. ……………… ① • 고령화 사회를 대비한 대책 방안을 모색한다.
연구 방법	• 고령화 사회 대비 정책별 효과를 평가한다. ……………… ② • 저출산의 원인과 사회적 영향을 조사한다. ……………… ③ • 생산 가능 인구 대비 고령 인구의 비중을 조사한다. • 다른 나라의 인구 고령화 추세와 고령화 정책을 파악한다. ……………… ④ • 고령화 사회를 대비한 정책을 조사한다. ……………… ⑤

해설 글의 목적은 고령화 사회를 대비하여 정책을 마련하고자 하는 것이다. 고령화 사회 대비 정책별 효과를 평가하는 것은 정책 마련 후 가능한 내용이다.

정답 ②

12 〈글쓰기 자료〉에 제시된 자료를 활용하는 방안으로 적절하지 않은 것은?

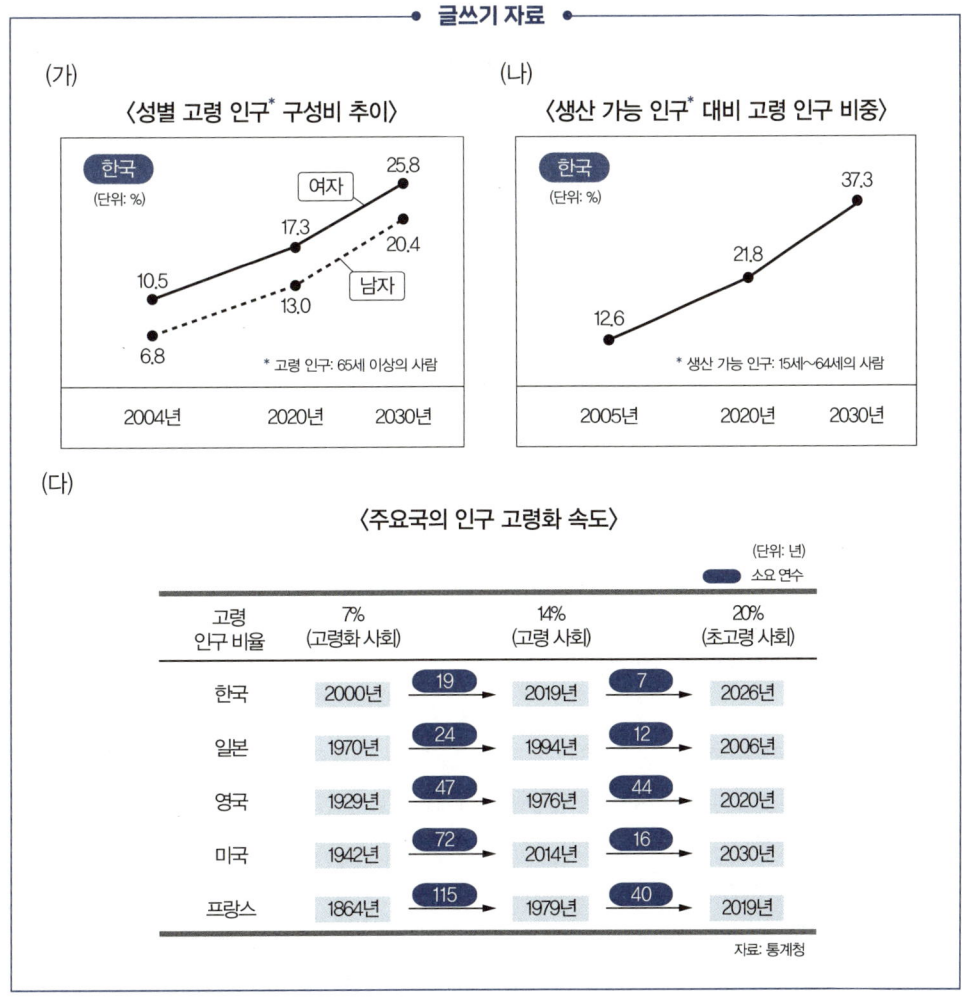

① (가)를 활용해 남자에 비해 여자의 고령 인구가 높다는 점을 근거로 들어 성별 고령화 대책을 세워야 함을 강조한다.
② (나)를 활용해 노인 부양 부담을 위한 국가적 차원의 해결 방안이 필요함을 주장한다.
③ (다)를 활용해 다른 나라보다 한국의 인구 고령화가 빠르게 진행되는 원인을 분석하여 우리나라 실정에 맞는 고령화 대책이 필요함을 뒷받침한다.
④ (가)와 (나)를 활용해 고령화 속도가 빨라지는 원인을 분석하고, 이에 대한 해결 방안의 근거로 제시한다.
⑤ (나)와 (다)를 활용해 인구 고령화의 심각성을 일깨우는 근거 자료로 제시해 이에 대한 실질적인 대책 방안이 필요함을 강조한다.

해설 (가)의 '성별 고령 인구 구성비 추이'와 (나)의 '생산 가능 인구 대비 고령 인구 비중'을 통해서는 고령화 속도가 빨라지는 원인을 분석할 수 없으므로 이에 대한 해결 방안의 근거로도 적절하지 않다.
정답 ④

13 위의 계획과 자료를 바탕으로 〈글쓰기 개요〉를 작성하였다. 〈글쓰기 개요〉의 수정 방안으로 적절하지 <u>않은</u> 것은?

● **글쓰기 개요** ●

Ⅰ. 서론 ·· ㉠
Ⅱ. 저출산·고령화 사회의 실태 ··· ㉡
　1. 생산 가능 인구의 노인 부양 부담 증가
　2. 다른 나라보다 빠른 인구 고령화 속도
　3. 국가의 종합적인 대책 마련 미비
Ⅲ. 저출산·고령화 사회의 문제점
　1. 노인 부양비로 인한 세대 간의 갈등
　2. 경제 성장 둔화로 인한 국가 경쟁력 약화
　3. 저출산과 고령화를 대비한 실질적 차원의 지원 대책 미비
　4. 자녀 양육과 노인 부양의 공동 책임론 부각 ································ ㉢
Ⅳ. 저출산·고령화 해결 방안
　1. 노후 연금에 대한 지원 및 개선
　2. 노인 인구를 위한 사회적 일자리 창출과 출산을 장려하기 위한 정책 마련
　3. 저출산과 고령화 문제에 대한 실질적 차원의 지원 대책 마련 ········ ㉣
　4. 자녀 양육과 노인 부양의 공동 책임에 대한 인식의 전환
　5. 여성의 사회적 지위 향상 ··· ㉤
Ⅴ. 결론

---

① ㉠: 저출산과 고령화에 대한 정확한 이해를 돕기 위해 개념에 대한 정의를 명확하게 한다.
② ㉡: 저출산과 고령화와 관련된 실제 통계 자료를 제시하여 신뢰성을 확보한다.
③ ㉢: Ⅲ의 하위 항목으로 적절하지 않으므로 '자녀 양육과 노인 부양의 공동 책임에 대한 인식 부재'로 수정한다.
④ ㉣: Ⅳ의 하위 항목으로 적절하지 않으므로 '국가 경쟁력 강화 방안 마련'으로 수정한다.
⑤ ㉤: Ⅲ에 대응하는 문제점이 없으므로 삭제한다.

해설 ㉣에 Ⅲ-3에 대한 구체적인 해결 방안이 제시되었으므로 수정할 필요가 없다.
　① 보고서를 쓸 때에는 개념에 대한 정확한 정의가 기본이 되어야 한다.
　② 실태를 제시하는 부분에서는 주로 다양한 통계 자료들이 제시된다. 이러한 통계 자료들은 보고서의 신뢰성 확보에 중요한 역할을 한다.
　③ 일반적으로 개요에서는 상위 항목과 하위 항목의 관련성, 문제점과 해결 방안의 관련성이 중요하다. ㉢의 내용은 문제점이 아니라 실태에 해당한다. 따라서 '자녀양육과 노인 부양의 공동 책임에 대한 인식 부재로 수정하는 것이 적절하다.
　⑤ 문제점에 해당하는 해결 방안이 아닐 뿐만 아니라, '여성의 사회적 지위 향상'은 저출산·고령화 해결 방안과 관련이 없다.

정답 ④

[14~15] 위의 글쓰기 계획, 자료, 개요를 토대로 작성한 보고서의 일부를 읽고 물음에 답하시오.

> 65세 이상 인구가 총인구를 차지하는 비율이 7% 이상일 때 고령화 사회, 65세 이상 인구가 총인구를 차지하는 비율이 14% 이상일 때 고령 사회라고 하고, 65세 이상 인구가 총인구를 차지하는 비율이 20% 이상이 되면 후기 고령 사회 혹은 초고령 사회라고 한다. 우리나라의 인구 통계를 보면 65세 이상 인구가 2000년에 들어 7%를 넘어섰다. 이를 통해 2000년도부터 우리나라는 고령화 사회에 진입하였음을 확인할 수 있다. 또한 2026년에는 65세 이상 인구가 20%로 초고령 사회에 ㉠ 진입될 것으로 예상하고 있다.
> 따라서 저출산과 고령화 사회에 대한 대책이 시급하다. 먼저 저출산에 대한 대책으로 다양한 출산 장려 및 보육 지원 정책, 가족 친화적인 사회 분위기 조성 등이 필요하다. 여성의 직장 생활과 가정생활의 양립이 가능하게 해 이들의 경제 활동 참여율과 출산율을 동시에 높이려면 장기적으로 양성 평등적인 사회를 ㉡ 지향해야 한다. ㉢ 그러므로 출산을 장려하고 결혼 연령 및 미혼율을 낮추는 것도 중요하다.
> 다음으로 고령화에 대한 대책으로는 노인 인구의 경제 활동 참여율을 높여 생산적 고령화를 만드는 것이다. ㉣ 이를 위한 방안에는 고령자의 재취업 지원, 기업의 고령자 고용 확대, 고령자에게 적합한 직종 개발, 정년 연장 등이 있는 것이다. 또한 ㉮ ㉤ 이를 위해 국민연금 등 공적 연금을 통하여 안정적이고 기본적인 노후 소득을 보장하고, 기업과 근로자는 퇴직연금을 준비하며, 개인은 자발적으로 개인연금 등 저축을 할 필요가 있다.

14 글의 내용으로 미루어 ㉮에 들어갈 내용으로 가장 적절한 것은?

① 고령 친화적인 생활 환경을 마련해야 한다.
② 노후 생활을 위한 보장 대책을 마련해야 한다.
③ 노후 생활을 위한 실질적인 대책을 마련해야 한다.
④ 노후에 필요한 연금을 국가가 마련해 주어야 한다.
⑤ 노후에도 일을 할 수 있는 일자리를 창출해 주어야 한다.

해설 이어지는 문장을 보면 노후 생활을 위한 보장 대책으로 국가와 사회, 그리고 개인이 해야 할 일을 나열하고 있다. 이러한 내용을 모두 포함한 중심 문장을 찾으면 ②가 적절하다.

정답 ②

15 ㉠~㉤의 수정 방안으로 적절하지 않은 것은?

① ㉠: 지나친 피동 표현을 사용하고 있으므로 '진입할 것으로 예상하고 있다'로 수정한다.
② ㉡: 문맥에 맞지 않는 단어를 사용하고 있으므로 '지양(止揚)'으로 수정한다.
③ ㉢: 내용의 흐름에 맞는 접속어가 아니므로 '그리고'로 수정한다.
④ ㉣: 문장의 호응이 어색하므로 '이를 위한 방안에는 고령자의 재취업 지원, 기업의 고령자 고용 확대, 고령자에게 적합한 직종 개발, 정년 연장 등이 있다'로 수정한다.
⑤ ㉤: 앞 문장의 주어가 없으므로 주어 '국가는'을 첨가한다.

해설 문맥상 '어떤 목표로 뜻이 쏠리어 향함. 또는 그 방향이나 그쪽으로 쏠리는 의지'의 의미를 가진 '지향(志向)'이 적절하다. '지양(止揚)'은 '더 높은 단계로 오르기 위하여 어떠한 것을 하지 아니함.'의 의미를 지닌다.
③ '그러므로'는 인과 관계에 쓰이는 접속어이므로 문맥상 적절하지 않다. 앞뒤의 내용이 병렬적으로 연결되어야 하므로 '그리고'가 적절하다.
④ '이를 위한 방안에는 ~이 있는 것이다.'는 문장의 호응이 부자연스럽다. 따라서 '이를 위한 방안에는 ~이 있다.'의 형태로 바꾸어야 한다.
⑤ ㉤에서 '기업과 근로자는 ~ 준비하며', '개인은 ~할 필요가 있다.'로 주어와 서술어가 호응하고 있으므로, 앞 문장도 '국가는 ~ 보장하고'로 문장의 호응을 이뤄야 한다.

정답 ②

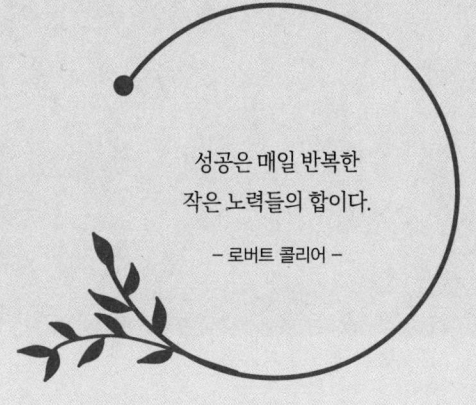

성공은 매일 반복한
작은 노력들의 합이다.
− 로버트 콜리어 −

KBS 한국어능력시험 강의를 듣고 싶다면?
YouTube '빠른 합격! SD에듀' 채널 구독 ➔ 'KBS 한국어능력시험' 검색
www.sdedu.co.kr 접속 ➔ 언어/외국어 ➔ 'KBS 한국어능력시험' 클릭

창안은 매회 10문제가 출제됩니다. KBS 한국어능력시험에서 최근 4년간 가장 많은 변화가 있었던 영역이기도 합니다. 기존에는 다양한 시각적 자료(광고, 그림, 만화, 문학 작품 등)를 제시하여 내용이나 구조, 표현에 대한 창의적인 언어 사용 능력을 묻는 문제들이 주가 되었고, 정답률 또한 가장 높았습니다.

최근 4년간 출제된 문제 유형의 가장 큰 특징은 제시문을 인간 사회나 인생으로 유비 추리하여 이질적인 대상과의 유사성 파악하기, 제시문을 바탕으로 조건을 갖춘 광고 문구 만들기, 구체적인 대상과의 유비를 통한 비교 분석 등의 문제가 주류를 이룹니다. 또한 정답률이 낮은 문제도 3문제 정도는 항상 출제되고 있습니다.

제시된 시각 자료를 통해 내용을 생성하는 유형에서 제시문을 분석하여 유비 추리한 후 내용을 생성해야 하므로 제시문에 대한 정확한 이해와 분석이 필요합니다. 빠른 속도로 낯선 대상을 유추하는 감각이 필요한 만큼 사고의 유연성이 필요합니다.

제6편

창안

제1장 창의적 수용 및 생성

제6편 창안

제 1 장 창의적 수용 및 생성

제1절 내용·구조·표현의 창의적 수용 및 생성

기출 미리보기

1. 이질적인 두 대상 사이의 유사점을 찾아 내용 생성하기
2. 〈조건〉을 활용하여 광고 문구 창작하기
3. 맥락에 맞는 적절한 내용 생성하기
4. 단어 또는 단어 관계를 활용한 창안하기
5. 광고, 그림, 신문 기사에서 전달하고자 하는 내용 찾기
6. 유사한 표현 방식 찾기

1 내용의 창의적 수용 및 생성

(1) **유비 추론을 활용한 내용 생성:** 제시된 자료와 단어 사이, 또는 자료들의 관계 및 상황 속에서 끌어낼 수 있는 새로운 의미를 유추하는 것이다. 따라서 두 대상 사이의 의미적 연관성을 파악하는 연습이 필요하다.

(2) **맥락에 맞는 적절한 내용 생성:** 여러 가지 텍스트에서 내용의 흐름과 글자의 구조를 참고하여 생략된 내용을 창안하는 것이다. 주로 시와 광고의 흐름에 따른 내용을 생성하는 문제가 출제된다.

(3) **조건을 반영한 내용 생성:** 제시되는 광고나 그림을 보고 〈조건〉에 맞게 의미를 해석하거나 광고 문구를 생성하는 것이다. 〈조건〉에는 글을 효과적으로 전달하기 위한 표현들이 자주 나오므로 이에 대해 정리해야 한다.

2 구조의 창의적 수용 및 생성

(1) 단어 또는 단어 관계를 활용한 창안: 구조를 염두에 두고 주어진 형식과 조건에 부합하는 내용을 창안하는 것이다. 문장을 구성하는 단어의 관계를 활용하여 특정한 내용을 창안하는 문제가 출제된다.

> **더 알아 두기**
>
> **필수 표현**
>
> 1. 대조법: 서로 반대되는 대상이나 내용을 내세워 주제를 강조하거나 인상을 선명하게 하는 표현 방법
>   예 인생은 짧고 예술은 길다. / 사랑을 주는 부모, 사랑을 받는 자녀
>
> 2. 대구법: 비슷한 구조의 문장이나 구절을 나란히 배치하여 변화를 주는 표현 방법
>   예 그냥 뚜껑이 아닙니다. 그냥 유리가 아닙니다.
>
> 3. 설의법: 결론이나 답이 분명한 내용을 의문문의 형식으로 나타내어 독자의 생각을 유도하는 표현 방법
>   예 가난하다고 해서 외로움을 모르겠는가 / 흔들리지 않고 피는 꽃이 어디 있으랴
>
> 4. 당위적 표현: 마땅히 그렇게 하거나 되어야 하는 것 또는 그런 것을 표현하기 위한 것으로, 주로 '~해야 한다'의 형태로 표현하는 방법
>   예 사람은 그저 건강해야 한다.
>
> 5. 비유적 표현: 표현하고자 하는 대상을 구체적인 대상에 빗대어 표현하는 방법
>   예 한순간의 방심으로 내 모습은 벌거숭이
>
> 6. 다의어: 두 가지 이상의 뜻을 가진 단어
>   예 다리: 사람이나 짐승의 몸통 아래에 붙어서 몸을 받치며 서거나 걷거나 뛰게 하는 부분 / 물건의 하체 부분

3 표현의 창의적 수용 및 생성

(1) 광고, 그림, 신문 기사 등에서 전달하려는 내용 찾기: 광고, 그림, 신문 기사 등에서 전달하고자 하는 내용을 파악하는 것이다. 다양한 시각 자료를 보고 주제를 찾는 문제가 출제된다.

(2) 유사한 방식의 표현 찾기: 주로 언어유희(어떤 의미를 전달하기 위해 말이나 문자를 통해 재미있게 표현하는 방법)를 통한 언어 표현 방식을 찾는 문제가 매회 출제된다. 대표적인 언어유희의 개념을 이해하고 문제를 풀어야 한다.

   1) 동음이의어와 다의어를 통한 언어유희
      ① 동음이의어 예 아기가 매일같이 빠는 옷, 아직도 일반 세제로 빠십니까?
      ② 다의어 예 낙다운 되지 말고 팻다운 드세요.

2) 유사 음운의 반복과 발음의 유사성을 통한 언어유희
    ① 유사 음운의 반복 예 김을 매러 갈 때에는 갈뽕을 따 가지고, 김을 매고 올 때에는 올뽕을 따 가지고
    ② 발음의 유사성 예 개잘량이라는 '양' 자에 개다리소반이라는 '반' 자 쓰는 양반이 나오신단 말이오.

(3) 역설법과 반어법을 통한 언어유희
1) **역설법**: 겉으로 드러난 표현이 모순되고 이치에 맞지 않지만, 그 속에 어떤 진실을 담고 있는 표현 방법
    예 님은 갔지마는 / 나는 님을 보내지 아니하였습니다.
2) **반어법**: 표현한 것과 표현 의도가 반대로 진술된 표현 방법
    예 먼 훗날 당신이 찾으시면 / 그때에 내 말이 잊었노라.

확인문제

[01~03] 외부성을 인간 사회에 유비(類比)하고자 한다. 다음 글을 읽고 물음에 답하시오.

어떤 경제 주체의 행위가 자신과 거래하지 않는 제3자에게 의도하지 않게 이익이나 손해를 주는 것을 '㉠ 외부성'이라 한다.

외부성은 사회 전체로 보면 이익이 극대화되지 않는 비효율성을 초래할 수 있다. 개별 경제 주체가 제3자의 이익이나 손해까지 고려하여 행동하지는 않기 때문이다. ㉡ 예를 들면, 과수원과 양봉장의 위치가 가깝다고 가정하고, 과수원의 이윤을 극대화하는 생산량을 A라고 할 때, 생산을 A보다 늘리면 과수원의 이윤은 줄어든다. 하지만 이로 인한 과수원의 이윤 감소보다 양봉업자의 이윤 증가가 더 크다면, 생산량을 A보다 늘리는 것이 사회적으로 바람직하다.

전통적인 경제학은 이러한 비효율성의 해결책이 보조금이나 벌금과 같은 정부의 개입이라고 생각한다. 보조금을 받거나 벌금을 내게 되면 제3자에게 주는 이익이나 손해가 더 이상 자신의 이익과 무관하지 않게 되므로, 자신의 이익에 충실한 선택이 사회적으로 바람직한 결과로 이어진다는 것이다.

그러나 전통적인 경제학은 모든 시장 거래와 정부 개입에 시간과 노력, 즉 비용이 든다는 점을 간과하고 있다. 외부성은 이익이나 손해에 관한 협상이 너무 어려워 거래가 일어나지 못하는 경우이므로, 보조금이나 벌금뿐만 아니라 협상을 쉽게 해 주는 법과 규제도 해결책이 될 수 있다. 어떤 방식이든, 정부 개입은 비효율성을 줄이는 측면도 있지만 개입에 드는 비용으로 인해 비효율성을 늘리는 측면도 있다.

01 윗글의 밑줄 친 ㉠의 개념을 인간 사회에 적용한 사례로 적절하지 <u>않은</u> 것은?

① 공장 가동으로 강물이 오염되는 경우
② 개인이 저축해서 가족의 부를 축적하는 경우
③ 차량 운행이 많아지면서 공해가 유발되는 경우
④ 한 동네의 카페가 유명해지면서 그 주변의 시장에 손님이 많아진 경우
⑤ 한 연예인이 방송에서 캠핑을 좋아한다는 이야기를 하자 캠핑 용품이 불티나게 팔린 경우

[해설] 저축의 경우 개인이 부를 늘리기 위해 의도적으로 하는 행위이므로, 외부성의 성격과는 다르다.
[정답] ②

02 윗글의 밑줄 친 ⓒ을 활용하여 주장할 수 있는 내용으로 가장 적절한 것은?

① 나의 이익을 포기한다고 해서 모든 사람들이 행복해지는 것은 아니다.
② 내 만족뿐 아니라 모두가 만족하는 접점을 만들기 위한 노력이 필요하다.
③ 이익이 더 커질 수 있는 가능성이 있다면, 이에 적합한 환경을 조성해야 한다.
④ 주변에 피해를 주지 않는 선에서 나에게 유리한 환경을 만드는 적극성이 필요하다.
⑤ 내가 손해를 감수했을 때 많은 이들이 행복해진다면 이를 감수하는 것이 바람직하다.

해설 지문에서는 과수원의 이윤 감소보다 양봉업자의 이윤 증가가 크다면, 이윤이 큰 쪽을 늘리는 것이 개인에게는 비효율적이지만 사회적으로는 바람직하다고 보고 있으므로, ⑤의 내용이 가장 적절하다.
정답 ⑤

03 윗글의 관점을 '인간관계에서 갈등을 해소하는 상황'에 비유하여 이끌어 낼 수 있는 내용으로 가장 적절한 것은?

① 갈등을 해소하기 위해서는 먼저 갈등의 원인을 체계적으로 분석해야 한다.
② 갈등을 최소화하기 위해서는 제3자의 무조건적인 개입을 통해 의견을 조정할 필요가 있다.
③ 제3자가 개입하면 할수록 오히려 제3자가 갈등 조정에 들여야 하는 시간과 노력이 늘어나므로 개입은 자제해야 한다.
④ 제3자는 갈등을 해소하는 과정에서 모두에게 이익이 되고 손해가 없는 방법을 찾아 낸 후 개입하여 갈등을 해결해야 한다.
⑤ 제3자의 개입이 늘 모두에게 최선의 결과를 가져온다고는 할 수 없으므로, 개입이 필요할 때 적절한 방법으로 개입해야 한다.

해설 사회적으로 바람직한 방식이 모든 개인에게 이익을 가져다주지는 않는다. 이에 정부는 보조금이나 벌금 등을 통해 개인이 자신의 이익에 충실한 선택을 하여도 결국 사회적으로 바람직한 선택을 하게 되도록 개입한다. 이러한 정부의 개입은 비효율성을 줄이는 측면도 있지만 개입에 드는 비용으로 비효율성을 늘리는 측면도 있다. 따라서 모두에게 최선의 결과를 가져오는 상황을 갈등의 해소 상황으로, 개인을 갈등의 주체로, 정부를 제3자라고 가정했을 때, ⑤의 내용이 가장 적절하다.
④ 모두에게 이익이 되고 손해가 없는 방법을 찾을 수는 없다. 효율성과 비효율성 또는 개입에 드는 기회비용(시간과 노력)을 고려하여, 개입이 필요할 때 적절한 방법으로 개입해야 한다.
정답 ⑤

[04~07] '탄성'을 '인생'에 유비(類比)하고자 한다. 다음 글을 읽고 물음에 답하시오.

용수철에 추를 달아 놓으면 어느 일정 수준까지 추의 무게에 비례하여 용수철이 늘어난다. 따라서 이 관계를 그래프로 그리면 용수철의 길이와 추의 무게가 서로 비례하는 결과를 얻게 된다. 그러다가 더 이상 비례의 관계가 성립하지 않고 길이가 잘 늘어나지 않게 되는데 그때가 바로 ㉠ 비례 한계이다. 즉, 힘이 어느 값 이하일 때 물체의 변형량은 힘의 크기에 비례하고, 힘을 많이 줄수록 변형이 많이 일어나는데 이것을 '훅의 법칙'이라 한다.

힘을 받아 일시적으로 변형하는 물체는 밖으로부터의 힘을 잠재적 에너지로 저장하는 상태에 있다. 예를 들면 (㉡)은/는 에너지가 축적되므로, 갑자기 힘을 제거하면 이들 에너지가 한 번에 밖을 향한다. 즉, 변형하고 있는 탄성체는 위치 에너지를 가지게 되는데 이것을 탄성 에너지라고 한다.

탄성과 반대되는 개념으로 외부의 힘이 제거되었음에도 불구하고 물체가 원래 모양으로 돌아오지 않는 성질을 소성이라 하며 금속이나 플라스틱으로 원하는 모양을 만들 수 있는 것은 소성 때문이다. 성형 수술을 영어로 플라스틱 외과 수술이라고 하듯이, 피부도 소성을 가지고 있다. 탄성에서 소성으로 넘어가는 경계를 항복점이라고 한다. 그러나 ㉢ 외력이 너무 강하면 더 이상 소성을 유지하지 못하고 파열한다.

04 윗글의 ㉠을 '학습'과 연관 지어 주장할 수 있는 내용으로 가장 적절한 것은?

① 공부해야 할 내용에 따라 적절한 학습 전략이 필요하다.
② 공부하기 전에 계획을 세우는 것은 학습된 무력감을 극복할 수 있다.
③ 학습 내용을 주변의 친숙한 내용과 연관 지어 학습해야 이해하기 쉽다.
④ 어려운 내용의 이론이라도 설명 방법을 달리하면 효과적인 학습을 할 수 있다.
⑤ 공부를 하다 보면 학습 정체기가 올 수 있으므로, 이 고비를 잘 넘기는 지혜가 필요하다.

[해설] '비례 한계'는 더 이상 비례 관계가 성립하지 않는 때를 나타내므로, 이를 학습과 연관 지으면 학습을 해도 더 이상 성적이 오르지 않는 학습 정체기로 이해할 수 있다.
[정답] ⑤

05 ㉡에 들어갈 내용을 밑줄 친 '탄성 에너지'와 연관 지어 설명할 수 있는 것으로 가장 적절한 것은?

① 연을 하늘로 날리는 사람
② 겨울잠으로 에너지를 비축하는 동물
③ 출발선에서 전력 질주하며 달리는 선수
④ 활의 시위를 당겨 쏠 준비를 하는 선수
⑤ 투수가 던진 공을 잡으려고 준비하는 수비수

[해설] '탄성 에너지'는 물체가 밖으로부터 힘을 받아 잠재적 에너지로 저장하는 것이다. 이때 변형하는 탄성체가 힘을 제거했을 때 에너지가 밖으로 향하는 예를 찾으면 선수가 당겼던 활의 시위에서 힘을 제거해 활이 날아가는 경우를 들 수 있다.
[정답] ④

06 ⓒ의 상황에 조언으로 활용할 수 있는 한자성어로 가장 적절한 것은?

① 과유불급(過猶不及)
② 동기상구(同氣相求)
③ 순망치한(脣亡齒寒)
④ 위편삼절(韋編三絶)
⑤ 이전투구(泥田鬪狗)

해설 너무 지나치게 외력을 쏟으면 오히려 물건이 부러지거나 망가질 수 있으므로, 중용이 중요함을 조언할 수 있다. 따라서 '정도를 지나침은 미치지 못함과 같다는 뜻으로, 중용(中庸)이 중요함.'의 의미인 '과유불급(過猶不及)'이 적절하다.
② 동기상구(同氣相求): 같은 소리끼리는 서로 응하여 울린다는 뜻으로, 같은 무리끼리 서로 통하고 자연히 모임.
③ 순망치한(脣亡齒寒): 입술이 없으면 이가 시리다는 뜻으로, 서로 이해관계가 밀접한 사이에 어느 한쪽이 망하면 다른 한쪽도 그 영향을 받아 온전하기 어려움.
④ 위편삼절(韋編三絶): 공자가 주역을 즐겨 읽어 책의 가죽끈이 세 번이나 끊어졌다는 뜻으로, 책을 열심히 읽음.
⑤ 이전투구(泥田鬪狗): 진흙탕에서 싸우는 개라는 뜻으로, 자기의 이익을 위하여 비열하게 다툼.

정답 ①

07 윗글에서 언급한 '탄성'과 '소성'을 활용하여 〈조건〉에 맞게 작성한 것으로 가장 적절한 것은?

―――● 조건 ●―――
• '삶의 자세'를 빗대어 표현할 것
• 탄성과 소성의 특징과 관련지어 설명할 것

① 수많은 시행착오가 삶에서 꼭 필요한 것임을 알아야 한다.
② 작은 물방울이 모여 돌을 뚫듯이 하나의 목표를 향해 나가야 한다.
③ 자신의 길을 가는 것도 중요하지만, 타인과 어우러져 사는 삶도 중요하다.
④ 바람 부는 언덕에서도 쓰러지지 않는 나무처럼 자신의 소신을 지키며 살아야 한다.
⑤ 어떠한 시련에도 다시 튀어 오르는 공처럼 지나간 것은 미련 없이 지우는 자세가 필요하다.

해설 '탄성'은 외부의 힘을 받은 물체가 원래대로 돌아가는 성질이므로, 외부의 시련에도 다시 일어서는 삶의 자세에 빗대어 표현할 수 있다. '소성'은 외부의 힘을 받은 물체가 원래대로 돌아오지 않는 성질이므로, 지나간 것에 대한 미련을 두지 않는 삶의 자세에 빗대어 표현할 수 있다.

정답 ⑤

[08~09] 다음 그림을 인간 사회에 유비(類比)하고자 한다. 물음에 답하시오.

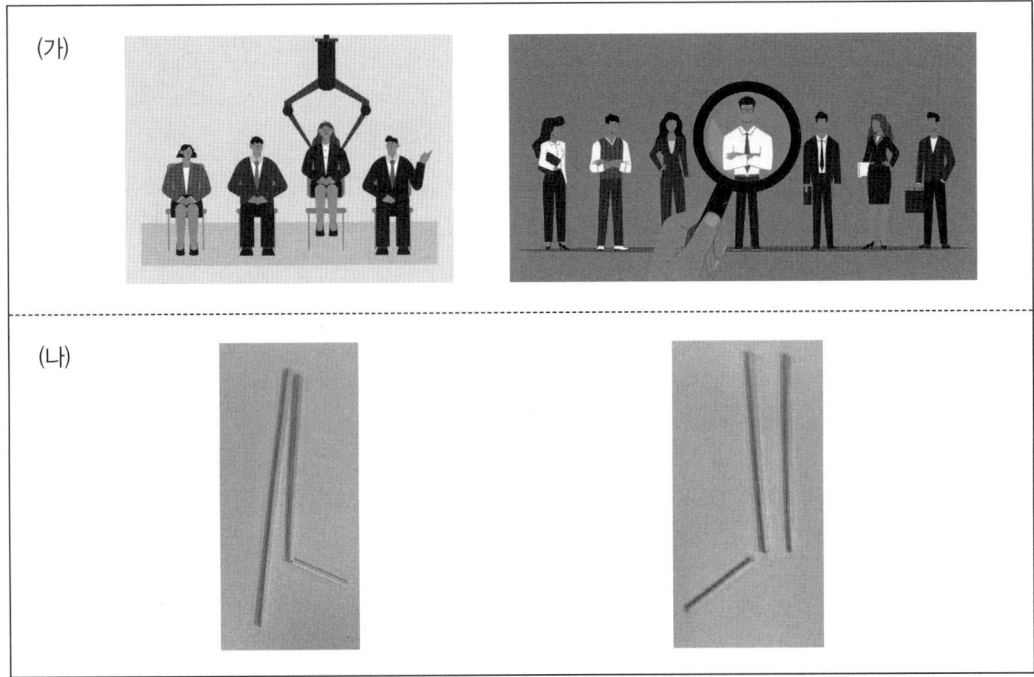

(가)

(나)

08 그림 (가)와 (나)를 모두 활용하여 이끌어 낼 수 있는 논지로 가장 적절한 것은?

① 삶을 변화시킬 수 있는 원동력은 대상을 기존의 시선과 다르게 바라보는 눈이다.
② 개인의 역량을 제대로 발휘하기 위해서는 스스로의 장점을 부각시킬 수 있어야 한다.
③ 대상이 가진 겉모습에 집중하기보다는 내면에 잠재된 능력을 끌어내려는 노력이 필요하다.
④ 다른 세대의 사람을 이해하기 위해서는 상대와 같은 눈높이로 그 환경을 이해하며 바라보아야 한다.
⑤ 인간관계에서 자신에게 편한 상대를 고르기보다는 상대를 자세히 파악하여 상대와 눈높이를 맞추어야 한다.

해설 (가)의 왼쪽 그림은 인형 뽑기 기계와 같이 사람(상대)을 골라 뽑는 모습을 나타내고, (가)의 오른쪽 그림은 돋보기를 통해 사람(상대)을 자세히 보려는 모습을 나타낸다. (나)의 왼쪽 그림은 젓가락 한쪽이 부러져 있고, (나)의 오른쪽 그림은 왼쪽 그림에서 부러져 있는 한쪽과 같이 나머지 한쪽도 부러뜨려 동일한 길이로 만들어 둔 모습을 나타낸다. 따라서 이러한 모습을 모두 포함하여 논지를 전개한 ⑤가 가장 적절하다.

정답 ⑤

09 그림 (가)와 (나)를 바탕으로 다음과 같이 분석할 때 적절하지 <u>않은</u> 것은?

	(가)	(나)
표현	㉠ 여러 사람 중 한 사람을 선택하고, 돋보기로 자세히 살펴보는 모습	젓가락 한쪽이 부러져 남은 한쪽도 동일한 길이로 맞춘 모습
핵심	㉡ 채용하기에 적절한 인재인지 알아보고 선택할 수 있어야 하며, 채용 후에도 상대에게 관심을 가져야 한다.	㉢ 한쪽이 부러진 젓가락은 서로 맞지 않아 쓰지 못할 것 같지만, 다른 한쪽의 길이를 맞추면 쓸 수 있다.
주제	㉣ 사람을 이해하기 위해서는 적당한 거리가 필요하다.	㉤ 나와 다른 상대에게 눈높이를 맞춰 서로 조화를 이루려는 노력이 필요하다.

① ㉠　　② ㉡　　③ ㉢　　④ ㉣　　⑤ ㉤

해설 그림 (가)에서 표현하고자 하는 내용이 인재를 잘 알아보고 지속적인 관심을 가져야 한다는 내용이므로 적당한 거리가 필요하다는 설명은 적절하지 않다.

정답 ④

10 〈보기〉는 대중교통 이용을 증대하기 위한 광고이다. 내용의 흐름에 맞는 역 이름으로 적절한 것은?

● 보기 ●

[잠실]만요! 화창한 봄날, 집 앞에 서서 [이대]로 갈 건지 [고대]로 갈 건지 고민이신가요?
도시를 벗어나야 여행이라고 생각한다면 그건 [오산]!
[동작] 그만! 하고 지하철 앞에 [서면] 나도 몰랐던 가슴이 [공덕]거리는 여행이 기다리고 있을 거예요.
그럼 혹시 아니요? [수지]나 [서현] 같은 이상형과 [상봉]할지.
가슴이 [선릉][선릉][공덕][공덕]하지 않으세요?
[㉠] 없이 [㉡] 없이 떠나 보는 여행.
오늘은 도심 속 대중교통과 [대화]를 나눠 보는 건 어떠세요?

　　㉠　　　㉡
① 작전　　소사
② 양산　　소사
③ 계산　　작전
④ 대화　　계산
⑤ 가능　　작전

해설 지하철 노선도에 있는 역 이름을 활용한 광고이다. 문맥에 맞는 역 이름을 고르면 '계산'과 '작전'이 된다. 선지에 있는 다른 역들도 존재하는 역이지만, 내용의 흐름에 맞지 않다.

정답 ③

11 시의 흐름을 고려했을 때, 〈보기〉의 ㉠과 ㉡에 들어갈 단어로 가장 적절한 것은?

---- 보기 ----

山
절망의산,
대가리를밀어버
린, (㉠), (㉡),
분노의산, 사랑의산, 침묵의
산, 함성의산, 증인의산, 죽음의산,
부활의산, 영생하는산, 생의산, 회생의
산, 숨가쁜산, 치밀어오르는산, 갈망하는
산, 꿈꾸는산, 꿈의산, 그러나 현실의산, 피의산,
피투성이산, 종교적인산, 아아무너무너무나 폭발적인
산, 힘든산, 힘센산, 일어나는산, 눈뜬산, 눈뜨는산, 새벽
의산, 희망의산, 모두모두절정을이루는평등의산, 평등한산, 대
지의산, 우리를감싸주는, 격하게, 넉넉하게, 우리를감싸주는어머니
— 황지우, 〈무등(無等)〉 —

	㉠	㉡
①	독산	벌거숭이산
②	독산	민둥산
③	붉은산	독산
④	민둥산	거숭이산
⑤	벌거숭이산	붉은산

해설 먼저, 시의 형태가 산의 모양을 하고 있기 때문에 문맥에 맞는 산의 이름과 산의 모양에 맞는 글자 수를 찾아야 한다. 4행의 글자 수가 13자이므로, 3행에 들어갈 글자 수는 띄어쓰기를 포함해서 전체 11자가 되어야 하고, 괄호에 들어갈 글자 수는 8자로 이루어져야 한다. 다음으로 문맥에 맞는 단어를 찾으려면 '대가리를 밀어 버린'의 수식어와 연결하여 찾아야 한다. 이러한 조건에 맞는 산의 이름을 넣으면 '민둥산'과 '벌거숭이산'이 된다.

정답 ④

12 광고의 흐름을 고려했을 때, 〈보기〉의 ㉮에 들어갈 광고 문구로 가장 적절한 것은?

— ● 보기 ● —

달리기: 친구들과 같이 뛴 달리기
㉮
훈련소: 녀석들과 같이 간 훈련소
길: 손녀와 같이 걸은 길
세상을 따뜻하게 만드는 두 글자 '같이'의 힘을 믿습니다.

① 하늘: 같은 하늘 아래 우리
② 나무: 너와 내가 놀던 나무
③ 점심: 동료들과 같이 먹은 점심
④ 그네: 네가 밀어줘야 잘 가는 그네
⑤ 사탕: 내가 너를 위해 준비한 사탕

해설 광고에 제시된 내용은 모두 누군가와 함께한 데 의미를 가진 일이다. 또한 문장 구조 '~와 같이'가 반복되고 있으므로 알맞은 것은 ③이다.

정답 ③

13 〈보기〉의 그림과 〈조건〉을 고려했을 때, 〈보기〉의 ㉮에 들어갈 광고 문구로 가장 적절한 것은?

● 보기 ●

㉮

● 조건 ●
- 대구법과 대조법을 사용할 것
- 대중교통을 이용하는 바람직한 자세에 대한 내용을 담을 것

① 한 톤 줄이면, 한 톤 밝아집니다.
② 소리를 줄이면 서로가 편안해집니다.
③ 우리 모두 함께 웃는 세상을 만듭시다.
④ 말하는 사람도, 듣는 사람도 행복한 세상
⑤ 말하는 사람이 즐겁게 말하고 듣는 사람은 즐겁게 듣는 세상

해설 〈보기〉의 왼쪽 그림에는 대중교통을 이용하면서 큰 소리로 통화하는 사람 때문에 옆 사람들이 찡그린 표정을 짓고 있다. 반면에 오른쪽 그림에는 작은 소리로 통화하는 사람과 옆에서 미소 짓고 있는 사람들이 있다. 즉, 두 그림은 대중교통을 이용하면서 통화를 할 때, 목소리를 작게 하는 에티켓에 대한 내용을 다루고 있다.
② 대중교통을 이용하는 자세와 연결은 되지만 표현 기법이 쓰이지 않았다.
③ 대중교통을 이용하는 자세에 대한 내용으로는 모호하며, 청유형을 사용하고 있으므로 적절하지 않다.
④ 대중교통을 이용하는 자세와 연결이 되고, 대구법이 쓰였지만, 대조법은 쓰이지 않았다.
⑤ 대중교통을 이용하는 자세에 대한 내용으로는 모호하고, 대구법이 쓰였지만, 대조법은 쓰이지 않았다.

정답 ①

14 〈보기〉의 그림과 〈조건〉을 고려했을 때, 〈보기〉의 ㉮에 들어갈 광고 문구로 가장 적절한 것은?

● 조건 ●

- 유사 음운을 통한 대구법을 사용할 것
- 두 개의 그림을 대조적으로 표현한 내용을 담을 것

① 양심을 버리는 사람의 눈
② 내가 버린 쓰레기, 남이 버린 쓰레기
③ 갈 때는 경치 보며 올 때는 눈치 보며
④ 산을 보호하기 위한 노력! 양심의 종량제 봉투
⑤ 내가 가져간 쓰레기는 내가 양심껏 처리합시다.

[해설] 위의 그림에 있는 사람들은 즐겁게 경치를 감상하고 있고, 아래 그림에 있는 사람들은 버려진 쓰레기를 보며 눈치를 보고 있다. 산에 갔다 올 때 자신이 버린 쓰레기를 종량제 봉투에 담아가는 행동으로 양심을 지킬 것을 강조한 광고이다. '경치'와 '눈치'에서 유사 음운을 반복한 단어를 사용하였고, 문장의 구조는 비슷하지만 단어가 달라진 대구법을 사용하고 있다. 또한 위와 아래의 그림을 대조적으로 표현하였다.

[정답] ③

15 〈보기〉의 글과 그림, 〈조건〉을 고려했을 때, 〈보기〉의 ㉮에 들어갈 광고 문구로 가장 적절한 것은?

● 보기 ●

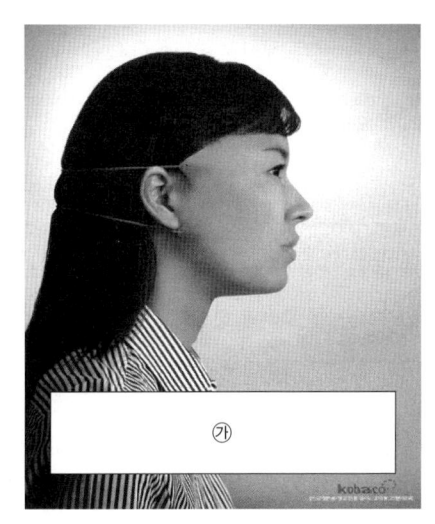

대한민국은 외모 지상주의 공화국

한 사람을 올바르게 바라보는 방법,
외면이 아닌 내면 깊은 곳에서부터
시작되어야 합니다.

㉮

● 조건 ●

- 다의어를 활용할 것
- 당위적 표현을 사용할 것
- 제시된 사진과 문구를 반영할 것

① 나는 가면을 써야만 했다.
② 나는 탈을 쓰고 살아간다.
③ 사람을 볼 때는 내면을 보아야 한다.
④ 자신의 가면을 벗으면 행복할 수 있다.
⑤ 사람을 외모로 보는 시각은 사라져야 한다.

[해설] '가면'은 '얼굴을 감추거나 달리 꾸미기 위하여 나무, 종이, 흙 따위로 만들어 얼굴에 쓰는 물건', '속뜻을 감추고 겉으로 거짓을 꾸미는 의뭉스러운 얼굴'의 의미로 쓰이는 다의어이다. 이는 첫 번째 조건인 '다의어 활용'을 충족한다. 또한 '~해야 한다'의 형태는 두 번째 조건인 '당위적 표현'을 충족한다. 마지막으로 세 번째 조건은 광고 내용에 대한 해석을 반영하는 것인데, 이 광고는 외모 지상주의에 대한 내용을 담고 있다. 따라서 세 가지 조건을 모두 충족하는 것은 ①이다.
②·④ '탈'과 '가면'이 다의어로 쓰여 첫 번째 조건을 충족시켰지만, 당위적 표현이 없다.
③·⑤ 두 번째 조건인 당위적 표현을 사용하고 있지만, 다의어가 쓰이지 않았다.

[정답] ①

16 〈조건〉을 반영하여 〈보기〉의 한시를 현대어로 풀이할 때, 들어갈 말로 가장 적절한 것은?

• 보기 •

春雨暗西池　(㉠) 봄비는 못에 내리고
輕寒襲羅幕　　찬 바람이 장막 속 스며들 제
愁倚小屛風　　뜬시름 못내 이겨 병풍 기대니
墻頭杏花落　(㉡) 살구꽃 담 위에 지네.

— 허난설헌, 〈봄비〉 —

• 조건 •

전체적인 어조와 내용을 고려할 것

	㉠	㉡
①	보슬보슬	살랑살랑
②	보슬보슬	송이송이
③	살랑살랑	하롱하롱
④	주룩주룩	하롱하롱
⑤	주룩주룩	주렁주렁

해설 허난설헌의 '봄비'는 규방에서 홀로 지내는 화자의 고독감을 표현한 한시이다. ㉠에는 봄비가 내리는 모습, ㉡에는 살구꽃이 떨어지는 모습이 들어가야 한다. 전체적인 어조와 내용을 고려하면 ㉠에는 '보슬보슬', ㉡에는 '송이송이'가 적절하다. '보슬보슬'은 '눈이나 비가 가늘고 성기게 조용히 내리는 모양'의 의미를 가진 부사이고, '송이송이'는 '여럿 있는 송이마다 모두'의 의미를 가진 부사이다.

- 주룩주룩: 굵은 물줄기나 빗물 따위가 빠르게 자꾸 흐르거나 내리는 소리 또는 그 모양
- 살랑살랑: 조금 사늘한 바람이 가볍게 자꾸 부는 모양
- 하롱하롱: 작고 가벼운 물체가 떨어지면서 잇따라 흔들리는 모양
- 주렁주렁: 열매 따위가 많이 매달려 있는 모양

정답 ②

17 〈보기〉의 밑줄 친 단어를 활용하는 방식과 발상이 가장 유사한 것은?

─────── ● 보기 ● ───────

혼자 <u>서</u>는 그때부터 <u>섬</u>이 되는 것이다.

① 바라는 대로 바람은 이루어진다.
② 꿈꾸는 사람에게 잠은 꿈이 된다.
③ 뭍에서 떨어져 뭍을 그리는 것은 섬이다.
④ 모든 것을 새롭게 보는 계절, 그때가 봄이로다.
⑤ 여럿이 함께 비벼먹는 비빔밥이 공존하는 삶이다.

해설 〈보기〉의 '서다'는 '사람이나 동물이 발을 땅에 대고 다리를 쭉 뻗으며 몸을 곧게 하다.'의 의미로 쓰였고, '섬'은 '주위가 수역으로 완전히 둘러싸인 육지의 일부'의 의미이다. 동사 '서다'와 명사 '섬'은 다른 의미의 단어이나 유사한 음운을 가지고 있어 언어유희의 표현으로 활용되었다. 이와 같이 ④의 동사 '보다'와 명사 '봄' 역시 다른 의미의 단어이나 유사한 음운을 가지고 있어 언어유희의 표현으로 활용되었다.
① · ② · ⑤ '바라다'와 '바람', '꿈꾸다'와 '꿈', '비비다'와 '비빔밥'은 모두 같은 의미를 내포하고 있기 때문에 〈보기〉에 제시된 것과는 다르다.

정답 ④

18 〈보기〉의 광고에서 활용한 방식을 설명한 것으로 옳지 <u>않은</u> 것은?

─────── ● 보기 ● ───────

사람들이 행복하려면
돈도 들고
사랑도 들고
시간도 들고
노력도 들고
철도 듭니다.

① 가정법의 문장 구조를 사용하고 있다.
② 같은 단어가 반복적으로 쓰이고 있다.
③ 동일한 문장 구조를 반복적으로 사용하고 있다.
④ 동음이의어를 사용해 중의적 의미를 표현하고 있다.
⑤ 대상에 대한 완곡한 표현으로 부드러운 분위기를 연출하고 있다.

해설 ①~④ 모두 이 광고에서 활용하는 방식이다. 연결 어미 '-려면'에서 가정법을 사용하고 있고, 동사 '들다'가 반복되면서 동일한 문장 구조가 이어지고 있다. 또한 '쇠'를 뜻하는 '철'과 '사리를 분별할 수 있는 힘'을 뜻하는 '철'이 동음이의어로 사용되고 있다.

정답 ⑤

19 〈보기〉의 두 개의 광고에서 공통적으로 활용한 방법으로 가장 적절한 것은?

● 보기 ●

(가)
아빠: 음~ 지금은 개성 시대야. 개성 시대에 개성이 없으면 안 돼. 아들! 아들의 개성은 뭐야? 말해 봐.
아들: 왕만두.
함께: 어? 어.
아들: 우아~.
아들: 얇은 피 꽉 찬 속 ○○개성 왕만두.

(나)
남: 우리 외식 할까?
여: 그냥 먹자.
남: 우리 집 메뉴가 뻔해질 땐 연어를 동원하자. 동원연어의 붉은 통살이 요리를 특별하게.

---

① 다의어를 통한 연상 방식을 사용하고 있다.
② 용언이 명사로 파생되는 형태를 사용하고 있다.
③ 동음어를 활용하여 접두사를 고유 명사로 바꾸고 있다.
④ 동음어를 활용하여 일반 명사를 고유 명사로 바꾸고 있다.
⑤ 동음어를 활용하여 고유 명사를 일반 명사로 바꾸고 있다.

해설 '개성'이라는 일반 명사와 '동원하다'의 어간인 '동원'이라는 일반 명사를 제품 이름인 고유 명사와 연결시킨 광고이다.
정답 ④

20 〈보기〉의 한시와 한시의 풀이에서 언어유희를 사용한 표현을 짝 지은 것으로 적절하지 <u>않은</u> 것은?

● 보기 ●

二十樹下三十客   스무나무 아래에서 서러운 나그네에게
四十村中五十食   망할 동네에서 쉰밥을 주는구나.
人間豈有七十事   인간 세상에 어찌 이런 일이 있으리오
不如歸家三十食   차라리 집으로 돌아가 설은 밥 먹으리.

— 김삿갓, 〈이십수하(二十樹下)〉 —

한시	시구
① 二十	스무
② 三十	서러운
③ 四十	망할
④ 五十	쉰
⑤ 七十	이런

[해설] '발음의 유사성'을 이용한 언어유희로 한자로 표기한 숫자의 한자 발음을 우리말 발음으로 바꾸어 풀이한 것이다. ①의 '二十'은 언어유희가 아니라 '스무'를 그대로 풀이한 것이므로 적절하지 않다. ②의 '三十'에 해당하는 우리말 발음은 '서른'으로 1구의 풀이에서는 '서러운'으로, 4구에서는 '설익은'으로 풀이된다. ③의 '四十'은 우리말 발음의 '마흔'을 '망할'로 풀이, ④의 '五十'은 우리말 발음의 '쉰'을 '쉰(상한)'으로 풀이, ⑤의 '七十'은 우리말 발음의 '일흔'을 '이런'으로 풀이하고 있다.

[정답] ①

---

21 〈보기〉는 책의 일부를 발췌한 구절이다. 이 구절을 통해 전달할 수 있는 내용으로 가장 적절한 것은?

● 보기 ●

싸워라, 지금까지 너는 언제나 싸워 보지도 않고 도망쳤다. 이번만은 싸워 얻어라.
— 이문열, 〈사색〉 —

---

① 싸움을 시작하면 반드시 이겨야 한다.
② 인생에서 도망치는 것은 비겁한 것이다.
③ 인생에서 한 번만 싸워 이기면 편안해진다.
④ 무엇이든지 지금 당장 시작하는 자세가 중요하다.
⑤ 인생에서 도전을 하지 않으면 얻을 수 있는 것은 없다.

[해설] 〈보기〉의 '싸우다'는 무언가에 도전함을 비유한 것으로, 도망치지 말고 도전하여 결실을 얻어 내라는 의미를 추론할 수 있다.

[정답] ⑤

22 〈보기〉의 광고를 통해 전달할 수 있는 내용으로 가장 적절한 것은?

― 보기 ―

① 눈에 보이는 것이 전부는 아니다.
② 유한한 자원은 언젠가는 고갈된다.
③ 모든 자원을 귀하게 사용해야 한다.
④ 물의 사용을 절제하고, 절약해야 한다.
⑤ 돈을 내고 물을 써야 하는 시대가 온다.

[해설] 동전 투입구가 세면대 위에 있다. 지금은 물을 틀면 바로 나오지만, 언젠가는 물도 돈을 내고 쓸 수도 있다는 경각심을 불러일으키는 것이다. 즉, 돈을 내고 쓰는 다른 물건들처럼 물도 절약해야 한다는 것을 의미한다.

[정답] ⑤

23 〈보기〉의 광고를 통해 전달할 수 있는 내용으로 가장 적절한 것은?

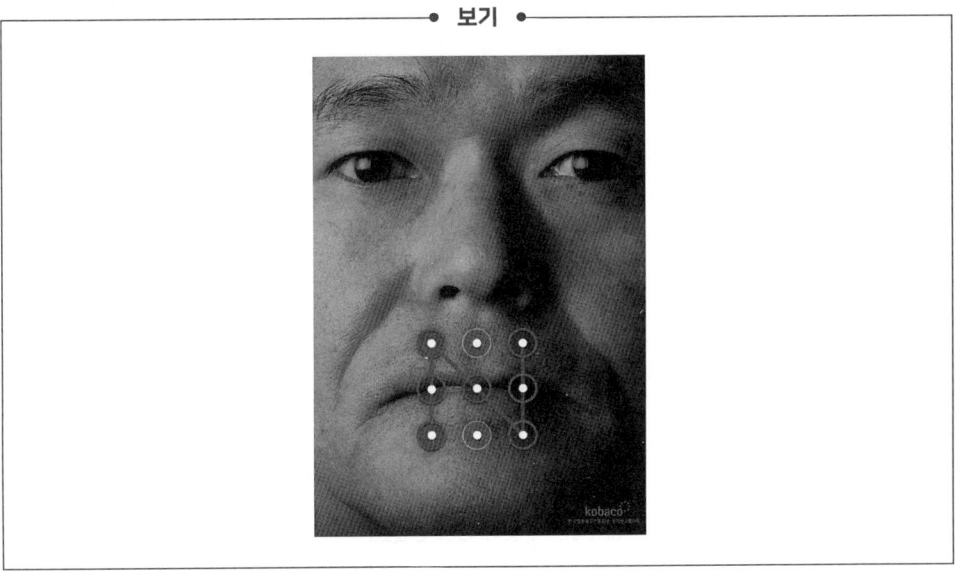

① 절제하여 말하는 자세가 중요하다.
② 스마트폰을 쓸수록 대화는 단절된다.
③ 말을 할 때에는 중립적 자세를 취해야 한다.
④ 정의를 지키기 위해서는 용기 내어 말해야 한다.
⑤ 스마트폰으로 대화하면 상대방의 말을 경청할 수 있다.

[해설] 스마트폰의 잠금 화면을 해제하는 모양과 사람의 입의 모양을 연결하여, 스마트폰으로 인한 대화 단절의 문제점을 지적한 광고이다.
[정답] ②

24 〈보기〉의 광고를 통해 전달할 수 있는 내용으로 가장 적절한 것은?

① 환경 오염은 대기 오염에서부터 시작됩니다.
② 대기 오염의 심각성은 회색빛 하늘이 말해 줍니다.
③ 서울의 하늘을 파란 하늘로 되돌려 놓아야 합니다.
④ 서울 하늘을 바라보세요. 대기의 건강 상태가 보입니다.
⑤ 대기 오염이 심각합니다. 불필요한 에너지 사용을 줄입시다.

[해설] 일반적으로 광고는 정보 전달과 설득의 기능을 동시에 해내야 한다. 이 광고는 시력 검사표를 이용해 서울의 대기 오염이 심각함을 보여 주고, 이에 대한 대책 방안을 제시하여 독자들을 설득하려 한다. 대기 오염은 주로 화석 연료나 난방 연료, 자동차 배기가스 때문에 일어나므로, 이런 것들의 사용을 자제하자는 내용이 들어가는 것이 적절하다.

[정답] ⑤

25 〈보기〉와 같은 방식을 사용한 광고 문구로 적절하지 <u>않은</u> 것은?

● 보기 ●

| 피부가 촉촉하다. 도대체 무슨 수를 쓴 거지? |

연아: 이 광고 문구가 어떤 제품을 홍보하는 건지 맞혀 봐.
태환: 글쎄, 피부를 촉촉하게 하기 위해 무슨 방법을 썼냐고 물어보는 거 아냐?
연아: 아니, 사실은 수분을 많이 함유하고 있다는 화장품 광고야.
태환: 아, '수'의 동음이의어적 속성을 활용한 광고구나.

① 음식점 광고 – 손이 다른 가게
② 화장품 광고 – ○○○, 후즈 에나멜, 소녀는 입술광
③ 이불 광고 – 알고 계세요? 당신에게는 좋은 면이 있어요.
④ 공익광고 – 빛나는 사인이 있는가 하면, 빛내는 사인이 있습니다.
⑤ 세탁기 광고 – 아직까지 일반 세탁기 쓰세요? 때가 때인 만큼 때려 빠세요.

[해설] 〈보기〉에 제시된 '수'는 동음이의어로 '물'과 '방법'을 의미한다. 그러나 ④는 '빛나는'과 '빛내는'이 가진 발음의 유사성을 활용하였다.
   ① 제시된 '손'을 신체의 '손(手)'과 손님의 '손(客)'의 두 가지 의미로 해석되도록 동음이의어적 속성을 활용하였다.
   ② 제시된 '광'을 '빛(光)'과 '열광적으로 정신을 쏟는 사람(狂)'의 두 가지 의미로 해석되도록 동음이의어적 속성을 활용하였다.
   ③ 제시된 '면'을 '무명이나 목화솜 따위를 원료로 한 실 또는 그 실로 짠 천(綿)'과 '어떤 측면이나 방면(面)'의 두 가지 의미로 해석되도록 동음이의어적 속성을 활용하였다.
   ⑤ 제시된 '때'를 '시간(時)'과 '먼지, 찌꺼기(垢)'의 두 가지 의미로 해석되도록 동음이의어적 속성을 활용하였다.

[정답] ④

26 〈보기〉와 같은 방식을 사용한 예로 적절한 것은?

> ● 보기 ●
> 국장편: 일만 받으면 묵히는 그대는 국장인가 청국장인가.
> 이사편: 책임질 일에는 나몰라라 하는 그대는 이사인가 남이사인가.

① 새우의 자존심을 세우다, 통새우와퍼
② 손쉽게 쓰다, 손쓸 수 없게 되었습니다.
③ 이러니 반하나, 안 반하나. ○○○, 바나나 우유
④ 건설 회사로 남을 것인가, 건설적인 회사로 남을 것인가.
⑤ 우리의 모습도 이렇게 될 수 있다. 명퇴당할 수 있다. 명퇴당한 명태처럼.

해설 〈보기〉는 언어유희의 형태 중에 하나인 유사한 음운을 통한 광고 유형이다. 직급과 유사한 음운을 가진 단어들을 활용하였다. ④는 '건설 회사'와 '건설적인 회사'라는 유사한 음운을 활용하였으므로 같은 방식의 언어유희를 활용하였음을 알 수 있다.
①·③·⑤ 발음의 유사성을 활용하였다.
② '어떤 것을 다루거나 어떤 일을 하기가 퍽 쉽다.'의 의미인 '손쉽다'와 '어떤 일에 필요한 조치를 취하다.'의 의미인 '손쓰다'를 연결하여 '쉽게 생각하고 어떤 일을 하였다가는 손쓸 수 없는 지경까지 갈 수 있다.'라는 의미를 담은 것으로, 대구법을 활용하였다.

정답 ④

27 〈보기〉와 표현 기법이 다른 광고는?

> ● 보기 ●
> 반으로 접으면 두 배가 됩니다.

① 쓸수록 버는 카드 – ○○ 하이 카드
② 변화하는 것만이 영원할 수 있습니다.
③ 이거 외우지 마세요. 외우지 말라니까요!
④ 고객이 한 명도 없는 보험회사 – ○○화재
⑤ 부드러움 속에 카리스마가 있다. – ○○제과

해설 〈보기〉에 쓰인 표현 기법은 겉으로 드러난 문장이 모순적이지만, 그 이면에 숨은 뜻 또는 진리가 함축된 역설법이다. ③은 겉으로 드러난 문장에 모순이 없지만, 이면적 의도가 상반적으로 쓰인 반어법을 활용하였다.
①·②·④·⑤ 모두 역설법을 활용하였다.

정답 ③

28 〈보기〉와 표현 기법이 유사한 광고는?

• 보기 •
이 아이에게 관심을 주지 마세요.
– 모금 광고 –

① 당신은 저를 찍을 필요가 없습니다.
② 세계는 작게, 세상은 크게 만드는 힘
③ 갈비살이 잘근잘근, 찹쌀이 쫄깃쫄깃
④ 변화하는 것만이 영원할 수 있습니다.
⑤ '죽'을 힘으로 끝까지 달려가 보는 거야.

해설 〈보기〉의 광고는 모금 광고이기 때문에 다른 사람들이 관심을 기울여야 하지만, 광고에서는 의도를 반대로 표현한 반어법을 활용하였다. 이와 같은 기법으로 ①은 선거철에 후보자가 자신에게 표를 달라는 의도를 반대로 표현하여 관심을 유도한 것이다.
② · ③ 유사하거나 동일한 문장 구조를 짝 지어 문장에 변화를 주는 대구법을 활용하였다.
④ 모순되어 보이는 '변화'와 '영원'을 통해 숨은 뜻 또는 진리를 함축한 역설법을 활용하였다.
⑤ 명사인 먹는 '죽'과 동사 '죽다'의 중의적 표현을 가진 동음이의어적 속성을 활용하였다.

정답 ①

읽기 영역은 문학과 비문학, 실용문으로 나눌 수 있고, 매회 30문제가 출제됩니다.

문학은 시, 소설이 매회 출제되고, 수필이나 평론이 출제되기도 합니다. 각 장르의 특징에 따라 문학에 쓰이는 기본적인 개념에 대한 이해와 제시된 지문에 대한 빠른 분석이 필요합니다. 분석은 항상 그 장르의 정체성을 생각하면 쉽게 접근할 수 있으니, 교재에 제시된 분석 방법을 활용하시기 바랍니다.

비문학은 문학보다 점수 비중이 높은 만큼 지문과 문항 수가 많아 시간 안배를 잘해야 하는 영역입니다. 먼저 문제를 읽고 문제에서 요구하는 핵심을 지문에서 파악하는 연습을 꾸준히 해야 합니다. 대학수학능력의 비문학 문제와 유형이 같아 문단에서 중요한 문장을 찾는 연습을 꾸준히 해서 시간을 아낀다면 모두 맞히기 쉬운 부분이니 자신감을 갖고 노력하면 그만큼 점수를 높일 수 있습니다.

제7편

읽기

제1장 문학

제2장 비문학

제3장 실용문

제4장 자료의 해석

제1장 문학

제7편 읽기

제1절 시

> **기출 미리보기**
> 1. 시적 화자의 상황 · 정서 · 태도
> 2. 작품의 주제 · 배경
> 3. 시어의 심상
> 4. 표현 기법

1 시 이론

(1) **시의 정의**: 인간의 정서와 사상을 운율이 있는 언어로 압축하여 표현한 문학 양식

(2) **시의 구성 요소**

음악적 요소	시에서 느껴지는 말의 가락으로 '운율'을 가리킴.
회화적 요소	시에 형상화되어 있는 '심상(이미지)'을 가리킴.
의미적 요소	시의 내용과 정서로 '주제'를 가리킴.

(3) **시적 화자**

　1) 시적 화자
　　① 시에서 '말하는 이'
　　② 직접적으로 드러나는 '표면적 화자'와 직접적으로 드러나지 않는 '이면적 화자'가 있음.
　　③ 시의 해석은 시적 화자를 찾는 것에서부터 시작하므로 시의 상황을 고려하여 시의 화자를 찾아야 함.

　2) 시적 화자의 상황 · 정서 · 태도

상황	• 시적 화자가 처해 있는 시간적 · 공간적 · 심리적 상황
정서	• 시적 화자가 상황을 접했을 때 일어나는 생각과 감정 　예 기쁨, 슬픔, 괴로움, 노여움 등
태도	• 시적 화자가 시적 대상이나 상황에게 보이는 대응 방식 • 정서와 관련이 있고, 어조를 통해서 드러남. ※ 시적 화자의 정서나 태도는 주로 종결 어미와 시어를 통해 드러남.

3) 시적 화자를 바탕으로 한 시 분석 방법

① 시적 화자 찾기

② 시적 화자가 바라보는 시적 대상* 찾기

③ 시적 화자나 대상이 처한 상황(현실) 찾기

④ 시적 화자의 상황에 대한 정서 파악하기

⑤ 시적 화자의 태도 찾기

* 시적 대상: 시적 화자가 바라보는 구체적인 사물 또는 시의 소재나 제재가 되는 관념이나 사물, 시적 화자가 말을 건네는 청자

(4) 시의 운율

1) 운율의 종류

내재율	• 겉으로 규칙성이 드러나지 않지만, 은근하게 느껴지는 운율 • 주로 '자유시'나 '산문시'에서 드러남.
외형률	• 겉으로 규칙성이 드러나는 운율 • 정형성이 강한 '시조'에서 볼 수 있음.

(5) 시의 표현 기법

1) 비유하기: 표현하고자 하는 대상을 다른 대상에 빗대어 구체적이고 생생하게 표현하는 방법

직유법	원관념과 보조 관념을 '~처럼, ~듯이, ~같이'의 말로 직접 빗대어 표현하는 방법 예 내 누님같이 생긴 꽃이여, 구름에 달 가듯이 / 가는 나그네
은유법	원관념과 보조 관념을 'A는 B이다'의 형식으로 은근히 빗대어 표현하는 방법 예 내 마음은 호수요, 나는 나룻배 / 당신은 행인
의인법	사람이 아닌 대상을 사람인 것처럼 표현하는 방법 예 샘물이 혼자서 / 웃으며 간다
대유법	부분으로 전체를 대표하여 표현하거나, 사물의 특징을 들어서 그 사물을 표현하는 방법 예 사람은 빵만으로는 살 수 없다(빵 → 먹는 것, 음식)
풍유법	원관념을 속담, 격언 등에 빗대어 표현하는 방법 예 내 신세가 꼭 닭 쫓던 개로구나

2) 변화 주기: 문장에 변화를 주어 단조로움을 없애고 신선함을 주는 표현 방법

반어법	표현한 것과 표현 의도가 반대로 진술된 표현 방법 예 먼 훗날 당신이 찾으시면 / 그때에 내 말이 잊었노라
역설법	겉으로 드러난 표현이 모순되고 이치에 맞지 않지만, 그 속에 어떤 진실을 담고 있는 표현 방법 예 님은 갔지마는 / 나는 님을 보내지 아니하였습니다
설의법	결론이나 답이 분명한 내용을 의문문의 형식으로 나타내어 독자의 생각을 유도하는 표현 방법 예 가난하다고 해서 사랑을 모르겠는가
도치법	문장 성분의 순서를 바꿔서 변화를 주는 표현 방법 예 오라, 이 강변으로

대구법	비슷한 구조의 문장이나 구절을 나란히 배치하여 변화를 주는 표현 방법 예 돌담에 속삭이는 햇발같이 / 풀 아래 웃음 짓는 샘물같이

3) 강조하기: 표현하고자 하는 내용을 보다 강조하여 나타냄으로써 강렬하고 선명한 인상을 제시하는 표현 방법

과장법	표현하려는 대상의 규모나 크기, 양 등을 실제보다 확대하거나 축소하여 표현하는 방법 예 산더미 같은 파도, 쥐꼬리만 한 월급
대조법	어떤 사물이나 사실을 강조하려 할 때, 그 대상과 반대되는 사물을 맞세워 표현하는 방법 예 여자는 약하나, 어머니는 강하다
반복법	같거나 비슷한 단어, 구절, 문장을 반복해서 표현하는 방법 예 꽃이 피네 / 꽃이 피네 / 갈 봄 여름 없이 / 꽃이 피네
영탄법	기쁨, 슬픔, 감동 등의 감정을 감탄사나 감탄형 어미를 통해 강하게 드러내어 강조하는 표현 방법 예 아아, 산모퉁이를 돌아 사라져 버린 내 사람이여!

4) 상징
   ① 구체적 사물이 다른 대상을 표시하거나 다른 영역의 의미를 암시하게 하는 표현 방법
   ② 원관념은 배제되고 보조 관념만 글에 나타나 함축적 의미와 암시적 기능을 가짐.
      예 괴로웠던 사나이 / 행복한 예수 그리스도에게처럼 십자가가 허락된다면 // 모가지를 드리우고 / 꽃처럼 붉은 피를 / 어두워 가는 하늘 밑에 / 조용히 흘리겠습니다.
      → 이때, '십자가'는 희생과 고난을 상징한다.

(6) 시어의 심상

1) 구체적 사물이나 비유의 보조 관념이 머릿속에서 연상되는 감각적 영상
2) 의미의 전달은 물론, 대상의 구체적인 모습, 움직임, 상태 등을 감각적으로 느끼게 함.

시각적 심상	눈을 통해 색채, 모양, 움직임 등을 보는 듯한 느낌의 심상 예 그이의 깊고 붉은 상처 위에 돋는 새살이 되자
청각적 심상	귀를 통해 소리를 듣는 듯한 느낌의 심상 예 머리에 찬물을 쏴— 퍼붓고
촉각적 심상	피부에 닿는 듯한 느낌의 심상 예 젊은 아버지의 서느런 옷자락
후각적 심상	코를 통해 냄새나 향을 맡는 것 같은 느낌의 심상 예 달은 과일보다 향그럽다
미각적 심상	혀를 통해 맛을 느낄 수 있는 심상 예 메마른 입술이 쓰디쓰다

공감각적 심상	함께 쓰인 두 가지의 감각적 표현에서 감각의 전이가 일어나는 것 예 분수처럼 흩어지는 푸른 종소리(→ 청각의 시각화) cf. 복합 감각: 여러 가지 심상이 제시되는 것 예 파란 하늘과 맑은 새소리

확인문제

[01~02] 다음 글을 읽고 물음에 답하시오.

	작품 분석
차례를 지내고 돌아온 구두 밑바닥에 고향의 저문 강물 소리가 묻어 있다. 겨울보리 파랗게 꽂힌 강둑에서 살얼음만 몇 발자국 밟고 왔는데 쑥골 상엿집 흰 눈 속을 넘을 때도 골목 앞 보세점 흐린 불빛 아래서도 찰랑찰랑 강물 소리가 들린다. 내 귀는 얼어 한 소절도 듣지 못한 강물 소리를 구두 혼자 어떻게 듣고 왔을까. 구두는 지금 황혼 뒤축의 꿈이 몇 번 수습되고 지난 가을 터진 가슴의 어둠 새로 누군가의 살아 있는 오늘의 부끄러운 촉수가 싸리 유채 꽃잎처럼 꿈틀댄다. 고향 텃밭의 허름한 꽃과 어둠과 구두는 초면 나는 구면 건성으로 겨울을 보내고 돌아온 내게 고향은 꽃잎 하나 바람 한 점 꾸려 주지 않고 영하 속을 흔들리며 떠나는 내 낡은 구두가 저문 고향의 강물 소리를 들려준다. 출렁출렁 아니 덜그럭덜그럭. ― 곽재구, 〈구두 한 켤레의 시〉 ―	1) 화자: 2) 대상: 3) 상황: 4) 정서/태도: 5) 주제:

01 이 시에 대한 설명으로 옳은 것은?

① 사물을 통해 삶의 교훈을 제시하고 있다.
② 자연물을 통해 현실의 부정적 측면을 부각하고 있다.
③ 대조적 소재를 나열하여 시적 긴장감을 높이고 있다.
④ 친숙한 사물을 통해 고향에 대한 그리움을 표현하고 있다.
⑤ 과거와 현재의 대비를 통해 그리움의 정서를 표현하고 있다.

[해설] '구두'는 화자가 항상 신고 다니는 친숙한 사물이다. 고향에 신고 갔던 낡은 구두에 고향의 강물 소리가 묻어와 고향을 떠올리게 한다.

[정답] ④

02 이 시에 대한 설명으로 적절하지 않은 것은?

① 공간의 이동에 따라 시상이 전개되고 있다.
② 고향의 포근하고 아늑한 모습을 그리고 있다.
③ 독특한 인상을 주기 위해 공감각적 표현을 사용하고 있다.
④ 현재형 어미와 음성 상징어를 사용하여 생동감을 주고 있다.
⑤ '구두'는 공간을 이어 주는 심리적 매개체이자, 자아 성찰의 매개체이다.

[해설] 시적 화자가 다녀온 고향의 모습은 포근함과는 거리가 먼 1980년대 산업화와 근대화로 황폐해진 모습이다. 화자는 이러한 현실을 느끼고 부끄러움을 느끼게 된다.
③ '구두 밑바닥에 고향의 저문 강물 소리가 묻어 있다.'에서 공감각적 심상(청각의 시각화)이 사용되었다.
④ '찰랑찰랑 강물 소리가 들린다, 싸리 유채 꽃잎처럼 꿈틀댄다, 저문 고향의 강물 소리를 들려준다.'에서 현재형 어미를 사용해 고향의 풍경을 눈앞에서 보는 듯한 인상을 주고 있고, '출렁출렁'에서 강물 소리를, '덜그럭덜그럭'에서 구두 소리를 생동감 있게 표현하기 위해 의성어를 사용하고 있다.

[정답] ②

작품 분석 답안	작품 이해
1) 화자: 고향에 다녀온 '나' 2) 대상: 낡은 구두를 신고 다녀온 '고향' 3) 상황: 낡은 구두를 신고 고향을 다녀온 뒤, 구두가 고향의 출렁거리는 강물 소리를 들려줌. 4) 정서/태도: 고향을 다녀온 화자가 구두 바닥에 묻어온 강물 소리를 매개로 고향을 그리워함. 5) 주제: 고향을 다녀온 뒤 떠올리는 고향의 이미지	**곽재구, 〈구두 한 켤레의 시〉** 이 시는 고향에 다녀온 화자가 자신의 낡은 구두와 관련하여 고향에 대한 이미지를 형상화하고 있는 작품이다. 낡은 구두를 신고 겨울에서 봄으로 넘어가는 계절의 문턱에서 고향을 다녀온 뒤에 화자는 고향의 모습을 출렁거리는 강물 소리로 떠올리고 있다. 하지만 고향의 모습은 포근함과는 거리가 멀게 황폐해졌고, 화자는 그러한 현실을 감지하지 못한 부끄러움과 반성적 자세를 갖게 된다. 1980년대에 산업화와 근대화로 황폐해진 고향의 모습을 감각적인 표현을 사용하여 그려내고 있다.

[03~04] 다음 글을 읽고 물음에 답하시오.

<u>내 가슴에 독(毒)을 찬 지 오래로다.</u>
아직 아무도 해(害)한 일 없는 새로 뽑은 독
벗은 그 무서운 독 그만 흩어 버리라 한다.
나는 그 독이 선뜻 벗도 해할지 모른다 위협하고

독 안 차고 살아도 머지않아 너 나 마주 가버리면
억만세대(億萬世代)가 그 뒤로 잠자코 흘러가고
나중에 땅덩이 모지라져 모래알이 될 것임을
'허무(虛無)한듸!' 독은 차서 무엇하느냐고?

아! 내 세상에 태어났음을 원망 않고 보낸
어느 하루가 있었던가. '허무한듸!' 허나
앞뒤로 덤비는 이리 승냥이 바야흐로 내 마음을 노리매
내 산 채 짐승의 밥이 되어 찢기우고 할퀴우라 내맡긴 신세임을

나는 독을 차고 선선히 가리라.
막음 날 내 외로운 혼(魂) 건지기 위하여.

— 김영랑, 〈독(毒)을 차고〉 —

작품 분석

1) 화자:

2) 대상:

3) 상황:

4) 정서/태도:

5) 주제:

03 밑줄 친 부분과 시적 정서가 가장 가까운 것은?

① 어데로 가야 하나 / 어데로 날아가야 하나 / 피흘리며 찾아온 땅 / 꽃도 없다 / 이슬도 없다 / 녹슨 철조망가에 / 나비는 / 바람에 날린다.   — 박봉우, 〈휴전선의 나비〉 —

② 흔들리지 않는 갈대가 되리 / 겨울 강 강 언덕에 눈보라 몰아쳐도 / 눈보라에 으스스 내 몸이 쓰러져도 / 흔들리지 않는 갈대가 되리   — 정호승, 〈겨울 강에서〉 —

③ 막차는 좀처럼 오지 않았다 / 대합실 밖에는 밤새 송이눈이 쌓이고 / 흰 보라 수수꽃 눈시린 유리창마다 / 톱밥 난로가 지펴지고 있었다.   — 곽재구, 〈사평역(沙平驛)에서〉 —

④ 올해도 무엇을 하며 살아왔는가? // 작년 이맘때 오른 / 산마루 옛 성(城)터 바위 모서리, / 작년처럼 단풍은 붉고, // 작년처럼 / 가을 들판은 저물어간다.   — 김종길, 〈단풍〉 —

⑤ 오래 고통 받는 사람은 알 것이다 / 지는 해의 힘없는 햇빛 한 가닥에도 / 날카로운 풀잎이 땅에 처지는 것을 // 그 살에 묻히는 소리 없는 괴로움을 / 제 입술로 핥아주는 가녀린 풀잎   — 이성복, 〈오래 고통 받는 사람은〉 —

해설 시적 화자는 '이리 승냥이'의 위협으로부터 자신의 순수함을 지키기 위해 굳은 결의를 다지고 있다. 이와 비슷한 정서는 ②로, 눈보라가 몰아치고 눈보라에 내 몸이 쓰러지는 시련과 위기가 닥쳐오더라도 흔들리지 않는 갈대가 되고 싶다는 굳은 결의를 다지고 있다.

정답 ②

04 이 시에 대한 설명으로 적절하지 않은 것은?

① 현실의 상황을 직접적으로 표현하고 있다.
② 두 가지 삶의 자세를 대조적으로 표현하고 있다.
③ 시적 화자의 현실에 대한 대결 자세를 볼 수 있다.
④ 극적(劇的) 구성을 사용하여 화자의 의지를 강조하고 있다.
⑤ 중심적인 시어의 의미는 정신적 순결을 지키려는 의지이다.

해설 일제 강점기 현실의 상황을 우의적이고 상징적으로 표현하고 있다. 일제를 상징하는 시어는 '이리 승냥이, 짐승'이다.
② '벗'은 현실에 안주하려는 순응적 자세를 보이고, 시적 화자는 현실에 대한 저항적 자세를 취하고 있으므로 삶의 자세를 대조적으로 표현하고 있다.
③ 시적 화자는 일제 강점기 현실에서 자신의 정신적 순수함을 지키기 위해, 현실에 순응하지 않고, '독'을 차고 대결하려는 의지적 자세를 보여 주고 있다.
④ 대화 형식을 통한 직설적 표현을 사용하여 자신의 의지를 강조하고 있다.
⑤ 중심적 시어는 '독'이다. '독'은 정신적 순결을 지키려는 의지이자, 일제에 대한 저항과 대결 의지를 의미한다.

정답 ①

작품 분석 답안	작품 이해
1) 화자: 부정적 현실에 저항하는 '나' 2) 대상: 현실 순응적인 '벗' 3) 상황: 암울한 일제 식민지 현실에 적극적으로 저항함. 4) 정서/태도: 일제에 대한 적극적인 저항 의지와 현실 극복 의지 5) 주제: 식민지 현실에 대한 대결 의지	**김영랑, 〈독(毒)을 차고〉** 일제 강점하에서 작가의 치열한 삶의 자세와 대결 의지를 그리고 있는 작품이다. 이 시는 순수시를 추구했던 기존의 김영랑의 시와는 달리 식민지 현실을 직접적으로 표현한 작품이다. 이 시에서 '독(毒)'은 험난하고 궁핍한 현실 속에서 치열하게 살아가려는 화자의 저항 의식이며 순결 의지를 나타낸다.

[05~06] 다음 글을 읽고 물음에 답하시오.

아무 소리도 없이 말도 없이 등 뒤로 털썩 밧줄이 날아와 나는 뛰어가 밧줄을 잡아다 배를 맨다 아주 천천히 그리고 조용히 배는 멀리서부터 닿는다 사랑은, 호젓한 **부둣가**에 우연히, 별 그럴 일도 없으면서 넋 놓고 앉았다가 배가 들어와 던져지는 밧줄을 받는 것 그래서 어찌할 수 없이 배를 매게 되는 것 잔잔한 바닷물 위에 구름과 빛과 시간과 함께 떠있는 배 [A] [배를 매면 구름과 빛과 시간이 함께 매어진다는 것도 처음 알았다 사랑이란 그런 것을 처음 아는 것] 빛 가운데 배는 울렁이며 온종일을 떠 있다 — 장석남, 〈배를 매며〉 —	**작품 분석** 1) 화자: 2) 대상: 3) 상황: 4) 정서/태도: 5) 주제:

05 [A]에 나타난 시적 화자의 모습으로 가장 적절한 것은?

① 사랑이 지나간 후의 덧없음을 회상하고 있다.
② 배를 매는 행위의 의미가 사랑이라고 생각하고 있다.
③ 사랑을 갈구하는 화자의 행동이 생생하게 그려져 있다.
④ 사랑의 속성에 대한 화자의 심화된 인식이 나타나 있다.
⑤ 자연의 섭리를 통해 사랑은 운명이라는 깨달음이 나타나 있다.

해설 [A]에서 '배를 매면 구름과 빛과 시간이 함께 매어진다는 것도 처음 알았다.'라고 고백하고, '사랑이란 그런 것을 처음 아는 것'이라고 표현하였다. 이것은 사랑의 속성에 대한 시적 화자의 심화된 인식을 표현한 것이다. 즉, 사랑이란, 내 주변의 모든 것을 사랑하는 사람을 중심으로 보게 되는 것임을 의미한다.
② 배를 매는 행위의 의미가 사랑이라는 생각은 2연에 나타나 있다.

정답 ④

06 밑줄 친 시어 '부둣가'의 의미로 가장 적절한 것은?

① 화자가 회귀하고자 하는 과거의 공간이다.
② 사랑하는 사람이 화자를 기다리는 공간이다.
③ 사랑에 대한 깨달음을 얻는 상징적 공간이다.
④ 익명의 타인들과 어울리는 공동체적 공간이다.
⑤ 만남과 이별이 반복되는 통과 제의의 공간이다.

해설 '부둣가'는 배가 들어오고 그 줄을 매는 곳으로, 이 시에서는 부둣가에서 배를 매는 과정을 통해 화자가 사랑의 속성에 대해 깨닫는 공간이 된다.
④ 나와 사랑하는 사람의 개인적 공간으로 공동체적 공간이 아니다.
⑤ '부둣가'는 사랑이 시작되는 과정과 사랑의 본질에 대한 깨달음을 얻는 공간으로 만남과 이별의 반복에 대해서는 다루지 않았으며, 통과 제의의 역할과도 관련이 없다.

정답 ③

작품 분석 답안	작품 이해
1) 화자: 사랑으로 깨달음을 얻는 '나' 2) 대상: 사랑 3) 상황: 부둣가에 배를 매는 모습과 갑자기 찾아온 사랑의 관련성을 생각함. 4) 정서/태도: 사랑의 본질에 대한 깨달음 5) 주제: 사랑이 시작되는 과정과 사랑의 본질에 대한 깨달음	장석남, 〈배를 매며〉 이 시의 화자는 갑자기 다가온 사랑에 대해 노래하고 있다. 사랑이라는 경험은 아무 소리도 없이 말도 없이, 밧줄이 날아와서 그 밧줄을 잡아다 배를 맨 경험과 비슷하다. 배를 매는 경험과 사랑이 시작되는 순간의 경험이 어떤 식으로 비슷한지를 보여 주면서, 사랑의 본질에 대해 생각해 보고 있다. 결국 이 시는 예상치 못한 순간에 사랑이 시작되고, 그 사랑이 커져가는 과정을 배를 매는 일에 빗대어 표현함으로써 사랑의 의미를 되새기는 작품이다.

[07~08] 다음 글을 읽고 물음에 답하시오.

ㄱ씨와 ㅈ양이 만났습니다.
사과탄 노란 꽃처럼 날리는 길 위에서.

ㄱ씨의 이마가 ㅈ양의 이마를 보았습니다.
ㅈ양의 이마가 ㄱ씨의 이마를 보았습니다.

ㅈ양의 어깨가 ㄱ씨의 어깨에 부딪혔습니다.
ㄱ씨의 어깨가 ㅈ양의 어깨에 부딪혔습니다.

ㄱ씨의 등뼈가 ㅈ양의 등뼈처럼 아팠습니다.
ㅈ양의 등뼈가 ㄱ씨의 등뼈처럼 아팠습니다.

ㄱ씨는 ㅈ양을 몰라보았지만
ㅈ양은 ㄱ씨를 몰라보았지만

ㄱ씨와 ㅈ양이 만났습니다.
사과탄 노란 꽃비되어 출렁대는 길 위에서.
― 강은교, 〈ㄱ씨와 ㅈ양이〉 ―

작품 분석
1) 화자:
2) 대상:
3) 상황:
4) 정서/태도:
5) 주제:

07 이 시에 대한 표현상 특징으로 적절하지 <u>않은</u> 것은?

① 동일한 시어와 유사한 시구를 반복하고 있다.
② 익명의 명명법을 활용하여 주제를 부각시키고 있다.
③ 첫 연과 마지막 연을 변형된 반복 구조로 표현하고 있다.
④ 대상을 익명으로 표기한 것은 특수한 대상을 표현하기 위한 것이다.
⑤ '사과탄'을 '노란 꽃비'로 표현하여 비극적 상황을 미학적으로 승화시키고 있다.

해설 대상을 익명으로 표기한 것은 'ㄱ씨와 ㅈ양'을 그 시대를 살았던 보편적인 사람으로 표현하기 위해서이다.
① 동일한 단어와 문장 구조가 반복되고 있다.
② '명명법'은 성격에 어울리는 이름을 부여하는 방법을 말한다. 특정한 사람의 이름이 아니라, 자음의 첫 글자를 사용한 'ㄱ씨와 ㅈ양'이라는 부분에서 익명의 명명법을 사용하고 있다.
③ · ⑤ 첫 연에서는 '사과탄 꽃처럼 날리는 길'로, 마지막 연에서는 '사과탄 노란 꽃비되어 출렁대는 길'로 표현하여, 독재 정권이 시위대를 무차별적으로 억압하는 상황을 아름답게 승화시키고 있다.

정답 ④

08 이 시를 통해 작가가 말하고자 하는 바로 가장 적절한 것은?

① 평범한 사람들은 서로의 모습을 알아보기 어렵다.
② 부조리한 현실에 대한 정확한 인식과 판단이 필요하다.
③ 공동의 연대 의식을 가지고 부조리한 현실에 맞서야 한다.
④ 현실의 어려움을 극복하려면 특별한 사람의 힘이 필요하다.
⑤ 부조리한 현실에 맞서서 싸우려면 익명성이 보장되어야 한다.

해설 처음에는 서로를 그냥 쳐다보는 개인에서 시작했지만, 시상이 전개되면서 시민들의 모습이 이마에서 어깨로, 어깨에서 등뼈로 연대를 갖게 된다. 이러한 연대의 과정을 통해 독재에 대한 저항이 내면화되어 가는 것이다. 즉, 부조리한 현실에 맞서려면 여러 사람이 연대하여야 함을 말하고 있다.

정답 ③

작품 분석 답안	작품 이해
1) 화자: 'ㄱ씨와 ㅈ양'을 바라보는 관찰자 2) 대상: 불특정 다수의 'ㄱ씨와 ㅈ양' 3) 상황: 부패한 현실의 시위 현장 4) 정서/태도: 불특정한 수많은 사람들이 독재에 대한 저항을 내면화함. 5) 주제: 부패한 현실에 맞서기 위한 시민들의 연대	강은교, 〈ㄱ씨와 ㅈ양이〉 이 작품은 1980년대 여러 차례 일어났던 민주화 시위를 배경으로 한 작품이다. 독재 정권이라는 부조리한 현실에 맞서서 'ㄱ씨와 ㅈ양'으로 대표되는 그 시대를 살았던 평범한 사람들이 연대하여 저항하는 내용을 담담한 어조로 담은 것이다.

[09~10] 다음 글을 읽고 물음에 답하시오.

	작품 분석
추위가 칼날처럼 다가든 새벽 무심히 커튼을 젖히다 보면 유리창에 피어난, 아니 이런 황홀한 꿈을 보았나. 세상과 나 사이에 밤새 누가 이런 ㉠ 투명한 꽃을 피워 놓으셨을까. 들녘의 꽃들조차 제 빛깔을 감추고 씨앗 속에 깊이 숨 죽이고 있을 때 이내 스러지는 ㉡ 니르바나의 꽃을 저 얇고 날카로운 유리창에 누가 새겨 놓았을까. 허긴 사람도 그렇지. 가장 가혹한 ㉢ 고통의 밤이 끝난 자리에 가장 눈부시고 부드러운 꿈이 일어서지. ㉣ 새하얀 신부 앞에 붉고 푸른 색깔들 입 다물듯이 들녘의 꽃들 모두 제 향기를 씨앗 속에 깊이 감추고 있을 때 어둠이 스며드는 차가운 유리창에 이마를 대고 누가 저토록 슬픈 향기를 새기셨을까. 한 방울 물로 스러지는 불가해한 ㉤ 비애의 꽃송이들을 — 문정희, 〈성에꽃〉 —	1) 화자: 2) 대상: 3) 상황: 4) 정서/태도: 5) 주제:

09 ㉠~㉤ 중 가리키는 대상이 다른 하나는?

① ㉠   ② ㉡
③ ㉢   ④ ㉣
⑤ ㉤

> **해설** ㉠·㉡·㉣·㉤이 공통적으로 가리키는 원관념은 모두 '성에꽃'이다. 또 '성에꽃'을 비유적으로 표현한 시어로는 '황홀한 꿈'이 있다. 시적 화자는 '성에꽃'을 보고 고통을 이겨내고 아름답게 피어나는 것에 대한 예찬과 순간적으로 사라져 버리는 것에 대한 슬픔의 감정을 표현하고 있다.
>
> **정답** ③

10 이 시의 표현 방식에 대한 설명으로 적절하지 <u>않은</u> 것은?

① 동일한 단어를 반복하여 운율을 형성하고 있다.
② 대상에 대한 아름다움과 슬픔의 감정을 표출하고 있다.
③ 비유적 표현을 통해 시적 대상의 속성을 드러내고 있다.
④ 상징적 시어를 사용하여 주제 의식을 효과적으로 드러내고 있다.
⑤ 자연 현상과 인간 세계의 공통적 속성을 바탕으로 표현하고 있다.

해설 의문형 종결 어미 '-나', '-까'(보았나, 놓으셨을까, 놓았을까, 새기셨을까)가 반복되나 동일한 단어가 반복되는 것은 아니다.
② '니르바나의 꽃, 비애의 꽃송이들'은 성에꽃이 고통을 이겨낸 아름다운 존재이지만, 잠시 나타났다가 사라지는 순간성을 가짐을 나타내며, 이를 통해 슬픔의 감정을 표출하고 있다.
③ '황홀한 꿈, 투명한 꽃, 니르바나의 꽃, 슬픈 향기, 비애의 꽃송이들'은 성에꽃을 비유한 시어들로 성에꽃의 아름다움과 순간성을 나타낸다.
④ 성에꽃을 비유한 단어들은 상징적 의미를 가지고 있다. 특히 '투명한 꽃'은 인간이 시련을 겪은 후 이룰 수 있는 눈부시고 부드러운 꿈을 상징하고 있다.
⑤ 추운 새벽에 피어나는 '성에'라는 자연 현상과 시련과 고통의 끝에 새로운 희망을 발견한다는 인간 세계의 공통적 속성을 대응시키고 있다.

정답 ①

작품 분석 답안	작품 이해
1) 화자: 성에를 바라보는 '나' 2) 대상: 성에꽃 3) 상황: 추운 겨울 새벽 유리창에 서린 '성에'를 보며 인간사를 생각함. 4) 정서/태도: 성에꽃을 바라보며 자연의 섭리와 인간사의 진리에 대해 깨달음. 5) 주제: 추운 겨울 성에꽃을 통해 발견하는 인간사의 진리에 대한 깨달음	**문정희, 〈성에꽃〉** 이 시는 추운 겨울 새벽 유리창에 서린 '성에'를 보면서, 시련을 극복하고 더 높은 세계에 도달하고자 하는 삶의 모습을 표현한 것이다. 시적 화자는 혹독한 겨울에 핀 성에꽃을 보면서 신의 섭리를 발견하게 되고, 이를 인간사에 대응시켜 세상사의 진리를 깨닫게 된다. 추위로 인해 척박해진 자연 속에서 아름다운 '성에꽃'이 핀 것처럼 인간사에서도 혹독한 시련과 고통을 극복해야만 아름다운 결실을 얻을 수 있음을 역설하고 있다.

[11~12] 다음 글을 읽고 물음에 답하시오.

집을 치면, 정화수 잔잔한 위에 아침마다 새로 생기는 물방울의 선선한 ㉠ 우물집이었을레. 또한 윤이 나는 마루의, 그 끝에 평상(平床)의, 갓앉은 뜨락의, 물냄새 창창한 그런 집이었을레. 서방님은 ㉡ 바람 같단들 어느 때고 바람은 어려울 따름, 그 옆에 순순(順順)한 스러지는 물방울의 찬란한 춘향이 마음이 아니었을레.

하루에 몇 번쯤 푸른 산 언덕들을 눈아래 보았을까나. 그러면 그때마다 일렁여 오는 푸른 그리움에 어울려, 흐느껴 물살짓는 어깨가 얼마쯤 하였을까나. 진실로, 우리가 받들 산신령은 그 어디에 있을까마는, 산과 언덕들의 만리(萬里) 같은 물살을 굽어보는, 춘향은 바람에 어울린 수정(水晶)빛 임자가 아니었을까나.

— 박재삼, 〈수정가(水晶歌)〉 —

작품 분석

1) 화자:

2) 대상:

3) 상황:

4) 정서/태도:

5) 주제:

11 이 시의 표현상 특징으로 적절하지 않은 것은?

① 고전 문학을 모티프로 형상화하고 있다.
② 춘향의 마음을 시각적으로 표현하고 있다.
③ 유사한 종결 어미가 사용되면서 운율감이 형성되고 있다.
④ 예스러운 문체를 활용하여 고전적인 미의식을 보여 주고 있다.
⑤ 시적 긴장감을 느끼게 하기 위해 감정을 직설적으로 표현하고 있다.

해설 화자는 과거의 상황을 추측해 보는 말투 '-을레'를 사용하여 감정을 직설적으로 표현하는 것을 피하고 있다.
① 판소리계 소설 '춘향전'을 모티프로 쓴 것이다. 이외에도 춘향을 모티프로 한 시에는 박재삼의 〈자연〉, 서정주의 〈추천사〉·〈춘향유문〉이 있다.
② 춘향의 마음을 맑고 깨끗한 '물'로 형상화하여 순수성을 강조하고 있고, 임에 대한 그리움을 '푸른 그리움'으로 나타내어 시각적으로 표현하고 있다.
③·④ '-을레, -ㄹ까나'의 예스러운 어미가 반복되면서, 운율감을 형성하고 고전적 미의식을 보여 준다.

정답 ⑤

12 ㉠과 ㉡의 이미지를 파악한 것으로 적절한 것은?

	㉠	㉡		㉠	㉡
①	재회	안주	②	유랑	정착
③	정착	유랑	④	소극적	수동적
⑤	수동적	소극적			

해설 ㉠은 춘향의 마음을 구체화한 것으로 '정착'의 이미지를 나타내고, ㉡은 서방님인 이도령의 모습으로 '유랑'의 이미지를 나타내는 시어이다. 또한 시적 화자의 태도를 살펴보면 1연에서는 맑고 깨끗하지만 바람에 의해 자취가 사라지는 물방울같이 수동적이고 소극적인 태도를, 2연에서는 바람에 어울린 수정같이 변함없이 빛나는 마음으로 바람과 조화를 이루는 태도를 볼 수 있다.

정답 ③

작품 분석 답안	작품 이해
1) 화자: 춘향을 바라보는 관찰자 2) 대상: 춘향의 마음 3) 상황: 화자가 춘향의 마음을 상상함. 4) 정서/태도: 이몽룡에 대한 춘향의 애틋함과 그리움에 대한 안타까움 5) 주제: 임에 대한 순수한 그리움	**박재삼, 〈수정가(水晶歌)〉** 이 시는 〈춘향전〉에서 소재를 취하여 춘향의 마음으로 그려진 그리움과 한의 정서를 형상화한 작품이다. 춘향의 마음을 '집'으로, 서방님을 '바람'으로 표현하여 돌아오지 않는 서방님을 기다리는 춘향의 안타까운 마음을 그리고 있다. 헤어진 서방님을 기다리는 춘향의 마음을 전통적인 '한(恨)'의 정서로 표현함과 동시에 산신령의 존재로 춘향의 기다림이 성취될 것이라는 의미도 표현하고 있다. 인간의 깊은 한을 아름답게 승화시키는 박재삼 특유의 경향을 볼 수 있는 작품이다.

[13~14] 다음 글을 읽고 물음에 답하시오.

먹붓을 들어 빈 공간에 선을 낸다.
가지 끝 위로 치솟으며 몸놀림하는 까치 한 쌍
이 여백에서 폭발하는 ㉠ 울음…….

먹붓을 들어 빈 공간에 선을 낸다.
고목나무 가지 끝 위에 까치집 하나
더 먼 저승의 하늘에서 폭발하는 ㉡ 울음…….

㉢ 한 폭의 그림이
질화로같이 따숩다.

— 송수권, 〈세한*도(歲寒圖)〉 —

* 세한: 매우 심한 겨울의 추위

작품 분석

1) 화자:

2) 대상:

3) 상황:

4) 정서/태도:

5) 주제:

13 이 시에 대한 설명으로 적절하지 않은 것은?

① 기존의 예술 작품에 상상력을 덧붙여 새롭게 해석했다.
② ㉠은 화자가 그려 넣은 까치의 울음으로, 생명의 소리이다.
③ ㉡은 저승의 까치집에서 들리는 울음으로, 죽음의 소리이다.
④ ㉢은 삶과 죽음이 분리된 세계를 의미한다.
⑤ 불교적 깨달음을 통해 세한을 극복하고자 한다.

[해설] '한 폭의 그림이 따숩다'고 했으므로 삶과 죽음이 함께 존재하는 따뜻한 세계를 의미한다.
① 추사 김정희의 '세한도'에 작가의 상상력을 더하여 새롭게 해석하고 있다.
⑤ 죽음이 삶의 끝이 아니라 또 다른 삶으로 연결된다는 불교적 깨달음을 통해 '세한'의 시련을 극복하고 있다.

[정답] ④

14 이 시에서 작가가 말하고자 하는 바로 가장 적절한 것은?

① 삶과 죽음은 서로 단절된 세계이다.
② 예술의 시작은 모방하는 것에서부터 시작한다.
③ 선조들의 삶을 본받아 지조와 절개를 지켜야 한다.
④ 세한의 추위와 고통도 자연을 통해서 이겨 낼 수 있다.
⑤ 시련의 극복을 위해 삶과 죽음이 연결되어 있음을 깨달아야 한다.

[해설] 이 시는 화자가 그림에 까치를 그려 넣고, 1연의 까치 울음을 '생명(삶)'의 소리로, 2연의 까치 울음을 '죽음'의 소리로 인식하고 있다. 그러나 3연에서는 그림이 '따숩다'고 말하고 있으므로, 삶과 죽음이 단절되어 있는 것이 아니라 연속되어 있으며, 이를 통해 세한을 극복하고자 하는 의지를 담고 있다.

[정답] ⑤

작품 분석 답안	작품 이해
1) 화자: 김정희의 '세한도'의 여백에 그림을 그리는 화자 2) 대상: 삶과 죽음 3) 상황: 김정희의 '세한도'에 까치와 까치집을 그려 넣으며 삶과 죽음을 생각함. 4) 정서/태도: 삶과 죽음의 인식을 통한 세한의 극복 5) 주제: 삶과 죽음의 영속성을 통한 세한의 극복	**송수권, 〈세한도(歲寒圖)〉** 이 시는 추사 김정희의 '세한도(歲寒圖)'에 시인의 상상력을 덧붙여 새롭게 해석한 작품이다. 화자는 '세한도'의 빈 여백에 까치 한 쌍을 그린다. 그 까치 한 쌍이 우는데, 이는 생명과 탄생의 소리이다. 까치를 그린 후 까치집을 그리는데, 이 까치집에 까치는 보이지 않고 울음소리만 들린다. 이 울음소리는 죽음의 소리이다. 하지만 화자는 이 그림이 '따숩다'고 표현한다. 이는 이승과 저승, 삶과 죽음이 단절된 것이 아니라 연결되어 있다는 인식에서 온 것이다. 불교적인 깨달음을 통해 세한을 극복하려는 자세를 표현하고 있다.

[15~16] 다음 글을 읽고 물음에 답하시오.

	작품 분석
동짓달에도 치자 꽃이 피는 신방에서 신혼일기를 쓴다 없는 것이 많아 더욱 따뜻한 아랫목 평강 공주의 꽃밭 색색의 꽃씨를 모으던 흰 봉투 한 무더기 산동네의 맵찬 바람에 떨며 흩날리지만 봉할 수 없는 내용들이 밤이면 비에 젖어 울지만 이제 나는 산동네의 인정에 곱게 물든 한 그루 대추나무 밤마다 서로의 허물을 해진 사랑을 꿰맨다 ……가끔……전기가……나가도……좋았다……우리는…… 새벽녘 우리 낮은 창문가엔 달빛이 언 채로 걸려 있거나 별 두서넛이 다투어 빛나고 있었다 전등의 촉수를 더 낮추어도 좋았을 우리의 사랑방에서 꽃씨 봉지랑 청색 포도랑 한땀 한땀 땀흘려 깁고 있지만 우리 사랑 살아서 앞마당 대추나무에 뜨겁게 열리지만 장안의 앉은뱅이저울은 꿈쩍도 않는다 오직 혼수며 가문이며 비단 금침만 뒤우뚱거릴 뿐 ㉠ 공주의 애틋한 사랑은 서울의 산 일번지에 떠도는 옛날이야기 그대 사랑할 온달이 없으므로 더더욱 — 박라연, 〈서울에 사는 평강 공주(平岡公主)〉 —	1) 화자: 2) 대상: 3) 상황: 4) 정서/태도: 5) 주제:

15 시적 화자가 ㉠처럼 생각한 이유로 가장 적절한 것은?

① 사랑은 물질적 가치로 표현하는 것이기 때문에
② 과거의 이야기는 과거에만 존재하는 것이기 때문에
③ 이제는 순수한 사랑이 현실적으로 불가능하기 때문에
④ 현대를 살아가는 사람들의 사랑이 더 순수하기 때문에
⑤ 순수한 사랑을 하던 온달과 평강 공주가 이 세상에 없기 때문에

[해설] 물질적 가치가 중요해진 현대에는 온달과 평강 공주의 진실한 사랑 이야기가 옛이야기에 불과하다는 안타까움이 담겨 있다.
[정답] ③

16 이 시에 대한 설명으로 적절하지 <u>않은</u> 것은?

① 대립적인 시적 공간을 제시해 주제를 강조하고 있다.
② 주관적 진술과 객관적 진술을 대비적으로 드러내고 있다.
③ 말줄임표의 사용으로 화자의 감정을 절제하여 표현하고 있다.
④ 역설적 표현을 통해 가진 것이 없어도 행복할 수 있다는 깊은 의미를 드러내고 있다.
⑤ 현실에 대한 부정적인 인식으로 인해 현대인들의 사랑에 대해 비판적인 태도를 보이고 있다.

해설 말줄임표의 사용으로 오히려 가난했지만 행복했다는 화자의 감정을 강하게 표출하고 있다.
① 이 시에서의 대립적인 공간은 '신방'과 '장안'이다. '신방'은 정신적인 가치를 중요하게 여기는 사랑의 공간이고, '장안'은 물질적 가치를 중요하게 여기는 사랑이 사라진 공간이다. 이를 대비해 정신적 가치를 중시하며 사랑이 사라진 세태에 대해 비판하고 있다.
② 1연에서 가난해도 행복할 수 있다는 희망을 주관적 진술로 표현하고 있고, 2연에서 물질적 가치에 물들어 버린 현실에 대한 절망이 객관적 진술로 제시되고 있다.
④ '없는 것이 많아 더욱 따뜻한 아랫목'에서 역설적 표현을 통해 가난하지만 사랑이 있어서 행복하다는 의미를 드러내고 있다.
⑤ 물질적 가치를 중요하게 여기는 현실에 대한 부정적 인식을 통해 현대인들의 물질적 사랑을 비판하고 있다.

정답 ③

작품 분석 답안	작품 이해
1) 화자: 순수한 사랑을 꿈꾸는 '나(서울에 사는 평강 공주)' 2) 대상: 가난 3) 상황: 가난하지만 사랑이 가득한 평강 공주의 신혼 생활 4) 정서/태도: 가난한 형편 속에서도 순수한 사랑을 지키고 싶어 하는 마음 5) 주제: 순수한 사랑의 가치가 사라진 현실에 대한 비판	**박라연, 〈서울에 사는 평강 공주(平岡公主)〉** 이 시는 순수한 사랑의 가치가 사라진 현실을 비판적으로 바라보고 있다. 시적 화자는 달동네에 있는 신혼방에서 사랑을 느끼며 살아가지만, 물질적 가치를 중요시하는 세태는 그것을 사랑으로 인정하지 않는다. 이로 인해 평강 공주의 바보 온달에 대한 사랑이 '옛날이야기'가 되어 버린 것에 대해 안타까움을 담고 있다.

[17~18] 다음 글을 읽고 물음에 답하시오.

	작품 분석
(가) ㉠ 숲을 멀리서 바라보고 있을 때는 몰랐다 나무와 나무가 모여 어깨와 어깨를 대고 숲을 이루는 줄 알았다 나무와 나무 사이 넓거나 좁은 간격이 있다는 걸 생각하지 못했다 ㉡ 벌어질 대로 최대한 벌어진, 한데 붙으면 도저히 안 되는, 기꺼이 떨어져 서 있어야 하는, 나무와 나무 사이 그 간격과 간격이 모여 ㉢ 울울창창(鬱鬱蒼蒼) 숲을 이룬다는 것을 ㉣ 산불이 휩쓸고 지나간 숲에 들어가 보고서야 알았다 　　　　　　　　　－ 안도현, 〈간격(間隔)〉 －	(가) 1) 화자: 2) 대상: 3) 상황: 4) 정서/태도: 5) 주제:
(나) 숲에 가 보니 나무들은 제가끔 서 있더군 제가끔 서 있어도 나무들은 숲이었어 광화문 지하도를 지나며 숱한 사람들이 만나지만 왜 그들은 숲이 아닌가 이 메마른 땅을 외롭게 지나치며 낯선 그대와 만날 때 ㉤ 그대와 나는 왜 숲이 아닌가 　　　　　　　　　－ 정희성, 〈숲〉 －	(나) 1) 화자: 2) 대상: 3) 상황: 4) 정서/태도: 5) 주제:

17 ⊙~⑩에 대한 설명으로 적절하지 않은 것은?

① ⊙: 사람들이 관계를 이루고 살아가는 세상을 비유한 것이다.
② ⓒ: 인간 사이에는 적절한 거리가 필요하다는 점을 관조적으로 표현하고 있다.
③ ⓒ: 바람직한 공동체를 이룬 모습을 비유한 것이다.
④ ⓔ: 화자에게 인식 전환의 계기가 되는 사건이다.
⑤ ⑩: 인간이 함께 어울리지 못하는 현실에 대해 자문자답을 하고 있다.

해설 ⑩은 숲을 이루지 못하는 인간에 대한 비판 의식이 자기반성으로까지 확대되는 부분으로, '숲과 같이 조화로운 공동체를 이루어야 한다.'라는 주제 의식을 스스로 질문하는 설의법의 형식으로 강조하고 있다. 자문자답은 스스로 묻고 답하는 형식이므로 이 시에 대한 설명으로 적절하지 않다.
① (가)는 인간이 서로 의지하고 어울려야 하지만 적절한 거리 유지가 필요하다는 점을, (나)는 숲의 생태적 특징을 바탕으로 인간은 서로 의지하고 어울려야 한다는 점을 제시하고 있다.
④ 화자는 산불이 난 숲에 들어가기 전까지는 사람에게는 '어깨와 어깨를 대고' 살아가는 친밀함이 필요하다고 느꼈다. 그러나 산불이 난 후에는 사람 간에는 적당한 거리가 있어야 함을 깨닫고 있다.

정답 ⑤

18 (가)와 (나)의 공통점으로 가장 적절한 것은?

① 사람 사이의 거리에 대한 생각이 일치하고 있다.
② 자연과 인간의 모습을 대조적으로 표현하고 있다.
③ 시상의 전개가 원경에서 근경으로 이루어지고 있다.
④ 자연물을 통해 바람직한 인간관계에 대해 성찰하고 있다.
⑤ 인간 사회에 대한 비판적 어조가 화자의 태도를 효과적으로 드러낸다.

해설 두 작품은 자연물인 '나무'를 통해 (가)는 인간이 서로 의지하고 어울려야 하지만 적절한 거리 유지가 필요하다는 점을, (나)는 숲의 생태적 특징을 바탕으로 인간이 서로 의지하고 어울려야 한다는 점을 제시하고 있다.
① (가)는 적절한 거리 유지를, (나)는 오히려 서로 의지하고 어울려야 함을 이야기한다.
② (나)는 자연과 인간의 모습을 대조적으로 표현하고 있으나, (가)는 자연에서 인간관계에 대한 깨달음을 얻고 있다.
③ (가)는 화자의 시선이 원경에서 근경으로 이동하였고, 화자는 불에 탄 숲에 들어가서 나무들 사이에 일정한 거리가 있었다는 것을 알게 된다. (나)는 화자의 의식의 흐름으로 시상을 전개하고 있다.
⑤ (나)는 숲이 되지 못하는 인간에 대한 비판적 어조가 나타나 있지만, (가)는 적절한 거리에 대한 관조적 어조가 나타나고 있다.

정답 ④

작품 분석 답안	작품 이해
(가) 1) 화자: 숲을 보는 '나' 2) 대상: 숲과 나무 3) 상황: 산불이 난 후, 숲속의 나무를 바라보며 사람 사이의 거리에 대해 생각함. 4) 정서/태도: 숲과 나무의 관계를 통한 간격의 깨달음 5) 주제: 인간 사이의 적절한 간격에 대한 깨달음	**안도현, 〈간격(間隔)〉** 이 시는 산불이 난 숲에 들어가 보기 전과 후의 경험을 바탕으로 삶에 대한 시인의 인식이 드러난 작품이다. 시적 화자는 산불이 난 숲에 가기 전까지는 사람 사이에 필요한 것은 거리가 없는 친밀함이라고 생각했지만, 산불이 난 숲에 간 후에는 사람 사이에 적절한 거리가 있어야 함을 깨닫고 있다.
(나) 1) 화자: 숲에 가 본 화자 2) 대상: 숲과 나무 3) 상황: 숲속의 나무를 바라보며 간격에 대해 생각함. 4) 정서/태도: 숲이 되지 못하는 인간에 대한 비판 5) 주제: 조화로운 공동체적 삶에 대한 소망	**정희성, 〈숲〉** 이 시는 숲의 속성과 인간 사회를 대조함으로써 세태를 비판하고 있는 작품이다. 화자는 숲에서 나무들이 따로따로 서 있어도 숲을 이룬다는 사실을 깨닫게 되는데, 인간들의 사회는 개인들끼리 서로 연대하지 못하고 의미 없는 인간관계만을 맺고 있다는 것이다. 수많은 사람이 스쳐가지만, 서로에게 아무런 의미가 되지 못하는 현대 사회의 소외와 고독에 대해 비판한 작품이다.

제2절 소설

기출 미리보기
1. 인물의 성격·심리·태도
2. 작품의 주제·배경
3. 서술상 특징

1 소설 이론

(1) 소설: 현실에서 있음직한 일을 작가가 허구적으로 꾸며 쓴 이야기

(2) 소설의 3요소

주제	작품을 통해 작가가 전달하고자 하는 중심 생각

구성	1. 인과 관계나 일정한 흐름에 의한 이야기의 짜임새
	2. 구성의 3요소
	   (1) 인물: 사건을 이끌어 가는 주체
	   (2) 사건: 인물들 사이의 일이나 갈등
	   (3) 배경: 인물들이 행동하거나 사건이 일어나는 시간과 장소, 상황

문체	작가가 작품의 내용을 전달하는 데 사용하는 언어 구사 방식

(3) 소설 읽기에 필요한 용어들

  1) 인물

    ① 인물의 유형

역할에 따라	주동 인물	사건을 이끌어 가는 중심인물 예 〈춘향전〉의 '춘향'
	반동 인물	주동 인물과 대립하는 인물 예 〈춘향전〉의 '변사또'
대표성에 따라	전형적 인물	특정 집단이나 계층을 대표하는 인물 예 〈춘향전〉의 '춘향'(조선 시대의 '열녀'를 대표함.)
	개성적 인물	특정 집단이나 계층에 속하지 않는, 고유한 특성이 뚜렷하게 드러나는 인물 예 〈춘향전〉의 '방자'(하인이지만 양반들의 약점을 놀림.)
성격 변화에 따라	평면적 인물	성격의 변화가 없는 인물 예 〈우리들의 일그러진 영웅〉의 '엄석대'(끝까지 권력을 추구함.)
	입체적 인물	사건 전개에 따라 성격이 변화하는 인물 예 〈우리들의 일그러진 영웅〉의 '한병태'(처음에는 부당한 권력에 맞서지만 결국은 순응하게 됨.)

② 인물의 심리·성격 제시 방법

직접적 제시 (telling)	서술자가 인물의 심리나 성격을 직접 설명해 주는 방식 예 그는 부지런하고 욕심도 많은 사람이다.
간접적 제시 (showing)	인물의 대화, 행동, 외양 묘사를 통해 심리나 성격을 파악하도록 하는 방식 예 가무잡잡한 점순이의 얼굴이 이렇게까지 홍당무처럼 새빨개진 법이 없었다.

2) 갈등

내적 갈등	개인의 마음속에서 두 가지 이상의 욕구가 동시에 일어나서 생기는 갈등

외적 갈등	1. 등장인물과 다른 인물 또는 외부 환경 사이에서 일어나는 갈등
	2. 갈등의 양상
	   (1) 개인 ↔ 개인: 인물 사이의 가치관의 대립으로 인한 갈등
	      예 〈흥부전〉의 '흥부'와 '놀부'
	   (2) 개인 ↔ 사회: 인물과 그가 속한 사회의 관습이나 제도에 의한 갈등
	      예 〈홍길동전〉에서 '길동'과 '적서 차별 제도' 사이의 갈등
	   (3) 개인 ↔ 자연: 인물이 자연재해를 겪거나 자연에 도전하면서 겪는 갈등
	      예 〈노인과 바다〉에서 '노인'과 '바다'의 갈등
	   (4) 개인 ↔ 운명: 인물이 자신의 운명 때문에 겪는 갈등
	      예 김동리의 〈역마〉에서 '성기'가 역마살 때문에 겪는 갈등

3) 시점

서술자가 사건을 서술하는 관점이나 시각

서술자의 위치	시점		특징
작품 안	1인칭	주인공 시점	• 주인공 '나'가 서술자가 되어 이야기를 전달함. • 독자에게 신뢰감과 친근감을 줌.
		관찰자 시점	• 작품 속 등장인물 '나'가 주인공을 관찰하여 이야기를 전달함. • 주인공의 내면이 드러나지 않아서 긴장감이 생김.
작품 밖	3인칭	전지적 작가 시점	• 작품 밖의 서술자가 전지전능한 신처럼 모든 것을 알고 인물의 행동과 심리를 구체적으로 전달함. • 독자의 상상력이 제한됨.
		관찰자 시점	• 작품 밖의 서술자가 겉으로 보이는 인물의 행동을 관찰하여 전달함. • 서술자가 객관적으로 전달하기 때문에 독자의 상상력이 개입됨.

확인문제

[01~02] 다음 글을 읽고 물음에 답하시오.

재종숙은 아무래도 김만호 씨보다는 강 목사에 더 애착이 가는 것 같았다.
"둘은 소학교와 농업학교를 같이 다녔고, 이 지역에서는 그래도 똑똑하다고 소문이 나 있던 사람들이었지. 강 목사는 농업학교를 나온 후 이곳 소학교에서 교편을 잡으면서 밤이면 야학을 하였어. 나도 토요일이나 방학에 집에 와서는 그 일을 도와드렸지."
그러는 사이에 강 목사와 김만호 씨는 자주 다투게 되었다. 한쪽에서는 일본 말을 가르치는 일을 못마땅히 생각하였고, 한편에서는 세상 돌아가는 형편을 외면한 채 저 잘난 척한다고 생각하였다. 그러는 동안 결국 한글 강습소는 문을 닫아야 하였고 강 목사는 고향을 떠나야 하였다.
"이봐, 그때 그 한글 강습소를 폐쇄시킨 게 바로 김만호였어. 우리가 주재소에 가서 혼이 나도록 당한 것도 다 뒤에서 그 작자가 조종을 한 거야. 나도 학교를 마치지도 않고 고향에 있을 수가 없어서 일본으로 떠나 버렸어. 귀찮은 일이 자꾸 따라다녔지."
재종숙은 그때 일을 바로 어제 일같이 말하였다.
"그 일뿐이 아니라고. 참으로 못할 짓 많이 하였지. 그런데 내가 해방이 되어서 고향에 돌아와 보니까, 아니 어디 숨어 있는 줄 알았던 그가 아주 요란스럽게 행세를 하고 있었어. 난 그 꼴이 보기 싫어서 다시 일본으로 들어가 버렸지만……."
재종숙의 말은 자꾸 헷갈렸다.
김만호 씨는 면 농회 근무 3년 만에 서른이 안 된 나이로 면장이 됐다. 재종숙은 아마 그가 제일 악질적인 면장이었을 거라고 말하였다. 더구나 용서하지 못할 일은, 그가 가장 면민을 위하는 척하면서 제 할 일은 다 했다는 점이었다. 그는 젊은 면장으로서 이 제주 섬에서 가장 도사(島司)의 신임을 얻은 면장이 되었다. 재종숙의 말투는 점점 과격하여 갔다. 인생의 황혼기에서, 아무리 뼈에 사무친 일이라 하더라도 이 나이쯤이면 모두 이해하고 용서할 수 있을 터인데 그게 아니었다.
"생각해 보게. 어떻게 그런 사람에게 '선구적인 시민상'을 주어. 나라를 팔아먹는데, 권력의 종노릇 하는 데 선구적이었어. 그건 김만호 개인의 문제가 아니여. 신문사 문제만도 아니고, 작은 문제가 아니여. 그 사람이 상을 타면 세상 사람의 본이 되는 건데, 아니 모두들 그렇게 살아도 된다는 거여? 안 되여. 안 돼."
그는 언성을 높였다. 바로 교장 어른을 상대하여 말하는 투였다.
그와 헤어져 거리로 나오자 이번에는 교장 어른을 만나고 싶었다. 역시 그에게서는 재종숙과는 정반대의 말을 들을 것이 뻔하지만, 재종숙에게 듣지 못했던 새로운 이야기를 들을 수 있을 것 같았.

(중략)

"그분이 일제 시대에 관리 노릇을 하였고 더구나 면장을 오랫동안 지낸 것은 사실이지만, 그 시국에 누군들 면장을 해야 했을 거이고, 더구나 일본 사람이 면장을 했던 것보담야 훨씬 나았지. 나도 일제 시대 여남은 해 동안 교단에 서서 식민지 교육에 앞장섰던 사람으로서 그분의 행적에 대하여 시비를 가릴 자격은 없어. 큰집에서 내가 좀 강경하게 말한 것은 자네 칠촌 말일세. 일본 가서 살아서 이곳 사정을 모르는 처지에 이러쿵저러쿵 하는 바람에 비위가 상했던 거야. 자기도 그곳에서 살았으면 아니, 일본 사람에게 협조하지 않고 독야청청 민족과 나라를 위하여 애국만 하며 살 수 있었겠냔 말이네. 어림없어. 아마 먼저 더 철저하게 일본 사람들에게 붙어살았을지 누가 알아. 사실 이곳에서 살지 않았던 사람은 이곳에 살면서 좋은 일 궂은 일 모두 겪었던 사람들에 대해서는 말을 말아야 돼."

재종숙의 처사가 못마땅하다는 것이었다. 그런 교장 어른에게서도 새로운 김만호의 면모를 찾을 수 없을 것 같았다.

- 현길언, 〈신열(身熱)〉 -

작품 분석

1) 갈래:
2) 배경:
3) 시점:
4) 주제:
5) 특징:
6) 주요 등장인물:

---

01 이 글의 내용으로 미루어 알 수 <u>없는</u> 것은?

① '김만호'는 시대의 변화를 재빨리 수용한다.
② '김만호'와 '강 목사'는 삶에 대한 태도와 관점이 다르다.
③ '교장 어른'은 '강 목사'보다는 '김만호'의 입장을 옹호하고 있다.
④ '재종숙'은 '김만호'의 수상 문제가 사회 정의의 문제와 관련되어 있다고 본다.
⑤ '나'는 '재종숙'과 '교장 어른'이 생각의 차이를 좁혀 화해할 수 있다고 생각한다.

해설 '교장 어른'과 '재종숙'은 '김만호'의 삶을 서로 다르게 평가하고 있다. '재종숙'은 '김만호'가 '선구적인 시민상'을 받은 것을 못마땅해 하고 있지만, '교장 어른'은 '김만호'를 두둔하고 있다. 특히 마지막 부분에서 '교장 어른'이 '김만호'에 대한 '재종숙'의 처사를 못마땅하게 여기고 있는 것을 보았을 때, 화해할 것이라는 생각은 할 수가 없다.

정답 ⑤

---

02 이 글에 대한 설명으로 가장 적절한 것은?

① 대화를 통해 인물의 성격을 간접적으로 제시하고 있다.
② 상징적 소재를 활용하여 주제를 암시적으로 드러내고 있다.
③ 사물에 대한 섬세한 묘사로 독자의 상상 공간을 확대하고 있다.
④ 비유적인 언어를 적절하게 구사하여 작품의 미적 효과를 높이고 있다.
⑤ 내적 독백을 연속적으로 서술하여 소설 내의 시간을 느리게 진행시키고 있다.

해설 '나'와 '재종숙', '나'와 '교장 어른'의 대화를 통해 인물의 성격을 간접적으로 제시하고 있다. 이러한 대화 과정을 통하여 중심인물인 '김만호'는 시대의 변화에 따라 처세에 능숙한 인물, '강 목사'는 시대의 변화에도 자신의 신념을 지키려는 의로운 인물이라는 것을 알 수 있다.
⑤ 서술자 '나'의 내적 독백에 서술의 초점을 두고 있는 것이 아니라, '나'와 '재종숙', '나'와 '교장 어른'의 대화를 통해 '김만호'가 어떤 사람이었는지 찾아 가고 있다.

정답 ①

작품 분석 답안	작품 이해
1) 갈래: 중편소설 2) 배경: 일제 강점기~해방 직후 3) 시점: 1인칭 주인공 시점 4) 주제: 진실을 왜곡하는 사회에 대한 비판적 인식 5) 특징: 신문 기자의 눈을 빌려 현실을 폭로하는 형식의 구성 6) 주요 등장인물 　• 나(최 부장): 신문사의 기자로, 진실을 규명하고자 하는 인물 　• 강성수: 자기희생적 성격을 가진 목사로, 김만호에 의해 누명을 쓰고 죽음에까지 이르게 되는 인물 　• 김만호: 기회주의자이자 출세주의자로 격변하는 시기에 요령껏 살아남아 '선구적인 시민상'의 수상을 앞둔 인물	**현길언, 〈신열(身熱)〉** 이 작품은 한 신문 기자의 눈을 빌려 역사 속에 묻힌 개인의 왜곡된 진실을 파헤침과 동시에, 현재까지 계속되고 있는 허위와 조작을 폭로하고 있다. 아울러 진실을 파헤치던 기자의 좌절을 통하여 현실의 부조리까지 고발하고 있다. 〔줄거리〕 신문사의 기자로 근무하는 '나(최 부장)'는 '선구적인 시민상' 수상을 앞둔 '김만호'가 부적격자라는 투서를 받게 된다. '김만호'는 일제 강점기 때 '강성수'가 운영하던 한글 강습소를 폐쇄했고, 그를 사회주의자로 몰았으며, 해방 후에는 제주 4·3 사건의 주동 인물로 '강성수'를 지목하여, 결국 '강성수'는 의문의 시체로 발견된다. 그 후에도 김만호는 4·19와 5·16을 거치면서 시대적 격변기에 변신을 거듭해 왔다. '나'는 취재 중 외압에 시달리면서 '강성수'가 진정한 지도자였다는 것을 짐작하였고, 그 이후 '장성환'의 회고록을 입수하여 증거로 삼고자 하지만, 현실의 장벽에 부딪혀 발표할 수 없게 된다.

[03~04] 다음 글을 읽고 물음에 답하시오.

　다방을 찾는 사람들은, 어인 까닭인지 모두들 구석진 좌석을 좋아하였다. 구보는 하나 남아 있는 가운데 탁자에 앉는 수밖에 없었다. 그래도, 그는 그곳에서 엘만의 〈발스 센티멘털〉을 가장 마음 고요히 들을 수 있었다. 그러나 그 선율이 채 끝나기 전에, 방약무인(傍若無人)한 소리가, 구포 씨 아니오— 구보는 다방 안의 모든 사람들의 ㉠ 시선을 온몸에 느끼며, 소리 나는 쪽을 돌아보았다. 중학을 이삼 년 일찍 마친 사내, 어느 생명 보험 회사의 외교원이라는 말을 들었다. 평소에 결코 왕래가 없으면서도 이제 이렇게 알은체를 하려는 것은 오직 얼굴이 새빨개지도록 먹은 술 탓인지도 몰랐다. 구보는 무표정한 얼굴로 약간 끄떡하여 보이고 ㉡ 즉시 고개를 돌렸다. 그러나 그 사내가 또 한 번, 역시 큰 소리로, 이리 좀 안 오시료, 하고 말하였을 때 구보는 ㉢ 게으르게나마 자리에서 일어나, 그의 탁자로 가는 수밖에 없었다. 이리 좀 앉으시오. 참, 최 군, 인사하지. 소설가, 구포 씨.
　이 사내는, 어인 까닭인지 구보를 반드시 '구포'라고 발음하였다. 그는 맥주병을 들어 보고, 아이 쪽을 향하여 더 가져오라고 소리치고, 다시 구보를 보고, 그래 요새두 많이 쓰시우. 무어 별로 쓰는 것 '없습니다.' 구보는 자기가 이러한 사내와 접촉을 가지게 된 것에 지극한 불쾌를 느끼며, 경어를 사용하는 것으로 그와 사이에 간격을 두기로 하였다. 그러나 이 딱한 사내는 도리어 그것에서 일종 득의감을 맛볼 수 있었는지도 모른다. 그뿐 아니라, 그는 한 잔 십 전짜리 차들을 마시고 있는 사람들 틈에서 그렇게 몇 병씩 맥주를 먹을 수 있는 것에 우월감을 갖고, 그리고 지금 행복이었을지도 모른다. 그는 구보에게 술을 따라 권하고, 내 참 구포 씨 작품을 애독하지. 그리고 그러한 말을 하였음에도 불구하고 구보가 아무런 감동도 갖지 않는 듯싶은 것을 눈치 채자, 사실, 내 또 만나는 사람마다 보고,
　"구포 씨를 선전하지요."
　그러한 말을 하고는 혼자 허허 웃었다. 구보는 의미몽롱한 웃음을 웃으며, 문득, 이 용감하고 또 무지한 사내를 고급(高給)으로 채용하여 구보 독자 권유원을 시키면, 자기도 응당 몇 십 명의, 또는 몇 백 명의 독자를 획득할 수 있을지 모르겠다고 그런 난데없는 생각을 하여 보고, 그리고 ㉣ 혼자 속으로 웃었다. 참 구보 선생, 하고 최 군이라 불린 사내도 말참견을 하여, 자기가 독견(獨鵑)의 〈승방비곡(僧房悲曲)〉*과 윤백남(尹白南)의 〈대도전(大盜傳)〉*을 걸작이라 여기고 있는 것에 구보의 동의를 구하였다. 그리고, 이 어느 화재 보험 회사의 권유원인지도 알 수 없는 사내는, 가장 영리하게,
　"구보 선생님의 작품은 따루 치고……."
　그러한 말을 덧붙였다. 구보가 ㉤ 간신히 그것들이 좋은 작품이라 말하였을 때, 최 군은 또 용기를 얻어, 참 조선서 원고료(原稿料)는 얼마나 됩니까. 구보는 이 사내가 원호료라 발음하지 않는 것에 경의를 표하였으나 물론 그는 이러한 종류의 사내에게 조선 작가의 생활 정도를 알려 주어야 할 아무런 의무도 갖지 않는다.
　그래, 구보는 혹은 상대자가 모멸을 느낄지도 모를 것을 알면서도, 불쑥, 자기는 이제까지 고료라는 것을 받아 본 일이 없어, 그러한 것은 조금도 모른다 말하고, 마침 문을 들어서는 벗을 보자 그만 실례합니다. 그리고 그들이 무어라 말할 수 있기 전에 제자리로 돌아와 노트와 단장을 집어 들고, 마악 자리에 앉으려는 벗에게,
　"나갑시다. 다른 데로 갑시다."
　밖에, 여름 밤, 가벼운 바람이 상쾌하다.

- 박태원, 〈소설가 구보 씨의 일일〉 -

* 〈승방비곡〉·〈대도전〉: 1930년대에 큰 인기를 얻었던 장편소설

작품 분석

1) 갈래:
2) 배경:
3) 시점:
4) 주제:
5) 특징:
6) 주요 등장인물:

03 ㉠~㉤에 나타난 '구보'의 심리나 태도에 대한 설명으로 적절하지 <u>않은</u> 것은?

① ㉠: 창피스러움과 당혹스러움을 느끼고 있다.
② ㉡: 상대방에 대한 거부감이 드러나 있다.
③ ㉢: 내키지는 않지만 어쩔 수 없이 행동하고 있다.
④ ㉣: 상대방처럼 되지 못하는 자신을 비웃고 있다.
⑤ ㉤: 동의하지는 않지만 상대방의 말을 마지못해 인정하고 있다.

해설 구보는 오랜만에 만난 사내를 마음에 들어 하지 않기 때문에 억지로 합석하여 대화를 나눈다. ㉣은 자기 작품을 남들에게 선전한다고 거들먹거리는 상대방을 자신의 독자 권유원으로 삼으면 몇 백 명의 독자를 획득할 수 있을지도 모른다고 생각한 자신의 내면 의식에 대해 의미몽롱한 웃음을 짓는 것이다.
① 다방 안의 모든 사람의 시선을 온몸에 느끼는 것은 창피스러움과 당혹스러움 때문이다.
② 고개를 돌린 것은 상대방에 대한 거부감을 드러내는 태도라 할 수 있다.
③ '게으르게나마'라는 표현을 통해 것은 내키지 않지만 억지로 행동하는 심리를 드러낸 것이라 할 수 있다.
⑤ '간신히'라는 표현을 통해 구보가 상대방의 말에 동의하지 않으면서도 마지못해 인정하고 있음을 알 수 있다.

정답 ④

04 이 글에 대한 설명으로 적절하지 <u>않은</u> 것은?

① 현재형 어미를 사용해 이야기를 생동감 있게 전달하고 있다.
② 시간적 순서에 따라 사건을 배열하여 사건의 인과성을 밝히고 있다.
③ 작품 밖의 서술자가 작중 인물의 시각을 통해 세태를 암시하고 있다.
④ 직접 화법과 간접 화법을 활용하여 등장인물 간의 심리적 거리를 조절하고 있다.
⑤ 쉼표를 의도적으로 사용하여 읽기 속도에 변화를 줌으로써 그 부분에 주목하게 하고 있다.

[해설] 구보 씨가 다방에서 벗을 기다리던 중에 평소 왕래가 없던 중학교 동창과 그의 동료를 만나 썩 내키지 않는 대화를 나누다가 문을 들어서는 벗과 함께 다방에서 벗어나는 장면이다. 제시된 지문에서는 시간적 순서에 따라 사건을 배열하고 있지만, 주인공인 구보 씨의 내면이 의식의 흐름에 따라 두서없이 나타나고 있기 때문에 사건의 인과성은 잘 드러나지 않는다. 따라서 이 작품은 사고와 장소의 필연성보다는 인물의 의식에 따라 기술되고 있다고 볼 수 있다.

① 이 글의 서술부는 전반적으로 과거형 어미로 진술되고 있으나, 인물의 내면을 제시하는 문장은 현재형 어미를 사용하여 생동감 있게 제시하고 있다.
③ 작품 밖의 서술자가 구보와 또 다른 인물의 대화를 통해 물질만능주의 세태를 보여 주고 있다.
④ 이 글의 대화 부분은 직접 화법과 간접 화법이 뒤섞여 있는데, 이를 통해 등장인물 간의 심리적 거리를 조절하고 있다.
⑤ '참, 최 군, 인사하지. 소설가, 구포 씨.', '밖에, 여름 밤, 가벼운 바람이 상쾌하다.'처럼 쉼표를 의도적으로 사용하여 읽기 속도에 변화를 줌으로써 그 부분에 주목하도록 유도하고 있다.

[정답] ②

작품 분석 답안	작품 이해
1) 갈래: 중편소설, 세태소설, 모더니즘 소설, 심리소설 2) 배경: 1930년대의 어느 날, 서울 시내 3) 시점: 전지적 작가 시점 4) 주제: 1930년대 무기력한 소설가의 눈에 비친 일상과 그 내면 의식 5) 특징 • 하루 동안의 여로형 구조 • 의식의 흐름을 통해 관찰과 심리 묘사의 조화를 이룸. • 만연체 문장 사용 6) 주요 등장인물 • 구보: 일본 유학까지 하고 돌아왔으나 일정한 직업 없이 글을 쓰며 근근이 살아가는 인물 • 어머니: 일본 유학까지 하고 와서 직장을 잡지 못하고 결혼도 하지 못해 혼자인 아들을 걱정하는 인물	**박태원, 〈소설가 구보 씨의 일일〉** 이 작품은 작가의 자전적 소설로, 소설가 '구보' 씨가 하루 동안 서울 거리를 배회하며 느끼는 내면의 의식 변화를 보여 주는 작품이다. 서울 거리의 풍물이나 다양한 사람들의 모습을 바라보는 구보의 시선과 생각을 통해 1930년대 일제 강점기의 우리 민족의 현실과 나약한 지식인의 일상사를 엿볼 수 있다. [줄거리] 글을 쓰며 근근이 살아가는 '구보'는 정오에 집을 나와서 서울 거리를 배회하다 귀와 시력에 이상이 있다고 생각하며 불안해한다. 동대문행 전차 안에서 전에 선을 본 여자를 발견하고 외면한 것을 후회한다. 고독을 피해 경성역을 찾아가지만, 인정이 메마른 사람들만 발견한다. 우연히 중학 열등생이었던 동창이 예쁜 여자와 동행한 것을 보고 여자의 허영심에 대해 생각한다. 다방에서 기자인 친구를 만나 그가 돈 때문에 글을 써야 한다는 사실에 연민을 느낀다. 친구와 술을 마시면서 세상 사람을 정신병자로 취급하고 싶은 충동을 느낀다. 새벽 두 시경, 종로 네 거리에서 '구보'는 이제는 어머니를 위해 결혼도 하고 창작도 할 것을 다짐하며 귀가를 한다.

[05~06] 다음 글을 읽고 물음에 답하시오.

　누군가가 헌 타올과 신문지를 가져왔다. 노인은 뼛조각을 하나씩 집어 들고 수건으로 흙을 닦아낸 다음 그것을 펼쳐진 신문지 위에 가지런히 정리해 놓기 시작했다.
　"그렇다면 이 치도 아마 빨갱이였겠구만, 안 그래요?"
　소대장이 지휘봉의 뽀족한 끝으로 쿡쿡 찌르듯 유해를 가리키며 말했다. 인사계가 되물었다.
　"어째서요."
　"산을 타고 도망치던 빨치산들이 그리 많이 죽었다잖아. 이 치도 보기엔 군인은 아니었을 것 같고, 그렇다고 근처의 주민이었다면 가족이 있을텐데 임자 없이 이 꼴로 팽개쳐뒀을라구."
　"그걸 누가 압니까. 그때야 워낙 피차에 서로 죽고 죽이던 판인데."
　그때였다. 쭈그려 앉아서 손을 움직이고 있던 노인이 불쑥 소리치는 것이었다.
[A] ["어허, 대관절……, 대관절 그게 어떻다는 얘기요. 죽어서까지 원, 아무리 이렇게 죽어 누운 다음에까지 이쪽이니 저쪽이니 하고 그런 걸 굳이 따져서 무얼 하자는 말이오. 죽은 사람이 뭣을 알길래……, 죄다 부질없는 짓이지. 쯔쯧."]
　노인의 음성은 낮았지만 강하고 무거웠다. 그러면서도 노인은 고개를 숙인 채 뼛조각에 묻은 흙을 정성스레 닦아내고 있었다. 무슨 귀한 물건마냥 서두르는 기색도 없이 신중히 손질하고 있는 노인의 자그마한 체구를 우리는 둘러서서 지켜보았다. 모두들 한동안 입을 다물었고, 나는 흙에 적셔진 노인의 손끝이 가늘게 떨리고 있음을 깨달았다.
　"땅속에 누운 사람의 잠을 살아 있는 사람이 깨워서야 되겠소. 또 그럴 수도 없는 법이고. 원통한 넋이니 죽어서라도 편히 눈감도록 해야지. 암, 그것이 산 사람들의 도리요……. 하기는, 이렇게 불편한 꼴로 묶여 있었으니 그 잠인들 오죽했을까만."
　노인은 어느 틈에 꾸짖는 듯한 말투로 혼자 중얼거리고 있었다. 두개골과 다리뼈를 꼼꼼히 문질러 닦은 뒤, 노인은 몸통뼈에 묶인 줄을 풀어내기 시작했다. 완강하게 묶인 매듭은 마침내 노인의 손끝에서 풀리어졌다. 금방이라도 쩔걱쩔걱 쇳소리를 낼 듯한 철사줄은 싱싱하게 살아 있었다. 살을 녹이고 뼈까지도 녹슬게 만든 그 오랜 시간과 땅 밑의 어둠을 끝끝내 견뎌내고 그렇듯 시퍼렇게 되살아 나오는 그것의 놀라운 끈질김과 냉혹성이 언뜻 소름끼치도록 무서움증을 느끼게 했다.

(중략)

　아아, 나는 까맣게 잊고 있었던 것이다. 어머니가 그토록 오랫동안 누군가를 기다려왔음을. 내 유년 시절의 퇴락한 고가의 마루 밑 그 깜깜한 어둠 속에서 음습하고 불길한 냄새와 함께 나를 쏘아보고 있던 한 사내의 눈빛을, 그리고 청년이 된 지금까지도 가슴을 새까맣게 그을려 놓으며 깊숙한 상흔으로만 찍혀져 있을 뿐인 그 증오스런 사내의 이름을, 어머니는 스물다섯 해가 넘도록 혼자서 몰래 불씨처럼 가슴속에 키워 오고 있었던 것이다. 어머니한테 그 사내는 다른 아무것도 아니었다. 다만 곱고 자상한 눈매로서만, 나직한 음성으로서만 늘 곁에 남아 있었던 것이다.

― 임철우, 〈아버지의 땅〉 ―

작품 분석

1) 갈래:
2) 배경:
3) 시점:
4) 주제:
5) 특징:
6) 주요 등장인물:

05 [A]에 나타난 '노인'의 심정을 가장 잘 드러낸 것은?

① 하늘을 우러러 / 울기는 하여도 / 하늘이 그리워 울음이 아니다. / 두 발을 못 뻗는 이 땅이 애닮아 / 하늘을 흘기니 / 울음이 터진다. / 해야 웃지 마라. / 달도 뜨지 마라.
— 이상화, 〈통곡〉 —

② 전쟁이 뺏아간 나의 친구는 어디서 만날 수 있습니까. / 슬픔 대신에 나에게 죽음을 주시오. / 인간을 대신하여 세상을 풍설로 뒤덮어 주시오. / 건물과 창백한 묘지 있던 자리에 / 꽃이 피지 않도록
— 박인환, 〈검은 신〉 —

③ 사람은 누구나 / 생(生)과 사(死), 한 몸에 지녀 / 한 몸에서 / 삶은 죽음을 / 죽음은 삶을 / 서로 돕다 / 몸 허물어지면 그뿐. // 땅으로 / 하늘로 / 아, 이별 / 혼자서 보이지 않는 저 세상 / 그곳으로 또 떠나는거지.
— 조병화, 〈어느 여행자의 독백〉 —

④ 누군가 지팡이로 후려치지 않는 한 / 깊은 휴식에서 헤어나지 못하리. / 하나의 형상 역시 / 누군가 막대기로 후려치지 않는 한 / 다른 형상을 취하지 못하리. / 육신이란 누더기에 지나지 않는 것. / 헛된 휴식과 잠 속에서의 방황의 나날들.
— 조정권, 〈산정 묘지〉 —

⑤ 오호, 여기 줄지어 누웠는 넋들은 / 눈도 감지 못하였겠고나. // 어제까지 너희의 목숨을 겨눠 / 방아쇠를 당기던 우리의 그 손으로 / 썩어 문드러진 살덩이와 뼈를 추려 / 그래도 양지바른 두메를 골라 / 고이 파묻어 떼마저 입혔거니 // 죽음은 이렇듯 미움보다, 사랑보다도 / 더 너그러운 것이다.
— 구상, 〈초토의 시〉 —

[해설] 노인은 소대장과 인사계가 유골의 신분에 대해 언쟁을 벌이는 것을 듣고 '이쪽이니 저쪽이니 하고 그런 걸 굳이 따져 무얼 하자는 말이오.'라고 하여 서로의 적대감으로 인한 비극을 넘어서야 함을 말하고 있다. 이는 이념보다는 포용을 통해 비참하게 죽은 자를 끌어안아야 한다는 심정을 드러낸 것이다.
① 참담한 현실에 대한 절망감을 드러내고 있다.
② 슬픔과 죽음을 바꿀 정도로 엄청난 상심과 절망의 심정을 드러내고 있다.
③ 삶과 죽음이 하나라고 생각을 드러내고 있다.
④ 허무한 지상적 삶을 초월하고 가장 높은 정신이 살아 움직이는 '산정 묘지'에 다다르려 하는 시인의 현실 초극 의지를 드러내고 있다.

[정답] ⑤

06 이 글로 미루어 알기 어려운 것은?

① 어머니는 아버지의 죽음을 애써 부인하고 싶어했다.
② 어머니는 아버지를 자상한 한 남자로만 간직하고 있다.
③ '나'는 어린 시절에 아버지로 인해 마음에 상처를 받았다.
④ '나'는 철사 줄에 묶여 잡혀가는 아버지의 모습을 목격하였다.
⑤ 유해의 신원에 대해 소대장과 인사계는 다른 견해를 보였다.

해설 직접 목격한 것이 아니라, 좌익 활동을 했던 사람의 유골을 수습하는 과정에서 아버지의 모습을 떠올리고 있다.
정답 ④

작품 분석 답안	작품 이해
1) 갈래: 단편소설, 분단소설 2) 배경: 1980년대, 전방의 어느 야영지 3) 시점: 1인칭 주인공 시점 4) 주제: 분단의 상처와 극복 5) 특징 • 서술자의 내적 독백을 통해 서사 전개 • 현재와 과거의 교차 또는 중첩을 통한 주제 형상화 6) 주요 등장인물 • 나: 홀어머니와 살고 있는 군인으로, 공산주의자로 월북한 아버지에 대한 원망과 증오를 가진 인물 • 노인: 전쟁의 희생자인 형제가 있으며, 유골을 수습하며 상처받은 영혼을 위로하는 인물 • 어머니: 월북한 아버지를 이념과 관계 없이 순수하게 기다리는 인물 • 아버지: 전쟁 중 월북하였으며, '나'의 원망과 증오의 대상이 되는 인물	**임철우, 〈아버지의 땅〉** 이 작품은 전쟁의 상처와 그 치유 과정을 다룬 소설로, 현재와 과거의 중첩, 배경에 대한 묘사를 통해 주제를 형상화하고 있다. 전쟁 중에 행방불명된 아버지 때문에 늘 정신적 상처를 안고 있던 '나'는 군대 훈련 중 우연히 유골을 발견하게 되고, 전쟁 중에 좌익 활동을 하다 죽은 것으로 추정되는 이의 유골을 수습하는 과정에서 '나'와 어머니가 가지고 있는 전쟁의 상처를 보여 준다. 이러한 과정에서 이념 대립으로 인한 남북 분단의 상처가 전쟁을 체험한 세대와 전쟁을 체험하지 못한 세대에까지 미치고 있음을 보여 주고 있다. **줄거리** 전방에서 군 복무 중인 '나'는 6·25 전쟁 때 좌익 활동을 하다가 행방불명이 된 아버지로 인해 정신적 고통을 겪고 있고, '나'의 어머니는 아버지를 그리워하며 아버지가 돌아오기를 기다리고 있다. 어느 날 '나'는 기동 훈련에 대비한 경계용 참호를 구축하다가 전쟁 때 죽은 것으로 생각되는 유골을 발견하게 된다. '나'와 오 일병은 마을의 노인을 모시고 유골을 수습하게 되고, 유골을 수습하는 과정에서 '나'는 어머니를 떠올리며 아버지를 잊지 못하는 어머니의 상처와 아버지의 상처를 이해하게 된다. 유골의 수습을 마치고 노인을 데려다 주고 오는 길에 '나'는 모든 것을 눈이 하얗게 덮는 풍경을 보게 된다.

[07~08] 다음 글을 읽고 물음에 답하시오.

(전략)

　실상 곁에서 엿듣고 앉았는 나 역시 궁금하지만, 이러한 소리를 듣는 시골 궐자는 더 한층 호기의 눈을 번쩍이며 앉았는 모양이다. 그러나 그것을 토설치 않는 것은 나와 그 외의 두세 사람이 들을까 꺼리어서 그리하는 것 같기도 하고, 또는 그 시골뜨기가 좀 더 몸이 달아 덤비며 자기의 부하가 되겠다는 다짐까지 받고서야 이야기하려는 수단 같기도 하다.

　"그래 그런 훌륭한 직업이 무엇인데, 어디 있단 말요?"

　이번에는 그 시골자의 동행인 듯한 사람이 가만히 듣고 있다가 욕탕에서 시뻘겋게 단 몸뚱어리를 무거운 듯이 끌어내며 물었다. 그자도 물속에서 불쑥 일어서서 수건을 등 뒤로 넘겨서 가로잡고 문지르며 한번 목욕탕 속을 휘 돌아다보고, 다른 사람들이 자기네의 이야기에는 무심히 이 구석 저 구석에서 멱을 감는 것을 살펴본 뒤에, 안심한 듯이 비로소 목소리를 낮추며 입을 벌린다.

　"실상은 누워 떡 먹기지. 나두 이번에 가서 해 오면 세 번째나 되오마는, 내지의 각 회사와 연락해 가지고 요보*들을 붙들어 오는 것인데, 즉 조선 쿨리(苦力)* 말씀요. 농촌 노동자를 빼내 오는 것이죠. 그런데 그것은 대개 경상남북도나, 그렇지 않으면 함경, 강원, 그 다음에는 평안도에서 모집을 해오는 것인데, 그중에도 경상남도가 제일 쉽습넨다, 하하하."

　그자는 여기 와서 말을 끊고 교활한 웃음을 웃어 버렸다.

(중략)

　"그래 조선 농군들이 가서 그런 공사일을 잘들 하나요?"

　"잘 하구 못 하는 것은 내가 아랑곳 있겠소마는, 하여간 요보는 말을 잘 듣고 쿨리만은 못해도 힘드는 일을 잘 하는 데다가 삯전이 헐하니까 안성맞춤이지. 그야 처음 데려갈 때에는 품삯도 많고 일은 드러누워서 떡 먹기라고 푹 삶아야 하긴 하지만, 그래도 갈 노자며 처자까지 데리고 가게 하고, 게다가 빚까지 갚아 주는데야 제 아무런 놈이기로 아니 따라나설 놈이 있겠소. 한번 따라 나서기만 하면야 전차(前借)가 있는데 그야말로 독 안에 든 쥐지. 일이 고되거나 품이 헐하긴 고사하고 굶어 뒈진다기루 하는 수 있나, 하하하."

　벌써 부하가 되었다는 듯이 득의만면하여 모집 방법의 비책까지 도도히 설명을 하여 주고 앉았다. 나는 좀 더 들으려고 일부러 머뭇머뭇하며 앉았으려니까, 승객이 다 올라탔는지, 별안간에 욕객의 한 떼가 또 와자하고 들이 밀려오기에 나는 그만 듣고 몸을 훔치기 시작하였다.

[A] [스물 두셋쯤 된 책상 도련님 나로서는 이러한 이야기를 듣고 놀라지 않을 수 없었다. 인생이 어떠하니, 인간성이 어떠하니, 사회가 어떠하니 하여야 다만 심심파적으로 하는 탁상의 공론에 불과한 것은 물론이다. 아버지나 조상의 덕택으로 글자나 얻어 배웠거나 소설권이나 들춰 보았다고, 인생이니 자연이니 시니 소설이니 한대야 결국은 배가 불러서 투정질하는 수작이요, 실인생, 실사회의 이면의 이면, 진상의 진상과는 얼마만한 관련이 있다는 것인가? 하고 보면 내가 지금 하는 것, 이로부터 하려는 일이 결국 무엇인가 하는 의문과 불안을 느끼지 않을 수가 없었다. 일 년 열두 달 죽도록 농사를 지어야 반년짝은 시래기로 목숨을 이어 나가지 않으면 안 되겠으니까…… 하는 말을 들을 제, 그것이 과연 사실일까 하는 의심이 날만치 나의 귀가 번쩍하리만치 조선의 현실을 몰랐다. 나도 열 살 전까지는 부모의 고향인 충청도 촌 속에서 자랐고, 그 후에도 일 년에 한두 번씩은 촌락에 발을 들여놓아 보았지만, 설마 그렇게까지 소작인의 생활이 참혹하리라고는 꿈에도 생각해 본 일이 없었다.]

— 염상섭, 〈만세전〉 —

* 요보: 일제 강점기 일본인들이 조선 사람을 얕잡아 부르던 말
* 쿨리: 육체노동에 종사하는 하층의 중국인·인도인 노동자

작품 분석

1) 갈래:
2) 배경:
3) 시점:
4) 주제:
5) 특징:
6) 주요 등장인물:

---

07 [A]의 '나'에 대한 설명으로 적절하지 <u>않은</u> 것은?

① 자신의 미래에 대해 회의적으로 전망하고 있다.
② 민중들의 궁핍한 삶을 몰랐던 과거를 반성하고 있다.
③ 현실에 대한 새로운 인식으로 심리적 갈등을 겪고 있다.
④ 자신의 이상과 가족들의 기대 사이에서 혼란을 겪고 있다.
⑤ '책상 도련님'처럼 살아온 자신의 모습에 자조(自嘲)하고 있다.

[해설] '나'의 의식 세계가 관념에 사로잡혀 있음을 보여 주는 부분이며, 자신이 품은 삶의 목표들과 현실과의 차이로 혼란을 겪고 있는 것이지, 가족들의 기대 사이에서 혼란을 겪는 것은 아니다.

[정답] ④

---

08 이 글에 대한 설명으로 적절한 것은?

① 인물 간의 갈등이 점차 고조되고 있다.
② 공간 배경을 감각적으로 묘사하고 있다.
③ 간결한 문체의 사용으로 사건이 빠르게 전개되고 있다.
④ 사건을 객관적으로 제시하여 독자에게 판단을 맡기고 있다.
⑤ 서술자가 관찰한 사실과 판단한 내용이 함께 기술되고 있다.

[해설] 서술자인 '나'가 욕탕에서 보고 듣게 된 어떤 위인과 시골 촌뜨기의 대화 장면을 제시하고, 그들의 대화를 통해 '나'가 새롭게 느끼고 인식하게 된 내용으로 구성되어 있다. 따라서 이 장면은 주로 서술자가 관찰한 사실을 통해 판단한 내용을 중심으로 전개되고 있다.

[정답] ⑤

작품 분석 답안	작품 이해
1) 갈래: 중편소설, 사실주의 소설 2) 배경: 1918년 3·1 운동 직전의 겨울, 동경·김천·서울 3) 시점: 1인칭 주인공 시점 4) 주제: 지식인의 눈으로 바라본 식민지 조선의 암담한 현실 5) 특징 　• 원점 회귀 여로형 구조 　• 사실적이고 호흡이 긴 문장, 자조·혐오의 어조 사용 　• 3·1 운동 전의 현실을 사실적·객관적으로 제시함. 6) 주요 등장인물 　• 나(이인화): 일본 동경 W대학 문과에 재학 중인, 타산적이고 품은 이상이 없으며 감상적인 지식인으로, 일본에 있을 때에는 민족의식을 느끼지 않았으나, 서서히 조선의 현실을 느끼며 자아(自我)에 눈을 뜨기 시작한다.	**염상섭, 〈만세전〉** 이 작품은 조선의 현실에 관심이 없던 주인공이 아내가 위독하다는 소식을 듣고 귀국했다가 돌아가는 여정을 통해 민족의 현실에 눈을 떠 가는 과정을 그린 것이다. 전형적인 여로형 구조로 이루어져 있는데, 동경에서 출발하여 서울에 이르는 과정을 통해 사회의 현실을 깨닫는 주인공의 인식과 그 변화 과정을 효과적으로 보여 주고 있다. **줄거리** 동경에 유학 중인 '나(이인화)'는 아내가 위독하다는 전보를 받고 귀국을 준비한다. 귀국하는 배에서 '나'는 일본인이 조선인을 멸시하는 것을 보고 분개하고, 조선의 민족이 처한 현실을 보게 된다. 조선에 도착하여 서울로 가는 도중에 전근대적인 사고에 갇힌 조선인의 실상을 체험하고 마음이 답답해진다. 현대 의술로 고칠 수 있는 병을 재래식 의술에 맡겨둔 아버지 때문에 아내가 죽게 되면서, 구더기가 들끓는 공동묘지와 같은 조선에서 도망치듯 동경으로 떠난다.

[09~10] 다음 글을 읽고 물음에 답하시오.

[앞부분의 줄거리] 뱃사공 삼바우는 전쟁터로 나가는 아들 용팔과 마을 청년 두칠, 천달을 배에 태워 강 건너로 보낸다. 얼마 후 두칠은 부상을 입어 흉측한 모습으로 돌아오지만 용팔과 천달에게서는 아직 소식이 없다.

　첫서리가 보얗게 내린 어느 날 아침나절, 읍으로부터 오는 길에 멀리 자전거가 한 대 나타났다. 삼바우는 나룻배를 몰아 물가에 갖다 대놓고, 가까워오는 자전거를 기다렸다. 그것은 안면이 있는 자전거였다. **빨간 자전거**였다. 편지가 오는구나.
　삼바우는 가슴이 뛰었다. 혹시 용팔이한테서나…… 자전거에서 내리는 배달부는 낯이 선 사람이었다.
　"여보이소, 저 마을이 강동리 이구 맞지요?" / "야, 맞구마. 편지 어디서 왔능교?"
　"양봉재라는 사람 있능게?" / "야, 있구마, 천달이 저저 어르신네구마. 어디서 왔능교?"
　"에에……."
　배달부는 편지를 뒤집는다.
　"천달이한테서 왔능교?" / "아니요, 군수한테서 왔구마."
　"군수라니요?" / "군수도 모르능게? 고을 원님 말이구마." / "구운수?"
　삼바우의 두 눈은 퉁방울처럼 휘둥그레진다.
　"정말로 카능게? 부러 카능게?"
　"이 양반 보소. 내가 어디 할 일이 없어서 장난하로 댕기는 사람인 줄 아능게? 허허……."
　"하아, 군수한테서……."
　참 희한한 일도 다 있다는 듯 삼바우의 벌어진 입은 쉬 다물리지가 않는다. 배달부의 자전거를 번쩍 들어 배에 올려 주며,
　"나한테는 없능교, 편지? 배(裵)삼바우구마." / "그 집 하나뿐이구마."
　서운했다. 그러나 삼바우는 노를 저으면서도, 군수한테서 편지가 오다니, 양 생원 인제 팔자 고치는 거 아닌가? 곧장 감격스러웠다. 한편 어떻게 생각하면, 양 생원한테 군수라니…… 너무 당치가 않아 슬그머니 겁이 나기도 했다.
　마을에서 울음소리가 일어난 것은 그로부터 잠시 후의 일이었다. 물론 양 생원네 집이었다. 온 집안이 그대로 울음의 도가니였다. 난데없는 곡성에 마을은 발칵 뒤집히었다. 순녀의 피나는 **울음소리**는 유독 마을사람들의 간장을 끊었다. 대열이도 덩달아 삐이삐이 소리를 질렀다. 천달이가 뭐 어쩌고…… 뼈다귀가 뭐 어쩌고어쩌고…… 사람들은 서로 귀에 입을 대고 쑥덕거렸다. 마을은 **밤**이 되어도 뒤숭숭했다. 목이 잠겨 이제 부서진 풀무 소리 같은 곡성이 그래도 끊일락 이을락 한이 없었다. 뒤 언덕 도토리나무 잎새를 털고 지나가는 바람소리도 별나게 스산하기만 했다.
　며칠 뒤, 이른 새벽, 양 생원네는 강을 건너 **읍내**로 들어갔다. 삼바우는 멀어져 가는 그들의 뒷모습을 바라보며 크게 한숨을 쉬었다.
　순녀의 등에 업힌 대열이는 곧장 엄마에게,
　"엄마야, 우이 어디 가노?" / "읍내 간다."
　"읍내가 머꼬?" / "……."
　"앙? 엄마." / "읍내가 읍내지 뭐까 봐. 저어기 가면 읍내라고 있다."
　"머하로 가노?" / "……."
　"앙?" / "……."

순녀는 뭐라고 대답할 말이 없었다. 땅이 한쪽으로 기울어지는 듯 어지럽기만 했다. 엄마의 대답이 없으니, 대열이는 할아버지를 돌아본다.
"……." / "하부이! 우리 머하로 가노?"
"……." / "하부이 니도 모르나?"
"……."
벌그레 부어오른 두 눈을 무겁게 내리감을 따름, 할아버지 역시 아무런 대꾸가 없다. 대열이는 울상이 되어 킹킹 칭얼거리다가 그만 엄마의 등짝을 마구 때려 준다.
그날 저녁답은 왜 그렇게 하늘이 타는지 몰랐다. **벌건 불길**이 구름을 태우며 온 벌판으로 쏟아져 내렸다. 강물도 꽃자주색으로 출렁거리고, 불어오는 바람에도 붉은 빛깔이 물들어 있었다. 이처럼 무섭게 저물어가는 황혼 속으로 양 생원네는 돌아왔다. 양 생원은 목에 띠를 걸고 네모반듯한 상자를 하나 받쳐 안고 있었다. 상자는 하얀 보에 싸여 있었다.

— 하근찬, 〈나룻배 이야기〉 —

작품 분석

1) 갈래:
2) 배경:
3) 시점:
4) 주제:
5) 특징:
6) 주요 등장인물:

---

09 이 글에 쓰인 소재에 대한 설명으로 적절하지 <u>않은</u> 것은?

① '빨간 자전거'는 마을 밖의 소식을 전해 주는 매개체 역할을 한다.
② '울음소리'는 천달이 무사히 돌아오기를 바라는 순녀의 기대가 좌절되었음을 의미한다.
③ '밤'은 불길한 일을 암시하는 복선 역할을 하여 긴장감을 조성한다.
④ '읍내'는 천달의 죽음을 구체적으로 확인하게 되는 공간이다.
⑤ '벌건 불길'은 천달의 죽음으로 인한 충격적인 분위기를 반영하고 있다.

> **해설** '밤'은 시간적 배경으로 천달의 전사 소식으로 인해 뒤숭숭해진 마을 분위기가 밤늦은 시각까지 계속 이어지고 있음을 나타낸다. 양 생원네 식구들을 비롯한 마을 사람들의 슬픔과 비극을 심화시키는 배경의 역할을 한다.
> ④ 읍내로 간 양 생원네가 받아 온 네모반듯한 상자가 천달의 유골이라는 점에서 짐작할 수 있다.
> ⑤ 핏빛처럼 붉은 황혼을 의미하는 것으로, 이는 흉흉한 소식을 듣게 된 마을의 충격적인 분위기를 반영하고 있다.
>
> **정답** ③

10 이 글의 서술상 특징으로 가장 적절한 것은?

① 풍자적 서술을 통해 인물의 행위를 비판하고 있다.
② 서술자를 교체하면서 새로운 사건을 도입하고 있다.
③ 현재와 과거를 교차 서술하여 갈등을 심화하고 있다.
④ 대화를 통해 인물의 심리를 생생하게 드러내고 있다.
⑤ 의식의 흐름 기법을 활용하여 인물의 심리를 드러내고 있다.

해설 제시된 지문의 앞부분에 나타난 삼바우와 우편 배달부의 대화에서 삼바우가 아들에 대한 소식을 물어보며 기대하는 마음이 생생하게 드러난다. 또한 중반부에서 대열이와 순녀의 대화를 통해 순녀의 좌절감과 슬픔이 구체적으로 드러나고 있다.
② 이 글은 전지적 작가 시점으로, 지문에서는 서술자의 교체가 보이지 않는다.
③ 현재와 과거가 교차되어 서술된 부분은 나타나지 않는다.
⑤ 의식의 흐름 기법은 심리주의 소설에서 주로 쓰는 방법으로, 등장인물의 머릿속 생각을 있는 그대로 표현하는 방법이다. 이 작품에서는 의식의 흐름 기법이 나타나지 않는다.

정답 ④

작품 분석 답안	작품 이해
1) 갈래: 단편소설, 전후소설 2) 배경: 6·25 전쟁, 두메산골 나루터 마을 3) 시점: 전지적 작가 시점 4) 주제: 전쟁의 부당한 폭력성 고발 5) 특징 · 토속적 언어와 감정 및 행위를 함축적인 문체로 묘사함. · 나룻배: 자식들의 생명을 앗아간 세상과의 연결 고리 6) 주요 등장인물 · 삼바우 영감: 나룻배 사공으로, 그의 아들을 포함하여 배에 태운 젊은이들이 전쟁에 징집되어 부상을 입거나 돌아오지 못하게 되자 또 다른 영장을 받은 젊은이들을 배에 태우지 않고자 뱃머리를 돌리는 순박한 인물 · 두칠: 참전 후 흉측한 부상을 입고 돌아와 정신적·육체적 불구가 된 인물 (전쟁이 남긴 상처)	**하근찬, 〈나룻배 이야기〉** 이 소설은 삼바우 영감을 중심으로 전쟁이 개인에게 어떤 아픔을 주고, 어떻게 마을 공동체를 파괴하는지를 보여 주는 작품이다. 사공 삼바우와 조용했던 마을의 삶이 담담하게 담겨져 있지만, 이면에는 전쟁이 주는 신체적·정신적 폭력성이 드러나 있다. 하근찬의 다른 작품이 그렇듯이 이 작품에서도 전쟁을 다루되 전쟁의 실상이나 전개 그 자체를 보여 주지 않고, 보이지 않는 전쟁으로 인해 일상적인 삶을 살아가는 공동체와 개인이 겪는 고통에 초점이 맞춰져 있다. 줄거리 외진 곳에 사는 용팔이, 천달, 두칠이가 삼바우 영감의 배를 타고 읍내로 나가 집합소에 모여서 다른 사람들과 함께 전쟁터로 떠난다. 곧이어 동식이와 수만이에게도 영장이 나와 마을을 떠나갔다. 어느덧 설도 지나고 봄이 왔을 때, 모량댁의 아들 두칠이가 가장 먼저 흉측한 얼굴로 부상을 입고 돌아왔고, 양 생원네 천달이가 죽었다는 소식이 오고 만다. 천달이의 유골을 묻던 날, 삼바우는 읍에서 또 영장을 들고 오는 사람을 보고, 그들이 또 마을 젊은이들을 끌어가려고 왔음을 짐작한다. 그리고는 나룻배를 태워 강을 건너 주지 않으면 징집당할 일도 없다는 생각에 뱃머리를 돌려 그 사람들을 태우지 않고 혼자서 마을로 돌아온다.

[11~12] 다음 글을 읽고 물음에 답하시오.

　연습이 끝나고 막걸리 집으로 옮겨 갔을 때도, 아이들은 민 노인을 에워싸고 역시 성규 할아버지의 북소리는, 우리 같은 졸개들이 도저히 흉내 낼 수 없는 명인의 경지라고 추어올렸다. 그것이 입에 발린 칭찬일지라도, 민 노인으로서는 듣기 싫지 않았다. 잊어버렸던 세월을 되일으켜 주는 말이기도 했다.
　"애들아, 꺼져 가는 떠돌이 북쟁이 어지럽다. 너무 비행기 태우지 말아라."
　민 노인의 겸사에도 아이들은 수그러들지 않았다.
　"아닙니다. 벌써 품이 다른걸요."
　"맞아요. 우리가 칠 때는 죽어 있던 북소리가, 꽹과리보다 더 크게 들리더라니까요."
　"성규, 이번에 참 욕보았다."
　난데없이 성규의 노력을 평가하는 녀석도 있었다. 민 노인은 뜻밖의 장소에서 의외의 술친구들과 어울린 자신의 마음이, 외견과는 달리 퍽 편안하다는 느낌도 곱씹었다. 옛날에는 없었던 노인과 젊은이들의 이런 식 담합이, 어디에 연유하고 있는가를 딱히 짚어 볼 수는 없었으되.
　두어 번의 연습에 더 참가한 뒤, 본 공연이 열리던 날 새벽에 민 노인은 성규에게 일렀다.
　"아무리 단역이라고는 해도, 아무 옷이나 걸치고는 못 나간다. ㉠모시 두루마기를 입지 않고는 북채를 잡을 수 없어."
　"물론이지요. 할아버지 옷장에서 꺼내 놓으세요. 제가 따로 가지고 갈게요."
　"두 시부터라고 했지?"
　"네."
　"이따 만나자."
　일찍 점심을 먹고, 여느 날의 걸음걸이로 집을 나선 민 노인은, 나이에 어울리지 않는 설렘으로 흔들렸다. 아직은 눈치를 채지 못한 아들 내외에 대한 심리적 부담보다는, 자기가 맡은 일 때문이었다. 수십 명의 아이들이 어우러져 돌아가는 춤판에 영감쟁이 하나가 낀다는 사실이, 새삼스럽게 어색하기도 하고, ㉡모처럼의 북 가락이 그런 모양으로밖에는 선보일 수 없다는 데 대한, 엷은 적막감도 씻어 내기 힘들었다. 그러나 젊은 훈김들이 뿜어내는 학교 마당에 서자 그런 머뭇거림은 가당찮은 것으로 치부되었다. 시간이 되어 옷을 갈아입고 아이들 속에 섞여 원진(圓陣)을 이루고 있는 구경꾼들을 대하자, 그런 생각들은 어디론지 녹아 내렸다. 그 구경꾼들의 눈이 자기에게 쏠리는 것도 자신이 거쳐 온 어느 날의 한 대목으로 치면 그만이었다. 노장이 나오고 취발이가 등장하는가 하면, 목중들이 춤을 추며 걸쭉한 음담패설 등을 쏟아 놓을 때마다, 관중들은 까르르 웃었다. 민 노인의 북은 요긴한 대목에서 둥둥 울렸다. 째지는 소리를 내는 꽹과리며 장구에 파묻혀 제값을 하지는 못해도, 민 노인에게는 전혀 괘념할 일이 아니었다. 그전에도 그랬던 것처럼, 공연 전에 마신 술기운도 가세하여, 탈바가지들의 손끝과 발목에 한 치의 오차도 없이 그의 북소리는 턱 턱 꽂혔다.
　그새 입에서는 얼씨구! 소리도 적시어 흘러나왔다. 아무 생각도 없었다. 가락과 소리와, 그것을 전체적으로 휩싸이는 달착지근한 장단에 자신을 내맡기고만 있었다.

ー 최일남, 〈흐르는 북〉 ー

작품 분석

1) 갈래:
2) 배경:
3) 시점:
4) 주제:
5) 특징:
6) 주요 등장인물:
---

11 이 글의 서술상의 특징과 그 효과에 대한 설명으로 가장 적절한 것은?

① 작품 속 서술자가 인물을 관찰하여 나타내고 있다.
② 서술자가 인물에 대하여 직접적으로 논평하고 있다.
③ 의식의 흐름 기법을 사용하여 인물의 내적 욕망을 드러내고 있다.
④ 특정 인물의 시각에서 서술하여 그의 내면에 공감하도록 유도하고 있다.
⑤ 시대적 배경을 섬세하게 묘사하여 사회 현실의 문제를 실감나게 드러내고 있다.

[해설] 전지적 작가 시점으로 서술되고 있는 작품으로, 제시된 부분은 주로 민 노인의 시각에서 서술되고 있다. 이를 통해 작가는 민 노인이 손자의 친구들과 어울리며 편안해 하고 공연을 앞두어 설렘을 느끼는 모습과 북을 치고 나서 자기 몫을 해냈다는 느긋함을 느끼는 내면에 공감하도록 유도하고 있다.

[정답] ④

12 ㉠과 ㉡을 바탕으로 민 노인의 예술에 대한 태도를 가장 잘 표현한 것은?

① 예술은 평범한 사람들의 행복을 위해서 바쳐져야 한다.
② 예술은 현실적 어려움에도 시대의 이상을 꿋꿋이 지켜야 한다.
③ 예술은 청중들의 적극적인 호응을 통해서 성취감을 느낄 수 있다.
④ 예술은 대접을 받지 못하더라도 품위와 격식을 잃지는 말아야 한다.
⑤ 예술은 예술가의 고난과 인내를 통해서 성취되는 아름다움의 결정체이다.

[해설] ㉠에는 북을 칠 때 모시 두루마기라도 입어서 나름대로의 격식을 갖추어야 한다는 민 노인의 생각이 암시되어 있고, ㉡에는 자신의 북 가락이 제대로 대접을 받지 못하는 데 대한 민 노인의 안타까움이 나타나 있다. 이를 종합해 보면 예술은 대접을 받지 못하더라도 품위와 격식을 잃지는 말아야 한다는 민 노인의 예술에 관한 태도를 짐작할 수 있다.

[정답] ④

작품 분석 답안

1) 갈래: 단편소설, 사회소설, 사실주의 소설, 가족사 소설
2) 배경: 1980년대, 서울의 한 아파트, 대학교
3) 시점: 전지적 작가 시점
4) 주제: 예술혼과 인간의 본원적인 삶의 추구
5) 특징
   - 중심 소재를 통하여 세대 간의 갈등 양상을 보여 줌.
   - 갈등의 해소를 제시하지 않음으로써 여운을 줌.
6) 주요 등장인물
   - 민 노인: 방탕한 젊은 시절을 보낸 예술인으로, 정신적인 가치를 중시하는 인물
   - 민대찬: 민 노인의 아들로, 가족을 돌보지 않은 아버지에 대한 원망과 자신의 체면으로 아버지가 북을 치는 것을 싫어하고, 세속적인 가치를 중시하는 인물
   - 성규: 민 노인의 손자로, 아버지의 마음도 이해하지만, 민 노인의 삶도 이해하고 그 삶 속에서 긍정적 가치를 찾을 줄 아는 인물

작품 이해

최일남, 〈흐르는 북〉

이 작품은 서울의 한 중산층 가족의 삶의 모습을 통해 할아버지, 아버지, 손자로 이어지는 세대 간의 갈등과 화합을 보여 준다. 할아버지(민 노인)와 아버지(민대찬)의 갈등은 가치관의 차이에서 비롯된다. '북'은 민 노인의 삶의 궤적을 보여 주며, 정신적인 가치를 중시하는 전통 세계의 가치관을 상징적으로 드러낸다. 이러한 아버지 때문에 불우한 유년 시절을 겪은 민대찬은 아버지의 무책임한 태도를 비판하며, 실리적인 가치와 세속적인 명예를 추구한다. 그리고 아들 성규에게도 자신과 같은 삶의 태도를 강요한다. 그러나 성규는 새로운 세대의 입장에서 할아버지의 삶의 방식을 객관적으로 이해하려고 노력하고, 이는 민대찬과 아들 성규의 갈등을 불러일으킨다. 이 작품은 가족 구성원들 간의 갈등을 사실적으로 그린 가운데, 성규로 대표되는 새로운 세대의 가치관을 통해 세대를 넘어서는 화합을 시도하고 있다.

줄거리 젊은 시절에 북에 미쳐서 재산을 탕진하고 떠돌아다니던 민 노인은 노년에 이르러 자수성가한 아들의 집으로 들어와 살게 된다. 민 노인의 아들은 자신의 사회적 체면도 있고, 민 노인이 북 때문에 허랑방탕한 한평생을 보낸 것이라고 생각해, 민 노인이 북에 접근하는 것을 막았다. 그러나 성규의 친구들이 놀러 온 날 저녁, 성규 친구들의 권유에 민 노인은 그동안 놓았던 북채를 다시 잡고 성규 학교의 봉산 탈춤 공연에 참여해 공연을 무사히 마쳤지만, 진숙 어머니의 고자질로 아들 내외는 민 노인을 심하게 타박하고, 민 노인을 옹호하는 성규에게도 질책을 한다. 그런 일이 있은 지 일주일쯤 후 성규는 데모를 하다 잡혀간다. 이 일로 며느리가 밖으로 나가고, 민 노인은 양주를 들이켜다 북채를 잡고 북을 친다. 민 노인은 성규가 자신의 역마살을 닮은 것은 아닌지, 역마살과 데모는 어떻게 다른지 자문하면서 북을 두드린다.

[13~14] 다음 글을 읽고 물음에 답하시오.

그러는 사이에도, 밖은 간간이 어둠 저편으로부터 바람이 불어왔고, 그때마다 창문이 딸그락거렸다. 전신주 끝을 물고 윙윙대는 바람 소리, 싸륵싸륵 눈발이 흩날리는 소리, 난로에서 톡톡 튀어 오르는 톱밥. 그런 크고 작은 소리들이 간헐적으로 토해 내는 늙은이의 기침 소리와 함께 대합실 안을 채우고 있을 뿐, 사람들은 각기 골똘한 얼굴로 생각에 빠져 있다.

대학생은 문득 고개를 들어 말없이 모여 있는 그들의 얼굴을 하나하나 눈여겨본다. 모두의 뺨이 불빛에 발갛게 상기되어 있다. 청년은 처음으로 그 낯선 사람들의 얼굴에서 어떤 아늑함이랄까 평화스러움을 찾아내고는 새삼 놀라고 있다. 정말이지 산다는 것이란 때로는 저렇듯 한 두름의 굴비, 한 광주리의 사과를 만지작거리며 귀향하는 기분으로 침묵해야 하는 것인지도 모른다.

청년은 무릎을 굽혀 바께쓰 안에서 톱밥 한 줌을 집어 든다. 그리고 그것을 난로의 불빛 속에 가만히 뿌려 넣어 본다. 호르르르. 삐비꽃이 피어나듯 주황색 불꽃이 타오르다가 이내 사그라져 들고 만다. 청년은 그 짧은 순간의 불빛 속에서 누군가의 얼굴을 본 것 같다. 어머니다. 어머니가 주름진 얼굴로 활짝 웃고 있었다.

다시 한 줌 집어넣는다. 이번엔 아버지와 동생들의 모습이 보였다. 또 한 줌을 조금 천천히 흩뿌려 넣는다. 친구들과 노교수의 얼굴, 그리고 강의실의 빈 의자들과 잔디밭과 교정의 풍경이 차례로 떠오르기 시작한다.

음울한 표정의 중년 사내는 대학생이 아까부터 톱밥을 뿌려 대고 있는 모습을 곁에서 줄곧 지켜보고 있는 참이다. 대학생의 얼굴은 줄곧 상기되어 있다.

이 젊은 친구가 어쩌면 꿈을 꾸고 있는지도 모르겠군. 그러면서도 사내 역시 톱밥을 한 줌 집어낸다. 그리고는 대학생이 하듯 달아오른 난로에 톱밥을 뿌려 준다. 호르르르. 역시 삐비꽃 같은 불꽃이 환히 피어오른다. 사내는 불빛 속에서 누군가의 얼굴을 얼핏 본 듯하다. 허 씨 같기도 하고 전혀 낯모르는 다른 사람인 것도 같은, 확실치 않은 얼굴이었다. 사내의 음울한 눈동자가 간절한 그리움으로 반짝 빛나기 시작한다. 사내는 다시 한 줌의 톱밥을 집어 불빛 속에 던져 넣고 있다.

어느새 농부도, 아낙네들도, 서울 여자와 춘심이도 이젠 모두 그 두 사람의 치기 어린 장난을 지켜보고 있다. 누구도 입을 열지 않았다.

사평역을 경유하는 야간 완행열차는 두 시간을 연착한 후에야 도착했다.

— 임철우, 〈사평역〉 —

작품 분석

1) 갈래:
2) 배경:
3) 시점:
4) 주제:
5) 특징:
6) 주요 등장인물:

13 이 글의 서술상 특징으로 가장 적절한 것은?

① 서술자가 인물들의 삶을 객관적으로 묘사하고 있다.
② 작품 속의 인물이 다른 사람을 관찰하여 서술하고 있다.
③ 다양한 관점의 서술자가 작품을 입체적으로 서술하고 있다.
④ 작품 속의 인물이 서술자가 되어 자신의 심리를 서술하고 있다.
⑤ 서술자가 다양한 인물의 삶의 모습을 전지적으로 서술하고 있다.

해설 서술자가 작품 밖에서 사평역 대합실에 있는 인물들을 보면서, 전지적 작가의 입장에서 그들이 살아온 삶의 다양한 모습과 그들의 생각을 전달해 주고 있다.

정답 ⑤

14 이 글에 나타난 표현상의 특징으로 적절하지 않은 것은?

① 인물의 내면을 시각적으로 형상화하고 있다.
② 서술자가 관찰을 통해 인물의 심리를 유추하고 있다.
③ 음성 상징어를 사용하여 대상을 생생하게 묘사하고 있다.
④ 청각적 이미지를 사용하여 대합실의 분위기를 드러내고 있다.
⑤ 머릿속 생각을 인물에게 직접 듣는 것처럼 느끼도록 서술하고 있다.

해설 전지적 작가 시점으로 서술되고 있는 작품으로, 서술자는 관찰을 통하지 않아도 작중 인물들의 심리를 이미 알고 서술하고 있다.
제시된 지문에서 표현상 특징이 나타난 부분은 다음과 같다.
① 사내의 음울한 눈동자가 간절한 그리움으로 반짝 빛나기 시작한다.
③ '호르르르. 삐비꽃이 피어나듯 주황색 불꽃이 타오르다가 이내 사그라져 들고 만다.'에서 불꽃을 생생하게 묘사하기 위해 사용한 음성 상징어 '호르르르'
④ 전신주 끝을 물고 윙윙대는 바람 소리, 싸륵싸륵 눈발이 흩날리는 소리, 난로에서 톡톡 튀어 오르는 톱밥
⑤ 정말이지 산다는 것이란 때로는 저렇듯 한 두름의 굴비, 한 광주리의 사과를 만지작거리며 귀향하는 기분으로 침묵해야 하는 것인지도 모른다.

정답 ②

작품 분석 답안	작품 이해
1) 갈래: 단편소설 2) 배경: 1970~1980년대, 시골 간이역 대합실 3) 시점: 전지적 작가 시점 4) 주제: 간이역 대합실에서 나누는 삶의 교감 5) 특징 　• 서정적, 성찰적, 회상적 성격 　• 곽재구의 시 '사평역에서'에 서사적 상상력을 가미하여 전개함. 6) 주요 등장인물 　※ 특정한 중심인물 없이 여러 인물의 내면이 서술됨.	**임철우, 〈사평역〉** 이 소설은 곽재구의 시 '사평역에서'를 읽은 작가가 그 시를 토대로 하여 쓴 작품이다. 시골의 간이역 사평역이라는 동일한 공간에 여러 인물을 등장시키고, 이들의 사연을 통해 이야기를 진행하고 있다. 연착되는 열차를 기다리는 시간 동안 1970~1980년대 산업화와 민주화의 시대에서 고통스러운 삶을 살아가는 서민들의 모습을 난로 주위를 둘러싸고 있는 인물들의 모습을 통해 형상화하고 있다. **줄거리** 대합실에는 모두 다섯 명이 기다리고 있다. 농부는 눈 오는 날에 병원에 가자는 아버지에게 짜증이 나다가도 죄스러운 마음이 든다. 중년의 사내는 감방에 있는 허 씨가 생각난다. 청년은 얼마 전 학교에서 제적 처분을 받았다. 서울말을 하는 뚱뚱한 중년 여자와 화장이 짙은 처녀, 행상을 하는 아낙네 둘이 대합실로 들어온다. 중년의 사내는 허 씨의 부탁으로 그의 칠순 노모를 찾으러 왔으나 이미 죽은 지 5년이 넘었다는 소식을 들었을 뿐이다. 집안의 희망인 청년은 부모와 형제들 앞에서 퇴학당했다는 말을 할 수가 없다. 춘심이는 청년을 보면서 대학생이란 존재를 부러워한다. 서울에서 음식점을 하는 중년 여자는 주방에서 일하다 없어진 사평댁을 찾으러 내려 왔다가, 사평댁이 거지 신세가 된 것을 보고 오히려 지니고 있던 돈을 다 주고 오는 길이다. 열차는 두 시간이 지나서야 도착했다. 대합실에 있던 승객들은 피곤함과 허탈감에 젖은 모습으로 열차에 올라탄다.

[15~16] 다음 글을 읽고 물음에 답하시오.

"알겠습니다. 이 일은 사모님, 부사장님, 저만 아는 비밀로 백삼십에 사건을 무마하도록, 실수 없이 처리하겠습니다. 사실 이 정도는 뭐 사건이라 말할 수 있습니까. 사모님이시다 보니 신중을 기하느라고 조심할 뿐, 이 정도야 간단히 처리할 수 있죠. 저쪽이 훨씬 약하니깐요. 그 처지에 돈 보고 환장 안 하게 됐느니까."

"사무장도 말 좀 골라 뱉으시오. 같은 말이라도, 환장이 뭐요? 물론 우리 집안 명예와 어머님 명예도 중요하지만, 사무장도 이걸 명심하시오. 운전수네 가족에게 최대한 성의를 보여야 한다는 점 말입니다. 운전수 쪽 가족 생각이, 이번 일은 돈에 시우 군이 팔린 게 아니라 주인아주머니의 어쩔 수 없는 입장을 운전수 된 도리로서 자발적인 마음으로 도와주는 것뿐이다. 그러다 보니 그 성의 표시로 생각지도 않은 돈이 생기게 되어 은혜를 갚는 느낌이다. 운전수와 가족이 이런 생각을 갖게끔 사무장이 처신해야 된단 말입니다. 돈이란 쓰기 나름이라 잘못 쓰면 오히려 돈은 돈대로 없어지고 욕까지 먹게 돼요. 운전수 가족에게 최대한 성의를 표하고 그들이 그 성의를 진실로 받아들이게끔 행동하란 말이에요."

이 선생은 젊은 부사장의 설교조 말을 건성으로 들었다.

(중략)

이 선생이 누누이 들려준 말처럼 시우는 아무리 사태가 불리하다 하더라도 1년 미만 징역에 2년 집행 유예로 나갈 줄 알았다. 그런데 이 선생이 올린 항소가 고법에서 기각되고 형이 확정되자, 자기만 억울하게 함정에 빠진 듯했고, 사모님은 물론 가족마저도 돈에 눈이 어두워 자기를 속임수에 이용하는 듯하여 죽고 싶은 생각뿐이었다. 그러나 종우 형 면회가 있고부터 그는 한결 새 희망을 가지게 되었다.

"시우야, 일백삼십에서 또 오십만 원을 더 받았어. 네가 실형을 받았기 때문이야. 그래서 일백팔십이 된 거야. 네가 우리 가족을 살린 거란 말이야. 그 돈이면 나두 공사판을 그만두구 장사를 시작할 수 있어. 너도 야간이라도 학교엘 나갈 수 있게 됐구. 참아 줘. 이건 정말 면목이 없다만, 어떡허니. 그럴 수밖에 없잖니? 그저께 사모님을 만나 같이 네 얘길 했더랬어. 전생에 다시 갚지 못할 빚을 네게 졌다면서 말이야. 네가 출감하면 운전수든 뭐든 다시 일을 시키겠다구, 월급을 올려 주겠다고 약속하셨어. 시우야, 이 형이 양심을 팔았는지 어쨌는지 모르지만, 그 돈으루 우리두 성공하여 옛말하구 살자꾸나. 정말 성공하여 남부럽잖게 될 때, 이 피눈물 나는 고생은 그때 가서 위로하자……."

멀찍감치 선 간수 귀를 피해 귀엣말로 종우 형이 이렇게 말할 때, 두 형제는 함께 울었다. 시우는 검게 탄 형의 거친 뺨을 타고 흘러내리는 눈물을 보았다. 철창 사이로 굳게 잡은 형의 억센 손이 떨리고 끝내 꺼억거리며 흐느낄 때, 시우는 여지껏 침묵한 채 참아 왔듯 몇 달을 참기로, 무슨 일이 있더라도 몇 달 감옥 생활을 이겨 내기로 결심했다.

오늘 아침, 넉 달 동안 집 안방과 다를 바 없는 안착지로 떠나게 되자 까닭 없이 마음이 설레 아침밥도 거르게 되고, 그게 공복과 더불어 한기를 가중시켰다. 시우는 연방 떨며 다시 중얼거렸다. 정말 겨울은 지금부터이고 고생도 시작인데 몸과 마음이 이렇게 약해지면 안 된다고.

"눈이 오면 날씨가 포근한 벱인디 워찌 요렇게 차다냐. 이런 날은 개팔자가 젤이여."

"글쎄 말이다. 동지도 그믐이모 얼매 안 있어 새해 아닌가 말이다. 그라모 햇수로 일 년 넘기는 긴데, 헤헤. 그렇게 햇수로 따져서 내보내 준다 카모 난도 출감이 가까운데 말이다."

도란도란 입김으로 나누는 말소리가 시우 귀에 다습다. 몇 명이 같은 감방에 있게 되는지, 아니면 뿔뿔이 흩어져 수감될지 모를 다정한 얼굴을 시우는 눈여겨보았다. 강도·절도·사기·살인, 각각 이마빡에 눈에 띄지 않는 푯말을 붙이고 그들은 겨울잠을 즐기는 두더지 꼴로 엉겨 있었다.

― 김원일, 〈잠시 눕는 풀〉 ―

작품 분석

1) 갈래:
2) 배경:
3) 시점:
4) 주제:
5) 특징:
6) 주요 등장인물:
---

15 이 글의 서술상 특징으로 가장 적절한 것은?

① 잦은 장면 전환을 통해 긴박한 분위기를 형성하고 있다.
② 특정 인물이 처한 상황에 서술의 초점이 맞추어져 있다.
③ 여러 인물의 삶의 모습을 삽화 형식으로 나열하고 있다.
④ 사물의 외양을 객관적으로 묘사하여 사실성을 강화하고 있다.
⑤ 등장 인물의 반복적 행위를 서술하여 인물의 성격을 구체화하고 있다.

[해설] 3인칭의 서술자가 주인공인 '시우'가 왜 감방에 있게 되었는지, 왜 감방에 계속 있고자 하는지 등의 '시우'가 처한 상황을 드러내는 데 서술의 초점을 두고 있다.
[정답] ②

16 이 글의 인물에 대한 설명으로 적절하지 <u>않은</u> 것은?

① 부사장은 기만적인 인물이다.
② 시우는 가족을 위해 자신을 희생한다.
③ 죄수들은 다른 죄수에게 관심을 보인다.
④ 사무장은 권력의 하수인 역할을 하고 있다.
⑤ 종우는 시우에게 양심의 가책을 느끼지 않는다.

[해설] 종우가 감옥에 있는 시우의 면회를 와서, 그동안의 여러 상황과 관련하여 면목이 없다고 미안해하며 눈물을 흘리는 모습에서 양심의 가책을 느끼고 있다는 것을 알 수 있다.
[정답] ⑤

작품 분석 답안	작품 이해
1) 갈래: 단편소설, 현대소설, 사회비판적 소설 2) 배경: 1970년대, 서울 3) 시점: 전지적 작가 시점 4) 주제: 산업 사회를 살아가는 도시 빈민층의 삶 5) 특징 • 비판적, 고발적 성격 • 서술의 초점을 특정 인물이 처한 상황에 맞춤. 6) 주요 등장인물 • 시우: 김 여사의 운전기사로, 부사장의 운전수가 되는 것을 최고의 성공이라 생각하는 인물 • 종우: 시우의 형으로, 아버지를 대신하여 가장으로서의 책임감을 가지고 있는 인물 • 이 선생: 김 여사 집의 경비원으로, 금전적·폭력적으로 사건을 무마하고자 하는 인물 • 부사장: 김 여사의 외동아들로, 미국에서 경영학을 공부하였고, 사건을 돈으로 무마하고자 하는 인물	**김원일, 〈잠시 눕는 풀〉** 이 소설은 1970년대 산업화가 진행되면서 물질주의가 팽배해진 사회 속의 도시 빈민층의 삶을 그린 작품이다. 작가는 돈으로 죄도 사고파는 현실, 가족의 희생까지도 강요하는 산업화 사회의 암울하고 어두운 단면을 시우네 가족의 삶을 통해 고발하고 있다. **줄거리** 백암리에서 가난하게 살던 시우네 가족은 서울로 이사를 온다. 힘들게 생활하던 시우는 김 여사 집에서 청소부로 일하게 되고, 이후 운전을 배워 김 여사의 운전기사가 된다. 어느 날 김 여사는 술을 먹고 운전을 하다가 교통사고를 내게 된다. 그러나 김 여사 가족은 측근인 이 선생을 통해 시우네 가족을 돈으로 매수하고, 시우가 운전을 한 것으로 거짓 진술을 할 것을 요구한다. 시우의 형 종우는 큰 돈 앞에서 갈등을 하다가 시우를 설득하고, 결국 시우는 실형을 선고받는다. 교도소로 이송되는 시우는 묘한 웃음을 짓는다.

제3절 수필

기출 미리보기
1. 작품의 주제·주 소재
2. 작품의 독자
3. 표현상 특징

1 수필 이론

(1) **수필의 정의:** 글쓴이가 생활에서 보고 듣고 느낀 것들을 형식에 구애받지 않고 자유롭게 쓴 글

(2) 수필의 특성

개성적	글쓴이의 성격, 인생관, 가치관 등 개성적인 면모가 드러나는 글
비전문적	전문가가 아니더라도 누구나 쓸 수 있는 대중적인 글
신변잡기적	생활에서 경험하거나 생각한 것은 모두 소재가 되는 글
자기 고백적	글쓴이의 개인적 경험과 생각을 솔직하게 표현하는 글
무형식의 문학	자유로운 구성과 표현을 가진 글
교훈과 감동의 문학	삶에서 얻은 교훈이나 지혜를 독자에게 전달하는 글

(3) 수필의 종류

경수필(輕隨筆)	중수필(重隨筆)
일상생활에서 얻은 생각과 느낌을 자유로운 형식으로 쓴 개인적인 성격의 수필	특정한 주제에 대해 객관적인 근거를 바탕으로 체계적으로 쓴 사회적 수필
일상적인 소재를 다루고, 문장이 가볍고 부드러움.	사회적 문제를 다루고, 문장이 무겁고 딱딱함.
주관적, 감성적, 신변잡기적	객관적, 논리적, 사회적
편지, 기행문, 감상문	칼럼, 평론

확인문제

[01~02] 다음 글을 읽고 물음에 답하시오.

> 희망봉에서 얼마 떨어지지 않은 곳에 '절망의 섬'이 있습니다. 해안에서 약 6킬로미터, 뱃길로 30~40분 거리에 있는 로벤 섬이 그곳입니다. 로벤 섬에는 넬슨 만델라가 구속 기간 27년 중 17년 동안 갇혀 있던 감옥이 있습니다. 로벤 섬은 부시먼들이 물개를 잡던, 작고 한적한 섬이었습니다. 그러나 백인 통치와 인종 차별에 반대하는 흑인 지도자들을 감금하는 감옥이 세워지면서 이 섬은 '절망의 섬'으로 전락합니다.
> 요하네스버그에는 '환희의 동상'이 있습니다. 이곳에서 최초로 금광을 발견한 조지 해리슨이 금광석을 움켜쥔 손을 높이 쳐들고 환호하는 모습입니다. 전 세계 금의 60퍼센트, 다이아몬드의 70퍼센트를 공급하고 있는 남아프리카 공화국을 생각한다면 그가 치켜들고 있는 돌멩이의 무게와 그 돌에 담긴 환희의 크기를 짐작하고도 남습니다.
> 그러나 골드 리프 시티 광산에서는 다시 이 환희의 반대편을 목격하지 않을 수 없게 됩니다. 용암이 솟아오르지 않을까 두려워지는 지하 3,300미터. 나는 길고 어두운 갱도에서 그 엄청난 매장량에 놀라기에 앞서 섭씨 60도의 뜨거운 열 속에서 암벽을 깨뜨리고 있는 흑인 소년들의 모습을 떠올리지 않을 수 없습니다. 환희의 동상과 어둠 속의 흑인 소년을 함께 떠올리지 않을 수 없게 됩니다. 누군가의 환희가 다른 누군가의 비탄이 되는 경우에도 우리는 그것을 환희라고 부를 수 있는 것인지 어두운 지하 갱도에서 마음이 돌처럼 무거워집니다.
> 그것은 한마디로 희망과 절망, 환희와 비탄, 승리와 패배의 충돌이라고 할 수밖에 없습니다. 너무나 오랫동안 쌓여 온 억압과 저항의 골 깊은 상처는 쉽게 앞날을 낙관할 수 없게 합니다.
> (중략)
> 남아프리카 공화국의 문제는 비단 남아프리카 공화국만의 문제가 아니라 아프리카 대륙의 문제이며, 도처에 남아 있는 20세기의 상처입니다. 동시에 21세기의 과제와 맞닿아 있는 것이라고 해야 할 것입니다. 이러한 과제는 결국 희망과 절망의 '관계'에 관한 것입니다. 희망과 절망, 환희와 비탄, 승리와 패배에 대한 역학적 패러다임을 넘어서 희망과 절망의 관계를 처음부터 재건하는 일입니다.
> – 신영복, 〈반(半)은 절반을 뜻하면서 동시에 동반을 뜻합니다〉 –

작품 분석

1) 갈래:
2) 주제:
3) 특징:

01 이 글의 제목을 통해 작가가 말하고자 하는 바로 가장 적절한 것은?

① 행복은 자신의 마음먹기에 달려 있다.
② 나와 다른 세계에 있는 사람에게 관심을 가져야 한다.
③ 인간의 이기적인 욕망을 버리고 자연으로 돌아가야 한다.
④ 서로 이해하고 배려하여 함께 미래를 향해 나아가야 한다.
⑤ 갈등의 해결은 상대방의 입장을 생각하는 것에서 시작된다.

해설 '반(半)'은 절반을 의미하는 것이기도 하고, 함께 나아가야 하는 '동반(同伴)'의 의미이기도 하다. 작가는 모든 가치가 서로 이해하고 배려해서 더 나은 미래를 만들어 가야 한다는 사실을 강조하고 있다.
정답 ④

02 이 글에 대한 설명으로 적절하지 않은 것은?

① 특정한 독자를 대상으로 표현하고 있다.
② 화합을 위한 방법을 담담하게 서술하고 있다.
③ 양자의 입장을 모두 고려한 태도로 서술하고 있다.
④ 잘못된 관계를 해결하기 위한 방법을 제시하고 있다.
⑤ 대립되는 가치가 함께 존재하는 상황을 제시하고 있다.

해설 이 글은 불특정한 독자를 설정하여 친근하게 표현하고 있다.
정답 ①

작품 분석 답안	작품 이해
1) 갈래: 중수필 2) 주제: 동반을 통한 갈등 해결에 대한 소망 3) 특징: 성찰적, 설득적, 체험적	**신영복, 〈반(半)은 절반을 뜻하면서 동시에 동반을 뜻합니다〉** 이 작품은 수필집 《더불어 숲》에 수록된 글로, 제목처럼 작가는 '반(半)'이라는 말 속에 '절반'이라는 의미와 '동반'이라는 의미가 함께 있음을 깨우쳐 주고 있다. 피아노의 흑백 건반이 어우러져 아름다운 화음을 만들어 내는 것처럼 우리가 희망의 반대편에서 절망에 빠져 있는 사람들을 이해하고 배려할 때, 갈등이나 잘못된 관계를 해결할 수 있다는 교훈을 주고 있다.

[03~04] 다음 글을 읽고 물음에 답하시오.

　그녀를 처음 본 것은 십여 년 전 어느 날 저녁 무렵의 시장통에서였다. 생선 가게에서 주인과 서른 살가량 되어 보이는 여자가 싸움을 벌이고 있었다. 돈을 냈다거니 안 받았다거니 하는, 어느 쪽의 착각에서였든 흔히 있을 수 있는 일이 싸움의 발단이었다. 주인은, 이십 년 넘게 장사를 했어도 두 번 돈 받은 일은 없다고 험악한 기세로 악을 썼다. 차림새가 초라하고 어딘가 시름이 가득한 여자는 주머니를 뒤적거리고 지갑을 열어 보이며 어쩔 줄을 몰랐다. 누구의 눈에도 열세로 몰리는 것이 분명한 여자가 갑자기 울음을 터뜨렸다. 어떻게 살아, 어떻게 살아. 세상에 대한 억울함과 서러움이 가득한 느닷없는 울음에 주위 사람들과 가게 주인은 순간적이지만 급습을 당한 듯 조용해졌다. 뒤늦게 발견한, 여자가 아직 탈상 전의 상제임을 알리는, 머리의 흰 댕기 때문에 그 울음이 더욱 처연히 들렸는지도 모를 일이었다.
　그다음 해, 나는 그녀를 다시 보았다. 잡상인의 출입을 막는 아파트 경비원과 토마토를 가득 실은 리어카를 끌고 실랑이를 벌이는 여자에게서 나는 금세 시장통을 낭자하게 울리던 울음을 기억해 냈다. 아파트 안으로 들어올 수 없게 되자 그녀는 울 밖에 리어카를 세워 놓았다. 싱싱하고 맛좋은 토마토 사려요, 한마디 외치고는 뜻밖에도 '소양강 처녀'를 구성지게 불러대는 것이었다. 그녀는 목청이 좋았다. 며칠 지나지 않아 노래 부르는 과일 장수는 명물이 되었고 소양강 처녀로 불리게 되었다. 제철 과일이 나오기 시작하는 늦봄부터 가을까지 그녀는 하루에 한 차례씩 아파트 울 밖에 와서 과일을 팔았다. 주민들과 낯이 익고 단골이 늘자 그녀는 더 이상 노래를 부르지 않았다. 한번 불러 보라고 하면 씩 웃으며 노래 대신 덤을 얹어 주었.
　장사를 처음 시작할 때 서럽고 부끄러워 죽어도 '토마토 사려'를 외칠 수가 없어 '이판사판'으로 노래를 한 곡 뽑았다는 것이다.
　그녀는 덤이 후했다. 손님이 조르지 않아도 덤을 줄 이유는 항상 있었다. 개시라서, 다른 손님이 없어서, 잘 팔려서, 안 팔려서 등등⋯⋯. 그러는 동안 나는 겨우내 보이지 않다가 늦봄 무렵이면 어김없이 까맣게 기미 낀 얼굴에 함박웃음을 지으며 나타나는 그녀가 두 살에서 열 살까지 올망졸망한 아이들 넷을 두고 남편과 사별했다는 것, 아침이면 단칸 셋방에 밥상을 차려 놓고 종일 어미 없이 지낼 아이들에게 동전 한 닢씩을 쥐여 주고 나온다는 것을 알게 되었다. 처녀 적에는 가수가 되고 싶어 군의 노래자랑에도 나갔고 촌에서 시집살이 할 때는 아궁이 앞에서 부지깽이 두들기며 목청을 돋우다가 밥 태우고 옷 태워 시어머니에게 매 맞은 얘기도 들었다. 그 신명은 나이 들고 사는 고생이 심해도 수그러들지 않아 보았다. 한동안 보이지 않다가 나타난 그녀는 다리를 절고 있었다. 동사무소에서 단체로 보내 준 땅굴 견학 관광차에서 쉬지 않고 춤을 추다가 다리를 삐었다는 것이다.
　그 후 나는 두어 해 이 고장을 떠나 있었고 돌아와서도 이사를 하는 등 생활의 변화를 겪으며 오래 그녀를 만날 수 없었다. 과일을 살 때나 구성진 유행가 가락을 들을 때면 문득 그녀의 생각이 떠올라 궁금해지기도 했다. 그녀를 다시 만난 것은 지난 여름이었다. 바나나와 참외를 실은 리어카를 끌고 가던 그녀가 나를 먼저 알아보고는 반색을 하며 다짜고짜 큼직한 바나나를 벗겨 내밀었다. 새까맣게 기미 낀 얼굴은 훨씬 늙었지만 함박웃음은 여전하고 배에 두른 전대는 관록 있게 때에 절어 반들거렸다. 그사이 작은 아파트도 장만했고 위의 두 아이들은 착실히 제 밥벌이를 하니 한시름 덜었다고 했다.
　"이젠 가게라도 얻어 편히 앉아 장사하라고들 하지만 이 나이에도 들앉지 못하고 훨훨 떠돌고만 싶으니 무슨 병인가, 무당끼인가 몰라. 바람이 들어 땅에 발붙이지 못하는 나를 새끼 보듬고 세상 보듬고 살라고 애아버지가 먼저 간 모양이유. 하도 고생스럽고 막막해서 강물에라도 풍덩 뛰어들고 싶을 때가 얼마나 많았는지. 그 세월을 어찌 살았을까. 그래도 세상살이가 내 선생이라. 집에 가만히 들앉아 편히 살았으면 이런 요지경 속 같은 세상을 어떻게 알았겠수. 아줌마는 소설 짓는 사람이라던데 내 살아온 얘기를 한번 써 보시오. 책으로 엮으면 열 권도 넘을 거요."

나는 고개를 끄덕였지만 그게 쉽지 않으리라는 것을 안다. **춥고 거칠고 메마른 세상 바닥을 훑고 살면서 당당하게 함박웃음을 짓는 여자 앞에서 고통이니 절망이니 슬픔이니 하는 말들이 사치스럽고 간사하게 느껴졌던 것이다.**

– 오정희, 〈소양강 처녀〉 –

작품 분석

1) 갈래:
2) 주제:
3) 특징:

---

03 밑줄 친 부분의 의미로 가장 적절한 것은?

① 인간은 자신의 느낌대로 언어를 이해한다.
② 언어로는 인간의 삶을 모두 표현할 수 없다.
③ 언어와 인간의 사고는 밀접한 연관성이 있다.
④ 힘든 사람에게 말만으로는 어떤 힘도 될 수 없다.
⑤ 사람의 삶에서 말은 일시적 고통을 해소해 줄 뿐이다.

[해설] 글쓴이가 밑줄처럼 말한 이유는 그녀의 삶에 대해 경외심을 느꼈기 때문이다. 이는 어떠한 단어로도 그녀의 삶을 표현할 수 없다는 뜻이다.

[정답] ②

04 이 작품에 등장하는 '그녀'에 대한 설명으로 적절하지 <u>않은</u> 것은?

① 인정이 넘치는 과일 장사꾼이다.
② 그녀에 대한 '나'의 인상은 일관되게 나타난다.
③ 부끄러움이 많지만 장사 때문에 노래를 불렀다.
④ 자신의 힘든 삶을 긍정적으로 받아들이고 있다.
⑤ 남편과 사별을 하고 어린 자식들과 힘들게 살아가고 있다.

[해설] 그녀에 대한 '나'의 인상은 그녀가 처음 남편 상을 당한 후 시장통에서 만났을 때는 초라해 보이고 처연해 보였지만, 다시 만났을 때는 아파트 밖에서 과일을 팔며 함박웃음을 짓는 긍정적인 모습으로 바뀌어 있었다.
③ 주민들과 낯이 익고 단골이 늘자 더 이상 노래를 부르지 않았다는 부분에서 알 수 있는 내용이다.
④ '집에 가만히 들앉아 편히 살았으면 이런 요지경 속 같은 세상을 어떻게 알았겠수.'라는 구절에서 긍정적인 모습을 볼 수 있다.

[정답] ②

작품 분석 답안	작품 이해
1) 갈래: 경수필 2) 주제: 역경을 이겨낸 여인을 통한 삶에 대한 성찰 3) 특징: 서사적, 회고적, 체험적	오정희, 〈소양강 처녀〉 이 글은 남편과 일찍 사별하고 어린 자식들을 키우며 어렵게 살아가는 여인의 삶을 통해, 삶과 언어의 관계에 대해 성찰하는 내용의 수필이다. 이 여인은 힘든 세상에서 자신의 책임을 회피하지 않고 최선을 다해 살아가고 있고, 오히려 힘든 세상살이로 인해 세상을 알 수 있었다고 함박웃음을 짓는 사람이다. 이러한 여인을 보며 작가는 역경을 견뎌낸 것에 대한 감탄과 자신의 삶에 대한 반성을 하게 된다.

[05~06] 다음 글을 읽고 물음에 답하시오.

19세기 영국 작가 찰스 램은 인간을 크게 두 가지 유형, '빚을 지는 자와 빚을 지지 않는 자'로 나누었지만, 내가 생각하기엔 '속는 자와 속지 않는 자'로 나누는 것이 어떨까 한다. 내 주위를 보면 좀 어리숙해서 무조건 남의 말을 믿고 잘 속아 넘어가는 사람이 있는가 하면 명석하고 눈치가 빨라 여간해서 절대 속아 넘어가지 않는, 완전히 변별적인 두 그룹이 있기 때문이다.

그렇게 따지면 나는 단연 전자 쪽에 속한다. 사람들이 무슨 말을 하면 나는 무조건 믿고 본다. 내 마음이 너무 순수해서, 또는 말하는 사람의 뜻을 존중해서가 아니라 천성이 게을러 '저 말이 진짜일까 가짜일까' 하고 머릿속으로 계산해야 하는 번거로움이 귀찮아서 그냥 믿어 버린다. 그러다 보니 아주 사소한 일에서부터 속임수의 대상이 되거나, 남의 의중을 제대로 간파하지 못해서 큰 실수를 하거나, 때로는 소위 '사기'라는 것을 당하기도 한다.

지난주에는 퇴근하고 신촌 로터리 쪽으로 차를 모는데 연말이라 교통이 복잡한 가운데 승합차 하나가 다른 차들을 비집고 내 옆쪽으로 왔다. 조수석에 앉은 청년이 유리창을 내리고는 말했다.

"아줌마, 비싼 굴비 그냥 드릴게요!" / '그냥'이라는 말에 귀가 번쩍 틔었다.

"우리는 신촌 현대 백화점 납품 업체인데 오늘 물건들 내리다 보니 장부에 기록 안 된 것들이 있어서 그냥 가져가는 중이거든요. 우리는 필요 없는데 그래도 버리기 아까우니까 그냥 드릴게요."

(중략)

결국 나는 굴비 두 세트를 15만 원에 깎아 '싸게' 샀고, 그야말로 일확천금이라도 한 듯, 의기양양해서 어머니에게 갖다 드렸다. 그러나 '속지 않는' 부류에 속하는 우리 어머니는 그 굴비를 보자마자 그게 '굴비'가 아니라 중국산 '부세'이고, 마리당 천 원도 안 한다고 하셨다. 굴비가 아무리 비싸다지만 열 마리에 78만 원이라는 말을 믿었던 나도 한심하지만, 지금 생각해도 모를 일은, 그 청년들이 신촌 로터리의 하고많은 차 중에서 왜 하필이면 나를 따라왔느냐는 것이다. 멀리서 보기에도 어리숙하게 보였는지 나를 찍었고, 그들의 예상대로 나는 제대로 속아 준 셈이었다.

오늘 아침에는 중요한 약속이 있어서 시내에 나가는데 초행길이라 택시를 타고 가기로 했다. 집 앞에 서 있는데 빈 택시가 없었고, 간혹 지나가는 택시들은 이미 꽉 차서 합승조차 할 수 없었다. 약속 시간은 자꾸 다가오고, 날씨는 어찌나 추운지 온몸이 얼어붙는 듯했다. 그때 마침 택시 하나가 오더니 내 앞에 섰다. 젊은 기사가 내 목발을 보면서 말했다.

"이 손님들 모셔다 드리고 금방 올 테니까 한 2~3분만 기다리세요."

택시는 골목길로 들어갔고 나는 안도의 한숨을 내쉬었다. 그런데 무슨 운명의 장난인지, 금방 빈 택시 하나가 오는 것이었다. 순간 나는 갈등했다. 그 차를 잡을지, 아니면 나를 위해서 곧 돌아오기로 한 택시를 기다려야 할지. 나는 그 고마운 기사를 기다리기로 하고 택시를 그냥 보냈다. 그런데 5분, 10분이 지나도 택시는 돌아오지 않았다.

15분 가량 지났을 때 나는 문득 '아차' 싶었다. '또 속았구나.' 목발 짚고 서 있는 모습이 독특하게 보여서 좀 골탕먹이고 싶었거나, 아니면 그냥 순전히 재미로 거짓말했는지도 모른다. 지금쯤 회심의 미소를 지으면서 다른 손님을 태우고 어디론가 가고 있는 것이 분명했다. 나는 내가 다시 속임의 대상이 되었다는 것이 너무나 충격적이었다. 왜 나는 그렇게 잘 속아 넘어갈까? 얼마나 호락호락해 보이면 속임수의 대상이 될까? 나는 지독한 자괴감에 빠졌다. 중요한 약속이고 뭐고, 만사가 귀찮은 생각이 들었다. 막 다시 집으로 들어가려는데 그때 택시 한 대가 급하게 골목길을 빠져 나왔고, 아까 그 청년 기사가 황급히 차에서 내렸다.
　　"아이구, 죄송해요. 이걸 어쩌나. 도와드린다는 것이……."
　　청년은 정말 어쩔 줄 몰라 했다. 차바퀴가 얼음구덩이에 빠진 채 헛돌아 가게에서 뜨거운 물을 얻어다 붓고 나서야 간신히 빠져나왔다는 것이었다.
　　차에 올라타자 청년 기사가 말했다.
　　"손님들이 차를 잡는데, 시간이 많이 지났어도 기다리실 것 같아서 빈 차로 왔지요."
　　"왜 내가 기다릴 거라고 생각했어요?" / 내가 물었다.
　　"얼굴을 보니 그렇게 생기셨어요. 의리 있게 생기셨다구요." / 청년 기사가 웃으며 말했다.
　　'의리 있게 생겼다'는 말은 사실 '어리숙하고 융통성 없게 생겼다'를 예의 바르게 말한 것인지도 모르지만, 난 무조건 그가 고마웠다. 그리고 어떤들 무슨 상관이랴. 어리숙하든 똑똑하든, 속고 속이고 빚지고 빚 갚으며 서로서로 사슬 되어 사는 세상인데……. <u>얼었던 몸이 녹으면서 내 마음도 녹기 시작했다</u>. 영어에 '한 개의 속임수는 천 개의 진실을 망친다.'라는 격언이 있지만, 어쩌면 그 반대, '한 개의 진실은 천 개의 속임수를 구한다.'가 더욱 맞는 말인지도 모른다. '속이는 자'가 천 명이 있어도 '속이지 않는 자'가 한 명만 있다면 이 세상은 희망이 있기 때문이다.

－ 장영희, 〈속는 자와 속이는 자〉 －

작품 분석

1) 갈래:
2) 주제:
3) 특징:

---

05 이 글을 통해 글쓴이가 생각한 것으로 적절하지 <u>않은</u> 것은?

① '나'는 순수해서 사람을 잘 믿는다.
② 세상에는 속는 자와 속이는 자가 있다.
③ 한 사람의 책임감이 세상을 살만하게 만든다.
④ 믿었다가 속게 되면 세상을 믿지 못하게 된다.
⑤ 서로가 신뢰할 수 있는 사회가 되기를 바라고 있다.

해설 순수해서 아니라 천성이 게을러서 그냥 믿어 버리는 것이다.
정답 ①

06 밑줄 친 상황에 어울리는 한자성어로 가장 적절한 것은?

① 소탐대실(小貪大失)
② 우후지실(雨後地實)
③ 명경지수(明鏡止水)
④ 절치부심(切齒腐心)
⑤ 인심난측(人心難測)

해설 굴비를 사기 당한 후 자괴감과 불신을 느꼈던 글쓴이의 태도가 청년 기사의 행동 덕분에 다시 긍정적으로 바뀌는 부분이므로, 어떤 시련을 겪은 뒤에 더 강해짐을 나타내는 속담 '비 온 뒤에 땅이 굳는다'와 같은 뜻을 가진 한자성어를 찾으면 된다.
① 소탐대실(小貪大失): 작은 것을 탐하다가 큰 것을 잃음.
③ 명경지수(明鏡止水): 잡념과 가식과 헛된 욕심 없이 맑고 깨끗한 마음
④ 절치부심(切齒腐心): 몹시 분하여 이를 갈며 속을 썩임.
⑤ 인심난측(人心難測): 사람의 마음은 헤아리기 어려움.

정답 ②

작품 분석 답안	작품 이해
1) 갈래: 중수필 2) 주제: 서로를 신뢰할 수 있는 사회에 대한 소망 3) 특징: 희망적, 회고적, 체험적	**장영희, 〈속는 자와 속이는 자〉** 이 글은 글쓴이의 경험을 상기하며 우리 사회의 속는 자와 속이는 자에 대한 생각을 쓴 수필이다. 남의 말을 무조건 믿는 어리숙한 '나'는 굴비를 속아서 산 사건 때문에 세상을 믿지 못하게 되고 실망을 하게 된다. 또 택시 기사의 호의 또한 자신을 속이려는 것이라 생각하며 사회에 대한 실망을 하게 된다. 그러나 뒤늦게 나타난 택시 기사의 배려를 통해 한 사람이 주는 믿음과 책임감이 세상에 대한 희망을 갖게 만든다는 점을 깨닫게 된다.

[07~08] 다음 글을 읽고 물음에 답하시오.

나는 물을 보고 있다.

물은 아름답게 흘러간다.

흙 속에서 스며 나와 흙 위에 흐르는 물, 그러나 흙물이 아니요 정한 유리그릇에 담긴 듯 진공 같은 물, 그런 물이 풀잎을 스치며 조각돌에 잔물결을 일으키며 푸른 하늘 아래에 즐겁게 노래하며 흘러가고 있다.

물은 아름답다. 흐르는 모양, 흐르는 소리도 아름답거니와 생각하면, 이의 맑은 덕, 남의 더러움을 씻어 주는 줄지언정, 남을 더럽힐 줄 모르는 어진 덕이 이에게 있는 것이다. 이를 대할 때 얼마나 마음을 맑힐 수 있고 이를 사귈 때 얼마나 몸을 깨끗이 할 수 있는 것인가?

물은 보면 즐겁기도 하다. 이에겐 언제든지 커다란 즐거움이 있다. 여울을 만나 노래할 수 있는 것만 즐거움은 아니다. 산과 산으로 가로막되 덤비는 일 없고 고요한 그대로 고이고 고이어 나중 날 넘쳐 흘러가는 그 유유무언(悠悠無言)의 낙관, 얼마나 큰 즐거움인가! 독에 퍼 넣으면 독 속에서, 땅 속 좁은 철관에 몰아 넣으면 그대로 능인자안(能忍自安)*한다.

물은 성(聖)스럽다. 무심히 흐르되 어별(魚鼈)*이 이의 품속에 살고, 논, 밭, 과수원이 이 무심한 이로 인해 윤택하다.

물의 덕을 힘입지 않은 생물이 무엇인가!

아름다운 물, 기쁜 물, 고마운 물, 지자(智者) 노자(老子)는 일즉 상선약수(上善若水)*라 하였다.

— 이태준, 〈물〉 —

* 능인자안(能忍自安): 잘 참아 내어 스스로 편안함.
* 어별(魚鼈): 물고기와 자라를 아울러 이르는 말로 바다 동물을 통틀어 이르는 말
* 상선약수(上善若水): 물을 이 세상에서 으뜸가는 선의 표본으로 여기어 이르던 말

작품 분석

1) 갈래:
2) 주제:
3) 특징:

---

07 이 글에서 글쓴이가 말한 '물'의 덕으로 적절하지 <u>않은</u> 것은?

① 스스로 몸과 마음을 닦는다.
② 다른 사람을 깨끗하게 만든다.
③ 자신의 처지에 만족하며 산다.
④ 자연을 포용하여 윤택하게 만든다.
⑤ 어려운 일이 있으면 극복하려고 한다.

해설 '산과 산으로 가로막되 덤비는 일 없고 고요한 그대로 고이고 고이어 나중 날 넘쳐 흘러가는 그 유유무언(悠悠無言)의 낙관, 얼마나 큰 즐거움인가!'의 구절에서 물이 흐르다 장애물을 만나면 바로 극복하려 하거나 좌절하지 않고, 기다리다 물이 고인 뒤 장애물을 넘어가는 태도를 설명하고 있다.

정답 ⑤

08 이 글의 표현상 특징으로 적절하지 않은 것은?

① 대상을 의인화하여 친근감을 주고 있다.
② 대상에 대한 객관적 서술로 보편성을 얻고 있다.
③ 설의법을 사용하여 독자의 공감을 유도하고 있다.
④ 일상적 사물에 빗대어 삶의 자세를 이끌어 내고 있다.
⑤ 옛 성인의 말을 인용하여 자신의 생각을 뒷받침하고 있다.

해설 대상에 대해 주관적으로 진술하고 있다.
정답 ②

작품 분석 답안	작품 이해
1) 갈래: 경수필 2) 주제: 물의 덕성에 대한 예찬 3) 특징: 서정적, 교훈적	**이태준, 〈물〉** 이 작품은 모든 것을 감싸고 포용하는 물의 덕성을 예찬한 수필이다. 작가는 맑은 덕으로 남의 더러움을 씻어 주고, 넘쳐 흘러가는 자태를 통해 사람들에게 기쁨을 주면서 모든 생물들을 윤택하게 하는 물을 아름답고 고맙고 성스러운 대상으로 여기고 있다.

[09~10] 다음 글을 읽고 물음에 답하시오.

　땅집이 아름다운 것은 그것이 많은 것을 숨기고 있기 때문이다. 어린 왕자에 대한 아름다운 산문을 남긴 생텍쥐페리는 사막이 아름다운 것은 어디엔가 우물이 있기 때문이라고 말한 적이 있다. 과연 그렇다. 땅집이 아름다운 것은 곳곳에 우물과 같은 비밀스러운 것들이 있기 때문이다. 아파트에는 그 비밀이 있을 수가 없다. 오 분 안에 찾아낼 수 없는 것은 아파트에 없다. 거기에는 모든 것이 노출되어 있다. 스물두 평 또는 서른두 평의 평면 위에 무엇을 숨길 수가 있을 것인가. 쓰임새 있는 것만이 아파트에서는 존중을 받는다. 아파트에 쓰임새 없는 것으로서 존재하는 것은 값비싼 골동품뿐이다. 그 골동품들 또한 아파트에서는 얼마나 엷게 보이는지. 그것은 얼마짜리로서 존재하는 것이지 그것의 두께로 존재하지 않는다.
　두께 없는 사물과 인간. 아파트에서 우리는 모든 것을 그대로 드러내고 산다. 그러나 감출 것이 없을 때에 드러낸다는 것이 무슨 의미를 가질 수 있을까? 드러낼 수 있다는 것은 감출 수도 있다는 말에 다름 아니다. 사람은 자기가 드러내는 것보다 훨씬 많은 것을 숨겨야 살 수 있다. 그 숨김이 불가능해질 때에 사람은 사회가 요구하는 것만을 살 수밖에 없게 된다. 무의식은 숨김이라는 생생한 역동성을 잊고 표면과 동일시되어 메말라 버린다. 표면의 인공적인 삶만이 가장 중요한 것으로 여겨지게 되는 것이다.

(중략)

　나는 아파트에서 살면서 내 아이들에게 가장 부끄러움을 느낀다. 그 아이들은 비록 아파트에서 태어나지는 않았으나, 삶에서 가장 중요하다고 하는 아이 시절을 아파트 단지 안에서 보냈다. 그리고 아직도 보내고 있다. 그들이 보고 느끼는 것은 아파트의 회색 시멘트와 잔가지가 잘 정돈된 가로수들뿐이다. 그들에겐 자연이 없다.
　내가 태어나서 자란 곳은 남도의 조그마한 섬이다. 그곳은 예술가들이 많이 태어나서 이제는 꽤 이름이 알려진 곳이다. 아무튼 그 조그마한 섬에서, 나는 산에 올라가 산나무 열매를 따먹거나, 떼 지어 몰려다니며 밭에서 자라는 온갖 것들을 몰래 맛보거나 ― 목화꽃을 따먹을 때에, 무나 감자를 몰래 캐 먹을 때에, 옥수수를 불에 구워 먹을 때에 우리는 얼마나 즐거웠던가. 어른들에게 들킬지도 모른다는 무서움까지도 우리에게는 즐거움이었다. ― 선창에 나가 서너 시간씩 바다를 바라보고 앉아 있으면서 어린 시절을 보냈다. 지금도 내 어린 시절을 회상할 때면, 옻나무에 발목까지 빠지던 개펄의 감촉이 맨 처음 되살아 나오고, 가도 가도 끝이 없던 여름날의 황톳길의 더위와 모깃불의 매캐한 냄새가 나를 가득 채운다.
　나는 내 아이들에게 그 자연에서 살게 할 수가 없는 것이다. 그 대신에 내가 소풍날에야 한두 개 얻어먹었던 삶은 달걀이나, 내가 고등학교 때에야 맛본 짜장면 따위를 시켜 주며, 그들의 관심을 원더우먼이나 육백만 불의 사나이로 돌려놓고 있다. 나의 바다와 산은 원더우먼이나 육백만 불의 사나이의 달리기와 높이 뛰어오르기 또는 높은 데서 뛰어내리기로 바뀌어져 있다. 좋은 자연을 보고 숨쉬는 대신에 이제는 하도 먹어 맛도 없는 달걀이나 짜장면을 먹고 자라는 내 불쌍한 아이들! 계속 자라면서 그들이 배우는 것은 선생님께 잘 보이기, 과외 공부하기, 회색 시멘트에 길들기, 오엑스 식의 문제 알아맞히기, 그리고 재치 있게 말하기 따위이다. 한 마디로 감춰지지 않는 것 배우기이다. 아니 이렇게 쓰는 것만으로 충분치는 않다. 나도 내 아이들처럼 아파트의 삶에 완전히 길들여져 있다. 그래서 내 주위의 모든 것을 엷게 본다. 거기에서 벗어나기란 얼마나 힘이 드는가. 그것은 거기에서 벗어나야 된다는 당위만으로 벗어날 수 있는 게 아니다. 아파트에서 벗어나야, 아니 땅집으로 가야 사물과 인간의 두께를 발견할 수 있다는 생각 자체가, 이미 내가 아파트에서의 삶에 깊이 물들어 있음을 보여 준다.

아니 그러면 다락방이나 지하실이나 부엌이 없는 곳에서 산 사람에겐 깊이가 없단 말인가? 바다와 산만을 보고 자라나야 삶의 깊이를 깨달을 수 있단 말인가? 또 아이들은 언제나 신비덩어리가 아닌가? 아이들에게는 조약돌 하나로도 우주보다도 넓은 세계를 꿈꿀 수 있는 능력이 있는 것이 아닌가? 내 아이들을 불쌍하게 여기는 것은 나의 잘난 체하는 태도의 소산이 아닌가? 이 모든 것을 깊이 있게 생각해야 아파트에서의 나의 삶에 대한 충분한 비판이 이루어질 수 있을 것인데, 그 비판을 하는 것이 나에게는 너무나 어렵다. 그 생각에 깊이 잠기면 잠길수록 나는 어느 틈엔가 남도의 한 조그마한 섬의 밭에, 산에, 바다에 내려가 있기 때문이다.

그래야 한 젊은 시인의 표현을 빌면 물소리가 물소리로 들리는 것이다. 그 말을 뒤집으면 내가 두껍지 않을 때에 나는 얇게 판단한다는 것이 될지 모르겠다. 아파트에 살면서 아파트를 비난하는 체하는 자기 모순. 나에게 칼이 있다면 그것으로 너를 치리라. 바로 나를!

— 김현, 〈두꺼운 삶, 얇은 삶〉 —

작품 분석

1) 갈래:
2) 주제:
3) 특징:

---

09 이 글에 대한 표현상의 특징으로 적절하지 <u>않은</u> 것은?

① 단정적 진술을 통해 주제를 강조하고 있다.
② 두 대상의 속성에서 차이점에 주목하고 있다.
③ 특정한 상황에 빗대어 자신의 주장을 뒷받침하고 있다.
④ 설의적 표현을 통해 자신의 생각을 더욱 강조하고 있다.
⑤ 과거와 현재를 대비시켜 현재의 모습을 비판적으로 바라보고 있다.

[해설] 다른 상황에 빗대어 표현한 내용은 없다.
① 첫 번째 문단에서 단정적 진술을 반복적으로 표현하여 주제를 강조하고 있다.
② 아파트와 땅집을 대조하고 있다.
④ '무슨 의미를 가질 수 있을까, 얼마나 힘이 드는가.' 등에서 설의적 표현이 나타나 있다.
⑤ 과거에 자신이 누렸던 자연의 삶과 오늘날 아이들이 살아가는 삶을 비교하며 현재를 비판적으로 바라보고 있다.

[정답] ③

10 이 글에 대한 설명으로 적절하지 않은 것은?

① 글쓴이는 자신의 어린 시절을 긍정적으로 바라보고 있다.
② 아파트와 땅집이 지닌 공간적 특성을 삶의 깊이감과 연결하였다.
③ 글쓴이는 외부의 대상뿐만 아니라 자신도 비판의 대상으로 삼고 있다.
④ 글쓴이는 아이들이 삭막한 아파트에서 자라는 것에 대해 부끄러움을 느끼고 있다.
⑤ 아이들이 고향을 가질 수 있도록 아파트에서도 자연을 가꾸어야 한다고 생각한다.

해설 글쓴이는 아이들이 자연을 떠나 아파트에 살면서 고향을 상실한 것을 가슴 아파하고 있지만, 아파트 속의 자연이 고향의 기능을 해 줄 것이라고 생각하지는 않는다. 오히려 아파트 속의 자연은 인공적인 자연으로 부자연스러운 것으로 보고 있다.
① 어린 시절에 대한 회상을 아름답게 표현하고 있다.
② 평면적이고 모든 공간이 노출되어 있는 아파트의 삶이 얇다는 것과 숨김이 있는 땅집의 삶은 깊다는 점을 연결하고 있다.
③ 글쓴이는 아파트에 살면서 아파트를 비판하는 자기 자신을 비판의 대상으로 삼고 있다.
④ 글쓴이는 아이들에게 자신이 누렸던 자연의 삶을 주지 못한 것에 대해 부끄럽게 생각하고 있다.

정답 ⑤

작품 분석 답안	작품 이해
1) 갈래: 경수필 2) 주제: 정신적 가치가 살아 있는 삶의 중요성 3) 특징: 자기 고백적, 사회 비판적	**김현, 〈두꺼운 삶, 얇은 삶〉** 이 글은 아파트에서의 삶과 땅집에서의 삶을 대조하면서 인생에 대한 통찰을 담아낸 수필이다. 작가는 아파트와 땅집이 단순한 주거 공간이 아니라 사람들의 사고 양식을 대변한다는 관점에서 두 대상의 차이점을 서술하고 있다. 작가는 아파트에서의 삶은 얇은 삶, 즉 인위적이고 표면적인 것만을 중시하는 삶의 양식을 보여 주고, 땅집에서의 삶은 두꺼운 삶, 즉 자연적이고 정신적인 가치가 존중되는 삶의 양식을 보여 준다고 말하고 있다. 이를 통해 깊이 없는 삶을 살아가는 현대인들에 대한 비판적인 시각을 드러내고 있다.

[11~12] 다음 글을 읽고 물음에 답하시오.

온갖 벌레들도, 부지런한 꿀벌들과 매미들도 다 제 집 속으로 들어가고, 몇 마리 산새들만이 나즈막하게 울고 있던 무덤가에는, 온 여름 동안 키만 자랐던 속새풀 더미가 갈대꽃 같은 솜꽃만을 싸늘한 하늘에 날리고 있다.

물도 흐르지 않고 다 말라 버린 갯가 밭둑 위에는 앙상한 가시덤불 밑에 늦게 핀 들국화들이 찬 서리를 맞고 고개를 숙이고 있었다.

논둑 위에 깔렸던 잔디들도 푸른빛을 잃어버리고, 그 맑고 높던 하늘도 검푸른 구름을 지니어 찌푸리고 있는데, 너, 보리만은 차가운 대기 속에서 솔잎 끝과 같은 새파란 머리를 들고, 머리를 들고, 하늘을 향하여, 하늘을 향하여 솟아오르고만 있었다. 이제 모든 화초는 지심(地心) 속의 따스함을 찾아서 다 잠자고 있을 때, 너, 보리만은 억센 팔들을 내뻗치고, 새말간 얼굴로 생명의 보금자리를 깊이 뿌리박고 자라 왔다.

날이 갈수록 해는 빛을 잃고 따스함을 잃었어도 너는 꿈쩍도 아니하고 그 푸른 얼굴을 잃지 않고 자라 왔다. 칼날같이 매서운 바람이 너의 등을 밀고, 얼음같이 차디찬 눈이 너의 온몸을 덮어 억눌러도, 너는 너의 푸른 생명을 잃지 않았었다.

지금 어둡고 차디찬 눈 밑에서도, 너, 보리는 장미꽃 향내를 풍겨 오는 그윽한 유월의 훈풍과 노고지리 우짖는 새파란 하늘과, 산밑을 훤히 비추어 주는 태양을 꿈꾸면서, 오로지 기다림과 희망 속에서 아무 말이 없이 참고 견디어 왔으며, 삼월의 맑은 하늘 아래 아직도 쌀쌀한 바람에 자라고 있다.

— 한흑구, 〈보리〉 —

작품 분석

1) 갈래:
2) 주제:
3) 특징:

11 이 글에 대한 설명으로 적절하지 <u>않은</u> 것은?

① 계절에 따른 환경의 변화를 묘사하고 있다.
② 대상에 인간의 삶의 모습을 빗대어 표현하고 있다.
③ 구체적 체험을 바탕으로 자신의 생각을 드러내고 있다.
④ 자연 현상과 대비시켜 대상의 모습을 부각시키고 있다.
⑤ 화자가 청자에게 이야기를 건네는 형식으로 친근감을 주고 있다.

해설 글쓴이의 구체적 체험이 아니라 글쓴이가 자연물을 보고 느낀 점을 서술한 것이다.
① 가을에서 겨울로 계절이 변하는 환경의 변화를 묘사하고 있다.
② 보리를 의인화하여 표현하고 있다.
④ 시련의 계절이지만 꿋꿋하게 살아가는 보리의 생명력을 부각시키고 있다.
⑤ 보리를 '너'라고 지칭하여 보리와 다정하게 대화하는 듯한 친근감을 주고 있다.

정답 ③

12 이 글에 나타난 대상에 대한 태도와 가장 유사한 것은?

① 백설이 부서진 / 하늘 한 모서리 // 다홍으로 / 불이 붙는다. // 차가울사록 / 사모치는 정화(情火) // 그 뉘를 사모하기에 / 이 깊은 겨울에 애태워 피는가. — 정훈, 〈동백〉 —

② 하늘에 깔아 논 / 바람의 여울터에서나 / 속삭이듯 서걱이는 / 나무의 그늘에서나, 새는 노래한다. / 그것이 노래인 줄도 모르면서 / 새는 그것이 사랑인 줄도 모르면서 / 두 놈이 부리를 / 서로의 죽지에 파묻고 / 따스한 체온을 나누어 가진다. — 박남수, 〈새〉 —

③ 본래 그 마음은 깨끗함을 즐겨 하여 / 정한 모래 틈에 뿌리를 서려 두고 / 미진(微塵)도 가까이 않고 우로(雨露) 받아 사느니라. — 이병기, 〈난초〉 —

④ 조국을 언제 떠났노, / 파초의 꿈은 가련하다. // 남국(南國)을 향한 불타는 향수(鄕愁), / 너의 넋은 수녀(修女)보다도 더욱 외롭구나! — 김동명, 〈파초〉 —

⑤ 너는 오랑캐의 피 한 방울 받지 않았건만, / 오랑캐꽃, 너는 돌가마도 털메투리도 모르는 오랑캐꽃 / 두 팔로 햇빛을 막아 줄게 / 울어 보렴 목놓아 울어나 보렴 오랑캐꽃.
 — 이용악, 〈오랑캐꽃〉 —

해설 글쓴이는 '보리'를 추운 겨울을 이겨내고 살아남는 강한 생명력을 지닌 존재로 예찬하고 있다. ③은 '난초'의 맑고 깨끗한 성품을 찬양하고 있다.
① '동백'을 관조의 대상으로 보고 있다.
② '새'를 존재론적 입장에서 접근하여 순수함을 지닌 대상으로 보고 있다.
④·⑤ '파초'와 '오랑캐꽃'을 통해 자신이 처한 상황과 동일시하고 있다.

정답 ③

작품 분석 답안	작품 이해
1) 갈래: 경수필 2) 주제: 보리의 강한 생명력 예찬 3) 특징: 서정적, 교훈적, 예찬적, 묘사적	**한흑구, 〈보리〉** 보리의 순박함과 강인함을 농부의 덕성에 비추어 쓴 수필이다. 모두 여섯 부분으로 나뉘어져 있는데, 보리를 2인칭으로 대상화하여 의인법을 사용하고 있다. 보리는 매서운 바람과 얼음같이 차가운 눈, 그리고 그 속에 덮인 어둠과 같은 시련과 고난을 견디면서, 억센 생명의 힘으로 마침내 환희의 봄날을 맞이한다. 뿐만 아니라, 결실을 맺으며 고개를 숙이는 겸손함과 자신의 사명을 완수하려는 태도를 갖고 있다. 작가는 이러한 보리의 일생을 통해서 성실과 끈질김으로 고난을 견디어 내면, 환희와 보람이 반드시 따른다는 생의 교훈을 암시하고 있다. 또한 순박하지만 억세고 참을성 있게 살아가는 농부의 삶과 노동의 가치를 예찬하고 있다.

제2장 비문학

제7편 읽기

제1절 독해의 유형

기출 미리보기

⋯ 화제어·핵심어를 찾은 후, 중심 문장에 밑줄을 긋고, 문단의 중심 내용을 작성하는 방식으로 지문 분석을 연습해 보세요!

1. 사실적 독해
   (1) 세부 정보 확인
   (2) 정보 간 관계 파악
   (3) 중심 내용 파악
   (4) 글의 전개 방식
2. 추론적 독해
   (1) 생략된 정보 추론
   (2) 다른 상황에의 적용
3. 비판적 독해
   (1) 글을 읽은 독자의 반응
   (2) 글에 대한 평가

1 사실적 독해

- 글의 내용을 있는 그대로 이해하는 과정
- 글에 명시적으로 언급된 정보를 문자 그대로 이해하는 것으로, 글을 이해하는 가장 기본적인 과정이자 필수적인 과정이라고 할 수 있다.
- 사실적 독해의 유형을 해결하기 위해서는 핵심 정보를 찾고 문장이나 문단의 의미를 정확하게 파악한 후, 중심 내용을 정리하고 주제를 파악해야 한다.

핵심 정보 파악 → 문단의 내용과 기능의 이해 → 글 전체의 구조 분석 → 주제의 파악

(1) 핵심어를 통한 문단의 중심 내용 찾기(핵심 찾기)
   1) 문단 수준에서 핵심어(중요한 개념)를 파악한다.
   2) 핵심어를 중심으로 중심 화제(주제를 나타내기 위한 주된 이야깃거리)를 파악한다.
   3) 화제에 대한 글쓴이의 의견이나 설명을 종합하고 요약하여 문단의 중심 내용을 정리한다.

(2) 문단의 연결 관계와 중심 내용 찾기(단락 엮기): 하나의 글은 여러 개의 문단으로 구성되어 있다. 각 문단은 주요 문단과 보조 문단으로 나눠져 있는데, 주요 문단은 글의 주제와 직접 관련이 있는 문단을 말하고, 이를 보완하는 문단을 보조 문단이라 한다. 글쓴이는 주요 문단을 효과적으로 드러내기 위해 여러 개의 보조 문단을 효과적인 전개 방식을 사용해 제시한다. KBS 한국어능력시험의 비문학 지문은 주로 3~5문단이 출제된다. 각 문단을 읽으면서 중요도에 따라 문단을 선별해서 읽고, 문단 간의 연결 관계를 파악하며 읽기 속도를 조절해야 한다. 특히 문장과 문장을 연결해 주는 접속어에 유의하며 읽는 것이 필요하다.

1) 각 문단의 중심 내용을 정리한다.
2) 글 전체의 주제가 들어 있는 주요 문단이나 문장을 확인한다.
3) 이를 통해 다른 문단과의 연관성을 파악한다.
4) 글의 내용 전개 방식이나 구조적 특성을 파악한다.

2 추론적 독해

- 독자가 상상하며 글을 읽고 스키마를 동원하여 글의 표면에 제시되지 않은 정보를 찾는 과정
- 글에 제시된 정보들의 관계를 파악하거나, 글에서 명시되지 않은 생략된 내용을 상상해 내야 한다.

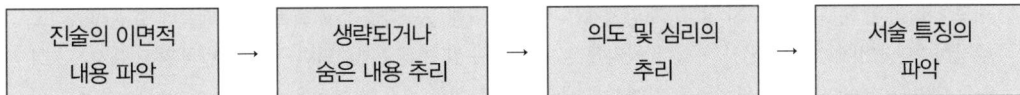

3 비판적 독해

- 언어 이해의 과정에서 여러 준거에 의해 분석된 내용을 바탕으로 적절성 또는 가치를 판단하는 과정
- 사실적 독해나 추론적 독해를 바탕으로 하여, 글의 내용과 구조, 필자의 글쓰기 동기나 태도, 가치 등 여러 수준을 고려하고, 글의 내용, 조직, 표현 등에 대한 신뢰성과 타당성을 판단하여 읽는 방법이다.

확인문제

[01] 다음 글을 읽고 물음에 답하시오.

1 언론 보도로 명예가 훼손되는 경우 피해를 구제받으려면 어떻게 해야 할까? 우리 민법은 명예 훼손으로 인한 피해를 구제받기 위해 손해 배상과 같은 금전적인 구제와 아울러 비금전적인 구제를 청구할 수 있다고 규정하고 있다. 이러한 비금전적인 구제 방식의 하나가 '반론권'이다. 반론권은 언론의 보도로 피해를 입었다고 주장하는 당사자가 문제가 된 언론 보도 내용 중 순수한 의견이 아닌 사실적 주장(사실에 관한 보도 내용)에 대해 해당 언론사를 상대로 지면이나 방송으로 반박할 수 있는 권리이다. 반론권은 일반적으로 반론 보도를 통해 실현되는데, 이는 정정 보도나 추후 보도와는 다르다. 정정 보도는 보도 내용이 사실과 달라 잘못된 사실을 바로잡는 것이며, 추후 보도는 형사상의 조치를 받은 것으로 보도된 당사자의 무혐의나 무죄 판결에 대한 내용을 보도해 주는 것이다.

2 반론권 제도는 세계적으로 약 30개 국가에서 시행되고 있는데, 우리나라의 반론권 제도는 의견에도 반론권을 적용하는 프랑스식 모델이 아닌 사실적 주장에 대해서만 반론권을 부여하는 독일식 모델을 따르고 있다. 우리나라 반론권 제도의 특징은 정부가 반론권 제도를 도입하면서 이를 언론중재위원회를 통하여 행사하도록 했다는 것이다. 반론권 도입 당시 우리 정부는 언론중재위원회를 통한 반론권 행사가 언론에는 신뢰도 하락과 같은 부담을 주지 않고, 개인에게는 신속히 피해를 구제받을 기회를 주기 때문에 효율적이라고 주장하였다. 이에 대해 언론사와 일부 학자들은 법정 기구인 언론중재위원회를 통해 반론권을 행사하도록 하는 것이 언론의 편집 및 편성권을 침해하여 궁극적으로 언론 자유의 본질을 훼손할 수 있다는 우려를 나타냈다.

3 그러나 헌법재판소는 반론권 존립 여부에 대해 판단하면서, 반론권은 잘못된 사실을 진실에 맞게 수정하는 권리가 아니라 피해를 입은 자가 문제가 되는 기사에 대해 자신의 주장을 게재하는 권리로서 합헌적인 구제 장치라고 보았다. 또한 대법원은 반론권 제도를 이른바 무기대등원칙(武器對等原則)에 부합하는 것으로 판단하였다. 즉, 사회적 강자인 언론을 대상으로 일반인이 동등한 공격과 방어를 할 수 있도록 균형 유지 수단을 제공하는 것이므로 정당하다는 것이다.

4 반론권 청구는 언론중재위원회 또는 법원에 할 수 있으며, 두 기관에 동시에 신청할 수도 있다. 이때 반론권은 해당 언론사의 잘못이나 기사 내용의 진실성 여부에 상관없이 청구할 수 있다. 언론 전문가들은 일부 학자들의 비판적인 시각에도 불구하고 언론과 관련된 분쟁은 법정 밖에서 해결하는 것이 가장 바람직하다는 측면에서 언론중재위원회를 통한 반론권 제도의 중요성을 인정하고 있다. 그러나 그 효율성을 제고하기 위해서는 당사자가 모두 만족할 수 있도록 중재의 합의율과 질적 수준을 높여야 할 것이다.

지문 분석

1) 문단별 중심 내용
   1
   2
   3
   4
2) 주제:

01 이 글을 통해서 확인할 수 있는 것은?

① 반론권 제도는 프랑스에서 가장 먼저 도입하였다.
② 보도 내용이 진실한 경우에도 반론권을 청구할 수 있다.
③ 피해자는 반론 보도와 정정 보도를 동시에 청구할 수 있다.
④ 반론권은 개인은 물론이고 법인이나 단체, 조직도 행사할 수 있다.
⑤ 반론권은 문제가 된 보도와 같은 분량의 지면이나 방송으로 행사되어야 한다.

해설 세부 내용을 확인하는 일치와 불일치의 문제로, 지문과 선지의 내용을 꼼꼼하게 대응하는 연습이 필요하다. 문제를 풀 때, 각 선지의 내용이 어떤 문단에서 나온 내용인지 체크하면서 푸는 것이 좋다. ②는 4문단에서 '반론권은 해당 언론사의 잘못이나 기사 내용의 진실성 여부에 상관없이 청구할 수 있다.'라고 했으므로 진실한 경우에도 반론권을 청구할 수 있다.
① 2문단에서 프랑스의 반론권의 특징에 대해 언급하고 있지만, 프랑스가 가장 먼저 도입했는지의 여부는 알 수 없다.
③ 1문단에서 반론 보도는 정정 보도와 추후 보도와는 다르다는 점은 확인할 수 있지만, 동시에 청구할 수 있는지는 알 수 없다.
④ 언급한 내용이 없다.
⑤ 1문단에서 반론 보도는 해당 언론사를 대상으로 지면이나 방송을 통하여 행사할 수 있다는 내용은 있지만, 보도가 된 분량과 같아야 한다는 내용은 없다.

정답 ②

지문 확인

1 언론 보도로 명예가 훼손되는 경우 피해를 구제받으려면 어떻게 해야 할까? 우리 민법은 명예 훼손으로 인한 피해를 구제받기 위해 손해 배상과 같은 금전적인 구제와 아울러 비금전적인 구제를 청구할 수 있다고 규정하고 있다. 이러한 비금전적인 구제 방식의 하나가 '반론권'이다. 반론권은 언론의 보도로 피해를 입었다고 주장하는 당사자가 문제가 된 언론 보도 내용 중 순수한 의견이 아닌 사실적 주장(사실에 관한 보도 내용)에 대해 해당 언론사를 상대로 지면이나 방송으로 반박할 수 있는 권리이다. 반론권은 일반적으로 반론 보도를 통해 실현되는데, 이는 정정 보도나 추후 보도와는 다르다. 정정 보도는 보도 내용이 사실과 달라 잘못된 사실을 바로잡는 것이며, 추후 보도는 형사상의 조치를 받은 것으로 보도된 당사자의 무혐이나 무죄 판결에 대한 내용을 보도해 주는 것이다.

2 반론권 제도는 세계적으로 약 30개 국가에서 시행되고 있는데, 우리나라의 반론권 제도는 의견에도 반론권을 적용하는 프랑스식 모델이 아닌 사실적 주장에 대해서만 반론권을 부여하는 독일식 모델을 따르고 있다. 우리나라 반론권 제도의 특징은 정부가 반론권 제도를 도입하면서 이를 언론중재위원회를 통하여 행사하도록 했다는 것이다. 반론권 도입 당시 ●우리 정부는 언론중재위원회를 통한 반론권 행사가 언론에는 신뢰도 하락과 같은 부담을 주지 않고, 개인에게는 신속히 피해를 구제받을 기회를 주기 때문에 효율적이라고 주장하였다. 이에 대해 ▲언론사와 일부 학자들은 법정 기구인 언론중재위원회를 통해 반론권을 행사하도록 하는 것이 언론의 편집 및 편성권을 침해하여 궁극적으로 언론 자유의 본질을 훼손할 수 있다는 우려를 나타냈다.

3 그러나 헌법재판소는 반론권 존립 여부에 대해 판단하면서, 반론권은 잘못된 사실을 진실에 맞게 수정하는 권리가 아니라 피해를 입은 자가 문제가 되는 기사에 대해 자신의 주장을 게재하는 권리로서 합헌적인 구제 장치라고 보았다. 또한 대법원은 반론권 제도를 이른바 무기대등원칙(武器對等原則)에 부합하는 것으로 판단하였다. 즉, 사회적 강자인 언론을 대상으로 일반인이 동등한 공격과 방어를 할 수 있도록 균형 유지 수단을 제공하는 것이므로 정당하다는 것이다.

④ 반론권 청구는 언론중재위원회 또는 법원에 할 수 있으며, 두 기관에 동시에 신청할 수도 있다. 이때 반론권은 해당 언론사의 잘못이나 기사 내용의 진실성 여부에 상관없이 청구할 수 있다. 언론 전문가들은 일부 학자들의 비판적인 시각에도 불구하고 언론과 관련된 분쟁은 법정 밖에서 해결하는 것이 가장 바람직하다는 측면에서 언론중재위원회를 통한 반론권 제도의 중요성을 인정하고 있다. <u>그러나 그 효율성을 제고하기 위해서는 당사자가 모두 만족할 수 있도록 중재의 합의율과 질적 수준을 높여야 할 것이다.</u>

※ ●과 ▲의 표시는 서로 상반되는 태도를 표시한 것임.

지문 분석 답안

1) 문단별 중심 내용
  ① '반론권'의 개념 정의
  ② '반론권'에 대한 정부와 언론사의 대립된 주장
  ③ 헌법 재판소와 대법원이 '반론권'을 인정한 사례
  ④ 청구 요건과 반론권에 대한 개선 방향
2) 주제: 반론권의 개념과 의의 및 개선 방향

[02] 다음 글을 읽고 물음에 답하시오.

> ① 선거 기간 동안 여론 조사 결과의 공표를 금지하는 것이 사회적 쟁점이 되고 있다. 조사 결과의 공표가 유권자 투표 의사에 영향을 미쳐 선거의 공정성을 훼손한다는 주장과, 공표 금지가 선거 정보에 대한 언론의 접근을 제한하여 알 권리를 침해한다는 주장이 맞서고 있기 때문이다.
>
> ② 찬성론자들은 먼저 '밴드왜건 효과'와 '열세자 효과' 등의 이론을 내세워 여론 조사 공표의 부정적인 영향을 부각시킨다. 밴드왜건 효과에 의하면, 선거일 전에 여론 조사 결과가 공표되면 사표(死票) 방지 심리로 인해 표심이 지지도가 높은 후보 쪽으로 이동하게 된다. 이와 반대로 열세자 효과에 따르면, 열세에 있는 후보자에 대한 동정심이 발동하여 표심이 그쪽으로 움직이게 된다. 각각의 이론을 통해 알 수 있듯이, 여론 조사 결과의 공표가 어느 쪽으로든 투표 행위에 영향을 미치게 되고 선거일에 가까워질수록 공표가 갖는 부정적 효과가 극대화되기 때문에 이를 금지해야 한다는 것이다. 이들은 또한 공정한 여론 조사가 진행될 수 있는 제반 여건이 아직은 성숙되지 않았다는 점도 강조한다. 그리고 금권, 관권 부정 선거와 선거 운동의 과열 경쟁으로 인한 폐해가 많았다는 것이 경험적으로도 확인되었다는 사실을 그 이유로 든다.
>
> ③ 이와 달리 반대론자들은 무엇보다 표현의 자유를 실현하는 수단으로서 알 권리의 중요성을 강조한다. 알 권리는 국민이 의사를 형성하는 데 전제가 되는 권리인 동시에 국민 주권 실천 과정에 참여하는 데 필요한 정보와 사상 및 의견을 자유롭게 구할 수 있음을 강조하는 권리이다. 그리고 이 권리는 언론 기관이 '공적 위탁 이론'에 근거해 국민들로부터 위임받아 행사하는 것이므로, 정보에 대한 언론의 접근이 보장되어야 충족된다. 후보자의 지지도나 당선 가능성 등에 관한 여론의 동향 등은 이 알 권리의 대상에 포함된다. 따라서 언론이 위임받은 알 권리를 국민의 뜻에 따라 대행하는 것이기 때문에, 여론 조사 결과의 공표를 금지하는 것은 결국 표현의 자유를 침해하여 위헌이라는 논리이다. 또 이들은 조사 결과의 공표가 선거의 공정성을 방해한다는 분명한 증거가 제시되지 않고 있기 때문에 조사 결과의 공표가 선거에 부정적인 영향을 미친다는 점이 확실하게 증명되지 않았음도 강조한다.
>
> ④ 우리나라 현행 선거법은 선거일 전 6일부터 선거 당일까지 조사 결과의 공표를 금지하고 있다. 선거 기간 내내 공표를 제한했던 과거와 비교해 보면 금지 기간이 대폭 줄었음을 알 수 있다. 이 점은 공표 금지에 대한 찬반 논쟁에 시사하는 바가 크다.

지문 분석

1) 문단별 중심 내용
    ①
    ②
    ③
    ④
2) 주제:

02 이 글을 읽고 추론한 내용으로 적절하지 않은 것은?

① 언론 기관이 알 권리를 대행하기도 한다.
② 알 권리는 법률에 의해 제한되기도 한다.
③ 알 권리가 제한되면 표현의 자유가 약화된다.
④ 알 권리에는 정보 수집의 권리도 포함되어 있다.
⑤ 공표 금지 기간이 길어질수록 알 권리는 강화된다.

해설 '추론'은 어떠한 판단을 근거로 삼아 다른 판단을 이끌어 내는 것을 말한다. 판단의 근거가 되는 내용을 지문을 통해 확인해야 한다. 4문단의 두 번째 문장을 보면 과거에 비해 현재는 여론 조사 결과의 공표 금지 기간이 대폭 줄어들었다는 것을 알 수 있다. 이는 국민들의 알 권리를 보장하기 위한 조치이므로 공표 금지 기간이 길어질수록 국민의 알 권리가 약화된다는 것을 알 수 있다.
① 3문단 다섯 번째 문장의 '언론이 위임받은 알 권리를 국민의 뜻에 따라 대행하는 것이기 때문에'라는 내용에서 확인할 수 있다.
② 4문단 첫 번째 문장의 '우리나라 현행 선거법은 선거일 전 6일부터 선거 당일까지 조사 결과의 공표를 금지하고 있다.'라는 내용에서 확인할 수 있다.
③ 3문단 다섯 번째 문장의 '~ 여론 조사 결과의 공표를 금지하는 것은 결국 표현의 자유를 침해하여 위헌이라는 논리이다.'라는 내용에서 확인할 수 있다.
④ 3문단 두 번째 문장의 '알 권리는 국민이 의사를 형성하는 데 전제가 되는 권리인 동시에 국민 주권 실천 과정에 참여하는 데 필요한 정보와 사상 및 의견을 자유롭게 구할 수 있음을 강조하는 권리이다.'라는 내용에서 확인할 수 있다.

정답 ⑤

지문 확인

① 선거 기간 동안 여론 조사 결과의 공표를 금지하는 것이 사회적 쟁점이 되고 있다. 조사 결과의 공표가 유권자 투표 의사에 영향을 미쳐 선거의 공정성을 훼손한다는 주장과, 공표 금지가 선거 정보에 대한 언론의 접근을 제한하여 알 권리를 침해한다는 주장이 맞서고 있기 때문이다.

② ●찬성론자들은 먼저 '밴드왜건 효과'와 '열세자 효과' 등의 이론을 내세워 여론 조사 공표의 부정적인 영향을 부각시킨다. 밴드왜건 효과에 의하면, 선거일 전에 여론 조사 결과가 공표되면 사표(死票) 방지 심리로 인해 표심이 지지도가 높은 후보 쪽으로 이동하게 된다. 이와 반대로 열세자 효과에 따르면, 열세에 있는 후보자에 대한 동정심이 발동하여 표심이 그쪽으로 움직이게 된다. 각각의 이론을 통해 알 수 있듯이, 여론 조사 결과의 공표가 어느 쪽으로든 투표 행위에 영향을 미치게 되고 선거일에 가까워질수록 공표가 갖는 부정적 효과가 극대화되기 때문에 이를 금지해야 한다는 것이다. 이들은 또한 공정한 여론 조사가 진행될 수 있는 제반 여건이 아직은 성숙되지 않았다는 점도 강조한다. 그리고 금권, 관권 부정 선거와 선거 운동의 과열 경쟁으로 인한 폐해가 많았다는 것이 경험적으로도 확인되었다는 사실을 그 이유로 든다.

③ ▲이와 달리 반대론자들은 무엇보다 표현의 자유를 실현하는 수단으로서 알 권리의 중요성을 강조한다. 알 권리는 국민이 의사를 형성하는 데 전제가 되는 권리인 동시에 국민 주권 실천 과정에 참여하는 데 필요한 정보와 사상 및 의견을 자유롭게 구할 수 있음을 강조하는 권리이다. 그리고 이 권리는 언론 기관이 '공적 위탁 이론'에 근거해 국민들로부터 위임받아 행사하는 것이므로, 정보에 대한 언론의 접근이 보장되어야 충족된다. 후보자의 지지도나 당선 가능성 등에 관한 여론의 동향 등은 이 알 권리의 대상에 포함된다. 따라서 언론이 위임받은 알 권리를 국민의 뜻에 따라 대행하는 것이기 때문에, 여론 조사 결과의 공표를 금지하

는 것은 결국 표현의 자유를 침해하여 위헌이라는 논리이다. 또 이들은 조사 결과의 공표가 선거의 공정성을 방해한다는 분명한 증거가 제시되지 않고 있기 때문에 조사 결과의 공표가 선거에 부정적인 영향을 미친다는 점이 확실하게 증명되지 않았음도 강조한다.

④ 우리나라 현행 선거법은 선거일 전 6일부터 선거 당일까지 조사 결과의 공표를 금지하고 있다. 선거 기간 내내 공표를 제한했던 과거와 비교해 보면 금지 기간이 대폭 줄었음을 알 수 있다. 이 점은 공표 금지에 대한 찬반 논쟁에 시사하는 바가 크다.

지문 분석 답안

1) 문단별 중심 내용
   ① 여론 조사 결과 공표 금지에 대한 찬반 논란
   ② 찬성론자들의 의견 – 여론 조사 공표의 부정적 영향 부각
   ③ 반대론자들의 의견 – 알 권리의 중요성 강조
   ④ 현재의 여론 조사 금지 기간이 시사하는 바
2) 주제: 선거 기간 중 여론 조사 공표 금지에 대한 찬반 논쟁

---

[03] 다음 글을 읽고 물음에 답하시오.

① 많은 경제학자들은 제도의 발달이 경제 성장의 중요한 원인이라고 생각해 왔다. 예를 들어 재산권 제도가 발달하면 투자나 혁신에 대한 보상이 잘 이루어져 경제 성장에 도움이 된다는 것이다. 그러나 이를 입증하기는 쉽지 않다. 제도의 발달 수준과 소득 수준 사이에 상관관계가 있다 하더라도, 제도는 경제 성장에 영향을 줄 수도 있지만 경제 성장으로부터 영향을 받을 수도 있으므로 그 인과 관계를 판단하기 어렵기 때문이다.

② 그런데 최근에 각국의 소득 수준이 위도나 기후 등의 지리적 조건과 밀접한 상관관계를 가진다는 통계적 증거들이 제시되었다. 제도와 달리 지리적 조건은 소득 수준의 영향을 받지 않는다. 이 때문에 지리적 조건이 사람들의 건강이나 생산성 등과 같은 직접적인 경로를 통해 경제 성장에 영향을 끼친다는 해석이 설득력을 얻게 되었다.

③ 제도를 중시하는 경제학자들은, 지리적 조건이 직접적인 원인이라면 경제 성장에 더 유리한 지리적 조건을 가진 나라가 예나 지금이나 소득 수준이 더 높아야 하지만 그렇지 않은 사례가 많다는 사실에 주목하였다. 이들은 '지리적 조건과 소득 수준 사이의 상관관계'와 함께 이러한 '소득 수준의 역전 현상'을 동시에 설명하려면, 제도가 경제 성장의 직접적인 원인이고 지리적 조건은 제도의 발달 방향에 영향을 주는 간접적인 경로를 통해 경제 성장과 관계를 맺는 것으로 보아야 한다고 주장한다. 다시 말해 지리적 조건은 지금의 경제 성장의 직접적인 원인이 아니라는 것이다. 오히려 지리적 조건은 과거에 더 잘살던 지역에서는 경제 성장에 불리한 방향으로, 더 못살던 지역에서는 유리한 방향으로 제도가 발달하게 된 '제도의 역전'이라는 역사적 과정에 영향을 끼쳤다는 것이다.

④ 이제 지리적 조건의 직접적인 영향을 강조하는 학자들도 간접적인 경로의 존재를 인정하게 되었다. 하지만 직접적인 경로가 경제 성장에서 더욱 중요하고 지속적인 영향을 끼친다는 입장에는 변함이 없다.

지문 분석

1) 문단별 중심 내용
    1
    2
    3
    4
2) 주제:

03 1~3문단의 주장을 뒷받침하는 사례를 〈보기〉에서 찾아 바르게 짝지은 것은?

● 보기 ●

㉠ 대체로 기온이 높은 나라일수록 질병 등의 문제로 사람들의 건강 상태가 좋지 못하고 생산성도 낮다. 이에 따라 경제 성장이 잘 이루어지지 못하여 1인당 소득 수준이 낮다.
㉡ 영국은 명예혁명 이후에 재산권 제도가 발달하였지만, 스페인은 그렇지 못했다. 이 때문에 스페인의 제도가 이식된 중남미 국가들이 영국의 제도가 이식된 북미 국가들보다 소득 수준이 낮다.
㉢ 기후가 사탕수수 등의 상업성 작물에 적합한 지역에서는 노예 노동을 이용했기 때문에 재산권 보호와 정치 참여 면에서 불평등한 제도가 정착했다. 이로 인해 현재까지 경제 성장에 바람직한 제도가 잘 발달하지 못하고 있다.

	1문단	2문단	3문단
①	㉠	㉡	㉢
②	㉡	㉠	㉢
③	㉡	㉢	㉠
④	㉢	㉠	㉡
⑤	㉢	㉡	㉠

해설 ㉠은 지리적 조건인 기온과 생산성의 관련성을 말하고 있으므로 지리 결정론을 주장하는 2문단의 내용을 뒷받침하는 사례이다. ㉡은 재산권 제도 같은 제도의 차이로 인해 국가의 소득 수준이 차이가 나는 것이므로 제도 결정론을 주장하는 1문단을 뒷받침하는 사례이다. ㉢은 지리적 조건인 기후로 인해 불평등한 제도가 정착된 지역이 경제적 성장에 문제점이 있음을 지적했으므로 수정된 제도 결정론을 주장하는 3문단의 내용을 뒷받침하는 사례가 된다.

정답 ②

지문 확인

① 많은 경제학자들은 제도의 발달이 경제 성장의 중요한 원인이라고 생각해 왔다. 예를 들어 재산권 제도가 발달하면 투자나 혁신에 대한 보상이 잘 이루어져 경제 성장에 도움이 된다는 것이다. 그러나 이를 입증하기는 쉽지 않다. 제도의 발달 수준과 소득 수준 사이에 상관관계가 있다 하더라도, 제도는 경제 성장에 영향을 줄 수도 있지만 경제 성장으로부터 영향을 받을 수도 있으므로 그 인과 관계를 판단하기 어렵기 때문이다.

② 그런데 최근에 각국의 소득 수준이 위도나 기후 등의 지리적 조건과 밀접한 상관관계를 가진다는 통계적 증거들이 제시되었다. 제도와 달리 지리적 조건은 소득 수준의 영향을 받지 않는다. 이 때문에 지리적 조건이 사람들의 건강이나 생산성 등과 같은 직접적인 경로를 통해 경제 성장에 영향을 끼친다는 해석이 설득력을 얻게 되었다.

③ 제도를 중시하는 경제학자들은, 지리적 조건이 직접적인 원인이라면 경제 성장에 더 유리한 지리적 조건을 가진 나라가 예나 지금이나 소득 수준이 더 높아야 하지만 그렇지 않은 사례가 많다는 사실에 주목하였다. 이들은 '지리적 조건과 소득 수준 사이의 상관관계'와 함께 이러한 '소득 수준의 역전 현상'을 동시에 설명하려면, 제도가 경제 성장의 직접적인 원인이고 지리적 조건은 제도의 발달 방향에 영향을 주는 간접적인 경로를 통해 경제 성장과 관계를 맺는 것으로 보아야 한다고 주장한다. 다시 말해 지리적 조건은 지금의 경제 성장의 직접적인 원인이 아니라는 것이다. 오히려 지리적 조건은 과거에 더 잘살던 지역에서는 경제 성장에 불리한 방향으로, 더 못살던 지역에서는 유리한 방향으로 제도가 발달하게 된 '제도의 역전'이라는 역사적 과정에 영향을 끼쳤다는 것이다.

④ 이제 지리적 조건의 직접적인 영향을 강조하는 학자들도 간접적인 경로의 존재를 인정하게 되었다. 하지만 직접적인 경로가 경제 성장에서 더욱 중요하고 지속적인 영향을 끼친다는 입장에는 변함이 없다.

지문 분석 답안

1) 문단별 중심 내용
   ① 제도의 발달이 경제 성장의 주원인이라는 견해와 그 한계
   ② 지리적 조건이 경제 성장의 원인이라는 해석
   ③ 제도를 중시하는 경제학자들의 반박
   ④ 지리적 조건을 강조하는 학자들의 입장 고수
2) 주제: 경제 성장에 영향을 주는 요인에 대한 학자들의 견해

[04~06] 다음 글을 읽고 물음에 답하시오.

① 친구 따라 강남 간다는 속담이 있듯이 다른 사람들의 행동을 따라 하는 것을 심리학에서는 '동조(同調)'라고 한다. OX 퀴즈에서 답을 잘 모를 때 더 많은 사람들이 선택하는 쪽을 따르는 것도 일종의 동조이다.

② 심리학에서는 동조가 일어나는 이유를 크게 두 가지로 설명한다. 첫째는, 사람들은 자기가 확실히 알지 못하는 일에 대해 남이 하는 대로 따라 하면 적어도 손해를 보지는 않는다고 생각한다는 것이다. 낯선 지역을 여행하던 중에 식사를 할 때 여행객들은 대개 손님들로 북적거리는 식당을 찾게 마련이다. 식당이 북적거린다는 것은 그만큼 그 식당의 음식이 맛있다는 것을 뜻한다고 여기기 때문이다. 둘째는, 어떤 집단이 그 구성원들을 이끌어 나가는 질서나 규범 같은 힘을 가지고 있을 때, 그러한 집단의 압력 때문에 동조 현상이 일어난다는 것이다. 만약 어떤 개인이 그 힘을 인정하지 않는다면 그는 집단에서 배척당하기 쉽다. 이런 사정 때문에 사람들은 집단으로부터 소외되지 않기 위해서 동조를 하게 된다. 여기서 주목할 것은 자신이 믿지 않거나 옳지 않다고 생각하는 문제에 대해서도 동조의 입장을 취하게 된다는 것이다.

③ 상황에 따라서는 위의 두 가지 이유가 함께 작용하는 경우도 있다. 예컨대 선거에서 지지할 후보를 결정하고자 할 때 사람들은 대개 활발하게 거리 유세를 하며 좀 더 많은 지지자들의 호응을 이끌어 내는 후보를 선택하게 된다. 곧 지지자들의 열렬한 태도가 다른 사람들도 그 후보를 지지하도록 이끄는 정보로 작용하는 것이다. 이때 지지자 집단의 규모가 클수록 지지를 이끌어 내는 데에 효과적으로 작용한다.

④ 동조는 개인의 심리 작용에 영향을 미치는 요인이 무엇이냐에 따라 그 강도가 다르게 나타난다. 가지고 있는 정보가 부족하여 어떤 판단을 내리기 어려운 상황일수록, 자신의 판단에 대한 확신이 들지 않을수록 동조 현상은 강하게 나타난다. 또한 집단의 구성원 수가 많고 그 결속력이 강할 때, 특정 정보를 제공하는 사람의 권위와 그에 대한 신뢰도가 높을 때도 동조 현상은 강하게 나타난다. 그리고 어떤 문제에 대한 집단 구성원들의 만장일치 여부도 동조에 큰 영향을 미치게 되는데, 만약 이때 단 한 명이라도 이탈자가 생기면 동조의 정도는 급격히 약화된다.

⑤ 어떤 사람이 길을 건너려고 할 때 무단 횡단하는 사람들이 있으면 별 생각 없이 따라 하는 것처럼, 동조 현상은 부정적인 경우에도 일어난다. 그러나 정류장에서 차례로 줄을 서서 버스를 기다리는 모습처럼 긍정적으로 작용하는 경우도 많다. 또한 동조는 개인으로 하여금 정보 부족 상태에서 좀 더 나은 판단이나 선택을 할 수 있게 하는가 하면, 사회적으로는 질서를 유지하게 하는 원동력으로 작용하기도 한다. 뿐만 아니라 붐비는 가게를 찾고, 같은 농담을 즐기며, 유행하는 옷을 선호하는 사람들의 행동 특성이나 사회 현상을 이해하는 데에도 동조는 적절한 근거를 제공해 준다.

지문 분석

1) 문단별 중심 내용
   ①
   ②
   ③
   ④
   ⑤
2) 주제:

04 이 글을 통해 답을 구할 수 있는 물음이 아닌 것은?

① 동조의 강도는 어떤 경우에 달라지는가?
② 동조 현상에 대한 이해가 우리에게 어떤 도움을 줄까?
③ 사람들의 동조 행위를 근절할 수 있는 방법은 무엇일까?
④ 항상 타인의 생각에 동의해야만 동조가 일어나는 것일까?
⑤ 동조 현상은 생활 속에서 부정적으로 작용하기도 하는가?

해설 세부 내용을 파악하는 문제 유형이다. 이 글은 동조 현상이 일어나는 이유와 그 강도에 영향을 미치는 요인은 제시되어 있지만, 동조 행위를 근절할 수 있는 방법은 제시되어 있지 않다.
① 4문단에서 개인의 심리 작용에 영향을 미치는 요인이 무엇이냐에 따라 그 강도가 다르게 나타난다는 것을 알 수 있다.
② 5문단에서 사람들의 행동 특성이나 사회 현상을 이해하는 데에도 동조는 적절한 근거를 제공해 준다는 것을 알 수 있다.
④ 2문단에서 집단으로부터 소외되지 않기 위해서 동조하게 되고, 자신이 믿지 않거나 옳지 않다고 생각하는 문제에 대해서도 동조의 입장을 취하게 되므로 항상 타인의 생각에 동의해야 동조가 일어나는 것은 아니라는 것을 알 수 있다.
⑤ 5문단에서 무단 횡단을 생활 속 부정적 경우로 예를 들었다.

정답 ③

05 이 글에 언급된 '동조'에 대해 가장 잘 이해한 것은?

① 많은 사람이 선택한 합리적 결과에 승복하여 따르는 것
② 포용적인 마음가짐으로 타인의 제안을 수용하여 따르는 것
③ 정보 부족이나 집단 압력으로 인해 타인의 행동을 따르는 것
④ 부정적 사회 현실을 개선하기 위하여 집단의 힘을 이용하는 것
⑤ 타인의 고충을 해결해 줌으로써 그들이 자신을 따르게 하는 것

해설 핵심 개념에 대한 이해를 묻는 문제이다. 2문단에서 정보가 부족한 상황에 좀 더 나은 선택을 하기 위해, 그리고 집단의 압력에 의해 소외되지 않기 위해 타인의 행동을 따르는 것이라고 설명하였다.

정답 ③

06 이 글을 읽고 〈보기〉의 상황을 해석한 것으로 적절하지 <u>않은</u> 것은?

● 보기 ●

옛날에 허영심이 많고 옷 욕심이 유별난 임금이 있었다. 하루는 특별한 옷을 만들 수 있다며 장인(匠人) 행세를 하는 사기꾼들이 임금을 찾아와, 자기들이 만든 아름다운 옷은 정직하지 않은 사람의 눈에는 보이지 않는 옷이라고 했다. 솔깃한 임금은 옷을 주문하였고, 며칠 후 사기꾼들은 벌거벗은 임금에게 자기들이 만들어 왔다는 옷을 입혀 주는 시늉을 하였다. 임금의 눈에는 아무것도 보이지 않았지만, 그렇다고 말하면 정직하지 않은 사람으로 여겨질 것이 두려웠던 임금은 옷을 자랑하고 싶은 마음에 거리로 나섰다. 정직하지 않은 사람에게는 보이지 않는 옷이 있다는 소문을 들었던 백성들은 벌거벗은 임금을 바라보면서도 이구동성으로 임금의 옷이 참 아름답다고 말했다. 이때 군중들 틈에 서 있던 한 소년이 큰 소리로 외쳤다.
"저것 봐요. 임금님이 벌거숭이예요."
이어서 소년의 아버지가 소리쳤다.
"순진한 이 아이가 임금님은 아무것도 입지 않았다고 합니다."
그러자 여기저기서 '임금님은 벌거숭이'라는 웅성거림이 일었다.

– 〈벌거벗은 임금님〉 –

---

① '임금'이 옷을 자랑하려는 의도로 거리에 나선 것은 긍정적 측면에서의 동조 행위라고 할 수 있다.
② '백성'들이 '소년'에 대해 동조의 입장을 보인 것은 순수한 '소년'의 말이라는 점에 신뢰감을 느꼈기 때문이다.
③ '백성'들과 다른 행동을 취한 '소년'의 태도로 만장일치가 불가능해지자 동조의 강도가 약화되는 현상이 초래되었다.
④ '임금'이 '사기꾼'들을 전문적인 옷 기술자로 여겨 보이지 않는 옷을 보이는 것처럼 처신한 것도 일종의 동조 행위로 볼 수 있다.
⑤ '임금'의 옷이 아름답다며, '임금'이 벌거벗은 사실과 다르게 말한 '백성'들의 심리에는 집단으로부터 소외당하고 싶지 않은 마음이 깔려 있다.

....

[해설] 내용을 구체적 상황에 적용하는 문제이다. '임금'이 거리로 나선 것은 옷을 자랑하기 위해 스스로 선택한 것이므로 동조 행위로 볼 수 없다. 또한 이를 사기꾼에게 동조한 것에서 나온 행동이라고 본다면 이것은 자신이 정직하지 않게 보이는 것이 두려워 옷이 아름답다고 거짓말을 한 것이므로 부정적 측면에서의 동조라고 할 수 있다.

[정답] ①

지문 확인

1 친구 따라 강남 간다는 속담이 있듯이 다른 사람들의 행동을 따라 하는 것을 심리학에서는 '동조(同調)'라고 한다. OX 퀴즈에서 답을 잘 모를 때 더 많은 사람들이 선택하는 쪽을 따르는 것도 일종의 동조이다.

2 심리학에서는 동조가 일어나는 이유를 크게 두 가지로 설명한다. 첫째는, 사람들은 자기가 확실히 알지 못하는 일에 대해 남이 하는 대로 따라 하면 적어도 손해를 보지는 않는다고 생각한다는 것이다. 낯선 지역을 여행하던 중에 식사를 할 때 여행객들은 대개 손님들로 북적거리는 식당을 찾게 마련이다. 식당이 북적거린다는 것은 그만큼 그 식당의 음식이 맛있다는 것을 뜻한다고 여기기 때문이다. 둘째는, 어떤 집단이 그 구성원들을 이끌어 나가는 질서나 규범 같은 힘을 가지고 있을 때, 그러한 집단의 압력 때문에 동조 현상이 일어난다는 것이다. 만약 어떤 개인이 그 힘을 인정하지 않는다면 그는 집단에서 배척당하기 쉽다. 이런 사정 때문에 사람들은 집단으로부터 소외되지 않기 위해서 동조를 하게 된다. 여기서 주목할 것은 자신이 믿지 않거나 옳지 않다고 생각하는 문제에 대해서도 동조의 입장을 취하게 된다는 것이다.

3 상황에 따라서는 위의 두 가지 이유가 함께 작용하는 경우도 있다. 예컨대 선거에서 지지할 후보를 결정하고자 할 때 사람들은 대개 활발하게 거리 유세를 하며 좀 더 많은 지지자들의 호응을 이끌어 내는 후보를 선택하게 된다. 곧 지지자들의 열렬한 태도가 다른 사람들도 그 후보를 지지하도록 이끄는 정보로 작용한 것이다. 이때 지지자 집단의 규모가 클수록 지지를 이끌어 내는 데에 효과적으로 작용한다.

4 동조는 개인의 심리 작용에 영향을 미치는 요인이 무엇이냐에 따라 그 강도가 다르게 나타난다. 가지고 있는 정보가 부족하여 어떤 판단을 내리기 어려운 상황일수록, 자신의 판단에 대한 확신이 들지 않을수록 동조 현상은 강하게 나타난다. 또한 집단의 구성원 수가 많고 그 결속력이 강할 때, 특정 정보를 제공하는 사람의 권위와 그에 대한 신뢰도가 높을 때도 동조 현상은 강하게 나타난다. 그리고 어떤 문제에 대한 집단 구성원들의 만장일치 여부도 동조에 큰 영향을 미치게 되는데, 만약 이때 단 한 명이라도 이탈자가 생기면 동조의 정도는 급격히 약화된다.

5 어떤 사람이 길을 건너려고 할 때 무단 횡단하는 사람들이 있으면 별 생각 없이 따라 하는 것처럼, ▲동조 현상은 부정적인 경우에도 일어난다. 그러나 정류장에서 차례로 줄을 서서 버스를 기다리는 모습처럼 ●긍정적으로 작용하는 경우도 많다. 또한 동조는 개인으로 하여금 정보 부족 상태에서 좀 더 나은 판단이나 선택을 할 수 있게 하는가 하면, 사회적으로는 질서를 유지하게 하는 원동력으로 작용하기도 한다. 뿐만 아니라 붐비는 가게를 찾고, 같은 농담을 즐기며, 유행하는 옷을 선호하는 사람들의 행동 특성이나 사회 현상을 이해하는 데에도 동조는 적절한 근거를 제공해 준다.

지문 분석 답안

1) 문단별 중심 내용
    1 심리학에서 '동조'의 의미
    2 '동조'가 일어나는 두 가지 이유
    3 '동조'의 두 가지 이유가 함께 작용하는 상황
    4 개인의 심리 작용에 영향을 미치는 요인에 따라서 다르게 나타나는 '동조'의 강도
    5 '동조'의 여러 가지 작용
2) 주제: '동조' 현상의 원인과 작용

[07~08] 다음 글을 읽고 물음에 답하시오.

1 조선 전기 조선군의 전술에서는 기병을 동원한 활쏘기와 돌격, 그리고 이를 뒷받침하는 보병의 다양한 화약 병기 및 활의 사격 지원을 중시했다. 이는 여진족이나 왜구와의 전투에 효과적이었는데, 상대가 아직 화약 병기를 갖추지 못한 데다 전투 규모도 작았기 때문이다. 하지만 이러한 전술적 우위는 일본군의 조총 공격에 의해 상쇄되었다.

2 16세기 중반 일본에 도입된 조총은 다루는 데 특별한 무예나 기술이 필요하지 않았다. 그 결과 신분이 낮은 계층인 조총 무장 보병이 주요한 전투원으로 등장할 수 있었다. 한편 중국의 절강병법은 이러한 일본군에 대응하기 위해 고안된 전술로, 조총과 함께 다양한 근접전 병기를 갖춘 보병을 편성한 전술이었다. 이 전술은 주력이 천민을 포함한 일반 농민층이었는데, 개인의 기량은 떨어지더라도 각각의 병사를 특성에 따라 편제하고 운용하여 전체의 전투력을 높일 수 있었다. 근접 전용 무기도 주변에서 쉽게 구할 수 있는 것이 이용되었다.

3 조선군의 전술은 절강병법을 일부 수용하면서 기병 중심에서 보병 중심으로 급속히 전환되었다. 조총병인 포수와 각종 근접전 병기로 무장한 살수에 전통적 기예인 활을 담당하는 사수를 포함시켜 편제한 삼수병 체제에서 보병 중심 전술이 확립되었음을 볼 수 있다. 17세기 중반 이후 조총의 신뢰성과 위력이 높아지면서 삼수 내의 무기 체계의 분포에도 변화가 시작되었다. 상대적으로 사격 기술을 익히기 어렵고 주요 재료를 구하기 어려웠던 활 대신, 조총이 차지하는 비중이 점점 증가했다.

4 조선에서의 새로운 무기 수용과 전술의 변화는 단순한 군사적 변화에 그치지 않고 정치적·경제적 변화를 수반하였다. 군의 규모는 관노와 사노 등 천민 계층까지 충원되면서 급격히 커졌고, 군사력을 유지하기 위해 백성에 대한 통제도 엄격해졌다. 성인 남성에게 이름과 군역 등이 새겨진 호패를 차게 하였으며, 거주지의 변동이 있을 때마다 관가에 보고하게 하였다. 대규모 군사력의 운용으로 국가 단위의 재정 수요도 크게 증대했는데, 대동법은 이러한 수요에 부응하는 제도이기도 했다. 선혜청에서 대동법의 운영을 전담하면서 재정권의 중앙 집중화가 시도되었으며, 이에 따라 지방에서 자율적으로 운영하던 재정의 상당 부분이 조정으로 귀속되었다. 한편 가호(家戶)를 단위로 부과하던 공물을 농지 면적에 따라 쌀이나 무명 등으로 납부하게 하여, 논밭이 없거나 적은 농민들의 부담은 줄어들었다.

지문 분석

1) 문단별 중심 내용
  1
  2
  3
  4
2) 주제:

07 이 글의 내용과 일치하지 않는 것은?

① 일본이 중국이나 조선보다 먼저 조총을 실전에 사용했다.
② 조선과 중국에서는 조총을 받아들이면서 전술이 변화되었다.
③ 조선이 조총을 도입한 뒤 구성한 보병의 무기 체계는 중국과 달랐다.
④ 조선에 조총이 보급된 뒤에도 원거리 무기인 활의 사용 비중은 여전했다.
⑤ 조선·중국·일본에서는 조총의 도입으로 하위 신분의 군사적 비중이 높아졌다.

해설 세부 내용의 정보를 파악하는 문제이다. 3문단에서 사격 기술을 익히기 어렵고 주요 재료를 구하기 어려웠던 활 대신, 조총이 차지하는 비중이 점점 증가했음을 알 수 있다.
① · ② 2문단에서 중국의 절강병법은 이러한 일본군에 대응하기 위해 고안된 전술이었고, 3문단의 내용에서 조선 군의 전술도 절강병법을 일부 수용하면서 전환되었다는 점에서 두 가지 사실을 알 수 있다.
③ 2문단에서 중국은 조총과 함께 다양한 근접전 병기를 갖춘 보병을 편성한 전술을 사용했고, 3문단에서 조선군 은 조총병인 포수와 각종 근접전 병기로 무장한 살수에 전통적 기예인 활을 담당하는 사수를 포함시켜 편제한 삼수병 체제의 보병 중심 전술을 사용했다는 것을 알 수 있다.
⑤ 2문단에서 천민이나 농민이 참여해서 전투력을 높일 수 있었고, 4문단에서 천민이 군사로 참여하면서 군사력이 커졌다는 것을 알 수 있다.

정답 ④

08 4문단을 통해 추론한 당시 사람들의 반응으로 적절하지 않은 것은?

① 관노: 양민들이 담당하던 군역을 이제는 우리도 맡게 되었군.
② 양반: 집안에서 부리는 종놈은 개인 재산인데, 군대에 끌고 가니 너무한걸.
③ 양민: 호패를 늘 차야 하는 데다 이사할 때마다 신고해야 하니 귀찮네그려.
④ 지주: 집집마다 내던 공물을 논밭의 면적에 따라 내도록 하니 우리만 불리해졌어.
⑤ 수령: 백성들을 단속하는 업무가 늘었지만 고을의 재정 형편은 훨씬 나아지게 되었군.

해설 사실적인 이해를 한 후, 반응을 추론하는 문제이다. '선혜청에서 대동법의 운영을 전담하면서 재정권의 중앙 집중 화가 시도되었으며, 이에 따라 지방에서 자율적으로 운영하던 재정의 상당 부분이 조정으로 귀속되었다.'라는 내용 으로 보아 고을의 재정 형편이 나아졌다고 볼 수 없다.
① 관노와 사노 등 천민 계층까지 군사로 충원된 것이므로 관노도 군역을 담당하게 되었다.
② 사노는 개인이 부리는 종인데, 관노와 사노 모두 군사로 충원되었기 때문에 양반의 입장에서 반응할 수 있는 내 용이다.
③ 성인 남성에게 이름과 군역이 새겨진 호패를 차게 했고, 거주지의 변동이 있을 때마다 보고를 하게 했으므로 양 민의 입장에서 반응할 수 있는 내용이다.
④ 가호(家戶)를 단위로 부과하던 공물을 농지 면적에 따라 부과했기 때문에 지주는 불리해질 수밖에 없다.

정답 ⑤

지문 확인

① 조선 전기 조선군의 전술에서는 기병을 동원한 활쏘기와 돌격, 그리고 이를 뒷받침하는 보병의 다양한 화약 병기 및 활의 사격 지원을 중시했다. 이는 여진족이나 왜구와의 전투에 효과적이었는데, 상대가 아직 화약 병기를 갖추지 못한 데다 전투 규모도 작았기 때문이다. 하지만 이러한 전술적 우위는 일본군의 조총 공격에 의해 상쇄되었다.

② 16세기 중반 일본에 도입된 조총은 다루는 데 특별한 무예나 기술이 필요하지 않았다. 그 결과 신분이 낮은 계층인 조총 무장 보병이 주요한 전투원으로 등장할 수 있었다. 한편 중국의 절강병법은 이러한 일본군에 대응하기 위해 고안된 전술로, 조총과 함께 다양한 근접전 병기를 갖춘 보병을 편성한 전술이었다. 이 전술은 주력이 천민을 포함한 일반 농민층이었는데, 개인의 기량은 떨어지더라도 각각의 병사를 특성에 따라 편제하고 운용하여 전체의 전투력을 높일 수 있었다. 근접 전용 무기도 주변에서 쉽게 구할 수 있는 것이 이용되었다.

③ 조선군의 전술은 절강병법을 일부 수용하면서 기병 중심에서 보병 중심으로 급속히 전환되었다. 조총병인 포수와 각종 근접전 병기로 무장한 살수에 전통적 기예인 활을 담당하는 사수를 포함시켜 편제한 삼수병 체제에서 보병 중심 전술이 확립되었음을 볼 수 있다. 17세기 중반 이후 조총의 신뢰성과 위력이 높아지면서 삼수 내의 무기 체계의 분포에도 변화가 시작되었다. 상대적으로 사격 기술을 익히기 어렵고 주요 재료를 구하기 어려웠던 활 대신, 조총이 차지하는 비중이 점점 증가했다.

④ 조선에서의 새로운 무기 수용과 전술의 변화는 단순한 군사적 변화에 그치지 않고 정치적·경제적 변화를 수반하였다. 군의 규모는 관노와 사노 등 천민 계층까지 충원되면서 급격히 커졌고, 군사력을 유지하기 위해 백성에 대한 통제도 엄격해졌다. 성인 남성에게 이름과 군역 등이 새겨진 호패를 차게 하였으며, 거주지의 변동이 있을 때마다 관가에 보고하게 하였다. 대규모 군사력의 운용으로 국가 단위의 재정 수요도 크게 증대했는데, 대동법은 이러한 수요에 부응하는 제도이기도 했다. 선혜청에서 대동법의 운영을 전담하면서 재정권의 중앙 집중화가 시도되었으며, 이에 따라 지방에서 자율적으로 운영하던 재정의 상당 부분이 조정으로 귀속되었다. 한편 가호(家戶)를 단위로 부과하던 공물을 농지 면적에 따라 쌀이나 무명 등으로 납부하게 하여, 논밭이 없거나 적은 농민들의 부담은 줄어들었다.

지문 분석 답안

1) 문단별 중심 내용
   ① 조선 전기 조선군의 전술
   ② 16세기 중반 조총의 도입으로 인한 전술 변화
   ③ 조선군의 보병 중심으로의 전술 전환
   ④ 정치적·경제적 변화를 수반하게 된 전술의 변화
2) 주제: 조총의 도입에 따른 전술 및 정치적·경제적 변화 양상

[09~10] 다음 글을 읽고 물음에 답하시오.

1 자화상은 화가들이 자신을 그린 그림이다. 흔히 자화상이라고 하면 귀를 자른 고흐의 자화상과 같이 강렬해서 한 번 보면 절대 잊기 어려운 그림들을 떠올린다. 그런데 자화상이라고 해서 얼굴만 그렸던 것은 아니다. 사람의 얼굴이 등장하지 않는 자화상도 있었다. 인생의 허무와 죽음, 무상 등의 의미를 골동품, 꽃, 음식, 해골 등의 상징물로 표현해 낸 그림들을 보면 화가가 자신을 어떻게 바라보고 있는지를 엿볼 수 있다.

2 얼굴 없는 자화상의 대표적 사례로는 고흐의 그림을 들 수 있다. '파이프가 있는 고흐의 의자[그림 (가)]'에서 고흐는 자신의 의자를 아버지가 물려준 담배 파이프와 담배쌈지를 올려놓은 매우 소박한 의자로 그렸다. 고흐는 아버지를 따라 목사가 되려고 했을 정도로 아버지를 소중하게 생각했다. 그림 속의 '의자'는 소박하고 절제된 삶을 살았던 아버지로부터 강한 정신적 영향을 받은 고흐 자신을 상징한다.

3 '고갱의 의자[그림 (나)]'에는 고갱이 자기 곁에 있어 주기를 바라는 고흐의 마음이 가득 담겨 있다. 평소 고흐는 예술가들이 함께 살며 작업을 하는 공동의 거처를 갖기 원했고, 활달하고 남성적인 성격을 지녔던 고갱이 자기의 제안에 동의했을 때 뛸 듯이 기뻐했다. 말하자면 고흐는 고갱에 대한 애착을 의자라는 상징물로 표현한 것이다. 불타는 초와 책이 놓인 화려한 '의자'는 고갱에 대해 강한 애착을 느끼는 고흐 자신을 상징하며, 고갱이 와서 앉아 주기를 바라는 고흐의 수동적이며 여성적인 성향을 보여 준다.

(가) (나)

고흐, '파이프가 있는 고흐의 의자'   고흐, '고갱의 의자'

4 정신분석학자 나게라도 '고갱의 의자'가 '양성적 갈등'을 드러내는 그림이라고 보았다. 그는 고흐가 화려한 양탄자를 깔고 열 두 송이의 해바라기를 그려 벽에 거는 등 고갱이 머물 방을 정성스럽게 꾸몄던 사실에서 고흐의 심리 속에 감추어진 여성성을 읽어 냈다. 나게라는 고흐가 고갱을 면도칼로 공격하려 했다는 점에도 주목했다. 그는 고흐가 강한 성격을 가졌던 고갱을 만나 그의 인정을 받고자 했으나 그 노력이 실패하자 증오심에 사로잡혀 공격했다고 설명했다. 애증의 복합적인 감정이 고흐로 하여금 '고갱의 의자'를 그리게 했다고 본 것이다.

5 이처럼 얼굴 없는 자화상 속에는 겉으로 잘 드러나지 않는 화가의 심리가 깊숙하게 감추어져 있다. 그렇게 보면 얼굴 없는 자화상은 일반적인 자화상에 비해 화가에 대한 정보를 오히려 더 풍부히 담고 있다고 할 수 있다.

지문 분석

1) 문단별 중심 내용
    ①
    ②
    ③
    ④
    ⑤
2) 주제:

09 이 글을 읽고 '얼굴 없는 자화상'을 이해한 것으로 가장 적절한 것은?

① 화가의 깊은 내면세계를 살펴볼 수 있는 그림
② 화가를 바라보는 타인의 시각을 담고 있는 그림
③ 화가가 타인에게 창작 의도를 전달하기 위한 그림
④ 화가가 성취한 작가적 역량의 정수를 보여 주는 그림
⑤ 화가가 자신의 일상적 삶을 반성하기 위해 그린 그림

해설 핵심 내용을 파악하는 문제 유형이다. 2문단에서는 '파이프가 있는 고흐의 의자'를 통해서 아버지로부터 강한 정신적 영향을 받았던 고흐의 내면을 읽을 수 있고, 3~4문단은 '고갱의 의자' 그림을 통해 고흐의 여성성을 알 수 있다. 따라서 '얼굴 없는 자화상'은 화가의 깊은 내면을 보여 주는 그림이다.

정답 ①

10 이 글에 사용된 글쓰기 전략으로 가장 적절한 것은?

① 개인적 체험을 내세우면서 독자들의 관심을 유발한다.
② 기존의 시각에 의문을 제기하고 새로운 시각을 적용한다.
③ 현상이 나타나는 원인들을 제시하고 성격에 따라 분류한다.
④ 대상의 효용성을 강조하며 활용 영역을 구체적으로 제시한다.
⑤ 사례를 소개하고 전문가의 분석을 덧붙여 논지를 뒷받침한다.

해설 효과적인 전달을 위한 글쓰기 전략을 파악하는 문제이다. '얼굴 없는 자화상'에 대해 설명을 하기 위해 고흐가 그린 두 종류의 그림을 활용하여 고흐의 내면세계를 분석하고 있다. 또한 자신의 의견을 강조하기 위해 정신분석학자의 의견을 내세워 이를 뒷받침하고 있다.

정답 ⑤

> **지문 확인**

1. 자화상은 화가들이 자신을 그린 그림이다. 흔히 자화상이라고 하면 귀를 자른 고흐의 자화상과 같이 강렬해서 한 번 보면 절대 잊기 어려운 그림들을 떠올린다. 그런데 자화상이라고 해서 얼굴만 그렸던 것은 아니다. 사람의 얼굴이 등장하지 않는 자화상도 있었다. 인생의 허무와 죽음, 무상 등의 의미를 골동품, 꽃, 음식, 해골 등의 상징물로 표현해 낸 그림들을 보면 화가가 자신을 어떻게 바라보고 있는지를 엿볼 수 있다.

2. 얼굴 없는 자화상의 대표적 사례로는 고흐의 그림을 들 수 있다. '파이프가 있는 고흐의 의자[그림 (가)]'에서 고흐는 자신의 의자를 아버지가 물려준 담배 파이프와 담배쌈지를 올려놓은 매우 소박한 의자로 그렸다. 고흐는 아버지를 따라 목사가 되려고 했을 정도로 아버지를 소중하게 생각했다. 그림 속의 '의자'는 소박하고 절제된 삶을 살았던 아버지로부터 강한 정신적 영향을 받은 고흐 자신을 상징한다.

3. '고갱의 의자[그림 (나)]'에는 고갱이 자기 곁에 있어 주기를 바라는 고흐의 마음이 가득 담겨 있다. 평소 고흐는 예술가들이 함께 살며 작업을 하는 공동의 거처를 갖기 원했고, 활달하고 남성적인 성격을 지녔던 고갱이 자기의 제안에 동의했을 때 뛸 듯이 기뻐했다. 말하자면 고흐는 고갱에 대한 애착을 의자라는 상징물로 표현한 것이다. 불타는 초와 책이 놓인 화려한 '의자'는 고갱에 대해 강한 애착을 느끼는 고흐 자신을 상징하며, 고갱이 와서 앉아 주기를 바라는 고흐의 수동적이며 여성적인 성향을 보여 준다.

(가)   (나)

 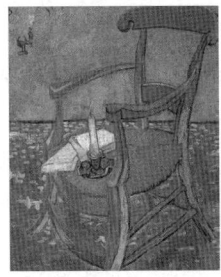

고흐, '파이프가 있는 고흐의 의자'   고흐, '고갱의 의자'

4. 정신분석학자 나게라도 '고갱의 의자'가 '양성적 갈등'을 드러내는 그림이라고 보았다. 그는 고흐가 화려한 양탄자를 깔고 열 두 송이의 해바라기를 그려 벽에 거는 등 고갱이 머물 방을 정성스럽게 꾸몄던 사실에서 고흐의 심리 속에 감추어진 여성성을 읽어 냈다. 나게라는 고흐가 고갱을 면도칼로 공격하려 했다는 점에도 주목했다. 그는 고흐가 강한 성격을 가졌던 고갱을 만나 그의 인정을 받고자 했으나 그 노력이 실패하자 증오심에 사로잡혀 공격했다고 설명했다. 애증의 복합적인 감정이 고흐로 하여금 '고갱의 의자'를 그리게 했다고 본 것이다.

5. 이처럼 얼굴 없는 자화상 속에는 겉으로 잘 드러나지 않는 화가의 심리가 깊숙하게 감추어져 있다. 그렇게 보면 얼굴 없는 자화상은 일반적인 자화상에 비해 화가에 대한 정보를 오히려 더 풍부히 담고 있다고 할 수 있다.

> **지문 분석 답안**

1) 문단별 중심 내용
   1. 상징물로 표현해 낸 얼굴 없는 자화상
   2. 고흐의 그림 '파이프가 있는 고흐의 의자'에 담긴 상징적 의미
   3. '고갱의 의자'에 표현된 고흐의 성향
   4. '고갱의 의자'에 표현된 고흐의 심리
   5. 얼굴 없는 자화상이 담고 있는 풍부한 정보
2) 주제: 고흐의 그림으로 본 '얼굴 없는 자화상'에 반영된 화가의 내면 의식

[11~13] 다음 글을 읽고 물음에 답하시오.

1️⃣ 프레임(frame)은 영화와 사진 등의 시각 매체에서 화면 영역과 화면 밖의 영역을 구분하는 경계로서의 틀을 말한다. 카메라로 대상을 포착하는 행위는 현실의 특정한 부분만을 떼어 내 프레임에 담는 것으로, 찍는 사람의 의도와 메시지를 내포한다. 그런데 문, 창, 기둥, 거울 등 주로 사각형이나 원형의 형태를 갖는 물체들을 이용하여 프레임 안에 또 다른 프레임을 만드는 경우가 있다. 이런 기법을 '이중 프레이밍', 그리고 안에 있는 프레임을 '이차 프레임'이라 칭한다.

2️⃣ 이차 프레임의 일반적인 기능은 크게 세 가지로 구분할 수 있다. 먼저, 화면 안의 인물이나 물체에 대한 시선 유도 기능이다. 대상을 틀로 에워싸기 때문에 시각적으로 강조하는 효과가 있으며, 대상이 작거나 구도의 중심에서 벗어나 있을 때도 존재감을 부각하기가 용이하다. 또한 프레임 내 프레임이 많을수록 화면이 다층적으로 되어, 자칫 밋밋해질 수 있는 화면에 깊이감과 입체감이 부여된다. 광고의 경우, 설득력을 높이기 위해 이차 프레임 안에 상품을 위치시켜 주목을 받게 하는 사례들이 있다.

3️⃣ 다음으로, 이차 프레임은 작품의 주제나 내용을 암시하기도 한다. 이차 프레임은 시각적으로 내부의 대상을 외부와 분리하는데, 이는 곧잘 심리적 단절로 이어져 구속·소외·고립 따위를 환기한다. 그리고 이차 프레임 내부의 대상과 외부의 대상 사이에는 정서적 거리감이 조성(造成)되기도 한다. 어떤 영화들은 작중 인물을 문이나 창을 통해 반복적으로 보여 주면서, 그가 세상으로부터 격리된 상황을 암시하거나 불안감·소외감 같은 인물의 내면을 시각화하기도 한다.

4️⃣ 마지막으로, 이차 프레임은 '이야기 속 이야기'인 액자형 서사 구조를 지시하는 기능을 하기도 한다. 일례로, 어떤 영화는 작중 인물의 현실 이야기와 그의 상상에 따른 이야기로 구성되는데, 카메라는 이차 프레임으로 사용된 창을 비추어 한 이야기의 공간에서 다른 이야기의 공간으로 들어가거나 빠져나온다.

5️⃣ 그런데 현대에 이를수록 시각 매체의 작가들은 ㉠이차 프레임의 범례에서 벗어나는 시도들로 다양한 효과를 끌어내기도 한다. 가령 이차 프레임 내부 이미지의 형체를 식별하기 어렵게 함으로써 관객의 지각 행위를 방해하여, 강조의 기능을 무력한 것으로 만들거나 서사적 긴장을 유발하기도 한다. 또 문이나 창을 봉쇄함으로써 이차 프레임으로서의 기능을 상실시켜 공간이나 인물의 폐쇄성을 드러내기도 한다. 혹은 이차 프레임 내의 대상이 그 경계를 넘거나 파괴하도록 하여 호기심을 자극하고 대상의 운동성을 강조하는 효과를 낳는 사례도 있다.

지문 분석

1) 문단별 중심 내용
　　1️⃣
　　2️⃣
　　3️⃣
　　4️⃣
　　5️⃣
2) 주제:

11 이 글의 내용과 일치하지 않는 것은?

① 이차 프레임 내에 또 다른 프레임을 만들 수도 있다.
② 작가의 의도는 현실을 화면에 담는 촬영 행위에서도 드러난다.
③ 이차 프레임의 시각적 효과는 심리적 효과로 이어지기도 한다.
④ 이차 프레임 내부의 인물과 외부의 인물 사이에는 일체감이 형성된다.
⑤ 이차 프레임은 액자형 서사 구조의 영화에서 이야기 전환을 알리는 데 쓰이기도 한다.

해설 세부적인 내용을 파악하는 문제이다. 3문단에서 이차 프레임은 시각적으로 내부의 대상을 외부와 분리하여 소외와 고립을 환기한다고 하였다. 그러므로 일체감을 형성할 수는 없다.
① 2문단에서 프레임 내 프레임이 많을수록 화면이 다층적으로 된다고 했으므로 일치하는 내용이다.
② 1문단에서 카메라로 대상을 포착하는 것은 찍는 사람의 의도와 메시지를 내포하는 것이라고 하였다.
③ 3문단에서 인물의 내면을 시각화한다고 했으므로 일치하는 내용이다.
⑤ 4문단에서 카메라가 이차 프레임으로 사용된 창을 비추어 한 이야기의 공간에서 다른 이야기의 공간으로 들어가거나 빠져 나온다고 했으므로 이야기의 전환과 관련된 내용이다.

정답 ④

12 이 글을 바탕으로 〈보기〉를 이해한 내용으로 가장 적절한 것은?

● 보기 ●

1950년 어느 도시의 거리를 담은 이 사진은 ㉮ 자동차의 열린 뒷문의 창이 우연히 한 인물을 테두리 지어 작품의 묘미를 더하는데, 이는 이중 프레이밍의 전형적인 사례이다.

① ㉮로 인해 화면이 평면적으로 느껴지는군.
② ㉮가 없다면 사진 속 공간의 폐쇄성이 강조되겠군.
③ ㉮로 인해 창 테두리 외부의 풍경에 시선이 유도되는군.
④ ㉮ 안의 인물은 멀리 있어서 ㉮가 없더라도 작품 내 존재감이 비슷하겠군.
⑤ ㉮가 행인이 들고 있는 원형의 빈 액자 틀로 바뀌더라도 이차 프레임이 만들어지겠군.

해설 지문의 내용을 적용하여 자료를 해석하는 문제이다. 가장 중요한 것은 지문에 대한 정확한 분석과 이해이다. 1문단에서 문, 창, 기둥, 거울 등 사각형이나 원형의 형태를 갖는 물건으로 프레임을 만들 수 있다고 했으므로, 원형의 빈 액자 틀로 바뀌어도 이차 프레임의 역할을 할 수 있다.
① 프레임이 많으면 많을수록 화면이 다층적이 되므로, 프레임이 더 생기면 입체감이 느껴진다.
② 폐쇄성을 강조하기 위해서는 ㉮를 없애는 것이 아니라 봉쇄해야 한다. 5문단에서 인물의 폐쇄성을 드러내기 위해 문이나 창을 봉쇄하여 이차 프레임의 기능을 상실시킬 수 있다고 하였다.
③ ㉮로 인해 테두리 안의 인물에 시선이 유도된다. 2문단에서 이차 프레임의 시선 유도 기능은 틀로 에워싼 화면 안의 인물이나 물체를 강조하는 것이라 하였다.
④ 2문단에서 이차 프레임은 시선 유도 기능이 있어 존재감을 부각하기가 용이하다고 밝히고 있다.
정답 ⑤

13 ㉠의 사례로 보기 어려운 것은?

① 한 그림에서 화면 안의 직사각형 틀이 인물을 가두고 있는데, 팔과 다리는 틀을 빠져나와 있어 역동적인 느낌을 준다.
② 한 영화에서 주인공이 속한 공간의 문이나 창은 항상 닫혀 있는데, 이는 주인공의 폐쇄적인 내면을 상징적으로 보여 준다.
③ 한 그림에서 문이라는 이차 프레임을 이용해 관객의 시선을 유도한 뒤, 정작 그 안은 실체가 불분명한 물체의 이미지로 처리하여 관객에게 혼란을 준다.
④ 한 영화에서 주인공이 앞집의 반쯤 열린 창틈으로 가족의 화목한 모습을 목격하고 계속 지켜보는데, 이차 프레임으로 사용된 창틈이 한 가정의 행복을 드러내는 기능을 한다.
⑤ 한 영화는 자동차 여행 장면들에서 이차 프레임인 차창을 안개로 줄곧 뿌옇게 보이게 하여, 외부 풍경을 보여 주며 환경과 인간의 교감을 묘사하는 로드 무비의 관습을 비튼다.

해설 지문의 내용을 구체적 사례에 적용하는 문제이다. 반쯤 열린 창틈을 이용해 그 안의 장면을 드러내는 것은 이차 프레임의 시선 유도 기능에 해당한다. 이는 범례에서 벗어난 것이 아니라 전형적인 기능에 해당한다.
① 인물의 팔과 다리가 틀을 빠져나와 있는 것은 이차 프레임 내의 대상이 그 경계를 넘어서 운동성을 강조하는 효과를 보인 것으로, 범례를 벗어난 시도이다.
② 문이나 창을 봉쇄하여 인물의 폐쇄성을 드러낸 경우로, 이차 프레임의 범례를 벗어난 시도이다.
③ 관객의 지각 행위를 방해하여 강조의 기능을 무력화한 경우로, 이차 프레임의 범례를 벗어난 시도이다.
⑤ 형체를 식별하기 어렵게 하여 서사적 긴장감을 유발하는 경우로, 이차 프레임의 범례를 벗어난 시도이다.
정답 ④

지문 확인

[1] 프레임(frame)은 영화와 사진 등의 시각 매체에서 화면 영역과 화면 밖의 영역을 구분하는 경계로서의 틀을 말한다. 카메라로 대상을 포착하는 행위는 현실의 특정한 부분만을 떼어 내 프레임에 담는 것으로, 찍는 사람의 의도와 메시지를 내포한다. 그런데 문, 창, 기둥, 거울 등 주로 사각형이나 원형의 형태를 갖는 물체들을 이용하여 프레임 안에 또 다른 프레임을 만드는 경우가 있다. 이런 기법을 '이중 프레이밍', 그리고 안에 있는 프레임을 '이차 프레임'이라 칭한다.

[2] 이차 프레임의 일반적인 기능은 크게 세 가지로 구분할 수 있다. 먼저, ① 화면 안의 인물이나 물체에 대한 시선 유도 기능이다. 대상을 틀로 에워싸기 때문에 시각적으로 강조하는 효과가 있으며, 대상이 작거나 구도의 중심에서 벗어나 있을 때도 존재감을 부각하기가 용이하다. 또한 프레임 내 프레임이 많을수록 화면이 다층적으로 되어, 자칫 밋밋해질 수 있는 화면에 깊이감과 입체감이 부여된다. 광고의 경우, 설득력을 높이기 위해 이차 프레임 안에 상품을 위치시켜 주목을 받게 하는 사례들이 있다.

[3] 다음으로, ② 이차 프레임은 작품의 주제나 내용을 암시하기도 한다. 이차 프레임은 시각적으로 내부의 대상을 외부와 분리하는데, 이는 곧잘 심리적 단절로 이어져 구속·소외·고립 따위를 환기한다. 그리고 이차 프레임 내부의 대상과 외부의 대상 사이에는 정서적 거리감이 조성(造成)되기도 한다. 어떤 영화들은 작중 인물을 문이나 창을 통해 반복적으로 보여 주면서, 그가 세상으로부터 격리된 상황을 암시하거나 불안감·소외감 같은 인물의 내면을 시각화하기도 한다.

[4] 마지막으로, 이차 프레임은 '이야기 속 이야기'인 ③ 액자형 서사 구조를 지시하는 기능을 하기도 한다. 일례로, 어떤 영화는 작중 인물의 현실 이야기와 그의 상상에 따른 이야기로 구성되는데, 카메라는 이차 프레임으로 사용된 창을 비추어 한 이야기의 공간에서 다른 이야기의 공간으로 들어가거나 빠져나온다.

[5] 그런데 현대에 이를수록 시각 매체의 작가들은 이차 프레임의 범례에서 벗어나는 시도들로 다양한 효과를 끌어내기도 한다. 가령 이차 프레임 내부 이미지의 형체를 식별하기 어렵게 함으로써 관객의 지각 행위를 방해하여, 강조의 기능을 무력한 것으로 만들거나 서사적 긴장을 유발하기도 한다. 또 문이나 창을 봉쇄함으로써 이차 프레임으로서의 기능을 상실시켜 공간이나 인물의 폐쇄성을 드러내기도 한다. 혹은 이차 프레임 내의 대상이 그 경계를 넘거나 파괴하도록 하여 호기심을 자극하고 대상의 운동성을 강조하는 효과를 낳는 사례도 있다.

지문 분석 답안

1) 문단별 중심 내용
   [1] 프레임과 이차 프레임의 개념과 특징
   [2] 이차 프레임의 기능 – ① 시선 유도 기능
   [3] 이차 프레임의 기능 – ② 작품의 주제나 내용 암시
   [4] 이차 프레임의 기능 – ③ 액자형 서사 구조 지시
   [5] 이차 프레임의 범례에서 벗어나 다양한 효과를 끌어내려는 시도들
2) 주제: 이차 프레임의 개념과 기능

[14~16] 다음 글을 읽고 물음에 답하시오.

1️⃣ 대부분의 민주주의 국가에서 국민은 자신의 대표자를 뽑아 국정의 운영을 맡기는 제도를 채택하고 있다. 그런데 여기에는 국민과 대표자 사이의 관계와 관련하여 근대 정치의 고전적인 딜레마가 내포되어 있다. 가령 입법안을 둘러싸고 국회의원과 소속 지역구 주민들의 생각이 다르다고 가정해 보자. 누구의 의사를 우선하는 것이 옳을까?

2️⃣ 우리 헌법 제1조 제2항은 "대한민국의 주권은 국민에게 있고, 모든 권력은 국민으로부터 나온다."라고 규정하고 있다. 이 규정은 국가의 모든 권력의 행사가 주권자인 국민의 뜻에 따라 이루어져야 한다는 의미로 해석할 수 있다. 따라서 국회의원은 지역구 주민의 뜻에 따라 입법해야 한다고 생각하는 사람이 있다면, 그는 이 조항에서 근거를 찾으면 될 것이다. 이 주장에서와 같이 대표자가 자신의 권한을 국민의 뜻에 따라 행사해야 한다고 할 때 그런 대표 방식을 ㉠ 명령적 위임 방식이라 한다. 명령적 위임 방식에서는 민주주의의 본래 의미가 충실하게 실현될 수 있으나, 현실적으로 표출된 국민의 뜻이 국가 전체의 이익과 다를 경우 바람직하지 않은 결과가 초래될 수 있다.

3️⃣ 한편 우리 헌법은 "입법권은 국회에 속한다."(제40조), "국회의원은 국가 이익을 우선하여 양심에 따라 직무를 행한다."(제46조 제2항)라고 규정하고 있다. 이 규정은, 입법권이 국회에 속하는 이상 입법은 국회의원의 생각에 따라야 한다는 뜻이다. 이 규정의 목적은 국회의원 각자가 현실적으로 표출된 국민의 뜻보다는 국가 이익을 고려하도록 하는 데 있다. 이에 따르면 국회의원은 소속 정당의 지시에도 반드시 따를 필요는 없다. 이와 같이 대표자가 소신에 따라 자유롭게 결정할 수 있도록 하는 대표 방식을 ㉡ 자유 위임 방식이라고 부른다. 자유 위임 방식에서는 구체적인 국가 의사 결정은 대표자에게 맡기고, 국민은 대표자 선출권을 통해 간접적으로 대표자를 통제한다. 국회의원의 모든 권한은 국민이 갖는 이 대표자 선출권에 근거하기 때문에 자유 위임 방식은 헌법 제1조 제2항에도 모순되지 않는다. 우리나라는 기본으로 이 후자의 입장을 취하고 있다.

4️⃣ 그러나 자유 위임 방식에서는 국민이 대표자를 구체적인 사안에서 직접적으로 통제하지 못하기 때문에 국민과 대표자 사이의 신뢰 관계가 약화되어 민주주의의 원래 의미가 퇴색될 우려가 있다. 극단적으로는 대표자가 사적 이익을 추구하는데 권한을 남용하더라도 제재할 수단이 없게 된다. 이런 문제점을 보완하기 위해 국가에 따라서는 국가의 의사 결정에 국민이 직접 참여하거나 대표자를 직접 통제할 수 있는 ㉮ 직접 민주주의 제도를 부분적으로 도입하기도 한다.

지문 분석

1) 문단별 중심 내용
   1️⃣
   2️⃣
   3️⃣
   4️⃣
2) 주제:

14 이 글의 전개 방식으로 가장 적절한 것은?

① 두 견해의 특징과 장단점을 제시하고 있다.
② 두 견해를 시간적 순서에 따라 설명하고 있다.
③ 두 견해가 서로 인과 관계에 있음을 논증하고 있다.
④ 두 견해의 공통점을 부각하여 논지를 강화하고 있다.
⑤ 한 견해의 관점에서 일관되게 다른 견해를 비판하고 있다.

> **해설** 글의 전개 방식을 묻는 문제이다. 글의 전개 방식은 필자가 자신의 생각을 효과적으로 전달하기 위한 방법이므로, 선지의 용어들을 잘 정리해 두어야 한다.
> ② 시간적인 순서에 따라 전개할 수 있는 지문은 보통 시대적 흐름과 관련된 지문에서 쓰는 방법이다.
> ③ 인과 관계는 원인과 결과에 따른 내용 전개 방식으로, 이 글에서는 쓰이지 않았다.
> ④ 공통점을 부각한다는 것은 비교의 전개 방식을 말한다. 차이점은 대조에 의한 전개 방식이다.
>
> **정답** ①

15 〈보기〉의 상황에 ㉠과 ㉡을 적용할 때, 타당한 것은?

— 보기 —

어떤 나라의 의회 의원인 A는 법안 X의 의회 표결을 앞두고 있는데, 소속 지역구 주민들은 법안 X가 지역 경제에 심대한 타격이 되리라는 우려에서 A에게 법안 X에 반대하도록 요구하고 있다.

① ㉠: A는 국가 이익에 도움이 된다고 확신할 때는 X에 찬성할 수 있다.
② ㉠: A는 지역구 주민의 의사가 자신의 소신과 다르다면 기권해야 한다.
③ ㉡: A는 반대하기로 선거 공약을 했다면 X에 반대해야 한다.
④ ㉡: A는 소속 정당의 당론이 찬성 의견이라면 X에 찬성해야 한다.
⑤ ㉡: A는 지역구 주민들의 우려가 타당하더라도 X에 찬성할 수 있다.

> **해설** 지문의 내용을 〈보기〉의 구체적 사례에 적용하는 문제이다. 모든 영역의 지문에서 적용 문제로 나오는 유형이므로, 지문에 대한 정확한 이해가 가장 중요하다. ㉠ 명령적 위임 방식에서는 의원 A가 소속 지역구 주민의 뜻에 따라 권한을 행사하므로 주민들이 반대하는 법안 X에 대해 반대할 것이다. ㉡ 자유 위임 방식에서는 의원 A가 자신의 소신에 따라 권한을 행사할 수 있으므로 주민이 반대하더라도 X에 찬성할 수 있다.
> ① 국가 이익에 도움이 된다고 해도 소속 지역구 구민이 반대하면 의원도 찬성할 수 없다.
> ② 지역구 주민의 의사와 다르더라도 자신의 의견을 표명해야 하므로 기권을 할 수는 없다.
> ③ 반대하기로 선거 공약을 했더라도, 국가의 이익을 고려하여 소신에 따라 권한을 행사할 수 있으므로 찬성할 수도 있다.
> ④ 소속 정당의 당론을 반드시 따를 필요가 없다고 보는 것이 자유 위임 방식이므로, 당론이 찬성일지라도 의원은 반대할 수도 있다.
>
> **정답** ⑤

16 ㉮에 대한 설명으로 적절하지 않은 것은?

① 자유 위임 방식을 채택한 국가에서 ㉮의 도입은 선택적이다.
② 법률안 등을 국민이 투표로 직접 결정하는 제도는 ㉮에 해당한다.
③ 명령적 위임 방식에서 나타나는 문제점이 ㉮를 도입할 때에도 나타날 수 있다.
④ 일정 연령에 도달한 국민에게 차별 없이 대표자 선출권을 부여하는 제도는 ㉮에 해당한다.
⑤ ㉮의 도입은 국민과 대표자 사이의 신뢰 관계가 약화될 수 있다는 문제점을 보완하려는 것이다.

해설 하나의 개념을 다른 개념과의 관련성을 통해 추론하는 문제이다. 3문단의 대표자 선출권을 통해 간접적으로 대표자를 통제하는 것은 '자유 위임 방식'이다.

정답 ④

지문 확인

1 대부분의 민주주의 국가에서 국민은 자신의 대표자를 뽑아 국정의 운영을 맡기는 제도를 채택하고 있다. 그런데 여기에는 국민과 대표자 사이의 관계와 관련하여 근대 정치의 고전적인 딜레마가 내포되어 있다. 가령 입법안을 둘러싸고 국회의원과 소속 지역구 주민들의 생각이 다르다고 가정해 보자. 누구의 의사를 우선하는 것이 옳을까?

2 우리 헌법 제1조 제2항은 "대한민국의 주권은 국민에게 있고, 모든 권력은 국민으로부터 나온다."라고 규정하고 있다. 이 규정은 국가의 모든 권력의 행사가 주권자인 국민의 뜻에 따라 이루어져야 한다는 의미로 해석할 수 있다. 따라서 국회의원은 지역구 주민의 뜻에 따라 입법해야 한다고 생각하는 사람이 있다면, 그는 이 조항에서 근거를 찾으면 될 것이다. 이 주장에서와 같이 대표자가 자신의 권한을 국민의 뜻에 따라 행사해야 한다고 할 때 그런 대표 방식을 명령적 위임 방식이라 한다. 명령적 위임 방식에서는 민주주의의 본래 의미가 충실하게 실현될 수 있으나, 현실적으로 표출된 국민의 뜻이 국가 전체의 이익과 다를 경우 바람직하지 않은 결과가 초래될 수 있다.

3 한편 우리 헌법은 "입법권은 국회에 속한다."(제40조), "국회의원은 국가 이익을 우선하여 양심에 따라 직무를 행한다."(제46조 제2항)라고 규정하고 있다. 이 규정은, 입법권이 국회에 속하는 이상 입법은 국회의원의 생각에 따라야 한다는 뜻이다. 이 규정의 목적은 국회의원 각자가 현실적으로 표출된 국민의 뜻보다는 국가 이익을 고려하도록 하는 데 있다. 이에 따르면 국회의원은 소속 정당의 지시에도 반드시 따를 필요는 없다. 이와 같이 대표자가 소신에 따라 자유롭게 결정할 수 있도록 하는 대표 방식을 자유 위임 방식이라고 부른다. 자유 위임 방식에서는 구체적인 국가 의사 결정은 대표자에게 맡기고, 국민은 대표자 선출권을 통해 간접적으로 대표자를 통제한다. 국회의원의 모든 권한은 국민이 갖는 이 대표자 선출권에 근거하기 때문에 자유 위임 방식은 헌법 제1조 제2항에도 모순되지 않는다. 우리나라는 기본으로 이 후자의 입장을 취하고 있다.

4 그러나 자유 위임 방식에서는 국민이 대표자를 구체적인 사안에서 직접적으로 통제하지 못하기 때문에 국민과 대표자 사이의 신뢰 관계가 약화되어 민주주의의 원래 의미가 퇴색될 우려가 있다. 극단적으로는 대표자가 사적 이익을 추구하는데 권한을 남용하더라도 제재할 수단이 없게 된다. 이런 문제점을 보완하기 위해 국가에 따라서는 국가의 의사 결정에 국민이 직접 참여하거나 대표자를 직접 통제할 수 있는 직접 민주주의 제도를 부분적으로 도입하기도 한다.

지문 분석 답안

1) 문단별 중심 내용
   1. 국민과 대표자 사이의 정치적 딜레마
   2. 명령적 위임 방식의 장단점
   3. 자유 위임 방식의 개념 및 특징
   4. 자유 위임 방식의 문제점과 보완 방안
2) 주제: 명령적 위임 방식과 자유 위임 방식의 개념과 특징

[17~19] 다음 글을 읽고 물음에 답하시오.

1. 최근 들어 도시의 경쟁력 향상을 위한 새로운 전략의 하나로 창조 도시에 대한 논의가 활발하게 진행되고 있다. 창조 도시는 창조적 인재들이 창의성을 발휘할 수 있는 환경을 갖춘 도시이다. 즉, 창조 도시는 인재들을 위한 문화 및 거주 환경의 창조성이 풍부하며, 혁신적이고도 유연한 경제 시스템을 구비하고 있는 도시인 것이다.

2. 창조 도시의 주된 동력을 창조 산업으로 볼 것인가 창조 계층으로 볼 것인가에 대해서는 견해가 다소 엇갈리고 있다. 창조 산업을 중시하는 관점에서는, 창조 산업이 도시에 인적·사회적·문화적·경제적 다양성을 불어넣음으로써 도시의 재구조화를 가져오고 나아가 부가가치와 고용을 창출한다고 주장한다. 창의적 기술과 재능을 소득과 고용의 원천으로 삼는 창조 산업의 예로는 광고, 디자인, 출판, 공연 예술, 컴퓨터 게임 등이 있다.

3. 창조 계층을 중시하는 관점에서는, 개인의 창의력으로 부가가치를 창출하는 창조 계층이 모여서 인재 네트워크인 창조 자본을 형성하고, 이를 통해 도시는 경제적 부를 축적할 수 있는 자생력을 갖게 된다고 본다. 따라서 창조 계층을 끌어들이고 유지하는 것이 도시의 경쟁력을 제고하는 관건이 된다. 창조 계층에는 과학자, 기술자, 예술가, 건축가, 프로그래머, 영화 제작자 등이 포함된다.

4. 창조성의 근본 동력을 무엇으로 보든, 한 도시가 창조 도시로 성장하려면 창조 산업과 창조 계층을 유인하는 창조 환경이 먼저 마련되어야 한다. 창조 도시에 대한 논의를 주도한 랜드리는, 창조성이 도시의 유전자 코드로 바뀌기 위해서는 다음과 같은 환경적 요소들이 필요하다고 보았다. 개인의 자질, 의지와 리더십, 다양한 재능을 가진 사람들과의 접근성, 조직 문화, 지역 정체성, 도시의 공공 공간과 시설, 역동적 네트워크의 구축 등이 그것이다.

5. 창조 도시는 하루아침에 인위적으로 만들어지지 않으며 추진 과정에서 위험이 수반되기도 한다. 창조 산업의 산출물은 그것에 대한 소비자의 수요와 가치 평가를 예측하기 어렵다. 또한 창조 계층의 창의력은 표준화되기 어렵고 그들의 전문화된 노동력은 대체하기가 쉽지 않다. 따라서 창조 도시를 만들기 위해서는 도시 고유의 특성을 면밀히 고찰하여 창조 산업, 창조 계층, 창조 환경의 역동성을 최대화할 수 있는 조건이 무엇인지 밝혀낼 필요가 있다.

지문 분석

1) 문단별 중심 내용
   1.
   2.
   3.
   4.
   5.
2) 주제:

17 1~5문단의 중심 화제로 적절하지 않은 것은?

① 1문단: 창조 도시의 개념
② 2문단: 창조 도시의 동력을 창조 산업으로 보는 관점
③ 3문단: 창조 도시의 동력을 창조 계층으로 보는 관점
④ 4문단: 창조 환경의 필요성과 구성 요소
⑤ 5문단: 창조 도시의 문제점과 전망

해설 지문에서 중심 화제를 파악하는 문제이다. 중심 내용을 묻는 문제는 세부 내용을 파악하는 문제와 유형이 같다. '화제'는 주제를 나타내기 위한 주된 이야깃거리이다. 5문단에서 중심 화제는 마지막 문장을 일반화하여 재구성해야 한다. 내용을 보면 창조 도시를 건설하는 데 먼저 마련되어야 할 필요조건들이므로 '창조 도시 건설의 선행 요건' 정도가 적절하다.

정답 ⑤

18 이 글을 바탕으로 〈보기〉의 'A시'와 'B시'에 대해 평가한 내용으로 적절하지 않은 것은?

─── • 보기 • ───

A시는 제조업 퇴조에 따른 경제 침체를 해결하기 위해 '예술의 산업화'를 시도하기로 했다. A시 시장은 사업 추진체를 구성하고, 이해 당사자 설득에 힘써 왔다. 공장을 미술관으로 개조하고 보행자 전용의 아름다운 현수교를 세워 관광객을 유치하고 고용도 창출하고 있다. B시는 창의적 연구에 종사하는 전문 인력이 많다. 대기업 부설 연구 기관이 많아 자본도 많이 투입된다. 그러나 이 연구 기관들은 지역 산업체와의 교류가 부족해 경제적 부(富)가 지역으로 환류되지 못하고 있다. 이에 산업 경쟁력을 강화할 수 있는 특화된 연구 단지를 계획하고 있다.

① A시는 문화 및 거주 환경의 창조성을 중시하고 있군.
② A시는 지도자의 의지와 리더십을 바탕으로 창조 환경을 마련하고 있군.
③ B시는 창조 환경의 요소 중 개인의 자질이 우수하군.
④ B시는 창조 계층과 산업 환경 간에 네트워크가 잘 구축되어 있군.
⑤ A시와 B시 모두 지역 특성을 반영하여 창조 도시에 접근하고 있군.

해설 B시는 창조 계층인 전문 인력은 많지만, 지역 산업체와 교류가 부족하다고 했으므로 네트워크가 잘 구축되었다고 할 수 없다.
① A시는 공장을 미술관으로 개조하고, 보행자 전용의 현수교를 세워 관광객을 유치하고 있으므로 적절하다.
② A시는 시장이 사업 추진체를 구성하고 이해 당사자를 설득하고 있으므로 적절하다.
③ B시는 창의적 연구에 종사하는 전문 인력이 많다고 했으므로 적절하다.
⑤ A시는 제조업이 퇴조하고 있고 B시는 창의적 전문 인력이 많고 대기업 부설 기관이 많은 특성을 반영하여 특화된 연구 단지를 계획하고 있으므로 지역 특성을 반영하여 창조 도시에 접근하고 있다.

정답 ④

19 이 글을 통해 알 수 있는 것은?

① 창조 산업은 미래 예측성과 성공 가능성이 크다.
② 창조 도시를 위해서는 기존 환경을 단시간에 개조해야 한다.
③ 창조 산업과 창조 계층이 갖추어져야 창조 환경이 마련된다.
④ 창조 도시에는 문화적 요소와 경제적 요소가 복합적으로 작용한다.
⑤ 창조 계층의 창의력을 이끌어내기 위해서는 그 능력을 표준화해야 한다.

해설 지문의 세부 정보를 파악하는 문제이다. 지문의 내용을 바탕으로 선지의 내용에 대한 적절성을 판단해야 한다. 1문단에서 창조 도시는 인재들을 위한 문화 및 거주 환경의 창조성이 풍부하며, 혁신적이고도 유연한 경제 시스템을 구비하고 있는 도시이므로 문화적 요소와 경제적 요소가 복합적으로 작용한다고 하였다.
① 5문단에서 창조 산업의 산출물은 평가가 어렵다는 것을 알 수 있다.
② 5문단에서 창조 도시는 하루아침에 인위적으로 만들어지지 않는다는 것을 알 수 있다.
③ 4문단에서 창조 도시를 만들기 위해서는 창조 환경이 먼저 마련되어야 한다는 것을 알 수 있다.
⑤ 5문단에서 창조 계층의 창의력은 표준화되기 어렵다는 것을 알 수 있다.

정답 ④

지문 확인

① 최근 들어 도시의 경쟁력 향상을 위한 새로운 전략의 하나로 창조 도시에 대한 논의가 활발하게 진행되고 있다. 창조 도시는 창조적 인재들이 창의성을 발휘할 수 있는 환경을 갖춘 도시이다. 즉, 창조 도시는 인재들을 위한 문화 및 거주 환경의 창조성이 풍부하며, 혁신적이고도 유연한 경제 시스템을 구비하고 있는 도시인 것이다.

② 창조 도시의 주된 동력을 창조 산업으로 볼 것인가 창조 계층으로 볼 것인가에 대해서는 견해가 다소 엇갈리고 있다. ●창조 산업을 중시하는 관점에서는, 창조 산업이 도시에 인적·사회적·문화적·경제적 다양성을 불어넣음으로써 도시의 재구조화를 가져오고 나아가 부가가치와 고용을 창출한다고 주장한다. 창의적 기술과 재능을 소득과 고용의 원천으로 삼는 창조 산업의 예로는 광고, 디자인, 출판, 공연 예술, 컴퓨터 게임 등이 있다.

③ ▲창조 계층을 중시하는 관점에서는, 개인의 창의력으로 부가가치를 창출하는 창조 계층이 모여서 인재 네트워크인 창조 자본을 형성하고, 이를 통해 도시는 경제적 부를 축적할 수 있는 자생력을 갖게 된다고 본다. 따라서 창조 계층을 끌어들이고 유지하는 것이 도시의 경쟁력을 제고하는 관건이 된다. 창조 계층에는 과학자, 기술자, 예술가, 건축가, 프로그래머, 영화 제작자 등이 포함된다.

④ 창조성의 근본 동력을 무엇으로 보든, 한 도시가 창조 도시로 성장하려면 창조 산업과 창조 계층을 유인하는 창조 환경이 먼저 마련되어야 한다. 창조 도시에 대한 논의를 주도한 랜드리는, 창조성이 도시의 유전자 코드로 바뀌기 위해서는 다음과 같은 환경적 요소들이 필요하다고 보았다. 개인의 자질, 의지와 리더십, 다양한 재능을 가진 사람들과의 접근성, 조직 문화, 지역 정체성, 도시의 공공 공간과 시설, 역동적 네트워크의 구축 등이 그것이다.

⑤ 창조 도시는 하루아침에 인위적으로 만들어지지 않으며 추진 과정에서 위험이 수반되기도 한다. 창조 산업의 산출물은 그것에 대한 소비자의 수요와 가치 평가를 예측하기 어렵다. 또한 창조 계층의 창의력은 표준화되기 어렵고 그들의 전문화된 노동력은 대체하기가 쉽지 않다. 따라서 창조 도시를 만들기 위해서는 도시 고유의 특성을 면밀히 고찰하여 창조 산업, 창조 계층, 창조 환경의 역동성을 최대화할 수 있는 조건이 무엇인지 밝혀낼 필요가 있다.

지문 분석 답안

1) 문단별 중심 내용
   ① 창조 도시의 개념
   ② 창조 도시의 동력을 창조 산업으로 보는 관점
   ③ 창조 도시의 동력을 창조 계층으로 보는 관점
   ④ 창조 도시로 성장하기 위해 필요한 창조 환경과 구성 요소
   ⑤ 창조 도시 건설의 선행 요건
2) 주제: 창조 도시의 동력과 필요조건

[20~23] 다음 글을 읽고 물음에 답하시오.

1️⃣ 개인의 합리성과 사회의 합리성은 병행할 수 있을까? 이 문제와 관련하여 고전 경제학에서는, 각 개인이 합리적으로 행동하면 사회 전체적으로도 합리적인 결과를 얻을 수 있다고 말한다. 물론 여기에서 '합리성'이란 여러 가지 가능한 대안 가운데 효용의 극대화를 추구하는 방향으로 선택을 한다는 의미의 경제적 합리성을 의미한다. 따라서 각 개인이 최대한 자신의 이익에 충실하면 모든 자원이 효율적으로 분배되어 사회적으로도 이익이 극대화된다는 것이 고전 경제학의 주장이다.

2️⃣ 그러나 개인의 합리적 선택이 반드시 사회적인 합리성으로 연결되지는 못한다는 주장도 만만치 않다. 이른바 '죄수의 딜레마' 이론에서는, 서로 의사소통을 할 수 없도록 격리된 두 용의자가 각각 개인 수준에서 가장 합리적으로 내린 선택이, 오히려 집합적인 결과에서는 두 사람 모두에게 비합리적인 결과를 초래할 수 있다고 설명하고 있다. 즉, ㉠ 다른 사람을 고려하지 않고 자신의 이익만을 추구하는 개인적 차원의 합리성만을 강조하면, 오히려 사회 전체적으로는 비합리적인 결과를 초래할 수 있다는 것이다. ⓐ 죄수의 딜레마 이론을 지지하는 쪽에서는, 심각한 환경 오염 등 우리 사회에 광범위하고 보편적으로 존재하는 문제의 대부분을 이 이론으로 설명하고 있다.

3️⃣ ⓑ 일부 경제학자들은 이러한 주장에 대하여 강하게 반발한다. 그들은 죄수의 딜레마 현상이 보편적이고 광범위한 현상이라면, 우리 주위에서 흔히 발견할 수 있는 협동은 어떻게 설명할 수 있느냐고 반문한다. 사실 우리 주위를 돌아보면, 사람들은 의외로 약간의 손해를 감수하더라도 협동을 하는 모습을 곧잘 보여 주곤 한다. 그들은 이런 행동들도 합리성을 들어 설명한다. 안면이 있는 사이에서는 오히려 상대방과 협조를 하는 행동이 장기적으로는 이익이 된다는 것을 알기 때문에 협동을 한다는 것이다. 즉, 협동도 크게 보아 개인적 차원의 합리적 선택이 집합적으로 나타난 결과로 보는 것이다.

4️⃣ 그러나 이런 해명에도 불구하고 우리 주변에서는 각종 난개발이 도처에서 자행되고 있으며, 환경 오염은 이제 전 지구적으로 만연해 있는 것이 엄연한 현실이다. 자기 집 부근에 도로나 공원이 생기기를 원하면서도 정작 그 비용은 부담하려고 하지 않는다든지, 남에게 해를 끼치는 일인 줄 뻔히 알면서도 쓰레기를 무단 투기하는 등의 행위를 서슴지 않고 한다. '합리적인 개인'이 '비합리적인 사회'를 초래하고 있는 것이다.

5️⃣ 그렇다면 죄수의 딜레마와 같은 현상을 극복하고 사회적인 합리성을 확보할 수 있는 방안은 무엇인가? 그것은 개인적으로는 도덕심을 고취하고, 사회적으로는 의사소통 과정을 원활하게 하는 것이라고 할 수 있다. 각 개인들이 자신의 욕망을 적절하게 통제하고 남을 배려하는 태도를 지니면 죄수의 딜레마 같은 현상에 빠지지 않고도 개인의 합리성을 추구할 수 있을 것이다. 아울러 서로 간의 원활한 의사소통을 통해 공감의 폭을 넓히고 신뢰감을 형성하며, 적절한 의사 수렴 과정을 거친다면 개인의 합리성이 보다 쉽게 사회적 합리성으로 이어지는 길이 열릴 것이다.

지문 분석

1) 문단별 중심 내용
   1️⃣
   2️⃣
   3️⃣
   4️⃣
   5️⃣
2) 주제:

20 1~5문단에 대한 설명으로 적절하지 않은 것은?

① 1문단: 논제를 제시하고 이에 대한 기존의 견해를 설명하고 있다.
② 2문단: 기존 견해의 타당성에 의문을 제기하는 반론을 소개하고 있다.
③ 3문단: 재반박을 통해 기존 견해를 보강하는 입장을 보여 주고 있다.
④ 4문단: 구체적인 사례 분석을 통해 두 견해의 공통분모를 도출해 내고 있다.
⑤ 5문단: 앞에서의 논의를 바탕으로 글쓴이 자신의 대안을 제시하고 있다.

해설 각 문단의 논지 전개 방식을 파악하는 문제이다. 일반적으로 지문 전체로 접근하는 경우가 많지만, 문단의 논지 전개 방식을 묻는 경우도 있다. 4문단은 2문단에서 제기된 문제에 대해 주장을 보강하고 있다.

정답 ④

21 이 글을 읽고 보일 수 있는 반응으로 가장 적절한 것은?

① 사회가 기계라면 개인은 그 기계의 부속품에 불과한 거야.
② 사회의 이익은 개인의 이익을 모두 합한 것이라고 할 수 있군.
③ 사람들은 이기심보다 협동심이 더 강한 존재라는 것을 알겠어.
④ 경제학자들은 개인의 이익보다 사회 전체의 이익을 중시하는 게 틀림없어.
⑤ 사회적 합리성을 확보하기 위해서는 우리 모두의 공동 노력이 필요하겠군.

해설 지문의 전체적인 내용을 이해하고 이에 대한 반응의 적절성을 파악하는 문제이다. 이 글에서는 개인의 합리성과 사회의 합리성을 이루기 위해서 5문단의 내용처럼 개인의 도덕심이 고취되어야 하고, 사회적으로 의사소통이 원활해야 한다고 주장하고 있다. 즉, 개인의 노력만 필요한 것이 아니라 공동의 노력이 필요한 것이다.

정답 ⑤

22 ⓐ가 〈보기〉를 바탕으로 ⓑ의 주장에 대해 제기할 수 있는 비판적 질문으로 가장 적절한 것은?

> • 보기 •
>
> 사람들은 혈연이나 지연, 학연 등이 관련되어 있을 때 유독 협동을 잘 하는 경향이 있다. 이 경우 대개 사람들은 자기의 이익을 희생해 가면서까지 자기가 속한 집단의 협동을 중시하곤 한다. 특히 선거철이 되면 이러한 현상이 심해지는 편이다. 사람들은, 자기가 속한 집단이 선거에서 이기는 것이 자기에게도 더 큰 이익이 된다는 생각에서 이렇게 행동을 하는 것이다.

① 사람들이 협동을 하는 것은 희생과 봉사 정신에서 비롯된 순수한 것으로 보아야 옳지 않을까?
② 한 집단 내에서의 협동으로 얻은 결과가, 그 집단이 속한 사회 전체의 합리성을 저해하는 경우가 있을 수 있지 않을까?
③ 사람들이 집단의 협동을 위해 손해를 감수하는 것은 현재보다는 미래를 중시하는 인간의 본성에서 비롯된 것은 아닐까?
④ 협동이라는 것은 평범한 사람들이 보이는 행동 양식이라기보다는 일부 특수한 상황에 처해 있는 사람들만이 보이는 현상이 아닐까?
⑤ 사람들이 자기의 이익을 희생해 가면서까지 집단의 협동을 중시한다는 것은 결국 사람들이 때로는 비합리적으로 행동한다는 증거가 아닐까?

해설 지문에서의 각 이론의 입장과 〈보기〉의 입장에 대해 비판적으로 이해해야 하는 문제이다. 〈보기〉는 협동이 지닌 부정적인 측면을 제시하고 있다. 즉, 죄수의 딜레마 이론을 지지하는 입장에서는 협동이 또 다른 비합리를 초래할 수 있음을 근거로 협동을 긍정하는 일부 경제학자들을 비판할 수 있다.

정답 ②

23 ㉠과 같은 사람의 행동을 가장 잘 표현한 것은?

① 제 논에 물 대기
② 언 발에 오줌 누기
③ 도랑 치고 가재 잡기
④ 눈 가리고 아웅 하기
⑤ 못 먹는 감 찔러나 보기

해설 상황이 같은 속담이나 한자성어를 지문에 적용하는 문제이다. 자주 출제되는 유형이므로 속담이나 한자성어에 대한 정확한 뜻을 이해하고 상황에 적용하는 연습이 필요하다. 특히 자주 쓰지 않거나, 겉으로 쓰인 의미와 해석에 차이가 있는 것을 반드시 정리해 두어야 한다. ㉠에 제시된 것은 이기적인 사람을 가리키므로 '제 논에 물 대기'의 행동이라 할 수 있다. 이와 같은 한자성어로는 '아전인수(我田引水)'가 있다.
② 한자성어로 '동족방뇨(凍足放尿)'이다. '임시변통(臨時變通)'은 '될지 모르나 그 효력이 오래가지 못 할 뿐만 아니라 결국에는 사태가 더 나빠짐.'을 의미하는 말이다.
③ '일의 순서가 바뀌었기 때문에 애쓴 보람이 나타나지 않음', '한 가지 일로 두 가지 이익을 봄.'의 두 가지 의미가 있으나, 일반적으로 두 번째의 의미로 많이 사용한다.
④ '얕은수로 남을 속이려 한다.'를 의미한다.
⑤ '제 것으로 만들지 못할 바에야 남도 갖지 못하게 못쓰게 만들자는 뒤틀린 마음'을 의미한다.

정답 ①

> **지문 확인**

① 개인의 합리성과 사회의 합리성은 병행할 수 있을까? 이 문제와 관련하여 고전 경제학에서는, 각 개인이 합리적으로 행동하면 사회 전체적으로도 합리적인 결과를 얻을 수 있다고 말한다. 물론 여기에서 '합리성'이란 여러 가지 가능한 대안 가운데 효용의 극대화를 추구하는 방향으로 선택을 한다는 의미의 경제적 합리성을 의미한다. 따라서 각 개인이 최대한 자신의 이익에 충실하면 모든 자원이 효율적으로 분배되어 사회적으로도 이익이 극대화된다는 것이 고전 경제학의 주장이다.

② 그러나 개인의 합리적 선택이 반드시 사회적인 합리성으로 연결되지는 못한다는 주장도 만만치 않다. 이른바 죄수의 딜레마' 이론에서는, 서로 의사소통을 할 수 없도록 격리된 두 용의자가 각각 개인 수준에서 가장 합리적으로 내린 선택이, 오히려 집합적인 결과에서는 두 사람 모두에게 비합리적인 결과를 초래할 수 있다고 설명하고 있다. 즉, 다른 사람을 고려하지 않고 자신의 이익만을 추구하는 개인적 차원의 합리성만을 강조하면, 오히려 사회 전체적으로는 비합리적인 결과를 초래할 수 있다는 것이다. 죄수의 딜레마 이론을 지지하는 쪽에서는, 심각한 환경 오염 등 우리 사회에 광범위하고 보편적으로 존재하는 문제의 대부분을 이 이론으로 설명하고 있다.

③ 일부 경제학자들은 이러한 주장에 대하여 강하게 반발한다. 그들은 죄수의 딜레마 현상이 보편적이고 광범위한 현상이라면, 우리 주위에서 흔히 발견할 수 있는 협동은 어떻게 설명할 수 있느냐고 반문한다. 사실 우리 주위를 돌아보면, 사람들은 의외로 약간의 손해를 감수하더라도 협동을 하는 모습을 곧잘 보여 주곤 한다. 그들은 이런 행동들도 합리성을 들어 설명한다. 안면이 있는 사이에서는 오히려 상대방과 협조를 하는 행동이 장기적으로는 이익이 된다는 것을 알기 때문에 협동을 한다는 것이다. 즉, 협동도 크게 보아 개인적 차원의 합리적 선택이 집합적으로 나타난 결과로 보는 것이다.

④ 그러나 이런 해명에도 불구하고 우리 주변에서는 각종 난개발이 도처에서 자행되고 있으며, 환경 오염은 이제 전 지구적으로 만연해 있는 것이 엄연한 현실이다. 자기 집 부근에 도로나 공원이 생기기를 원하면서도 정작 그 비용은 부담하려고 하지 않는다든지, 남에게 해를 끼치는 일인 줄 뻔히 알면서도 쓰레기를 무단 투기하는 등의 행위를 서슴지 않고 한다. '합리적인 개인'이 '비합리적인 사회'를 초래하고 있는 것이다.

⑤ 그렇다면 죄수의 딜레마와 같은 현상을 극복하고 사회적인 합리성을 확보할 수 있는 방안은 무엇인가? 그것은 개인적으로는 도덕심을 고취하고, 사회적으로는 의사소통 과정을 원활하게 하는 것이라고 할 수 있다. 각 개인들이 자신의 욕망을 적절하게 통제하고 남을 배려하는 태도를 지니면 죄수의 딜레마 같은 현상에 빠지지 않고도 개인의 합리성을 추구할 수 있을 것이다. 아울러 서로 간의 원활한 의사소통을 통해 공감의 폭을 넓히고 신뢰감을 형성하며, 적절한 의사 수렴 과정을 거친다면 개인의 합리성이 보다 쉽게 사회적 합리성으로 이어지는 길이 열릴 것이다.

> **지문 분석 답안**

1) 문단별 중심 내용
   ① 개인과 사회의 합리성에 대한 고전 경제학의 주장
   ② 개인과 사회의 합리성에 대한 '죄수의 딜레마' 이론 쪽의 주장
   ③ '죄수의 딜레마' 이론 쪽의 주장에 대한 일부 경제학자들의 반박
   ④ 합리적인 개인이 비합리적인 사회를 초래하고 있는 현실
   ⑤ 죄수의 딜레마 현상을 극복하고 사회적인 합리성을 확보할 수 있는 방안
2) 주제: 개인의 합리성이 사회적 합리성으로 이어지는 방법

[24~25] 다음 글을 읽고 물음에 답하시오.

① 모든 동물에게 공통되는 생명의 특징은 무엇일까? 대표적으로 숨을 쉰다는 사실을 들 수 있다. 숨쉬기는 동물의 각 기관이 제 기능을 발휘하는 데 없어서는 안 되는 활동이다. 숨을 쉬지 못하면 산소가 세포로 전달되지 못해 세포가 활동하는데 필요한 에너지를 생산할 수 없게 된다. 이렇게 되면 생명체는 더 이상 생명을 유지할 수 없다. 이처럼 생명 활동에 중요한 호흡은 과학적 개념으로 볼 때 산소를 들이마시고 이산화탄소를 내보내는 것을 의미한다.

② 호흡을 통해 폐로 들어온 산소는 폐포에서 적혈구 속의 헤모글로빈과 결합되어 신체의 각 조직세포로 운반된 후 분리된다. 헤모글로빈은 산소를 각 조직세포로 실어 나르는 수송차이다. 헤모글로빈은 철을 포함하고 있는 단백질로 붉은색을 띤다. 헤모글로빈 1분자는 최대로 산소 4분자까지 결합한다. 이처럼 헤모글로빈과 산소가 결합하는 것을 포화반응이라고 하며, 그 결합물을 산소헤모글로빈이라고 한다. 반면에 각 조직세포로 이동한 산소헤모글로빈에서 산소가 분리되는 것을 해리반응이라고 한다.

③ ㉠ 포화반응은 산소가 많고 이산화탄소가 적은 환경에서 잘 일어난다. 또한 포화반응은 혈액의 pH(수소이온농도지수)가 높을수록 잘 일어난다. 혈액의 pH가 이산화탄소의 농도가 낮아질수록 높아지기 때문이다. 그래서 혈액의 이산화탄소 농도가 정상치보다 증가하게 되면 포화반응이 일어나는 비율도 줄어들게 된다. 간혹 숨을 헐떡이는 경험을 하게 되는데, 이는 체내의 이산화탄소를 체외로 배출해 포화반응 비율을 정상적인 수준으로 높이기 위한 것이다. 온도도 포화반응에 영향을 미친다. 온도가 낮을수록 포화반응이 잘 일어난다. 해리반응은 포화반응과 반대로, 산소가 적고 이산화탄소가 많으며 pH가 낮고 온도가 높을 때 잘 일어난다.

④ 산소가 세포로 전달되면 그 안에서 발전소 역할을 하는 미토콘드리아가 산소를 이용하여 포도당과 같은 영양분을 분해해 세포 활동에 필요한 에너지를 생산한다. 이 과정에서 이산화탄소가 발생한다. 이렇게 발생한 이산화탄소는 먼저 혈액 내 적혈구로 들어가서 녹아 탄산이 되었다가 수소 양이온과 탄산 음이온으로 분리된다. 분리된 탄산 음이온은 적혈구를 빠져나와 혈장에 용해되어 폐로 운반된다. 폐에서는 탄산 음이온이 다시 적혈구로 들어가 이산화탄소가 된다. 이는 탄산이 녹아 있는 사이다와 콜라에서 이산화탄소가 발생되는 것과 유사하다. 이와 같은 과정을 거친 이산화탄소는 폐에서 체외로 배출된다.

⑤ 숨을 쉬지 못하면 체내로 산소가 유입되지 않고 체외로 이산화탄소가 배출되지 않게 된다. 그렇게 되면 체내에서는 혈액의 이산화탄소 농도가 높아져 이를 제거하고 산소를 공급받기 위한 호흡 충동이 나타나게 된다. 이는 호흡을 통해 체내의 산소와 이산화탄소 농도를 정상적인 수준으로 되돌리기 위한 것이다. 이러한 조절 기능은 생명을 유지하는 데 필수적이다. 이와 같은 사실은 산소를 들이마시고 이산화탄소를 내보내는 일이 생명 유지에 얼마나 중요한 것인지 말해 준다.

지문 분석

1) 문단별 중심 내용
   ①
   ②
   ③
   ④
   ⑤
2) 주제:

24 1~5문단에 대한 설명으로 적절하지 않은 것은?

① 1문단: 문답 형식을 통해 화제를 제시하고 그 과학적 의미를 언급하고 있다.
② 2문단: 헤모글로빈의 역할을 제시한 후 그와 관련 있는 용어를 소개하고 있다.
③ 3문단: 포화반응과 해리반응의 결과를 여러 측면에서 분석적으로 설명하고 있다.
④ 4문단: 이산화탄소가 발생되어 배출되는 과정을 순차적으로 서술하고 있다.
⑤ 5문단: 숨을 쉬지 못할 때 나타나는 현상을 들어 호흡의 중요성을 강조하고 있다.

해설 내용의 전개 방식을 파악하는 문제이다. 3문단은 포화반응과 해리반응이 어떤 여건에서 잘 나타나는지 원리를 중심으로 설명하고 있다. 즉, 문단의 핵심 내용은 포화반응이 해리반응과 반대로 산소가 많고 pH가 높으며 온도가 낮을수록 잘 일어난다는 것이다.

정답 ③

25 〈보기〉에 제시된 ⓐ~ⓒ의 상황에서 ㉠이 일어나는 비율의 변화를 바르게 정리한 것은?

─────── ● 보기 ● ───────
ⓐ 물속으로 잠수해 들어가 한동안 숨을 참고 있을 때
ⓑ 실내에 있다가 추운 실외로 나가 찬바람을 쐬며 차가운 공기를 들이마셨을 때
ⓒ 숨이 가쁠 정도로 격한 운동을 했을 때

	ⓐ	ⓑ	ⓒ
①	증가	증가	감소
②	증가	감소	증가
③	감소	증가	증가
④	감소	감소	증가
⑤	감소	증가	감소

해설 호흡과 관련된 구체적 사례에 적용을 하는 문제이다. 〈보기〉의 ⓐ의 상황처럼 숨을 참으면 체내의 이산화탄소 농도가 높아지게 된다. ⓒ와 같이 격한 운동을 해도 체내의 이산화탄소 농도가 높아진다. ⓑ와 같은 상황에서는 찬바람을 쐼으로써 포화반응 비율이 높아진다. 즉, ⓐ·ⓒ의 상황에서는 포화반응의 비율이 감소하고, ⓑ의 상황에서는 증가하는 것이다.

정답 ⑤

> **지문 확인**

① 모든 동물에게 공통되는 생명의 특징은 무엇일까? 대표적으로 숨을 쉰다는 사실을 들 수 있다. 숨쉬기는 동물의 각 기관이 제 기능을 발휘하는 데 없어서는 안 되는 활동이다. 숨을 쉬지 못하면 산소가 세포로 전달되지 못해 세포가 활동하는데 필요한 에너지를 생산할 수 없게 된다. 이렇게 되면 생명체는 더 이상 생명을 유지할 수 없다. 이처럼 생명 활동에 중요한 호흡은 과학적 개념으로 볼 때 산소를 들이마시고 이산화탄소를 내보내는 것을 의미한다.

② 호흡을 통해 폐로 들어온 산소는 폐포에서 적혈구 속의 헤모글로빈과 결합되어 신체의 각 조직세포로 운반된 후 분리된다. 헤모글로빈은 산소를 각 조직세포로 실어 나르는 수송차이다. 헤모글로빈은 철을 포함하고 있는 단백질로 붉은색을 띤다. 헤모글로빈 1분자는 최대로 산소 4분자까지 결합한다. 이처럼 헤모글로빈과 산소가 결합하는 것을 포화반응이라고 하며, 그 결합물을 산소헤모글로빈이라고 한다. 반면에 각 조직세포로 이동한 산소헤모글로빈에서 산소가 분리되는 것을 해리반응이라고 한다.

③ 포화반응은 ① 산소가 많고 이산화탄소가 적은 환경에서 잘 일어난다. 또한 포화반응은 ② 혈액의 pH(수소이온농도지수)가 높을수록 잘 일어난다. 혈액의 pH가 이산화탄소의 농도가 낮아질수록 높아지기 때문이다. 그래서 혈액의 이산화탄소 농도가 정상치보다 증가하게 되면 포화반응이 일어나는 비율도 줄어들게 된다. 간혹 숨을 헐떡이는 경험을 하게 되는데, 이는 체내의 이산화탄소를 체외로 배출해 포화반응 비율을 정상적인 수준으로 높이기 위한 것이다. 온도도 포화반응에 영향을 미친다. ③ 온도가 낮을수록 포화반응이 잘 일어난다. 해리반응은 포화반응과 반대로, 산소가 적고 이산화탄소가 많으며 pH가 낮고 온도가 높을 때 잘 일어난다.

④ 산소가 세포로 전달되면 그 안에서 발전소 역할을 하는 미토콘드리아가 산소를 이용하여 포도당과 같은 영양분을 분해해 세포 활동에 필요한 에너지를 생산한다. 이 과정에서 이산화탄소가 발생한다. 이렇게 발생한 이산화탄소는 먼저 혈액 내 적혈구로 들어가서 녹아 탄산이 되었다가 수소 양이온과 탄산 음이온으로 분리된다. 분리된 탄산 음이온은 적혈구를 빠져나와 혈장에 용해되어 폐로 운반된다. 폐에서는 탄산 음이온이 다시 적혈구로 들어가 이산화탄소가 된다. 이는 탄산이 녹아 있는 사이다와 콜라에서 이산화탄소가 발생되는 것과 유사하다. 이와 같은 과정을 거친 이산화탄소는 폐에서 체외로 배출된다.

⑤ 숨을 쉬지 못하면 체내로 산소가 유입되지 않고 체외로 이산화탄소가 배출되지 않게 된다. 그렇게 되면 체내에서는 혈액의 이산화탄소 농도가 높아져 이를 제거하고 산소를 공급받기 위한 호흡 충동이 나타나게 된다. 이는 호흡을 통해 체내의 산소와 이산화탄소 농도를 정상적인 수준으로 되돌리기 위한 것이다. 이러한 조절 기능은 생명을 유지하는 데 필수적이다. 이와 같은 사실은 산소를 들이마시고 이산화탄소를 내보내는 일이 생명 유지에 얼마나 중요한 것인지 말해 준다.

> **지문 분석 답안**

1) 문단별 중심 내용
   ① 호흡의 기능과 과학적 개념
   ② 호흡에서 '포화반응'과 '해리반응'의 개념
   ③ 포화반응과 해리반응에 영향을 미치는 환경
   ④ 이산화탄소가 발생되고 배출되는 과정(혈액 내 적혈구 → 혈장에 용해되어 폐로 운반 → 적혈구 → 폐에서 체외로 배출)
   ⑤ 생명을 유지하는 데 필수적 조절 기능을 하는 호흡
2) 주제: 호흡의 원리와 기능

[26~27] 다음 글을 읽고 물음에 답하시오.

1 신기루는 그 자리에 없는 어떤 대상이 마치 있는 것처럼 보이는 현상을 말한다. 그러나 신기루는 환상이나 눈속임이 아니라 원래의 대상이 공기층의 온도 차 때문에 다른 곳에 보이게 되는 현상이다. 찬 공기층은 밀도가 크고 따뜻한 공기층은 밀도가 작다. 이러한 밀도 차이는 빛이 공기를 통과하는 시간을 변화시키는데, 밀도가 클수록 시간이 더 걸리게 된다. 이때 공기층을 지나는 빛은 밀도가 다른 경계 면을 통과하면서 굴절한다. 따라서 신기루는 지표면 공기와 그 위 공기 간의 온도 차가 큰 사막이나 극지방에서 쉽게 관찰할 수 있다.

2 뜨거운 여름, 사막의 지표면은 쉽게 햇볕을 받아 가열되고, 지표면 공기는 그 위층의 공기에 비해 쉽게 뜨거워진다. 뜨거운 공기는 차가운 공기에 비해 밀도가 작은데, 이러한 밀도 차이에 의해 빛이 굴절하게 된다. 나무 한 그루가 사막 위에 있다고 가정하자. 나무의 윗부분에서 나온 빛의 일부는 직진하여 사람 눈에 곧바로 도달하므로 우리 눈에는 똑바로 선 나무가 보인다. 그러나 그 빛의 일부는 아래로 가다가 밀도가 큰 공기층을 지나며 계속 굴절되어 다시 위로 올라가고, 나무의 아랫부분에서 출발한 빛은 계속 굴절되면서 더 위쪽으로 올라간다. 이렇게 두 빛의 위치가 바뀌기 때문에 사람에게는 나무가 거꾸로 서 있는 것처럼 보인다. 이를 '아래 신기루'라고 한다. 따라서 멀리서 볼 때는 바로 선 나무와 그 밑에 거꾸로 선 나무의 영상이 동시에 보이는 것이다.

3 매우 추운 지역에서도 신기루는 일어난다. 극지방의 눈 덮인 지표면 공기는 늘 그 상공의 공기보다 훨씬 차다. 찬 공기층의 밀도는 크고, 따뜻한 공기층의 밀도는 작다. 이러한 밀도 차이에 의해 빛은 밀도가 큰 지표면 쪽으로 굴절되어 우리 눈에 들어오게 된다. 따라서 극지방에 있는 산봉우리는 실제보다 위에 있는 것처럼 보인다. 이러한 현상을 '㉠ 위 신기루'라고 부른다.

4 신기루가 나타나는 상황은 다양하다. 더운 여름철 오후에는 지표면 온도가 쉽게 높아진다. 이때 가열된 아스팔트 도로 위를 차로 달리면, 전방의 도로 면에 물웅덩이가 있는 것처럼 보일 때가 있다. 그런데 차가 접근하면 이는 곧 사라지고 얼마쯤 앞에 물웅덩이가 또 나타나게 된다. 이러한 현상은 지표면과 그 위 공기 간에 온도 차이가 생겨서 하늘에서 오는 빛이 굴절되어 내 눈에 들어오기 때문에 일어나는 것이다. ㉡ 아지랑이도 신기루의 일종이다. 날씨가 갑자기 따뜻해지는 봄날, 지표면 부근의 가열된 공기는 상승·하강하면서 불규칙적인 밀도 변화를 일으킨다. 이러한 변화는 빛의 굴절 차이를 일으키게 되는데 이로 인해 아지랑이가 발생한다. 이 경우 물체의 위치는 변하지 않고, 아지랑이 때문에 물체가 그 자리에서 어른거리는 것처럼 보인다.

지문 분석

1) 문단별 중심 내용
   1
   2
   3
   4
2) 주제:

26 이 글로 미루어 알 수 있는 것은?

① 신기루는 사막과 극지방에서만 나타난다.
② 빛은 밀도가 작은 쪽으로만 굴절하는 속성이 있다.
③ 신기루가 나타나려면 그 부근에 대상이 있어야 한다.
④ 공기층의 밀도 차이가 없어도 신기루가 생길 수 있다.
⑤ 도로에서 굴절 현상이 일어나려면 주변에 물이 있어야 한다.

해설 제시된 지문의 내용을 추론하여 세부 내용을 파악하는 문제이다. 1문단에서 신기루는 환상이나 눈속임이 아니라 원래의 대상이 공기층의 온도 차 때문에 다른 곳에 보이게 되는 현상이므로 부근에 대상이 있어야 신기루가 나타난다는 것을 알 수 있다.
① 1문단에서 신기루는 지표면 공기와 그 위 공기 간의 온도 차가 큰 사막이나 극지방에서 쉽게 관찰할 수 있다고 했다. 따라서 사막이나 극지방에서만 나타나는 것이 아니라 조건이 충족되면 나타날 수 있음을 알 수 있다.
② 3문단에서 빛은 밀도가 큰 지표면 쪽으로 굴절됨을 알 수 있다.
④ 1~4문단에서에서 신기루 현상은 공기층의 밀도 차로 인해 생기는 현상임을 알 수 있다.
⑤ 4문단에서 도로에 물웅덩이가 있는 것처럼 보이는 이유는 하늘에서 오는 빛이 굴절되어 눈으로 들어오기 때문임을 설명하고 있으므로 주변의 물과는 관계가 없다는 것을 알 수 있다.

정답 ③

27 ㉠과 ㉡에 대한 설명으로 적절한 것은?

① ㉠은 ㉡에 비해 오랫동안 지속된다.
② ㉠은 흐린 날에, ㉡은 맑은 날에 보인다.
③ ㉠에서는 상공을 향해 빛의 굴절이 일어난다.
④ ㉠은 가까이 다가가도 사라지지 않지만, ㉡은 사라진다.
⑤ ㉠은 물체가 실제보다 위로 보이고, ㉡은 아래로 보인다.

해설 제시된 대상을 비교·대조하는 문제이다. 각 대상이 가리키는 내용의 원리를 명확하게 이해해야 한다. '위 신기루'는 극지방 같은 매우 추운 지역에서 일어나는 현상이고, '아지랑이'는 날씨가 갑자기 따뜻해진 봄날에 나타나는 현상이다. 그러므로 '위 신기루'가 '아지랑이'보다 오랫동안 지속될 수 있다.
② '위 신기루'와 '아지랑이'는 모두 지표면 공기와 그 위층의 공기 간 온도차에 의해 공기층에 밀도차가 생겨 일어나는 빛의 굴절 현상이므로 날씨에 따라 구분되지 않는다.
③ '위 신기루'는 밀도가 큰 지표면 쪽으로 굴절된다.
④ '위 신기루'와 '아지랑이' 모두 빛의 굴절 때문에 나타나므로 굴절이 일어날 수 없을 만큼 가까운 거리에서는 보이지 않는다.
⑤ '아지랑이'는 물체의 위치가 실제와 다르게 보이는 것이 아니라, 그 자리에서 아른거리는 것처럼 보이는 현상이다.

정답 ①

지문 확인

① 신기루는 그 자리에 없는 어떤 대상이 마치 있는 것처럼 보이는 현상을 말한다. 그러나 신기루는 환상이나 눈속임이 아니라 원래의 대상이 공기층의 온도 차 때문에 다른 곳에 보이게 되는 현상이다. 찬 공기층은 밀도가 크고 따뜻한 공기층은 밀도가 작다. 이러한 밀도 차이는 빛이 공기를 통과하는 시간을 변화시키는데, 밀도가 클수록 시간이 더 걸리게 된다. 이때 공기층을 지나는 빛은 밀도가 다른 경계 면을 통과하면서 굴절한다. 따라서 신기루는 지표면 공기와 그 위 공기 간의 온도 차가 큰 사막이나 극지방에서 쉽게 관찰할 수 있다.

② 뜨거운 여름, 사막의 지표면은 쉽게 햇볕을 받아 가열되고, 지표면 공기는 그 위층의 공기에 비해 쉽게 뜨거워진다. 뜨거운 공기는 차가운 공기에 비해 밀도가 작은데, 이러한 밀도 차이에 의해 빛이 굴절하게 된다. 나무 한 그루가 사막 위에 있다고 가정하자. 나무의 윗부분에서 나온 빛의 일부는 직진하여 사람 눈에 곧바로 도달하므로 우리 눈에는 똑바로 선 나무가 보인다. 그러나 그 빛의 일부는 아래로 가다가 밀도가 큰 공기층을 지나며 계속 굴절되어 다시 위로 올라가고, 나무의 아랫부분에서 출발한 빛은 계속 굴절되면서 더 위쪽으로 올라간다. 이렇게 두 빛의 위치가 바뀌기 때문에 사람에게는 나무가 거꾸로 서 있는 것처럼 보인다. 이를 아래 신기루라고 한다. 따라서 멀리서 볼 때는 바로 선 나무와 그 밑에 거꾸로 선 나무의 영상이 동시에 보이는 것이다.

③ 매우 추운 지역에서도 신기루는 일어난다. 극지방의 눈 덮인 지표면 공기는 늘 그 상공의 공기보다 훨씬 차다. 찬 공기층의 밀도는 크고, 따뜻한 공기층의 밀도는 작다. 이러한 밀도 차이에 의해 빛은 밀도가 큰 지표면 쪽으로 굴절되어 우리 눈에 들어오게 된다. 따라서 극지방에 있는 산봉우리는 실제보다 위에 있는 것처럼 보인다. 이러한 현상을 위 신기루라고 부른다.

④ 신기루가 나타나는 상황은 다양하다. 더운 여름철 오후에는 지표면 온도가 쉽게 높아진다. 이때 가열된 아스팔트 도로 위를 차로 달리면, 전방의 도로 면에 물웅덩이가 있는 것처럼 보일 때가 있다. 그런데 차가 접근하면 이는 곧 사라지고 얼마쯤 앞에 물웅덩이가 또 나타나게 된다. 이러한 현상은 지표면과 그 위 공기 간에 온도 차이가 생겨서 하늘에서 오는 빛이 굴절되어 내 눈에 들어오기 때문에 일어나는 것이다. 아지랑이도 신기루의 일종이다. 날씨가 갑자기 따뜻해지는 봄날, 지표면 부근의 가열된 공기는 상승·하강하면서 불규칙적인 밀도 변화를 일으킨다. 이러한 변화는 빛의 굴절 차이를 일으키게 되는데 이로 인해 아지랑이가 발생한다. 이 경우 물체의 위치는 변하지 않고, 아지랑이 때문에 물체가 그 자리에서 어른거리는 것처럼 보인다.

지문 분석 답안

1) 문단별 중심 내용
   ① 공기의 밀도 차 때문에 생기는 신기루 현상
   ② 사막에서의 신기루 현상
   ③ 극지방에서의 신기루 현상
   ④ 신기루가 일어나는 다양한 상황들
2) 주제: 신기루가 생기는 원리와 종류들

제3장 실용문

제1절 실용문의 종류

기출 미리보기

1. 안내문
2. 공고문
3. 설명서

① 정보의 활용

- 실용문은 그 목적에 따라 소개서, 안내문, 초청장, 광고문, 이력서 등으로 구분하며 중요한 내용을 정확하게 파악해야 한다.
- 일상생활에서 쓰는 글인 만큼 실제 상황에서 필요한 정보를 파악한다는 생각으로 글을 읽는 것이 좋으며, 모든 내용을 읽을 수 없으므로 빠른 속도로 선지를 보고 실용문에서 내용을 찾는 연습이 필요하다.

확인문제

[01~02] 다음 공고문을 읽고 물음에 답하시오.

제22회 ○○청소년문학상 공모 요강

○○청소년문학상은 교육부와 문화체육관광부의 후원을 받아 시행하는 ○○문화재단의 장학 사업입니다. 문예 작품 공모를 통하여 문예 자질이 뛰어난 학생들을 수상 후보로 선발한 뒤 심사위원으로 참여한 문인들이 함께하는 문예 캠프를 개최합니다. 문예 캠프의 각종 프로그램을 통해 문학적 소양을 함양하고 캠프 기간에 열리는 백일장을 통해 최종 수상자를 선발, 시상합니다.

수상자들에게는 장학금을 시상하며 ○○청소년문학상 출신 등단자에게는 문예창작장학금을 지원하여 문학의 꿈을 이어갈 수 있도록 장려하고 있습니다.

한국 문학에 새로운 방향을 제시하는 ○○청소년문학상에 꿈과 열정이 가득한 청소년 여러분의 많은 응모 바랍니다.

1. 공모 부문 및 분량
- 시(시조): 5편
- 소설: 200자 원고지 60장 내외 분량 1편

2. 응모 자격
- 전국 중·고등학교 재학생, 또는 해당 연령(2004년 3월 1일~2010년 2월 28일생) 청소년
  ※ 해당 연령이라도 고교 졸업자나 고졸 검정고시 합격자는 응모할 수 없습니다.

3. 응모 방법
- 응모 작품과 소속 학교장(단체장)의 추천서(소정 양식)를 함께 제출하여야 합니다.
  ※ 재학생은 반드시 학교장 추천서, 비재학생은 소속단체장(사업장, 학원, 지역단체, 복지단체, 종교단체, 비영리단체 등) 추천서를 첨부하여야 하며, 소속단체가 없는 비재학 청소년은 재단을 방문하여 면접 후 개별 접수하여야 합니다.
  ※ 추천서 양식은 재단의 인터넷 홈페이지(http://www.○○.org)에서 재학생용과 비재학생용으로 나누어 내려 받을 수 있습니다.
- 응모 작품은 다른 대회에 입상하거나 발표(온·오프라인 포함)한 사실이 없는 순수 창작품이어야 하며, 본 대회에 응모한 작품을 다른 대회에 중복으로 응모할 수 없습니다.
  ※ 표절·모방 또는 중복 응모의 사실이 확인될 경우 입상을 취소하고 이미 지급한 장학금과 상장을 회수하며, 추천서를 작성한 소속 학교(비재학생의 경우 기관)와 추후 수상 실적을 통해 상급학교에 진학할 경우 해당 학교에 통보합니다.
- 한 학교에서 여러 명이 응모 가능하며 추천서 양식은 복사하여 1장에 1명씩 기록하여야 합니다.
- 원고는 한 묶음으로 철한 후 맨 앞장에 응모 부문, 제목(시의 경우 모두), 학교·학년·반(또는 소속 단체), 성명(한글·한자), 성별, 집 주소, 집 전화번호, E-mail 주소를 명기하여야 합니다.

- 응모 작품은 컴퓨터로 작성하여 인쇄하는 것을 권장합니다.
    ※ 컴퓨터 인쇄 시 A4용지에 일반 문서 양식으로 작성하며 원고지 분량은 각자의 사용 프로그램에 따라 계산해야 합니다.
- 등기 우편 또는 방문 접수하여야 하며 방문 접수는 근무 시간(평일 오전 9시~11시 50분, 오후 1시~6시 / 토·일요일 및 공휴일 휴무)에만 가능합니다.
    ※ E-mail로는 접수하지 않으며 등기 우편이 아닌 일반 우편 또는 퀵서비스 배송 후 일어나는 분실 사고에 대해서는 재단이 책임지지 않습니다.

4. 접수 기간
- 20××년 3월 3일(월)~5월 31일(목)
    ※ 우편 접수의 경우 5월 31일자 우체국 소인까지 유효합니다.

5. 발표
- 수상 후보로 선발된 청소년에게는 7월 중 개별 통지하고 재단의 인터넷 홈페이지에 게시합니다.

6. 문예 캠프
- 문예 작품 공모를 통하여 선발된 청소년(약 80명)을 대상으로 실시합니다.
- 작품 공모에서 선발된 청소년은 반드시 참가하여야 하며 참가하지 않을 경우 수상에서 제외됩니다.
- 기간: 여름방학 중 2박 3일(세부 일정은 추후 통지)
- 장소: △△△(충남 천안 소재 ○○생명 연수원)
- 내용: 심사위원으로 참여한 문인들과 함께 문학 강연, 작가와의 대화 등을 실시하며 백일장, 선배 대학생과의 대화, 체육·문화 활동 등 다양한 프로그램으로 진행합니다.
    ※ 문예 캠프 참가비용은 모두 재단이 부담합니다.

7. 시상 내역

	시 부문		소설 부문		시상 내역
	중등부	고등부	중등부	고등부	
금상	1명	1~2명	1명	1~2명	장학금 및 상장
은상	1명	3~4명	1명	3~4명	장학금 및 상장
동상	부문별 중등부 2명 내외, 부문별 고등부 7명 내외				장학금 및 상장

※ 응모 작품 심사 결과와 문예 캠프 백일장 성적을 종합 평가하여 시상하며, 모든 문예 캠프 참가자에게는 수료증을 발급합니다.
※ 수상자는 각 대학 입시전형 기준에 따라 문예특기자 입학 혜택을 받을 수 있습니다.

01 이 글을 읽고 공모전에 참여할 학생이 이해한 내용으로 적절한 것은?

① 해당 연령이면 누구나 참여할 수 있어.
② 우편으로 접수하면 불편하기도 하고 위험하니까 E-mail로 접수해야겠어.
③ 문학 관련 다양한 장르의 작품이 공모 대상이니까 판타지 소설을 써야겠어.
④ 재학생이니까 교장 선생님께 추천서를 받으려면 재학생용으로 다운받아야 해.
⑤ 우리 학교의 다른 친구와 함께 응모하면 추천서는 한 장만 받아 이름을 같이 쓰면 되겠어.

해설 응모 방법에서 추천 양식을 재학생과 비재학생용으로 나누어 두었다.
① 응모 자격에는 해당 연령이라도 고교 졸업자나 고졸 검정고시 합격자는 응모할 수 없도록 되어 있다.
② E-mail로는 접수하지 않으며, 일반 우편, 퀵서비스 배송은 분실의 위험이 있으므로 등기 우편이나 방문 접수를 해야 한다.
③ 문학에서 시와 시조, 소설만 공모를 한다. 판타지 소설은 가능하지만 문학 관련 다양한 장르를 공모하는 것은 아니다.
⑤ 한 학교에서 여러 명이 응모 가능하지만, 추천서는 각각 기록해서 내야 한다.

정답 ④

02 이 공모전의 문예 캠프에 대해 이해한 것으로 적절하지 <u>않은</u> 것은?

① 수상 후보가 되어야 문예 캠프에도 참여할 수 있다.
② 심사 위원으로 참여한 작가들에게 질문할 기회가 있다.
③ 문인들의 문학 관련 강연을 들을 수 있는 좋은 기회이다.
④ 캠프에 참가하지 않아도 백일장이 있는 날 참여하면 된다.
⑤ 공모전에서 백일장의 성적과 상관없이 캠프에 참여하면 수료증이 발급된다.

해설 문예 캠프 관련 항목에서 작품 공모에 선발된 청소년은 반드시 참가해야 하고, 참가하지 않으면 수상에서 제외된다고 했으므로 캠프에 꼭 참가해야 한다.
① 문예 캠프는 수상 후보로 선발된 학생들만 참가할 수 있다.
②·③ 문예 캠프 관련 항목 중 내용에서 심사위원들로 참여한 문인들과 함께 문학 강연, 작가와의 대화 프로그램이 있으므로 바르게 이해한 내용이다.
⑤ 시상 내역에서 시상은 응모 작품 심사 결과와 문예 캠프 백일장 성적을 종합하여 평가하지만, 수료증은 참가자 모두 발급받을 수 있다.

정답 ④

[03] 다음 공고문의 내용을 읽고 물음에 답하시오.

20×× UN 공공행정포럼 서포터즈 모집 및 활용 계획

〈모집 개요〉
☐ **공식 명칭**: 20×× UN 공공행정포럼 서포터즈

☐ **모집 분야 및 인원**

합계	행사 지원 서포터즈(자원봉사)		홍보 서포터즈	
	영어	기타 UN 공용어	국내	국외
00명	–	스페인, 프랑스, 중국, 러시아, 아랍	–	–

※ 행사 지원 서포터즈는 홍보 서포터즈(3.5.~3.23.)와는 별도로 시기를 달리하여 모집

☐ **활동 내용**: 통역 등 행사 지원 및 대내외 홍보
○ (행사 지원) 통역 등 외신미디어 및 행사 참가자 편의 지원

구분	업무
통역 (행사 지원)	▶ 외국인 참가자 통역 및 VIP 안내(KOICA 연계 국내 연수 중인 외국 공무원 활용) ▶ 외국인 관계자 업무 지원(서포터즈를 활용 외신미디어 및 UN 업무 지원 등) ▶ 입장 관리, 출입문 질서 유지, 동선 안내, 교통 및 주차 등 행사 지원 ▶ 전시장, 시음장 등 각종 시설 및 부스 운영 지원

※ 통역 등 행사 지원은 홍보 서포터즈와는 별도로 시기를 달리하여 모집 운영

○ (홍보 지원) 포럼 취재 및 국내·외 온라인 홍보

구분	업무
홍보 (홍보 서포터즈)	현장 취재·스케치·인터뷰 등의 취재와 기사 작성 등 SNS·블로그에 게시할 포럼 행사 관련 포스트 기획 및 제작 ▶ 서포터즈 발대식 및 블로그 경진대회, 모의포럼 등 이벤트 행사 개최·홍보

☐ **모집 기간**: 20××.3.5.~3.23.
※ 1차 서류 심사(3.25.) → 2차 면접(3.27.) → 최종 발표(3.31.) → 발대식(4.2.)

☐ **지원 자격**: 전국 2년제 이상 대학 재(휴)학생(대학원생 포함) 등 아래 요건을 충족한 자

분야	지원 자격
일반 공통	공공행정에 관심이 있고 행사 기간(6.23.~6.26.) 포함 5일 이상 근무가 가능한 자, 각종 행사 교육(직무 교육, 현장 교육 등)에 참여가 가능한 자
통역	UN 공식 언어(영어 등) 의사소통이 가능한 대학생(대학원생 포함) 및 준하는 자, 우리나라에서 교육 연수 중에 있는 외국 공무원, 주한 외국인
홍보	대학생 등 글쓰기를 좋아하는 사람, 블로그 전문가 · 웹디자인 · 사진 · 동영상 등 블로그 포스팅에 익숙한 자(나이 · 직업 · 지역 제한 없이 열정이 있고, 해외 거주자 가능) ▶ 국외 온라인 홍보인 경우 영어 등 외국어 가능자

☐ **지원 방법**: 공공행정포럼 홈페이지(www.unpsforum.go.kr) 신청

☐ **활동 기간**: 20××.4.2.~6.26.
　※ 홍보 서포터즈는 위촉(20××.4.2.) 직후부터 행사 기간 종료 직후까지 활동

☐ **서포터즈에 대한 혜택 및 지원**
　○ 보상: 소정의 활동비 지급　※ 월별 홍보 미션 활동 평가 및 보상
　○ 격려 및 포상: 우수 서포터즈 표창, 참여인증서 증정 등

－ 행정안전부 －

03 위 글을 읽고 지원할 때 유의할 점으로 적절하지 <u>않은</u> 것은?

① 모든 서포터즈의 활동 기간은 같다.
② 홍보 지원 서포터즈는 해외 거주자도 참여할 수 있다.
③ 행사 지원 서포터즈의 경우 영어로 의사소통이 가능해야 한다.
④ 각 서포터즈의 모집 기간이 다르므로 지원 시 이에 주의해야 한다.
⑤ 국외에서 온라인 홍보를 할 때는 영어를 할 수 있어야 활동이 가능하다.

해설 활동 기간을 보면 20××년 4월 2일부터 6월 26일까지로 제시되어 있다. 이 기간은 홍보 서포터즈와 통역 서포터즈의 활동 기간이다. 일반 공통 서포터즈의 경우, 지원 자격 항목에서 행사 기간인 6월 23일부터 26일까지 포함하여 5일 이상 근무 가능한 사람으로 제한하고 있으므로 활동 기간이 다르다.
② 지원 자격에서 홍보 부분을 보면 해외 거주자도 참여 가능하다는 것을 알 수 있다.
③ 지원 자격에서 행사 지원 서포터즈는 통역을 맡는 것이므로 영어로 의사소통이 가능해야 한다.
④ 모집 기간은 20××년 3월 5일부터 3월 23일이지만, 모집 분야 및 인원에서 행사 지원 서포터즈를 홍보 서포터즈와 시기를 달리하여 모집한다고 했다.
⑤ 지원 자격에서 홍보 분야를 보면 국외 온라인 홍보인 경우에는 영어 등 외국어가 가능한 사람이어야 한다고 했다.

정답 ①

[04] 다음 공모전의 내용을 읽고 물음에 답하시오.

사회보장정책 국민 아이디어 공모

사회보장위원회 사무국에서는 사회 각 분야의 국민복지 향상을 위한 정부정책 마련을 목적으로, 많은 국민이 공감하고 생활에서 체감할 수 있는 사회보장정책 국민 아이디어를 공모하오니 적극적인 응모 바랍니다.
※ (사회보장위원회) 사회보장에 관한 주요 시책을 심의·조정하는 범정부 차원의 민·관 합동
 (위원장: 국무총리) 사회적 합의 기구

1 **공모 자격**: 대한민국에 거주하는 국민

2 **공모 기간**: 20××.11.11.(월)~11.29.(금)

3 **공모 분야 및 내용**

> ■ 복지, 보건의료, 가족, 교육, 고용, 주거, 문화, 환경 등 각 분야 또는 분야 간의 사회보장정책
> ※ (사회보장) 출산, 양육, 실업, 노령, 장애, 질병, 빈곤 및 사망 등 사회적 위험으로부터 모든 시민을 보호하고 국민 삶의 질을 향상시키는 데 필요한 소득·서비스를 보장하는 사회보험, 공공부조, 사회서비스

(1) 업무가 2개 이상의 행정 기관에 관련되어 있어, 그동안 추진이 원활하지 못했던 정부정책
(2) 중앙정부 간, 중앙·지방정부 간, 민·관 합동으로 사업을 추진할 경우 시너지 효과가 극대화될 수 있는 사회보장정책
(3) 지원 대상, 자원 배분, 서비스 전달 체계 등의 중복으로 부처 간 연계·통합 및 조정이 필요한 사회보장정책
(4) 맞춤형 고용·복지*, 생애 주기별** 맞춤형 복지를 구현할 수 있는 사회보장정책
  * 근로 능력이 있는 저소득층의 자립자활을 돕는 '생산적 복지', 일을 통한 빈곤탈출 지원을 위한 '근로연계 복지' 정책 등
  ** 영·유아, 아동(청소년), 청년, 중·장년, 노인 등
(5) 복지소외계층 등 복지 사각지대 해소를 위한 사회보장정책
(6) 노인빈곤율을 줄이기 위한 개인, 사회 및 국가의 역할
(7) 저출산·고령화 등 사회위험에 대처하기 위한 전략적 복지투자* 방향
  * 미래사회 인적자본 투자, 건강한 노후 및 행복한 은퇴 등
(8) 적정 복지 수준과 부담 수준의 조화 방안
(9) 이외에 사회보장위원회의 심의·조정에 적합하다고 판단되는 정책 등

4 **작성 및 응모 방법**
 ○ 보건복지부 홈페이지(www.mohw.go.kr → 알림 – 공지 사항 또는 보도 자료)에서 제안서(첨부1 참조) 다운로드
 ○ 제안서 양식에 맞춰 3~5매 작성 후 온라인, 우편 또는 방문을 통해 접수
  ※ 온라인 및 우편 접수의 경우 유선으로 접수 여부 확인, 우편 접수의 경우 마감일 우편 소인까지 유효

5 심사 개요
- ○ 심사 기준: 제안 과제의 창의성, 정책효과성, 효율성, 실현가능성, 구체성 등을 기준으로 고득점자 순으로 결정
- ○ 심사 방법: 사회보장위원회 사무국 內 심사위원회 구성·심사

6 결과 발표 및 시상
- ○ 발표 일정: 20××.12.6.(금) 예정
- ○ 발표 방법: 보건복지부 홈페이지, 선정 제안에 한하여 개별 통보
- ○ 시상 내역: 상금

04 공모전에 참여할 사람이 생각한 아이디어로 적절하지 <u>않은</u> 것은?

① 나이에 따른 맞춤형 복지
② 고령화 사회를 대비한 일자리 창출
③ 배우자의 사망 시 유족 연금 제도의 신설
④ 일을 할 수 있는 저소득층의 자활 프로그램
⑤ 법이나 규정으로 인해 보장을 받을 수 없는 계층의 복지

해설 유족 연금 제도는 공모 분야 및 내용에서 근거가 되는 항목이 없다.
① (4)의 생애 주기별 맞춤형 복지를 구현할 수 있는 사회보장정책과 관련된 내용이다.
② (7)의 저출산·고령화 등 사회위험에 대처하기 위한 전략적 복지투자 방향과 관련된 내용이다.
④ (4)의 맞춤형 고용·복지를 구현할 수 있는 사회보장정책과 관련된 내용이다.
⑤ (5)의 복지소외계층 등 복지 사각지대 해소를 위한 사회보장정책과 관련된 내용이다.

정답 ③

[05] 다음 공모전의 내용을 읽고 물음에 답하시오.

물로 그리는 더 행복한 이야기
20×× K-water 물사랑 공모전

- **응모 자격**: 물을 사랑하는 모든 분
  ※ 문예 부문의 경우 초등학생 및 일반인으로 참여 가능
  ※ 문예 부문 외에는 응모 대상 제한 없음.

- **응모 주제**: 소중한 물과 아름다운 우리 강

- **응모 부문**
  - 문예: 글짓기(초등/일반)
  - 사진: 디지털
  - 디지털 콘텐츠: UCC·플래시 애니메이션 등

- **시상 내역**(단위 금액: 만 원)

등급	문예				사진		디지털 콘텐츠	
	초등		일반					
	인원(팀)	상금	인원(팀)	상금	인원(팀)	상금	인원(팀)	상금
대상	1	100	1	200	1	500	1	500
	교육부장관상		국토교통부장관상		K-water 사장상		K-water 사장상	
금상	2	50	2	100	2	300	2	300
은상	3	30	3	50	3	200	3	200
동상	4	20	4	20	4	100	4	100
입선	10	10	10	10	20	20	10	20

※ 응모 작품 수 및 수준에 따라 당선작이 없거나, 수상자 수가 변동될 수 있습니다.

- **응모 일정**
  - 접수 기간: 20××.9.16.(월)~10.31.(목), 18:00까지
  - 심사 기간: 11월 중
  - 결과 발표: 11월 중
  ※ 공모전 홈페이지(www.kwater.or.kr) 공지 및 개별 통보(SMS)

- **응모 부문**: 문예, 사진, 디지털 콘텐츠

● 제출 방법

분야	문예 (초등부/일반부)	사진	디지털 콘텐츠
세부 내용	위 주제의 시 또는 산문	위 주제의 사진 작품	물 절약, 수돗물 불신 해소 등 물의 소중함을 주제로 한 UCC·플래시 애니메이션
규격 (분량)	A4 2매 내외	300dpi, 2,000pixel 이상, 5MB 이하	3~5분 내외, 50MB이하 (640×480pixel)
형식/ 출품 제한	A4 기준(글자 크기 13, 줄간격 160%)	jpeg 파일	wmv, swf 파일

※ 1인(팀)당 작품은 5점 응모 가능
※ 사진 부문 수상 시 원본 파일 제출 요망
※ 디지털 콘텐츠 부문만 개인 또는 3인 이내 팀 구성 참여 가능

● 접수 방법
[온라인 접수]
- 공모전 홈페이지(contest.kwater.or.kr) 내 '접수하기' 메뉴 클릭 후 접수
[우편 접수]
- 접수 주소: 물사랑 공모전 사무국 담당자 앞(마감일 도착분에 한함)
- 문예 부문: 작품 2부, 신청서 1부
- 사진/디지털 콘텐츠: 작품 파일 CD 1부, 신청서 1부
※ 팀 구성 참여 시 대표자 및 팀원의 인적 사항을 빠짐없이 기재해 주시기 바랍니다.

● 유의 사항
- 수상작의 저작권은 K-water에 귀속되며, 제출된 작품은 일체 반환하지 않습니다.
- 입상작의 저작권 등 분쟁에 따른 모든 문제에 대한 책임은 응모자에게 있습니다.
- UCC 응모 작품에 사용된 음악은 저작권에 위배되지 않는 음원이어야 하며, 저작권 침해가 우려될 시 수상 대상에서 제외될 수 있습니다.
- 응모 작품 수 및 수준에 따라 시상을 가감 또는 시상하지 않을 수 있습니다.
- 본인 작품이 아니거나(표절 등), 외국 사례 복사 제출 또는 다른 공모전에 출품한 동일·유사한 작품은 심사에서 제외하며, 수상 이후라도 위반 사실이 밝혀졌을 경우에는 수상을 취소합니다.
- 사진의 경우, 연작·파노라마 사진도 규격 내 출품 가능하나, 합성 사진은 불가능합니다.
- 지정된 규격 또는 형식을 준수하지 않을 경우 심사에서 제외될 수 있습니다.
- 상금에 대한 제세공과금은 수상자가 부담합니다.

05 이 내용을 읽고 이해한 것으로 적절하지 않은 것은?

① 물 절약과 관련된 시를 5점 응모하면 되겠어.
② 저작권에 위배되지 않도록 순수 창작을 해야겠군.
③ 친구 셋이서 출품하려면 팀원 모두 인적 사항을 써야겠군.
④ 사진 규격에 잘 맞춰서 예전에 찍어 두었던 사진들을 합성해야겠어.
⑤ 고등학생이 문예 부문으로 응모하려면 일반인으로 참여할 수 있겠군.

해설 유의 사항에 합성 사진은 불가능하다는 내용이 있다.
　① 주제가 '소중한 물과 아름다운 우리 강'이므로, 물 절약과 관련된 내용을 쓸 수 있다. 또한 시나 산문은 5점까지 응모가 가능하다.
　② 유의 사항에 저작권 등 분쟁에 따른 모든 문제에 대한 책임은 응모자에게 있으며, UCC 응모 작품에 사용된 음악도 저작권에 위배되지 않아야 하며, 표절 등에 주의해야 한다는 내용이 있다.
　③ 접수 방법에 팀 구성 참여 시 대표자 및 팀원의 인적 사항을 빠짐없이 기재해 달라는 내용이 있다.
　⑤ 응모 자격에 문예 부문의 경우 초등학생 및 일반인으로 참여 가능하다는 내용이 있으므로 고등학생은 일반인으로 참여 가능하다.

정답 ④

[06] 다음 설명서를 읽고 물음에 답하시오.

전기 레인지 사용 설명서

■ **연결 및 기능**
- 안전 규정에 따라 제품을 설치·연결하십시오.
  - 제품의 연결, 관리 및 수리는 자격을 갖춘 전문 기술자가 시행해야 합니다. 부적절하게 제품을 다루면 위험합니다.

■ **사용 시 주의 사항**
- 조리할 때 열판의 가열 속도를 주시하십시오. 내용물이 다 졸아 버리면 과열될 수 있으니 주의하십시오.
- 가열 중인 열판에 빈 조리 용기를 올려놓지 마십시오.
- 물이 팔팔 끓어 증발해 버리면 냄비와 제품을 손상시킬 수 있으므로 팬을 사용할 때는 주의하십시오.
- 열판을 사용한 후에는 센서를 눌러 필히 열판 전원을 끄십시오.
- 기름이 과열되면 기름에 불이 붙을 수 있습니다.
  - 감자튀김처럼 기름을 사용하는 요리를 할 경우에는 자리를 뜨지 말고 계속 주시하십시오.
  - 기름에 불이 붙으면 물로 끄지 말고 팬 뚜껑을 닫고 스위치를 끈 후 팬을 치우십시오.
- 세라믹 유리 표면은 매우 견고하지만, 단단하거나 날카로운 물체를 떨어뜨리면 제품이 깨질 수 있으니 주의하십시오.
- 세라믹 유리에 균열이나 틈이 생기면 감전의 위험이 있으므로 즉시 사용을 중지하십시오. 전원을 끄고 코드를 뺀 후 서비스센터로 연락하십시오.
- 센서에 이상이 생겨 전원이 꺼지지 않으면 즉시 코드를 빼고 서비스 센터로 연락하십시오.
- 가정용 전기 제품을 함께 사용할 때는 주의하십시오.
  - 연결선이 뜨거운 열판에 닿으면 안 됩니다.
- 제품을 저장용으로 사용하지 마십시오.
- 열판 위에 알루미늄 호일이나 플라스틱 물체를 올려놓지 마십시오.
  - 녹는 물질, 예를 들면 플라스틱이나 호일, 특히 설탕이나 설탕이 많이 함유된 음식이 뜨거운 열판에 닿지 않도록 하십시오.
  - 열판에 설탕이 묻으면 열기가 남아 있을 때 유리 스크래퍼를 사용해서 재빨리 제거하십시오. 그래야 제품에 손상을 주지 않습니다.
- 제품 주변에 가연성, 인화성 혹은 열변형 물체를 놓지 마십시오.
- 뚜껑을 따지 않은 음식 캔이나 합성 물질 포장재를 가열하지 마십시오. 터질 수 있습니다.
- 센서를 깨끗하게 유지하십시오. 손가락 접촉으로 인해 더러워지지 않도록 하시고 센서 위에 아무것도 올려놓지 마십시오.(예 팬, 행주 등)
- 센서 위로 음식이 끓어 넘치면 전원을 바로 끄십시오.
- 뜨거운 팬이 센서를 덮지 않도록 하십시오. 전원이 자동으로 꺼집니다.
- 가정에서 키우는 반려 동물이 가까이 갈 수 있다면 잠금 기능을 활용하십시오.

- **사용자**
  - 제품을 정상적으로 사용하는 데 어려움이 있거나 사용에 익숙하지 않은 사람은 숙달된 사람의 감독 하에서만 사용하도록 하십시오. 어린이가 가까이 가거나 가지고 놀지 못하게 하십시오.
  - 사용 중에 열판은 매우 뜨겁습니다. 어린이가 가까이 가지 못하게 하십시오.

- **폐기**
  - 제품을 폐기할 때는 일반 가정용 쓰레기와 함께 배출하지 마시고 지역 폐기물 수거업체나 동사무소로 연락하십시오.
  - 제품을 배출하기 전에 전원 코드를 잘라 만일의 안전사고에 대비하십시오.

06 설명서의 내용을 이해한 것으로 적절하지 <u>않은</u> 것은?

① 뚜껑을 따지 않은 음식 캔을 가열하지 않는다.
② 뜨거운 팬이 센서를 덮어도 사용에는 문제가 없다.
③ 가열 중에 빈 조리 용기는 가열판에 올려놓지 않는다.
④ 제품 폐기 시 폐기물 수거업체나 동사무소로 연락한다.
⑤ 열판에 설탕이 함유된 제품이 녹으면, 유리 스크래퍼를 사용해야 한다.

[해설] 뜨거운 팬이 센서를 덮으면 전원이 자동으로 꺼진다.
[정답] ②

[07] 다음 안내문을 읽고 물음에 답하시오.

국회도서관 이용 안내

1. 이용 대상 및 시간, 열람 대상
- 전·현직 국회의원 및 국회 소속 공무원
- 평생 열람증 및 명예 열람증 소지자
- 대학생 또는 18세 이상인 자
- 중·고등학생 중 소속 학교의 학교장 또는 사서 교사 또는 도서 업무 담당 교직원의 추천을 받은 자
- 2세 이상~17세 이하의 비재학 청소년 중 선출직 공직자(국회의원, 교육감, 교육위원, 광역자치단체장, 광역의회의원, 기초자치단체장, 기초의회의원) 또는 공공도서관장 또는 기초행정구역의 책임자(구청장, 동장, 읍장, 면장)의 추천을 받은 자
- 그 밖에 도서관 소장 자료가 필요하다고 국회도서관장이 인정한 자
- 외국인의 경우 여권 또는 외국인등록증 소지자

2. 이용 시간
- 월요일~금요일: 오전 9시~오후 10시 (야간 이용 시간: 오후 6시~오후 10시)
- 토요일~일요일: 오전 9시~오후 5시
- 휴관일 안내
  - 매월 둘째, 넷째 토요일
  - 일요일을 제외한 공휴일(공휴일과 겹친 토요일·일요일 휴관)

3. 출입 절차
- 국회도서관을 이용하기 위해서는 국회도서관 홈페이지에서 이용자 등록을 한 후 안내대에서 일일 열람증 또는 장기 열람증을 발급받아야 합니다.(첫 방문 시에는 반드시 본인 확인을 위하여 신분증 제시 필요) 단, 첫 방문 이후의 일일 열람증은 (출입구 앞에 설치된) 열람증 발급기에서도 발급받을 수 있습니다.(아이디와 암호 필요)
- 도서관 방문 전에 미리 국회도서관 홈페이지에서 이용자 등록(국회도서관 안내대 앞의 이용자 등록대에서 등록하여도 됨.) ⇒ 안내대에서 열람증 및 물품보관함 열쇠 수령 ⇒ 출입대 통과(열람증을 단말기에 접촉) ⇒ 자료 이용(외출 시 열람증을 외출등록기 단말기에 접촉하여 외출 등록) ⇒ 퇴실(장기 열람증은 출입대 단말기에 접촉, 일일 열람증은 투입구에 반납)

4. 이용자 등록 방법
- 이용자 등록을 하려면 다음과 같은 절차에 따라 회원 가입을 하여야 합니다. 개인 정보 등록(또는 수정) 시 휴대 전화 단문문자 서비스(SMS)와 메일링 서비스를 신청하면 됩니다. 그리고 장기 열람증을 발급받고자 하는 분은 인터넷으로 증명사진을 등록한 후(사진을 직접 제출해도 됨.) 안내대에서 장기 열람증을 받으십시오.

5. 이용자 등록 순서
- 국회도서관 홈페이지(회원 가입) ⇒ 이용 약관 동의 ⇒ 본인 확인(개인 ID 인증 또는 가상식별 실명 확인 서비스) ⇒ 개인 정보 등록 ⇒ 가입 완료

07 도서관을 이용하는 사람이 이해한 것으로 적절하지 <u>않은</u> 것은?

① 일요일이 공휴일과 겹치면 휴관을 한다.
② 일일 열람증은 매번 안내대에서 직접 발급받아야 한다.
③ 중·고등학생이 이용하려면 소속 학교의 추천이 필요하다.
④ 도서관에 가기 전에 도서관 홈페이지에서 이용 등록을 해야 한다.
⑤ 장기 열람증을 발급 받기 위해서는 증명사진을 직접 안내대에 제출해도 된다.

해설 출입 절차에 일일 열람증은 첫 방문 이후에 열람증 발급기에서도 발급받을 수 있다는 내용이 있다.
　① 이용 시간에 공휴일과 토요일·일요일이 겹치면 휴관을 한다는 내용이 있다.
　③ 이용 대상 및 시간, 열람 대상에 '중·고등학생 중 소속 학교의 학교장 또는 사서 교사 또는 도서 업무 담당 교직원의 추천을 받은 자'이어야 한다는 내용이 있다.
　④ 출입 절차에 도서관 방문 전에 미리 국회도서관 홈페이지에서 이용자 등록을 하거나, 국회도서관 이용 등록대에서 등록을 해야 한다는 내용이 있다.
　⑤ 이용자 등록 방법에 대한 항목에서 장기 열람증을 발급받고자 하는 사람은 인터넷으로 증명사진을 등록한 후에 발급이 가능하고, 사진을 직접 제출해도 된다는 내용이 있다.

정답 ②

[08~09] 다음 안내문을 읽고 물음에 답하시오.

국립중앙박물관 전시 해설 안내

1. **내국인을 위한 전시 해설**
   [비예약] 전시 해설 시간 안내

해설 코스	모이는 곳		해설 시간
전관 해설 (대표 유물)	상설전시관 으뜸홀 안내데스크	오전	1회 10:30~11:30 2회 11:30~12:30
		오후 야간(수)	3회 14:30~15:30 4회 15:30~16:30 5회 19:00~20:00
전시관별 해설	선사·고대관	1층 구석기실 입구	오전	1회 10:30~11:30 2회 11:30~12:30
	중근세관	1층 고려1실 입구		
	기증관	2층 이홍근기증실 입구 (수·토요일만 운영)	오후	3회 13:30~14:30 4회 14:30~15:30 5회 15:30~16:30
	서화관	2층 서예실 입구		
	아시아관	3층 인도·동남아시아실 입구		
	조각·공예관	3층 불교조각실 입구		
야외 석조물 해설	상설전시관 으뜸홀 안내데스크		오후	15:30~16:30 4~5월/9~10월 매주 토요일

[예약] 박물관 명품 해설
- 국립중앙박물관의 명품 유물을 관람합니다.
- 성인·기관 등 10인~40인 단체는 희망일 하루 전까지 전화로 신청하십시오.
  (2077-9684, 9685)

[예약] 이야기가 있는 전시 해설 스마트 큐레이터
- 태블릿 PC를 활용한 스토리텔링형 신개념 전시 해설을 마련하였습니다.
- 평일 13:30, 토요일 및 일요일 10:00, 16:00 / 박물관 홈페이지 신청(잔여 인원 현장 접수)

> ※ '스마트 큐레이터' 테마 코스
> 관장님이 추천한 우리 관 명품 | 흙과 함께 한 한국사 | 불교미술로 보는 우리 문화 | 세계문화유산 |
> 조선의 국왕 | 조선 시대 관료의 길 | 금속, 청동검에서 철불까지 | 미술품 속에 담긴 숨은 이야기

- ■ 영상/음성안내기(PMP/MP3)
  - 상설전시관에 전시되어 있는 소장품에 대한 이해를 돕기 위한 최첨단 디지털 가이드로, 북마크 기능과 정보 검색 서비스를 연계하여 소장품에 대한 세분화되고 전문적인 정보를 제공해 드립니다.[PMP: 370대/MP3: 250대]
  - 대여 시 신분증이 필요합니다.(신분증이 없는 어린이의 경우, 보호자의 신분증으로도 대여가 가능합니다.)
  - 대여료: 영상안내기(PMP) - 3,000원 / 음성안내기(MP3) - 1,000원
  - 대여 신청: 관람 전날까지 인터넷 예매
  - 관람 당일 인터넷 예매는 불가능하며, 예매 후 남은 수량을 관람 당일 대여소에서 선착순으로 대여하실 수 있습니다.(회수된 기기는 기기 점검 및 충전 작업으로 인해 2~3시간 후 대여 가능합니다.)

- ■ 청소년 및 장애인 PMP 대여료 할인
  - 대상: 19세 이하 청소년 및 장애인
  - 종류 및 할인 금액: PMP 대여료 3,000원 → 2,000원(1,000원 할인)
  - 신분 확인
    1) 청소년: 청소년증, 학생증, UPass(청소년 교통카드), 여권을 제시하거나 교복을 착용한 자
    2) 장애인: 장애인 복지카드를 제시한 자
       ※ 인터넷 예매자는 현장에서 확인 후 차액 현금 지급

2. 외국인을 위한 전시 해설

  [예약] 국립중앙박물관의 명품 유물
  - 국립중앙박물관의 명품 유물을 관람합니다.
  - 가족·친구·연인·직장동료 등 5인~20인 단체는 희망일 하루 전까지 전화로 신청하십시오.
    (영어: 2077-9683, 일본어: 2077-9676, 중국어: 2077-9685)

  [예약] 이야기가 있는 전시 해설 스마트 큐레이터
  - 국립중앙박물관의 명품 유물을 관람합니다.
  - 영어권 관람객 및 일본인, 중국인 관람객은 전화로 신청해 주십시오.
    (영어: 2077-9683, 일본어: 2077-9676, 중국어: 2077-9685)

08 박물관 안내 해설에 대해 이해한 것으로, 적절하지 않은 것은?

① 대표 유물에 대한 해설은 1일 총 5회로 진행된다.
② 기증관의 해설을 들으려면 요일 확인을 꼭 해야 한다.
③ 청소년은 교복을 착용하면 PMP 대여료를 할인받을 수 있다.
④ 내·외국인 모두 전시 해설을 듣기 위해서는 예약을 해야 한다.
⑤ 영상·음성안내기를 대여하기 위해 관람 전날까지 인터넷 예매를 해야 한다.

해설 외국인은 예약을 해야 하지만, 내국인은 비예약으로 진행되는 해설도 있다.
① 전시 해설 시간 안내에서 오전 2회, 오후 3회로, 전체 5회의 해설을 한다는 것을 알 수 있다.
② 전시 해설 시간 안내에서 전시관별 해설 내용을 보면 기증관은 수요일과 토요일만 운영하므로 요일을 꼭 확인해야 한다.
③ 청소년 및 장애인 PMP 대여료 할인에서 할인을 위한 신분 확인으로 교복을 착용하면 된다는 규정이 있다.
⑤ 영상/음성안내기(PMP/MP3) 항목에서 대여 신청은 관람 당일 인터넷 예매가 불가능하므로 관람 전날까지 인터넷 예매를 해야 한다.

정답 ④

09 국립중앙박물관에서 일본에서 온 A씨와 한국인 친구가 함께 들을 수 있는 전시 해설은?

① 흙과 함께 한 한국사
② 불교미술로 보는 우리 문화
③ 미술품 속에 담긴 숨은 이야기
④ 관장님이 추천한 우리 관 명품
⑤ 국립중앙박물관의 명품 유물

해설 '국립중앙박물관의 명품 유물'은 내국인 친구와 외국인 친구가 함께 할 수 있는 전시 해설이다. ①~④는 '이야기가 있는 전시 해설 스마트 큐레이터' 테마 코스로 내국인을 위한 전시 해설이다. 같은 제목으로 외국인을 위한 전시 해설이 있지만, 이 부분에는 '국립중앙박물관의 명품 유물'을 관람하는 것으로 제시되어 있다. 그러므로 내국인과 외국인이 함께 들을 수 있는 전시 해설은 '국립중앙박물관의 명품 유물'밖에 없다.

정답 ⑤

제4장 자료의 해석

제1절 통계 자료와 보도 자료

> **기출 미리보기**
> 1. 통계·보도 자료의 해석
> 2. 통계·보도 자료에서 필요한 정보, 유의미한 정보 확인

1 자료의 해석과 정보 확인

- 통계 자료나 보도 자료의 내용을 읽고, 빠른 속도로 내용을 확인해야 한다.
- 통계 자료의 경우 복잡한 도표나 그래프에서 의미 있는 수치를 보이는 부분과 급격하게 비율이 줄어들거나 늘어나는 부분에 집중을 해야 한다.
- 보도 자료의 경우 보도의 목적을 확인한 후, 선지의 내용을 보도 자료의 내용과 비교하면서 문제를 풀어야 한다.

확인문제

[01~02] 다음 자료를 보고 물음에 답하시오.

〈자료 1〉 휴대 전화로 게임을 경험한 청소년 비율(%)

게임 경험 (휴대 전화)	2011년			2013년		
	전체	남	여	전체	남	여
평일	53.9	57.1	50.6	62.9	67.7	57.9
주말	55.9	59.1	52.5	66.1	71.3	60.8

〈자료 2〉 온라인 게임 주 이용 시간대가 심야 시간인 청소년 비율(%)

구분	초등·중학생			고등학생			전체		
	'11년	'13년	증감률	'11년	'13년	증감률	'11년	'13년	증감률
평균	3.4%	0.9%	73.5% 감소	12.6%	4.6%	63.5% 감소	5.8%	2.2%	62.1% 감소
평일	3.6%	1.1%	69.4% 감소	15.6%	5.4%	65.4% 감소	6.7%	2.5%	62.7% 감소
주말	2.8%	0.5%	82.1% 감소	5.3%	2.6%	50.9% 감소	3.7%	1.3%	64.9% 감소

- 실제로 16세 미만의 청소년들 중 심야 시간에 PC 온라인 게임을 하지 않는다고 응답한 학생들의 미사용 이유 중 11.1%가 셧다운제에 기인한 것임.
  ※ 셧다운제로 인해 자동으로 게임 접속이 차단: 5.0%
  ※ 본인이 셧다운제에 대해서 알고 난 후, 스스로 심야 시간에 게임 이용을 중단: 6.1%
  ※ 셧다운제: 16세 미만의 청소년에게 심야 시간의 인터넷 게임 제공을 제한하는 제도로, 청소년의 인터넷 게임 중독을 예방하기 위해 마련된 것이다. 2011년 5월 19일 도입된 청소년보호법 개정안에 따라 신설된 조항(제26조)으로, 2011년 11월 20일부터 시행되었다. 계도 기간을 거쳐 2012년부터 단속을 실시했다.

01 〈자료 1〉에서 알 수 있는 내용으로 가장 적절한 것은?

① 청소년의 휴대 전화 보급률이 높아지고 있다.
② 전체적으로 휴대 전화로 게임을 경험한 비율이 높아졌다.
③ 청소년들은 주말에 여가 활동으로 휴대 전화 게임을 한다.
④ 매년 평일 휴대 전화로 게임을 경험한 비율은 여학생이 더 높다.
⑤ 전년 대비 주말에 휴대 전화로 게임을 경험한 비율은 여학생이 더 높다.

> **해설** 전체적인 증감률을 보면 평일과 주말 모두 높아진 것을 알 수 있다.
> ① 제시된 자료는 휴대 전화로 게임을 경험한 비율이므로 휴대 전화의 보급률은 알 수 없다.
> ③ 주말에 휴대 전화로 게임을 한 비율을 말한 것이지, 여가 활동을 보여 준 것은 아니다.
> ④ 2011년 여학생이 평일에 휴대 전화로 게임을 한 비율은 50.6%이고 2013년에는 57.9%이다. 이에 반해 남학생은 2011년에는 57.1%, 2013년에는 67.7%이므로 남학생이 더 높다.
> ⑤ 여학생이 주말에 휴대 전화로 게임을 경험한 비율의 변화는 52.5% → 60.8%로 8.3% 늘어났고, 남학생은 59.1% → 71.3%로 12.2% 늘어났으므로 남학생이 더 높아졌다.
>
> **정답** ②

02 〈자료 2〉를 분석한 내용으로 적절하지 <u>않은</u> 것은?

① 전체 증감률은 평일보다 주말에 감소율이 높다.
② 초등·중학생의 감소 비율은 주말보다 평일이 더 높다.
③ 고등학생은 전년 대비 평일 비율이 3배 정도 감소했다.
④ 초등·중학생의 증감률이 높은 것은 자의적인 것보다 타의적인 영향이 크다.
⑤ 초등·중학생의 평균 증감률이 고등학생에 비해 높은 것은 셧다운제의 영향으로 볼 수 있다.

> **해설** 〈자료 2〉의 아랫부분에 16세 미만의 청소년들 중 심야 시간에 PC 온라인 게임을 하지 않는다고 응답한 학생들의 미사용 이유 중 11.1%가 셧다운제에 기인한 것이다. 이 중에서 자의적 비율이 6.1%이고, 셧다운제로 인한 접속 차단은 5.0%이므로 자의적 영향이 더 크다.
> ① 전체 증감률에서 평일에는 62.7%, 주말에는 64.9%의 감소율을 보이므로 주말의 감소율이 더 높다.
> ② 초등·중학생의 2011년 평일 비율은 3.6%, 주말 비율은 2.8%이고, 2013년 평일 비율은 1.1%, 주말 비율은 0.5%이다. 평일 비율은 2.5%, 주말 비율은 2.3%가 감소했으므로 평일의 감소 비율이 더 높다.
> ③ 고등학생의 2011년 평일 비율은 15.6%이고, 2013년 평일 비율은 5.4%로 3배 정도 감소했다.
> ⑤ 전년 대비 초등·중학생의 감소율은 73.5%이고, 고등학생의 감소율은 63.5%이므로 초등·중학생의 감소율이 10% 높다. 이는 2012년부터 셧다운제 단속이 시행된 영향으로 볼 수 있다.
>
> **정답** ④

[03] 다음 자료를 보고 물음에 답하시오.

보건복지부 주요 복지 제도 현황

□ 공공부조* 신청 시 받을 수 있는 각종 급여 현황(3인 가족 기준)

* 공공부조: 사회보장 제도의 일종으로서, 국가나 지방자치단체의 이전지출금(移轉支出金)으로 운영되는 소득보장 제도로 생활 능력이 없는 국민에게 국가의 책임 하에 공비(公費) 부담으로 직접 금품을 제공하거나 무료 혜택을 주는 제도이다.

제도명		대상자 선정 기준	급여 종류
기초생활 보장 제도	소득	소득인정액이 133만 원 이하	〈수급권자의 소득인정액이 0원이고 부양비가 부과되지 않는 경우〉 • 생계급여: 838천 원 • 주거급여: 237천 원 • 의료급여: 1종, 2종 의료급여 • 자활급여: 근로 능력자가 근로 활동에 종사하지 않는 경우
	재산	• 소득이 0원인 경우 보유 가능 재산 최대액 – 대도시 120백만 원 – 중소도시 91백만 원 – 농어촌 67백만 원 ※ 재산이 주거용 재산인 경우의 한도액임.	
	부양 의무자	부양 의무자가 부양 능력이 없거나 미약한 경우 ※ 미약한 경우 부양비 부과 조건	
긴급 복지 지원	긴급 요건	• 주 소득자의 사망·실직·부상으로 소득 상실한 경우 • 가구원 중 질병, 부상을 당한 경우 • 방임, 유기, 학대 등을 당한 경우 • 화재 등 천재지변을 당한 경우 등	• 생계 지원: 881천 원(최장 6개월 가능) • 의료 지원: 300만 원 이내 본인부담(2회 가능) • 주거 지원: 594천 원(최장 12개월 가능) • 시설 이용: 1,090천 원(최장 6개월 가능) • 이외 연료비 89천 원, 전기요금 500천 원, 해산·장제비 지원 가능
	소득	• 가구의 최저생계비 150% 이하 ※ 단 생계 지원은 120% 이하	
	재산	• 대도시 13,500만 원 이하 ※ 중소도시(8,500만), 농어촌(7,250만)	
	금융 재산	• 300만 원 이하 ※ 주거 지원은 500만 원 이하	
차상위 본인부담 경감 대상자 지원 사업	대상 요건	중증질환자, 6개월 이상 치료가 필요한 자	• 요양급여비용 본인부담 경감 – 만성질환자는 입원 시 요양급여 14%, 기본식대 20% 부담 – 외래환자는 요양급여 14% 부담(정액 1,000원, 1,500원) ※ 일반인은 입원 시 요양급여 20%, 식대 50% 부담, 외래 시 30~60% 부담
	소득	최저생계비 120% 이하	
	부양 의무자	부양 의무자가 부양 능력이 없거나 미약한 경우	

희망복지 지원단 통합사례 관리 사업	대상 요건	복합적인 욕구를 가지고 있는 저소득 위기 가정	• 주민센터, 지역사회복지협의체, 지역 서비스 제공 기관 등과 연계 및 협력으로 대상자의 욕구 충족 – 기초생활, 차상위빈곤가구, 긴급 지원, 민간 복지자원 연계 등 서비스 지원
좋은 이웃들 사업	대상 요건	창고나 컨테이너 등 비정형거주자, 중증질환 저소득 가정, 독거노인, 조손 가정, 한부모 가정 등 취약계층	• 공적 서비스 연계 및 보장 기관에 조사 의뢰

03 자료를 보고 각각에 해당하는 사람이 보장받을 수 있는 내용으로 적절하지 <u>않은</u> 것은?

① 손자와 함께 사는 할머니 A 씨는 컨테이너에 사는 비정형거주자이다. – 좋은 이웃들 사업
② B 씨의 집은 복합적 욕구를 가진 저소득 위기 가정이다. – 희망복지 지원단 통합사례 관리 사업
③ 중소도시에 사는 C 씨는 부양할 가족도 없고 소득도 없다. 다만, 주거용 재산 98백만 원을 갖고 있다. – 기초생활 보장 제도
④ 중증질환으로 7개월의 치료가 필요한 A 씨는 최저 생계비의 110%의 소득이 있지만, 부양 의무자가 없다. – 차상위 본인부담 경감 대상자 지원 사업
⑤ 화재가 난 농어촌 지역에 사는 B 씨의 재산은 6,000만 원이고, 금융 재산은 100만 원이 있다. 또한 소득은 최저생계비의 120%에 해당한다. – 긴급 복지 지원

해설 기초생활 보장 제도의 대상자 선정 기준과 비교를 해보면, C 씨는 중소도시에 살고 있고, 부양 의무자가 없다. 여기까지는 기초생활 보장 제도 대상에 해당하지만, 주거용 재산이 98백만 원이므로, 기초생활 보장 제도를 보장받을 수 없다. 부양 의무자가 없는 사람의 경우 소득인정액은 133만 원 이하이고, 재산은 최대액이 91백만 원인데, 주거용 재산이 98백만 원이기 때문이다.
① A 씨는 컨테이너에 사는 비정형거주자이므로 좋은 이웃들 사업을 보장받을 수 있다.
② B 씨의 집은 복합적 욕구를 가진 저소득 위기 가정이므로 희망복지 지원단 통합사례 관리 사업을 보장받을 수 있다.
④ A 씨는 부양 의무자가 없는 중증질환자로 7개월의 치료가 필요하므로 대상 요건에 해당하고, 최저생계비의 110% 소득이므로 소득 기준도 차상위 본인부담 경감 대상자 지원 사업의 보장을 받을 수 있는 조건이다.
⑤ B 씨는 농어촌 지역에 살고 재산이 6,000만 원이므로 긴급 복지 지원의 대상 요건에 해당한다. 또한 금융 재산이 100만 원 이하이고, 최저생계비가 120%이므로 긴급 복지 지원에서 생계 지원도 받을 수 있다.

정답 ③

[04] 다음 자료를 보고 물음에 답하시오.

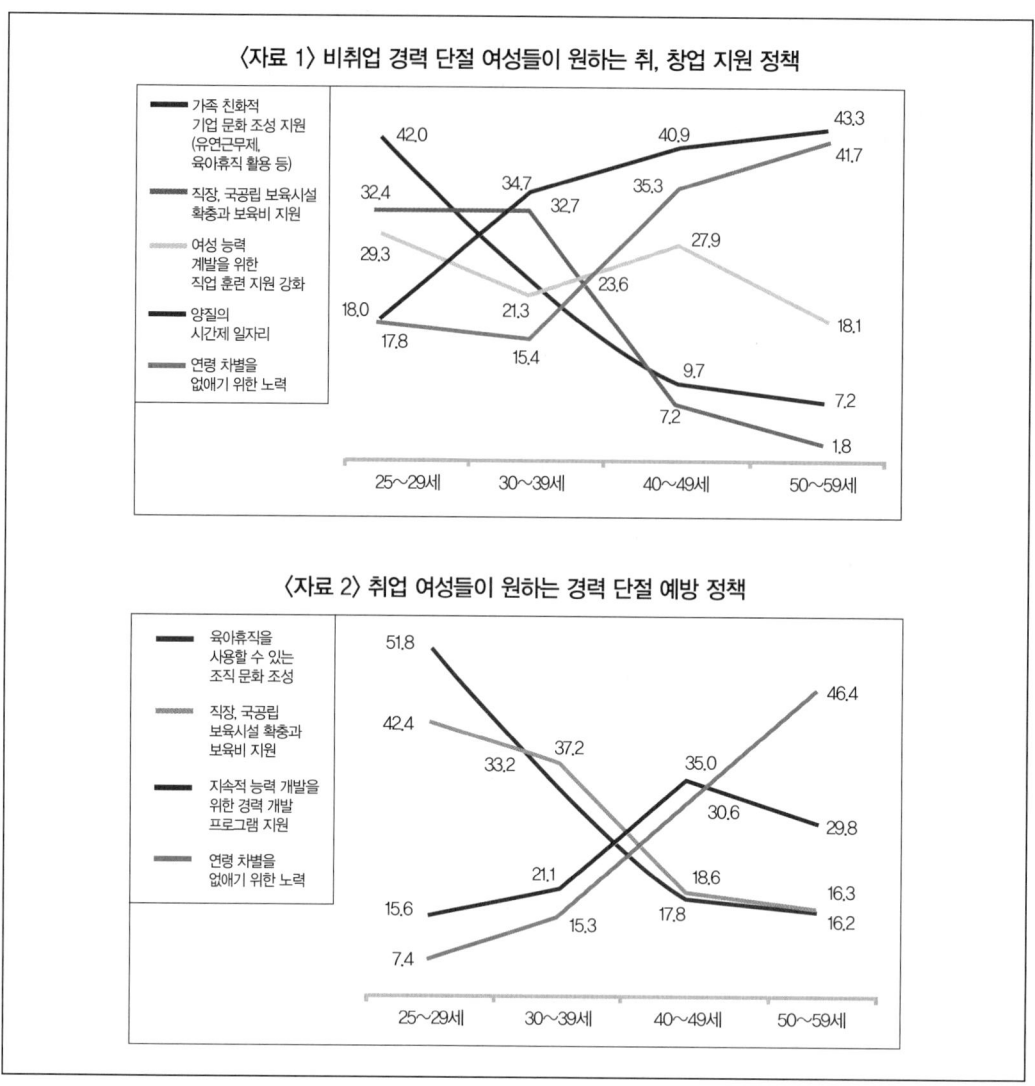

04 자료를 해석한 것으로 적절하지 <u>않은</u> 것은?

① 30~50대의 비취업 여성들이 가장 선호하는 취, 창업 지원 정책은 '양질의 시간제 일자리'이다.
② 20대의 취업 여성들이 가장 선호하는 경력 단절 예방 정책은 '육아휴직을 사용할 수 있는 조직 문화 조성'이다.
③ 상대적으로 많은 40~50대의 비취업 여성과 취업 여성 모두 지원 정책으로 '연령 차별을 없애기 위한 노력'을 선호하고 있다.
④ 비취업 여성과 취업 여성에 대한 지원 정책으로 '직장, 국공립 보육시설 확충과 보육비 지원'을 원하는 비율이 20~30대가 40~50대보다 높다.
⑤ 취업 여성들이 원하는 경력 단절 예방 정책 중 20대와 50대의 선호도 차이가 크지 않은 것은 '지속적 능력 개발을 위한 경력 개발 프로그램 지원'이다.

해설 〈자료 1〉과 〈자료 2〉를 보면, '직장, 국공립 보육시설 확충과 보육비 지원'에 대해 비취업 여성의 20대는 32.4%, 30대는 34.7%, 취업 여성의 20대는 42.4%, 30대는 37.2%로, 20~30대의 비취업 여성과 취업 여성의 비율이 40~50대의 비취업, 취업 여성들과 비교하여 높은 비율을 차지한다.
① 〈자료 1〉을 보면, '양질의 시간제 일자리'에 대해 30대는 34.7%, 40대는 40.9%, 50대는 43.3%로, 30~50대 모두 가장 선호하는 취, 창업 지원 정책이라는 것을 알 수 있다.
② 〈자료 2〉를 보면, 20대 취업 여성들이 '육아휴직을 사용할 수 있는 조직 문화 조성'을 51.8%의 비율로 가장 선호한다는 것을 알 수 있다.
③ 〈자료 1〉과 〈자료 2〉를 보면, 비취업 여성의 40대는 35.3%, 50대는 41.7%, 취업 여성의 40대는 30.6%, 50대는 46.4%로, '연령 차별을 없애기 위한 노력'에 대한 선호도가 다른 지원 정책과 비교하여 높은 비율을 차지하고 있음을 알 수 있다.
④ 〈자료 1〉과 〈자료 2〉를 보면, 비취업 여성의 20대는 32.4%, 30대는 32.7%, 취업 여성의 20대는 42.4%, 30대는 37.2%로, 20~30대의 '직장, 국공립 보육시설 확충과 보육비 지원'에 대한 선호도가 40~50대의 비취업, 취업 여성들에 비해 높음을 알 수 있다.

정답 ⑤

[05] 다음 자료를 보고 물음에 답하시오.

전공과 직업의 일치도

(단위: %)

	계[1]	일치	매우 일치	일치 하는 편	보통	불일치	관계가 없는 편	매우 불일치
2008년[2]	100.0	37.7	15.0	22.7	23.7	38.7	22.7	16.0
2010년[2]	100.0	36.3	14.6	21.7	24.0	39.7	25.1	14.6
2012년	100.0	38.3	15.9	22.4	24.2	37.5	23.2	14.3
13~29세	100.0	40.9	18.1	22.9	22.9	36.2	20.9	15.2
30~39세	100.0	40.6	17.8	22.8	23.7	35.7	21.3	14.4
40~49세	100.0	35.6	13.6	22.0	24.8	39.6	24.8	14.7
50~59세	100.0	34.5	13.5	21.0	24.8	40.7	27.2	13.5
60세 이상	100.0	39.5	16.2	23.4	25.8	34.7	23.4	11.3
특성화고	100.0	21.5	5.0	16.5	22.6	55.9	32.0	24.0
대학(교)(4년제 미만)	100.0	35.9	14.9	21.1	26.4	37.6	23.1	14.5
대학교(4년제 이상)	100.0	44.1	18.0	26.0	25.1	30.8	20.8	10.0
대학원 이상	100.0	72.6	44.7	27.9	17.3	10.2	6.5	3.6

1) 특성화고(구 전문계고, 실업고) 및 대학(교)(4년제 미만) 이상 졸업자로 취업한 적이 있거나 현재 취업 중인 가구원
2) 조사 대상이 15세 이상 인구임.

05 자료를 보고 해석한 내용으로 적절하지 <u>않은</u> 것은?

① 특성화고의 경우 전공과 직업이 불일치하는 비율이 높다.
② 대학 교육 정도가 높을수록 전공과 직업이 일치하는 비율이 높다.
③ 연도별 전공과 직업에 대한 일치와 불일치 비율은 비슷하게 나타난다.
④ 10~30대의 전공과 직업에 대한 일치 비율은 40~50대의 비율보다 낮다.
⑤ 연령별 전공과 직업이 불일치하는 비율은 50대에서 가장 높게 나타난다.

해설 10~30대는 전공과 직업의 일치 비율이 40% 정도이고, 40~50대는 일치 비율이 35% 정도이다.
① 특성화고의 경우 전공과 직업의 불일치 비율이 55.9%로, 다른 학력의 불일치 비율보다 높다.
② 대학교 4년제 미만과 4년제 이상, 대학원 이상의 전공과 직업의 일치 비율이 각각 35.9%, 44.1%, 72.6%로, 대학 교육 정도가 높아짐에 따라 전공과 직업의 일치 비율도 높아진다.
③ 연도별 전공과 직업의 일치와 불일치 비율에는 큰 차이가 없다.
⑤ 연령별 전공과 직업의 불일치 비율은 50대에서 40.7%로 가장 높게 나타난다.

정답 ④

[06] 다음 자료를 보고 물음에 답하시오.

결혼 · 이혼 · 재혼에 대한 견해

(단위: %)

	계	결혼			이혼			재혼		
		해야 한다[1)	해도 좋고, 하지 않아도 좋다	하지 말아야 한다[2)	해서는 안 된다[3)	할 수도 있고, 하지 않을 수도 있다	이유가 있다면 하는 것이 좋다	해야 한다[1)	해도 좋고, 하지 않아도 좋다	하지 말아야 한다[2)
2008년[4)	100.0	68.0	27.7	2.9	58.6	31.9	7.1	22.7	55.0	15.3
2010년[4)	100.0	64.7	30.7	3.3	56.6	33.4	7.7	21.3	58.0	14.1
2012년	100.0	62.7	33.6	1.8	48.7	37.8	10.9	19.4	61.1	13.2
남자	100.0	69.0	27.7	1.3	54.1	33.6	9.3	23.6	59.5	10.3
여자	100.0	56.6	39.4	2.2	43.3	41.8	12.5	15.2	62.6	16.0
미혼 남자	100.0	60.4	34.1	1.8	44.9	38.3	11.3	21.7	60.8	7.6
미혼 여자	100.0	43.3	50.9	2.6	27.3	52.0	16.8	13.4	70.3	7.5
13~29세	100.0	56.0	38.9	1.9	38.7	43.5	13.1	17.6	64.9	7.8
30~39세	100.0	52.5	43.5	1.9	40.0	45.7	12.2	18.1	67.3	9.5
40~49세	100.0	55.2	40.9	2.6	42.7	43.1	12.3	16.9	63.3	14.6
50~59세	100.0	70.7	26.7	1.4	54.4	33.7	9.8	19.7	57.8	16.8
60세 이상	100.0	81.7	16.0	1.0	71.0	20.7	6.2	24.9	50.9	19.3

※ 각 항목별로 '잘 모르겠다' 있음.
1) '반드시 해야 한다'와 '하는 것이 좋다'를 합한 수치임.
2) '하지 않는 것이 좋다'와 '하지 말아야 한다'를 합한 수치임.
3) '어떤 이유라도 이혼해서는 안 된다'와 '이유가 있더라도 가급적 이혼해서는 안 된다'를 합한 수치임.
4) 조사 대상이 15세 이상 인구임.

06 자료를 이해한 것으로 적절하지 <u>않은</u> 것은?

① 재혼에 대한 찬성 비율은 남성이 여성보다 높다.
② 이혼에 대해 반대하는 비율은 과거에 비해 감소하고 있다.
③ 결혼을 해야 한다는 미혼 남녀에 대한 생각에는 17.1%의 차이가 있다.
④ 이혼을 '해서는 안 된다'는 연령별 견해 차이가 재혼을 '하지 말아야 한다'는 연령별 견해 차이보다 작다.
⑤ 과거에 비해 결혼과 재혼에 대해서는 '해야 한다'의 비율이 낮아진 반면, 이혼에 대해서는 '이유가 있다면 하는 것이 좋다'의 비율이 높아지고 있다.

[해설] 이혼을 '해서는 안 된다'는 견해의 가장 작은 비율인 38.7%와 가장 큰 비율인 71.0% 간의 차이가 재혼을 '하지 말아야 한다'는 견해의 가장 작은 비율인 7.8%와 가장 큰 비율인 19.3% 간의 차이보다 크다.
  ① 재혼에 대한 찬성은 남자 23.6%, 여성 15.2%로 남성이 더 높다.
  ② 2012년에는 48.7%로 2008년의 58.6%와 2010년의 56.6%보다 낮아졌다.
  ③ 미혼 남자는 60.4%이고, 미혼 여자는 43.3%이므로 차이는 17.1%이다.
  ⑤ 결혼과 재혼을 해야 한다는 비율은 낮아지고 있지만, 이혼은 이유가 있으면 하는 것이 좋다는 비율이 과거 7.1%와 7.7%에서 10.9%로 높아졌다.

[정답] ④

[07] 다음 자료를 보고 물음에 답하시오.

〈자료 1〉 성별 고령 인구

(단위: 천 명, %, 여자 100명당 명)

	1980년	1990년	2000년	2013년	2020년	2030년	2040년	2050년
남자 65세 이상 (구성비)	545 (2.8)	822 (3.8)	1,300 (5.5)	2,543 (10.1)	3,451 (13.5)	5,682 (21.9)	7,460 (29.5)	8,151 (34.3)
여자 65세 이상 (구성비)	911 (4.8)	1,373 (6.4)	2,095 (9.0)	3,595 (14.3)	4,633 (18.0)	7,010 (26.7)	9,041 (35.0)	9,841 (40.4)
성비[1]	59.7	59.8	62.0	70.7	74.5	81.1	82.5	82.8

출처: 통계청, 〈장래 인구 추계〉, 2011

1) 성비 = (65세 이상 남자 인구/65세 이상 여자 인구)×100

〈자료 2〉 노년 부양비 및 노령화 지수

(단위: 해당 인구 100명당 명)

	1990년	2000년	2013년	2017년	2018년	2030년	2040년	2050년
노년 부양비[1]	7.4	10.1	16.7	19.2	20.0	38.6	57.2	71.0
노령화 지수[2]	20.0	34.3	83.3	104.1	108.5	193.0	288.6	376.1
고령자 1명당 생산 가능 인구 (명)[3]	13.5	9.9	6.0	5.2	5.0	2.6	1.7	1.4

출처: 통계청, 〈장래 인구 추계〉, 2011

1) 노년 부양비 = (65세 이상 인구/15~64세 인구)×100
2) 노령화 지수 = (65세 이상 인구*/0~14세 인구*)×100
3) 고령자 1명당 생산 가능 인구 = 15~64세 인구/65세 이상 인구
* 65세 이상 인구: 고령 인구
* 0~14세 인구: 유소년 인구

07 자료를 이해한 것으로 적절하지 않은 것은?

① 2050년에는 생산 가능 인구 1.4명이 고령자 1명을 부양해야 할 것이다.
② 2017년에는 노령화 지수가 104.1로, 고령 인구가 유소년 인구를 초과할 것이다.
③ 1980년과 2020년의 고령자 구성비를 비교해 봤을 때 남자의 구성비 변화가 더 크다.
④ 성별 고령 인구의 구성비의 흐름을 보면 남성의 성비가 계속 증가하고 있음을 알 수 있다.
⑤ 2013년에는 15~64세의 생산 가능 인구 6명이 65세 이상의 고령자 1명을 부양했음을 알 수 있다.

[해설] 〈자료 1〉의 고령자의 구성비는 1980년대에는 남자 2.8%, 여자 4.8%에서 2020년 남자 13.5%, 여자 18.0%로 나타나 있다. 구성비 변화를 계산하면 남자는 10.7%, 여자는 13.2%이므로 여자의 변화가 더 크다.
① 〈자료 2〉의 고령자 1명당 생산 가능 인구의 수치를 보면, 고령자 1명을 생산 가능 인구 몇 명이 부양해야 하는지에 대한 흐름을 알 수 있다.
② 〈자료 2〉의 노령화 지수는 유소년 인구 100명당 65세 이상 고령자의 수를 말하는데 2013년에는 83.3명이므로 고령 인구가 유소년 인구를 초과하지 않지만, 2017년에는 104.1%로 초과할 것이다.
④ 〈자료 1〉의 성비의 흐름을 보면 남성의 성비가 계속 증가하고 있음을 알 수 있다.
⑤ 〈자료 2〉의 2013년 고령자 1명당 생산 가능 인구는 6명으로 제시되어 있다. 즉, 생산 가능 인구 6명이 고령자 1명을 부양하는 것이다.

[정답] ③

[08] 다음 글을 읽고 물음에 답하시오.

문화체육관광부, 개정 저작권법상 최초로 헤비업로더 '계정정지' 명령권 발동
– 3개 온라인 서비스 제공자 대상으로 11개 계정정지 행정 처분 –

○ 문화체육관광부는 저작권을 침해하는 불법복제물을 웹하드 등 3개의 온라인 서비스에서 복제·전송한 11개 계정에 대해서 계정정지 명령 처분을 내렸다고 9일 밝혔다.

〈개정 저작권법 시행('09. 7. 23) 이후 첫 계정정지 명령〉

○ 문화부에 따르면 이번 행정 처분은 개정 저작권법 시행 이후 최초의 계정정지 사례로서 저작권법 위반 경고 명령 3회를 받았음에도 또다시 불법복제물을 게시한 자들을 대상으로 한국저작권위원회의 심의를 거쳐 확정하였다고 밝혔다.
 – 문화부는 금년 3월부터 9월까지 세 차례에 걸쳐서 한국저작권위원회의 시정권고를 불이행하거나 상습적으로 대량의 불법복제물을 복제·전송한 23개 온라인 서비스 제공자의 469개 계정에 대해 경고 명령 처분을 내린 바 있다.
 – 이번 계정정지 대상 11개 계정은 경고 명령을 3회나 받았음에도 불구하고 계정당 평균 약 200편의 불법복제물(영상, 음악, SW, 게임 등)을 또다시 웹하드상에 무분별하게 유통시킨 헤비업로더들이다.

〈온라인 서비스 제공자는 해당 헤비업로더에게 부여한 다른 계정도 정지시켜야〉

○ 금번 계정정지 처분을 받은 3개 온라인 서비스 제공자는 해당 헤비업로더에게 부여한 다른 계정도 포함(이메일 전용 계정은 제외)하여 1개월 미만 동안 당해 계정을 정지시켜야 할 의무가 있다.
 – 저작권법 제133조의2에 따르면 계정정지 명령 대상인 해당 복제·전송자의 계정은 "온라인 서비스 제공자가 이용자를 식별·관리하기 위하여 이용하는 이용권한 계좌(이메일 전용 계정을 제외한다.)를 말하며, 해당 온라인 서비스 제공자가 부여한 다른 계정을 포함한다."고 규정하고 있다.

〈불법복제물 유통 웹하드와 헤비업로더에 대한 단속 강화〉

○ 문화부는 웹하드·P2P 서비스 등을 통한 불법복제물 유통이 영화 부가판권 시장 규모 축소 등 문화콘텐츠 산업 성장의 큰 걸림돌로 작용하고 있다면서 단속을 강화할 필요가 있다고 밝혔다.
 – 문화부는 불법복제물을 유통하는 웹하드·피투피(P2P) 서비스 사업자와 '헤비업로더'에 대해 기술적 조치 불이행 과태료 처분, 특별사법경찰의 기획 수사와 범죄수익금 환수 등도 더욱 강화할 계획이다.
 – 한국저작권위원회도 개정 저작권법 시행(2009. 7. 23) 이후부터 금년 3분기까지 164개의 온라인 서비스 제공자를 대상으로 83,519건(경고 42,217건, 삭제 41,246건, 계정정지 56건)의 시정권고 조치를 시행하였는데, 이 중에는 스마트폰용 불법 어플리케이션을 유통시킨 69개 온라인 서비스 제공자에 대한 8,554건의 조치도 포함되어 있다.

08 보도 자료의 내용과 다른 것은?

① 이번 행정 처분은 개정 저작권법 시행 이후 최초의 계정정지 사례이다.
② 계정정지 대상이 되는 계정들은 경고 명령을 받았으나 또 법을 어겼다.
③ 불법복제물 유통이 문화콘텐츠 산업에 방해가 되므로 단속을 한 것이다.
④ 온라인 서비스 제공자는 헤비업로더에게 부여한 모든 계정을 정지시켜야 할 의무가 있다.
⑤ 한국저작권위원회에서는 스마트폰용 불법 어플리케이션을 제공한 사람에게도 시정권고 조치를 내렸다.

해설 온라인 서비스 제공자는 이메일 전용 계정을 제외한 계정을 정지시켜야 할 의무가 있다.
① 보도 자료의 제목과 '개정 저작권법 시행 이후 첫 계정정지 명령'의 내용에서 확인할 수 있다.
② '개정 저작권법 시행 이후 첫 계정정지 명령'의 내용에서 저작권법 위반 경고 명령 3회를 받았음에도 또다시 불법복제물을 게시하여 계정정지 명령을 하게 되었음을 알 수 있다.
③ '불법복제물 유통 웹하드와 헤비업로더에 대한 단속 강화'의 내용에서 불법복제물 유통 웹하드와 헤비업로더에 대한 단속을 강화하게 된 것은 이들의 불법복제물 유통이 문화콘텐츠 산업의 성장에 걸림돌이 되기 때문임을 알 수 있다.
⑤ '불법복제물 유통 웹하드와 헤비업로더에 대한 단속 강화'의 내용에서 한국저작권위원회가 내린 시정권고 조치 중에는 스마트폰용 불법 어플리케이션을 유통시킨 온라인 서비스 제공자에 대한 조치가 포함되어 있음을 알 수 있다.

정답 ④

[09] 다음 글을 읽고 물음에 답하시오.

안전행정부, 새 학기 맞아 학교 주변 안전 위해 요소 특별점검
— 3.3.~3.14.(12일간), 학교 주변 교통·유해업소·식품·옥외광고물 등 점검 —

□ 정부부처 합동으로 개학을 맞아 학생들의 안전한 학교생활을 위한 특별점검이 실시된다.
  ○ 특별점검 기간은 3월 3일부터 3월 14일*까지 12일간이며, 교통·유해업소·식품·옥외광고물의 4개 영역의 안전 취약 분야에 대해 실시된다.
    *단, 유해업소 및 교통 분야는 3월 말까지 단속 추진
  ○ 이번 합동 점검에는 안전행정부(장관 유정복)·교육부·식약처·경찰청의 4개 부처가 참여한다.
□ 이번 점검에서 중점적으로 단속되는 분야는 다음과 같다.
  ○ 우선, 교통 분야는 어린이보호구역 내 과속, 불법주정차 등 교통법규 위반과 어린이 통학차량 운전자 준수의무 위반 등에 대한 점검이 진행된다.
  ○ 유해업소 분야는 학교환경위생정화구역 및 주변지역 업소의 불법영업행위에 대한 점검 및 신·변종 업소에 대한 정비가 집중 점검 대상이다.
  ○ 식품 분야는 학교급식소, 식재료 공급업체, 학교매점 등에 대한 점검이 진행된다.
  ○ 옥외광고물 분야는 통학로 주변의 노후 간판 및 선정적인 유해 광고물에 대해 집중적인 점검이 추진된다.
  ○ 특히, 서울·부산·경기·인천 지역은 지방자치단체 특별사법경찰*과 협력해 불량식품, 청소년 보호 등에 대해 기획수사를 실시하고 상습·고의적인 위법행위를 근절할 방침이다.

> * **특별사법경찰**(Special Judicial Police Officer)이란 산림, 위생, 환경 등 특수 분야에 대해 전문성이 부족한 일반사법경찰관리는 직무를 수행하기 어렵기 때문에 전문 지식에 정통한 담당 행정 공무원에게 사법 경찰권을 부여한 제도이다.

□ 유정복 안전행정부 장관은 "개학을 맞아 학교 주변 안전 분야에 대한 범정부 차원의 특별점검을 통한 선제적인 안전 관리가 필요하다"며
  ○ "각 분야별로 현장의 안전 관리 실태를 철저히 점검하여 학부모님들이 자녀를 안심하고 학교에 보낼 수 있는 여건이 조성될 수 있도록 최선을 다해 줄 것"을 당부했다.

09 보도 자료에 대한 내용으로 가장 적절한 것은?

① 단속 분야마다 적용되는 점검 기간은 모두 같다.
② 학교 앞에서 파는 음식도 단속 대상에 포함이 된다.
③ 4개 부처가 안전 취약 분야에 대한 특별점검을 실시한다.
④ 옥외광고물 분야는 간판에 쓰인 언어 표기도 단속 대상이 된다.
⑤ 전문 지식이 있는 일반 경찰이 전문성을 갖고 특별사법경찰로 참여한다.

해설 4개 부처(안전행정부·교육부·식약처·경찰청)가 4개 영역(교통·유해업소·식품·옥외광고물)의 안전 취약 분야에 대한 특별점검을 실시한다.
① 단속 분야마다 점검 기간이 다르다. 특별점검 기간은 3월 3일부터 3월 14일까지 12일간이고, 유해 업소와 교통 단속은 3월 말까지 추진한다고 하였다.
② 제시된 보도 자료에는 학교 안의 급식소와 식재료 공급업체, 학교매점 등이 단속 대상이다.
④ 간판에 쓰인 언어는 단속 대상에 속하지 않는다. 옥외광고물 분야는 통학로 주변의 노후 간판 및 선정적인 유해 광고물이 단속의 대상이 된다.
⑤ 특별사법경찰은 전문 지식이 있는 담당 행정 공무원에게 사법 경찰권을 부여한 것이다.

정답 ③

[10~11] 다음 글을 읽고 물음에 답하시오.

새 학기, '스마트 안전 귀가'로 걱정 뚝!
– 전국 초·중·고교 대상 '스마트 안전 귀가' 서비스 홍보 –

□ 안전행정부는 새 학기를 맞아 전국 초·중·고등학교를 대상으로 '스마트 안전 귀가' 앱 서비스에 대해 교육부와 공동으로 대대적인 홍보에 나섰다.
  ○ 매월 4일 '안전의 날'을 중심으로 평소 잊고 있던 안전 의식을 다시 한번 고취시키고, 자녀의 안전한 귀가와 학부모의 등·하굣길 안전사고에 대한 걱정을 덜어 주기 위해 교육부와 협의를 거쳐 학기 초, 서비스 포스터 및 안내 자료를 전국 초·중·고교에 배포하였다.
□ '스마트 안전 귀가' 앱 서비스는 어린이나 노인, 여성이나 청소년 등 사용자가 설정한 목적지까지의 이동 정보를 주기적으로 문자나 SNS로 보호자에게 전송해 주어, 사고 위험을 사전에 줄일 수 있다.
  ○ 앱 사용 중 위급한 상황이 발생하면 바로 긴급 신고 버튼을 눌러 보호자에게 자동으로 연락이 가능하며, 청소년 통행금지구역 등과 같은 위험 지역에 진입하면 벨이나 진동으로 알려 준다.
  ○ 또한 휴일 영업 중인 가까운 약국이나 현재 운영 중인 병원 정보 및 비상대피시설 등 생활안전시설물에 대한 정보도 함께 제공하고 있다.
□ '스마트 안전 귀가' 앱 서비스는 2012년 11월 21일 전국 개통 이후 많은 사용자로부터 호평을 받고 있다.

앱 다운로드 건수: 194,541건, 사용 건수: 576,039건('14.2월 초 기준)

  ○ 뿐만 아니라, 지난해 대한민국 굿앱 인증 및 스마트앱 어워드 등 각종 어워드에서 대상을 수상하는 등 서비스의 우수성을 인정받은 바 있다.
□ 이 서비스는 통신사 등 민간에서 제공하는 유료 서비스와 달리 별도의 가입 절차가 필요 없으며 위치 정보 등 개인 정보를 수집하지 않는다.
  ○ 생활공감지도 사이트(www.gmap.go.kr)와 통신사별 앱 스토어에서 무료로 다운받아 이용할 수 있다.

---

10 보도 자료를 읽고 이해한 내용으로 적절한 것은?

① 통신사 앱 스토어에서 유료로 다운받아야 한다.
② 이 서비스는 어린이나 청소년을 대상으로 한다.
③ 긴급 상황이 발생하면 자동으로 112에 신고가 가능하다.
④ 별도로 가입을 해야 하기 때문에 개인 정보 유출의 우려가 있다.
⑤ 사용자가 설정한 목적지까지의 이동 정보를 보호자에게 주기적으로 전송한다.

> **해설** 두 번째 항목에서 사용자가 설정한 목적지까지의 이동 정보를 주기적으로 문자·SNS로 보호자에게 전송함을 알 수 있다.
> ① 네 번째 항목의 하위 항목에서 무료로 다운받아 이용할 수 있음을 알 수 있다.
> ② 두 번째 항목에서 어린이나 청소년 외에도 노인이나 여성도 대상으로 함을 알 수 있다.
> ③ 두 번째 항목의 첫 번째 하위 항목에서 긴급 상황이 발생하면 긴급 신고 버튼을 눌러 보호자에게 자동으로 연락이 가능함을 알 수 있다.
> ④ 네 번째 항목에서 별도 가입 절차가 없고, 개인 정보를 수집하지 않으므로 정보 유출에 대한 우려가 없음을 알 수 있다.
>
> **정답** ⑤

11 '스마트 안전 귀가' 서비스를 사용할 수 있는 상황으로 적절하지 <u>않은</u> 것은?

① 수험생이 학원을 마치고 밤늦게 귀가를 해야 할 때
② 휴일에 갑자기 아이가 아파서 병원 정보가 필요할 때
③ 아이에게 심부름을 시키는 경우 길 안내가 필요할 때
④ 몸이 불편한 노부모를 큰아들 집에 혼자 가시도록 해야 할 때
⑤ 초등학생 자녀를 둔 맞벌이 부부가 하교 중인 아이의 위치를 확인할 때

[해설] 길을 안내해 주는 기능은 없다.
[정답] ③

[12] 다음 글을 읽고 물음에 답하시오.

보건복지부, 복지 사각지대 일제 조사 실시
- 3월 한 달 일제 조사 및 복지급여 탈락자 집중 관리 -
- 희망복지지원단, 민관 협력 및 시스템을 통한 사각지대 발굴 강화 -
- 자살예방 생명지킴이 활성화 및 인터넷포털 연계 강화 -

□ 보건복지부는 최근 발생한 사건과 관련하여, 일제 조사를 실시하는 등 복지 사각지대 발굴·지원에 적극 나선다고 밝혔다.

〈일제 조사 실시〉

□ 복지부는 전국 지자체와 함께 3월 한 달 간 복지 사각지대에 대한 일제 조사 기간을 운영한다.
  ○ 일제 조사 기간 동안, 지자체 사회복지공무원 및 통·리·반장 등 민·관 협력을 통해 지역 내 사각지대를 중점 발굴하게 되며,
  ○ 보험료체납자, 단전·단수가구, 쪽방 지역, 최근 복지급여 신청 후 탈락가구 등을 집중 조사할 예정이며, 발굴을 통해 긴급 지원, 기초생활보장제도, 민간후원 등 공공·민간 지원으로 연계하게 된다.
□ 이와 함께, 복지 서비스 신청 후 탈락자에 대해 특별 관리를 통한 급여 결정의 정확성 재검토, 공적 지원 외 민간후원 연계 방안 마련 등을 추진하는 한편, 현재 운영 중인 이의신청 등 재심절차도 보다 내실화할 계획이다.

〈희망복지지원단 및 민·관 협력 강화〉

□ 지난 2012년 전국 시·군·구에 설치된 희망복지지원단의 경우에도, 찾아가는 서비스 및 취약계층 조사를 대폭 확대하고, 일선 현장의 부족한 복지인력도 지속적으로 확충할 계획이다.
  ※ 지역밀착형 서비스 제공을 위한 읍면동 중심의 시범운영('14년 10개소) 추진
□ 아울러, "좋은 이웃들" 사업 확대 등 지역단위의 민·관 협력을 통한 사각지대 발굴도 강화할 계획이다.
  ○ 우선, "좋은 이웃들" 사업을 지난해 전국 40개 시·군·구에서 올해 60개 시·군·구로 확대 실시한다.
    - 지역 내 자원봉사대를 통해 복지소외계층을 발굴·지원하는 "좋은 이웃들" 사업은 '13년 전국 40개 시·군·구에서 총 10,900명을 봉사대원으로 위촉하여, 소외계층 12,526가구를 발굴·지원한 바 있다.
  ○ 또한 통·리·반장, 집배원, 부녀회원 등과 함께 지역주민이 폭넓게 참여하는 민·관 협력 시범 사업을 '14년 10개 시·군·구에서 실시하고, 그 성과를 다른 지방자치단체로 확산해 나갈 계획이다.

〈보건·복지 연계 등 발굴 체계 정비〉

□ 한편, 시군구 보건소와 복지담당부서 간에 상호 서비스 신청을 의뢰할 수 있도록 '사회보장정보시스템' 기능도 개선한다.
  ○ 앞으로는 취약계층이 보건소 이용 시 복지 서비스 신청도 의뢰할 수 있도록 개선하는 한편, 보건소 이용자를 대상으로 복지 서비스 안내를 강화함으로써,
  ○ 그동안 신청 불편이나 제도 홍보 부족으로 복지 서비스를 이용하지 못했던 분들의 복지 사각지대 완화에 기여할 것으로 기대된다.

〈자살 예방을 위한 '생명지킴이' 활성화〉

□ 또한 자살 예방 활동을 강화하기 위해 취약계층과 접촉이 많은 통·반장, 독거노인돌보미 등을 생명지킴이로 양성하여 지역사회 차원의 자살 예방 역량을 강화할 계획이다.
  ○ 생명지킴이는 사전에 필요한 교육을 받고, 지역사회에서 취약계층 자살 징후 조기 발견 및 상담, 지역 정신건강증진센터로 연계하는 역할을 하게 된다.
□ 또한 네이버 등 인터넷포털에서 자살에 관해 검색 시 현행 자살예방센터 외에 보건복지콜센터(129)도 신속하게 연결되도록 하여 필요한 복지상담을 제공할 예정이다.

〈정보 접근성 및 권리 인식 제고를 위한 홍보 강화〉

□ 이와 함께, 긴급지원 제도 등 복지 제도를 잘 몰라서 도움을 받지 못하는 분들이 없도록 홍보를 제대로 하는 것도 중요하다고 보고,
  ○ 지방자치단체, 지역사회 복지 관련 단체 등과 적극 협조하여 취약계층에 대한 지원 제도 안내 및 홍보를 강화할 계획이다.
    ※ 반상회보, 4대 사회보험 고지서(매달 20일 발송), 각종 안내문 등 활용
  ○ 현재 운영 중인 복지포털('복지로', www.bokjiro.go.kr)을 보다 이용자 친화적으로 개선하여 온라인 정보 접근성도 높여 나갈 계획이다.

12 보도 자료의 내용으로 적절하지 <u>않은</u> 것은?

① 민·관 협력을 통한 복지 사각지대 발굴을 강화한다.
② 자살 예방 활동을 강화하기 위해 생명지킴이를 양성한다.
③ 복지급여 탈락자들은 다시 기관에 가서 심사를 받아야 한다.
④ 이용자를 위해 복지포털의 온라인 정보 접근성을 높여 나간다.
⑤ 취약계층이 보건소를 이용하면 복지 서비스 신청을 의뢰할 수 있도록 한다.

해설 이번 조사의 목적은 복지 사각지대에 놓인 사람들을 다시 찾아서 억울한 일이 없도록 기관에서 직접 이들에 대한 조사를 하는 것이지, 그들을 심사하는 것이 목적이 아니다.
  ① '일제 조사 실시'에서 지자체 사회복지공무원 및 통·리·반장 등 민·관 협력을 통해 복지 사각지대 발굴을 강화하고자 함을 알 수 있다.
  ② '자살 예방을 위한 '생명지킴이' 활성화'에서 취약계층과 접촉이 많은 통·반장, 독거노인돌보미 등을 생명지킴이로 양성하여 지역사회 차원의 자살 예방 역량을 강화할 계획임을 알 수 있다.
  ④ '정보 접근성 및 권리 인식 제고를 위한 홍보 강화'에서 현재 운영 중인 복지포털을 보다 이용자 친화적으로 개선하여 온라인 정보 접근성을 높일 계획임을 알 수 있다.
  ⑤ '보건·복지 연계 등 발굴 체계 정비'에서 취약계층이 보건소 이용 시 복지 서비스 신청도 의뢰할 수 있도록 개선함을 알 수 있다.

정답 ③

[13] 다음 글을 읽고 물음에 답하시오.

공정위, 5만 원 미만 상품에도 구매안전 서비스 의무 적용
― 전자상거래 소비자보호법 개정 법률안 시행 ―

□ 5만 원 미만의 상품에도 구매안전 서비스* 의무가 적용되도록 개정된 전자상거래 소비자보호법이 11월 29일부터 시행될 예정임.

* 통신판매를 할 때 소비자의 구매안전을 보장하기 위하여 상품을 공급받을 때까지 제3자에게 결제 대금을 예치하였다가 상품의 수령 후 결제대금을 사업자에게 주는 결제대금 예치제(에스크로) 등을 이용할 수 있게 하는 제도임.

1. 개정 배경

〈전자상거래 거래 규모별 소비자 피해 건수〉

(단위: 건, %)

구분	건수	비율 2012	비율 2011
5만 원 미만	617	21.7	22.9
5~10만 원 미만	509	18	16.9
10~30만 원 미만	774	27.2	28.8
30~50만 원 미만	281	9.9	9.1
50~100만 원 미만	339	11.9	10.9
100만 원 이상	322	11.3	11.5
계	2,842	100.0	100.0

출처: 한국소비자원 2012년도 전자상거래 소비자 피해 동향 조사

□ 전자상거래 관련 소비자 피해 중 5만 원 미만의 거래가 차지하는 비중은 20%를 넘을 정도로 소액 거래에서의 피해도 상당수 발생하고 있음.
□ 그러나 지금까지 구매안전 서비스 의무 대상은 1회 결제 금액이 5만 원 이상인 선지급식 현금성 거래*로 한정되어 있어 소비자보호에 미흡한 측면이 있었음.

* 소비자가 재화 수령 전 대금을 먼저 지급하는 거래로서 신용카드 거래를 제외한 거래 (예: 계좌이체, 무통장 입금)

2. 개정 내용

□ 구매안전 서비스 의무 제공 대상을 5만 원 이상의 선지급식 현금성 거래에서 모든 선지급식 현금성 거래로 확대함.(법 제24조 제3항 제1호를 삭제)
  ○ 구매금액에 상관없이 모든 선지급식 통신판매에 구매안전 서비스를 제공하도록 함.

3. 기대 효과 및 향후 계획

□ 5만 원 미만의 소액 거래에도 구매안전 서비스가 제공되도록 함으로써 소액 거래에서의 소비자 피해를 예방할 수 있을 것으로 기대됨.

13 이 보도 자료를 이해한 내용으로 적절하지 <u>않은</u> 것은?

① 지금까지는 5만 원 이상에만 구매안전 서비스가 의무로 적용되었다.
② 전자상거래 소비자 피해 건수를 보면 30만 원 미만이 60%가 넘는다.
③ 앞으로는 5만 원 미만의 결제를 하면 소비자가 상품을 받은 후 사업자에게 결제 대금을 준다.
④ 앞으로는 통신판매를 통해 5만 원 미만의 소액 거래를 하는 소비자들의 피해를 예방할 수 있을 것이다.
⑤ 지금까지 계좌이체나 무통장 입금은 결제 금액에 상관없이 구매안전 서비스를 받을 수 있어서 현금을 이용하는 소비자들이 보호받을 수 있었다.

해설 기존의 구매안전 서비스는 선지급식 현금성 거래의 경우, 1회 결제 금액이 5만 원 이상인 경우로 한정되어 있어 소비자를 보호하기에는 미흡했다. 그래서 모든 선지급식 현금성 거래로 구매안전 서비스를 확대한 것이다.
① 법률안의 제목과 '2. 개정 내용'에서 기존에는 5만 원 미만의 상품에는 구매안전 서비스가 의무 사항이 아니었음을 알 수 있다.
② 전자상거래 거래 규모별 소비자 피해 건수의 비율을 보면 2011년에는 68.6%, 2012년에는 66.9%로 60%가 넘는다.
③ '3. 기대 효과 및 향후 계획'에서 5만 원 미만의 소액 거래에도 구매안전 서비스가 제공되도록 함으로써 소액 거래에서의 소비자 피해를 예방하고자 함을 알 수 있다.
④ 전자상거래 소비자보호법 개정은 소액거래를 하는 소비자들의 피해를 예방하기 위한 개정이다.

정답 ⑤

[14~16] 다음 글을 읽고 물음에 답하시오.

공정위, 소비자 분쟁 해결 기준 개정(안) 행정 예고

1 기준 신설

◇ 최근에 소비가 증가하면서 관련 분쟁도 많이 발생하고 있는 모바일·인터넷 콘텐츠, 온라인 게임 서비스, 컴퓨터 소프트웨어, 봉안시설 품목에 교환·환불 등의 기준을 신설하였음.

① 모바일·인터넷 콘텐츠, 온라인 게임 서비스
- 사업자가 소비자의 동의 없이 일방적으로 무료 콘텐츠를 유료로 전환하여 요금을 받아간 경우 또는 사업자가 이용 요금을 자동으로 결제하면서 결제될 내역을 소비자에게 사전에 알리지 않은 경우 사업자는 이용 요금 전액을 소비자에게 환급해 주도록 하였음.

② 컴퓨터 소프트웨어
- 컴퓨터 소프트웨어의 하자에 소비자가 구입 후 1년 이내에 문제를 제기하면 사업자는 해당 제품을 교환해 주고, 교환이 불가능할 경우에는 구입 가격을 소비자에게 환불하도록 하였음.

③ 봉안시설(봉안묘, 봉안당, 봉안탑)
- 소비자가 봉안시설 이용 계약을 중도에 해지하는 경우 사업자는 총비용에서 모신 일수에 해당하는 금액을 정산하고, 총비용의 10%에 해당하는 금액만을 공제한 나머지 금액을 소비자에게 반환하도록 규정하였음.

◇ 품질 보증 기간 등에 관한 기준이 없어 그동안 분쟁 해결에 어려움이 있었던 체육 용품, 문구·완구를 대상으로 품질 보증 기간, 부품 보유 기간, 내용연수를 신설하였음.
- 헬스 기구, 골프채의 품질 보증 기간은 1년, 부품 보유 기간과 내용연수는 5년임.
- 테니스·탁구·배드민턴 라켓의 품질 보증 기간은 6개월, 부품 보유 기간과 내용연수는 1년임.
- 문구·완구의 품질 보증 기간은 6개월, 부품 보유 기간과 내용연수는 1년임.

2 기존 품목의 기준 보완

① 산후조리원
- 산후조리원 이용 증가와 더불어 감염 사고도 발생하고 있지만, 이에 기준이 없어 이번에 산후조리원 내 감염 사고로 인해 산모와 신생아에게 신체 손상이 발생한 경우 사업자가 손해(치료비, 경비 등)를 배상하도록 규정하였음.

② 숙박업(오토캠핑장 포함)
- 최근에 분쟁이 많이 발생하고 있는 오토캠핑장 이용 계약 취소와 관련된 분쟁을 원활하게 해결하기 위해 오토캠핑장을 숙박업에 포함시켜 숙박업에 관한 분쟁 해결 기준이 적용되도록 함.
- 기상청이 호우·대설·태풍 등의 주의보 또는 경보를 발령한 경우 소비자가 숙박업소를 이용할 수 없어 계약을 취소할 때에 사업자는 소비자에게 계약금 전액을 환급하도록 하였음.
- 주말의 계약 취소는 주중에 비해 더 많은 위약금을 부담해야 하는데, 주말에 대한 개념이 불명확하다는 점을 보완하여 주말 숙박은 금요일·토요일의 숙박과 공휴일 전일의 숙박이 해당된다고 규정함.

③ 자동차(차체 부식에 품질 보증 기간 신설)
- 자동차 차체 부식은 차량 구입 후 3년 이상이 지나야 나타나는데, 현행 자동차 품질 보증 기간(2년, 4만km)을 적용하면 자동차 차체 부식과 관련된 대부분의 소비자 피해는 구제될 수 없다는 점을 개선하여 자동차 차체 부식에 품질 보증 기간을 5년으로 별도로 신설함.

④ 철도(화물) 운송
- 철도화물의 연착으로 인해 발생하는 소비자 피해에 관해서는 사업자가 손해액을 배상하도록 하였음.

⑤ 전자 제품
- '11년 분쟁 해결 기준 개정 시 '리퍼 제품으로의 교환은 수리로 본다.'라는 규정이 신설되었고, 리퍼 제품에는 다양한 리퍼 부품*이 많이 사용되고 있음을 고려하여 스마트폰 등 전자 제품 수리에는 리퍼 부품이 사용될 수 있음을 규정함.
    * 리퍼 부품: 기존 제품에서 회수된 부품으로서 일정한 가공과정 등을 거쳐 성능과 기능이 새로운 부품과 동등한 상태로 개선된 부품임.
    * 리퍼 부품 사용이 활성화되면 소비자의 수리비 절감(신부품 사용에 비해 50~30% 절감), 환경 오염 방지(전자 제품에는 납, 카드뮴, 코발트, 비소, 수은 등 다양한 중금속 함유) 측면에서 효과가 있을 것으로 기대됨.

⑥ 결혼 정보업
- 소비자가 희망하는 조건(종교, 직업 등 객관적인 내용에 한정)에 부합하지 않은 상대방을 중도에 소개받아 계약을 해지하는 경우에 사업자는 소비자에게 이전까지 소개받은 횟수에 해당하는 금액을 공제한 나머지 금액을 환불하고 가입비의 20%를 배상하도록 하였음.
- 계약 체결 후 3개월 동안 단 한 차례도 상대방을 소개시켜 주지 않아 소비자가 계약을 취소하는 경우에 사업자는 소비자에게 가입비를 환불해 주고 가입비의 20%를 배상하도록 하였음.
- 최근에 기간 단위(6개월 등)로 계약을 체결하는 사례들이 증가하고 있음을 고려하여 기간 단위로 체결한 계약을 중도에 해지하는 경우 해지일까지 일할 계산한 금액을 정산하고 해지에 책임 있는 당사자가 상대방에게 가입비의 20%를 배상하도록 하였음.

⑦ 가전제품 설치업
- 사업자의 가전제품 설치 하자로 인해 발생한 소비자의 재산 및 신체상의 피해는 사업자가 그 손해를 배상하도록 하였음.

3 기존 기준의 조정

① 해외여행
- 현행 기준은 소비자가 국외여행 계약을 취소하면 여행 요금의 10% 이상을 위약금으로 부담하도록 하고 있는데, 여행 개시 30일 전까지는 소비자가 위약금 부담 없이 계약을 취소할 수 있도록 하였음.
- 당초 예정했던 여행 일정 중 소비자의 책임이 아닌 사유로 이행하지 못한 일정이 있었을 경우 사업자는 이행하지 못한 일정에 해당되는 금액을 소비자에게 환불해 주도록 하였음.

② 도서·음반(정기 간행물)
- 소비자가 제공받은 사은품이 훼손된 상황에서 정기 간행물 구독 계약을 해지하는 경우 사업자에 소비자의 배상 기준을 현행 '사업자의 사은품 매입가'에 해당하는 금액 배상에서 해당 사은품과 동종의 상품으로 반환 또는 물품 가격에서 계약 유지 기간만큼 정액 감가상각한 나머지 금액의 배상으로 변경하였음.

③ 고시원 운영업
- 고시원 이용 계약이 해지되는 경우에는 해지일까지의 이용 요금을 정산하고, 계약 해지에 책임 있는 당사자가 상대방에게 총 이용 요금의 10%를 배상하도록 하였음.

④ 예식업(이용 계약 취소 위약금 현실화)
- 현행 기준은 소비자가 예식일로부터 2개월 전 이후에 계약을 취소하는 경우에만 계약금에 해당하는 금액을 위약금으로 부과할 수 있는데, 이는 계약 취소에 따른 사업자의 불측의 손해를 보전해 주는 데 한계가 있어 소비자의 계약 취소에 따른 위약금을 현실화하였음.

취소 일자 (예식 예정일로부터)	소비자의 위약금(총비용 기준)	
	현행	개정(안)
3개월 전까지	없음	없음
3개월~2개월 전		10%
2개월~30일 전	계약금에 해당하는 금액 (통상 총비용의 10%)	
29일~10일 전		30%
예식 9일~1일 전		40%
예식 당일		90%

⑤ 국제여객
- 현행 기준상 항공기의 운항 지연 시간이 4시간 이상이면 운임의 20%를 일률적으로 배상하도록 하고 있는데, 12시간을 넘는 장기 지연은 4시간 지연에 비하여 소비자들의 여행 일정에 지장을 주는 정도가 훨씬 크다는 점을 고려하여 12시간을 초과하는 지연은 지연 구간 운임의 30%를 배상하도록 하였음.

14 이 보도 자료에 제시된 법의 개정으로 문제를 해결할 수 <u>없는</u> 경우는?

① 산후조리원 이용 시 감염 사고가 생긴 경우
② 무료 콘텐츠가 자신의 동의도 없이 유료로 전환된 경우
③ 테니스 라켓을 산 지 9개월 후 부품을 바꾸고 싶은 경우
④ 컴퓨터 소프트웨어를 구입한 지 5개월 후에 하자가 생긴 경우
⑤ 온라인 게임을 결제한 후 결제 내역을 확인하지 않고 사용한 경우

해설 '1. 기준 신설'에서는 소비자의 동의 없이 일방적으로 유료로 전환한 경우만 환급하도록 되어 있다. 게임 결제는 본인이 했고, 결제 내역을 본인이 확인하지 않은 것이므로 소비자의 과실로 볼 수 있다.
① '2. 기존 품목의 기준 보완'을 보면 이전에는 감염 사고가 발생하더라도 기준이 없어서 배상을 받을 수 없었다. 하지만 이제는 산후조리원 내 감염 사고로 인해 산모와 신생아에게 신체 손상이 발생한 경우에 사업자가 치료비와 경비 등을 배상해야 한다.
② '1. 기준 신설'을 보면 사업자가 소비자에게 알리지 않고 무료 콘텐츠를 유료로 전환하면, 사업자는 이용 요금 전액을 소비자에게 환급해 주도록 했다.
③ '1. 기준 신설'을 보면 품질 보증 기간 등에 대한 기준이 없어서 분쟁 해결에 어려움 있었던 분야인 체육 용품, 문구, 완구를 대상으로 품질 보증 기간, 부품 보유 기간, 내용연수를 신설하였다. 테니스 라켓에 대한 품질 보증 기간 중에서 부품 보유 기간은 1년이므로 문제를 해결할 수 있다.
④ '1. 기준 신설'을 보면 컴퓨터 소프트웨어 하자는 구입 후 1년 이내에 문제를 제기하면 사업자는 해당 제품을 교환해 주고, 교환이 불가능할 경우에는 구입 가격을 소비자에게 환불하도록 했다.

정답 ⑤

15 이 보도 자료에서 '기존 품목의 기준 보완'과 관련된 내용으로 적절하지 않은 것은?

① 구입 후 4년이 지난 자동차 차체의 부식도 품질 보증을 받을 수 있다.
② 태풍 경보로 오토캠핑장 계약을 취소하면 계약금을 전액 환급받을 수 있다.
③ 냉장고 설치 시 이상이 생겨 음식이 모두 변질된 경우 배상을 받을 수 있다.
④ 고장 난 스마트폰 부품을 리퍼 제품으로 교체하는 것은 제품의 교환으로 볼 수 있다.
⑤ 결혼 정보업체에서 계약 후 3개월 동안 소개를 받지 못한 경우에는 가입비를 환불받을 수 있다.

해설 리퍼 제품으로 교환한 경우에는 수리로 보고 있다.
① '자동차' 항목에서 차체 부식에 대한 품질 보증 기간이 5년으로 별도 신설되었으므로 품질 보증을 받을 수 있음을 알 수 있다.
② '숙박업' 항목에서 호우·대설·태풍 등의 주의보 또는 경보를 발령한 경우, 사업자는 소비자에게 계약금 전액을 환급해야 함을 알 수 있다.
③ '가전제품 설치업' 항목에서 설치 하자로 인해 발생한 소비자의 재산 및 신체상의 피해는 사업자가 손해를 배상해야 함을 알 수 있다.
⑤ '결혼 정보업' 항목에서 계약 체결 후 3개월 동안 단 한 차례도 상대방을 소개시켜 주지 않아 소비자가 계약을 취소하는 경우에 사업자는 소비자에게 가입비를 환불해 주고, 가입비의 20%를 배상해야 함을 알 수 있다.

정답 ④

16 이 보도 자료에서 '기존 기준의 조정'과 관련된 내용으로 적절한 것은?

① 해외여행 10일 전에 계약을 취소하면 위약금 없이 계약을 취소할 수 있다.
② 비행기가 12시간 초과하여 지연되는 경우에는 운임의 20%를 배상받을 수 있다.
③ 고시원 시설에 문제가 있어서 이용 계약을 해지하는 경우에도 이용자는 배상을 받을 수 없다.
④ 예식일 15일 전에 계약을 취소하는 경우, 소비자는 총 비용 기준의 30%를 위약금으로 내야 한다.
⑤ 정기 간행물 구독을 해지할 때 사은품이 훼손되었다면, 동종 상품으로 반환하거나 물품 가격에 고시된 금액을 배상해야 한다.

해설 '예식업' 항목에서 예식 예정일로부터 29일에서 10일 전까지는 현행 계약금에 해당하는 금액에서 30%의 위약금을 내는 것으로 개정하였음을 알 수 있다.
① '해외여행' 항목에서 여행 개시 30일 전까지는 소비자가 위약금 부담 없이 계약을 취소할 수 있음을 알 수 있다. 따라서 10일 전이라면 위약금을 지불하여야 한다.
② '국제여객' 항목에서 비행기가 12시간을 초과하는 지연은 지연 구간 운임의 30%를 배상받을 수 있음을 알 수 있다.
③ '고시원 운영업' 항목에서 계약 해지의 책임이 있는 고시원 측이 상대방에게 총 이용 요금의 10%를 배상해야 함을 알 수 있다.
⑤ '도서·음반' 항목에서 동종의 상품으로 반환하거나, 물품 가격에서 계약 유지 기간만큼 정액 감가상각한 나머지 금액을 배상해야 함을 알 수 있다.

정답 ④

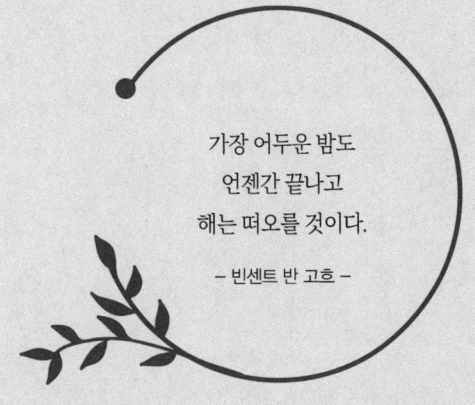

가장 어두운 밤도
언젠간 끝나고
해는 떠오를 것이다.

– 빈센트 반 고흐 –

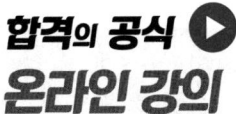

KBS 한국어능력시험 강의를 듣고 싶다면?
YouTube '빠른 합격! SD에듀' 채널 구독 ➜ 'KBS 한국어능력시험' 검색
www.sdedu.co.kr 접속 ➜ 언어/외국어 ➜ 'KBS 한국어능력시험' 클릭

듣기·말하기 영역은 매회 15문제가 출제됩니다. 최근에는 다양한 형태의 담화를 제시하여 사실적·추론적·비판적 이해 및 말하기 전략에 대한 다양한 내용이 출제되고 있습니다. 특히 공적 대화, 사적 대화, 설득, 설명, 협상, 중재 등 담화의 유형별 화법 전략을 묻는 문제가 출제되고 있어 담화의 사실적 이해는 물론 전략적으로 분석하며 듣는 자세가 필요합니다.

듣기·말하기 영역에서 가장 중요한 것은 문제를 읽고, 듣기 지문에서 문제의 핵심을 파악하는 것입니다. 문제를 읽으면서 동시에 듣기 전략을 수립하여 문제에서 요구하는 것에 초점을 맞춰서 들어야 합니다. 듣기는 순간성이 강하므로 중요한 내용이나 자신이 잘 모르는 내용에 대해서는 간단하게 메모하는 습관이 필요합니다.

제8편

듣기 · 말하기

제1장 듣기의 유형

제2장 듣기 · 말하기 혼합 유형

제1장 듣기의 유형

제1절 사실적 이해

> **기출 미리보기**
> 1. 설명을 듣고 일치하는 사진 또는 그림 찾기
> 2. 방송, 강연, 대화 등을 듣고 주어진 정보와의 일치 여부 파악

　다양한 텍스트를 주고 사실적인 정보를 파악하는 능력을 평가하는 문제 유형이다. 설명을 듣고 이와 일치하는 사진 또는 그림을 찾거나, 방송, 강연, 대화 등을 듣고 주어진 선지의 정보와 일치하는지를 파악하는 문제가 지속적으로 출제되고 있다. 따라서 해당 유형을 풀 때 핵심 내용을 메모하며 듣는 것이 중요하다.

확인문제

01 그림에 대한 설명으로 적절하지 <u>않은</u> 것은?

① 고흐는 자연을 각색해서 표현하려고 했다.
② 그림 속의 달은 동쪽 방향이므로 그믐달 단계에 있다.
③ 그림에 보이는 별 중, 가장 밝게 빛나는 별은 금성이다.
④ 그림 속의 달과 천문학적 계산에 의한 달의 모양은 같다.
⑤ 달이 지평선에 가까이 있는 것으로 보아 새벽 시간대의 풍경을 묘사한 것이다.

[해설] 고흐가 테오에게 쓴 편지에 의하면 천문학적 계산으로 따졌을 때 상현을 지나 차오르는 달이어야 한다. 그림 속의 달은 고흐가 인위적으로 그렸을 가능성이 높다.
[정답] ④

02 옛 그림의 종류에 대한 설명에서 제시되지 않은 것은?

> **해설** ⑤는 김득신의 〈야묘도추(野猫盜雛)〉로 병아리를 도둑질해 가는 들고양이와 고양이를 쫓는 사람의 모습을 그린 것이다. 사람들의 생활 모습을 그린 풍속화로, 조선 시대에는 풍속화를 저속하고 수준이 낮은 그림이라는 뜻인 '속화'라고 불렀다. 지문에서 이에 대한 설명은 하지 않았다.
> ① 정선의 〈인왕제색도(仁王霽色圖)〉이며, 산수화에 해당한다.
> ② 신사임당의 〈수박과 들쥐〉이며, 화조화에 해당한다.
> ③ 이암의 〈모견도(母犬圖)〉이며, 영모화에 해당한다.
> ④ 오달제의 〈묵매(墨梅)〉이며, 사군자화에 해당한다.
>
> **정답** ⑤

03 강연의 내용을 이해한 것으로 적절하지 <u>않은</u> 것은?

① 연꽃은 완전무결한 꽃으로 향토성을 상징한다.
② 세속성은 민중들의 문학에서 두드러지게 나타난다.
③ 국화는 고결한 인간상을 비유한 것으로, 탈속성을 나타낸다.
④ 봄소식을 알려 주는 진달래는 고전 문학에서 죽음을 상징하기도 한다.
⑤ 우리 문학에 나타나 있는 우리 꽃의 상징성을 네 가지로 제시하고 있다.

[해설] 연꽃은 외래성을 가진 꽃이다.
[정답] ①

04 강연의 내용을 이해한 것으로 가장 적절한 것은?

① '조선족'이라는 표현은 문화적 배경과 관련이 있다.
② '조선족'이라는 표현에는 그들에 대한 동등한 태도가 반영되어 있다.
③ 중국 내의 소수민족을 '조선족'이라 부르는 것은 차별적 표현이 아니다.
④ 한국인들이 '조선족'이라 부르는 것에 대해서는 차별적으로 느끼지 않는다.
⑤ 정체성을 '중국인'으로 인식한다면 '재중 동포'라는 표현을 사용하는 것이 좋다.

[해설] ① 역사적 배경과 관련이 있다.
② 차별적 태도가 나타나 있다.
④ 중국인들이 '조선족'이라고 부르는 것 자체에 대해서는 소수민족 중의 하나로 인식하기 때문에 차별적으로 느끼지 않지만, 한국인들이 그렇게 부르는 것은 경제적 약자로 자신들을 얕보고 차별하는 느낌을 받게 한다고 하였다.
⑤ 정체성을 '중국인'으로 인식하는 상황이라면, '한국계 중국인' 정도로 표현할 수 있다.
[정답] ③

05 ㉠과 ㉡이 《월인석보》에 쓰였을 경우, 그 서체에 해당하는 것으로 가장 적절한 것은?

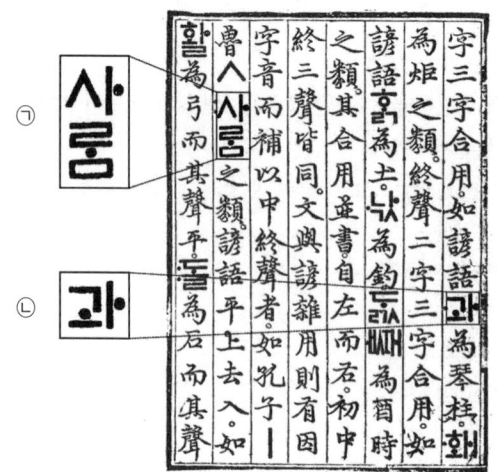

《훈민정음》 해례본

	①	②	③	④	⑤
㉠	사룸	사룸	사룸	사룸	사룸
㉡	과	과	과	과	과

[해설] 교수의 말 중에서 '사' 자와 '과' 자와 같이 모음 'ㅣ'와 같은 세로선이나 모음 'ㅡ'와 같은 가로선에 동그란 점이 결합된 경우에는 동그란 점들이 모두 짧은 선으로 바뀌게 되었다고 했다. 또한 '룸' 자에서와 같이 단독으로 쓰인 점의 경우에는 쓰기에 편리하도록, 동그란 점이 붓으로 눌러 찍은 것처럼 왼쪽 위에서 오른쪽 아래로 내려간 모양으로 바뀌게 되었다고 하였으므로, ①이 적절하다.

[정답] ①

제2절 추론적 이해

기출 미리보기

1. 텍스트의 주제나 교훈
2. 이어질 내용 추론
3. 담화 참여자의 생각 추론
4. 내용의 적용

텍스트를 듣고 드러나지 않은 정보를 파악하는 능력을 평가하는 문제 유형이다. 이를 풀기 위해서는 듣는 과정에서 명시적으로 제시된 정보를 정확하게 파악하는 능력이 필요하다. 제시된 정보를 사실적으로 파악한 후, 이 정보가 의미하는 바를 추론해야 한다. 주로 텍스트의 주제나 교훈, 이어질 내용, 담화 참여자의 생각, 내용의 적용 등을 묻는 문제가 출제된다. 따라서 해당 유형을 풀 때 내용의 주제 및 흐름, 대상의 특징 등을 잘 파악해야 한다.

확인문제

01 이야기의 마지막에 이어질 내용으로 가장 적절한 것은?

① 조화로운 삶이 소중하다고 생각하기 때문이다.
② 지휘자는 진정한 리더십을 갖춰야 하기 때문이다.
③ 연주하는 것이 지휘하는 것보다 중요하기 때문이다.
④ 자신의 분수를 모르면 오히려 불행해지기 때문이다.
⑤ 자신의 능력을 맹신하면 화를 당할 수 있기 때문이다.

> **해설** 각자 맡은 바 기능이 종합적으로 기여되는 것이 의의 깊은 일이라는 것으로 보아 독주하는 것이 없어도 자신의 위치에서 묵묵히 역할을 수행하는 조화로운 삶을 소중하다고 생각한다는 것을 알 수 있다.
>
> **정답** ①

02 시를 통해 시인이 말하고자 하는 것으로 가장 적절한 것은?

① 표준어와 방언의 차이점
② 생활 언어와 교육 언어의 공통점
③ 방언이 주는 따뜻하고 편안한 느낌
④ 삶으로 언어를 만들어 사용하시는 어머니에 대한 존경심
⑤ 삶이 녹아 있는 언어로 시를 쓰지 못하는 자신에 대한 반성

> **해설** 어머니는 자신의 삶을 통해 말을 만드시고, 시인은 사전 속에서 익힌 언어로 시를 쓰고 있다. 17~20행(무릇 시인이라면 ~ 내가 부끄러워진다.)을 보면 시인이 이 시를 쓴 이유를 알 수 있다. 대개 시인은 대상들을 시로 형상화할 때, 그 대상에 의미를 부여한다. 하지만 자신은 서정시를 쓰면서도 죽어 있는 사전으로 시를 쓰고 있다며, 자신의 시 쓰기에 대한 반성을 하고 있다.
> [작품 이해] 화자는 '한 그릇의 물'보다는 '한 그럭의 물'이 지닌 삶의 체온을 어머니의 말에서 느끼고 있다. '그럭'과 '그릇'은 단순한 사투리와 표준어의 관계가 아니라, 삶 속에서 얻게 된 언어와 사전 속에서 배우고 익힌 죽은 언어의 차이인 것이다. 시인으로서 화자는 어머니의 언어와 같은 '그럭'처럼 삶이 녹아 있는 생생한, 따뜻한 사랑의 언어로 시를 쓰고 싶다는 자기반성의 모습을 보이고 있다.
>
> **정답** ⑤

03 이야기에서 말하고자 하는 교훈으로 가장 적절한 것은?

① 서두르면 탈이 나기 마련이다.
② 신체적 장애는 불편한 것이 아니다.
③ 학업과 수영은 같은 원리를 갖고 있다.
④ 장애인을 바라보는 차별적 시선을 바꿔야 한다.
⑤ 어떤 일이든지 이기려고 하지 말고 즐겨야 한다.

> [해설] 다리가 불편하지만 수영을 잘하는 아저씨의 모습과 공부를 할 때나 운동을 할 때에 그 일을 즐기지 못하고 이기기 위해서만 안간힘을 쓰는 자신의 모습을 대조적으로 표현하여, 어떤 일이든지 이기려고 하기보다는 즐겨야 한다는 교훈을 나타내고 있다.
>
> [정답] ⑤

04 두 사람의 갈등이 촉발된 근본적인 원인으로 가장 적절한 것은?

① 일의 절차를 무시하는 남편의 태도
② 일을 결정할 때 상의하지 않는 남편의 태도
③ 형님의 방문을 일방적으로 통보한 남편의 태도
④ 형님의 방문에 할 일이 많아 예민해진 아내의 태도
⑤ 서로의 생각이 다름을 인정하지 못하는 아내의 태도

> [해설] 아내는 형님의 방문보다 어떤 일을 결정할 때 상의하지 않고 혼자 결정해 버리는 남편의 태도로 인해 화가 났고, 이 부분이 갈등의 원인이 된다.
>
> [정답] ②

05 두 사람의 입장을 바르게 이해한 것으로 적절하지 <u>않은</u> 것은?

① 박 차장은 자신의 입장만을 내세워 말하고 있다.
② 김 대리는 출장 업무 내용을 몰라서 부담스러워하고 있다.
③ 김 대리는 일방적인 업무 지시에 불쾌하게 생각하고 있다.
④ 박 차장은 김 대리가 자신의 업무를 모르는 것에 화가 나 있다.
⑤ 김 대리는 타당한 근거를 들어 불합리한 업무 지시를 거절하고 있다.

> [해설] 박 차장이 화가 난 이유는 김 대리가 자신의 업무를 모르기 때문이 아니라, 자신의 지시를 거절했기 때문이다.
>
> [정답] ④

제3절 　비판적 이해

기출 미리보기

1. 내용에 대한 비판적 사고
2. 말하기 형식 및 태도에 대한 비판적 사고

　듣기 과정에서 여러 준거에 의해 분석된 내용을 바탕으로 적절성 또는 가치를 판단하는 능력을 평가하는 문제 유형이다. 이를 풀기 위해서는 사실적 이해나 추론적 이해를 바탕으로 텍스트의 내용, 말하기 방식 등에 대하여 판단할 수 있어야 한다. 주로 텍스트 내용 또는 말하기 형식이나 태도와 관련하여 비판적으로 사고할 것을 요구하는 문제가 출제되며, 신뢰성, 타당성, 공정성을 판단할 수 있는지를 평가하고자 하므로, 해당 유형을 풀 때 말하고자 하는 내용을 어떤 방식으로 전개하고 이를 통해 어떤 효과를 기대하고 있는지 등을 생각하며 들어야 한다.

확인문제

01 강연 내용에 대한 판단으로 가장 적절한 것은?

① 두 나라 만화 영화의 노랫말을 상업적 측면에서 비교하고 있다.
② 한국어 노랫말에 나타난 일본 문화의 부정적 영향을 비판하고 있다.
③ 두 나라 만화 영화의 노랫말을 사회 문화적 관점에서 대비하고 있다.
④ 두 나라 만화 영화의 노랫말에 나타난 여성에 대한 시각을 비판하고 있다.
⑤ 한국어 노랫말의 순종성을 긍정적으로, 일본어 노랫말의 적극성을 부정적으로 평가하고 있다.

[해설] '캔디'라는 만화 영화에서 일본과 우리나라의 노랫말이 서로 다른데, 그 이유를 여성들의 적극적인 사회 참여를 요구하던 70년대 일본의 상황, 순종적인 여성상을 요구했던 당시 우리나라의 사회의식이 노랫말에 투영된 것이라 하였다. 이는 두 나라 만화 영화의 노랫말을 사회 문화적 관점에서 대비하여 보여 주는 것이다.

[정답] ③

02 작품에 대해 판단한 내용으로 적절하지 <u>않은</u> 것은?

① 옷의 길이를 보면 그 사람의 신분을 알 수 있어.
② 작가가 상민을 똘똘하게 그린 이유는 양반들을 풍자하기 위한 것이야.
③ 옷에 선을 하나 그리면서도 작가는 인물의 심리를 섬세하게 반영했구나.
④ 작가는 안정된 느낌과 다양한 표현을 위해 원형 구도로 그림을 그렸구나.
⑤ 훈장님을 가장 크게 그린 이유는 눈에 보이는 그대로 대상을 표현하기 위한 것이군.

[해설] 원근법을 지키지 않은 것은 눈에 보이는 것보다 마음을 중요하게 여겼기 때문이다.

[정답] ⑤

03 마지막에 여자가 제기할 수 있는 반론으로 가장 적절한 것은?

① 영화와 연극을 비교해도 되는데 왜 소설과 영화를 비교하셨지요?
② 소설과 영화라는 방식의 근본적인 차이를 고려해야 하지 않을까요?
③ 소설과 영화에 대한 친밀도가 다른 데서 오는 차이점을 고려하셨나요?
④ 카메라의 렌즈와 작가의 시선은 그 구조상 비교가 어려운 것 아닙니까?
⑤ 독자나 관객에 따라 읽고 보는 취향이 다르다고 하면 결과가 달라지지 않을까요?

해설 남자는 디지털 문화가 주도하는 현재에도 기계가 주도하는 영화보다는 사고력을 신장시켜 주는 기능을 하는 소설이 담당해야 할 몫이 크다는 점을 주장하면서, 소설이 지닌 인간 중심의 정신문화를 강조하고 있다. 반면에 여자는 영화는 영화대로 독자적인 장르임을 강조하면서 영화도 인간 중심적인 면에서 그 가치를 찾을 수 있다고 말한다. 남자는 영화와 소설의 차이점을 고려하지 않은 채, 영화를 부정적인 시각에서만 바라보고 있다. 이는 여자의 마지막 발언에서 남자에게 소설과 영화를 너무 단순 비교하고 있다는 것을 지적한 부분을 살펴보면 알 수 있다.
정답 ②

04 여자의 말하기 방식에 대한 평가로 가장 적절한 것은?

① 전문가의 말을 인용하여 자신의 견해를 뒷받침하고 있다.
② 이해하기 어려운 부분에 대해 근거 자료를 요구하고 있다.
③ 구체적인 정보를 활용하여 상대방의 주장을 비판하고 있다.
④ 상대측의 반론을 예상하여 사회적 통념을 근거로 논박하고 있다.
⑤ 상대방의 반론에 대해 일부 수용하면서도 자신의 주장을 굽히지 않고 있다.

해설 여자는 구체적인 수치를 제시하여 자신의 주장이 옳음을 입증하고, 상대방의 주장을 비판하고 있다.
정답 ③

05 '적정 기술'에 대해 판단한 내용으로 가장 적절한 것은?

① 환경 보전을 주요 목표로 하는 친환경 기술이다.
② 전 세계인이 동일한 혜택을 누리게 하는 기술이다.
③ 감성을 자극해서 인간성을 회복하고자 하는 기술이다.
④ 첨단 과학과 참신한 아이디어를 결합한 고급 기술이다.
⑤ 지역의 생활 여건을 고려하여 삶의 질을 높이는 기술이다.

해설 박 선생의 두 번째 말에서 적정 기술이 그 지역의 환경과 문화, 경제적인 상황을 고려하여 필요한 물건을 만드는 기술이며 첨단 기술로부터 소외된 다수를 위한 기술임을 알 수 있다.
정답 ⑤

제8편 듣기·말하기

제2장 듣기·말하기 혼합 유형

제1절 종합적 표현과 이해

기출 미리보기

1. 들은 정보를 요약하거나 유사한 상황에 적용하며 말하기
2. 다음에 이어질 내용을 말하기
3. 반론을 제기하는 말하기

하나의 텍스트를 들려주고 '내용에 대한 사실적·추론적·비판적 이해 영역'과 '말하기 전략이나 내용 구성 전략' 및 '청자의 반응'을 물어보는 유형이다. 두 개의 문제가 하나의 세트로 구성되므로 해당 유형을 풀 때 텍스트 내용에 대해 정확하게 이해하면서 내용을 파악하고 말하는 이의 특징적인 전략을 메모해 두는 것이 좋다.

확인문제

01 강연에서 언급되지 <u>않은</u> 것은?

① 선 원근법의 원리와 효과
② 뒤러 판화의 예술적 의의
③ 판화의 재료와 제작 과정
④ 르네상스 시대의 예술의 특징
⑤ 북유럽과 이탈리아 미술의 대조적 특성

> [해설] 뒤러의 판화에서 이탈리아 미술과 북유럽 미술의 특성을 모두 확인할 수 있다는 점을 언급했지만, 두 미술의 대조적 특성에 대한 내용은 강연 내용에 없다.
>
> [정답] ⑤

02 강연을 듣고 그림에 대하여 보인 반응으로 적절하지 <u>않은</u> 것은?

① 가늘고 세밀한 선으로 여인이 입고 있는 옷의 굴곡과 명암을 드러내고 있군.
② 화면을 가득 채운 구성을 통해 풍경을 구성하고 있는 대상들의 단순성을 드러내고 있군.
③ 여인의 허리에 걸려 있는 장식을 세부적으로 정교하게 묘사하여 사실성을 드러내고 있군.
④ 아이의 볼과 팔의 부드러운 선을 사실적으로 표현하여 인체의 특징을 실감나게 드러내고 있군.
⑤ 정교한 비례 계산을 통해 가까이 있는 인물들은 크게, 멀리 있는 건물들은 작게 묘사하여 원근감을 드러내고 있군.

> [해설] ①·③·④ 가늘고 세밀한 선을 이용해 대상을 정밀하게 표현하는 '해칭 기법'이 나타난 부분으로, 대상의 굴곡과 명암을 가늘고 세밀한 선으로 정교하게 드러내 사실적으로 묘사하고 있다.
> ⑤ '선 원근법'으로 뒤러 작품의 대표적 특징이다. 이 작품에서도 가까운 여인과 아이를 크게 묘사하고, 그 뒤로 길게 이어지는 건물들을 멀어질수록 작아지게 묘사하여 원근감을 드러내고 있다.
>
> [정답] ②

03 뉴스에서 말한 내용에 대해 <u>잘못</u> 이해한 것은?

① 채식은 혈관 질환과 암 발병 위험을 낮추는 데 도움이 된다.
② 채식주의자들이 고기를 먹는 사람들보다 건강에 대한 관심이 높다.
③ 육식 애호가 축제에 채식 메뉴가 등장했다는 것은 채식 인구의 증가를 보여 주는 것이다.
④ 채식을 하는 사람은 단백질 섭취를 위해 단백질이 들어 있는 곡류와 콩을 섭취해야 한다.
⑤ 채식만 고집하는 사람은 단백질, 철분, 칼슘의 영양소가 결핍될 수 있으므로 주의해야 한다.

[해설] 뉴스 보도를 듣고 사실적 정보에 대한 이해를 묻는 문제이다. 보도에서는 올해 '옥토버페스트'에서 처음으로 채식 메뉴가 등장한 것은 건강에 대한 관심이 높아지면서 채식 인구가 증가하는 현상을 반영한 것이라고 했다. 채식주의자와 육식을 하는 사람을 비교하여 건강에 대한 관심을 제시한 부분은 나타나지 않는다.

[정답] ②

04 뉴스를 문맥에 맞게 마무리하는 말로 가장 적절한 것은?

① 채식은 건강을 유지할 수 있는 가장 좋은 방법입니다.
② 건강이 걱정되시는 분들은 채식을 하는 것을 권장합니다.
③ 육식을 하는 사람들이 채식에 대한 인식을 바꿔야 할 때입니다.
④ 건강을 위해서는 철저한 계획과 관리로 영양의 균형을 유지해야 합니다.
⑤ 건강에 좋다고 해서 무리한 채식을 하는 것은 영양의 불균형을 초래합니다.

[해설] 뉴스의 전체적인 내용을 듣고 요약하는 문제이다. 뉴스에서 말하고자 하는 것은 채식에 대한 관심이 늘고 있고, 채식이 건강에 도움이 된다는 사실이다. 하지만 어느 한쪽에 치우친 것은 문제가 있으므로 균형을 유지하는 것이 필요하다는 것을 말하고 있다.

[정답] ④

05 대화에서 여자의 주장으로 가장 적절한 것은?

① 모든 생명에 대한 경외심을 가져야 한다.
② 모든 생명체의 죽음에는 아픈 마음을 가져야 한다.
③ 사물을 편견 없이 다양한 관점에서 볼 수 있어야 한다.
④ 편견이나 선입견을 버리고, 사물의 본질을 파악해야 한다.
⑤ 사물이 가진 표면적인 것이 모든 것을 의미하지는 않는다.

해설 대화를 듣고 여자가 말하고자 하는 바를 묻는 문제이다. 표면적으로 제시된 내용을 통해 추론을 해야 한다. 이 대화에서 남자가 말한 것처럼 개는 사람에게 이로운 동물이고, 이는 해로운 동물이다. 그러나 이롭고 해롭고는 인간의 편견일 뿐 사물은 쓰임에 따라 또는 근본 성질에 따라 같을 수도 있다는 속뜻이 담겨 있다.

정답 ④

06 여자가 남자를 설득하기 위해 사용한 말하기 전략으로 가장 적절한 것은?

① 설의법을 사용하여 자신의 논지를 강화하고 있다.
② 객관적인 근거를 들어 자신의 논지를 강화하고 있다.
③ 일반적 사실에서 개별적 사실로 논지를 전개하고 있다.
④ 다른 사람의 말을 인용하여 자신의 논지를 강화하고 있다.
⑤ 의문문을 사용하여 상대방에게 생각을 할 기회를 주고 있다.

해설 대화에서 사용한 말하기 전략을 묻는 문제이다. 화자는 청자에게 효과적으로 자신의 생각을 전달하기 위해 다양한 말하기 전략을 사용한다. 특히 이 대화에서 마지막에 여자가 말하는 방식을 살펴보면, 설의적 표현을 사용하여 자신의 생각을 뒷받침하고 있다.
③ 이 글은 개별적 사실에서 일반적 사실로 논지를 전개하는 귀납적 전개 방식을 사용하고 있다.

정답 ①

07 대화에서 두 사람의 주장에 대한 전제를 추론한 것으로 가장 적절한 것은?

① 우리말을 아름답게 가꿔야 한다.
② 사전은 우리말의 특징을 보여 주는 중요한 책이다.
③ 사전에 등재되는 단어는 고상하고 품위가 있어야 한다.
④ 사전은 우리말이 유행에 따라 변화하는 흐름을 보여 주어야 한다.
⑤ 단어의 구성 방식이 사전에 등재되는 데 중요한 기준이 되어야 한다.

> [해설] 대화에서 제시된 결론으로 전제를 추론하는 문제이다. 이 대화의 주제는 '사전에 어떤 단어를 올려야 하는가?'이다. 하지만 두 사람의 의견은 사전에는 현실을 반영한 다양한 단어들이 들어가야 한다는 의견과 사전에는 영구적으로 쓰일 수 있는 말을 신중하게 올려야 한다는 의견으로 대립하고 있다. 즉, 사전에 등재된다는 것은 한국어로 공식적으로 인정받았음을 의미하기 때문에 유행어나 신조어를 공식적으로 인정할 것인지의 여부를 가지고 논의를 진행하는 것이다. 따라서 이 대화에서는 사전에 등재되는 단어를 화제에 놓고, 사전이 우리말의 특징을 보여 준다는 것을 전제로 대화하고 있음을 추론할 수 있다.
>
> [정답] ②

08 대화를 마무리하는 사회자의 말로 가장 적절한 것은?

① 사전에 등재되는 단어들에 대한 명확한 기준이 마련되어야 할 것입니다.
② 사전에 등재되는 단어들을 체계적으로 연구하고 정리하는 사전 정리 사업이 필요합니다.
③ 유행어나 신조어를 인정하고 널리 쓰게 하는 것은 우리말을 아름답게 가꾸는 일에 역행하는 일이므로, 주의를 해야 할 것입니다.
④ 사전에는 그 시대의 흐름을 알 수 있는 내용도 필요하고 언어의 규칙을 지키는 것도 필요하므로, 이에 대한 절충안이 필요합니다.
⑤ 사전에 등재되는 단어에 대한 기준이 명확하지 않다면 언어 사용자의 입장에서 혼란이 가중될 것이므로, 이에 대한 대책이 시급합니다.

> [해설] 대화 내용을 정리하여 이 대화가 근본적으로 의미하는 바를 묻는 문제이다. 이러한 대화가 진행된 배경에는 사전에 등재되는 단어들에 대한 명확한 기준이 없기 때문이므로, 사회자는 이에 대한 내용으로 대화를 마무리할 수 있다.
>
> [정답] ①

09 청취자들이 기자에게 느낄 수 있는 아쉬움으로 가장 타당한 것은?

① 영화에 대한 핵심적인 내용을 다뤄야 한다.
② 영화의 기법적 측면에 대해서도 질문해야 한다.
③ 일반인을 위해 전문 용어는 쉬운 말로 풀이해 주어야 한다.
④ 영화를 연출하는 과정에서 감독이 고민한 바를 질문해야 한다.
⑤ 미리 영화를 보고 그것에 대해 분석을 한 다음, 대담에 임해야 한다.

해설 화자의 말하기 방식과 태도에 대해 비판하는 문제이다. 기자는 전문가가 아닌 일반 청취자를 위해 쉬운 용어를 사용해야 한다. 그러나 기자는 '롱 쇼트 기법', '미장센' 등의 전문 용어를 사용하고 있다. 전문 용어를 일반인이 이해하기 쉽도록 쉬운 말로 풀어 주지 못한 점에서 아쉬움을 느낄 수 있다.

정답 ③

10 대담의 내용을 바탕으로 이 영화에 대한 광고 문안을 만들고자 한다. 적절하지 않은 것은?

① 진정한 한국의 미를 보여 드립니다!
② 최고의 감독과 배우, 화려한 영상과 음악의 행복한 만남!
③ 소리의 감동을 그림으로 전한다! 영상 미학의 새로운 경지!
④ 오랜만에 만나는, 흥행성과 작품성을 두루 갖춘 감동의 명화!
⑤ 전통을 되살린 명장(名匠)의 솜씨! 이제 당신의 눈과 귀가 함께 열립니다!

해설 대담의 내용을 정확하게 파악하여 적용하는 문제이다. 대담에서 언급하고 있는 영화는 우리의 판소리를 소재로 한 것으로, 흥행성과 작품성을 두루 갖춘 작품으로 평가받고 있다. '사운드가 주인공이 되는 영화', '소리, 그것이야말로 이 영화의 주인공', '우리나라의 소박하고 아름다운 풍경'을 주로 이 영화에서 다루고 있으므로, 최고의 감독과 배우를 드러내는 홍보는 적절하지 않다.

정답 ②

부록 듣기 대본

제 1 장 듣기의 유형

| 제1절 | 사실적 이해

🎧 01 그림에 대한 설명을 들려 드립니다.

〈별이 빛나는 밤〉 그림 속의 달은 그믐달 단계에 있습니다. 달의 왼쪽 부분이 밝고 지평선에 가까이 있는 것으로 보아 이 그림은 해가 뜨기 직전 새벽 시간대의 풍경을 묘사한 것입니다. 그믐달이 뜨고 있는 것으로 보아 동쪽 방향이며, 따라서 고흐는 동쪽을 향한 채 그림을 그리고 있었을 것입니다. 새벽이라는 시간과 지평선에 가까운 그믐달의 위치로 볼 때, 사이프러스 나무 오른쪽에서 가장 밝게 빛나는 별은 금성으로 추정됩니다. 이 그림에서 정확한 별들이나 별자리 이름을 확인하기는 어렵지만, 금성과 사이프러스 위의 별들은 대체로 양자리, 달 바로 왼쪽의 것들은 물고기자리로 추정됩니다.

그런데 고흐가 테오에게 쓴 편지에 따르면 이 작품은 6월 18일경에 그려진 것으로 보이는데, 천문학적으로 계산하면 실제로 이 날짜에는 그믐달이 아니라 상현을 지나 차오르는 달이어야 합니다. 그렇다면 고흐가 인위적으로 그믐달로 바꿔 그렸을 가능성이 높습니다. 즉 사실적인 자연의 풍경과 자신의 기억 속 밤 하늘을 상상적인 혼합체로 버무려 그린 것이라고 볼 수 있습니다. 자연을 관찰하고 묘사하되 객관적으로 있는 그대로가 아니라, 자신의 내적 감성과 종교적·영적 느낌에 따라 각색해 표현했던 것으로 해석할 수 있습니다.

— 김선지, 〈그림 속 천문학〉, 아날로그 —

🎧 02 옛 그림의 종류에 대한 설명을 들려 드립니다.

옛 그림을 분류하는 방법은 여러 가지가 있습니다. 그릴 때 쓰는 재료에 따라 분류하기도 하고, 그리는 사람에 따라 분류하기도 합니다. 가장 흔한 방법은 그리는 대상에 따른 분류입니다. 이 방법에 따른 그림의 종류를 살펴보겠습니다.

산수화는 산과 물, 즉 자연을 그린 그림입니다. 보통 바위, 나무, 바다, 강, 폭포, 집과 함께 사람도 그립니다. 사람도 자연의 일부이기 때문이지요. 자연을 그린다는 점에서 외국의 풍경화와 비슷하지만 의미는 좀 다릅니다. 자연을 있는 그대로 그렸다기보다는 자연물을 빌려 화가의 마음을 담아낸 것이지요.

그 옆에는 사군자화가 있는데요. 사군자화는 매화, 난초, 국화, 대나무의 네 가지 식물을 뜻합니다. 이 네 가지 식물을 사계절에 맞춰 그린 것이 사군자화입니다. 매화는 이른 봄에 추위를 이기고 피어서, 난초는 깊은 산속에서 은은한 향기를 내뿜어서, 국화는 늦가을에 찬 서리를 뚫고 피어서, 대나무는 겨울에도 푸르게 자란다는 이유로 선비들이 좋아했습니다. 모두가 군자의 고결한 인품을 상징한다고 보았기 때문입니다.

그 옆에는 꽃, 나무와 새 그림을 그린 화조화가 있습니다. 이들은 옛날부터 우리 주위에서 쉽게 볼 수 있는 것이었는데, 아름다운 꽃과 나무는 사람들에게 기쁨을 주고 까치 같은 길조는 행운을 가져다준다고 믿었기에 흔한 그림의 소재가 되었습니다. 풀과 벌레를 그린 초충도 또한 화조화에 포함될 수 있습니다.

그 옆에는 털을 가진 동물을 그린 영모화가 있습니다. 영모화에는 우리 주위에서 자주 보는 동물들을 잘 관찰하여 섬세하게 그린 작품이 많습니다. 산수화와는 달리 마치 사진처럼 정확하게 묘사한 것이 특징입니다.

– 최석조, 〈김홍도의 풍속화로 배우는 옛 사람들의 삶〉, 아트북스 –

🎧 03 문학에 나타나 있는 우리 꽃의 상징성에 대한 강의를 들려 드립니다.

오늘은 문학에 나타나 있는 우리 꽃과 그 꽃이 가진 상징성에 대해 알아보겠습니다. 먼저 탈속성을 나타내는 꽃 상징의 예로는 사군자 외에 계수나무꽃과 소나무꽃, 그리고 동백꽃을 들 수 있습니다. 특히 사군자 중에서 국화는 뭇꽃들이 다투어 피는 봄이나 여름을 피하여 황량한 늦가을에 고고하게 피어납니다. 늦가을 찬바람이 몰아치는 벌판에서 외롭게 피어나는 모습은 이 세상의 모든 영화를 버리고 자연 속에 숨어 사는 은사의 풍모나 기품이 높고 고결한 인간상으로 비유되었지요.

다음은 하층 문화를 향유하는 민중층의 문학에서 두드러지는 꽃의 상징으로 세속성을 지닌 꽃을 알아보겠습니다. 세속성을 지닌 꽃 상징들은 복숭아꽃, 자두꽃, 살구꽃 등으로 대개 봄꽃들인 경우가 많습니다. 특히 복숭아꽃은 아름다울 뿐만 아니라, 과실의 맛이 좋아 우리나라 사람들이 선호하던 꽃이고, 꽃과 열매가 선경(仙境)과 불로장생(不老長生)을 의미하는 신선들의 과일을 상징하기도 합니다.

다음은 외래성을 지닌 꽃이 가진 상징성에 대해 알아보겠습니다. 외래성은 외래적 원천에서 거의 그대로 머물고 있어 상징의 영역이 한정되어 있는 계수나무꽃과 모란, 백일홍, 연꽃 등을 들 수 있습니다. 특히 연꽃은 아름다운 꽃 빛깔과 그윽한 향기, 그리고 좋은 열매까지 갖추고 있어 완전무결한 꽃으로 인식되었습니다.

마지막 향토성은 외래성과 대비되는 개념으로 문화의 원천을 자생적인 측면에 두고 명명한 꽃 상징의 유형입니다. 향토성을 가진 꽃에는 목화와 진달래를 들 수 있지요. 특히 진달래는 봄철의 산야에 무리를 지어 일시에 붉게 피어나므로 봄소식을 알려 주는 대표적인 꽃으로 인식되어 왔습니다. 또한 메마르고 각박한 땅에서도 잘 자라며 사람들에 의해 꺾이거나 잘려나가도 억세게 다시 피어나기 때문에 수없는 전란과 재난에 시달리면서도 이를 극복하고 찬란한 문화를 꽃피우며 끈질기게 살아온 우리 겨레의 기질과 동일시되었습니다. 고전 작품에서는 두견새 설화와 관련해서 종종 죽음을 상징하는 꽃으로 인식되기도 합니다.

– 〈문학에 나타나는 우리 꽃〉, 문화원형백과 –

🎧 04 강연을 들려 드립니다.

지난 시간에는 혈통과 관련된 차별적 표현에 대해 알아보았는데요. 오늘은 민족이나 인종에 대한 차별적 표현에 대해 '조선족'을 중심으로 살펴보겠습니다.

'조선족'이라는 단어는 주로 일제 강점기에 간도나 연해주 등지로 이주하였다가 지금의 중국에 정착하게 된 한국인과 그 후손들을 중국에서 부르는 명칭입니다. 그리고 우리 역시 이 표현을 받아들여 '조선족'이라는 말을 사용하고 있습니다.

그러나 이 표현을 어떻게 사용하느냐에 따라 차별적 표현이 되기도 하고, 되지 않기도 합니다. 예를 들면 "중국 조선족 인구의 팔분의 일이 한국에 들어와 있습니다."라는 표현은 중국 내 소수민족들을 열거하는 과정에서 소수민족 중의 하나로서 '조선족'이라는 표현을 사용한 것이어서 '차별적 표현'이라 하기 어렵습니다.

그렇다면 차별적이거나 비객관적으로 인식되는 경우에는 어떤 것이 있을까요? 바로 '조선족'이라 지칭되는 사람들은 중국인들이 소수민족 중의 하나인 '조선족'이라고 부르는 것에 대해서는 특별한 차별을 느끼지 않지만, 오히려 같은 민족인 한국인들이 '조선족'이라고 부를 때에는 차별적이고 부정적인 느낌을 받는다고 합니다. 이들과 비슷한 역사적 배경을 지닌 일본이나 미국의 한인들에 대해서는 각각 '재일 동포'나 '재일 교포', '재미 동포'나 '재미 교포' 등의 표현을 사용합니다. 그런데 자신들에게 '조선족'이라고 표현하는 것은 자신들을 경제적으로 약자라고 얕보고 차별한다는 느낌을 주고 동등한 하나의 '한민족'으로 대우하지 않는 느낌을 받게 한다는 겁니다. 그들이 이로 인해 소외 의식을 느꼈다면 표현을 바꾸는 것이 마땅할 것입니다. 따라서 '조선족'이라는 말 대신 '재중 동포'나 '재중 교포'라는 표현으로 바꾸는 것이 좋겠습니다. 또는 특정 개인이 혈통상으로 한국과 관련되거나, 자신의 정체성을 '중국인'으로 인식하는 상황이라면 '한국계 중국인' 정도로 표현하는 것이 좋겠습니다.

— 박재현 외, 〈지역·민족·인종에 대한 차별적 언어 표현 개선 연구〉, 국립국어원, 2009 —

05 방송의 일부를 들려 드립니다.

진행자: 시청자 여러분, 안녕하세요? 'TV 교양을 말하다' 시간입니다. 오늘은 전문가를 모시고 한글의 서체에 대해 말씀 나눠 보도록 하겠습니다. 안녕하세요?

교수: 예, 안녕하십니까.

진행자: 요즘 한글 서체에 관심이 높은데요. 다양한 한글 서체의 뿌리가 되는 서체는 무엇인가요?

교수: 예, 한글 서체의 뿌리는 문자를 창제할 당시의 모습을 담은 《훈민정음》 해례본의 서체입니다. 이 서체는 직선과 점, 그리고 원이라는 세 요소로 구성되어 있는데요. 여기 《훈민정음》 해례본을 보시죠. '사롬'이란 글자와 '과' 자를 볼까요? 모서리가 각이 진 직선과 동그란 점 보이시죠? '사' 자와 '과' 자는 모음 'ㅣ'와 같은 세로선이나 모음 'ㅡ'와 같은 가로선에 동그란 점이 결합되어 있죠. 또 '사롬'의 '롬' 자에서처럼 단독으로 쓰인 동그란 점도 있습니다.

진행자: 예, 그런데 붓으로 각이 진 직선이나 동그란 점을 나타내기는 불편하지 않았을까 싶은데요.

교수: 맞습니다. 그런 불편함 때문에 한글 서체에 변화가 일어나기 시작합니다. 《월인석보》에 벌써 그 변화가 보이는데요. 여러 변화 중에서도 가장 중요한 변화는 모음에 쓰인 동그란 점에서 나타납니다. 이 점은 'ㅡ'나 'ㅣ'와 결합할 때 동그란 점이 아니라 지금과 같이 짧은 선으로 바뀌게 됩니다. 그러니까 해례본의 '사' 자와 '과' 자의 동그란 점들이 모두 짧은 선으로 바뀌게 된 겁니다.

진행자: 아, 그렇군요. 그럼 '사롬'의 '롬' 자에서와 같이 단독으로 쓰인 점의 경우는 어떤가요?

교수: 예, 그 경우 역시 쓰기에 편리하도록 바뀌었습니다. 동그란 점이 붓으로 눌러 찍은 것처럼, 왼쪽 위에서 오른쪽 아래로 내려간 모양으로 바뀌게 됩니다.

제2절 | 추론적 이해

🎧 01 이야기를 한 편 들려 드립니다.

　바통을 든 오케스트라의 지휘자는 찬란한 존재다. 토스카니니 같은 지휘자 밑에서 플루트를 분다는 것은 또 얼마나 영광스러운 일인가. 그러나 다 지휘자가 될 수는 없는 것이다. 다 콘서트 마스터가 될 수도 없는 것이다.
　오케스트라와 같이 하모니를 목적으로 하는 조직체에 있어서는 멤버가 된다는 것만으로 참 행복된 일이다. 그리고 각자의 맡은 바 기능이 전체 효과에 종합적으로 기여된다는 것은 의의 깊은 일이다. 서로 없어서는 안 된다는 신뢰감이 거기에 있고, 칭찬이거나 혹평이거나, '내'가 아니요 '우리'가 받는다는 것은 마음 든든한 일이다.
　자기의 악기가 연주하는 부분이 얼마 아니 된다 하더라도, 그리고 독주하는 부분이 없다 하더라도 그리 서운할 것은 없다. 남의 파트가 연주되는 동안 기다리고 있는 것도 무음의 연주를 하고 있는 것이다.
　야구팀의 외야수와 같이 무대 뒤에 서 있는 콘트라베이스를 나는 좋아한다. 베토벤 교향곡 제5번 '스켈소'의 악장 속에 있는 트리오 섹션에도, 둔한 콘트라베이스를 쩔쩔매게 하는 빠른 대목이 있다. 나는 이런 유머를 즐길 수 있는 베이스 연주자를 부러워한다.
　전원 교향악 제3악장에는 농부의 춤과 아마추어 오케스트라가 나오는 장면이 묘사되어 있다. 서투른 바순이 제때 나오지 못하고 뒤늦게야 따라 나오는 대목이 몇 번 있다. 이 우스운 음절을 연주할 때의 바순 연주자의 기쁨을 나는 안다.
　팀파니스트가 되는 것도 좋다. 하이든 교향곡 94번의 서두가 연주되는 동안은 카운터 뒤에 있는 약방 주인같이 서 있다가, 청중이 경악하도록 갑자기 북을 두들기는 순간이 오면 그 얼마나 신이 나겠는가? 자기를 향하여 힘차게 손을 흔드는 지휘자를 쳐다볼 때, 그는 자못 무상의 환희를 느낄 것이다.
　어렸을 때 나는, 공책에 줄 치는 작은 자로 교향악단을 지휘한 일이 있었다. 그러나 그 후 지휘자가 되겠다고 생각을 해 본 적은 없다.

― 피천득, 〈플루트 플레이어〉 ―

🎧 02 시를 한 편 들려 드립니다.

어머니의 그륵

정일근

어머니는 그륵이라 쓰고 읽으신다.
그륵이 아니라 그릇이 바른 말이지만
어머니에게 그릇은 그륵이다.
물을 담아 오신 어머니의 그륵을 앞에 두고
그륵, 그륵 중얼거려 보면
그륵에 담긴 물이 편안한 수평을 찾고
어머니의 그륵에 담겨졌던 모든 것들이
사람의 체온처럼 따뜻했다는 것을 깨닫는다.
나는 학교에서 그릇이라 배웠지만
어머니는 인생을 통해 그륵이라 배웠다.
그래서 내가 담는 한 그릇의 물과
어머니가 담는 한 그륵의 물은 다르다.

말 하나가 살아남아 빛나기 위해서는
말과 하나가 되는 사랑이 있어야 하는데
어머니는 어머니의 삶을 통해 말을 만드셨고
나는 사전을 통해 쉽게 말을 찾았다.
무릇 시인이라면 하찮은 것들의 이름이라도
뜨겁게 살아 있도록 불러 주어야 하는데
두툼한 개정판 국어사전을 자랑처럼 옆에 두고
서정시를 쓰는 내가 부끄러워진다.

🎧 03 이야기를 한 편 들려 드립니다.

　나의 꿈은 교사입니다. 군복무 중에 가지게 된 꿈을 이루기 위해 나는 제대 후 대학을 휴학하고 입시 학원으로 달려갔습니다. 하루 빨리 성적을 내겠다는 욕심은 결국 탈을 불러왔습니다. 체력은 바닥을 치고 성적은 제자리걸음이고 그러자 마음까지 어려워져 운동이라도 시작하자 싶어졌습니다.
　'열심히 운동해서 건강을 되찾을 테야.'
　나는 집 앞 수영장을 다니면서 거기서까지도 무리하게 욕심을 부렸습니다. 실력 좋은 사람들의 꽁무니를 졸졸 따라 다니며 자세를 따라했고, 수업이 없는 날에도 수영장 물속에서 살다시피 했던 것이었지요. 그날도 빈 시간을 이용해 실력 좋은 사람들을 찾아다녔습니다. 그때 한 마리 돌고래처럼 우아하게 물속을 헤엄치는 한 아저씨가 있었습니다.
　'우와, 정말 잘하시네. 부럽다.'
　쉰 살쯤 되어 보이는 아저씨께 실례를 무릅쓰고 청했습니다.
　"저기요, 방금 그 자세 어떻게 하신 거예요?"
　"아 그거요, 팔을 앞으로 쭉쭉 뻗으면 됩니다."
　낯선 사람의 접근에도 아저씨는 친절하게 대답해 주셨고, 자세까지 잡아 주셨습니다. 그리고 잠시 뒤 샤워장. 한 남자분이 뿌연 수증기를 가르며 절뚝절뚝 다리를 절며 걸어오신 것이었지요.
　'어어 다리가 불편한 분이 수영을……'
　순간 내 눈을 의심했습니다. 가까워질수록 명확해지는 모습……. 내게 수영을 가르쳐 주신 그 물개 아저씨였기 때문이었지요.
　'아, 저 분은 수영을 진심으로 즐기시는구나.'
　그저 다리가 불편하고 수영을 잘하는 한 아저씨를 만났을 뿐인데 나는 학업에 집중할 수 없었던 이유를 알게 됐습니다.

　　　　　　　　　　　　　　　　　　　　　　　　— KBS TV 동화 행복한 세상, 〈처음 만난 아저씨가 주신 교훈〉, 2012. 4. 30. —

04 두 사람의 대화 중 한 장면을 들려 드립니다.

남편: 여보, 곧 사촌 형님이 우리 집에 오실지도 몰라.
아내: 어떤 형님이요?
남편: 중국에 계시는 작은아버지의 아드님 말이야. 예전에 중국에서 터를 잡으셨다고 말했었잖아.
아내: 근데 왜 오신대요?
남편: 중국에서 살기가 힘드셨나 봐. 벌써 한국에 오신 지는 몇 달 되셨는데…… 얼굴이 보고 싶다며 오시겠다고 하시네.
아내: 근데 당신은 사촌 형님 뵌 적 있어요?
남편: 아니, 계속 중국에 계셔서 소식만 들었지. 한국에 오셨다고 오신다는데 오시지 말라고 할 수도 없고…….
아내: 우리 집에 얼마나 계실 예정이시래요?
남편: 그건 못 여쭤봤지. 오시지도 않았는데 언제 가실 거냐고 물어볼 수 있겠어?
아내: 가뜩이나 집안일에 공장 일까지 바쁜데, 갑자기 오신다고 하시면 어떡해요! 그래도 손님은 손님이고 대접은 해야 할 거고.
남편: 우리 먹는 밥에 숟가락 하나만 더 놓으면 되지. 뭘 그렇게 어렵게 생각해?
아내: 그건 당신 생각이구요. 나한테 상의도 안 하고 당신 맘대로 그렇게 하는 건 아니죠.
남편: 전화를 하셨는데 그렇다고 안 된다고 할 수는 없잖아. 당신 너무 예민하게 반응하는 거 아냐? 아직 오시지도 않았어.
아내: 나는 지금 형님이 오시는 것보다 당신이 나랑 상의하지 않는 게 더 화가 난다구요. 무슨 일을 할 때는 나랑 먼저 얘기를 좀 하면 안돼요?
남편: 그동안 먼저 얘기 안 한 게 뭐가 있어?
아내: 당신은 항상 그런 식이었어요.

05 직장 내 대화의 한 장면을 들려 드립니다.

박 차장: 김 대리 오늘 나 대신 출장 좀 가야겠어.
김 대리: 네? 오늘이요?
박 차장: 왜? 무슨 일정 있어?
김 대리: 그건 아니지만…… 갑자기 말씀하셔서…….
박 차장: 갑자기 말할 수도 있지. 내가 가려고 했는데, 집에 급한 일이 생겼어.
김 대리: 지난번에 제가 차장님 대신 출장 갔다가 회의에서 업무 내용을 제대로 몰라 실수를 한 기억이 나서요. 이번 출장 내용도 제가 아는 바가 없습니다.
박 차장: 아니 회사 일 하루 이틀 하나? 척하면 바로 느낌이 와야지.
김 대리: 제가 모든 업무를 다 알고 있는 건 아닙니다. 미리 말씀해 주셨으면 준비할 시간이 있었을 텐데 말입니다.
박 차장: 뭐야? 그래서 가겠다는 거야, 말겠다는 거야? 업무 내용이야 지금부터 정리하면 되는 건데 가기 싫어서 토 다는 건 아니고?
김 대리: 토를 달다니요. 이번엔 제가 갈 수 없을 것 같습니다. 다음에는 미리 말씀해 주시면 제가 업무 파악해서 가도록 하겠습니다.

제3절 | 비판적 이해

🎧 01 강연을 들려 드립니다.

　우리가 어릴 때 즐겨 부르던 '마징가 제트'와 같은 만화 영화 주제가들은 상당수가 일본 것이었습니다. 하지만 일본 만화가 우리나라에 수입될 때는 약간 변형되어 들어오게 되는데, 그 변화를 통해 당시 두 나라의 사회적 분위기를 엿볼 수 있습니다.
　여러분의 이해를 돕기 위해 70년대에 유행했던 '캔디'라는 만화 영화를 예로 들어 볼까 합니다.
　먼저 한국 노랫말을 들어 볼까요?
　"외로워도 슬퍼도 나는 안 울어. 참고 참고 또 참지 울긴 왜 울어."
　이번에는 일본 노랫말을 들어 보세요.
　"주근깨 같은 것은 신경 쓰지 않아. 납작코이긴 하지만 마음에 들고."
　같은 곡의 노랫말인데도 그 분위기는 사뭇 다릅니다. 원곡의 캔디는 당당하고 발랄한 말괄량이지요. 그런데 우리말로 된 노랫말에서는 느닷없이 슬퍼도 울지 않고 참아 내는 성숙한 소녀가 되어 있습니다.
　이것은 무엇을 의미할까요? 저는 이것이 70년대 두 나라 여성의 위상 차이를 반영하고 있다고 생각합니다. '캔디'가 만들어졌을 당시의 일본은 전후 최고의 경제 호황을 누리고 있었습니다. 당연히 여성들의 적극적인 사회 참여가 요구되었겠죠. 만화에서도 캔디는 대들고 싸워 가면서 자신의 인생을 개척하는, 적극적이고 활달한 소녀로 그려졌습니다. 하지만 이 만화 영화가 수입되었을 당시 우리나라는 그런 상황이 아니었습니다. 여성에 대한 보수적인 고정 관념도 일본에 비해 상당히 컸고요. 결국 순종적인 여성상을 요구했던 당시의 전반적인 사회의식이 노랫말에 투영된 것이라고 하겠습니다.

🎧 02 풍속화에 대한 설명을 들려 드립니다.

　오늘 소개할 풍속화는 김홍도의 '서당'이라는 작품입니다. 이 그림을 자세히 보면서 설명하지요.
　서당은 지금의 초등학교와 비슷한 곳입니다. 예나 지금이나 학교에서 혼나는 친구는 꼭 있더군요. 가운데 앉은 아이처럼 말입니다. 종아리를 맞았나 봅니다. 오른손으로 대님을 묶는 중이잖아요. 축 처진 눈썹이 몹시 안쓰럽습니다.
　아이의 옷 선이 왜 이렇게 꼬불꼬불할까요? 옷 선이 꼬불꼬불한 것은 서럽게 우는 모습을 표현한 겁니다. 서럽게 울 때는 어깨까지 들썩거리는 아이의 마음을 옷 선에다 절묘하게 담았습니다.
　다음 이 작품은 어떤 구도를 가지고 있을까요? 우는 아이를 둘러싸고 사람들이 빙 둘러 앉아 있는 모습을 보니 원형 구도로 그렸군요. 김홍도는 이런 구도를 즐겨 사용했는데, 그 이유는 안정된 느낌을 주면서도 다양한 표현을 할 수 있기 때문입니다.
　자, 그렇다면 아이들은 왜 두 편으로 나뉘었을까요? 그림을 잘 살펴보면 왼쪽에 앉은 아이들은 상민, 오른쪽에 앉은 아이들이 양반이지요. 옷차림을 보면 알 수 있는데요, 왼쪽 아이들은 짧은 저고리를 입고 있고, 오른쪽 아이들은 옷이 바닥까지 길게 늘어졌지요. 우는 아이는 어느 쪽일까요? 당연히 상민이지요. 짧은 저고리를 입은 걸 보면 알 수 있어요.
　이 그림 속에는 재미있는 사실이 있습니다. 양쪽 아이들 중 어떤 쪽이 더 똑똑해 보이나요? 맞습니다. 김홍도는 상민들을 훨씬 똘똘해 보이도록 그렸습니다. 왜 그렇게 그렸냐고요? 그것은 당시 양반들은 글공부를 한다고 거드름 피우는 일이 많았고, 상민들을 못살게 굴기 일쑤였지요. 그런 양반들을 김홍도는 풍자하려 한 것이지요.
　마지막으로 왜 원근법에 맞지 않게 그렸을까요? 원근법에 따르면 맨 앞의 꼬마를 가장 크게, 맨 뒤쪽 훈장님을 가장 작게 그려야 합니다. 하지만 앞쪽 꼬마가 가장 작고 뒤로 갈수록 사람들이 커집니다. 이것은 우리 옛 그림만의 특징입니다. 눈에 보이는 것보다 마음을 중요하게 여겼으니까요. 우리 마음에는 아이는 작고 어른은 크다는 고정 관념이 있습니다. 김홍도는 이걸 고려하여 그렸습니다.

— 최석조, 〈김홍도의 풍속화로 배우는 옛 사람들의 삶〉, 아트북스 —

03 대화를 들려 드립니다.

남자: 이제 결론을 말씀드리겠습니다. 디지털 문화가 주도하는 시대에도 전통적인 문화 양식인 소설이 담당해야 할 고유한 몫의 비중이 여전히 크다고 생각합니다. 기계가 아닌 인간 중심의 정신문화를 유지해 가는 데에는 소설의 허구성과 같은 요소가 매우 유용하다고 봅니다. 그 이유는 끊임없이 생각할 수 있는 존재만이 기계에 맞서 자신의 정체성을 유지할 수 있기 때문입니다. 요즘음 영화가 중심적인 문화 현상으로 자리 잡고 있는 느낌인데, 그것은 앞에서 예를 들어 설명했듯이 영화에 대한 잘못된 이해에서 비롯된 것입니다. 이상으로 발표를 마치겠습니다.

여자: 질문이 있습니다. 저도 영화를 매우 좋아하는데, 영화는 전통적인 문화 양식으로서의 속성도 지니고 있고 디지털 문화의 첨병 역할을 하고 있어서 중요한 장르라고 판단하는데, 어떻게 생각하십니까?

남자: 제가 중요시하는 것은 인간 중심의 정신입니다. 영화는 카메라 렌즈를 통해 세상을 바라보는 것인데, 그 렌즈는 바로 기계입니다. 인간 그 자체로 세상을 바라보는 작가의 시선에 비할 바가 아니라고 생각합니다.

여자: 하지만 카메라를 움직이는 것도 결국 사람 아닌가요?

남자: 물론 카메라에 대상을 담는 것은 사람이지만 기계를 통해 만들어진 화면 속에서 인간의 숨결을 느끼기에는 어려움이 많지 않을까요?

여자: 영화의 화면 속에 사람의 숨결이 담겨 있지 않다는 것은 지나친 판단이라 생각합니다. 영화 관객들은 영화를 보면서 다양한 감정의 세계와 만나지 않습니까? 웃고 울고 하는 일 자체가 인간적인 것 아닙니까? 발표자께서는 영화와 소설을 너무 단순 비교하는 것 같은데요.

남자: 제가 말씀드리고자 하는 것은 단순히 인간의 감정의 문제가 아닙니다. 인간이 다른 동물과 다른 것은 사고하는 것 아닙니까. 소설은 독자들로 하여금 끊임없이 상상하고 생각하게 만듭니다. 그러나 영화에는 그러한 사고 과정이 없다고 봅니다. 그저 보여 주는 화면을 따라가기에 바쁘지 않습니까?

04 토론의 일부를 들려 드립니다.

사회자: 네, 알겠습니다. 지금까지 수돗물 정책을 담당하시는 박 과장님의 말씀을 들었는데요. 그럼 이번에는 시민 단체의 의견을 들어 보겠습니다. 김 박사님!

김 박사: 네, 사실 굉장히 답답합니다. 공단 폐수 방류 사건 이후에 계속해서 종합 대책이 마련됐고, 상당히 많은 예산이 투입된 것으로 알고 있습니다. 그런데도 이번에 상수도 사업을 민영화하겠다는 것은 결국 수돗물 정책이 실패했다는 걸 스스로 인정하는 게 아닌가 싶습니다. 그리고 민영화만 되면 모든 문제가 해결되는 것처럼 말씀하시는데요, 현실을 너무 안이하게 보고 있다는 생각이 듭니다.

사회자: 말씀 중에 죄송합니다만, 수돗물 사업이 민영화되면 좀 더 효율적이고 전문적으로 운영된다는 생각에 동의할 분도 많을 것 같은데요.

김 박사: 전 동의할 수 없습니다. 우선 정부도 수돗물 사업과 관련하여 충분히 전문성을 갖추고 있다고 봅니다. 현장에서 근무하는 분들의 기술 수준도 세계적이고요. 그리고 효율성 문제요, 저희가 알아본 바에 의하면 시설 가동률이 50% 정도에 그치고 있고, 누수율도 15%나 된다는데, 이런 것들은 시설 보수나 철저한 관리를 통해 정부가 충분히 해결할 수 있다고 봅니다. 게다가 현재 상태로 민영화가 된다면 또 다른 문제가 생길 수 있습니다. 수돗물 가격의 인상을 피할 수 없다고 보는데요. 물 산업 강국이라는 프랑스도 민영화 이후에 물 값이

150%나 인상되었다고 하는데, 우리에게도 같은 일이 일어나지 않을까 걱정됩니다.
사회자: 박 과장님, 김 박사님의 의견에 대해 어떻게 생각하십니까?
박 과장: 민영화할 경우 아무래도 어느 정도 가격 인상 요인이 있겠습니다만 정부와 잘 협조하면 인상 폭을 최소화할 수 있으리라고 봅니다. 무엇보다도 수돗물 사업을 민간 기업이 운영하게 된다면, 수질도 개선될 것이고, 여러 가지 면에서 더욱 질 좋은 서비스를 받을 수 있을 겁니다. 또 시설 가동률과 누수율의 문제도 조속히 해결될 수 있을 겁니다.

05 대담의 일부를 들려 드립니다.

사회자: 이 시간에는 과학 기술 평론가 박 선생님을 모시고 적정 기술에 대해 알아보겠습니다. 선생님, 안녕하세요?
박 선생: 네, 안녕하십니까?
사회자: 먼저, 적정 기술이 무엇인지 간략히 소개해 주시겠습니까?
박 선생: 네, 적정 기술은 첨단 기술로부터 소외된 다수를 위한 기술입니다. 주로 가난한 나라나 저소득층 사람들의 삶의 질을 향상시키기 위한 것이지요. 그 지역의 환경과 문화, 경제적인 상황을 고려하여 필요한 물건을 만드는 기술이라고 보시면 됩니다.
사회자: 예를 하나 들어 주시면 이해하기 쉬울 것 같은데요.
박 선생: 큐드럼(Q-Drum)이라는 물통이 있습니다. 식수를 얻기 위해 매일 수 킬로미터를 걸어야 하는 아프리카의 시골 주민들을 위해 개발한 것이죠. 지름이 50cm 정도 되는 플라스틱 드럼통을 떠올려 보세요. 두루마리 화장지처럼 가운데 구멍이 뚫려 있고, 그 사이를 관통하여 줄이 걸려 있습니다. 물통을 손에 들거나 머리에 이는 대신 줄을 이용해 굴리면서 끌고 갈 수 있기 때문에 힘이 약한 여성이나 어린이도 손쉽게 운반할 수 있죠.
사회자: 기술이라고 말하기에는 참 소박하군요. 또 다른 예가 있을까요?
박 선생: 네, 지세이버(G-Saver)라는 것도 있습니다. 몽골은 겨울철 기온이 낮아 난방이 중요한데요, 지세이버는 기존 난로 위에 부착하는 소형 기기로 열을 오래 지속시켜 난방 효율을 높일 수 있습니다. 시설을 크게 바꾸지 않고도 연료 소모량을 40% 정도 줄일 수 있고 더불어 오염 물질 배출도 줄일 수 있습니다.

부록 듣기 대본

제2장 듣기·말하기 혼합 유형

| 제1절 | 종합적 표현과 이해

🎧 **01~02** 다음은 강연을 들려 드립니다. 1번은 듣기 문항, 2번은 말하기 문항입니다.

　신에 대한 관심이 인간에게로 넘어온 르네상스 시대의 예술에서는 명확하고 사실적인 재현이 가장 중요한 '미(美)의 요소'로 받아들여졌습니다. '독일 미술의 아버지'라 불리는 알브레히트 뒤러는 북유럽 르네상스를 대표하는 작가인데요. 뒤러가 북유럽 르네상스의 위대한 화가로 명성을 얻은 이유는 그의 뛰어난 판화 작품에서 찾을 수 있습니다.
　판화는 나무, 금속, 돌 같은 딱딱한 표면에 이미지를 만든 후, 잉크를 칠해서 종이를 대고 눌러 영상(映像)을 얻는 기법으로, 뒤러 이전의 판화는 흑백의 대조를 위주로 한 단순한 하급 미술 장르에 머물러 있었지요. 그런데 뒤러는 '해칭 기법'을 통해 판화의 단순성을 사실성의 경지로 끌어올렸습니다. 해칭 기법이란 판화나 소묘에서 사용된 방법으로 가늘고 세밀한 평행선이나 교차선을 활용하여 대상의 입체감이나 음영을 표현하는 묘사법입니다. 가령 밝은 곳에 비해 어두운 곳에 가는 선들을 더 빽빽하게 구성하여 명암을 드러내는 것이죠. 뒤러는 이러한 방법으로 대상의 명암과 질감, 양감을 유화 못지않게 표현하여 사실성을 구현했습니다.
　뒤러의 판화에서 볼 수 있는 또 다른 특징은, 과학적인 연구를 통해 '선 원근법'을 실현하여 그림의 사실성을 높였다는 점인데요. 선 원근법은 정교한 비례 계산을 통해 가까운 것은 크게, 먼 것은 작게 보이게 하여 공간감과 거리감을 드러내는 것입니다. 뒤러는 이러한 원근법을 사용하여 실내 배경과 자연의 풍경을 더욱 사실적으로 표현했습니다.
　또한 이탈리아 미술과 북유럽 미술의 특성을 모두 확인할 수 있다는 점도 뒤러 판화의 특징 중 하나입니다. 당시 이탈리아에서는 해부학에 근거하여 인체와 동물의 부드러운 선을 매우 사실적으로 표현하였는데, 뒤러는 이러한 점을 자신의 작품에 적용했습니다. 뿐만 아니라 그는 북유럽 미술의 특징인 세부 묘사의 정교함과 화면을 가득 채운 여백 없는 구성으로 사실성을 구현했죠.
　뒤러 이전의 판화는 회화에 비하여 하위 장르로 인식되어 왔는데요. 그 이유는 판화가 복제의 수단으로 자주 이용되면서 예술적 가치가 제대로 인정받지 못했기 때문입니다. 하지만 뒤러는 오늘날의 창작 판화처럼 밑그림부터 판의 새김까지 직접 제작하여 판화에 사실성이라는 회화적 요소를 구현해 냄으로써 판화가 가지는 기존의 한계를 뛰어넘어 독자적인 작품으로 인정받는 계기를 마련했습니다.

🎧 **03~04** 뉴스를 들려 드립니다. 3번은 듣기 문항, 4번은 말하기 문항입니다.

　180여 년 전통의 독일 맥주 축제 '옥토버페스트'는 육식 애호가들의 천국으로 꼽힙니다. 지난해에도 축제가 열린 3주 동안 닭 50만 마리와 돼지고기 소시지 11만 개 등 엄청난 양의 육류가 소비됐는데요. 그런데 올해는 '맥주와 육류 안주'라는 공식을 깨고 처음으로 채식 메뉴가 등장해 관심을 모았습니다. 건강에 관심이 많아지면서 채식 인구가 증가하고 있는 현상을 반영한 것입니다.
　채식이 왜 좋은지는 많이 알려져 있습니다. 육식을 즐길 경우 중성 지방과 콜레스테롤이 축적돼 혈관이 좁아지고 이로 인해 심혈관 질환의 위험이 높아질 수 있는데요. 채식은 심혈관 질환은 물론 대장암 등 각종 암 발병 위험을 낮추는 데 도움이 됩니다.
　최근 미국 로마린다 대학 연구팀은 채식주의자들이 고기를 먹는 사람들보다 사망률이 12% 정도 낮다는 연구 결과를 발표해 주목을 받았습니다. 또한 체중 감량에 도움이 되고 일부 암과 심장병 위험을 낮춘다고 합니다.
　하지만 채식주의의 위험을 경고하는 목소리 또한 여전합니다. 채식만 고집할 경우 건강의 불균형을 초래할 수 있다는 겁니다. 특히 단백질을 비롯해 철분과 칼슘, 그리고 비타민 B12 등의 영양소가 결핍되지 않도록 주의를 기울여야 하는데요. 고기에 풍부한 단백질을 섭취할 수 없는 채식주의자들의 경우에는 현미 같은 곡류나 콩을 충분히 섭취하는 게 중요합니다. 또 뼈의 건강에 중요한 칼슘을 보충하려면 좋은 칼슘이 많은 황록색 채소나 아몬드, 참깨, 두부와 우유 등을 많이 먹어야 합니다.

– KBS 뉴스, 지구촌 건강정보, 〈채식으로 건강 지키려면〉, 2013. 10. 8. –

🎧 **05~06** 대화를 들려 드립니다. 5번은 듣기 문항, 6번은 말하기 문항입니다.

손님: 어제 저녁엔 아주 처참한 광경을 보았습니다. 어떤 불량한 사람이 큰 몽둥이로 돌아다니는 개를 쳐서 죽이는데, 보기에도 너무 처참하여 실로 마음이 아파서 견딜 수가 없었습니다. 그래서 이제부터는 맹세코 개나 돼지의 고기를 먹지 않기로 했습니다.

나: 어떤 사람이 불이 이글이글하는 화로를 끼고 앉아서, 이를 잡아서 그 불 속에 넣어 태워 죽이는 것을 보고, 나는 마음이 아파서 다시는 이를 잡지 않기로 맹세했습니다.

손님: 이는 미물(微物)이 아닙니까? 나는 덩그렇게 크고 육중한 짐승이 죽는 것을 보고 불쌍히 여겨서 한 말인데, 당신은 구태여 이를 예로 들어서 대꾸하니, 이는 필연코 나를 놀리는 것이 아닙니까?

나: 무릇 살아있는 것은 사람으로부터 소, 말, 돼지, 양, 벌레, 개미에 이르기까지 모두가 한결같이 살기를 원하고 죽기를 싫어하는 것입니다. 어찌 큰 놈만 죽기를 싫어하고, 작은 놈만 죽기를 좋아하겠습니까? 그런즉, 개와 이의 죽음은 같은 것입니다. 그래서 예를 들어서 큰 놈과 작은 놈을 적절히 대조한 것이지, 당신을 놀리기 위해서 한 말은 아닙니다. 당신이 내 말을 믿지 못하겠으면 당신의 열 손가락을 깨물어 보십시오. 엄지손가락만이 아프고 그 나머지는 아프지 않습니까? 한 몸에 붙어 있는 큰 뼈마디와 작은 부분이 골고루 피와 고기가 있으니, 그 아픔은 같은 것이 아니겠습니까? 하물며, 각기 기운과 숨을 받은 자로서 어찌 저놈은 죽음을 싫어하고 이놈은 좋아할 턱이 있겠습니까? 당신은 물러가서 눈 감고 고요히 생각해 보십시오. 그리하여 달팽이의 뿔을 쇠뿔과 같이 보고, 메추리를 대붕(大鵬)과 동일시하도록 해 보십시오. 연후에 나는 당신과 함께 도(道)를 이야기하겠습니다.

– 이규보, 〈슬견설〉 –

07~08 대화를 들려 드립니다. 7번은 듣기 문항, 8번은 말하기 문항입니다.

사회자: 오늘은 국어사전에 실리기 위한 단어의 조건에 대해서 이야기해 보겠습니다. 두 분의 전문가로 새말 연구 동아리 회장이신 김 선생님과 바른말 연구회 연구원이신 이 선생님을 모셨습니다.

김 선생: 최근에 유행하는 단어들을 사전에 빨리 올려야 하는 것은 아닌가요?

이 선생: 모든 단어를 사전에 올릴 수는 없지요. 단어로서의 자격을 안정적으로 갖춘 뒤에야 사전에 올릴 수 있는 거죠.

김 선생: 그렇군요. 그런데 '얼짱'이라는 단어는 일상 대화뿐 아니라 신문에서도 자주 볼 수 있어요. 게다가 사라지지 않고 5년 가까이 꾸준히 쓰이고 있잖아요. 그래서 이 단어는 사전에 오를 만한 자격이 충분하다고 생각해요.

사회자: 김 선생님께서는 출현 빈도가 높고, 사용 기간이 길면 사전에 등재해야 한다는 말씀을 하셨습니다. 이 선생님의 생각은 어떠세요?

이 선생: 글쎄요. 출현 빈도와 사용 기간만으로 사전에 올릴지 판단하기는 어렵고요, 몇 가지를 더 고려해야 할 것 같아요. 우선 '이 단어가 앞으로도 계속 쓰이겠는가?'라는 문제인데요. '얼짱'이란 단어는 외모 지상주의 열풍에 편승해서 널리 퍼진 것으로, 이런 분위기가 바뀌면 더는 쓰이지 않을 수 있어요. 그리고 '얼짱'의 '짱'은 속어여서 어느 자리에서나 쓰기에는 적절하지 않고요.

김 선생: 국어사전에 고상하고 품위 있는 말만 실어야 한다고 생각하지 않아요. 국어사전을 보면 속어는 물론이고 비어나 은어들도 많이 실려 있잖아요?

이 선생: 하지만 '얼짱'이라는 단어는 단어의 구성에도 문제가 있어요. 이 말은 '얼굴'과 '짱'이 결합한 말인데, '얼굴'에서 '얼'을 따는 방식은 우리말에서는 매우 낯선 방식이지요. 단어 구성에 거부감이 없어야 계속 사용될 가능성이 큰데, 그런 면에서 '얼짱'은 그다지 좋은 조건을 갖추고 있지 못해요.

사회자: 이 선생님의 말씀을 정리해 보면 단어가 꾸준히 쓰일 수 있어야 하고 단어 구성 방식에서 거부감이 없어야 한다고 말씀하셨습니다. 여기에 대한 김 선생님의 생각을 말씀해 주시죠.

김 선생: 단어 구성 면에서는 우리말 같지 않네요. 하지만 아무리 생각해도 '얼짱'이 많은 사람들의 지지를 받으면서 널리 쓰이는 현실을 무시하기는 어렵지 않을까요? 단지 단어 구성 규칙에 어긋났다고 사전에 올리지 않는다면, 널리 쓰이는 단어를 어휘 목록에 올릴 수 없다는 아쉬움이 남아요.

09~10 대담을 들려 드립니다. 9번은 듣기 문항, 10번은 말하기 문항입니다.

기자: 그럼 이번 영화를 연출하신 감독님을 직접 모셔 보도록 하겠습니다. 안녕하세요. 감독님!

감독: 네. 안녕하세요.

기자: 이 영화를 여러 번 보면서 전 이런 생각이 들었습니다. 사운드가 주인공이 되는 영화는 우리나라에선 이번 영화가 처음이 아닐까 하고요. 영화 속에서 캐릭터를 살아 움직이게 만드는 그 힘, 그래서 스토리나 그들의 삶보다 더 중요하게 여겨지는 그 소리, 그것이야말로 이 영화의 주인공이 아닐까요?

감독: 네. 그렇게 말할 수 있을 겁니다. 아시다시피 판소리는 우리의 아름다운 예술인데도 항상 푸대접을 받아왔지요. 텔레비전에서 판소리가 나오면 채널을 돌리는 사람들이 대부분이잖아요. 우리 안에 깊이 내재된, 우리 것 중에서도 가장 소중한 어떤 것임에도 우리 한국인 스스로가 홀대해온 이 판소리를 영화로 들려주고 보여 주자, 그래서 이 영화를 만들게 된 겁니다.

기자: 하지만 소리를 영화로 만들기 위해 들인 고뇌와 정성이 만만치는 않았을 텐데요. 영화란 결국 화면을 보는 건데 그러면 소리를 놓치게 되고, 소리만 강조하면 또 관객들이 외면하게 될 테니 말이죠.

감독: 핵심을 정확하게 지적하셨는데요. 이번이 제가 아흔 세 번째 연출한 작품이지만 이처럼 고심한 적은 없었던 것 같습니다. 이 영화를 만들면서 가장 고민한 건, 과연 소리를 어떤 그림에 붙여 놔야 판소리가 갖는 맛과 감동의 세계가 그려질 거냐 하는 문제였습니다. 이 점이 내가 처음 이 영화의 연출을 결심하면서 '제1의 과제'라고 생각

한 겁니다. 이것을 내가 해결 못하면 지는 거고 이것을 해낸다면 흥행이 문제가 아니라 이 작품으로서 비로소 나 자신이 뭔가 해낸 감독이 될 거다. 이렇게 생각했지요.

기자: 그동안 좋은 영화가 흥행에 성공하기가 쉽지 않았는데, 감독님께서는 흥행성과 작품성을 모두 인정받았으니 결국 성공하신 거네요. (웃음) 감독님 말씀대로라면, 이번 영화에서 롱 쇼트 기법을 많이 구사하신 것도 컷을 자주 나누면 소리의 미세한 흐름을 죽이게 될 거라 우려했기 때문이 아닐까 생각합니다. 또 미장센에 있어서도 두 사람이 한 평면에 180도로 마주보고 앉은 채 소리를 하는 장면, 즉 화면 양쪽 끝에 인물을 배치해 놓고 카메라는 정면을 바라보는 신이 있는데 그건 아주 특별한 프레임 아닌가요?

감독: 네. 맞습니다. 원래 그 카메라 구도는 내가 제일 싫어하는 앵글입니다. 하지만 이번에 난 그 두 사람 중 어느 쪽에도 비중을 두지 않고 항상 일정한 거리를 떨어뜨려 놓았는데, 이건 인물을 보지 말고 소리를 들어달라는 뜻입니다. 배우 얼굴이나 스토리보다, 무엇보다도 먼저 소리가 가장 잘 들리게 할 수 있는 그림이 무엇인지를 염두에 둔 것이죠.

기자: 소리만이 아니라 이번 영화를 보며 관객 대부분은 우리나라 자연이 이렇게 아름다운지 미처 몰랐다고 새삼 감탄하는 모습이었습니다. 할리우드 영화의 화려하고 현란한 장면에만 익숙해 있다가 영상 속에 새롭게 재현된 우리나라의 소박하고 아름다운 풍경을 만나게 되니 저절로 감동이 일어난 것이 아닐까요? 문제는 판소리든 자연이든 우리 고유의 미에 대한 관심과 애정이 아닐까 합니다. 바쁘신데 나와 주셔서 다시 한번 감사드립니다.

01 어문규정 베스트 7

30분 어휘·어법

1 사이시옷

제30항 사이시옷은 다음과 같은 경우에 받치어 적는다.

1. 순우리말로 된 합성어로서 앞말이 모음으로 끝난 경우

(1) 뒷말의 첫소리가 된소리로 나는 것

고랫재	귓밥	나룻배	나뭇가지	냇가
댓가지	뒷갈망	맷돌	머릿기름	모깃불
못자리	바닷가	뱃길	볏가리	부싯돌★
선짓국★	쇳조각	아랫집	우렁잇속	잇자국
잿더미	조갯살★	찻집	쳇바퀴	킷값
핏대	햇볕	혓바늘		

(2) 뒷말의 첫소리 'ㄴ, ㅁ' 앞에서 'ㄴ' 소리가 덧나는 것

멧나물	아랫니	텃마당	아랫마을	뒷머리★
잇몸	깻묵	냇물	빗물	

(3) 뒷말의 첫소리 모음 앞에서 'ㄴㄴ' 소리가 덧나는 것

도리깻열	뒷윷	두렛일	뒷일	뒷입맛
베갯잇★	욧잇	깻잎	나뭇잎	댓잎

2. 순우리말과 한자어로 된 합성어로서 앞말이 모음으로 끝난 경우

(1) 뒷말의 첫소리가 된소리로 나는 것

귓병	머릿방	뱃병	봇둑	사잣밥★
샛강	아랫방	자릿세	전셋집★	찻잔
찻종	촛국	콧병	탯줄	텃세
핏기	햇수	횟가루	횟배	

(2) 뒷말의 첫소리 'ㄴ, ㅁ' 앞에서 'ㄴ' 소리가 덧나는 것

곗날	제삿날	훗날	툇마루	양칫물

(3) 뒷말의 첫소리 모음 앞에서 'ㄴㄴ'소리가 덧나는 것

가욋일★	사삿일	예삿일	훗일

3. 두 음절로 된 다음 한자어

| 곳간(庫間) | 셋방(貰房) | 숫자(數字) | 찻간(車間) | 툇간(退間) | 횟수(回數) |

✅필수 사이시옷 단어

적용 ○	적용 ×
가욋일* 고깃배	
날갯죽지*	나루터 나무꾼
뒷머리 등굣길	대님 뒤풀이* 뒤태*
만둣국* 모깃불 모퉁잇돌	마구간* 머리기사* 머리말
바닷가 베갯잇* 보릿고개 부싯돌 북엇국*	백지장 보리쌀
사잣밥 선짓국* 소싯적*	소수점 소주잔 수라상
아랫돌 아랫집 양칫물 우렁잇속* 우윳빛 일숫돈 잇몸 잇자국	우유갑 우유병 월세방* 인사말[인사말]
장맛비 장밋빛 전셋집 조갯살	전세방*
최댓값	초점 최소치
하굣길 하룻날 허드렛일 혼잣말 횟수	해님 허리띠*

2 준말

제34항 모음 'ㅏ, ㅓ'로 끝난 어간에 '-아/어, -았/었-'이 어울릴 적에는 준 대로 적는다.

본말	준말	본말	준말
가아	가	가았다	갔다
나아	나	나았다	났다
타아	타	타았다	탔다
서어	서	서었다	섰다
켜어	켜	켜었다	켰다
펴어	펴	펴었다	폈다

붙임 1 'ㅐ, ㅔ' 뒤에 '-어, -었-'이 어울려 줄 적에는 준 대로 적는다.

본말	준말	본말	준말
개어	개	개었다	갰다
내어	내	내었다	냈다
베어	베	베었다	벴다
세어	세	세었다	셌다

붙임 2 '하여'가 한 음절로 줄어서 '해'로 될 적에는 준 대로 적는다.

본말	준말	본말	준말
하여	해	하였다	했다
더하여	더해	더하였다	더했다
흔하여	흔해	흔하였다	흔했다

제35항 모음 'ㅗ, ㅜ'로 끝난 어간에 '-아/어, -았/었-'이 어울려 'ㅘ/ㅝ, ㅘㅆ/ㅝㅆ'으로 될 적에는 준 대로 적는다.

본말	준말	본말	준말
꼬아	꽈	꼬았다	꽜다
보아	봐	보았다	봤다
쏘아	쏴	쏘았다	쐈다
두어	둬	두었다	뒀다
쑤어	쒀	쑤었다	쒔다
주어	줘	주었다	줬다

붙임 1 '놓아'가 '놔'로 줄 적에는 준 대로 적는다.

붙임 2 'ㅚ' 뒤에 '-어, -었-'이 어울려 'ㅙ, ㅙㅆ'으로 될 적에도 준 대로 적는다.

본말	준말	본말	준말
괴어	괘	괴었다	괬다
되어	돼	되었다	됐다
뵈어	봬	뵈었다	뵀다

본말	준말	본말	준말
쇠어	쇄	쇠었다	쇘다
쐬어	쐐	쐬었다	쐤다

제36항 'ㅣ' 뒤에 '-어'가 와서 'ㅕ'로 줄 적에는 준 대로 적는다.

본말	준말	본말	준말
가지어	가져	가지었다	가졌다
견디어	견뎌	견디었다	견뎠다
다니어	다녀	다니었다	다녔다
막히어	막혀	막히었다	막혔다
버티어	버텨	버티었다	버텼다
치이어	치여	치이었다	치였다

제37항 'ㅏ, ㅕ, ㅗ, ㅜ, ㅡ'로 끝난 어간에 '-이-'가 와서 각각 'ㅐ, ㅖ, ㅚ, ㅟ, ㅢ'로 줄 적에는 준 대로 적는다.

본말	준말	본말	준말
싸이다	쌔다	누이다	뉘다
펴이다	폐다	뜨이다	띄다
보이다	뵈다	쓰이다	씌다

제38항 'ㅏ, ㅗ, ㅜ, ㅡ' 뒤에 '-이어'가 어울려 줄어질 적에는 준 대로 적는다.

본말	준말	본말	준말
싸이어	쌔어 / 싸여	뜨이어	띄어
보이어	뵈어 / 보여	쓰이어	씌어 / 쓰여
쏘이어	쐬어 / 쏘여	트이어	틔어 / 트여
누이어	뉘어 / 누여		

제40항 어간의 끝음절 '하'의 'ㅏ'가 줄고 'ㅎ'이 다음 음절의 첫소리와 어울려 거센소리로 될 적에는 거센소리로 적는다.

본말	준말	본말	준말
간편하게	간편케	다정하다	다정타

| 연구하도록 | 연구토록 | 정결하다 | 정결타 |
| 가하다 | 가타 | 흔하다 | 흔타 |

붙임 1 'ㅎ'이 어간의 끝소리로 굳어진 것은 받침으로 적는다.

준말	준말의 활용		
	-고	-지	-든지
않다	않고	않지	않든지
그렇다	그렇고	그렇지	그렇든지
아무렇다	아무렇고	아무렇지	아무렇든지
어떻다	어떻고	어떻지	어떻든지
이렇다	이렇고	이렇지	이렇든지
저렇다	저렇고	저렇지	저렇든지

붙임 2 어간의 끝음절 '하'가 아주 줄 적에는 준 대로 적는다.

본말	준말	본말	준말
거북하지	거북지	넉넉하지 않다	넉넉지 않다
생각하건대	생각건대	못하지 않다	못지않다
생각하다 못해	생각다 못해	섭섭하지 않다	섭섭지 않다
깨끗하지 않다	깨끗지 않다	익숙하지 않다	익숙지 않다

3 부사 -이/히

제25항 '-하다'가 붙는 어근에 '-히'나 '-이'가 붙어서 부사가 되거나, 부사에 '-이'가 붙어서 뜻을 더하는 경우에는 그 어근이나 부사의 원형을 밝히어 적는다.

1. '-하다'가 붙는 어근에 '-히'나 '-이'가 붙는 경우

급히   꾸준히   도저히   딱히   어렴풋이   깨끗이

붙임 '-하다'가 붙지 않는 경우에는 소리대로 적는다.

갑자기   반드시(꼭)   슬며시

2. 부사에 '-이'가 붙어서 역시 부사가 되는 경우

| 곰곰이 | 더욱이 | 생긋이 | 오뚝이 | 일찍이 | 해죽이 |

제51항 부사의 끝음절이 분명히 '이'로만 나는 것은 '-이'로 적고, '히'로만 나거나 '이'나 '히'로 나는 것은 '-히'로 적는다.

1. '이'로만 나는 것

가붓이	깨끗이	나붓이	느긋이	둥긋이
따뜻이	반듯이	버젓이	산뜻이	의젓이
가까이	고이	날카로이	대수로이	번거로이
많이	적이	헛되이	겹겹이	번번이
일일이	집집이	틈틈이

※ '이'로 적는 것

(1) (첩어 또는 준첩어인) 명사 뒤
  간간이 겹겹이 곳곳이 번번이 다달이 샅샅이 짬짬이

(2) 'ㅅ' 받침 뒤
  기웃이 남짓이 번듯이 지긋이

(3) 'ㅂ' 불규칙 용언의 어간 뒤
  쉬이 가벼이 괴로이 즐거이 너그러이

(4) '-하다'가 붙지 않는 용언 어간 뒤
  같이 길이 깊이 높이 적이 헛되이

(5) 부사 뒤
  곰곰이 더욱이 생긋이 오뚝이 일찍이 히죽이

2. '히'로만 나는 것

| 극히 | 급히 | 딱히 | 속히 | 작히 |
| 족히 | 특히 | 엄격히 | 정확히 |

※ '히'로 적는 것

(1) '-하다'가 붙는 어근(단, 'ㅅ' 받침 제외)
  급히 족히 간편히 급급히 나른히

(2) '-하다'가 붙는 어근에 '-히'가 결합하여 된 부사가 줄어진 형태
  (익숙히 →)익히   (특별히 →)특히

3. '이, 히'로 나는 것

솔직히	가만히	간편히	나른히	무단히
각별히	소홀히	쓸쓸히	정결히	과감히
꼼꼼히	심히	열심히	급급히	답답히
섭섭히	공평히	능히	당당히	분명히
상당히	조용히	간소히	고요히	도저히

4 끝소리 'ㄹ'의 'ㄷ'으로 표기

제29항 끝소리가 'ㄹ'인 말과 딴 말이 어울릴 적에 'ㄹ' 소리가 'ㄷ' 소리로 나는 것은 'ㄷ'으로 적는다.

반짇고리(바느질~)	사흗날(사흘~)	삼짇날(삼질~)	섣달(설~)
숟가락(술~)	이튿날(이틀~)	잗주름(잘~)	푿소(풀~)
섣부르다(설~)	잗다듬다(잘~)	잗다랗다(잘~)	

5 띄어쓰기

1. 띄어쓰기해야 하는 단어

의존 명사	
간(間)*	서울과 부산∨간 야간열차 / 좋든지 싫든지∨간에 일단 해 봐라. / 부모와 자식∨간에도 예의를 지켜야 한다.
겸(兼)	아침∨겸 점심 / 명절도 쇨∨겸 해서 한번 다녀가게.
나름	사람은 누구나 자기∨나름의 세상을 살기 마련이다.
남짓*	만 원∨남짓
내	수일∨내로 결과를 통보해 드리겠습니다.
대로*	그는 닥치는∨대로 먹어 치웠다. / 시간이 흘러가는∨대로 기다려 보자. / 간절히 원하는∨대로 이뤄진다. ▶ 대로(조사) 예 처벌하려면 원칙대로 해라. / 큰 것은 큰 것대로 따로 모아 두라.
데*	그 책을 다 읽는∨데 삼 일이 걸렸다.

둥*	밥을 먹는∨둥 마는∨둥 수저를 내려놓는다.	
따위*	아버지가 겪은 고통에 비하면 내 괴로움∨따위는 아무것도 아니었다.	
딴	내∨딴은 최선을 다했다.(딴: 자기 나름대로의 생각이나 기준)	
만	그는 십 년∨만에 귀국했다. / 친구가 도착한 지 두 시간∨만에 떠났다.	
	▶ 만(조사) 예 늦게 갈 바엔 안 가느니만 못하다.	
만큼* 동 만치	나는 할∨만큼 했다. / 일은 노력한∨만큼 대가를 얻는다. / 방 안은 숨소리가 들릴∨만큼 조용했다. / 일하는 시간이 많은∨만치 보수가 많다.	
	▶ 만큼(조사) 예 명주는 무명만큼 질기지 못하다. / 어린이들만큼은 보호해야 한다.	
무렵	저녁∨무렵부터 손님들이 모여들기 시작했다.	
번	누구나 한∨번은 겪는 일(일의 횟수를 세는 단위)	
	▶ 한번(부사) 예 우리 집에 한번 놀러 오세요.(기회) / 제가 일단 한번 해 보겠습니다.(시도)	
뿐*	소문으로만 들었을∨뿐이네. / 시간만 보냈다∨뿐이지 한 일은 없다. / 모두들 구경만 할∨뿐 누구 하나 거드는 이가 없었다.	
	▶ 뿐(조사) 예 오직 이 방법뿐이다. / 나는 항상 혼자뿐이다. / 이제 믿을 것은 오직 실력뿐이다. → 뿐(조사) + 이다(서술격 조사)	
지*	그를 만난∨지도 꽤 오래되었다. / 집을 떠나온∨지 어언 3년이 지났다.	
중(中)	중간고사 기간∨중에는 도서관을 12시까지 개방합니다.	
차(次)	잠이 막 들려던∨차에 전화가 왔다. / 결혼 10년∨차에 내 집을 장만했다.	
측(側)	학교∨측에서는 제적된 학생들의 복학 요구에 난색을 표하였다.	
통	우리 가족은 전쟁∨통에 뿔뿔이 헤어졌다.	
명사		
대(代)	고종∨대에 와서 문호를 열게 되었다.(대: 지위나 시대가 이어지고 있는 동안)	
한	사표를 쓰는∨한이 있더라도 이 명령만은 따를 수 없다.	
밖	그녀는 기대∨밖의 높은 점수를 얻었다.	

관형사	
맨	그가 맨∨먼저 약속 장소에 나타났다. ▶ 맨-(접두사) 예 맨땅, 맨주먹

부사	
내지	열 명∨내지 스무 명

보조 형용사	
듯하다	예전에는 여기가 황량했던∨듯하다.
만하다	그는 차를 살∨만한 형편이 못 된다.

2. 붙여쓰기해야 하는 단어

조사	
그래	자네 오늘은 기분이 좋아 보이는구먼그래. → '-구먼'은 어미
는커녕*/ 은커녕	빵은커녕 밥도 못 먹었다. / 빨리는커녕 천천히도 못 걷겠다. → 은/는(보조사) + 커녕(조사)
더러	그 여자가 나더러 누구냐고 묻더군. / 형이 동생더러 금덩이를 가지라고 말했습니다.
마저도	막내마저도 출가를 시키니 허전하다. → 마저(조사) + 도(보조사)
만(滿)	그녀는 올해 만으로 20세가 되었다. → 만(명사-시기나 햇수를 꽉 차게 헤아림.) + 으로(조사)
보다	그는 누구보다 걸음이 빠르다.
밖에	(부정을 나타내는 말과 어울릴 때) 하나밖에 남지 않았다. / 떨어져 봤자 조금 다치기밖에 더하겠니?
조차	그는 자기 자식들에게서조차 버림받는 신세가 되었다. → 에게서(조사) + 조차(보조사)
하고	철수는 너하고 닮았다. 너는 성적이 누구하고 같으냐?

3. 합성어의 띄어쓰기

(1) 하나의 단어로 굳어져 붙여 쓰는 단어
  속도위반   안전지대   어학연수   위기관리   중간고사   중소기업

(2) 하나의 단어로 굳어지지 않아 띄어 쓰는 단어
  경기∨부양   경쟁∨관계   국가∨고시   마감∨시간   반사∨신경   사후∨관리
  상생∨협력   장마∨전선   주의∨사항   증강∨현실   질병∨관리   취미∨생활
  협력∨업체

접사	
급-(急)	급회전
-가량(假量)	한 시간가량 그를 기다렸다. / 재료비가 만 원가량 들었다.
-까짓	그까짓 사랑 때문에 울긴 왜 울어.
-끼리	사람들끼리 단합이 중요하다.
반-(半)	반죽음
-산(産)	제주산
-어치	만 원어치
-짜리	만 원짜리 / 얼마짜리
-차(次)★	사업차 / 연구차
어미	
-느니만	노예의 삶은 차라리 죽느니만 못하다. → 느니(어미) + 만(조사)
-ㄴ데	날씨가 추운데 외투를 입고 나가거라.
-ㄴ지★	얼마나 많이 먹었는지 모르겠다. / 어디를 갔는지 행방을 알 수가 없다.
-ㄹ걸	언젠가는 후회할걸. ▶ -ㄴ걸 예 차는 이미 떠난걸. / 이건 제법 괜찮은 그림인걸!
-ㄹ밖에	어른들이 다 가시니 나도 갈밖에.
-ㄹ뿐더러	하늘은 높을뿐더러 푸르기까지 했다.

동사	
마지않다 동 마지아니하다	올해는 좋은 일만 있으시길 바라 마지않습니다.
못쓰다	증거도 없이 의심해선 못쓰는 법이야.(옳지 않다, 바람직한 상태가 아니다.)
안되다	자식이 안되기를 바라는 부모는 없다.(사람이 훌륭하게 되지 못하다.)

6 표기에 주의해야 할 단어 ※ 괄호 안의 단어는 표기에 맞지 않는 단어

가르마★(가리마)	수퇘지(숫돼지)
가지런하다(가지른하다)	숙맥★(쑥맥)
같잖다(같찮다)	쉰(쉬흔): 오십
거꾸로(꺼꾸로)	시답잖다★(시덥잖다)
걷잡다(겉잡다): 붙들어 잡다	싫증(실증)
걸쭉하다★(걸죽하다)	쓱싹쓱싹(쓱삭쓱삭)
고랭지(고냉지)	애초(애저녁)
괜스레★(괜시리)	어리바리(어리버리)
곱빼기(곱배기)	어물쩍★(어물쩡)
구시렁거리다★(궁시렁거리다)	어이없다★ 동 어처구니없다(어의없다)
귓불(귓볼)	어쨌든(어쨋든)
금세(금새): 금시에	억지(어거지)
꼼수(꼼쑤)	얻다 동 어디에다(어따)
낌새(낌세)	얼른(얼렁)
구슬리다(구실리다)	얽히고설키다★(얼키고설키다)
꾸물꾸물(끄물끄물)	열어젖히다(열어제치다)
널따랗다★(넓다랗다)	엔간하다★ 동 어지간하다(왠간하다)
널브러지다★(널부러지다)	오지랖(오지랍)
널빤지★(널판지)	윗길(웃길)

눈곱(눈꼽)	웬일(왠일)
눈살(눈쌀)	으레(으례)
느지막하다★ (느즈막하다)	으스스★ (으시시)
닦달★ (닥달)	으스대다(으시대다)
단출하다★ (단촐하다)	이부자리(이브자리)
당최★ (당췌)	이파리(잎파리)
덤터기(덤태기)	자국(자욱)
뒤치다꺼리★ (뒤치닥꺼리)	자그마치★ (자그만치)
들이켜다★ (들이키다)	좀체 통 좀처럼(좀채)
등쌀★ (등살)	짓무르다★ (진무르다)
머리끄덩이(머리끄댕이)	쪼들리다(쪼달리다)
먼지떨이(먼지털이)	찌뿌듯하다★ 통 찌뿌둥하다(찌뿌등하다)
멀찌감치(멀치감치)	초점(촛점)
메슥거리다(메식거리다)	천장(천정)
무릎쓰다(무릎쓰다)	추스르다(추스리다)
뭉그적거리다(밍기적거리다)	퀴퀴하다(쾨쾨하다/퀘퀘하다)
방방곡곡(방방곳곳): 坊坊曲曲	통틀어(통털어)
별의별★ (별에별)	파투★ (파토): 破鬪
본때(뽄때)	하마터면(하마트면)
볼썽사납다(볼쌍사납다)	해쓱하다★ 통 핼쑥하다(핼쓱하다)
붉으락푸르락★ (불그락푸르락)	해코지★ (해꼬지)
빠릿빠릿하다(빠릇빠릇하다)	허투루★ (허투로)
부기(붓기)	후딱(휘딱)
빈털터리(빈털털이)	흉측하다(흉칙하다)
사그라들다(사그러들다)	희한하다(희안하다)
새치름하다★ 통 새초롬하다(새초름하다)	통째(통채)
생떼(생때)	튕기다(팅기다)

7 구별해서 적어야 하는 단어

가늠	사물을 어림잡아 헤아림.	막연한 가늠으로 사업을 하다가는 실패하기 쉽다.
가름	1. 쪼개거나 나누어 따로따로 되게 하는 일	차림새만 봐서는 여자인지 남자인지 가름이 되지 않는다.
	2. 승부나 등수 따위를 정하는 일	이기고 지는 것은 대개 외발 싸움에서 가름이 났다.
가리다	여럿 가운데서 하나를 구별하여 고르다.	우승 팀을 가리다.
가루다	맞서서 견주다.	결승에 오른 두 패가 오늘 승부를 가룰 것이다.
겨루다	서로 버티어 승부를 다투다.	상대 선수와 기량을 겨루다.
견주다	둘 이상의 사물을 질이나 양 따위에서 어떠한 차이가 있는지 알기 위하여 서로 대어 보다.	나는 그와 실력을 견주기에는 부족함이 있다.
깍듯이	분명하게 예의범절을 갖추는 태도로	손님을 깍듯이 대접하다.
깎듯이	(칼 등으로) 베어서 얇게 하다.	나무토막을 연필을 깎듯이 깎다.
나다	인물이 배출되다.	그 집안에는 예술가가 많이 났다.
낫다	병이나 상처 따위가 고쳐져 본래대로 되다.	병이 씻은 듯이 낫다.
낳다	어떤 결과를 이루거나 가져오다.	사랑이 기적을 낳다.
너머	높이나 경계로 가로막은 사물의 저쪽 또는 그 공간	뒤뜰 돌담 너머, 붉은 지붕의 건물이 있다.
넘어	경계, 한계, 기준을 건너 지나다.	우리 가족은 삼팔선을 넘어 남으로 내려왔다.
돋구다	안경의 도수 따위를 더 높게 하다.	눈이 침침한 걸 보니 안경의 도수를 돋굴 때가 되었나 보다.
돋우다	'돋다(감정이나 기색 따위가 생겨나다.)'의 사동사	화를 돋우다. / 신바람을 돋우다.
	'돋다(입맛이 당기다.)'의 사동사	싱그러운 봄나물이 입맛을 돋우었다.
두껍다	층을 이루는 사물의 높이나 집단의 규모가 보통의 정도보다 크다.	지지층이 두껍다.
두텁다	신의, 믿음, 관계, 인정 따위가 굳고 깊다.	두텁게 쌓은 우정
들리다	'듣다(사람이나 동물이 소리를 감각 기관을 통해 알아차리다.)'의 피동사	어디서 음악 소리가 들린다.

들르다		지나는 길에 잠깐 들어가 머무르다.	친구 집에 들르다.
들이다		집 안에서 부릴 사람을 고용하다.	장사가 잘돼서 일꾼을 가게에 들였다.
맞추다		둘 이상의 일정한 대상들을 나란히 놓고 비교하여 살피다.	나는 가장 친한 친구와 답을 맞추어 보았다.
맞히다		문제에 대한 답이 틀리지 아니하다.	정답을 맞히다.
벌이다		일을 계획하여 시작하거나 펼쳐 놓다.	일을 벌이다.
벌리다		둘 사이를 넓히거나 멀게 하다.	줄 간격을 벌리다.
보유(保有)		가지고 있거나 간직하고 있음.	우리 팀의 보유 전력이 전국 최강이다.
점유(占有)		물건이나 영역, 지위 따위를 차지함.	점유 공간
붓다¹		살가죽이나 어떤 기관이 부풀어 오르다.	울어서 눈이 붓다.
붓다²	1. 액체나 가루 따위를 다른 곳에 담다.		냄비에 물을 붓고 끓였다.
	2. 모종을 내기 위하여 씨앗을 많이 뿌리다.		모판에 배추씨를 붓다.
	3. 불입금, 이자, 곗돈 따위를 일정한 기간마다 내다.		은행에 적금을 붓다.
붇다	1. 물에 젖어서 부피가 커지다.		국수가 오래되어 붇다.
	2. 분량이나 수효가 많아지다.		개울물이 붇다.
썩이다		'썩다(걱정이나 근심 따위로 마음이 몹시 괴로운 상태가 되다.)'의 사동사	이제 부모 속 좀 작작 썩여라.
썩히다		'썩다(물건이나 사람 또는 사람의 재능 따위가 쓰여야 할 곳에 제대로 쓰이지 못하고 내버려진 상태에 있다.)'의 사동사	그는 시골구석에서 재능을 썩히고 있다.
좇다		목표, 이상, 행복 따위를 추구하다.	높은 이상을 좇다.
쫓다		어떤 대상을 잡거나 만나기 위하여 뒤를 급히 따르다.	어머니는 아들을 쫓아 방에 들어갔다.
지긋이	1. 나이가 비교적 많아 듬직하게		그는 나이가 지긋이 들어 보인다.
	2. 참을성 있게 끈지게		아이는 나이답지 않게 어른들 옆에 지긋이 앉아서 기다렸다.
지그시	1. 슬며시 힘을 주는 모양		입술을 지그시 깨물다.
	2. 조용히 참고 견디는 모양		아픔을 지그시 참다.

02 어법 베스트 10

30분 어휘·어법

1 음운의 변동

1. 음절의 끝소리 규칙(받침의 발음): 국어에서 음절의 끝소리가 'ㄱ, ㄴ, ㄷ, ㄹ, ㅁ, ㅂ, ㅇ' 7개의 자음으로 발음되는 현상

(1) 홑받침
  동녘[동녁]   벚꽃[벋꼳]

(2) 겹받침
  까닭[까닥]   흙담[흑땀]   읽다[익따]   늙다[늑따]   흙에[흘게]
  넋과[넉꽈]   넋두리[넉뚜리] 앉다[안따]   젊다[점따]   핥다[할따]
  훑다[훌따]   외곬[외골]   읊다[읍따]   넓다[널따]   얇다[얄따]
  짧다[짤따]   밟다[밥:따]   없다[업:따]

2. 자음동화: 음절의 끝 자음이 뒤에 오는 자음과 만날 때, 어느 한쪽이나 양쪽의 서로 다른 소리가 닮아 비슷한 소리로 바뀌는 것

(1) 비음화
  국민[궁민]   등산로[등산노] 맏물[만물]   상견례[상견녜] 섭리[섬니]
  입맛[임맏]   집념[짐념]

(2) 유음화
  광한루[광:할루]★ 달나라[달라라] 대관령[대:괄령] 물난리[물랄리] 인력거[일력꺼]
  줄넘기[줄럼끼]

3. 구개음화: 구개음이 아닌 음운 'ㄷ, ㅌ'이 조사와 접미사의 모음 'ㅣ'를 만나 구개음 'ㅈ, ㅊ'으로 바뀌는 현상

  미닫이[미다지] 땀받이[땀바지] 벼훑이[벼훌치] 묻히다[무치다] 곧이듣다[고지듣따]

15

2 합성어 VS 파생어

1. **합성어:** 두 개 이상의 어근으로 이루어진 단어

   (1) 합성어의 종류

   1) **통사적 합성어:** 우리말의 일반적인 단어 배열법과 일치하는 합성어

      예 작은형(관형사형 + 명사), 본받다(목적어 + 서술어)

   2) **비통사적 합성어:** 우리말의 일반적인 단어 배열법과 다르게 결합된 합성어

      예 접칼(동사 어간 + 명사), 덮밥(동사 어간 + 명사), 여닫다(동사 어간 + 동사 어간)

2. **파생어:** 어근에 접사가 붙어서 이루어진 단어

   (1) 어근과 접사

   1) **어근:** 단어를 형성할 때 실질적 의미를 나타내는 중심 부분
   2) **접사:** 어근에 붙어서 그 뜻을 제한하거나 어근의 품사를 바꾸는 부분
      - 위치에 따라
        - 접두사: 어근 앞에 오는 접사 예 맨손, 덧신
        - 접미사: 어근 뒤에 오는 접사 예 밝기, 멋쟁이
      - 기능에 따라
        - 한정적 접사: 어근의 뜻만 제한하는 접사 예 날고기, 햇과일
        - 지배적 접사: 어근에 붙어 품사를 바꾸는 접사 예 넓이, 덮개

   (2) 생산적 접사와 비생산적 접사

   1) **생산적 접사:** 다양한 어근과 함께 쓸 수 있는 접사

      예 지우개, 먹이, 달리기, 정성껏

   2) **비생산적 접사:** 일부의 제한된 어근과 결합하는 접사

      예 오르막, 내리막

3 파생 접사와 명사형 어미 '-음/ㅁ'

> - 잠을 일찍 잤음.
>   (파생 명사) (명사형)
> - 어려운 환경에서 꿈을 마음대로 꾸기는 어렵다.
>   (파생 명사)   (명사형)

1. **파생 명사:** 잠, 꿈

   → 명사 파생 접사가 결합하여 품사가 '동사'에서 '명사'로 바뀜.

2. **명사형 어미:** 잤음, 꾸기

   → 명사형 어미와 결합했지만, 품사는 '동사'(-기: 명사형 어미)

3. 구분 방법

	파생 접사	명사형 어미
서술성	×	○
부사의 수식	×	○
선어말 어미(시제, 높임)	×	○

4 품사 VS 문장 성분

1. 관형사 VS 관형어

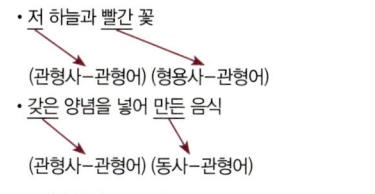

- 저 하늘과 빨간 꽃
  (관형사-관형어) (형용사-관형어)
- 갖은 양념을 넣어 만든 음식
  (관형사-관형어) (동사-관형어)

→ '관형사'는 9품사 중의 하나로 형태가 변하지 않고,
   '관형어'는 7성분 중의 하나로 용언(동사, 형용사)의 기본형이 활용한 형태

2. 서술어의 자릿수

(1) 서술어의 종류에 따라 필수적으로 요구하는 문장 성분의 수
(2) 자릿수에 해당하는 문장 성분은 '주어, 목적어, 보어, 필수 부사어'

서술어의 종류	예	서술어	필수 성분
한 자리 서술어	장미꽃이 피었다.	자동사	주어
	국화가 아름답다.	형용사	
두 자리 서술어	현아가 라면을 먹는다.	타동사	주어, 목적어
	철수는 학생이 아니다.	'되다, 아니다'	주어, 보어
	얼음이 물로 변한다.	자동사	주어, 필수 부사어
세 자리 서술어	나는 아라를 수제자로 삼았다.	수여 동사류	주어, 목적어, 필수 부사어

5 동사와 형용사

1. **동사**

    (1) **자동사**: 움직임이 주체인 '주어'에만 미치는 동사

    예 해가 <u>솟는다</u>.

    (2) **타동사**: 움직임이 '주어' 외에 '목적어'까지 미치는 동사

    예 학생들이 책을 <u>읽는다</u>.

    (3) **능격 동사**: 단어의 형태가 같으면서 자동사와 타동사에 두루 쓰이는 동사

    예 버스가 <u>멈춘다</u>. / 연희가 소리에 발걸음을 <u>멈췄다</u>.

2. **형용사**: 사람이나 사물의 성질이나 상태를 나타내는 단어

    예 애라는 참 <u>예쁘다</u>. / 하늘이 <u>아름답다</u>.

3. **동사와 형용사의 구별**

	동사(사용 ○)	형용사(사용 ×)
명령형이나 청유형 사용	수지야, 빨리 학교에 <u>가라/가자</u>.	*우리 모두 <u>예뻐라/예쁘자</u>.
현재 시제 선어말 어미 '-는/ㄴ-' 결합	서연이가 <u>달린다</u>.	*꽃이 아름답는다. → 꽃이 아름답다.(기본형이 현재 시제를 나타냄.)
관형사형 어미 '-는' 결합	<u>달리는</u> 서연이	*아름답는 꽃
감탄형의 결합 유형	서희는 잘 <u>달리는구나</u>.	서희는 정말 <u>예쁘구나</u>.

6 용언의 활용

용언이 일정한 문법적 관계를 표시하기 위해 그 끝을 여러 가지로 바꾸는 현상

1. **어간과 어미**

    (1) **어간**: 활용할 때 변하지 않는 부분

    > ※ 어간과 어근
    > 예 먹히다, 먹히고, 먹히면…
    > • 어간: '먹히-'
    > • 어근: '먹-'(실질적 의미)

    (2) **어미**: 활용할 때 변하는 부분으로 어간에 결합하여 다른 말과의 관계를 나타내는 것

2. 규칙 활용과 불규칙 활용

(1) 규칙 활용
1) 어간과 어미가 결합하는 과정에서 형태 변화가 없는 활용
   예 먹- + -어 → 먹어, 먹- + -고 → 먹고
2) 형태 변화가 있어도 보편적 음운 규칙으로 설명되는 활용(음운 변동에 해당함.)
   예 어간 'ㄹ' 탈락: 울- + -는 → 우는
   어간 모음 '으' 탈락: 쓰- + -어 → 써, 치르- + -어 → 치러

(2) 불규칙 활용: '모음'의 어미 앞에서 어간, 어미, 어간과 어미가 변하는 활용 중, 음운 규칙으로 설명할 수 없는 활용

어간의 바뀜	① 'ㅅ' 불규칙: 어간 끝의 'ㅅ'이 모음 앞에서 탈락 예 긋- + -어 → 그어★, 긋- + -고 → 긋고
	② 'ㄷ' 불규칙: 어간 끝의 'ㄷ' → 'ㄹ' 예 묻(問)- + -어 → 물어★, 묻- + -고 → 묻고
	③ 'ㅂ' 불규칙: 어간 끝의 'ㅂ' → '오/우' 예 돕- + -아 → 도와★, 돕- + -고 → 돕고
	④ '르' 불규칙: 어간 끝의 '르' → 'ㄹ, ㄹ' 예 구르- + -어 → 굴러★, 구르- + -고 → 구르고
	⑤ '우' 불규칙: 어간의 '우' 탈락('푸다' 하나뿐) 예 푸- + -어 → 퍼★, 푸- + -고 → 푸고
어미의 바뀜	① '여' 불규칙: '하-' 뒤의 '-어' → '-여' ('하다'가 접사로 붙은 말은 모두 이에 속함.) 예 하- + -어 → 하여★, 하- + -고 → 하고
	② '러' 불규칙: '르' 뒤에서 '-어' → '-러'(형용사 '푸르다, 누르다'만 확인됨.) 예 이르(至)- + -어 → 이르러★, 이르- + -고 → 이르고
	③ '너라' 불규칙: '오-' 뒤의 '-아라/어라' → '-너라' ※ 규칙 활용의 어미 '-거라'도 인정(명령형 어미 '-거라'가 '-너라'로 변한 것) 예 오- + -아라 → 오너라★, 오- + -고 → 오고
	④ '오' 불규칙: '달다(말하는 이가 듣는 이에게 어떤 것을 주도록 요구하다.)'의 명령형 어미가 '-오'로 바뀜.('달다' 하나뿐) 예 달- + -오 → 다오★(규칙은 '달라')

| 어간과 어미의 바뀜 | 'ㅎ' 불규칙: 'ㅎ'으로 끝나는 어간 + '-아/어' → 'ㅎ' 탈락 후, '아' → '-애/에'
예 파랗- + -아 → 파래*, 파랗- + -고 → 파랗고
※ 'ㅎ' 불규칙 용언 + 어미 '-네'의 결합: 'ㅎ'이 탈락한 형태와 탈락하지 않은 형태 모두 인정함.(그렇다, 노랗다, 동그랗다, 뿌옇다, 어떻다, 조그맣다, 커다랗다)
예 노랗- + -네 → 노랗네/노라네, 조그맣- + -네 → 조그맣네/조그마네 |

7 피동·사동 표현 (공통적으로 쓰이는 접사 '-이/히/리/기-'에 주의할 것!)

1. 피동 표현

(1) 능동과 피동

1) 능동: 문장의 주어가 스스로의 힘으로 하는 행동
   예 경찰이 도둑을 잡았다.
2) 피동: 문장의 주어가 다른 사람이나 사물에 의해 이루어지는 행동이나 작용
   예 도둑이 경찰에(게) 잡혔다.

(2) 피동문의 유형

유형	단형(파생적) 피동문	장형(통사적) 피동문
피동문 실현 방법	타동사 어간 + 피동 접사 '-이/히/리/기/되-'	'-어지다, -게 되다'
예	꺾이다, 먹히다, 흔들리다, 안기다	먹어지다, 보게 되다, 안게 되다

(3) 피동문의 문법적 변화 양상

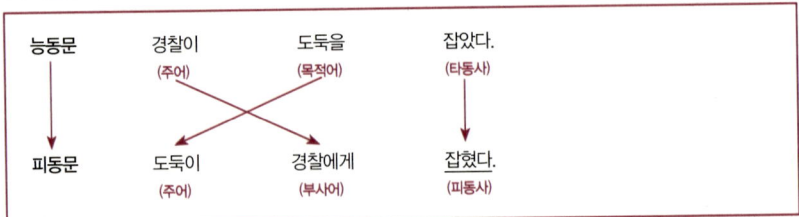

2. 사동 표현

(1) 주동과 사동

1) 주동: 주어가 직접 동작을 하는 것
   예 아이가 옷을 입었다. / 철수가 책을 읽었다.
2) 사동: 주어가 피사동주에게 어떤 동작을 하도록 시키는 것
   예 엄마가 아이에게 옷을 입혔다. / 선생님께서 철수에게 책을 읽혔다.

(2) 사동문의 유형

유형	단형(파생적) 피동문	장형(통사적) 피동문
사동문 실현 방법	용언 어간 + 사동 접사 '-이/히/리/기/우/구/추-, -시키다'	'-게 하다'
	모음으로 끝난 동사 어간 + 사동 접사 '-이우-'	
예	먹이다, 입히다, 웃기다, 비우다, 지우다, 늦추다, 공부시키다 / 세우다, 재우다, 메우다	먹게 하다, 입게 하다, 낮게 하다, 재우게 하다

(3) 사동문의 문법적 변화 양상

1) 자동사와 형용사

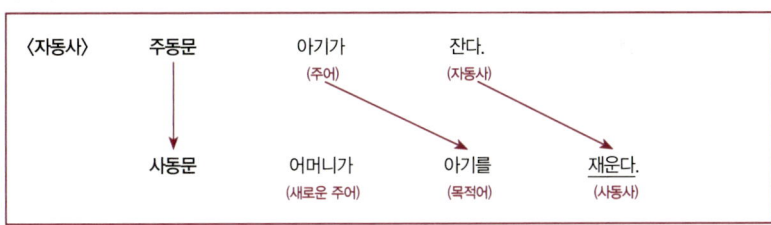

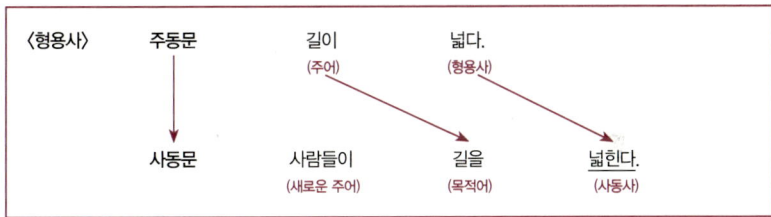

2) 타동사

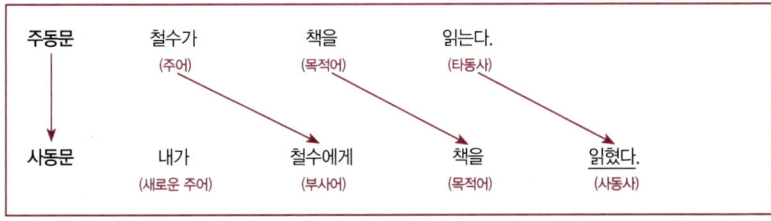

8 높임법

1. 주체 높임법

> 예 • 할아버지께서 산에 가신다. (직접 높임)
> → 문장의 주체가 화자보다 상위자일 때, 선어말 어미 '-시-'와 주격 조사 '께서'에 의해 실현됨.
> • 할아버지는 돈이 많으시다. (간접 높임)
> → 높임의 대상이 되는 주체의 신체 일부, 소유물, 생활의 필수적 조건이 되는 사물에 대해서 '-시-'를 붙임.

(1) 압존법: 문장의 주체가 화자보다 상위자이더라도 청자가 주체보다 더 높은 상위자이면 높이지 않는 것

> 예 할아버지, 아버지가 지금 퇴근하였습니다. (청자: 할아버지, 주체: 아버지, 화자: 손자)

> ※ 표준 화법에서는 화자가 청자나 주체를 모두 높이는 비압존법도 허용함.
> 예 • 할아버지, 아버지가 지금 퇴근하였습니다. (원칙)
> • 할아버지, 아버지께서 지금 퇴근하셨습니다. (허용)
> • 사장님, 이 과장님은 출장 갔습니다. (원칙)
> • 사장님, 이 과장님은 출장 가셨습니다. (허용)

(2) '있다'의 높임말: '있다'의 높임말은 동사일 때는 '계시다'이고, 형용사일 때는 '있으시다'

동사	형용사
예 • 형 집에 있니? • 할머니 댁에 계시니?	예 • 너 차비 있니? • 할머니, 차비 있으세요?(*할머니, 차비 계세요?)

2. 객체 높임법(객체: 서술어의 행위가 미치는 대상)

(1) 목적어나 부사어가 지시하는 대상인 서술의 객체를 높이는 것

(2) 특수한 어휘나 조사 '께'에 의해 실현됨.

> 예 • 아라는 할머니를 모시고 집에 갔다.
> • 나는 선생님께 선물을 드렸다.

(3) 객체 높임의 어휘

예사말	객체 높임 어휘
주다	드리다
묻다(問)	여쭈다/여쭙다
만나다	뵈다/뵙다
데리다	모시다

9 미래 시제 선어말 어미 '-겠-'의 기능

① 이제 곧 고향에 도착하겠구나.
② 시골에서는 가을걷이가 끝났겠다.
③ 내일은 비가 오겠구나.
④ 잘하면 원하는 대학에 갈 수 있겠다.
⑤ 이번에는 운전면허 자격증을 따고 말겠다.

→ ①~④의 '-겠-'은 '추측'을 나타내고, ⑤는 화자의 태도(의지, 가능성 등)를 나타냄.

10 안은문장과 안긴문장

한 문장이 그 속에 다른 홑문장을 한 성분으로 안아서 겹문장을 이룰 때 큰 문장을 '안은문장', 큰 문장 안에 하나의 문장 성분으로 안겨 있는 문장을 '안긴문장'이라고 한다.

1. **'명사절'을 안은문장:** 절을 명사화하여 문장 안에서 주어, 목적어, 부사어 등의 명사 자리에 쓰이는 절

   ① 명사형 어미 '-음/ㅁ' 예 그가 요리에 소질이 있음이 밝혀졌다.(주어)
   ② 명사형 어미 '-기' 예 아직은 집으로 가기에 이른 시간이다.(부사어)
   ③ 의존 명사 '것' 예 나는 그가 거짓말을 했다는 것을 알고 있었다.(목적어)

2. **'서술절'을 안은문장:** 절이 문장 전체의 서술어 기능을 하는 것

   코끼리는 코가 길다.
   _____ (주어)(서술어)
   (주어) (서술어)

   → 안긴문장 '코가 길다'에서 주어는 '코가', 서술어는 '길다', 전체 문장에서 주어는 '코끼리는', 서술어는 '코가 길다'가 됨.(표면적으로 서술어 1개에 주어가 2개인 형태)

3. **'관형절'을 안은문장:** 관형사형 어미 '-은/는, -던, -을'과 결합하여 관형어 구실을 하는 절

   ※ 긴 관형절과 짧은 관형절
   ① 긴 관형절: 문장 종결형 + 관형사형 어미 '-는'
      예 그녀가 노력했다는 사실이 중요하다.
   ② 짧은 관형절: 용언의 어간 + 관형사형 어미 '-은/는, -던, -을, -니, -ㄹ'
      예 그녀가 노력한 사실이 중요하다.

4. **'부사절'을 안은문장:** 부사 파생 접미사 '-이'와 부사형 전성 어미 '-게, -도록'과 결합하여 부사어 구실을 하는 절

> - 철수가 <u>말도 없이</u> 가버렸다.
> - 정원에 <u>장미가 예쁘게</u> 피어 있다.
> - 그는 <u>몸살이 나도록</u> 밭에 잡초를 뽑았다.

5. **'인용절'을 안은문장:** 말하는 이의 말한 내용, 생각, 판단 등을 인용의 부사격 조사를 사용하여 인용한 문장

〈직접 인용과 간접 인용〉

	표지	예
직접 인용	• 따옴표에 의해 직접 인용됨. • 직접 인용 조사 '라고'	수빈이가 <u>"오늘 집에 같이 가자."</u>라고 말했다.
간접 인용	• 따옴표 사용하지 않음. • 간접 인용 조사 '고'	나는 <u>부모님의 말씀이 옳다고</u> 생각해.

✅ 필수 바른 문장 쓰기

1 필요한 문장 성분 갖추기

1. 주어

   (1) 이 열차에는 안내원이 없으므로 안전에 유의하시기 바랍니다.
   →
   정답: 이 열차에는 안내원이 없으므로 <u>승객께서는</u> 안전에 유의하시기 바랍니다.

   (2) 이 규정에 의한 징계 절차가 개시되면 종료 시까지 공증인의 직무를 정지시킬 수 있다.
   →
   정답: <u>감독 기관은</u> 이 규정에 의한 징계 절차가 개시되면 종료 시까지 공증인의 직무를 정지시킬 수 있다.

   (3) 지구를 파괴하는 유일한 존재의 이름은 바로 인간이며, 탐욕과 이기심으로 스스로 몰락해 가는 어리석은 동물이다.
   →
   정답: 지구를 파괴하는 유일한 존재의 이름은 바로 인간이며, <u>인간은/인간이야말로</u> 탐욕과 이기심으로 스스로 몰락해 가는 어리석은 동물이다.

   (4) 이 작품은 세대 간의 갈등을 다루고 있으며, 작품을 통해 힘의 변화에 대한 통찰을 엿볼 수 있다.
   →
   정답: 이 작품은 세대 간의 갈등을 다루고 있으며, <u>독자들은</u> 작품을 통해 힘의 변화에 대한 통찰을 엿볼 수 있다.

2. 서술어

(1) 마땅히 할 일이 없어서 그는 음악과 소설을 읽으며 시간을 보냈다.
→
정답: 마땅히 할 일이 없어서 그는 음악을 <u>듣고</u>, 소설을 읽으며 시간을 보냈다.

(2) 고구마는 맛도 영양도 많아 세계인의 사랑을 받는 식품이다.
→
정답: 고구마는 맛도 <u>좋고</u>, 영양도 많아 세계인의 사랑을 받는 식품이다.

(3) 저희는 승객 여러분의 건강과 쾌적한 여행 환경을 조성하기 위하여 전 객실을 금연 구역으로 지정하였습니다.
→
정답: 저희는 승객 여러분의 건강을 <u>지키고</u>, 쾌적한 여행 환경을 조성하기 위하여 전 객실을 금연 구역으로 지정하였습니다.

3. 목적어

(1) 인간은 자연에 복종도 하고, 지배도 하며 살아간다.
→
정답: 인간은 자연에 복종도 하고, <u>자연을</u> 지배도 하며 살아간다.

4. 부사어

(1) 인간은 환경을 지배하기도 하고, 때로는 순응하며 산다.
→
정답: 인간은 환경을 지배하기도 하고, 때로는 <u>환경에</u> 순응하며 산다.

(2) 그가 판사가 된 것은 자랑이 되었다.
→
정답: 그가 판사가 된 것은 <u>그의 가족에게</u> 자랑이 되었다.

(3) 이 작품은 신세대의 사랑을 다루고 있으며, 독자들은 사랑의 방식에 대한 변화를 볼 수 있다.
→
정답: 이 작품은 신세대의 사랑을 다루고 있으며, 독자들은 <u>작품을 통해서</u> 사랑의 방식에 대한 변화를 볼 수 있다.

2 문장 성분 간의 호응

1. 주어와 서술어의 호응

(1) 우리가 주의해야 할 것은 사치와 향락은 파멸을 초래할 것이다.
→
정답: <u>우리가 주의해야 할 것은</u> 사치와 향락은 파멸을 <u>초래한다는 점이다</u>.

(2) 내가 지금 바라는 것은 아이들 모두가 원하는 대학에 진학했으면 한다.

→

정답: 내가 지금 바라는 것은 아이들 모두가 원하는 대학에 진학하는 것이다.

(3) 실험 순서는 조교의 지시를 따라서 실시한다.

→

정답: 실험 순서는 조교의 지시를 따라야 한다.

(4) 맞장구치는 말이란 상대방의 말을 기분 좋게 받아 준다는 것이다.

→

정답: 맞장구치는 말이란 상대방의 말을 기분 좋게 받아 주는 말이다.

(5) 통계청은 1월 고용률이 지난해 대비 1.1% 증가했다고 했다.

→

정답: 통계청은 1월 고용률이 지난해 대비 1.1% 증가했다고 밝혔다.

2. 목적어와 서술어의 호응

(1) 식물 중에도 순백의 식물이 있는데 수정처럼 희다고 하여 이름이 수정난풀이라고 붙였다.

→

정답: 식물 중에도 순백의 식물이 있는데 수정처럼 희다고 하여 이름을 수정난풀이라고 붙였다.

(2) 국제에너지기구에서는 선진국에 한해 지난해 수준으로 이산화탄소 배출량을 유지하라는 의무가 부과됐다.

→

정답: 국제에너지기구에서는 선진국에 한해 지난해 수준으로 이산화탄소 배출량을 유지하라는 의무를 부과했다.

(3) 영양 산골에서 재배한 고추가 첫 수확의 기쁨을 맛보았다.

→

정답: 영양 산골에서 재배한 고추를 처음으로 수확하는 기쁨을 맛보았다.

(4) 언론에 노출을 꺼리던 그가 기자 회견을 자청하고 나선 것은 이례적인 일이다.

→

정답: 언론에 노출되는 것을 꺼리던 그가 기자 회견을 자청하고 나선 것은 이례적인 일이다.

3. 부사어와 서술어의 호응

(1) 그 사람과는 도무지 말이 잘 통한다.

→

정답: 그 사람과는 도무지 말이 통하지 않는다.

(2) 우락부락한 외모와는 달리 말투가 여간 상냥하다.

→

정답: 우락부락한 외모와는 달리 말투가 여간 상냥하지가 않다.

(3) 그는 비록 몸은 피곤하면서 마음만은 편안했다.

   →

   정답: 그는 비록 몸은 피곤했지만, 마음만은 편안했다.

(4) 아무리 글을 잘 쓰려고 하다 보니 내용이 떠오르지 않는다.

   →

   정답: 아무리 글을 잘 쓰려고 해도 내용이 떠오르지 않는다.

(5) 이 건물은 흡연을 하면 법에 따라 처벌을 받게 됩니다.

   →

   정답: 이 건물에서 흡연을 하면 법에 따라 처벌을 받게 됩니다.

3 불필요한 피동 표현과 사동 표현

1. 피동 표현

(1) 세상에는 날마다 끊임없이 수천, 수만 가지의 새로운 일들이 발생되고 있다.

   →

   정답: 세상에는 날마다 끊임없이 수천, 수만 가지의 새로운 일들이 발생하고 있다.

(2) 대학을 선택할 때에는 명문인지 아닌지를 생각하기보다는 적성에 맞는지가 더욱 중요한 기준으로 되어져야 한다.

   →

   정답: 대학을 선택할 때에는 명문인지 아닌지를 생각하기보다는 적성에 맞는지가 더욱 중요한 기준이 되어야 한다.

(3) 공교육을 활성화하기 위해서는 먼저 교사의 권위를 회복해야 한다고 생각되어집니다.

   →

   정답: 공교육을 활성화하기 위해서는 먼저 교사의 권위를 회복해야 한다고 생각합니다.

2. 사동 표현

(1) 우리 공장에서는 기계를 하루 종일 가동시키고 있습니다.

   →

   정답: 우리 공장에서는 기계를 하루 종일 가동하고 있습니다.

(2) 아군이 영공을 침범한 적기를 격추시켰다.

   →

   정답: 아군이 영공을 침범한 적기를 격추했다.

4 기타

1. 명사 나열과 관형화

(1) 응시 원서의 기재 잘못으로 인한 불이익은 응시자의 감수입니다.
→
정답: 응시 원서를 잘못 기재하여 발생한 불이익은 응시자가 감수해야 합니다.

(2) 그 나라는 외부 세력과 외교적 교섭이나 전쟁을 치르면서 평화의 길로 나아갔다.
→
정답: 그 나라는 외부 세력과 외교적으로 교섭하거나 전쟁을 치르면서 평화의 길로 나아갔다.

(3) 도시 재개발은 안정적인 주택 확보와 환경을 개선하기 위해 추진되고 있다.
→
정답: 도시 재개발은 안정적으로 주택을 확보하고 환경을 개선하기 위해 추진되고 있다.

(4) 사회·경제적 지위가 낮은 계층이 대기 오염으로 인한 질병 및 사망의 상대적 위험비가 높은 것으로 보고되고 있다.
→
정답: 사회·경제적 지위가 낮은 계층이 대기 오염으로 인해 질병에 걸리거나 사망할 수 있는 위험성이 상대적으로 높은 것으로 보고되고 있다.

2. 잘못된 단어 사용

(1) 상습 수해 문제를 해소하기 위해서는 정부와 민간의 합의와 협력이 필요하다.
→
정답: 상습 수해 문제를 해결하기 위해서는 정부와 민간의 합의와 협력이 필요하다.

(2) 우리 정부는 위안부 문제를 일본 정부에게 강력히 항의하였다.
→
정답: 우리 정부는 위안부 문제를 일본 정부에 강력히 항의하였다.

(3) 다른 사람에게 자신만의 시각으로 비도덕적이라고 비난하는 것은 옳지 않다.
→
정답: 다른 사람을 자신만의 시각으로 비도덕적이라고 비난하는 것은 옳지 않다.

3. 번역 투의 문장

(1) 환절기 감기에 각별한 주의를 요합니다.
→
정답: 환절기 감기에 각별한 주의가 필요하다.(~을/를 요하다, ~이/가 요구되다 → ~이/가 필요하다, ~해야 한다)

(2) 그녀는 시세에 준해 패물을 친구에게 팔았다.
   →
   정답: 그녀는 <u>시세에 따라</u> 패물을 친구에게 팔았다.(~에 준하다 → ~에 따르다)

(3) 앞으로 계속해서 동문회 행사를 가질 예정으로 있습니다.
   →
   정답: 앞으로 계속해서 동문회 <u>행사를 할 예정입니다.</u>(행사를 갖다 → 행사를 할 예정이다)

(4) 그는 거짓말을 할 최후의 사람이다.
   →
   정답: 그는 <u>절대</u> 거짓말을 <u>할 사람이 아니다.</u>(~할 최후의 사람이다 → 절대 ~할 사람이 아니다)

03 어휘 문제

30분 어휘 · 어법

1 고유어

[01~10] 다음 〈보기〉에서 괄호에 들어갈 단어의 번호를 찾아 쓰세요.

―――――― • 보기 • ――――――
① 해찰   ② 하릴없이   ③ 가탈   ④ 추렴   ⑤ 짬짜미
⑥ 들마   ⑦ 노량으로   ⑧ 웃음가마리   ⑨ 맞잡이   ⑩ 애오라지

01 시집에서 (   )이/가 많아서 결혼이 쉽지 않다.

02 땅에 웅숭그리고 시적시적 (   ) 땅만 판다.

03 (   )에 손님들이 몰려왔다.

04 그때 돈 만 원은 지금 돈 십만 원 (   )(이)다.

05 우리가 쓸 수 있는 물자가 (   ) 이것밖에 남지 않았단 말이냐?

06 그는 실없는 짓을 해서 (   )이/가 되었다.

07 영수는 동네 불량배들과 (   )을/를 하여 무슨 일을 벌이는 것이 분명했다.

08 마을에서는 자주 돼지나 개를 (   )(으)로 마련하여 음식을 나눴다.

09 나는 굳게 닫힌 그의 입만 (   ) 바라보았다.

10 수업 시간에 아이들이 공연히 (   )을/를 부린다.

[01~10] 정답

01 ③ 가탈: 이리저리 트집을 잡아 까다롭게 구는 일
02 ⑦ 노량으로: 어정어정 놀면서 느릿느릿
03 ⑥ 들마: 가게 문을 닫을 무렵
04 ⑨ 맞잡이: 서로 대등한 정도나 분량
05 ⑩ 애오라지: '겨우'를 강조하여 이르는 말
06 ⑧ 웃음가마리: 남의 웃음거리가 되는 사람
07 ⑤ 짬짜미: 남모르게 자기들끼리만 짜고 하는 약속이나 수작
08 ④ 추렴: 모임이나 놀이 또는 잔치 따위의 비용으로 어엿이 각각 얼마씩의 돈을 내어 거둠.
09 ② 하릴없이: 달리 어떻게 할 도리가 없이
10 ① 해찰: 일에는 마음을 두지 아니하고 쓸데없이 다른 짓을 함.

[11~20] 다음 〈보기〉에서 괄호에 들어갈 단어의 번호를 찾아 쓰세요.

―――――― • 보기 • ――――――
① 푸네기   ② 결딴   ③ 앙짜   ④ 설멍한   ⑤ 무릎맞춤
⑥ 시나브로   ⑦ 헤살   ⑧ 딴죽   ⑨ 사달   ⑩ 우수리

11 우리가 하는 일을 도와주는 것은 바라지도 않으니 제발 (　　)(이)나 놓지 않았으면 좋겠어요.

12 그녀는 걸핏하면 돈을 뜯어가는 가난한 일가 (　　)을/를 몹시 싫어하였다.

13 처음부터 일이 잘 풀리지 않더니 결국 (　　)이/가 났다.

14 그는 물건 값으로 (　　) 없이 딱 삼만 원만 하자고 주인에게 사정하였다.

15 아무리 (　　)을/를 부려도 그런 부탁은 들어줄 수 없어.

16 수업이 끝나자 치마가 (　　) 여학생들이 둘씩 셋씩 짝을 지어 교문을 나섰다.

17 두 녀석의 말이 서로 다르니 (　　)을/를 하는 수밖에 없겠습니다.

18 약속해 놓고 이제 와서 (　　)을/를 치면 어떻게 하니?

19 겨울이 (　　) 가고 어느덧 봄이 왔다.

20 주택 값 폭등으로 온 나라가 (　　)이/가 나고 있는 판이다.

[11~20] 정답

11 ⑦ 헤살: 일을 짓궂게 훼방함 또는 그런 짓
12 ① 푸네기: 가까운 제살붙이를 낮잡아 이르는 말
13 ⑨ 사달: 사고나 탈
14 ⑩ 우수리: 물건값을 제하고 거슬러 받는 잔돈
15 ③ 앙짜: 앳되게 점잔을 빼는 짓
16 ④ 설멍한(설멍하다): 옷이 몸에 맞지 않고 짧다.
17 ⑤ 무릎맞춤: 두 사람의 말이 서로 어긋날 때, 제삼자를 앞에 두고 전에 한 말을 되풀이하여 옳고 그름을 따짐.
18 ⑧ 딴죽: (비유적으로) 이미 동의하거나 약속한 일에 대하여 딴전을 부림.
19 ⑥ 시나브로: 모르는 사이에 조금씩 조금씩
20 ② 결딴: 어떤 일이나 물건 따위가 아주 망가져서 도무지 손을 쓸 수 없게 된 상태

[21~30] 다음 〈보기〉에서 괄호에 들어갈 단어의 번호를 찾아 쓰세요.

─────── ● 보기 ● ───────
① 미쁘고   ② 해사한   ③ 고샅   ④ 맨드리   ⑤ 득달같이
⑥ 바투   ⑦ 괴괴한   ⑧ 울력다짐 ⑨ 너울가지 ⑩ 실팍한

21 집 안이 온통 썰렁하고 (   ) 느낌이 든다.
22 어쩔 땐 정말이지 너의 붙임성 있는 (   )이/가 부러울 때도 있어.
23 미장공 정 씨는 솜씨가 좋을 뿐만 아니라 (   ), 진실하여 신뢰가 갑니다.
24 행사 날짜를 너무 (   ) 잡아서 그동안 매우 바빴다.
25 그는 (   ) 몸집인데도 쌀 한 가마를 제대로 못 옮겼다.
26 형사들은 도망가는 도둑을 (   ) 잡았다.
27 우리는 (   )(으)로 일을 서둘러 마칠 수 있었다.
28 방금 세수를 마친 그녀의 (   ) 얼굴이 아름답다.
29 그는 인물보다 (   )이/가 더 훌륭하다.
30 마을 입구 (   )에 아기를 업은 젊은 새댁이 서 있었다.

[21~30] 정답
21 ⑦ 괴괴한(괴괴하다): 쓸쓸한 느낌이 들 정도로 아주 고요하다.
22 ⑨ 너울가지: 남과 잘 사귀는 솜씨, 붙임성이나 포용성
23 ① 미쁘고(미쁘다): 믿음성이 있다.
24 ⑥ 바투: 시간이나 길이가 아주 짧게
25 ⑩ 실팍한(실팍하다): 사람이나 물건 따위가 보기에 매우 실하다.
26 ⑤ 득달같이: 잠시도 늦추지 아니하게
27 ⑧ 울력다짐: 여러 사람이 힘을 합하여 일을 빠르고 시원스럽게 끝냄 또는 그런 기세
28 ② 해사한(해사하다): 얼굴이 희고 곱다랗다.
29 ④ 맨드리: 옷을 입고 매만진 맵시
30 ③ 고샅: 시골 마을의 좁은 골목길 또는 골목 사이

[31~40] 다음 〈보기〉에서 괄호에 들어갈 단어의 번호를 찾아 쓰세요.

― 보기 ―
① 바작바작   ② 조롱조롱   ③ 섬벅섬벅   ④ 우럭우럭   ⑤ 담상담상
⑥ 엉기정기   ⑦ 데면데면   ⑧ 아귀아귀   ⑨ 흐슬부슬   ⑩ 티적티적

31 턱에 (   ) 수염이 돋았다.

32 마른 흙벽에서 모래가 (   ) 흘러내렸다.

33 철호는 괜한 트집 (   ) 잡으며 내 성질을 건드렸다.

34 그녀는 저녁 식사에 넣을 무를 (   ) 썰었다.

35 마음을 (   ) 졸이며 전화를 기다렸다.

36 매일 김치만 먹다가 고기를 보자 (   ) 먹어 대기 시작했다.

37 그와 나는 서로 잘 알지 못하고 (   ) 스쳐가는 사이일 뿐이다.

38 아이가 장난감을 방 안에 (   ) 흐트려 놓았다.

39 그는 아이 다섯을 (   ) 데리고 나타났다.

40 정신없이 뛰어왔던 일을 생각하니 (   ) 화가 뻗친다.

[31~40] 정답
31 ⑤ 담상담상: 드물고 성긴 모양
32 ⑨ 흐슬부슬: 차진 기가 없고 부서져 헤어질 듯한 모양
33 ⑩ 티적티적: 남의 흠이나 트집을 잡으면서 자꾸 비위를 거스르는 모양
34 ③ 섬벅섬벅: 크고 연한 물건이 잘 드는 칼에 쉽게 자꾸 베어지는 소리 또는 그 모양
35 ① 바작바작: 마음이 매우 안타깝게 죄어드는 모양
36 ⑧ 아귀아귀: 음식을 욕심껏 입안에 넣고 마구 씹어 먹는 모양
37 ⑦ 데면데면: 사람을 대하는 태도가 친밀감이 없이 예사로운 모양
38 ⑥ 엉기정기: 질서 없이 여기저기 벌여 놓은 모양
39 ② 조롱조롱: 아이가 많이 딸려 있는 모양
40 ④ 우럭우럭: 심술이나 화가 점점 치밀어 오르는 모양

[41~50] 다음 〈보기〉에서 문장의 밑줄 친 단어와 유의어 관계에 있는 단어의 번호를 찾아 쓰세요.

―――――――――― 보기 ――――――――――
① 가볍다　　　　② 췌언(贅言)　　　　③ 무시(無視)하다
④ 기름지다　　　⑤ 공연(空然)히　　　⑥ 난처(難處)하다
⑦ 수리(修理)하다　⑧ 두둔(斗頓)하다　　⑨ 방법(方法)
⑩ 세척(洗滌)하다

41 좀 배웠다는 사람이 급하다고 노상 방뇨도 할 수 없고 참 딱한 노릇이다. (　)
42 아무리 차림새가 허술하다 해도 외모만으로 사람을 낮보는 태도는 잘못이다. (　)
43 그녀는 오빠를 괜히 따라왔다고 후회했다. (　)
44 그는 밥을 다 먹고 그릇을 물로 부셔 놓았다. (　)
45 저렇게나 입을 재게 놀려 대니 무슨 말을 믿고 할 수가 있겠느냐? (　)
46 논이 걸어서 벼가 잘 자란다. (　)
47 이번에 지면 깨끗이 군말 없기로 합시다. (　)
48 장마철이 오기 전에 지붕을 고쳐라. (　)
49 그는 인심을 잃어 그를 편들어 줄 사람이 아무도 없다. (　)
50 먹고살 길이 막막하다. (　)

[41~50] 정답
41 ⑥ 난처(難處)하다
42 ③ 무시(無視)하다
43 ⑤ 공연(空然)히
44 ⑩ 세척(洗滌)하다
45 ① 가볍다
46 ④ 기름지다
47 ② 췌언(贅言)
48 ⑦ 수리(修理)하다
49 ⑧ 두둔(斗頓)하다
50 ⑨ 방법(方法)

2 한자어

[01~10] 다음 〈보기〉에서 문장의 밑줄 친 단어의 뜻을 풀이한 것으로 적절한 번호를 찾아 쓰세요.

● 보기 ●

① 아주 중요한 근거지
② 어떤 사실을 자세히 따져서 바로 밝힘.
③ 매우 적거나 조금인 것
④ 가치, 능력, 역량 따위를 알아볼 수 있는 기준이 되는 기회나 사물
⑤ 얼어붙은 땅
⑥ 닭의 갈비라는 뜻으로, 그다지 큰 소용은 없으나 버리기에는 아까운 것
⑦ 아주 잠시 또는 아주 적음.
⑧ 눈썹에 불이 붙었다는 뜻으로, 매우 급함.
⑨ 칭찬을 받으며 사람의 입에 자주 오르내림.
⑩ 많은 사람이 줄을 지어 길게 늘어선 모양

---

01 벌써 그의 가슴으로 간발(間髮)의 틈을 노린 칼끝이 닿고 있었다. (   )

02 꽁꽁 얼어붙은 동토(凍土)에는 삽도 들어가지 않는다. (   )

03 그의 시가 인구에 회자(膾炙)되고 있다. (   )

04 그의 결심은 추호(秋毫)도 흔들리지 않았다. (   )

05 수십 년 쌓아 온 그의 아성(牙城)을 무너뜨릴 수는 없었다. (   )

06 결승전의 입장권을 구입하려는 사람들이 새벽부터 장사진(長蛇陣)을 치고 있다. (   )

07 주민들은 사건의 진상 규명(糾明)을 촉구하였다. (   )

08 노사 양측의 견해차를 어떻게 좁히느냐가 초미(焦眉)의 관심사이다. (   )

09 이번 총선은 민주주의의 발전 정도를 한 단계 높이거나 떨어뜨릴 수 있는 중요한 시금석(試金石)이다. (   )

10 헌 옷은 계륵(鷄肋)처럼 소용도 없으면서 버리기에는 아깝다. (   )

[01~10] 정답

01 ⑦ 아주 잠시 또는 아주 적음.
02 ⑤ 얼어붙은 땅
03 ⑨ 칭찬을 받으며 사람의 입에 자주 오르내림.
04 ③ 매우 적거나 조금인 것
05 ① 아주 중요한 근거지
06 ⑩ 많은 사람이 줄을 지어 길게 늘어선 모양
07 ② 어떤 사실을 자세히 따져서 바로 밝힘.

08 ⑧ 눈썹에 불이 붙었다는 뜻으로, 매우 급함.
09 ④ 가치, 능력, 역량 따위를 알아볼 수 있는 기준이 되는 기회나 사물
10 ⑥ 닭의 갈비라는 뜻으로, 그다지 큰 소용은 없으나 버리기에는 아까운 것

[11~20] 다음 〈보기〉에서 괄호 안에 들어갈 문맥에 맞는 단어를 고르세요.

● 보기 ●

① 비견(比肩)　② 누적(累積)　③ 자웅(雌雄)　④ 계제(階梯)　⑤ 재원(才媛)
⑥ 식언(食言)　⑦ 비호(庇護)　⑧ 추서(追敍)　⑨ 사사(師事)　⑩ 채근(採根)

11 그는 돈과 권력의 (　　)이/가 있어서 사업을 얼마든지 마음대로 할 수 있었다.
12 그는 어려서부터 할아버지께 (　　)을/를 받아 바둑 실력을 갖추게 되었다.
13 계속해서 피로가 (　　)되면 면역력이 떨어지게 된다.
14 명백한 증거가 나왔기 때문에 변명할 (　　)이/가 없었다.
15 정부는 유관순 열사에게 건국 훈장을 (　　)하였다.
16 지금까지 (　　)을/를 해 본 바로 그는 이 사건과 무관하다.
17 평론가는 그녀의 그림을 마그리트의 작품과 (　　)을/를 하였다.
18 오늘 경기는 결국 (　　)을/를 결정짓지 못하고 무승부로 끝났다.
19 그녀는 미모와 폭넓은 교양을 갖춘 (　　)(이)다.
20 그는 공인으로서의 책임감을 잊고 (　　)을/를 밥 먹듯 한다.

[11~20] 정답

11 ⑦ 비호(庇護): 편들어서 감싸 주고 보호함.
12 ⑨ 사사(師事): 스승으로 섬김 또는 스승으로 삼고 가르침을 받음.
13 ② 누적(累積): 포개어 여러 번 쌓음 또는 포개져 여러 번 쌓임.
14 ④ 계제(階梯): 어떤 일을 할 수 있게 된 형편이나 기회
15 ⑧ 추서(追敍): 죽은 뒤에 관등을 올리거나 훈장 따위를 줌.
16 ⑩ 채근(採根): 어떤 일의 내용, 원인, 근원 따위를 캐어 알아냄.
17 ① 비견(比肩): 서로 비슷한 위치에서 견둠. 또는 견주어짐.
18 ③ 자웅(雌雄): (비유적으로) 승부, 우열, 강약 따위
19 ⑤ 재원(才媛): 재주가 뛰어난 젊은 여자
20 ⑥ 식언(食言): 한번 입 밖에 낸 말을 도로 입 속에 넣는다는 뜻으로, 약속한 말대로 지키지 아니함.

21 다음 〈보기〉의 동음이의어와 뜻을 바르게 연결하세요.

― ● 보기 ● ―

① 개정(改正) •　　• ㉠ 한글 맞춤법 통일안은 여러 차례의 개정을 거쳤다.
② 개정(改定) •　　• ㉡ 이제는 통신 요금 체계의 합리적 개정이 필요한 때이다.
③ 개정(改訂) •　　• ㉢ 이 법률의 개정 여부를 놓고 여야 간에 논쟁이 벌어졌다.

[21] 정답
① ㉢ 개정(改正): 주로 문서의 내용 따위를 고쳐 바르게 함.
② ㉡ 개정(改定): 이미 정하였던 것을 고쳐 다시 정함.
③ ㉠ 개정(改訂): 글자나 글의 틀린 곳을 고쳐 바로잡음.

22 다음 〈보기〉의 동음이의어와 뜻을 바르게 연결하세요.

― ● 보기 ● ―

① 이상(以上) •　　• ㉠ 그는 이상한 모양의 물체를 보았다.
② 이상(理想) •　　• ㉡ 젊은이는 이상을 가지고 있어야 한다.
③ 이상(異常) •　　• ㉢ 기계에 이상이 생기다.
④ 이상(異象) •　　• ㉣ 꼭짓점이 셋 이상인 도형에는 삼각형도 포함된다.

[22] 정답
① 이상(以上): ㉣ 수량이나 정도가 일정한 기준보다 더 많거나 나음.
② 이상(理想): ㉡ 생각할 수 있는 범위 안에서 가장 완전하다고 여겨지는 상태
③ 이상(異常): ㉢ 정상적인 상태와 다름.
④ 이상(異象): ㉠ 이상한 모양

23 다음 〈보기〉의 동음이의어와 뜻을 바르게 연결하세요.

― ● 보기 ● ―

① 고수(鼓手) •　　• ㉠ 고수의 북소리에 맞춰서 모두 행진을 시작했다.
② 고수(固守) •　　• ㉡ 사람 많이 대하는 사람은 방편도 고수가 되어야 한다.
③ 고수(高手) •　　• ㉢ 이번 일은 그들이 강경 노선을 고수했기 때문이다.

[23] 정답
① 고수(鼓手): ㉠ 북이나 장구 따위를 치는 사람
② 고수(固守): ㉢ 차지한 물건이나 형세 따위를 굳게 지킴.
③ 고수(高手): ㉡ 어떤 분야나 집단에서 기술이나 능력이 매우 뛰어난 사람

3 한글 맞춤법

[01~30] 표기에 맞는 단어에 ○표 하세요.(복수 표기 가능)

01 그들은 모두 배가 고팠던 터라 자장면을 (곱빼기, 곱배기)로 시켜 먹었다.
02 젊은 색시가 아이 데리고 혼자 (아둥바둥, 아등바등) 사는 게 안쓰러워 보였다.
03 아내는 무엇이 못마땅한지 돌아앉아서도 계속 (궁시렁거렸다, 구시렁거렸다).
04 약을 먹은 효과가 (금새, 금세) 나타났다.
05 불길이 (걷잡을, 겉잡을) 수 없이 번져 나갔다.
06 늘 그랬었지만 따라나서기가 (께림직하다, 께름칙하다).
07 그의 걸쭉한 (너스레, 너스래)에 우리 모두 크게 웃었다.
08 작은 문 옆에 차가 드나들 수 있을 만큼 (널따란, 널다란) 문이 나 있다.
09 어찌 된 일인지 (당체, 당최) 알 수가 없어.
10 남의 빚보증을 잘못 서는 바람에 (덤터기, 덤테기)를 만나 남의 빚을 대신 갚아야 할 판이다.
11 자식이 많으니 학비 (뒤치닥꺼리, 뒤치다꺼리)도 힘들다.
12 탐관오리의 (등쌀, 등살)에 백성들은 하루도 편한 날이 없었다.
13 이곳에는 (별에별, 별의별) 사람들이 다 모여 있다.
14 그녀는 나이만 많았지 세상 물정에 대해서는 아무것도 모르는 (숙맥, 쑥맥)이다.
15 불량 청년들의 (해꼬지, 해코지)는 어른도 겁낸다.
16 몸살이 나려는지 몸이 (찌뿌듯하다, 찌뿌둥하다).
17 비에 젖어 (으스스, 으시시) 한기를 느끼다.
18 가난뱅이 주제에 (어줍잖게, 어쭙잖게) 자가용을 산대?
19 이번 일은 (어물쩍, 어물쩡) 넘어갈 일이 아니다.
20 그녀는 근심이 가득한 얼굴에 (새치름하게, 새초롬하게) 앉았다.
21 끝까지 해낼 각오가 없으면 (애초, 애저녁)에 시작하지 마라.
22 그는 그녀의 (닥달, 닦달)에 사실을 말할 수밖에 없었다.
23 아버지는 몹시 화가 나신 듯 얼굴이 (붉으락푸르락, 불그락푸르락) 달아올랐다.
24 그 녀석 (엔간해서는, 왠간해서는) 말을 듣지 않을 것이다.
25 그는 술에 취한 듯이 (어리바리, 어리버리) 겨우 손을 내밀었다.

26 일이 (얼키고설켜서, 얽히고설켜서) 풀기가 어렵다.

27 순조롭게 진행되어 가던 계약이 막판에 가서 (파토, 파투)가 났다.

28 지금부터 내가 하는 얘기를 (허투로, 허투루) 들어서는 절대 안 된다.

29 직업도 없이 놀고 있는 녀석이 차를 몰고 다니는 모습이 아주 (같잖다, 같찮다).

30 그렇다고 (억지, 어거지) 알리바이를 만들 수도 없는 일이었다.

[01~30] 정답

01 곱빼기: 음식에서, 두 그릇의 몫을 한 그릇에 담은 분량
02 아등바등: 무엇을 이루려고 애를 쓰거나 우겨 대는 모양
03 구시렁거렸다(구시렁거리다): 못마땅하여 군소리를 듣기 싫도록 자꾸 하다. 동 구시렁대다
04 금세: 지금 바로, '금시에'가 줄어든 말로 구어체에서 많이 사용됨.
05 걷잡을(걷잡다): 한 방향으로 치우쳐 흘러가는 형세 따위를 붙들어 잡다.
06 께름칙하다: 마음에 걸려 언짢은 느낌이 있다. 동 께름직하다
07 너스레: 수다스럽게 떠벌려 늘어놓는 말이나 짓
08 널따란(널따랗다): 꽤 넓다.
09 당최: 도무지, 영
10 덤터기: 남에게 넘겨씌우거나 남에게서 넘겨받은 허물이나 걱정거리
11 뒤치다꺼리: 뒤에서 일을 보살펴서 도와주는 일
12 등쌀: 몹시 귀찮게 구는 짓
13 별의별: 보통과 다른 갖가지의
14 숙맥: 사리 분별을 못하고 세상 물정을 잘 모르는 사람
15 해코지: 남을 해치고자 하는 짓
16 찌뿌듯하다, 찌뿌둥하다: 몸살이나 감기 따위로 몸이 조금 무겁고 거북하다.
17 으스스: 차거나 싫은 것이 몸에 닿았을 때 크게 소름이 돋는 모양
18 어쭙잖게: 비웃음을 살 만큼 언행이 분수에 넘치는 데가 있다.
19 어물쩍: 말이나 행동을 일부러 분명하게 하지 아니하고 적당히 살짝 넘기는 모양
20 새치름하게: 쌀쌀맞게 시치미를 떼는 태도가 있다. 동 새초롬하다
21 애초: 맨 처음
22 닦달: 남을 단단히 윽박질러서 혼을 냄.
23 붉으락푸르락: 몹시 화가 나거나 흥분하여 얼굴빛 따위가 붉게 또는 푸르게 변하는 모양
24 엔간해서는: 대중으로 보아 정도가 표준에 꽤 가깝다.
25 어리바리: 정신이 또렷하지 못하거나 기운이 없어 몸을 제대로 놀리지 못하고 있는 모양
26 얽히고설켜서: 관계, 일, 감정 따위가 이리저리 복잡하게 되다.
27 파투(破鬪): (비유적으로) 일이 잘못되어 흐지부지됨.
28 허투루: 아무렇게나 되는대로
29 같잖다: 하는 짓이나 꼴이 제격에 맞지 않고 눈꼴사납다.
30 억지: 잘 안될 일을 무리하게 기어이 해내려는 고집

4 표준어

[01~20] 표준어에 해당하는 단어에 ○표 하세요.(복수 표기 가능)

01 그는 나의 제안을 (단호하게, 각단지게) 거절했다.
02 며칠 날밤을 새워 오늘에야 (겨우, 제우) 작품을 완성했다.
03 도와주려고 한 일이 (되려, 되레) 폐만 끼쳤다.
04 (쌍동밤, 쌍둥밤)을 까서 먹었다.
05 근무 전후의 (자투리, 자투래기) 시간을 효과적으로 이용하다.
06 그는 이야기를 듣자마자 (대뜸, 단판) 화부터 내는 것이었다.
07 누룽지에 물을 붓고 푹 끓인 (눌은밥, 누룬밥)을 먹었다.
08 이 샘은 웬만한 (가물, 가뭄)에도 물이 잘 마르지 않는다.
09 여름 방학 동안 (줄곧, 줄창) 집에만 있었니?
10 기운이 푹 꺼진 걸 보면 아마 (된통, 되우) 괴로운 모양 같다.
11 요즘 삼겹살에 곰삭힌 (묵은 김치, 묵은지)를 함께 먹는 것이 유행이다.
12 해가 중천에 떴는데 (여태, 입때)까지 자고 있으면 어쩌겠다는 것이냐?
13 그의 목소리는 잔뜩 술에 (쩔어, 절어) 있었다.
14 그는 (뒷감당, 뒷갈망)도 못하면서 일만 벌인다.
15 말린 (시래기, 씨래기)를 볶아 대보름에 먹는다.
16 (삭다리, 삭정이)를 모아 불을 지피다.
17 (하면, 아무렴), 그렇고말고, 네 말이 옳다.
18 그는 (애당초, 애시당초)부터 장사에는 뜻이 없었다.
19 아내는 벌써 (싸그리, 깡그리) 잊어 먹은 척 행동했다.
20 새치기를 하는 사람과 줄을 선 사람의 (아귀다툼, 아귀싸움)이 그치지 않았다.

[01~20] 정답
01 단호하게: 결심이나 태도, 입장 따위가 과단성 있고 엄격하다.
02 겨우: 어렵게 힘들여
03 되레('도리어'의 준말): 예상이나 기대 또는 일반적인 생각과는 반대되거나 다르게
04 쌍동밤: 한 껍데기 속에 두 쪽이 들어 있는 밤
05 자투리: 어떤 기준에 미치지 못할 정도로 작거나 적은 조각

06 대뜸: 이것저것 생각할 것 없이 그 자리에서 곧
07 눌은밥: 솥 바닥에 눌어붙은 밥에 물을 부어 불려서 긁은 밥
08 가물, 가뭄(복수 표준어): 오랫동안 계속하여 비가 내리지 않아 메마른 날씨
09 줄곧: 끊임없이, 잇따라
10 된통, 되우(복수 표준어): 되게(아주 몹시)
11 묵은 김치, 묵은지(복수 표준어): 오랫동안 숙성되어 푹 익은 김장 김치
12 여태, 입때(복수 표준어): 지금까지
13 절어: 사람이 술이나 독한 기운에 의하여 영향을 받게 되다.
14 뒷감당, 뒷갈망(복수 표준어): 일의 뒤끝을 맡아서 처리함.
15 시래기: 무청이나 배추의 잎을 말린 것
16 삭정이: 살아 있는 나무에 붙어 있는, 말라 죽은 가지
17 아무렴: 말할 나위 없이 그렇다는 뜻으로, 상대편의 말에 강한 긍정을 보일 때 하는 말
18 애당초: 일의 맨 처음이라는 뜻으로, '애초'를 강조하여 이르는 말
19 깡그리: 하나도 남김없이
20 아귀다툼: 각자 자기의 욕심을 채우고자 서로 헐뜯고 기를 쓰며 다투는 일

5 외래어 표기법

[01~29] 외래어 표기법에 맞게 표기한 것에 ○표 하세요.(복수 표기 가능)

01 Catholic (가톨릭, 카톨릭)

02 rent-a-car (렌터카, 렌트카)

03 Dracula (드라큐라, 드라큘라)

04 repertory (레파토리, 레퍼토리)

05 Phuket (푸껫, 푸켓)

06 pamphlet (팜플릿, 팸플릿)

07 target (타겟, 타깃)

08 mannequin (마네킹, 마네킨)

09 『대학교』 Harvard (하바드, 하버드)

10 brochure (브로셔, 브로슈어)

11 mania (마니아, 매니아)

12 manteau (망또, 망토)

13 buzzer (버저, 부저)

14 symbol (심볼, 심벌)

15 aluminium (알루미늄, 알미늄)

16 The Beatles (비틀즈, 비틀스)

17 Tchaikovsky (차이코프스키, 차이콥스키)

18 Kirgizstan (키르기즈스탄, 키르기스스탄)

19 Machu Picchu (맞추픽추, 마추픽추)

20 curry (카레, 커리)

21 Ho Chi Minh (호치민, 호찌민)

22 「프랑스 지명」 Cannes (칸, 칸느)

23 Singapore (싱가폴, 싱가포르)

24 castela (카스텔라, 카스테라)

25 「작가」 Edgar Allan Poe (에드거 앨런 포, 애드거 앨런 포우)

26 「대학교」 Cambridge (캠브리지, 케임브리지)

27 Sapporo (삿뽀로, 삿포로)

28 endorphin (엔도르핀, 엔돌핀)

29 「프랑스어」 bâton (바통, 바톤)

[01~29] 정답
01 가톨릭
02 렌터카
03 드라큘라
04 레퍼토리
05 푸껫
06 팸플릿
07 타깃
08 마네킹
09 하버드
10 브로슈어
11 마니아
12 망토
13 버저
14 심벌
15 알루미늄
16 비틀스
17 차이콥스키
18 키르기스스탄
19 마추픽추
20 카레
21 호찌민
22 칸
23 싱가포르
24 카스텔라
25 에드거 앨런 포
26 케임브리지
27 삿포로
28 엔도르핀
29 바통

6 로마자 표기법

[01~20] 로마자 표기법에 맞게 표기한 것에 ○표 하세요.(복수 표기 가능)

01 월곶 ① Wolgot ② Wolgod

02 설악 ① Seolak ② Seorak

03 신라 ① Silla ② Silra

04 해돋이 ① haedoji ② haedodi

05 묵호 ① Muko ② Mukho

06 낙동강 ① Nakdonggang ② Nakddonggang

07 여의도 ① Yeoido ② Yeouido

08 속리산 ① Songnisan ② Sogrisan

09 꼬리찜 ① Kkorijjim ② Ggorijjim

10 북엇국 ① Bugeoguk ② Bugeotguk

11 한복녀 ① Han Boknyeo ② Han Bongnyeo

12 구절판 ① Gujeorpan ② Gujeolpan

13 광장시장 ① Gwangjang Market ② Gwangjangsijang

14 삼국유사 ① Samgungnyusa ② Samgukyusa

15 한강 ① Hangang River ② Hangang

16 숭례문 ① Sungryemun ② Sungnyemun

17 남산 ① Namsan ② Namsan Mountain

18 따로국밥 ① Ttarogukbap ② Ddarogukbap

19 울릉 ① Uleung ② Ulleung

20 종로구 ① Jongro-gu ② Jongno-gu

[01~20] 정답
01 ① Wolgot
02 ② Seorak
03 ① Silla
04 ① haedoji
05 ② Mukho

06 ① Nakdonggang
07 ② Yeouido
08 ① Songnisan
09 ① Kkorijjim
10 ② Bugeotguk(= Bugeo-guk) ※ 사이시옷 표기로 't' 대신 붙임표(-)도 가능
11 ① Han Boknyeo
12 ② Gujeolpan
13 ① Gwangjang Market
14 ① Samgungnyusa
15 ① Hangang River, ② Hangang(①이 원칙, ②는 허용)
16 ② Sungnyemun
17 ① Namsan Mountain, ② Namsan(①이 원칙, ②는 허용)
18 ① Ttarogukbap
19 ② Ulleung
20 ② Jongno-gu

7 한자성어

[01~20] 다음 〈보기〉에서 뜻이 맞는 한자성어를 고르세요.

보기

① 각주구검(刻舟求劍)　② 촌철살인(寸鐵殺人)　③ 주마가편(走馬加鞭)
④ 망양보뢰(亡羊補牢)　⑤ 수주대토(守株待兔)　⑥ 아전인수(我田引水)
⑦ 낭중지추(囊中之錐)　⑧ 오월동주(吳越同舟)　⑨ 고육지책(苦肉之策)
⑩ 교학상장(敎學相長)　⑪ 견마지로(犬馬之勞)　⑫ 와신상담(臥薪嘗膽)
⑬ 호가호위(狐假虎威)　⑭ 다기망양(多岐亡羊)　⑮ 과유불급(過猶不及)
⑯ 맥수지탄(麥秀之歎)　⑰ 방약무인(傍若無人)　⑱ 용호상박(龍虎相搏)
⑲ 간담상조(肝膽相照)　⑳ 연목구어(緣木求魚)

01 고국의 멸망을 한탄함. (　　)

02 갈림길이 많아 잃어버린 양을 찾지 못한다는 뜻으로, 두루 섭렵하기만 하고 전공하는 바가 없어 끝내 성취하지 못함. (　　)

03 달리는 말에 채찍질한다는 뜻으로, 잘하는 사람을 더욱 장려함. (　　)

04 융통성 없이 현실에 맞지 않는 낡은 생각을 고집하는 어리석음 (　　)

05 곁에 사람이 없는 것처럼 아무 거리낌 없이 함부로 말하고 행동하는 태도가 있음. (　　)

06 한 치의 쇠붙이로도 사람을 죽일 수 있다는 뜻으로, 간단한 말로도 남을 감동하게 하거나 남의 약점을 찌를 수 있음. (   )

07 양을 잃고 우리를 고친다는 뜻으로, 이미 어떤 일을 실패한 뒤에 뉘우쳐도 아무 소용이 없음. (   )

08 용과 범이 서로 싸운다는 뜻으로, 강자끼리 서로 싸움. (   )

09 (비유적으로) 한 가지 일에만 얽매여 발전을 모르는 어리석은 사람 (   )

10 나무에 올라가서 물고기를 구한다는 뜻으로, 도저히 불가능한 일을 굳이 하려 함. (   )

11 남의 권세를 빌려 위세를 부림. (   )

12 정도를 지나침은 미치지 못함과 같다는 뜻으로, 중용(中庸)이 중요함. (   )

13 윗사람에게 충성을 다하는 자신의 노력을 낮추어 이르는 말 (   )

14 서로 속마음을 털어놓고 친하게 사귐. (   )

15 주머니 속의 송곳이라는 뜻으로, 재능이 뛰어난 사람은 숨어 있어도 저절로 사람들에게 알려짐. (   )

16 자기 몸을 상해 가면서까지 꾸며 내는 계책이라는 뜻으로, 어려운 상태를 벗어나기 위해 어쩔 수 없이 꾸며 내는 계책 (   )

17 가르침과 배움이 서로를 진보시켜 줌. (   )

18 서로 적의를 품은 사람들이 한자리에 있게 된 경우나 서로 협력하여야 하는 상황 (   )

19 자기 논에 물 대기라는 뜻으로, 자기에게만 이롭게 되도록 생각하거나 행동함. (   )

20 불편한 섶에 몸을 눕히고 쓸개를 맛본다는 뜻으로, 원수를 갚거나 마음먹은 일을 이루기 위하여 온갖 어려움과 괴로움을 참고 견딤. (   )

[01~20] 정답
01 ⑯ 02 ⑭ 03 ③ 04 ① 05 ⑰ 06 ② 07 ④ 08 ⑱ 09 ⑤ 10 ⑳ 11 ⑬ 12 ⑮
13 ⑪ 14 ⑲ 15 ⑦ 16 ⑨ 17 ⑩ 18 ⑧ 19 ⑥ 20 ⑫

합격의 공식
SD에듀

교육은 우리 자신의 무지를

점차 발견해 가는 과정이다.

- 윌 듀란트 -